1타 강사의 속성 과외!

토익 750+ 벼락치기

20일 완성 LC+RC

KB108250

토익 750+
벼락치기 20일 완성
LC+RC

초판   1쇄 인쇄 2020년 8월 10일
초판   1쇄 발행 2020년 8월 20일
초판   6쇄 발행 2024년 1월 26일

지 은 이 | 주지후, 천성배
펴 낸 이 | 박경실
펴 낸 곳 | **PAGODA Books** 파고다북스
출판등록 | 2005년 5월 27일 제 300-2005-90호
주   소 | 06614 서울특별시 서초구 강남대로 419, 19층(서초동, 파고다타워)
전   화 | (02) 6940-4070
팩   스 | (02) 536-0660
홈페이지 | www.pagodabook.com

저작권자 | ⓒ 2020 주지후, 천성배

ISBN 978-89-6281-855-0 (13740)

파고다북스   www.pagodabook.com
파고다 어학원   www.pagoda21.com
파고다 인강   www.pagodastar.com
테스트 클리닉   www.testclinic.com

❚ 낙장 및 파본은 구매처에서 교환해 드립니다.

1타 강사의 속성 과외!

토익 750+ 벼락치기

20일 완성 LC+RC

PAGODA Books

목차

파트 7을 위해서는 시간이 없다. 빨리 풀자! 그러나 정확하게!

RC의 점수 노다지! 남들도 어려운 파트 6

시간 배분이 관건! 속도를 내자!

　해설은 파고다북스 홈페이지(www.pagodabook.com)에서 다운 받아보실 수 있습니다.

별책 • 토익 시험장 암기 노트

표현 중심 LC

벼락치기 전략

750+ 목표점수 달성을 위해
1타 강사가 선정한 LC 필수 전략 소개

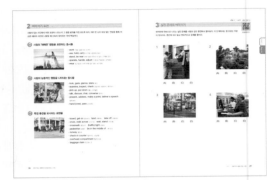

벼락치기 표현 + PRACTICE

LC도 어휘와 표현을 많이 아는 자의 것!
반드시 외워 두어야 할 중요 핵심 표현 정리

실전 문제로 벼락치기 전략

실전 문제를 풀어 보고
빠르게 답 찾는 요령 연습

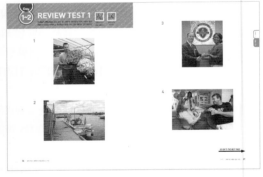

REVIEW TEST

1타 강사가 엄선한 파트별 적중 90% 이상의
실전 문제 풀이로 익히는 실전 감각

★ **MP3 파일 무료 다운로드:** www.pagodabook.com
교재 내 큐알 코드를 스캔하면 바로 듣기가 가능합니다.

전략 중심 RC

핵심 요령과 기본 지식

750+ 목표점수 달성을 위해
1타 강사가 선정한 필수 암기 문법사항 정리

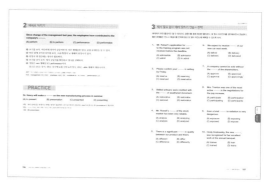

예제로 익히기 + PRACTICE

예제로 바로 바로 확인하고
실전에 적용해 보는 연습문제 제공

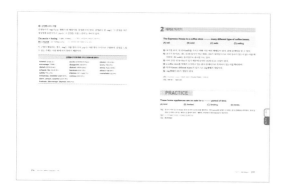

실전 문제 + 답 찾기 전략

실전 문제를 풀어 보고
빠르게 답 찾는 요령 연습

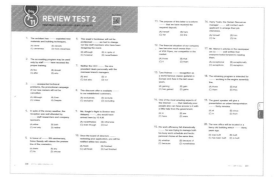

REVIEW TEST

1타 강사가 엄선한 적중 90% 이상의
실전 문제 풀이로 익히는 실전 감각

★ 시험 전 총정리를 위한 **적중 실전 모의고사 1회** 제공

　해설지 및 MP3 파일 무료 다운로드: www.pagodabook.com(QR코드 스캔)

★ 시험장 20분 벼락치기를 위한 **토익 시험장 암기 노트** 별책 제공

효율적인 **20일 벼락치기로 목표점수 달성**

RC 강의
이지후

LC 강의
강솔아

무료 동영상 강의
큐알코드를 스캔해서 볼 수 있습니다.

이제 혼자 공부하지 마세요! 교재를 열심히 공부하고, 문제까지 다 풀었다면! 그런데 해설지를 봐도 알쏭달쏭한 문제들이 있다면, 이제 파고다 대표 강사들의 무료 동영상 강의로 모든 궁금증을 해결하세요!

토익 모의고사 추가 2회분 무료 다운로드
cafe.naver.com/pagodatoeicbooks
〈파고다 토익 – 부가자료 → 온라인 실전 모의고사〉

토익 전문가들이 만든 실제 시험과 유사한 토익 모의고사 2회분을 무료로 다운로드 받을 수 있습니다. 문제지, 해설지, 무료 동영상 강의까지! 토익 시험 전 마무리 모의고사 놓치지 마세요!

LC/RC 파트별, 유형별 문제 무료 다운로드
cafe.naver.com/pagodatoeicbooks
〈파고다 토익 – 부가자료 → 공용 LC 자료실/공용 RC 자료실〉

토익 어휘만 공부하실 건가요! 토익 시험의 파트별 연습 문제를 무료로 다운로드 받아 연습해 보세요. 토익 전문가들이 파트별 문제 유형을 분석하여 만든 엄청난 양의 문제를 다운로드 받으세요.

토익에 관한 모든 질문! 파고다 토익 카페
〈cafe.naver.com/pagodatoeicbooks〉

혼자 공부하는 혼공족들! 더 이상 외로운 혼공족이 아닙니다! 모르는 게 있어도, 해설지를 봐도 도저히 이해가 안가는 경우, 누구한테 질문할 수 있을까요? 파고다 토익 카페에 오시면 현직 토익 강사와 R&D 전문가들의 실시간 답변을 들을 수 있습니다.

단어장 무료 다운로드

www.pagodabook.com 에서 단어장을 무료로 다운로드 받으세요. 휴대폰으로 들고 다니면서 외우는 스마트한 단어장을 무료도 다운로드 할 수 있습니다.

자동 단어 시험지 생성기
www.pagodabook.com 〈각 교재별 단어시험 생성기 클릭〉

단어를 외우기만 할 건가요? 외우고 나서 테스트를 해봐야죠. 파고타 토익 VOCA의 자동 단어 시험지 생성기로 시험지를 만들어 테스트 해 보세요. 그룹 스터디 하는 학생들도 유용하게 활용할 수 있답니다.

다양한 토익 무료 컨텐츠
유튜브에서 〈Pagoda Books〉를 검색하세요.

파고다 어학원의 1타 선생님들의 다양한 토익 강의가 무료로 제공됩니다. 높은 품질의 수업을 무료로 수강하면서 목표점수를 향해 매진하세요!

1타 강사의 20일 벼락치기 권장 학습 스케줄

★ 단어장 다운로드 / 단어 시험지 자동생성기: www.pagodabook.com

Day 1	Day 2	Day 3
• LC Day 01	• LC Day 02	• LC Day 03
• RC Day 01	• RC Day 02	• RC Day 03
• Day 01 동영상 강의 학습	• Day 02 동영상 강의 학습	• Day 03 동영상 강의 학습
• Day 01 단어장 암기	• Day 02 단어장 암기	• Day 03 단어장 암기
• Day 01 셀프 단어 시험	• Day 02 셀프 단어 시험	• Day 03 셀프 단어 시험
• 오답노트 작성	• 오답노트 작성	• 오답노트 작성

Day 6	Day 7	Day 8
• LC Day 06	• LC Day 07	• LC Day 08
• RC Day 06	• RC Day 07	• RC Day 08
• Day 06 동영상 강의 학습	• Day 07 동영상 강의 학습	• Day 08 동영상 강의 학습
• Day 06 단어장 암기	• Day 07 단어장 암기	• Day 08 단어장 암기
• Day 06 셀프 단어 시험	• Day 07 셀프 단어 시험	• Day 08 셀프 단어 시험
• 오답노트 작성	• 오답노트 작성	• 오답노트 작성

Day 11	Day 12	Day 13
• LC Day 11	• LC Day 12	• LC Day 13
• RC Day 11	• RC Day 12	• RC Day 13
• Day 11 동영상 강의 학습	• Day 12 동영상 강의 학습	• Day 13 동영상 강의 학습
• Day 11 단어장 암기	• Day 12 단어장 암기	• Day 13 단어장 암기
• Day 11 셀프 단어 시험	• Day 12 셀프 단어 시험	• Day 13 셀프 단어 시험
• 오답노트 작성	• 오답노트 작성	• 오답노트 작성

Day 16	Day 17	Day 18
• LC Day 16	• LC Day 17	• LC Day 18
• RC Day 16	• RC Day 17	• RC Day 18
• Day 16 동영상 강의 학습	• Day 17 동영상 강의 학습	• Day 18 동영상 강의 학습
• Day 16 단어장 암기	• Day 17 단어장 암기	• Day 18 단어장 암기
• Day 16 셀프 단어 시험	• Day 17 셀프 단어 시험	• Day 18 셀프 단어 시험
• 오답노트 작성	• 오답노트 작성	• 오답노트 작성

반드시 교재 내용을 철저히 학습하고
문제를 다 푼 다음, 채점까지 하고 왜 틀렸는지
다시 한번 리뷰를 한 후
동영상 강의를 봐주세요.

Day 4	Day 5	1주차 보충학습
• LC Day 04 • RC Day 04 • Day 04 동영상 강의 학습 • Day 04 단어장 암기 • Day 04 셀프 단어 시험 • 오답노트 작성	• LC Day 05 • RC Day 05 • Day 05 동영상 강의 학습 • Day 05 단어장 암기 • Day 05 셀프 단어 시험 • 오답노트 작성	★ 파고다 토익 카페에서 다운로드 • Part 1 추가 문제 풀이 • Part 2 추가 문제 풀이 (1~2) • Part 5-6 실전문제공략 Actual Test 1~5 문제 풀이
Day 9	**Day 10**	**2주차 보충학습**

• LC Day 09
• RC Day 09
• Day 09 동영상 강의 학습
• Day 09 단어장 암기
• Day 09 셀프 단어 시험
• 오답노트 작성
	• LC Day 10
	• RC Day 10
	• Day 10 동영상 강의 학습
	• Day 10 단어장 암기
	• Day 10 셀프 단어 시험
	• 오답노트 작성
		★ 파고다 토익 카페에서 다운로드
		• Part 2 추가 문제 풀이 (4~10)
		• Part 5-6 실전문제공략
		  Actual Test 6~10 문제 풀이
		• 중간평가:
		  온라인 실전모의고사 1 풀이

Day 14	**Day 15**	**3주차 보충학습**
• LC Day 14 • RC Day 14 • Day 14 동영상 강의 학습 • Day 14 단어장 암기 • Day 14 셀프 단어 시험 • 오답노트 작성	• LC Day 15 • RC Day 15 • Day 15 동영상 강의 학습 • Day 15 단어장 암기 • Day 15 셀프 단어 시험 • 오답노트 작성	★ 파고다 토익 카페에서 다운로드 • Part 5 빈출문제공략 250 • Part 5 필수문제공략 270
Day 19	**Day 20**	**4주차 보충학습**
• LC Day 19 • RC Day 19 • Day 19 동영상 강의 학습 • Day 19 단어장 암기 • Day 19 셀프 단어 시험 • 오답노트 작성	• LC Day 20 • RC Day 20 • Day 20 동영상 강의 학습 • Day 20 단어장 암기 • Day 20 셀프 단어 시험 • 오답노트 작성 • 실전모의고사 풀이	★ 파고다 토익 카페에서 다운로드 • Part 6 실전문제공략 160 풀이 • Part 7 독해기초공략 풀이 • Part 7 이중지문공략 100 풀이 • 중간평가: 온라인 실전모의고사 2 풀이

토익 파트별 벼락치기 전략

PART 1

1 벼락치기 전략

- 파트 1에 자주 출제되는 사진의 상황별 빈출 표현들을 정리하여 암기한다.
- 파트 1에서는 정답을 찾기보다 오답을 소거해야 한다. 오답 소거 연습을 반복하여 훈련한다.

2 오답 소거법

❶ 혼동되는 상태 동사와 동작 동사를 이용한 오답

(A) He is **wearing** glasses. 남자는 안경을 착용한 상태이다. (O)
(B) He is **putting on** glasses. 남자는 안경을 착용하고 있는 중이다. (X)

★ wear와 put on은 한국어로는 둘 다 '입다, 착용하다'로 해석이 되지만 wear는 착용한 상태를 나타내고 put on은 착용하는 동작을 나타내므로 주의해야 한다.

❷ 사진에 없는 사람, 사물, 동작을 연상시키는 오답

(A) He is **holding a lid** of a machine. 남자는 기계의 덮개를 손으로 잡고 있다. (O)
(B) He is **putting some papers on a machine**.
남자는 기계 위에 서류를 놓고 있다. (X)

★ 복사하기 위해서는 복사기 위에 서류를 놓아야 한다는 것을 연상해 (B)를 답으로 고를 수 있지만, 사진에 papers(서류)가 없기 때문에 답이 될 수 없다.

❸ 혼동되는 유사 발음의 단어를 이용한 오답

(A) She is **riding** bicycles. 여자는 자전거를 타고 있다. (O)
(B) She is **writing** on a notepad. 여자는 메모장에 무언가를 쓰고 있다. (X)

★ 맞는 표현은 is riding bicycles(자전거를 타고 있다)이지만 riding과 유사한 발음의 writing을 이용하여 전혀 다른 내용의 함정이 나온다.

❹ 여러 가지 의미가 있는 다의어를 이용한 오답

(A) The man is **pushing a stroller**. 남자가 유모차를 밀고 있다.
(B) They are walking toward the **car park**. 사람들이 주차장 쪽으로 걸어가고 있다.

★ park라는 단어만 듣고 사진의 공원을 연상해서 (B)를 답으로 고를 수 있는데, park 의 다른 의미를 이용한 함정 문제이다. park는 주차와 관련된 의미로도 많이 출제된다.

1 벼락치기 전략

– 질문의 앞 세 단어를 집중적으로 듣는 연습을 한다. 앞 세 단어에 정답 힌트가 다 들어 있다.
– 가장 까다로운 파트인 파트 2 역시 질문의 키워드에 어울리지 않는 **오답을 소거하는** 연습이 필요하다.
– 집중력이 가장 필요한 파트이다. 집중해서 25문제를 끝까지 푸는 연습을 해야 하고, 앞 문제에 신경 쓰느라 다음 문제를 놓치는 실수를 하지 않도록 훈련한다.
– "잘 모르겠습니다"류의 답을 암기해 두자.

2 오답 소거법

❶ 의문사 의문문에 Yes/ No 등으로 답하는 오답

> **Q** **When will Mr. Kim return from the conference?** Mr. Kim은 언제 콘퍼런스에서 돌아오나요?
> (A) He was in the meeting this morning. 아침에 회의에 있었는데요. (O)
> (B) **Yes**, he will participate in the **conference**. 네, 그는 콘퍼런스에 참가할 거예요. (X)
>
> ★ conference가 반복되어 (B)가 정답처럼 들리지만, 의문사로 시작하는 의문문에는 Yes나 No로 답할 수 없다.

❷ 똑같은 발음 또는 유사한 발음을 이용한 오답

> **Q** **Have you reviewed the report?** 보고서를 다 검토했나요?
> (A) I just got back from my vacation. 휴가에서 막 돌아왔어요. (그래서 아직 검토하지 못했다) (O)
> (B) It has a nice **view**. 전망이 참 좋네요. (X)
>
> ★ (B)는 내용상 전혀 상관없는 오답이지만 질문의 review와 발음이 비슷한 view를 이용한 함정이다. 똑같은 발음 또는 유사한 발음이 들리면 왠지 정답처럼 들리지만, 오답 함정인 경우가 대부분이므로 주의해야 한다.

❸ 연상되는 어휘를 이용한 오답

> **Q** **Where is the museum?** 박물관은 어디에 있나요?
> (A) It is on 5th Avenue. 5번가에 있어요.
> (B) It was a great **exhibit**. 아주 멋진 전시회였어요.
>
> ★ (B)는 질문과는 상관없는 오답이지만 질문의 museum(박물관)을 듣고 연상되는 exhibit(전시회)를 이용한 함정이다. 의미상 관련이 있는 어휘가 보기에서 들리면 왠지 정답처럼 들리지만, 오답 함정인 경우가 많으므로 주의해야 한다.

❹ 질문과 응답의 주어 불일치 오답

> **Q** **How did you enjoy your stay at our hotel?** 저희 호텔에서의 숙박은 어떠셨나요?
> (A) It was great. 아주 좋았어요 (O)
> (B) **He** stayed late. 그는 늦게까지 있었어요. (X)
>
> ★ stay라는 같은 단어가 반복되어 (B)가 정답처럼 들리지만, 질문에서의 주어가 you였기 때문에 답은 I로 나와야 한다. (B)는 주어가 he라서 답이 될 수 없다. 질문은 you(2인칭)에 대해 묻고 있지만, he(3인칭)로 대답한 오답이다.

PART 3

1 벼락치기 전략

– 내용어 위주로 들으면서 답을 바로바로 골라내는 연습을 해야 한다.
– 패러프레이징 문제가 반 이상이 출제되므로 문제를 풀면서 패러프레이징 된 표현들의 짝을 정리하여 외워 둔다.
  파트 4도 마찬가지이다.
– 화자 의도 파악 문제는 화자가 말한 문장의 문자적인 해석이 아니라 대화의 전반적인 흐름 이해가 필요하다. 평소 단순
  듣기에서 벗어나 대화의 전반적 흐름을 이해하는 훈련이 필요하다. 하지만 난이도가 가장 높은 문제이기 때문에 잘 모
  르겠으면 빨리 포기하고 다음 문제에 집중하는 것도 전략 중 하나이다. 파트 4도 마찬가지이다.

2 공략법

❶ 대화를 듣기 전에 문제를 먼저 읽는다. 문제를 미리 읽으면서 키워드에 표시해둔다. 이는 파트 3와 파트 4 공통이다.

> • **What** are the speakers mainly **discussing**? 화자들은 주로 무엇을 논의하고 있는가?
>   ➡ 주제를 찾는 문제임을 미리 파악한다.
>
> • **What** is **special** about the **product**? 그 제품에 대해 특별한 점은 무엇인가?
>   ➡ 어떤 제품에 대해 특별한 점을 들을 준비를 한다.

❷ 문제의 순서와 문제에 대한 힌트가 나오는 순서는 대개 일치하므로 대화를 들으면서 세 문제에 대한 힌트 표현들을 바
  로바로 포착하여 차례대로 답을 체크해 나가야 한다. 마찬가지로 파트 3와 파트 4 공통이다.

> 대화 전반부
>
> 대화 중반부
>
> 대화 후반부
>
> 세 문제를 읽어주고
> 정답 고를 시간을 준다.
> (각 문제 간격 8초)

> 첫 번째 문제 힌트
> (보기를 보고 있다가 힌트가 들리면 바로 정답 체크!)
>
> 두 번째 문제 힌트
> (보기를 보고 있다가 힌트가 들리면 바로 정답 체크!)
> ⬇
> 마지막 문제 힌트
> (보기를 보고 있다가 힌트가 들리면 바로 정답 체크!)
>
> ★ 대화가 끝남과 동시에 정답 체크를 끝내고,
> 남는 약 24초 동안 다음 문제를 미리 읽기 시작한다.

PART 4

1 벼락치기 전략

- 문제로 출제되는 담화의 종류는 정해져 있다. 방송, 광고, 연설 등 각 담화의 종류별로 정해져 있는 화제 전개 방식을 익혀두면 앞으로 나올 내용을 쉽게 예측할 수 있다.
- 각 글의 종류별로 정답 힌트가 나오는 시그널 표현들이 있으므로 그 시그널 표현을 반드시 익혀 둔다.

2 공략법

❶ 각 담화의 종류별로 정해져 있는 화제 전개 방식을 익혀 둔다.

- **Questions 71-73 refer to the following announcement.** 71번~73번은 다음 안내방송을 참조하시오.
  ➡ 디렉션에서 announcement(안내방송)이라는 담화의 종류를 파악하자 마자 안내방송의 전형적인 화제 전개방식을 떠올린다. 안내방송은 장소에 따라 세부적인 내용에는 차이가 있지만, 전반적인 전개방식은 화자의 자기소개, 청자나 장소에 대한 정보, 공지의 주제 언급 후, 관련 세부 사항 전달 당부나 요청 사항 전달 순으로 전개된다.

❷ 각 문제별로 정답 힌트가 나오는 **시그널 표현**들은 익혀 두었다가 나오면 바로 정답을 고를 준비를 한다.

- **Where is the announcement taking place?** 안내방송이 어디에서 이루어지고 있는가? (장소문제)
  장소를 묻는 문제가 나오면
  Welcome to 장소. 장소에 오신 것을 환영합니다.
  Thank you for coming to [join / attend] 장소. 장소에 와 주셔서[함께해 주셔서 / 참석해 주셔서] 감사합니다.
  와 같은 표현들이 정답이 나오는 시그널 표현이 된다.

- **Who is the speaker?** 화자는 누구인가? (화자의 정체 문제)
  화자가 누구인지를 묻는 문제가 나오면
  I'm/My name is 이름. 저는/제 이름은 이름입니다.
  I'm a 직업/직책. 저는 직업/직책입니다
  As 직업/직책, **I ~.** 직업/직책으로서, 저는 ~
  와 같은 표현들이 정답이 나오는 시그널 표현이 된다.

- **What are listeners instructed to do?** 청자들은 무엇을 하도록 지시 받는가? (요청, 지시사항 문제)
  요청, 지시사항을 묻는 문제가 나오면
  Please ~. ~해주세요.
  I would you like to ~. 당신이 ~해 주셨으면 합니다.
  와 같은 표현들이 정답이 나오는 시그널 표현이 된다.

PART 5

1 벼락치기 전략

– 무조건 해석부터 하지 말고 선택지를 보고 [문법 문제/어휘문제/접속사, 전치사 문제] 중 어떤 문제인지부터 파악한다. 문법 문제는 해석 없이도 답이 나오는 문제가 대부분이므로 최대한 시간을 절약할 수 있는 방법으로 풀어나가야 한다.

– 고득점을 얻기 위해서는 한 단어를 외우더라도 품사, 파생어, 용법을 함께 암기해야 한다. 예를 들어, announce와 notify를 똑같이 '알리다'라고 외워두면 두 단어가 같이 선택지로 나오는 어휘 문제는 풀 수 없다. notify 뒤에는 사람만이 목적어로 나온다는 사실을 꼭 알아 두어야 한다.

2 공략법

❶ 문법 문제

한 단어의 네 가지 형태가 선택지로 나오는 문제들이다. 문법 문제는 빈칸이 [주어, 동사, 목적어, 보어, 수식어] 중에 어떤 자리인지를 파악해서 선택지 중 알맞은 품사나 형태를 고르는 문제이다.

> • **Billy's Auto Repair has ------- with 15 different parts suppliers.**
> (A) contracting　　　(B) contracts　　　(C) contractor　　　(D) contract
>
> ➡ 빈칸은 목적어 자리로 명사가 들어가야 하는데 보기에 명사가 세 개나 나와 있다. 이런 문제들은 자리만 찾는 것으로 끝나지 않고 한 단계 더 나아가 명사의 특성을 알고 있어야 풀 수 있는 문제이다. 한정사 없이 가산 단수 명사는 쓸 수 없으므로 복수명사 (B)가 답이 되는 문제이다.

❷ 어휘 문제

같은 품사의 네 가지 다른 단어가 선택지로 나오는 문제이다. 어휘 문제는 해석을 해야만 풀 수 있고, 어려운 문제의 경우에는 가산/불가산 명사의 구분, 자/타동사의 구분과 같은 문법 사항까지 같이 포함되어 출제되기도 한다.

> • **I have enclosed a copy of my résumé for your ------- and look forward to hearing from you soon.**
> (A) explanation　　　(B) participation　　　(C) reference　　　(D) consideration
>
> ➡ 빈칸은 전치사 for의 목적어 자리에 어떤 명사 어휘를 넣을지 고르는 문제인데 '당신의 고려를 위해 제 이력서를 첨부합니다' 정도는 해석해야만 정답 (D)를 고를 수 있는 문제로 어형 문제보다는 훨씬 난이도가 높다.

❸ 접속사/전치사

종속접속사, 등위접속사, 전치사, 부사 등이 선택지에 같이 나오는 문제를 문법 문제라고 한다. 접속사/전치사 문제는 그 문장의 구조를 파악하여 구와 절을 구분하고 절이라면 어떤 절인지를 파악해야 하는 어려운 문제들로 대부분 해석까지도 필요하다.

> • **We need more employees on the production line ------- production has increased by 60 percent.**
> (A) although　　　(B) since　　　(C) because of　　　(D) so
>
> ➡ 빈칸은 두 개의 절을 연결하는 종속 접속사자리이다. 전치사인 (C)와 등위접속사인 (D)는 답이 될 수 없고, 접속사 (A)와 (B) 중에서 '생산이 증가했기 때문에 추가직원을 고용해야 한다'는 의미에 맞는 (B)를 답으로 고르는 문제이다.

1 벼락치기 전략

- 파트 5처럼 단순히 문장 구조나 문법을 묻는 문제도 출제되지만, 전체적인 내용이나 앞뒤 문장 내용과 연결되는 어휘나 시제, 접속부사를 묻는 문제들이 주로 출제된다는 것에 유의한다.
- 접속부사가 적어도 두 문제는 꼭 출제되므로 **접속부사 리스트를 완전히 외워** 두어야 한다.
- 문맥상 적절한 문장 고르기 문제는 빈칸 앞뒤 문장의 **대명사나 연결어 등을 확인하고 상관 관계를 파악**한다.
- 지문의 길이가 짧기 때문에 전체 내용을 파악하는 데 많은 시간이 걸리지 않으므로 정독해서 읽으면 오히려 더 쉽게 해결할 수 있다.

2 공략법

❶ 어휘 문제
파트 5 어휘 문제와는 달리 그 한 문장만 봐서는 여러 개가 답이 될 수 있을 것 같은 선택지들이 나온다. 따라서 파트 6의 어휘 문제는 앞뒤 문맥을 정확히 파악하여 답을 골라야 한다. 파트 6에서는 특히 어휘문제가 어려우므로 **전체 맥락을 파악**하여 신중히 답을 고른다.

❷ 문법 문제
한 단어의 네 가지 형태가 나오는 문제가 문법 문제이다. 파트 5와 마찬가지 방법으로 풀면 되지만, **동사 시제 문제는 문맥을 파악**하는 까다로운 문제로 출제된다.

❸ 문장 고르기 문제
파트 6에서 가장 어려운 문제로 전체적인 문맥을 파악하고, 접속부사나, 시제 등을 종합적으로 봐야 답을 고를 수 있다.

❹ 접속사/전치사 문제
접속사/전치사 문제는 파트 5와 같이 보통 문장의 구조를 파악하여 구와 절을 구분하는 문제로 출제된다. 평소에 전치사와 접속사, 접속부사의 품사를 철저하게 외워 두어야 한다. 같은 접속사들끼리 선택지에 나와 고르는 문제들은 어휘 문제가 되므로 역시 해석이 필요한 문제들이다.

1 벼락치기 전략

- 파트 7은 RC에서 반 이상을 차지하는 중요한 파트이므로 빠르고 정확한 독해력이 필요하다. 어휘력을 쌓고 문장의 구조를 파악하는 훈련을 통해 독해력을 뒷받침하는 기본기를 다져야 한다.
- 문자 메시지나 온라인 채팅은 난이도가 비교적 높지 않다. 그러나 구어체적 표현이 많이 나오고 문자 그대로의 사전적인 의미가 아닌 문맥상 그 안에 담겨 있는 숨은 뜻을 찾는 화자 의도 파악 문제가 꼭 출제되기 때문에 평소 **구어체 표현을 숙지**하고 대화의 흐름을 파악하는 연습을 한다.
- 질문의 키워드를 찾고 질문이 요구하는 핵심 정보를 본문에서 신속하게 찾아내는 연습이 필요하다.
- 본문에서 찾아낸 정답 정보는 선택지에서 다른 표현으로 제시되므로 같은 의미를 여러 가지 다른 표현들(paraphrased expressions)로 전달하는 연습이 필요하다.

2 공략법

❶ 지문 순서대로 풀지 말자.
파트 7은 처음부터 또는 마지막부터 순서대로 풀지 않아도 된다. 15개의 지문 중에서 당연히 쉬운 것부터 먼저 풀고 어려운 문제는 시간이 남으면 푼다는 마음으로 풀어야 한다. 다음과 같은 순서로 문제를 풀어 보도록 한다.

- **난이도 하:** 광고, 온라인 채팅, 양식(청구서, 주문서, 초대장 등), 웹페이지
- **난이도 중:** 이메일, 편지, 회람, 공지, 첫 번째 이중 지문, 첫 번째 삼중 지문
- **난이도 상:** 기사, 두 번째 이중 지문, 나머지 삼중 지문

❷ 패러프레이징(Paraphrasing)된 정답을 찾는 것이 핵심이다.
같은 어휘는 절대 반복되지 않는다. 정답은 지문에 나온 표현을 다른 말로 바꿔 나온다. 문제를 풀면서 패러프레이징 된 표현들의 짝을 정리하여 외워 둔다.

❸ 지문 내용에 기반하여 정답을 찾는다.
정답은 반드시 지문 내용에 기반하여 사실인 것만 고른다. 절대 '그럴 것 같다, 그렇겠지'라고 상상하여 답을 고르면 안 된다. 파트 7 문제 유형 중에는 추론해야 하는 문제들이 많이 나오기는 하지만 아무리 추론 문제이더라도 지문에 있는 근거 문장을 패러프레이징한 보기를 찾는 문제일 뿐이다. 추론 이상의 상상은 금물이다.

토익 시험은 오전 시험과 오후 시험에 따라 아래와 같이 진행된다.

오전 시험	9:30~9:45	9:45~9:50	9:50~10:05	10:05~10:10	10:10~10:55	10:55~12:10
오후 시험	2:30~2:45	2:45~2:50	2:50~3:05	3:05~3:10	3:10~3:55	3:55~5:10
	15분	5분	15분	5분	45분	75분
	답안지 작성 Orientation	수험자 휴식 시간	신분증 확인 (감독교사)	문제지 배부, 파본 확인	듣기 평가(LC)	읽기 평가(RC) 2차 신분확인

오전 9시 30분부터 9시 50분까지(오후 시험일 경우는 오후 2시 30분부터 2시 50분까지) 20분간은 답안지 작성에 대한 오리엔테이션과 휴식 시간이다. 이 시간에 처음으로 시험을 보는 학생이 아니라면 오리엔테이션 내용을 귀담아 들을 필요는 없다. 처음 시험을 보는 학생들도 OMR 카드 작성은 그렇게 어려운 일은 아니다. 이 시간에 충분한 벼락치기가 가능하다! 이 시간에는 LC보다는 RC 내용을 정리하면서 벼락치기 하는 것이 효율적이다.

1. 접속사, 전치사, 접속부사 표를 다시 한 번 보면서 정리한다.
2. 가산 명사와 불가산 명사 표를 보면서 다시 한 번 정리한다.
3. 자동사+전치사 표를 보면서 특정 전치사가 붙는 자동사들을 다시 한 번 외운다.
4. 빈출 접속부사 표를 외워 둔다.
5. 가장 시험에 많이 출제되는 전치사 리스트를 보고 다시 외운다.
▶ 이 모든 팁들은 별책 부록인 『토익 시험장 암기 노트』에 담겨 있습니다.

1타 강사와 소통하며 토익 공부 하세요!

〈KBS 해피투게더〉에서
3일만에 벼락치기 강의로 150점 이상을 올려낸 두 남자!
여러분들의 750점 20일 벼락치기도 책임지겠습니다!
천쌤&주쌤과 함께 해요!

LC 1타 강사 주지후 선생님   RC 1타 강사 천성배 선생님

지후쌤의 속 시원한 사이다 강의 지후영어 TV   1타 토익 강사의 토익에 관한 모든 팁! 천쌤

〈유튜브에서 **지후영어TV** 검색〉   〈유튜브에서 **토익 천성배** 검색〉

PART

1

DAY 01-02

토익 시험에 출제되는 사진은 매번 바뀌지만 하나 변하지 않는 것이 있다. 예를 들어, 상품을 들고있는 여자 사진이 한 시험에 나오고 그 다음 시험에는 컵을 들고 있는 남자가 나왔다고 가정해 보자. 각각 정답은 다음과 같다.

The woman is **holding** an item.

The man is **holding** a cup.

분명 두 사진은 다르다. woman과 man이 다르고 item과 cup이 다르다. 그러나 '~를 쥐고 있는 중이다'라는 의미의 holding은 똑같이 쓰였다. 이것이 동사의 힘이다.

그렇다면 파트 1에는 어떤 동사가 주로 나올까? 먼저, 파트 1의 출제 방식을 보도록 하자.
출제 위원은 사진을 놓고 이런 구도로 출제 포인트를 잡는다.

사람이 있는 사진	① 사람의 손, 발 ② 사람의 눈 ③ 사람의 옷
사람이 없는 사진	④ 사물의 위치

본서에서는 파트 1에 나오는 사진을 크게 '사람이 있는 사진'과 '사람이 없는 사진'으로 나누어 각각 Day 01, Day 02에서 다룬다.

내가 보이는가?

사람이 있는 사진

Today's Mission: 사람의 상태와 동작을 구분하자!

동영상강의
바로보기

1 벼락치기 전략

파트 1에서 어떤 인물이나 사물을 묘사할 때 가장 중요한 것은 '동사'이다. 가장 효율적으로 정답을 맞히기 위해서는 토익에서 출제되는 동사를 먼저 종류별로 암기하는 것이 필요하다.

01 출제 빈도 1순위, 사람의 '손과 발'

가장 출제 빈도가 높은 '사람의 손, 발'을 보도록 하자. 영어는 '상태'와 '동작'을 엄밀히 구분한다.

❶ 사람의 손

상태 holding / grabbing / grasping / gripping	**동작** picking up / lifting ⇔ putting down / laying down

holding / grabbing / grasping / gripping an item

picking up / lifting some garbage
⇔ **putting down / laying down** garbage

왼쪽의 '상태' 동사들은 '이미 쥐고 있는 상태'를 의미한다. 즉, 여자가 상품을 이미 쥐고 있는 상태라면, The woman is holding / grabbing / grasping / gripping an item.

반면, 사람들이 무언가를 들어 올리고 있는 중이라면,
The people are picking up / lifting an item.

반대로 내려놓고 있는 중이라면,
The people are putting down / laying down an item.이 된다.

❷ 사람의 발

상태 riding	**동작** getting on[onto] ⇔ getting off stepping on[onto] ⇔ stepping off[down] getting in[into] ⇔ getting out of

사람이 자전거나 말 등에 올라타고 있는 중이라고 가정해보자. 이때 쓰는 동사는 getting on[onto]이다. 반면 자전거나 말 등에서 내려오고 있는 중이라면 getting off가 정답이 된다.

그렇다면 이미 타고 있는 상태는 무엇일까? 그렇다! **riding**이 정답이다!

riding a horse

getting on[onto] horse ⇔ **getting off** horse

마찬가지 원리로 버스나 기차 등에 탑승하려고 발을 디뎌 올라가고 있는 중이라면 stepping on[onto]가 정답이며, 반대라면 stepping off[down]이 정답이 된다.

그렇다면 이미 타고 있는 상태는 무엇일까? 그렇다! **riding**이 정답이다!

riding an escalator

stepping on[onto] a bus ⇔ **stepping off[down]** the train

자동차 등의 문을 열고 들어가고 있는 중에 사진이 찍히면 getting in[into]가 정답이 되고, 반대의 경우라면 getting out of가 정답이다.

그렇다면 이미 타고 있는 상태는 무엇일까? 그렇다! **riding**이 정답이다!

Ex People are riding an escalator. 사람들이 에스컬레이터를 타고 있다. (○)

ride가 운전하다?라고 생각하시면 곤란해요~!

riding on a boat

getting in[into] a car ⇔ **getting out of** a car

세 번이나 강조해서 말했듯이, **riding**은 '**이미 탑승한 상태**'를 의미한다. 따라서 자전거, 말, 에스컬레이터, 자동차, 기차, 지하철, 배 등 어디에 탑승했는지 따지지 않고 이미 탑승을 마친 상태라면 riding이 정답이 된다.

Ex A man is riding on a boat. 한 남자가 배에 타고 있다. (○)

ride를 듣고 노를 젓고 있는 남자라고 생각하시던데 그냥 위의 사진처럼 앉아 있는 모습입니다.

02 출제 빈도 2순위, 사람의 '눈'

두 번째로 출제가 많이 되는 것은 바로 '사람의 눈'이다. 토익 시험에 나오는 사람들은 모두 눈을 뜨고 있기 때문에, '시선 처리'를 어떻게 하느냐가 핵심이다. 먼저 사람의 시선을 가지고 할 수 있는 표현들을 모아보았다.

> • **looking / staring / gazing / glancing + [at / into / through]**
> • **examining / studying / inspecting**
> • **facing**
> • **browsing + [around / through]**

❶ [looking / staring / gazing / glancing] + [at / into / through]

looking at 등의 표현은 '~을 응시하는 중이다'라는 뜻에 가깝다. 따라서 어딘가를 쳐다보고 있는 사람을 묘사할 때 가장 많이 쓰인다. looking into 등의 표현은 '~을 들여다보는 중이다'라는 표현을 할 때 쓰이고, looking through 등은 '~을 훑어보는 중이다'의 뜻으로 사용된다.

looking into a display case

❷ examining / studying / inspecting

examining은 서류나 제품 등을 검토할 때, studying은 메뉴판을 쳐다볼 때, inspecting은 중장비, 기계 등을 점검할 때 쓰이는 동사다.

examining a document

studying a menu

❸ facing

facing은 '~쪽을 향하고 있다'라는 뜻이다. 토익 시험에서 가장 많이 보게 되는 것은 facing each other라는 표현이다. 사람 둘이 서로 마주보고 있으면 정답으로 매우 자주 나오는 표현이다.

facing each other

❹ browsing + [around / through]

browsing around는 '둘러보는 중이다'에 가까운 표현으로써 주로 상점에서 손님들이 두리번거리고 있는 사진의 정답으로 많이 쓰인다. browsing through는 looking through 등과 마찬가지로 '~을 검토하는 중이다'의 뜻이다.

browsing around

browsing through paper

다음으로 '사람의 옷'을 보도록 하자. 옷에 관련된 표현은 주로 '입다, 벗다'인데 이 역시 상태와 동작을 구별한다.

상태	동작
wearing	• **putting on / trying on** ⇔ **taking off** • **tying / fastening / adjusting** • **buttoning up**

우리말은 '입고 있는 중'이라는 표현이 이미 입은 '상태'와 입고 있는 '동작'을 둘 다 의미하지만, 영어는 이를 철저히 구분한다. 어떤 사람이 옷을 이미 입었다면 wearing을 쓰고, 아직 다 입지 않았다면 오른쪽 칸에 있는 동사들을 사용한다.

❶ putting on / trying on ⇔ taking off

셔츠나 재킷 등을 입고 있는 동작을 취하고 있다면 putting on이나 trying on을 쓴다. 반대로 벗고 있는 동작 중이라면 taking off가 정답이 된다. 실제 사진만 보고 입고 있는 동작 중인지 벗고 있는 동작 중인지를 구분할 수는 없기 때문에 양쪽 표현 중 하나만 출제된다.
그렇다면 **이미 입고 있는 상태**는 무엇일까? 그렇다! 바로 **wearing**이 정답이다!

❷ tying / fastening / adjusting

넥타이나 스카프 등을 매고 있는 동작을 취하고 있다면 tying이나 fastening이 정답으로 출제될 가능성이 높다. 또한, 어딘가에 손을 대고 있는 것을 묘사할 때 가장 무난한 것이 adjusting인데, 넥타이나 스카프 등도 마찬가지로 매만지며 매듭을 조정하는 모양새를 찍어서 시험에 낼 수 있기 때문에 adjusting을 반드시 기억하도록 한다.
그렇다면 **이미 매고 있는 상태**는 무엇일까? 그렇다! 바로 **wearing**이 정답이다!

wearing a tie

adjusting a tie

❸ buttoning up

단추가 있는 옷을 입으려고 한다면 당연히 단추를 채우는 동작을 사진으로 찍어야 한다. 이 경우 '단추를 채우는 중'에 해당하는 buttoning up이 정답으로 쓰인다.
그렇다면 이미 **단추를 다 채운 상태**는 무엇일까? 그렇다! 바로 **wearing**이 정답이다!

buttoning up a shirt

세 번이나 강조한 대로 **이미 착용을 마친 상태**라면, 그것이 셔츠든 재킷이든 넥타이든 스카프든 장갑이든 양말이든 모두 **wearing**을 쓴다. 이것이 핵심이다.

2 벼락치기 표현

사람이 있는 사진에서 어떤 표현이 나오는지 그 응용 범위를 직접 보도록 하자. 여러 번 소리 내서 읽는 연습을 통해, 비슷한 테마의 사진이 나왔을 때 신속히 대처하는 것이 핵심이다.

01 사람의 '애매한' 행동을 표현하는 동사들

- work (작업, 일을) 하다, 손보다
- use, hold, carry (도구를) 사용하다, 들다
- stand, be near (어떤 일을 하면서) 서 있다 / 근처에 있다
- operate, handle, adjust (기계 등) 작동하다, 조작하다
- wear (옷, 장신구, 머리 모양) 입고 있다, 하고 있다

02 사람의 능동적인 행동을 나타내는 동사들

- look, gaze, glance, stare 보다
- examine, inspect, check 검토하다, 점검하다, 확인하다
- pick up, put down 집다, 내려놓다
- talk, discuss, chat, converse 말하다
- present, address, make a point, deliver a speech 발표하다
- hand (over), pass 건네주다

03 특정 풍경을 묘사하는 표현들

- board, get on 탑승하다   land 착륙하다   take off 이륙하다
- cross, walk across 건너가다   wait, stand 기다리다
- crosswalk 횡단보도   (traffic) light 신호등
- pedestrian 보행자   be in the middle of ~에 있다
- runway 활주로
- check-in counter 짐 부치는 곳(공항)
- overhead-compartment 짐칸(기내)
- baggage claim 짐 찾는 곳

(04) 사람이 어딘가 기대거나 허리를 구부리는 표현들

- bend over ~위로 허리를 구부리다
- lean over ~위로 몸을 기울이다
- lean on ~에 기대다

> **Ex** A woman is **leaning on** a cart.
> 한 여자가 카트에 기대어 있다.

- lean against ~에 기대다

> **Ex** A man is **leaning against** a wall.
> 한 남자가 벽에 기대어 있다.

PRACTICE
실전 사진과 표현 맞추기

1. 먼저 선택지만 보고 풀어보자.
2. 괄호 넣기로 정답 표현을 마스터하자.
▶ 정답은 암기하고, 오답은 틀린 부분이 정확히 어디인가를 집어내는 훈련을 하자!

음원바로듣기

---

1 책상 앞에서 작업하는 남자

| 정답 고르기 | (A) | (B) | (C) | (D) |

(A) The man is _____ some papers.
(B) The man is _____ at his desk.
(C) The man is _____ some letters.
(D) The man is writing on the _____.

---

2 도구로 작업하는 남자

| 정답 고르기 | (A) | (B) | (C) | (D) |

(A) The worker is _____ the work area.
(B) The worker is cutting some _____.
(C) The worker is _____ with some _____.
(D) The worker is fixing a _____.

---

3 악기를 연주하는 여자

| 정답 고르기 | (A) | (B) | (C) | (D) |

(A) The woman is _____ her hair.
(B) The woman is looking for some _____.
(C) The woman is playing an _____.
(D) There is a table _____ the woman.

정답 · **1.** (A) holding　　**(B) working(작업하다)**　　(C) typing　　(C) board
　　　2. (A) cleaning　　(B) trees　　**(C) working, tools(공구)**　　(D) vehicle(차량)
　　　3. (A) combing(빗질하다)　　(B) papers　　**(C) instrument(악기)**　　(D) in front of

3 실전 문제로 벼락치기

한꺼번에 연속으로 나오는 실전 문제를 시험과 같은 환경에서 풀어보자. 이 단계에서는 잘 모르는 부분이 있더라도, 중간에 쉬지 말고 연속적으로 문제를 풀어라.

1

(A)　　　(B)　　　(C)　　　(D)

2

(A)　　　(B)　　　(C)　　　(D)

3

(A)　　　(B)　　　(C)　　　(D)

4

(A)　　　(B)　　　(C)　　　(D)

Day
02

거기 누구 없소?
사람이 없는 사진

Today's Mission: 사물의 위치를 묘사하는 표현들을 익히자!

동영상강의
바로보기

1 벼락치기 전략

토익은 수많은 반복 출제를 통해서 이미 어떤 문제가 어떻게 나오는지를 알 수 있다. 짧은 시간 내에 가장 큰 효과를 보기 위해서는 먼저 시험에 자주 출제되는 문제들의 정답 유형부터 마스터하도록 하자.

01 사물에 집중하라!

사람이 없는 사진에서는 무엇보다 사물의 위치를 제대로 묘사했는지 사진을 보면서 판단해야 한다. 대표적인 동사들을 소개한다.

> • put / place / position / set / situate / locate / mount
> • stack / pile / heap
> • arrange / organize
> • hang / sit / rest / lie

❶ put / place / position / set / situate / locate / mount
일반적으로 사물의 위치를 묘사하는 '놓다'라는 동사들이다. 물론, 사물이 무언가를 놓을 수는 없기 때문에 '놓여있다'라고 말한다. 형태는 「be + p.p.」와 「have been + p.p.」 이렇게 두 가지로 나뉜다. 다만, 사진은 시간을 표현할 수 없으므로, 사진을 보고 현재인지 현재완료인지 판단하는 것은 불가능하기 때문에 이 두 형태(현재, 현재완료)는 같은 것으로 취급한다. 다음의 예문들은 편의상 모두 「have been + p.p.」를 쓰겠다.

이해를 돕기 위해 '책들이 놓여있다'라는 문장을 만들어보자.
Some books have been put[placed / positioned / set / situated / located / mounted].

이제 '테이블 위에(on the table)'라는 전치사 구만 덧붙여보자.
Some books have been[put / placed / positioned / set / situated / located / mounted] on the table.

실제 토익 시험에는 books가 아닌 다른 사물이 나올 수 있고, 테이블 위가 아닌 다른 장소에 놓여있을 수도 있다. 그러나, '놓여있다'라는 동사들은 절대 변하지 않는다. 따라서 이 동사들을 제대로 알면 대부분의 사물 묘사는 쉽게 해결할 수 있다.

❷ stack / pile / heap
'쌓다'라는 의미를 가진 동사이다.

이해를 돕기 위해 '책들이 쌓여있다'라는 문장을 만들어 보자.
Some books have been stacked[piled / heaped].

이제 '테이블 위에(on the table)'라는 전치사 구만 덧붙여보자.
Some books have been stacked[piled / heaped] on the table.

실제 토익 시험에는 books가 아닌 다른 사물이 나올 수 있고, 테이블 위가 아닌 다른 장소에 쌓여있을 수도 있다. 그러나 '쌓여있다'라는 동사들은 절대 변하지 않는다.

❸ arrange / organize
'정리하다, 정돈하다'의 의미를 가진 동사들이다.

이해를 돕기 위해 '책들이 정렬/정돈되어 있다'라는 표현을 만들어보기로 하자.
Some books have been arranged[organized].

이제 '일렬로(in a row)'라는 전치사 구만 덧붙여보자.
Some books have been arranged[organized] in a row.

실제 토익 시험에는 books가 아닌 다른 사물이 나올 수 있고, 일렬이 아닌 여러 열로 정렬, 정돈되어 있을 수도 있다. 그러나 '정렬/정돈되어 있다'는 동사들은 절대 변하지 않는다.

❹ hang / sit / rest / lie
이 동사들은 지금까지 살펴본 동사들과는 달리 사물을 주어로 하여 -ing 형태로 쓸 수 있는 대표적인 동사들이다.

be hanging은 '~을 걸고 있다'라는 해석이 가능하지만, 그림들이 무언가를 스스로 걸고 있을 리는 없기에 여기서는 '걸려있다'라고 해석한다. hang은 진행형 능동태로 쓸 수도 있고, 수동태로 쓸 수도 있는 특이한 존재다. 다만, 실제 시험에서 '수동태냐, 능동태냐'고 묻지는 않기 때문에 수험자 여러분께서는 두 표현을 같다고 생각하여 암기하는 것이 더 좋을 것이다.

Some paintings are hanging on the wall.
Some paintings have been hung on the wall.

be sitting은 원래 사람을 주어로 하면 '~에 앉아있는 상태'라는 뜻이 되지만, 사물이 주어가 되면 그저 '~에 있는 상태'라는 뜻이 된다.
Some pots are sitting on the kitchen counter.

be resting은 be sitting과 마찬가지로 그저 '~에 있는 상태'라는 뜻이 된다. 물론 사람이 주어라면 '쉬고 있다'는 뜻이 되겠지만, 사물이 주어일 때는 be sitting과 비슷한 뜻이 된다.

A fruit basket is resting on the dining table.

be lying은 원래 사람을 주어로 하면 '누워있는 중이다'가 되지만, 사물이 주어가 되면 '깔려있는 상태'라는 뜻이 된다. 주로 양탄자를 의미하는 rug나 carpet 등에 많이 쓰인다.

A rug is lying on the floor.

(02) 공간에 집중하라!

사물의 위치 등을 넘어서서 공간을 묘사하는 표현이 있다. 대표적으로 알아두어야 할 단어는 occupy라는 동사다. occupy는 '~을 차지하다/사용하다'라는 뜻이 있다. 다만, 공간을 묘사할 때는 다음과 같이 수동태로 쓴다.

> **be occupied with** ⇔ **be unoccupied**
> be taken be vacant
> be empty

be occupied with가 '~에 의해 차지되어 있다'의 표현이고, be unoccupied가 '차지되어 있지 않다'는 뜻이다. 공간을 묘사한다는 말은 곧, 공간 내에 사람이 있는지 없는지가 핵심이다. 표현을 암기하면 이 부분은 즉각 해결된다!

occupied

unoccupied

주의해야 할 것이 있다. 좌석이 적나라하게 꽉 차 있거나 텅 비어있는 사진만 나오는 것은 아니라는 것이다. 몇 자리는 차 있고, 몇 자리는 비어있는 그런 사진들이 나올 것이다. 따라서,

All of the seats are occupied.

All of the seats are unoccupied.

None of the seats are occupied.

None of the seats are unoccupied.

등의 표현은 오답일 가능성이 높다. 극단적인 all이나 none은 정답 표현으로 그리 적합하지 않다.

Most of the seats나 Some of the seats 등으로 시작하는 문장에 주목하라!

그리고 사진과 대조하여 occupied인지 unoccupied인지 세밀하게 관찰하라!

2 벼락치기 표현

수험자들은 일반적으로 사람이 없는 사진을 만나면 숨이 턱 막히는 경향이 있다. 어떻게 하면 공간을 묘사하고 사물의 위치를 묘사할 수 있는지 집중적으로 연습해보도록 하자!

⑴ 물건을 지칭하는 '애매한' 명사들

- items / merchandise / products 사진에 등장하는 다양한 물건
- device / tool / instrument (사용하는) 기기, 장비, 도구
- paper / document / report 각종 서류, 신문, 종이

⑵ 특정 풍경을 묘사하는 '딱 떨어지는' 표현들

- dock / port / pier 선착장, 항구
- be tied up / be docked / be anchored 정박되어 있다
- water is calm 물이 잔잔하다
- oversee (건물, 나무 등이) 내려다보다
- be reflected on the water (건물 등이) 물에 반사되다

⑶ 사물의 수동적인 상태를 나타낼 수 있는 동사들

- stack / pile / stock 쌓다
- lean / rest 기울이다, 기대다
- occupy / take 차지하다, (좌석에) 앉아 있다, 사용 중이다
- place / put / lay / leave 놓다, 두다
- arrange / display / set out 정렬하다

PRACTICE
실전 사진과 표현 맞추기

1. 먼저 선택지만 보고 풀어보자.
2. 괄호 넣기로 정답 표현을 마스터하자.
▶ 정답은 암기하고, 오답은 틀린 부분이 정확히 어디인가를 집어내는 훈련을 하자!

음원바로듣기

1

| 정답 고르기 | (A) | (B) | (C) | (D) |

(A) The plane is _____ in the air.
(B) An airplane _____ on the ground.
(C) Some cars are _____ along the road.
(D) Passengers are _____ the plane.

2

| 정답 고르기 | (A) | (B) | (C) | (D) |

(A) The lamp is _____ the sofa.
(B) They are _____ the picture on the wall.
(C) They are _____ the candles.
(D) Cushions have _____ on the sofa.

3

| 정답 고르기 | (A) | (B) | (C) | (D) |

(A) The basketball court _____.
(B) The fence _____.
(C) The basketball court _____.
(D) The trees _____.

정답 · **1.** (A) flying   **(B) has landed**(착륙하다)   (C) moving   (D) boarding
      2. (A) in front of   (B) painting   (C) lighting   **(D) been placed**(놓여지다)
      3. (A) is being cleaned   (B) is being installed   **(C) is unoccupied**(비어있다) (D) are being trimmed

3 실전 문제로 벼락치기

음원바로듣기

한꺼번에 연속으로 나오는 실전 문제를 시험과 같은 환경에서 풀어보자. 이 단계에서는 잘 모르는 부분이 있더라도, 중간에 쉬지 말고 연속적으로 문제를 풀어라.

1

(A)　　　(B)　　　(C)　　　(D)

2

(A)　　　(B)　　　(C)　　　(D)

3

(A)　　　(B)　　　(C)　　　(D)

4

(A)　　　(B)　　　(C)　　　(D)

Day 8 1~2

REVIEW TEST 1

02_3.MP3

Today's Mission: 2일 동안 숨 가쁘게 뛰어왔다! 파트 1에서 배운 행동과 사물을 파악하고 표현하는 법을 다시 한번 제대로 정리해보자!

음원바로듣기
정답 4페이지

1

2

3

4

GO ON TO THE NEXT PAGE ➡

5

6

PART

2

파트 2는 짧은 대화문으로 보기 세 개가 연달아 나오는 방식이다.

Q. Who is the new manager?	Q. 새로운 매니저가 누구인가요?
(A) I managed it.	(A) 제가 그것을 관리했습니다.
(B) It hasn't been decided yet.	(B) 아직 결정되지 않았습니다.
(C) Mr. Kim didn't come yesterday.	(C) Kim 씨는 어제 오지 않았습니다.

질문이 Who로 시작하므로 Mr. Kim이 나온 (C)가 정답일 것 같지만, 실제 정답은 '아직 결정되지 않았다'고 말하는 (B)이다. 이것을 '회피성 답변'이라고 한다. (A)는 질문의 manager와 managed의 발음이 비슷한 것을 이용한 함정이다.

본서에서는 이렇게 파트 2에 나오는 오답의 패턴과 정답의 패턴을 상세히 다루어 수험자의 실전 연습을 돕고, 실제 적용 가능한 팁을 최대한 수록하였다.

또한, 파트 2에 등장하는 의문문의 형태를

1. 의문사 의문문
2. 일반/부정/부가의문문
3. 선택의문문
4. 제안/요청/청유문
5. 평서문

총 다섯 가지로 나누어 각각의 형태에 최적화된 정답, 오답 패턴과 실전 대비 전략을 수록하였다.

Day
03

육하원칙을 아는가? (1)
의문사 의문문 (1)

Today's Mission: 질문의 첫 부분에 온 신경을 집중한다!

동영상강의
바로보기

1 벼락치기 전략

의문사 의문문은 최근 들어서 출제 빈도가 줄어들고 있기는 하지만, 여전히 파트 2에서 적은 노력으로 가장 큰 점수 상승을 보장하는 유형이다. 각각의 의문사는 알아듣기가 쉬운 편이고 정답도 같은 유형이 계속 반복된다. 하지만, 고난도 문제도 맞히기 위해서 지우기 훈련을 계속하자.

01 Yes or No? NO!

의문사라는 것은 Who, When, Where, What, How, Why, Which를 일컫는다. 의문사 의문문은 이 Wh-로 시작하는 질문들을 지칭한다. 편의상 앞으로 의문사 의문문을 Wh-Qs(WH questions)라고 지칭하기로 한다.

> **Q. Who** is the supervisor? **누가** 상사입니까?
> **Q. When** is the deadline? 마감일은 **언제**입니까?
> **Q. Where** is the post office? 우체국은 **어디에** 있습니까?
> **Q. What** did you buy? 당신은 **무엇을** 샀습니까?
> **Q. How** did you find about this movie? 당신은 이 영화에 대해서 **어떻게** 알게 됐습니까?
> **Q. Why** are you going to Canada? 당신은 **왜** 캐나다로 가십니까?
> **Q. Which** car do you want to buy? **어떤** 자동차를 구입하고 싶으십니까?

이러한 의문사 의문문의 특징은 질문의 핵심이 모두 맨 앞쪽에 쏠려있다는 것이다. 따라서, 수험자에게 유리한 질문이다. 질문의 첫 단어와 그 문장의 동사를 제대로 기억하면 오답률을 상당히 낮출 수 있다.

의문사 의문문은 중요한 특징이 있다. Wh-Qs에는 절대 Yes / No로 대답할 수 없다. 영어뿐만이 아니라 전 세계 모든 언어가 그렇다.

> **Q.** 식사 뭐 하셨어요?   **A.** 네. (×)
> **Q.** 어디 가세요?   **A.** 아니오. (×)

Yes / No로 대답할 수 없다는 말은, Sure / Of course / No problem 등도 대답으로 쓰일 수 없다는 뜻이다.
의문사 의문문의 보기에 이런 표현들이 등장하면 과감하게 지우도록 한다.

02 말이 짧아도 용서하겠다!

의문사 의문문(Wh-Qs)에서 Who, When, Where, What, Which로 시작하는 의문사 의문문은 '단답형' 대답이 가능하다. 즉, 대답이 길든 짧든 상관이 없다.

Q. Who is the man over there **wearing** a brown coat? 저쪽에 갈색 코트를 입고 있는 남자는 누구인가요?
A. Mr. Park. Park 씨입니다.

Q. When is the deadline? 마감일이 언제입니까?
A. Next Tuesday. 다음 주 화요일입니다.

Q. Where should I **submit** these documents? 제가 이 서류들을 어디에 제출해야 하나요?
A. The Accounting Department. 회계부요.

Q. What do I **need to bring** to the banquet? 제가 연회에 무엇을 가져가면 되나요?
A. Just some snacks. 그냥 간단히 먹을 것들이요.

Q. Which car **is** yours? 어떤 자동차가 당신 것입니까?
A. The red one. 빨간 거요.

만약, 위와 같은 다섯 가지 질문 형태에서 헷갈리는 보기가 두 개 있다면, 짧은 것을 고르는 것이 좋다.

Q. Where are the documents that I received from the Marketing Department?
제가 마케팅부에서 받은 서류들은 어디에 있습니까?
A1. It is on your desk. (×) 그것은 당신 책상 위에 있습니다. → 문장 형태
A2. In the top drawer. (○) 제일 위 서랍요. → 짧은 구 형태

이 둘 중 It is on your desk.처럼 문장 형태로 나온 보기보다는 In the top drawer.라는 짧은 구 (또는 단어) 형태가 더 정답이 되기 유리하다.

참고로, 질문에서는 복수(documents)로 물어봤는데 A1은 It is ~라고 하여 수 일치가 틀렸다! 반면 A2. In the top drawer.는 애초에 그럴 위험이 전혀 없다!

(03) 파트 2에서 '모른다'는 왜 늘 정답으로 나올까?

일반적으로 누군가의 질문에 답을 하기 어렵거나 싫을 때 '모른다'라고 하면 대화를 종결할 수 있다. 파트 2는 어디까지나 두 사람의 대화가 말이 되는지를 물어보기 때문에 반드시 멋진 말로 대답할 필요는 없다. '모른다'의 위력이 어떤지 예문을 통해 살펴보도록 하자.

> **Q. How long** is the flight to London? 런던까지 가는 비행은 얼마나 걸리나요?
> **A. I don't know.** 잘 모르겠습니다.
>
> **Q. Where** did Mr. Kim put the document? Kim 씨가 어디에 서류를 두었나요?
> **A. I don't know.** 잘 모르겠습니다.
>
> **Q. Why** is Sarah moving to Chicago? 왜 Sarah가 시카고로 이사를 가나요?
> **A. I don't know.** 잘 모르겠습니다.

이렇게 무작위로 질문을 던져도 '모른다'라고 하면 그럭저럭 대화가 된다. 따라서 우리는 '모른다'라는 말과 그와 유사한 의미를 지닌 표현들을 최대한 많이 암기할 필요가 있다. 매 토익 시험에서 이러한 형태의 답변이 최소 3~4개 정도 출제된다.

> I don't know. 저는 모릅니다.
> I don't remember. 저는 기억이 안 납니다.
> I wish I knew. 저도 알았으면 합니다. → '정말 모르겠다'는 뜻
> I am not sure. 저는 확신이 없습니다. → '모르겠다'는 뜻
> I am not certain. 저는 확신이 없습니다. → '모르겠다'는 뜻

이러한 기본적인 형태 외에도 다음과 같은 응용 표현들이 있다.

> **Not + decided / finalized / confirmed + yet**
> 않았다 + 결정 / 확정 / 확인되지 + 아직

위와 같은 방식으로 단어를 조합하면 수십 가지의 '모르겠다'는 표현이 탄생한다.

> I haven't **decided it yet.** 저는 아직 결정을 못 내렸습니다.
> We haven't **finalized it yet.** 저희들은 아직 확정을 못 내렸습니다.
> We haven't **confirmed it yet.** 저희들은 아직 확인을 못했습니다.
> It hasn't **been decided yet.** 그것은 아직 결정되지 않았습니다.
> It hasn't **been finalized yet.** 그것은 아직 확정되지 않았습니다.
> It hasn't **been confirmed yet.** 그것은 아직 확인되지 않았습니다.
> It hasn't **been announced yet.** 그것은 아직 발표되지 않았습니다.

비슷한 표현 방식으로는 check나 ask 동사를 활용하는 것이다. 둘 다 '아직은 저도 모르겠습니다'라는 의미다. 따라서 파트 2에서는 나오면 바로 정답이 된다.

> **Let me check.** 제가 확인해볼게요. ⟶ '모르겠다'는 뜻
>
> **Let me ask.** 제가 물어볼게요 ⟶ '모르겠다'는 뜻

이 외에도 다른 사람을 내세워서 대답하는 방식, '~는 알고 있을 것입니다'도 정답으로 굉장히 많이 나온다.

> **Tom would know** about that. Tom이 거기에 대해서 알 겁니다. ⟶ 즉, 저는 잘 모릅니다.
>
> **Peter should know** about that. Peter가 거기에 대해서 알고 있을 것입니다. ⟶ 즉, 저는 잘 모릅니다.
>
> **Rodriguez might know** about that. Rodriguez가 거기에 대해서 아마 알고 있을 것입니다. ⟶ 즉, 저는 잘 모릅니다.

Q. Can you show me how to use this software?
이 소프트웨어를 어떻게 사용하는지 보여주실 수 있나요?

A. Tom would know about that.
Tom이 거기에 대해서 알 겁니다. ⟶ 즉, 저는 잘 모릅니다.

Q. Does anyone know about this newly-installed program?
혹시 이 새로 설치된 프로그램에 대해서 아는 사람이 있나요?

A. Peter should know about that. Peter가 거기에 대해서 알 겁니다. ⟶ 즉, 저는 잘 모릅니다.

따라서, 이런 표현이 보기에 나왔다 하면 바로 골라서 정답률을 높이도록 하자!

2 벼락치기 표현

파트 2는 LC에서 칼 같은 기술이 가장 먹히는 파트이다. 정답과 오답의 몽타주를 정확히 구분하여 정답을 살리고, 오답을 지우는 연습을 해보자! 정답인 경우는 모두 암기하는 것을 목표로 한다!

(01) 의문사를 기억하자.

❶ **어휘형 의문사**: 단답형이 가능한 의문사에 대비하기 위해서 정답이 되는 이름이나 묘사를 암기한다.

Who	직업/직급/ 부서/회사명	director, manager, Design Team, trading company, 실제 회사 이름
	인물묘사	someone from the head office, the woman I know
Where	장소표현	at the reception desk, on the patio, in the closet, on the back
	장소묘사	around the corner, the same place we went last week
When	시간표현	today, next Sunday, early next year, on the first of the month
	시점묘사	after lunch, as soon as the manager comes back, not until next week

> Q. **When** do you expect the merger to be approved?
> 언제 합병이 승인이 날 것이라고 기대하세요?
>
> A1. By the end of this month. → 전형적인 시점을 나타내는 표현 (O)
> 이번 달 말까지요.
>
> A2. Yes, we can finish the report. → 의문사에 Yes / No로 대답할 수 없다. (X)
> 네, 우리가 보고서를 마무리할 수 있어요.

❷ **서술형 의문사**: 정답 표현이 다양하며, 질문을 해석해야만 답을 맞힐 수 있다.

How	How 의문문은 설명을 요하는 의문문이다. 따라서, 단답형으로 대답할 수 없고 문장 형태로 답을 해야 한다.
Why	Why 의문문은 이유를 요하는 의문문이다. 따라서, 단답형으로 대답할 수 없고 문장 형태로 답을 해야 한다.

> Q. **How** would you send this report? 이 보고서를 어떻게 보낼 건가요?
> A. Use the express courier service. 빠른 택배 서비스를 이용해요.
>
> Q. **Why** is the grocery store closed? 식료품점이 왜 문을 닫았나요?
> A. They're renovating the building. 건물을 보수하고 있어요.

02 파트 2에서는 이런 표현이 정답이다. → '몰라요'라고 대답을 회피하는 경우

토익 파트 2의 대화는 우리가 알고 있는 일반 회화와 다른 경우도 있다. 특히, 자주 등장하는 정답 중에는 "몰라요", "글쎄요", "두고 보죠" 등의 관용적인 표현이 등장해서 초보를 당황스럽게 한다. 하지만 "몰라요" 유형은 질문의 형태와 상관없이 여러 의문문에 동시에 정답이 될 수 있다는 것을 기억하고 반드시 암기하자.

Q. Who will be sent to represent our department?
우리 부서를 대표하기 위해 누구를 보낼 건가요?

A1. It hasn't been decided yet. → '결정 나지 않아서 모른다'는 전형적인 정답
아직 결정 나지 않았어요.

A2. We'll have to wait and see. → '아직 기다려봐야 한다'는 '몰라요' 유형의 정답
우린 기다려봐야 해요.

Q. Did the road still closed for construction, **or** has it reopened?
도로가 아직도 공사 때문에 폐쇄됐나요, 아니면 다시 개방했나요?

A1. I'm not sure. → '확실하지 않다'는 전형적인 '몰라요' 유형의 정답
확실하지 않아요.

A2. We'd better ask someone else. → 잘 모르니 '다른 사람에게 물어보자'는 '몰라요' 유형의 정답
다른 사람에게 물어봐야 할 것 같아요.

03 파트 2에서는 이런 표현이 정답이다. → 질문한 사람을 뻘쭘하게 만드는 대답

Q. Where is the platform for the express train?
급행 열차를 타기 위한 승강장은 어디에 있나요?

A1. It doesn't stop at this station. 그건 이 역에서는 서지 않아요.

A2. We don't need to be hurry. 서두를 필요 없어요.

→ 물어본 사람이 민망함을 느낄 수 있는 정답들이 나온다. (최근 들어 떠머웅!)

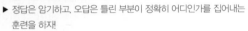

PRACTICE
실전 문제와 표현 맞추기

1. 먼저 선택지만 보고 풀어보자.
2. 괄호 넣기로 정답 표현을 마스터하자.
▶ 정답은 암기하고, 오답은 틀린 부분이 정확히 어디인가를 집어내는 훈련을 하자!

음원바로듣기

1 [정답 고르기]　　(A)　　(B)　　(C)

Q. _____'s the nearest bus stop?
(A) _____ would you like to go?
(B) The taxi _____ are going up.
(C) My bus _____ arrived on time.

2 [정답 고르기]　　(A)　　(B)　　(C)

Q. _____ would you like your order to be delivered?
(A) _____ two, please.
(B) Please _____ them in different boxes.
(C) To the _____.

3 [정답 고르기]　　(A)　　(B)　　(C)

Q. _____ can I attend the evening computer course?
(A) I prefer a laptop _____.
(B) Yes, attending the _____ is mandatory.
(C) You can check at the _____.

4 [정답 고르기]　　(A)　　(B)　　(C)

Q. _____ would be _____ for the manager's position?
(A) I think Mr. Young is _____.
(B) That _____ matches well with anything.
(C) Right next to the _____.

정답		(A)	(B)	(C)
1. Q. Where		**(A) Where**(어디에)	(B) rates	(C) nearly
2. Q. Where		(A) I'll take	(B) pack	**(C) central office**(본사 사무실)
3. Q. Where		(A) computer	(B) classes	**(C) library**(도서관)
4. Q. Who, suitable		**(A) good**(좋은)	(B) suit	(C) manager's office

3 실전 문제로 벼락치기

한꺼번에 연속으로 나오는 실전 문제를 시험과 같은 환경에서 풀어보자. 이 단계에서는 잘 모르는 부분이 있더라도, 중간에 쉬지 말고 연속적으로 문제를 풀어라.

음원바로듣기

1. Mark your answer on your answer sheet.　　　(A)　　(B)　　(C)

2. Mark your answer on your answer sheet.　　　(A)　　(B)　　(C)

3. Mark your answer on your answer sheet.　　　(A)　　(B)　　(C)

4. Mark your answer on your answer sheet.　　　(A)　　(B)　　(C)

5. Mark your answer on your answer sheet.　　　(A)　　(B)　　(C)

6. Mark your answer on your answer sheet.　　　(A)　　(B)　　(C)

PART 2

Day 03

Day 04

육하원칙을 아는가? (2)
의문사 의문문 (2)

동영상강의
바로가기

Today's Mission: 각 의문사별로 정형화되어 있는 정답 유형을 모두 살펴보자!

1 벼락치기 전략

육하원칙은 '누가(Who), 언제(When), 어디서(Where), 무엇을(What), 어떻게(How), 왜(Why)'이다. 어떤 언어든지 이런 의문사 의문문은 Yes / No로 대답이 불가능하며, 각 의문사가 핵심이 되어 질문의 내용을 결정짓는다.

02 누구요? 관등성명 대시오! – Who 의문문

Who 의문문에는 **사람 이름**을 포함하여 **직책, 부서, 회사 이름**이 나오기도 한다. 따라서, Who 의문문에 무조건 사람만 나온다는 고정관념을 버리자! 그래야 오답이 줄어든다.

> Q. **Who** is in charge of stocking office supplies?
> 사무용품들을 채워 넣는 것은 누구 담당인가요?
>
> A. The **assistant manager.** → 직책
> 부팀장님입니다.
>
> Q. **Who** should I call if I have any problem with my laptop?
> 제 노트북 컴퓨터에 문제가 있으면 누구에게 전화를 해야 합니까?
>
> A. The **technical support team.** → 부서
> 기술 지원팀이요.

02 어디시냐고 물었소만… – Where 의문문

Where 의문문에는 물론 장소가 정답으로 가장 많이 나오지만, 간혹 사람이 나오거나 우회적인 답변이 나오는 경우도 있으니 주의해야 한다.

> Q. **Where** are the sales reports? 매출 보고서들은 어디에 있습니까?
> A. Tom has them. Tom이 가지고 있습니다. → 사람

Where 의문문에 최근 들어 정답으로 많이 나오는 단어는 Web site이다. **Web site / online / Internet**으로 기억하면 좋다. 예전에는 Where라는 질문에 직접 실제 장소를 답했어야 했지만, 이제는 대부분의 업무를 사이버 공간에서 처리할 수 있으므로 정답으로 많이 출제되는 경향이 있다.

> Q. **Where** can I check the status of my bank account? 제가 어디서 제 은행 계좌 상태를 확인할 수 있죠?
> A1. You can check it on our **Web site.** 우리 웹사이트에서 확인하실 수 있습니다.
> A2. You can do it **online.** 온라인으로 하실 수 있습니다.
> A3. You can do it on the **Internet.** 인터넷으로 하실 수 있습니다.

때가 중요하오! – When 의문문

When 의문문은 정확한 '시점'을 물어보는 의문사이다. 먼저, 예시를 통해 기본적인 대화 패턴을 익혀보자.

> **Q. When** do you expect to get your package? 언제쯤 소포를 받을 것으로 예상하시나요?
> **A.** Next Wednesday I believe. 제 생각에는 다음 주 수요일 즈음에요.
>
> **Q. When** are you coming back from your trip? 출장에서 언제 돌아오십니까?
> **A.** Not until Friday. 금요일까지는 안 돌아옵니다(금요일에 돌아옵니다).

Not until과 Not for라는 표현은 When 의문문에 정답으로 상당히 많이 쓰인다. **Not until**과 **Not for**를 써서 대답하면 웬만한 시점 표현을 모두 할 수 있기 때문이다.

> **Q. When** can I get the finalized report? 제가 언제쯤 확정된 보고서를 받아볼 수 있을까요?
> **A. Not until** next Friday. 다음 주 금요일까지는 아닙니다(금요일에 받으실 수 있습니다).
>
> **Q. When** do you expect to leave for London? 런던으로 언제쯤 떠나실 예정인가요?
> **A. Not until** next Friday. 다음 주 금요일까지는 아닙니다(금요일에 떠납니다).
>
> **Q. When** is the construction going to be finished? 공사는 언제쯤 끝나요?
> **A. Not for** another three weeks. 다음 3주 동안은 아닙니다(3주 후에 끝납니다).

따라서, When으로 시작한 질문에 Not until이나 Not for가 들어간 보기가 등장할 경우 정답일 가능성이 매우 높다. 참고하자!

순수한 What vs. What + α – What 의문문

What 의문문은 순수한 What과「What + α」형태로 나눌 수 있다.

순수한 What은 다음과 같다.

> **Q. What** is in the box? 상자 안에는 무엇이 들어있나요?
> **A.** A pair of shoes. 신발 한 켤레요.
>
> **Q. What** did you buy at the store? 가게에서 무엇을 구입하셨나요?
> **A.** Some fruits. 과일들을 샀습니다.

「What + α」형태는 다음과 같다.

> **Q. What time** does the bank open? 몇 시에 은행이 문을 여나요? → 시간을 묻는 질문
> **A.** At 4:30 P.M. 오후 4시 30분에 엽니다.
>
> **Q. What size** are you looking for? 어떤 사이즈를 찾고 계신가요? → 사이즈를 묻는 질문
> **A.** Medium. 미디움이요.

이런 질문들은 What 바로 다음 단어가 핵심이다. 따라서, What만 듣고 문제를 푸는 우를 범하지 않도록 한다.

특히 What kind of나 What type of 등의 질문은 실제로는 Which와 같은 뜻이다. 예시를 보자.

> **Q. What kind of** food do you want to have for lunch? 점심으로 어떤 음식을 드시고 싶은가요?
> = **What type of** food do you want to have for lunch?
> = **Which** food do you want to have for lunch?

따라서, What kind of나 What type of로 시작하는 질문을 들었을 때는 Which와 같다고 생각하고 문제를 풀어야 한다. 말이 나온 김에 Which에 대해서 공부해보도록 하자!

⑤ 선택의 문제 Which – Which 의문문

Which는 '선택'의 문제다. Which를 순 우리말로 번역하면 '어느 것'이 된다. 따라서, (주로 둘 중에) 하나를 고르라고 요구할 때 쓰는 의문사다.

> **Q. Which** book is yours? 어느 책이 당신 것입니까?
> **A.** The blue **one.** 파란 거요.
>
> **Q. Which** car do you want to buy? 어느 차를 구매하고 싶으신가요?
> **A.** The red **one.** 빨간 거요.

두 답변에 동시에 등장하는 one이라는 단어를 보도록 하자. 영어에서 one은 '한 개' 또는 '하나'라는 뜻이 있지만, 일반적으로 '불특정 무언가'를 지칭할 때 쓴다. 파란 '것', 빨간 '것'이라고 대답을 할 때, 이 '것'에 해당하는 것이 영어에서 one이다. Which가 순 우리말로 '어느 것'이라는 점을 기억한다면 '~것'이라고 대답할 경우 **one**이라는 단어는 정답으로 많이 쓰일 수 밖에 없다.

⑥ 이유를 물어보는 Why – Why 의문문

Why는 이유를 물어보는 질문을 만들 때 쓴다. 일반적인 Why 의문문에는 '이유'를 대답하는 문장이 정답으로 나온다.

> **Q. Why** did you go to the concert? 당신은 왜 콘서트에 갔나요?
> **A. Because** I wanted to see the band in person. 왜냐하면 저는 그 밴드를 직접 보고 싶었거든요.
>
> **Q. Why** is my computer on the floor? 왜 제 컴퓨터가 바닥에 있나요?
> **A. Because** your desk is being fixed. 왜냐하면 당신의 책상이 수리되는 중이거든요.
>
> **Q. Why** is Mr. Kim coming to the banquet? 왜 Kim 씨가 연회에 오나요?
> **A. Because** he wants to meet the new employees. 왜냐하면 그가 신입 사원들을 만나보고 싶어하거든요.

시험에 이렇게만 나오면 얼마나 좋을까? 모든 답변이 Because로 시작하기 때문에, 졸지만 않는다면 맞힐 수 있다. 그러나 출제 위원이 이렇게 낼 가능성은 0%에 가깝다. 이제 Because를 모두 지워보자.

> **Q. Why** did you go to the concert? 당신은 왜 콘서트에 갔나요?
> **A.** I wanted to see the band in person. 저는 그 밴드를 직접 보고 싶었거든요.
>
> **Q. Why** is my computer on the floor? 왜 제 컴퓨터가 바닥에 있나요?
> **A.** Your desk is being fixed. 당신의 책상이 수리되어지는 중이거든요.
>
> **Q. Why** is Mr. Kim coming to the banquet? 왜 Kim 씨가 연회에 오나요?
> **A.** He wants to meet the new employees. 그가 신입 사원들을 만나보고 싶어하거든요.

이렇게 되면 질문과 답변을 완벽하게 해석할 수 있어야 정답 체크가 가능하다. 실제 시험에서는 Why 의문문의 답으로 Because가 대놓고 나오는 경우는 매우 드물다. 그러나 두려워하지 말자. 반대로 이것이 수험자에게 유리할 수도 있다.

Because는 접속사다. 접속사 뒤에는「주어 + 동사」를 포함한 절 형태가 와야 한다. 따라서 Because 를 생략하면「주어 + 동사」를 포함한 절 형태가 남는다. 위 답변들의 특징은 모두「주어 + 동사」를 포함한 완전한 절 형태라는 것이다. 다음 문제를 보자.

> **Q. Why** are you going to Canada?
> (A) A view of the lake and mountains
> (B) I want to see my family.
> (C) At 2:45 P.M.

이 문제를 풀 때「**주어 + 동사 + 목적어 or 보어**」형태를 갖추고 있는 (B)만 유일하게 정답이라는 것을 알 수 있다.

(A)와 (C)는 Because를 앞에 붙일 수가 없다.

(A) ~~Because~~ a view of the lake and mountains 왜냐하면 호수와 산들의 경치

(B) **Because** I want to see my family. 왜냐하면 저는 제 가족을 보고 싶거든요

(C) ~~Because~~ at 2:45 P.M. 왜냐하면 오후 2시 45분

물론 문제를 풀 때는 내용을 알아들어야 하지만 이런 원리를 알고 있으면 급박한 상황에서 도움이 된다. Why만 듣고 뒤쪽 내용을 놓쳤을 때 보기 중 가장 완전한 절 형태를 띄고 있는 것을 고르면 정답일 확률이 매우 높다.

Why의문문에 대한 정답은 to+동사원형(to부정사)이 정답으로 나올 수도 있다.

> **Q. Why** are you visiting Chicago? 너 왜 시카고를 방문하니?
> **A. To see** my parents. 부모님을 만나기 위해서

이 하나만 더 정답 패턴으로 기억을 해 두자!

(07) 방법을 묻는 How

How는 '어떻게' 즉, 방법을 물어보는 의문사이다. 따라서 대답은 설명하는 방식으로 해야 한다.

> **Q. How** can I operate this photocopier? 제가 어떻게 이 복사기를 작동시키나요?
> **A. You need to push the red button.** 빨간색 버튼을 누르셔야 합니다.

기본적으로 How 의문문에 대한 대답은 문장 형태가 가장 많다. 하지만 How 의문문에 짧게 대답하는 방법도 있다. 바로 by나 through를 사용하는 것이다.

> **Q. How** can I register for the class? 제가 어떻게 그 수업에 등록하나요?
> **A1. By** calling the department. 그 부서에 전화함으로써 (하실 수 있습니다.)
> **A2. Through** our Web site. 우리 웹사이트를 통해서 (하실 수 있습니다.)

즉, How 의문문에는 ① **완전한 문장 형태** 또는는 ② 「**By -ing**」 아니면 ③ 「**Through + 명사**」 이렇게 세 가지 형태로 대답하는 것이 99% 정답의 형태를 차지한다.

How도 What과 마찬가지로 순수한 How 의문문이 있고 「How + α」에 해당하는 질문들이 있다. 대표적으로, How + [many / much / often / far / soon / long] 등이 「How + α」에 속한다. 이 질문들은 사실 물어보는 것이 매우 확실하니 뜻만 정확하게 알아두면 별 문제가 없다.

수량 **How many ~**
주로 숫자 형태의 정답이 많다.
예 10, 15, About a dozen 등

가격 **How much ~**
dollars, euros 등 다양한 화폐 단위가 정답이 될 수 있다.
예 300 dollars, 50 euros 등

빈도 **How often ~**
[once / twice / three times] + [a / per] + [day / week / month / year] 등이 정답이 된다.
예 Once a week, three times per day 등

기간 **How long ~**
주로 「for + 기간」이 정답이 된다
예 Just for a week, For a month 등

의견 **How do you like ~**
'~가 어때요?'라는 '의견'을 묻는 표현이다. 별개의 덩어리(chunk)로 기억하자.
'좋다'는 표현이 정답으로 많이 나온다.
예 Great!, It is enjoyable. 등

2 벼락치기 표현

문제를 풀다 보면 철저히 짝 관계에 있는 의문사와 답변 형태가 있는 것을 자주 목격하게 된다. 이런 점은 파트 2를 어려워하는 우리 모두에게 호재! 단기간 암기가 가능한 부분이므로 반드시 정복하여 점수 상승을 노리도록 한다!

(01) Who 의문문과 Where 의문문에 거의 정답으로 출제되는 표현들!

Who 의문문에는 **one** 또는 **body 시리즈**로 대답하면 거의 정답이 된다.

> **Q. Who** is going to be transferred to the New Your branch? 누가 뉴욕 지사로 전근을 가게 되나요?
> **A1. No one** yet. 아직 아무도 안 갑니다.
> **A2. Anyone** from the Accounting Department 회계부에서 누구든지 갑니다.
> **A3. Someone** from our team 우리 팀에서 누군가가 갑니다.

Where 의문문에는 **one**이라는 단어가 나왔을 때 거의 정답이 된다.

> **Q. Where** is the post office? 우체국이 어디인가요?
> **A1.** There is **one** around the corner. 골목을 돌아서 하나 있습니다.
> **A2.** I haven't seen **one** yet. 저는 아직 본 적이 없습니다.
> **A3.** There is **one** across the street. 길 건너서 하나 있습니다.

조금 응용하면 이런 대화도 가능하다.

> **Q. Where** can I see the menu? 제가 메뉴를 어디서 볼 수 있나요?
> **A1.** I can give you **one** right now. 제가 지금 하나 드릴게요.
> **A2.** There is **one** on our Web site. 우리 웹사이트에 하나 있습니다.

(02) When 의문문에 거의 정답으로 출제되는 표현들!

Not until / Not for / No later than으로 대답하면 거의 정답이 된다.

> **Q. When** are you going to sign up for the class? 언제쯤 그 수업에 등록하실 건가요?
> **A. Not until** next Friday. 다음 주 금요일까지는 아닙니다(금요일에 등록합니다).

> **Q. When** is the renovation going to be done? 수리는 언제쯤 끝나요?
> **A. Not for** two more months. 2개월 동안은 아닙니다(2개월 후에 끝납니다).

> **Q. When** should the earnings reports be submitted? 수익 보고서가 언제 제출되어야 하나요?
> **A. No later than** April 2nd. 늦어도 4월 2일까지는 제출되어야 합니다.

(03) Why 의문문에 거의 정답으로 출제되는 표현들!

「To+동사원형」이나 「So that+절」로 대답하면 거의 정답이 된다. 이해를 돕기 위해서, 앞서 보았던 질문들을 다시 보도록 하자.

> Q. **Why** did you go to the concert? 당신은 왜 콘서트에 갔나요?
> A. I wanted to see the band in person. 저는 그 밴드를 직접 보고 싶었거든요.

보기를 이렇게 수정할 수도 있다.

> ⊙ **To see** the band in person. 그 밴드를 직접 보기 위해서요.

다른 질문들에도 적용하면,

> Q. **Why** is my computer on the floor? 왜 제 컴퓨터가 바닥에 있나요?
> A. Your desk is being fixed. 당신의 책상이 수리되어지는 중이거든요.
> ⊙ **To fix** your desk. 당신의 책상을 수리하기 위해서요.
>
> Q. **Why** is Mr. Kim coming to the banquet? 왜 Kim 씨가 연회에 오나요?
> A. He wants to meet the new employees. 그가 새 직원들을 만나보고 싶어 하거든요.
> ⊙ **To meet** the new employees. 새로운 직원들을 만나기 위해서요.

이렇게 「To+동사원형」 형태는 Why 의문문에 99% 정답으로 출제되는 고마운 존재다. 나오면 바로 고르도록 한다. 「So that+절」 형태도 마찬가지로 99% 정답으로 출제된다.

> Q. **Why** is Mr. Kim coming to the banquet? 왜 Kim 씨가 연회에 오나요?
> A. **So that** he can meet the new employees. 그래서 새로운 직원들을 만나기 위해서요.

정리하면, Why의 정답은 ① **주어 + 동사를 포함한 절** 또는 ② 「**To+동사원형**」 또는 ③ 「**So that+절**」 이다.

PRACTICE
실전 문제와 표현 맞추기

1. 먼저 선택지만 보고 풀어보자.
2. 괄호 넣기로 정답 표현을 마스터하자.
▶ 정답은 암기하고, 오답은 틀린 부분이 정확히 어디인가를 집어내는 훈련을 하자!

음원바로듣기

PART 2
Day 04

1 정답 고르기 (A) (B) (C)

Q. _____'s the due _____ for this report?
(A) _____, I don't.
(B) Next _____.
(C) Only _____.

2 정답 고르기 (A) (B) (C)

Q. _____ is Mr. Reynolds taking another job?
(A) It's already _____.
(B) _____ one, please.
(C) The _____ are better.

3 정답 고르기 (A) (B) (C)

Q. How is the new fax machine _____?
(A) I would _____ a taxi.
(B) I _____ used it yet.
(C) The factory is _____ now.

4 정답 고르기 (A) (B) (C)

Q. _____ is the project _____ with the Marketing Department?
(A) _____ will close in 15 minutes.
(B) The _____ is not working properly.
(C) We're almost _____.

정답
1. Q. **What, date**   (A) No   **(B) Tuesday(화요일)**   (C) here
2. Q. **Why**   (A) taken   (B) Another   **(C) salaries(봉급)**
3. Q. **working**   (A) recommend   **(B) haven't(~해보지 않았다)** (C) being renovated
4. Q. **How, going**   (A) The department store   (B) projector   **(C) finished(끝냈다)**

3 실전 문제로 벼락치기

한꺼번에 연속으로 나오는 실전 문제를 시험과 같은 환경에서 풀어보자. 이 단계에서는 잘 모르는 부분이 있더라도, 중간에 쉬지 말고 연속적으로 문제를 풀어라.

1. Mark your answer on your answer sheet.　　　(A)　　(B)　　(C)

2. Mark your answer on your answer sheet.　　　(A)　　(B)　　(C)

3. Mark your answer on your answer sheet.　　　(A)　　(B)　　(C)

4. Mark your answer on your answer sheet.　　　(A)　　(B)　　(C)

5. Mark your answer on your answer sheet.　　　(A)　　(B)　　(C)

6. Mark your answer on your answer sheet.　　　(A)　　(B)　　(C)

Day 05

중심을 잘 잡아라?

일반/부정/부가의문문

동영상강의
바로보기

Today's Mission: 없다고 외로워하지 말자! 나머지 질문들도 핵심은 정해져 있다!

1 벼락치기 전략

의문사 의문문이 아닌 질문들은 수험자에게 항상 고민의 대상이다. 핵심이 어디인지 쉽게 잡을 수가 없기 때문이다. 의문사 의문문이 아닌 질문들은 대부분 '동사'가 핵심이라고 보면 된다. 실제로 이런 질문들을 Factual Question이라고 하기도 한다. 즉, 사실 여부를 물어본다는 것이다. 동사에 집중하자

01 희망을 잃지 마라! 동사가 그대를 이끌 것이니 – 일반의문문

일반의문문은 의문사 의문문(Wh-Qs)과 달리 어떠한 일의 '사실 여부'를 묻는다. 일반의문문은 be 동사나 do 동사, 또는 have 동사 등으로 만드는 경우가 가장 많다. 예를 들어보자.

> **Q. Have** you completed the report that I asked you to finish by today?
> 당신은 제가 오늘까지 끝내라고 요청했던 보고서를 끝내셨나요?

대부분의 수험자들은 이러한 질문을 가장 곤혹스러워한다. Wh-Qs은 의문사 부분을 잘 들으면 대부분 해결되지만, 일반의문문은 어디가 핵심인지 잡기도 어렵고 대답이 딱히 예상되지 않기 때문이다. 결론을 내자면, 일반의문문의 핵심은 '동사'다. 예문을 다음처럼 나누어보겠다.

> **Q. Have you completed** / the report that I asked you to finish by today?
> 끝내셨나요   제가 오늘까지 끝내라고 요청했던 보고서

시험에 자주 나오는 답변 형태는 다음과 같다.

> **A1.** Yes, I have just finished it. 네, 막 끝냈습니다.
> **A2.** No, I need more time. 아니요, 시간이 더 필요합니다.

두 가지 답변 모두 Have you completed 부분을 들었다면 바로 정답임을 알 수 있다.

파트 2에서는 오답인 보기를 만들 때 발음을 비슷하게 하거나 연상되는 단어를 집어넣는다. 다음의 예를 살펴보도록 하자.

> **Q. Have you handed in** your application yet? 지원서를 제출하셨나요?
> **A1.** Yes, this morning. 네, 오늘 아침에요. (O)
> **A2.** I've applied for the marketing position. 저는 마케팅 자리에 지원했습니다. (×)

이 문제에서 application에 꽂히면 오히려 오답을 고르게 된다. 즉, Have you handed in이 아니라 application yet에 꽂히는 실수를 범할 경우 '지원서'와 '지원하다'의 의미가 연결되고, apply와 application의 발음이 부분적으로 반복되기 때문에 A2 와 같은 보기를 고르는 실수를 할 수 있다.

따라서 Have you handed in your application yet?을 듣고 내용을 이해하되, 보기를 들을 때는 Have you handed in 부분을 반복해서 떠올리는 것이 가장 정답을 맞히기 좋은 습관이다. 연습을 통해 익혀보도록 하자.

> **Q.** Are you going to attend the conference held at the Rose Convention Center?
> 당신은 Rose 컨벤션 센터에서 개최되는 회의에 참석하실 건가요?
>
> ➡ 이 질문의 핵심은? **Are you going to attend**
>
> **Q.** Did you make a payment for the newly-developed product I talked about?
> 당신은 내가 말했던 새로 개발된 제품을 위해서 돈을 지불했나요?
>
> ➡ 이 질문의 핵심은? **Did you make a payment**
>
> **Q.** Have you revised the document that I received from the Financial Department?
> 제가 재무부서에서 받은 그 서류를 수정하셨나요?
>
> ➡ 이 질문의 핵심은? **Have you revised**

02 목에 칼이 들어와도, 내가 맞으면 맞고 아니면 아니오! – 부정의문문

일반의문문은 not이 들어간 부정의문문과 끝에 「콤마(,) + 의문문」 형식으로 끝나는 부가의문문도 포함한다. 백문이 불여일견. 실제 어떤 문장들을 만나게 될지 직접 눈으로 확인해보자.

❶ 부정의문문

> **Q. Don't** you know the phone number for the Accounting Department? 회계부 전화번호를 **아시나요?**

왜 '아시지 않나요?'로 해석하지 않았는지에 대해 의구심을 가질 분들도 있다. 그러나 이것은 의도된 것이다. 모든 부정의문문을 부정형으로 해석하면 우리말과 영어의 결정적 차이인 Yes / No에서 많은 혼란이 올 수 있다.

여기서 잠시 우리말과 영어의 근본적인 차이에 대해서 설명한다. 우리말의 '네 / 아니오'는 질문하는 사람에게 맞추어져 있다. 즉, 질문하는 사람의 말이 긍정인지 부정인지를 듣고 거기에 맞춰 '네 / 아니오'를 선택해 대답하는 언어에 속한다.

> **Q.** 오늘 미팅 가실 거죠?   **A.** 네. → '가겠다'는 뜻
> **Q.** 오늘 미팅 안 가실 거죠?   **A.** 네. → '안 가겠다'는 뜻

그러나, 영어는 대답하는 사람이 기준이 되어 사실 여부만 따진다. **본인이 긍정이면 Yes, 본인이 부정이면 No!**

> You **are going** to the meeting today, right?　　Yes. → 가겠다는 뜻
> You **are not going** to the meeting today, right?　Yes. → 가겠다는 뜻
> **Are** you **going** to the meeting today?　　Yes. → 가겠다는 뜻
> **Aren't** you **going** to the meeting today?　　Yes. → 가겠다는 뜻

위 질문들은 사실상 전부 Are you going to the meeting?이라고 생각하면 편하다. 모두 같은 것을 물어보는 것이다. 물론 어감 차이가 있지만 토익이 어감 차이를 따지는 시험도 아닐뿐더러 그것으로 정답이 결정되지도 않는다.

❷ 부가의문문

부가의문문이라는 것은 일반의문문 뒤에 꼬리가 붙은 형태라고 생각하자.

> **Q.** You know how to use this software, don't you? → 긍정 부가의문문
> 이 소프트웨어를 어떻게 사용하는지 아시죠, 그렇지 않나요?
>
> **Q.** You don't know how to use this software, do you? → 부정 부가의문문
> 이 소프트웨어를 어떻게 사용하는지 모르시죠, 그렇죠?

첫 번째는 긍정 부가의문문, 두 번째는 부정 부가의문문이다. 그러나 토익 파트 2에서는 이런 긍정, 부정 부가의문문의 구분이 아무 의미가 없다. 대답하는 사람이 사실 여부를 보고 **맞으면 Yes, 아니면 No**라고 대답하기 때문이다.

★ 부가/부정 의문문은 이런 뉘앙스가 있다.

담배를 사러 온 사람에게 가게 주인이 질문을 한다면
Are you a student? → 애매한 페이스 (풋풋한 스무 살 아니면 중고등학생)
정말 학생인지 궁금해서 물어보는 경우

Aren't you a student? → 중고등학생
학생인 것 같아서 물어보는 경우

You are a student, aren't you? → 중고등학생
학생 티가 너무 심하게 나는데 뻔뻔한 녀석에게 물어보는 경우

즉, 부정/부가 의문문은 '나는 그렇게 생각하는데 맞냐?'라는 '**확인**'의 뉘앙스가 있다.

2 벼락치기 표현

영어와 우리말은 원래 다른 점이 많다. 그 중의 하나는 바로 Yes / No 개념이다. 부정의문문이나 부가의문문 등을 우리말대로 해석하면 Yes / No가 헷갈리는 경우가 많다. 영어권의 Yes / No는 어떤 원리로 움직이는지 제대로 알아보도록 하자!

01 영어권 사람들의 Yes / No 개념에 숨은 놀라운 원리!

> Q. **Do you know** how to use this software? 이 소프트웨어를 어떻게 사용하는지 아세요?
>
> Q. **Don't you know** how to use this software? 이 소프트웨어를 어떻게 사용하는지 알지 않으세요?
>
> Q. You know how to use this software, **don't you**? 이 소프트웨어를 어떻게 사용하는지 아시죠, 그렇지 않나요?
>
> Q. You don't know how to use this software, **do you**? 이 소프트웨어를 어떻게 사용하는지 모르시죠, 그렇죠?

이 질문들은 모두 어감이 다르지만, 대답하는 사람은 절대 Yes / No의 기준을 질문에 맞추지 않는다. 이제 놀라운 결과를 공개한다.

> Q. **Do you know** how to use this software? 이 소프트웨어를 어떻게 사용하는지 아세요?
>
> A. Yes. 네. → '안다'는 뜻
>
> Q. **Don't you know** how to use this software? 이 소프트웨어를 어떻게 사용하는지 알지 않으세요?
>
> A. Yes. 네. → '안다'는 뜻
>
> Q. You know how to use this software, **don't you**? 이 소프트웨어를 어떻게 사용하는지 아시죠, 그렇지 않나요?
>
> A. Yes. 네. → '안다'는 뜻
>
> Q. You don't know how to use this software, **do you**? 이 소프트웨어를 어떻게 사용하는지 모르시죠, 그렇죠?
>
> A. Yes. 네. → '안다'는 뜻

놀랍지 않은가? Yes는 모두 '안다'는 뜻이다. 그렇다면 역설적으로 우리의 고민이 줄어든다. 어떤 질문이든 동사 뜻을 해석하여 '**동사 하나요?**'라고 받아들이면 다 맞는 뜻이다.

> Q. **Do you** want to go to the concert? 콘서트에 가고 싶으세요?
>
> Q. **Don't you** want to go to the concert? 콘서트에 가고 싶으세요?
>
> Q. You want to go to the concert, **don't you**? 콘서트에 가고 싶으세요?
>
> Q. You don't want to go to the concert, **do you**? 콘서트에 가고 싶으세요?

철저하게 이런 방식으로 훈련을 하면 정답을 고를 확률은 수직 상승한다! 예제를 통해 살펴보도록 하자.

> **Q. Aren't you** coming to the reception? 연회에 오시나요? → '연회에 안 오시나요?'로 해석하면 혼동이 오기 시작한다.
>
> **A.** Yes, but I will be a little late. 네, 그러나 조금 늦을 거예요.

이제 모든 질문을 긍정으로 해석하자!

> **Q. Is** this store open until 9:30 P.M.? 이 가게는 오후 9시 30분까지 여나요?
>
> **A.** Yes, only on weekdays. 네, 주중에만요.
>
> **Q. Isn't** this store open until 9:30 P.M.? 이 가게는 오후 9시 30분까지 여나요?
>
> **A.** Yes, only on weekdays. 네, 주중에만요.
>
> **Q.** This store is open until 9:30 P.M., **isn't this**? 이 가게는 오후 9시 30분까지 여나요?
>
> **A.** Yes, only on weekdays. 네, 주중에만요.
>
> **Q.** This store isn't open until 9:30 P.M. **is this**? 이 가게는 오후 9시 30분까지 여나요?
>
> **A.** Yes, **only on weekdays**. 네, 주중에만요.
>
> → 일정 등을 물어볼 때 조커처럼 나오는 정답 표현: Only on weekdays / Only on weekends.
> 이런 표현들은 일정을 물어보는 질문에 웬만하면 정답이 되는 고마운 존재들이다. 알아두면 더 확실히 정답을 고를 수 있기 때문이다.

이렇게 되면 수험자의 부담이 대폭 줄어든다. 자, 이제 의문사 의문문이 아닌 이상, 동사가 핵심이고 사실이냐 아니냐만 따지면 된다. 질문이 어려워도 쉽게 듣는 연습을 하는 것이다!

PRACTICE
실전 문제와 표현 맞추기

1. 먼저 선택지만 보고 풀어보자.
2. 괄호 넣기로 정답 표현을 마스터하자.
▶ 정답은 암기하고, 오답은 틀린 부분이 정확히 어디인가를 집어내는 훈련을 하자!

음원바로듣기

1 정답 고르기   (A)   (B)   (C)

Q. This building _____ about 4 years ago, wasn't it?
(A) That's _____.
(B) Wasn't the test _____ back?
(C) I read the book _____.

2 정답 고르기   (A)   (B)   (C)

Q. Are there any seats _____ for tonight's show?
(A) Let me _____.
(B) I can't come _____.
(C) Yes, he was _____ next to her.

3 정답 고르기   (A)   (B)   (C)

Q. Do you think _____ moving back to Korea?
(A) I think I have _____.
(B) I don't like that _____ at all.
(C) I _____ it yet.

4 정답 고르기   (A)   (B)   (C)

Q. Do you think this article is well _____?
(A) Yes, it's _____.
(B) I like that _____ very much.
(C) I _____ the picture in the museum.

정답			
1. Q. was built	(A) true(진실의)	(B) scores	(C) two days ago
2. Q. available	(A) check(확인하다)	(B) tonight	(C) sitting
3. Q. you'll be	(A) two of them	(B) movie	(C) haven't decided(결정하지 않았다)
4. Q. written	(A) pretty good(꽤 좋은)	(B) store	(C) 've seen

3 실전 문제로 벼락치기

음원바로듣기

한꺼번에 연속으로 나오는 실전 문제를 시험과 같은 환경에서 풀어보자. 이 단계에서는 잘 모르는 부분
이 있더라도, 중간에 쉬지 말고 연속적으로 문제를 풀어라.

1. Mark your answer on your answer sheet.　　　(A)　　(B)　　(C)

2. Mark your answer on your answer sheet.　　　(A)　　(B)　　(C)

3. Mark your answer on your answer sheet.　　　(A)　　(B)　　(C)

4. Mark your answer on your answer sheet.　　　(A)　　(B)　　(C)

5. Mark your answer on your answer sheet.　　　(A)　　(B)　　(C)

6. Mark your answer on your answer sheet.　　　(A)　　(B)　　(C)

PART 2

Day 05

Day 06

양념? 후라이드? 아니면... 마늘치킨?

선택의문문

Today's Mission: 의외성이 있는 답변이 나와도 놀라지 않는 연습!

동영상강의
바로보기

1 벼락치기 전략

Yes / No 의문문 중에서 출제 빈도가 높으면서도, 같은 유형이 반복되는 것이 선택의문문이다. 자주 등장하는 정답 유형은 물론, 자주 등장하는 비교 대상을 익힘으로써 확실하게 정답을 잡도록 하자. 특히 주의할 것은 선택의문문은 '선택'을 하는 것이지, 네/아니오 등을 대답하는 것이 아니라는 것이다!

01 자주 등장하는 정답 유형! – 아무거나 좋아요, 둘 다 싫어요, 다른 것 주세요.

질문하는 구체적인 내용과 상관없이 어떤 내용을 물어볼 때 '아무거나 좋아요.' 또는 '둘 다 싫어요.'라고 대답하는 유형들이 있다.

> **Q. Would you like to sit inside or outside?**
> 안쪽에 앉으시겠어요, 바깥쪽에 앉으시겠어요?
>
> (A) Let's go to the movies. → 안, 밖, 가다 등의 어휘가 연계된 오답
> 영화를 보러 갑시다.
>
> (B) I'd like some spaghetti, please. → 식당을 연상시키는 어휘가 사용된 오답
> 저는 스파게티를 주세요.
>
> (C) It doesn't matter to me. → '상관없다'는 의미의 전형적인 정답
> 상관없는데요(아무 데나 좋아요).

02 둘 중에 하나를 선택할게요.

선택의문문은 질문에서 등장한 어휘가 정답에 등장하는 유일한 형태의 문제 유형이다. 보통 발음이 비슷하면 오답 처리를 하는 데에 반해서 선택의문문만은 질문에서 나온 두 개의 선택 어휘를 그대로 정답으로 주는 형태가 있다는 것을 기억해두자.

> **Q. Would you like to have some tea or coffee with your desserts?**
> 커피와 차 중에 후식으로 어떤 것으로 하시겠습니까?
>
> (A) I would like some coffee, please. → 둘 중에 하나를 그대로 표현한 정답
> 저는 커피로 부탁드리겠습니다.
>
> (B) Sorry, I was too busy. → 많이 들어본 문형으로 만든 전형적인 오답
> 죄송합니다. 제가 너무 바빴습니다.
>
> (C) Yes, that'd be great. → 선택을 하라는데 네, 아니오 하지 않는다! 선택을 해야 한다!
> 네. 그게 좋겠어요! (뭐가 좋겠다는 말인가???)

(03) 제3의 선택에 대비하자!

> **Q.** Do you want to have **pork or beef** for lunch? 점심으로 돼지고기와 소고기 중 어느 것을 드시겠습니까?

이런 질문에서는 핵심이 or를 기준으로 양 옆이다. 즉, 이 질문에서는 pork와 beef가 핵심이다. 대답하는 사람은 pork와 beef 중 하나를 선택하여 대답할 수 있다.

> **A1.** I would like to have **pork**. 저는 돼지고기가 좋습니다.
> **A2.** I would like to have **beef**. 저는 소고기가 좋습니다.

따라서, A or B 질문은 A와 B만 잘 잡으면, 푸는 데 크게 문제가 없다. 다만, A와 B가 아닌 다른 것을 선택해서 대답하기도 한다.

> **A3.** I would like to have **chicken** instead. 저는 대신 닭고기를 먹고 싶습니다.

따라서, 이러한 A나 B가 아닌 C(제3의 선택)가 나올 것을 미리 대비하고 문제를 들어야 오답을 줄일 수가 있다. 다른 예시를 보도록 하자.

> **A4.** Oh! I'm a vegetarian. 아! 저는 채식주의자입니다.

어이가 없겠지만 어찌 보면 이것도 제3의 선택이다. 채소를 내오면 된다. 그리고 최근에 유행하는 질문한 사람을 뻘쭘하게 만드는 답이다.

> **Q.** Do you usually get to work by **subway or bus**? 보통 지하철이나 버스로 출근하시나요?
> **A.** I drive **my car** to work. 저는 제 차로 운전해서 가요.

수험자들이 가장 오답을 많이 내는 것이 바로 이런 의외성을 내포한 대답이 나왔을 때다. 늘 **선택의 문문은 A나 B가 아닌 C(제3의 선택)가 나올 수 있다**는 것을 명심하자!

참고로, 선택의문문은 의문사 의문문(Wh-Qs)과 마찬가지로 사실상 Yes / No로 대답하지 않는다. 의문사 의문문의 경우 Yes / No로 대답을 하면, 문법적으로 불가능하지만, 선택의문문에서는 Yes / No로 대답을 할 경우 어색해서 쓰지 않는다는 차이점만 있을 뿐이다. 우리말로 생각해보면 너무나 당연한 이야기다.

> **Q.** 닭고기와 돼지고기 중 무엇을 더 선호하세요? **A.** 아니요. (×)
> **Q.** 닭고기와 돼지고기 중 무엇을 더 선호하세요? **A.** 네. (×)

그럼, 이 사람은 대체 무엇을 선호한다는 것인가? 극히 예외적인 경우를 제외하고는, 선택의문문에 Yes / No로 대답한 보기는 오답이라고 간주해도 좋다!

2 벼락치기 표현

선택의문문만큼 정답의 몽타주가 확실한 것도 없다! 둘 또는 여럿 중 하나를 고르는 문제이므로 철저히 정답이 되는 단어들이 있다. 완전히 정답으로 나오는 형태는 바로 암기하여 시험에 적용하도록 한다!

01 Either 형 → 둘 중에 어떤 것이나, 아무거나 좋아요.

Q. Should I order lunch from the restaurant or the sandwich place?
점심을 식당에서 주문할까요, 아니면 샌드위치 가게에서 할까요?

(A) I don't care. Either one is fine. → 암기해야 할 전형적인 정답 형태
상관없어요. 아무 곳에서나 좋아요.

(B) The lunch hour starts in one hour. → lunch라는 어휘가 반복되는 오답
점심 시간은 한 시간 후에 시작합니다.

(C) It was really delicious. → '음식, 맛있다'라는 표현이 연상되는 오답
정말 맛이 좋았습니다.

■ 시험에 자주 등장하는 Either is fine과 같은 표현

상관없다, 신경 쓰지 않는다	• I don't care. • It doesn't make a difference.	• It doesn't matter.
선호하는 것 없다, 네가 좋아하는 것으로 해라	• I have no preference. • Whatever you want.	• Whichever you like.
아무거나 괜찮다, 둘 다 좋다	• Either one works with me.	• I like both.

02 Neither 형 → 둘 다 싫어요, 다른 것이 좋아요.

Q. Would you like plastic or paper bags?
비닐 봉투를 드릴까요, 아니면 종이 봉투를 드릴까요?

(A) Let me carry your bags for you. → '가방'이라는 어휘가 반복된 오답
제가 당신 가방을 들어드리겠습니다.

(B) No, I always buy them at the market. → 뭔가 물건을 사는 내용이 연상되는 오답
아니요, 저는 언제나 시장에서 물건을 산답니다.

(C) Neither, I'm going to use them now. → 전형적인 두 개의 선택을 거부하고 제3을 선택
둘 다 됐어요. 전 지금 사용할 거예요.

■ 시험에 자주 등장하는 neither와 같은 표현

둘 다 싫어요.	• Neither.	• I don't like either one.
C로 할게요. C가 있나요? 다른 것은 없나요?	• I'll use C. • Do you have C? • Do you have anything else?	

(03) 자주 비교되는 선택의문문의 필수 표현들

선택의문문에서 자주 비교되는 대상은 반복 출제된다. 자주 등장하는 비교 대상 및 동의 표현을 익혀두면 정답 유형을 좀 더 쉽게 맞힐 수 있다는 것을 기억하고, 앞서 나온 어휘에 추가하여 다음을 암기하도록 하자.

너 vs. 다른 사람	you vs. someone else	Michael, Jamie 등의 사람 이름이 비교 대상으로 등장
지금 vs. 나중에	now vs. later	Thursday, August 8th 등의 구체적 시점이 비교 대상으로 등장
배달 vs. 가져가기	deliver vs. take	stop by, drop by, visit이 비교 대상으로 등장
쉬다 vs. 계속하다	take a break vs. continue	자세한 업무(finish this page) 등의 표현이 비교 대상으로 등장
안 vs. 밖	inside vs. patio	공간을 내부, 외부로 혼동되게 표현

PRACTICE
실전 문제와 표현 맞추기

1. 먼저 선택지만 보고 풀어보자.
2. 괄호 넣기로 정답 표현을 마스터하자.
▶ 정답은 암기하고, 오답은 틀린 부분이 정확히 어디인가를 집어내는
   훈련을 하자!

음원바로듣기

---

1 [정답 고르기]   (A)   (B)   (C)

Q. Would you like an _____ of the report, or are you fine?
(A) The _____ is not working.
(B) I'm _____, thanks.
(C) I like any kind of _____.

2 [정답 고르기]   (A)   (B)   (C)

Q. Would you like to come over at _____ o'clock?
(A) We need at least _____.
(B) Yes, I've always wanted to _____.
(C) I don't _____.

3 [정답 고르기]   (A)   (B)   (C)

Q. Do you need a _____ or are you taking the _____?
(A) I would _____ a ride if you take me.
(B) The _____ was really bad in the morning.
(C) Do you _____ anything else?

4 [정답 고르기]   (A)   (B)   (C)

Q. Who would be better for the manager's _____, Mr. Ramos or Ms. Lim?
(A) I have to _____ right away.
(B) Why don't we _____ from outside?
(C) No, the _____ will be here soon.

정답   **1. Q. extra copy**   (A) copy machine   **(B) fine**(좋은, 괜찮은)   (C) films
        2. Q. 2 or 3   (A) 3 people   (B) go abroad   **(C) care**(신경 쓰다)
        3. Q. lift(태워주기), **subway**   **(A) prefer**(선호하다)   (B) traffic   (C) need
        4. Q. position   (A) call him   **(B) hire**(고용하다)   (C) manager

3 실전 문제로 벼락치기

한꺼번에 연속으로 나오는 실전 문제를 시험과 같은 환경에서 풀어보자. 이 단계에서는 잘 모르는 부분이 있더라도, 중간에 쉬지 말고 연속적으로 문제를 풀어라.

1. Mark your answer on your answer sheet.   (A)   (B)   (C)

2. Mark your answer on your answer sheet.   (A)   (B)   (C)

3. Mark your answer on your answer sheet.   (A)   (B)   (C)

4. Mark your answer on your answer sheet.   (A)   (B)   (C)

5. Mark your answer on your answer sheet.   (A)   (B)   (C)

6. Mark your answer on your answer sheet.   (A)   (B)   (C)

웬만하면 최대한 공손하게 OK!

제안/요청/청유문

Today's Mission: 가장 예의 바르고 자연스러운 답변 형태를 익혀보자.

동영상강의
바로보기

1 벼락치기 전략

토익은 수많은 반복 출제를 통해서 이미 어떤 문제가 어떻게 나오는지를 알 수 있다. 파트 2에 나오는 제안/요청/청유문은 매우 단순한 패턴을 가지고 있다. 교과서 같은 상황을 가정하고 만든 아름다운 이야기들이기 때문에 흔쾌히 수락하거나 정중히 거절하는 경우가 99%이다.

01 웬만하면 OK! – 제안/요청/청유문

제안/요청/청유문이라고 일컬어지는 제안, 부탁하는 표현들을 보도록 하자.

Why와 How에서 보았듯이, Why don't you ~?나 How about ~?이 대표적인 '제안'의 표현이다. 이외에도 Would you like to ~? 등의 표현들이 있다.

> Q. **Why don't you** come to the party? 파티에 오는 것이 어때요?
> Q. **How about** coming to the party? 파티에 오는 것이 어때요?
> Q. **Would you like to** come to the party? 파티에 오시겠어요?

이러한 '제안'에는 기쁘게 수락하거나 정중히 거절하는 것이 기본이다. 현실에서야 떨떠름하게 수락하거나 매몰차게 거절하는 경우도 있으나 시험에서는 평범한 대답이 주를 이룬다.

> Q. **Why don't you** come to the party? 파티에 오는 것이 어때요?
> A. **Sure! That would be great!** 네! 그거 좋겠네요!
>
> Q. **How about** coming to the party? 파티에 오는 것이 어때요?
> A. **Sure! That would be great!** 네! 그거 좋겠네요!
>
> Q. **Would you like to** come to the party? 파티에 오시겠어요?
> A. **Sure! That would be great!** 네! 그거 좋겠네요!

잠시 이것을 표로 정리해서 보도록 하자. 표에 '수락'하는 표현만 넣은 이유는 실제 시험에서 수락하는 경우가 십중팔구로 압도적이기 때문이다.

질문 형태 [제안]	• Why don't I / you / we ~? • How about ~? • Would you like (me) to ~? • Can I ~?	• Let's ~! • Shouldn't we ~? • Do you want me to ~?
수락 표현	• That's a good idea. • That's fine with me. • You are right. • Thanks.	• Sounds good to me. • Sure. • I really should. ──→특히 Should / Shouldn't의 짝 • That would be nice / helpful / great.

다음은 '제안'이라기 보다는 상대방에게 무언가를 '부탁'하는 표현들 모음이다.

질문 형태 [부탁]	• Can you ~? • Will you ~? • Would you mind ~?	• Could you ~? • Would you ~? • Do you mind ~?
수락 표현	• Sure. / Of course. • I'd be glad to. • Okay. / Yes.	• Certainly. / Absolutely. • I'd be happy to. • Not at all.

이 중, mind에 대해서 잠시 살펴보도록 한다. mind의 원래 뜻은 '~을 꺼리다'이다. 따라서 대답을 할 때 Yes라고 하면 '거절'이 되고, No라고 해야 '수락'이 된다. 원어민이 아니면 이것이 매우 어렵고 혼동하는 것이 당연하다.

그러나, 굳이 Yes와 No가 반대 의미를 갖는다고 생각할 필요가 없다. Mind ~?라는 표현을 써서 부탁한 사람에게 Yes라고 대답하는 경우는 사실상 없기 때문이다. 시험에 나오기 매우 부적절한 불편한 대답이다.

따라서 **Would you mind ~?**나 **Do you mind ~?**의 대답은 **No.**를 포함하여 **Not at all.** 등이 가장 일반적이다. 이 밖에도, **Of course not.**이나 **Sure, no problem.** 등이 대표적인 정답 표현들이다.

(02) 변칙적인 정답 표현 → 시간 있어요!

이러한 '부탁' 표현들에 최근 들어 많이 나오는 변칙적인 정답 표현이 있으니, 바로! '시간이 있다'이다.

- I am free.
- I am available.
- I will be able to 시점. → today / tomorrow / morning / afternoon / at 4 o'clock 등
  ~에는 시간이 된다 → 즉, 해주겠다

일종의 조커 표현처럼 기억했다가 나오면 바로 고르도록 한다! 예시를 보자.

Q. **Could you** help me reviewing these documents? 이 서류들을 검토하는 것을 도와주시겠어요?
A. **I will be able to** at 4 o'clock. 4시에 제가 시간이 됩니다.

Q. **Would you mind** checking this printer? 이 프린터를 점검해주시겠어요?
A. **I will be able to** at 4 o'clock. 제가 4시에 시간이 됩니다.

Q. **Can you** give me a ride to the airport? 공항까지 저를 태워주시겠어요?
A. **I will be able to** at 4 o'clock. 제가 4시에 시간이 됩니다.

마치 멀티 답변처럼 정답이 되는 것을 볼 수 있다. '~에 시간이 된다'라는 표현은 이렇게 쓸모가 있으면서 언뜻 들었을 때는 굉장히 우회적인 대답이기도 하다. 따라서, 출제 위원들이 내고 싶어하는 표현이라고 생각해도 좋다.

2 벼락치기 표현: 거절도 정중하게!

시험 영어의 특징은 교과서적인 대화를 한다는 것이다. 그래서 거절도 냉정하게 하지 않는다. 거절을 하는 경우도 얼마나 정중한지 살펴보도록 하자. 그래서 거절할 때 쓰는 말이 늘 비슷하다.

(01) 정중히 거절하는 표현

정중히 거절하는 것이 교과서적인 대화의 기본이라면, 거절을 하는 사람의 말이 대부분 비슷해야 하고 이것은 곧 비슷한 표현을 사용한다는 것을 의미한다. 예시를 보도록 하자.

> **Q. Would you mind** helping me to review these documents?
> 이 서류들을 검토하는 것을 도와주시겠어요?
>
> **A. I am afraid** I don't have time now.
> 유감입니다만 지금은 제가 시간이 없어요.
>
> **Q. Could you** please move these boxes to the storage room?
> 이 상자들을 창고로 옮겨주시겠어요?
>
> **A.** Oh, I'm sorry. **Unfortunately**, I have to go for a meeting right away.
> 아, 죄송합니다. 유감입니다만 지금 바로 회의에 가봐야 합니다.

정중한 거절을 하는 경우, 다음의 표현들이 쓰인다.

- I am afraid ~
- Unfortunately, ~
- Oh ~

물론 이런 표현을 쓴다고 무조건 정답은 아니지만 자연스러운 거절 표현을 만들기 위한 출제 위원의 부단한 노력의 산물이라고 봐도 좋을 것이다. 수험자인 여러분들은 이런 표현이 쓰인 보기를 들을 때는 좀 더 정답일 가능성이 높다고 간주하고 집중하셔도 좋다.

07_1.MP3

PRACTICE
실전 문제와 표현 맞추기

1. 먼저 선택지만 보고 풀어보자.
2. 괄호 넣기로 정답 표현을 마스터하자.
▶ 정답은 암기하고, 오답은 틀린 부분이 정확히 어디인가를 집어내는 훈련을 하자!

음원바로듣기

---

1 [정답 고르기]　　(A)　　(B)　　(C)

Q. _____ do me a favor?
(A) I'd be _____.
(B) That's my _____.
(C) It's not very _____.

---

2 [정답 고르기]　　(A)　　(B)　　(C)

Q. Could you _____ **us** _____ **at the Airport Terminal 7?**
(A) Sorry, I _____ it.
(B) No _____.
(C) It should be done _____.

---

3 [정답 고르기]　　(A)　　(B)　　(C)

Q. _____ **prepare our passports to be ready?**
(A) Our _____ is from Chicago.
(B) Yes, he _____ the kitchen himself.
(C) _____ probably right.

---

4 [정답 고르기]　　(A)　　(B)　　(C)

Q. Could you order _____ **parts tomorrow?**
(A) Are you ready to _____?
(B) _____ what I can do.
(C) Tomorrow will be _____.

정답
1. Q. Could you　**(A) happy to**(기꺼이 하겠다)　(B) favorite　(C) good
2. Q. drop, off　(A) dropped　**(B) problem**(문제)　(C) right away
3. Q. Shouldn't we　(A) flight　(B) repaired　**(C) You're**(너는 ~이다)
4. Q. replacement　(A) order　**(B) I'll see**(어디 봅시다)　(C) sunny

음원바로듣기

3 실전 문제로 벼락치기

한꺼번에 연속으로 나오는 실전 문제를 시험과 같은 환경에서 풀어보자. 이 단계에서는 잘 모르는 부분이 있더라도, 중간에 쉬지 말고 연속적으로 문제를 풀어라.

1. Mark your answer on your answer sheet.　　　(A)　(B)　(C)

2. Mark your answer on your answer sheet.　　　(A)　(B)　(C)

3. Mark your answer on your answer sheet.　　　(A)　(B)　(C)

4. Mark your answer on your answer sheet.　　　(A)　(B)　(C)

5. Mark your answer on your answer sheet.　　　(A)　(B)　(C)

6. Mark your answer on your answer sheet.　　　(A)　(B)　(C)

PART 2

Day 07

Day 08

파트 2의 문제아!
평서문

동영상강의
바로보기

Today's Mission: 질문이 아닌 문장에 반응하는 패턴을 배워보자

---

1 벼락치기 전략

평서문은 답을 쉽게 예측할 수 있는 의문사 의문문에 비해 까다로운 유형이다. 하지만 시험에 자주 등장하는 정답 패턴을 익히고 오답 지우기를 반복하면 의외로 쉽게 정답을 맞힐 수 있다.

01 평서문에 대처하는 4가지 방법

평서문은 '질문'이 아니다. 말 그대로 어떠한 사실이나 자신의 의견을 표현하는 문장을 평서문이라고 한다. 평서문은 물음표가 아니라 마침표로 끝나는 모든 문장들을 포함한다. 예를 들면,

> I need to replace some parts of my computer. 저는 제 컴퓨터의 부품들 중 일부를 교체해야 합니다.
> I would like to invite you for dinner. 당신을 저녁 식사에 초대하고 싶습니다.
> Jane is going to be promoted to director next month. Jane이 다음 달에 부장으로 승진할 겁니다.

이같은 '평서문'이 어려운 이유는 '질문'이 아니기 때문에 대답을 예상하기가 어렵다는 것이다. 따라서 영어 문장을 듣고 바로 이해하는 능력 즉, '직청직해' 훈련이 담보되어야 평서문을 깔끔하게 풀 수 있다. 그러나 직청직해 훈련 방법에 대해서 논하고자 하는 것이 아니기 때문에 일단은 평서문에 대답하는 형태부터 살펴보도록 한다.

영어든 우리말이든 특정 패턴에는 특정한 방식으로 대답을 하게 되는데 평서문이 대표적이다. 아래의 4가지 패턴을 우리말 예시를 통해 확인해보도록 하자.

> **Q. 이번 주말에 전체 회식이 있습니다.**

이런 것이 평서문 형태인데 '아, 저기에 뭐라고 대답하지?'라는 생각이 들 것이다. 정상이다. 보통 딱히 대답할 말이 없을 때, 인간은 일종의 '반응'을 해주며 대화를 이어나간다.

❶ 되묻기

> **A. 몇 시에 시작하나요?**

바로 이것이 가장 일반적인 반응 방식이다. 무언가 다시 물어보는 것이다. 그래서 실제 시험에서 평서문의 정답으로 다시 물어보는 형태(반문)가 나오는 경우는 절반 이상을 차지한다.

❷ 맞장구

> **A. 와, 그렇군요. 즐거운 시간이 될 거예요.**

당신이 회식을 좋아하지 않는다고 섣불리 '에이!'라고 생각하지 말자. 토익 시험에서는 예의 바르고 교과서적인 사람들만 등장하기 때문에, 딱 저렇게 대답하는 것이 토익 시험의 패턴이다.

질문의 형태를 조금 바꾸어 '제안'이나 '설명'하는 형태의 대답도 보기로 한다.

> **Q. 아… 이런, 여기 주차장 닫았네.**

이런 평서문은 어떠한가? 무언가 '문제점'이 있다는 말이고, 상대방 입장에서는 무턱대고 뭘 물어보거나 '그래, 맞아.'라고 하기 민망한 상황이다. 이럴 때 나오는 것이 '제안'이나 '설명' 형태의 답변이다.

❸ 제안

> **A. 그럼, 길 건너편에 있는 주차장으로 가봅시다.**

모름지기 사람은 눈치가 있어야 한다. 이런 평서문에는 이런 답변이 제격 아닌가? 무언가를 '제안'하는 형태로 답이 나와야 자연스러운 대화가 된다. 마지막 '설명' 형태를 소개한다.

❹ 설명

> **A. 여기 확장하기 위해 공사 중이라고 들었어.**

바로 이것이다! 이렇게 무언가 '문제점'이 있다는 말을 상대가 할 때 적절한 이유를 설명해주는 것이 바로 자연스러운 대화의 기본 조건이다. 평서문은 이 패턴들을 거의 벗어나지 않는다. 이제 영문으로 확인해보도록 하자.

> **Q. This parking lot seems to be closed.** 이 주차장이 닫은 것 같아.
> * 되묻기: What does the sign say? 안내문에는 뭐라고 쓰여있어?
> * 맞장구: Yes, I think so. 그래. 그런 것 같다.
> * 제안: Let me search for another place then. 그럼 내가 다른 장소를 찾아볼게.
> * 설명: I heard it is under renovation. 그 주차장이 보수 공사 중이라고 들었어.

매우 중요한 팁을 하나 소개한다. 평서문에는 문장이 아닌 형태로 답을 할 수가 없다. 우리말을 예로 들어보면,

> **Q.** 오늘 라면 끓여 먹기 딱 좋은 날씨다.   **A.** 김치라면!

이런 대화는 실생활에서 친한 친구 사이나 문자 메시지로야 가능하겠지만 정상적인 (또는 교과서적인) 대화라고 볼 수 없다. 시험에는 이런 상황극 같은 대사는 등장하지 않는다. 따라서 수험자는 '평서문'을 들었을 경우 대답으로 나온 보기 중에 문장 형태가 아니라 단어나 구로 나온 것이 있다면 과감하게 지워야 한다. 영문으로 된 예시를 통해 오답을 털어내 보자.

Q. This printer is not working properly. 이 프린터가 제대로 작동을 하지 않네요.
(A) I guess the toner has a problem. 토너에 문제가 있는 것 같네요. (O)
(B) Paper jam. 용지 걸림 (×)
(C) I am working late. 저는 늦게까지 일합니다. (×)

여기에서 정답은 (A)와 (C)를 듣고 '해석'으로 결정해야 하지만, 애초에 (B)는 오답으로 과감하게 지워야 한다. 저렇게 단순한 단어나 구 형태는 평서문의 답으로 쓰일 수 없기 때문이다.

2 벼락치기 표현

평서문은 질문이 아니기 때문에 정답 유형이 정해져 있지는 않다. 하지만, 평서문에 어떤 식으로 답하느냐 하는 문제는 일반적인 대화 패턴을 생각해보면 예상 가능하다. 대표적인 평서문 대응 방법을 익혀보도록 하자!

01 문제 해결, 반문형 → ~할 수 있는데, ~는 어떠세요?

Q. Subway lines are not working today. → 문제점을 이야기하는 내용
지하철이 오늘 운행을 하지 않아요.

(A) We should submit it by tomorrow. → subway와 유사한 발음 submit가 등장하는 오답
우리는 그것을 내일까지 제출해야 해요.

(B) I have to work on the weekend too. → work라는 어휘가 반복되는 오답
저는 주말에도 일을 해야 해요.

(C) Maybe we should take a bus instead. → 해결책을 제시하는 전형적인 정답
그럼 버스를 타고 가야겠네요.

■ 전형적인 '문제 해결'의 표현들

제가 해결하죠.	• I'll take care of it. • I'll deal with it.	• I'll handle it.
제가 사람을 구하죠.	• I'll ask Michael to do it.	• Call the Maintenance Team.

02 동의, 감동하는 유형 → 저도 그래요, 좋겠네요.

Q. I've never been to Egypt before. → 개인적인 사실을 말한다.
저는 전에 이집트에 가본 적이 없어요.

(A) Neither have I. → 자신의 사실과 연계시켜 대화를 이끈다.
저도 그래요.

(B) This coffee is too hot. → hot이라는 어휘가 등장하지만, 이집트와는 상관없는 내용
이 커피는 너무 뜨거워요.

(C) I'd like to read that book, too. → '나도 ~하고 싶다' 표현, 책과는 상관없는 내용
저도 그 책을 보고 싶습니다.

■ 전형적인 '문제 해결'의 표현들

같은 입장 (저도 그래요.)	• So do I. 저도 그래요. • I thought so, too. 저도 그렇게 생각했어요. • Neither do I. 저도 그렇지 않아요. Neither have I. 저도 그런 적이 없어요.
좋은 일에 대한 반응, 감동 (그러세요?)	• Congratulations. 축하해요. • That is great. 정말 잘됐네요. • You deserve it. 당신은 그럴 자격이 있어요. • I'm happy for you. 잘됐네요.
나쁜 일에 대한 반응	• Really? 그래요? • That's too bad. 정말 안됐네요. • I didn't know that. 그런 줄은 몰랐어요. • I'm sorry to hear that. 그렇게 되다니 안됐군요.

PRACTICE
실전 문제와 표현 맞추기

1. 먼저 선택지만 보고 풀어보자.
2. 괄호 넣기로 정답 표현을 마스터하자.
▶ 정답은 암기하고, 오답은 틀린 부분이 정확히 어디인가를 집어내는 훈련을 하자!

음원바로듣기

---

1 [정답 고르기]　(A)　　(B)　　(C)

Q. I'm really _____ about Ms. May's lecture.

(A) It is _____ to rain today.

(B) I'm about to _____.

(C) _____. I have waited to hear her speech.

---

2 [정답 고르기]　(A)　　(B)　　(C)

Q. The restaurant down the street _____ delicious food.

(A) I almost _____ eating now.

(B) _____ I like this one better.

(C) No, it's _____ today.

---

3 [정답 고르기]　(A)　　(B)　　(C)

Q. It _____ to rain again.

(A) This summer is really _____.

(B) The _____ will start soon.

(C) _____ bring your umbrella?

---

4 [정답 고르기]　(A)　　(B)　　(C)

Q. _____ fill out the form for you.

(A) Thank you. I really _____ it.

(B) It's _____ my aunt in New York.

(C) You have to have _____ of ID.

정답 　1. Q. excited 　　(A) expected 　　(B) go outside 　　**(C) So am I**(나도 그래)
　　　　2. Q. also has 　　(A) finished 　　**(B) Yes, but**(그래요, 하지만) 　(C) 2 o'clock
　　　　3. Q. started 　　(A) hot 　　(B) meeting 　　**(C) Didn't you**
　　　　4. Q. I could 　　**(A) appreciate**(감사하다) 　(B) from 　　(C) two forms

3 실전 문제로 벼락치기

음원바로듣기

한꺼번에 연속으로 나오는 실전 문제를 시험과 같은 환경에서 풀어보자. 이 단계에서는 잘 모르는 부분이 있더라도, 중간에 쉬지 말고 연속적으로 문제를 풀어라.

1. Mark your answer on your answer sheet.   (A)   (B)   (C)

2. Mark your answer on your answer sheet.   (A)   (B)   (C)

3. Mark your answer on your answer sheet.   (A)   (B)   (C)

4. Mark your answer on your answer sheet.   (A)   (B)   (C)

5. Mark your answer on your answer sheet.   (A)   (B)   (C)

6. Mark your answer on your answer sheet.   (A)   (B)   (C)

REVIEW TEST 2

08_3.MP3

음원바로듣기
정답 15페이지

Today's Mission: 각 Day를 완벽하게 학습한 후에 문제 풀기의 능숙함과 숙련도를 좀 더 높이기 위해서는 파트 2 문제를 한꺼번에 풀어보도록 하자. 특히, 전형적인 정답 유형은 물론 '발음, 표현'이 반복되는 오답을 지우면서 안전하게 정답을 맞힐 수 있도록 완벽하게 훈련하도록 하자.

PART 2

Day 08

7. Mark your answer on your answer sheet. (A) (B) (C)
8. Mark your answer on your answer sheet. (A) (B) (C)
9. Mark your answer on your answer sheet. (A) (B) (C)
10. Mark your answer on your answer sheet. (A) (B) (C)
11. Mark your answer on your answer sheet. (A) (B) (C)
12. Mark your answer on your answer sheet. (A) (B) (C)
13. Mark your answer on your answer sheet. (A) (B) (C)
14. Mark your answer on your answer sheet. (A) (B) (C)
15. Mark your answer on your answer sheet. (A) (B) (C)
16. Mark your answer on your answer sheet. (A) (B) (C)
17. Mark your answer on your answer sheet. (A) (B) (C)
18. Mark your answer on your answer sheet. (A) (B) (C)
19. Mark your answer on your answer sheet. (A) (B) (C)
20. Mark your answer on your answer sheet. (A) (B) (C)
21. Mark your answer on your answer sheet. (A) (B) (C)
22. Mark your answer on your answer sheet. (A) (B) (C)
23. Mark your answer on your answer sheet. (A) (B) (C)
24. Mark your answer on your answer sheet. (A) (B) (C)
25. Mark your answer on your answer sheet. (A) (B) (C)
26. Mark your answer on your answer sheet. (A) (B) (C)
27. Mark your answer on your answer sheet. (A) (B) (C)
28. Mark your answer on your answer sheet. (A) (B) (C)
29. Mark your answer on your answer sheet. (A) (B) (C)
30. Mark your answer on your answer sheet. (A) (B) (C)
31. Mark your answer on your answer sheet. (A) (B) (C)

PART

3

DAY 09-14

파트 3는 두 명 또는 세 명이 나누는 대화를 듣고 질문과 보기를 해석하여 정답을 골라내는 파트이다. 시험지에 질문과 보기가 모두 쓰여있기 때문에 미리 읽을 수 있다. 따라서, 순수하게 청취력만 요구하는 것이 아니라 독해력과 어휘력을 동시에 요구하는 파트라고 볼 수 있다.

파트 3는 하나의 지문에 세 가지 문제가 나온다. 간략히 내용을 짜 보면,

M:	Hi, Sarah. How have you been?	**남:**	안녕하세요, Sarah. 어떻게 지내셨어요?
W:	I've been very busy with some paperwork.	**여:**	저는 서류작업으로 너무 바빴어요.
M:	Oh, that's why I haven't been able to contact you. I've called several times.	**남:**	오, 그래서 제가 연락을 할 수 없었던 것이군요. 제가 여러 번 전화했었어요.
W:	I'm sorry. I've just checked it this morning. You know, the deadline is coming. It's hectic.	**여:**	죄송해요, 제가 오늘 아침에야 확인을 했어요. 아시죠, 마감이 임박했어요. 정신이 없네요.

이런 대화를 만들 수 있다. 그리고 여기에 다양한 문제들이 출제된다.

Q1. What are the speakers talking about? 화자들은 무엇에 대해 이야기하는가?

Q2. Why has the woman been so busy? 왜 여자는 바빴는가?

Q3. Why does the woman say "It's hectic"? 왜 여자는 "정신이 없네요"라고 말하는가?

Q1은 '주제를 묻는 문제'에 해당하고 Q2는 '세부사항을 묻는 문제' 그리고 Q3은 '의도 파악 문제'라고 일컫는다. 본서에서는 파트 3에 나올 수 있는 거의 모든 문제 형태를 다룬다. 주제, 세부사항, 앞으로 할 일, 의도 파악, 그리고 시각 정보 등으로 구성되어있다.

그 말이 그 말인데...
Paraphrasing

Today's Mission: 단어가 어떻게 바뀌는지 그 원리를 파헤친다!

1 벼락치기 전략

파트 3 & 4는 소위 읽기(Reading)와 듣기(Listening)가 동시에 진행되어야만 정답을 맞힐 수 있다. 집중해서 읽고, 듣기에 부담을 느끼는 초보 학습자라도 소위 '문제 유형 & 문제 읽기'를 정확하게 연습함으로써 의외로 정답을 많이 맞힐 수 있다는 것을 기억하고 훈련하도록 하자. 먼저, paraphrasing이라는 용어에 대해서 정확히 밝혀둔다. '다른 말로 바꾸어 표현하는 것'이라고 번역하면 가장 적절할 것이다. 같은 의미를 전달하되 다른 단어와 표현을 쓰는 것이다. 우리가 왜 이런 것을 알아야 할까?

먼저, 시험 문제를 만드는 원리를 이해해야 한다. 토익 LC 문제를 만드는 방법은

1. 스크립트를 쓴다.
2. 스크립트의 특정 부분에서 문제를 낸다.
3. 문제에 적절한 보기를 만든다.

이 순서라고 보시면 된다. 따라서 처음 스크립트를 쓰는 과정부터 보도록 하자.

> **M:** I heard that your coffee shop is the best in my town. I want to get some coffee.
> 제가 듣기로는 당신 커피숍이 이 지역에서 최고라더군요. 커피 좀 줘 보시겠어요?

이제 이 대사를 바탕으로 질문을 하나 만들어보자.

> **Q.** What does the man want to do? → 이런 질문은 토익 파트 3, 4에서 가장 흔한 형태 중의 하나이다.
> 남자는 무엇을 하기를 원하는가?

과연 여기에 어떤 보기를 만들어야 할까? 결론부터 말하자면 오답인 보기를 만드는 것은 쉽다. 그저 말이 안 되면 그만이다.

> (A) He wants to buy the coffee shop. 그는 커피숍을 인수하기를 원한다.
> (B) He wants to get some coffee. 그는 커피를 좀 사기를 원한다.
> (C) He wants to buy some cookies. 그는 쿠키를 좀 사기를 원한다.
> (D) He wants to stay up all night. 그는 밤새 깨어있기를 원한다.

정답은 당연히 (B)이다. 여기서 (B)는 스크립트를 '그대로' 옮겨놓은 것이기 때문에, 아무 생각 없이 그저 들리는 것을 고르면 된다. 즉, 시험으로서의 변별력이 없어지는 것이다.

그래서 필요한 것이 paraphrasing이다. (B)를 조금 수정하면 다음과 같아진다.

> (B) He would like to purchase some coffee. 그는 커피를 조금 구매하기를 원한다.

사실 스크립트와 뜻은 같지만 want to를 would like to로, get을 purchase로 바꾸었다. 비교해보자.

| 스크립트 | I **want** to **get** some coffee. |
| 보기 | He **would like** to **purchase** some coffee. |

이 정도면 실제 문제를 들었을 때, 보기를 고르는데 시간이 조금 걸릴 것이다. 그렇다면 출제 위원으로서는 어느 정도 성공했다고 볼 수 있다. 다만, 여기서 한 가지 궁금한 점이 있으니, 왜 coffee는 안 바꾸고 그대로 있는 것일까?

사실 안 바꾼 것이 아니다. 정확히 말하면 못 바꾼 것이다. 조금 침착하게 생각해보면 coffee는 딱히 동의어가 없다. 커피를 무엇이라고 하겠는가? '탄 콩물'이라고 할 수도 없고 '아메리카노'라고 해서도 안 된다.

따라서, 이 paraphrasing 원리를 보면 놀라운 사실을 알 수 있다. 실제 수험자가 파트 3, 4 문제를 풀 때 보기를 자세히 들여다보면 대사와 그대로 일치하는 단어는 거의 명사에 속한다. 명사는 실제로 동의어가 적기 때문이다. 다음의 예시를 보면 아마 확신이 들것이다.

문장	공룡들이 모두 죽었다.
바꾼 문장 1	공룡들이 전부 사라졌다.
바꾼 문장 2	공룡들이 완전히 멸종했다.
바꾼 문장 3	모든 공룡들은 지구상에서 없어졌다.

필자가 아주 열심히 바꾸어보았으나 한 단어를 못 바꿨다. 바로 '공룡'이다. 이처럼 명사인 '공룡'은 바꾸기가 어렵다. 따라서 대사에 나왔던 명사가 보기에 그대로 쓰이는 경우가 전체 문제의 60% 정도를 차지한다. 그러나 영리한 출제 위원이라면 이런 한계에 대한 나름의 해결책을 가지고 있을 것이다. 예를 들면,

스크립트	I **want** to **get** some **coffee**.
보기 1	He **would like** to **purchase** some **coffee**.
보기 2	He **would like** to **purchase** some **beverage**.

이렇게 내는 것이다. 무엇이 달라졌을까? coffee의 동의어가 딱히 없자, coffee의 '상위어'인 beverage를 사용하여 paraphrasing을 한 것이다.

출제 위원이 paraphrasing(같은 의미를 다른 표현으로 바꾸어 말하는 것)을 할 때 가장 바꾸기 어려운 단어들은 대부분 '명사'이므로. 스크립트와 보기가 정확히 일치하는 경우는 대부분 '명사' 단어일 것이다. 그리고 이 '명사'가 다른 말로 바뀌어있다면 그 단어를 포함하는 넓은 의미의 단어(상위어)로 바뀌어있을 것이다. 예시를 보도록 하자.

> **A:** 집에 가는 길에 '버스'를 타는게 어때?
> **B:** 좋아! 그렇게 할게.

> **질문:** 남자는 무엇을 제안하는가?
> **보기 1.** '버스'를 이용하여 귀가하기 → '버스'를 그대로 쓰려면 이런 식으로 정답을 내고
> **보기 2.** '대중 교통'을 이용하여 귀가하기 → 바꾸면 '대중 교통'으로 내면 된다.

이쯤에서 "아하!" 하고 이해가 되신 분들이 많이 계실 것이다. "그렇구나! 시험 문제라는 것은 이렇게 출제하는 원리가 있구나!" 결론부터 말씀드리면 이렇기 때문에 파트 3, 4에서 답을 찾기가 어려운 것이다. 분명 알아들었는데 보기를 보면 정답이 쉽사리 잡히지 않을 때가 많다. 따라서 파트 3, 4는 단순히 청취력만 시험한다기 보다는 독해력과 어휘력을 다 함께 보고자 하는 출제 위원들의 심리가 개입한 '복잡한 사고와 추론 과정'이라는 것이 타당한 결론일 것이다.

2 벼락치기 표현

대표적인 빈출 단어들을 정리해보면 파트 3, 4 정답의 몽타주가 보인다. 토익에서 가장 많이 쓰는 단어들 위주로 상위어를 살펴보도록 하자. 매 시험에 출제되는 반복되는 패턴이다.

(01) 명사들이 어떻게 상위어로 바뀌는지 보도록 하자.

- bus / subway / train
  버스 / 지하철 / 기차
  → **public transportation** 대중 교통

- projector / photocopier
  프로젝터 / 복사기
  → **equipment** 장비

- estimate / application / résumé
  견적서 / 지원서 / 이력서
  → **document** 서류

- tablet PC / laptop / smartphone
  태블릿 PC / 노트북 / 스마트폰
  → **electronics** 전자 기기

- coffee / juice / milk
  커피 / 주스 / 우유
  → **beverage** 음료

(02) 추상 명사도 같은 원리로 바뀐다.

- phone number / e-mail address
  전화 번호 / 이메일 주소
  → **contact information** 연락처

- time / date
  시간 / 날짜
  → **schedule** 일정

- numbers / figures
  숫자 / 수치
  → **record** 기록

- workshop / seminar / banquet
  워크숍 / 세미나 / 연회
  → **event** 행사

- name / job / age
  이름 / 직업 / 나이
  → **information** 정보, **details** 세부사항들

PRACTICE
실전 문제와 정답 맞추기

토익에 익숙하지 않은 사람들에게 세 문제를 한꺼번에 읽고 연속으로 푸는 것은 쉽지 않은 일이다. 일단 한두 문제라도 정확히 읽고 나서, 문제의 정답을 맞히겠다는 각오로 녹음을 듣도록 하자.

음원바로듣기

---

1. Where most likely are the speakers?

  (A) At an office
  (B) At a theater
  (C) At a café
  (D) At a bank

2. Why does the woman congratulate the man?

  (A) He got a new job.
  (B) He completed a course.
  (C) He started a business.
  (D) He won a business award.

3. Why is the woman calling?

  (A) To make a booking
  (B) To apply for a job
  (C) To ask for a reference
  (D) To give some feedback

4. What information does the man ask for?

  (A) An interview location
  (B) A staff member's name
  (C) Some positive feedback
  (D) Some résumés

Questions 1 and 2 refer to the following conversation.

M: Okay, Jenny. Have you looked through the brochures we made? [1] They include a lot of information about coffee we have here at the café.

W: I read them and learned a lot actually. By the way, [2] congratulations on all you have achieved in starting this café.

남 좋아요, Jenny. 우리가 만든 브로셔들은 훑어보셨나요? 그것들은 저희가 여기 카페에서 파는 커피에 대한 많은 정보를 담고 있답니다.

여: 그것들을 읽어보았고 사실 많이 알게 되었어요. 그건 그렇고, 이 카페 시작하시면서 성취하신 것들을 축하 드립니다.

남자가 브로셔 안에 a lot of information about coffee가 있다고 말하고 여자가 남자에게 '이 café를 시작하면서 성취한 것들에 대해서 축하한다'고 말하고 있으므로 화자들은 café에 있으며, 남자는 café를 막 개업했음을 알 수 있다. 보기에는 café가 business(사업, 업체)로 paraphrasing 되었다.

Questions 3 and 4 refer to the following conversation.

W: [3] Hi, I'm calling to inquire about an employee at your store. A customer service representative I talked with was really nice and friendly.

M: Thanks for calling to let us know. We always try to listen to our customers. [3] We value all of the feedback we get every day… especially when it is related to our staff members. Oh, by the way, [4] do you remember the employee's name?

여: 안녕하세요, 귀하의 가게에서 근무하는 종업원에 대해서 문의를 하려고 전화를 겁니다. 제가 상담했던 고객상담원 분께서 매우 친절하고 상냥하셨어요.

남: 전화를 걸어 알려주셔서 감사 드립니다. 저희는 늘 고객님들께 귀 기울이려 노력하고 있어요. 저희는 매일 받는 피드백을 소중히 여깁니다... 특히 그것이 저희 직원들과 관련된 것일 때는 더 그러하죠. 오, 그런데, 혹시 그 직원의 이름이 기억나세요?

여자는 '종업원'에 대하여 문의 차 전화를 했다고 밝히고, 이어 남자도 We value all of the feedback ∼이라고 밝혀, 여자의 전화의 목적이 feedback 제공임을 알 수 있다. 남자는 feedback을 받기 위해 직원의 이름을 직접적으로 묻고 있다.

정답 · **1.** (C)   **2.** (C)   **3.** (D)   **4.** (B)

3 실전 문제로 벼락치기

음원바로듣기

한꺼번에 연속으로 나오는 실전 문제를 시험과 같은 환경에서 풀어보자. 이 단계에서는 잘 모르는 부분 이 있더라도, 중간에 쉬지 말고 연속적으로 문제를 풀어라.

1. What does the woman want to do?

   (A) Receive a newspaper at a new address
   (B) Find a new house
   (C) Request a full refund
   (D) Purchase a Web site address

2. What does the man advise?

   (A) Visiting a new home
   (B) Making a reservation
   (C) Submitting a form online
   (D) Switching Internet provider

3. How long does it take to process the request?

   (A) One day
   (B) Two days
   (C) Three days
   (D) Four days

4. Where most likely does the woman work?

   (A) At a store
   (B) At an airport
   (C) At a delivery company
   (D) At a hotel

5. Why is the man calling?

   (A) To check a flight departure
   (B) To book a room
   (C) To trace a missing item
   (D) To arrange a collection

6. What does the woman offer?

   (A) An upgraded room
   (B) A free service
   (C) A full refund
   (D) Special delivery

PART 3 Day 09

나무가 아니라 숲이 보이느냐?
주제를 묻는 문제

Today's Mission: 내용 전체를 함축하여 물어보는 질문에 대비한다!

동영상강의
바로보기

1 벼락치기 전략

본문이 아무리 잘 들린다 하더라도 정답을 맞히기 위해서 문제를 정확하게 읽는 것도 중요하다. 파트 3 문제를 풀 때에 가장 쉽게 정답률을 높이는 방법은 '누구'를 언급하는지 확인하는 것이다.

01 지문 내용과 문제 순서는 일치한다?

파트 3는 한 지문에 세 문제가 출제되고 첫 번째 문제는 주로 '무엇에 대한 내용인가?' 또는 '남자(또는 여자)는 누구인가?' 같은 문제가 등장한다. 예시를 보도록 하자.

M: Ah… it has been so hectic.	남: 아… 요즈음 너무 정신이 없네요.
W: That's right. I didn't expect many changes like these.	여: 그러게요. 이렇게 많은 변화가 있을 줄은 몰랐어요.
M: I agree. 2) Revising all of the procedures requires a lot of work. We need to upgrade our database system as well.	남: 그렇죠. 모든 절차를 수정하는 것은 많은 작업을 요구하네요. 데이터 베이스 시스템도 업그레이드해야 해요.
W: I guess we need an expert to 1) combine all of the data from two different companies.	여: 두 회사의 방대한 데이터를 합치려면 전문가가 필요할 거예요.
M: You think so? Then, why don't I contact P&J Tech?	남: 그렇죠? 제가 그럼 P&J Tech에 연락해볼까요?
W: I think that would work. I heard that they did a lot of work when M and K merged a while ago.	여: 네, 좋아요. 그 회사에서 지난번 M사와 K사의 합병 때도 작업을 많이 했대요.
Q. What are the speakers mainly talking about?	Q. 화자들은 주로 무엇에 대해 이야기하고 있는가?

이 스크립트가 '녹음'이 되어있다면 듣는 수험자 입장에서는 이들이 주로 이야기하고 있는 것이 무엇인지 알아차리는데 시간이 걸린다. 아무리 빨라야 1) 지점이 될 것이다. 문제는 출제 위원이 무자비하게 두 번째 문제를 이렇게 출제한다면?

Q. What is the man concerned about?   Q. 남자는 무엇에 대해 염려하고 있는가?

두 번째 문제가 나오는 타이밍이 첫 번째 문제보다 빠르다! 이렇게 되면 첫 번째 문제만 쳐다보다가 두 번째 문제를 날려버리는 실수를 할 수 있다. 따라서 수험자는 문제를 풀 때 첫 번째 문제와 두 번째 문제를 같이 보는 연습을 해야 한다. 특히, **첫 번째 문제에 mainly나 most likely 또는 probably 라는 말이 써있을 때는, 두 번째 문제도 언제든 같이 풀 준비**를 해야 한다는 것이다.

(02) 꼭 말을 해야 알겠니?

주제를 묻는 질문이 나온 김에 정답으로 자주 출제된 단어들을 소개한다. 다음은 파트 3에 매우 흔하게 등장하는 주제들이다. 만약 각각의 단어가 정답으로 쓰였다면 다음과 같은 '내용'을 예상해볼 수 있다.

❶ A marketing strategy가 정답인 경우

주로 a new advertising campaign '새로운 광고 캠페인' 등이 대사에 등장하고 A new line of products '새로운 상품군'이 released, launched '출시'되었다는 말이 종종 나온다.

❷ A recent merger가 정답인 경우

주로 two companies '두 회사들'이나 acquisition '인수' 또는 combine '합치다'라는 말이 스크립트에 등장한다.

❸ A construction work가 정답인 경우

주로 building '건축하는 중'이나 「a new + 시설」 등이 스크립트에 나온다. 때에 따라서는 renovation 이나 remodeling 등이 등장하기도 한다.

❹ A newspaper subscription이 정답인 경우

주로 fill out a form '서식을 작성하다'라든가 expire '만료되었다' 또는 renew '갱신' 그리고 extend '연장'해야 한다는 표현들이 스크립트에 등장한다.

이처럼, 주제를 묻는 문제를 맞히는 것에는 '특별한 기술'은 없으나, 풍부한 '어휘력'과 '배경 지식'으로 정답률과 속도를 동시에 향상시킬 수 있다. → Day 10에 파트 3, 4에서 나오는 빈출 단어들이 스토리로 수록되어 있다.

(03) 내가 누구게?

> **Q. Who most likely are the speakers?**　　　　　Q. 화자들은 아마 누구인 것 같은가?

화자를 묻는 문제, 즉, most likely라고 명시되어 있는 문제에서는 화자들이 업무상 하는 말을 들어보고 누구인지 추정해야 한다. 이때 주의해야 할 점이 있다. '화자들이 아마 누구일지' 계속 궁금해하다가…

> **Q. What does the man say about the restaurant?**　　　　Q. 남자는 레스토랑에 대해서 무엇이라고 말하는가?

와 같은 세부사항을 묻는 문제를 놓쳐버리는 경우가 자주 발생한다는 것이다. 이렇게 되면 첫 번째 문제를 틀리는 것은 기본이고, 그 부분에 눈이 너무 오래 멈춰있었기 때문에 두 번째, 세 번째 문제까지 모두 틀려버리는 경우가 많아진다.

화자가 누구인지 맞히는 문제에 most likely 같은 단어가 써있을 경우 다음과 같이 대처한다.

파트 3은 「남-여」(3인 대화인 경우 「남-남-여」 또는 「여-여-남」)가 대화를 하기 때문에, 남자가 누구인지 맞히려면 여자의 말을 잘 들어야 하는 경우가 많고, 반대로 여자가 누구인지 맞히려면 남자의 말을 잘 들어야 하는 경우가 많다.

예를 들어보자.

M: Excuse me, I am here to pick up my medication.	**남:** 안녕하세요. 약을 가지러 왔습니다.
W: Oh, yes. We have processed your order according to the prescription.	**여:** 아, 네. 처리해놨어요. 처방전대로 해놨습니다.
Q. Who most likely is the woman?	**Q.** 여자는 누구인 것 같은가?

이렇게 되면 여자는 Pharmacist '약사'다. 스크립트를 보자.

질문에 woman이라고 써있다고 '여자가 하는 말만 잘 들으면 된다'는 식의 설명들은 분명히 맹점이 있다. 이렇게 남자가 정답의 단서를 제공하는 경우도 꽤 많기 때문이다. 특히 초보 수험자들 같은 경우, 이런 의외성을 미리 배워두지 않으면 실전에서 페이스가 무너지는 경우도 많다.

화자를 묻는 문제들 중 가장 맞히기 어려운 형태는
Who most likely are the speakers? 또는 Where most likely do the speakers work?
같은 질문들이다. 두 화자가 모두 누구인 것 같은지, 어디서 일하는 것 같은지를 물어보는 것이다.

이런 문제들이 출제되었을 경우, 처음에 두 사람이 직접적인 언급을 하지 않고 자신들의 업무에 관련한 이야기만 길게 늘어놓는 경우가 많다. 예시를 보도록 하자.

M: Have you heard the weather forecast? It is going to snow for the rest of the week.	**남:** 기상 예보 들었어? 이번 주 내내 눈이 온대.
W: No way! We should finish the construction of Dr. Kim's office by the end of this month.	**여:** 이럴 수가! Kim 박사님의 사무실 공사를 이번 달 말까지 끝내야 하는데.
M: You are right! It is unacceptable to miss the deadline.	**남:** 그렇지! 마감일을 못 지키는 것은 절대 용납할 수 없어.
W: We need to finish this project first even though other construction work may get delayed.	**여:** 다른 공사를 미루더라도 이 일은 무조건 끝내야 해.
Q. Who most likely are the speakers? (A) Weather forecasters (B) Real estate agents (C) Architectural firm workers (D) Landscape architects	**Q.** 화자들은 아마 누구인 것 같은가? (A) 기상 전문가들 (B) 부동산 업자들 (C) 건축 회사 직원들 (D) 조경업자들

'이럴 수가! Kim 박사님의 사무실 공사를 이번 달 말까지 끝내야 하는데'하는 순간 '사무실을 공사'하시는 분들 즉, '건축 회사 직원들'을 정답으로 골라야 한다.

정답은 (C) Architectural firm workers이다. (A)에 절대 속는 일이 없도록 하자. '기상 예보 들었어?'라고 말할 수 있는 사람이 꼭 기상 전문가여야 하는 것은 아니다. 조금 침착하게 더 들어보자.

참고로 (D)는 architect라는 말이 들어가긴 했지만 landscape '조경' 관련한 공사 등을 하는 사람들을 뜻한다. 건물 공사를 하는 사람들은 대부분 construction company나 architectural firm에서 일한다고 출제되는 것이 일반적이다.

결국 수험자가 얼마나 많은 단어를 얼마나 정확히 연결지어 알고 있는가에 승패가 달려있다.

2 벼락치기 표현

특정 부서에서 사용하는 단어들을 익혀두면 화자가 어디인지 물어보는 질문 등이 나왔을 때 유연하게 대처할 수 있다. 최대한 많은 단어를 암기하여 키워드 몇 개만으로도 담당 부서를 떠올릴 수 있도록 대비하는 것이 핵심이다!

⓪① 사내 부서 및 업무 관련 어휘

사내에서 부서별 업무에 대한 대화가 가능하다. 주의할 것은 주제가 되는 업무와 이 대화에 등장하는 부서는 주로 다른 경우가 많다는 것을 기억해두자.

Accounting 회계부	expense 비용 receipt 영수증 payroll 급여 지불 명세서 missing form 빠진 양식	reimbursement 상환 bookkeeping 장부 정리 paycheck 월급
Maintenance 시설관리부	regular inspection 정기 점검 permit, pass 허가증 repair work 수리 작업	reqular check-up 정기 점검 construction 공사 regulation 규정
Security / Safety 보안 / 안전 관련 부서	employee ID 직원 신분증 training, workshop 연수 effective 효력을 발생하는	register, sign up 등록하다 manual 매뉴얼, 설명서 handbook 직원 규정 책자
Personnel 인사부	applicant, candidate 지원자 employment contract 고용 계약서 qualified, experienced 자격 있는, 경력이 있는	company policy 회사 방침 benefits 복리 후생

⓪② 비즈니스 생활 관련 어휘

Report / Paper 보고서 관련	proposal 제안서 contract 계약서	summary 요약서 form 양식
Department / Division 회사 부서 관련	Human Resources Department 인사부 Maintenance Department 시설관리부 Marketing Department 마케팅부 employee lounge 직원 휴게실	Personnel 인사부 Sales Department 영업부 Accounting Department 회계부 mail room 우편실
Employee 직원 관련	employee, worker 일반 직원 sales representative 판매 직원 secretary assistant 비서	staff, personnel, agent 일반 직원 receptionist 접수 직원 operator 전화 안내원
Meeting / Conference / Convention 회의 관련	negotiation 협상 acquisition 인수	merger 합병 deal transaction 거래

(03) 업체 관련 어휘

한 업체에서 다양한 물건을 주문할 수 있다. 대화를 하는 장소가 어떤 업체인지를 확인하자.

Office Supplier 사무용품 업체	office supplies, stationery 사무용품 bundle 묶음 estimate 견적	bulk order 대량 주문 special deal, discount 할인
Landscaper 조경업체	flower 꽃 dig a pond 연못을 파다	plant trees 나무를 심다
Caterer 출장 요리업체	lunch special 점심 세트 요리 drinks 음료수	dessert 디저트 order 주문
Advertising / Accounting Agency 광고 / 회계 대행 업체	client's new products 고객님의 신상품 due 마감의 opinion, feedback, advice, suggestion, input 의견, 조언	meeting material 회의 자료 deadline 마감일

PRACTICE
실전 문제와 정답 맞추기

토익에 익숙하지 않은 사람들에게 세 문제를 한꺼번에 읽고 연속으로 푸는 것은 쉽지 않은 일이다. 일단 한두 문제라도 정확히 읽고 나서, 문제의 정답을 맞히겠다는 각오로 녹음을 듣도록 하자.

음원바로듣기

1. What is the main topic of the conversation?

(A) A lunch meeting
(B) A room reservation
(C) A marketing promotion
(D) A job interview

2. When will the woman meet with the manager?

(A) Today
(B) In a week
(C) In two weeks
(D) In a month

3. Who most likely is the man?

(A) An auto mechanic
(B) A car rental agent
(C) A parking attendant
(D) A receptionist

4. When does the woman want to be back at the shop?

(A) 2 o'clock
(B) 3 o'clock
(C) 5 o'clock
(D) 7 o'clock

Questions 1 and 2 refer to the following conversation.

M: So Jaclyn, have you heard back about 1) the marketing position you applied for?

W: Actually, 1) I am scheduled to have an interview with the 2) Marketing Manager a week from today. I'll be hearing back from them in a month. I'm really nervous about it.

M: You'll be fine. You have everything they're looking for. Where is the interview?

남: Jaclyn, 전에 지원했던 마케팅 직의 결과에 대해서 들은 것 있어?

여: 실은 일주일 후에 마케팅 매니저와 면접을 보기로 되어 있어. 한 달이면 합격 여부를 알려줄 거야. 정말 걱정돼.

남: 괜찮을 거야. 넌 그 회사가 원하는 모든 것을 갖추고 있잖아. 면접은 어디에서 해?

주제는 첫 문장에서 주어진 정답지 중에 가장 근접한 내용을 골라야 한다. 2번의 단답형 문제는 본문의 여러 가지 시점이 등장하지만 여자가 면접을 하는 시점을 정확하게 골라내야 한다. 정답은 잘 들리는 Today가 아니라 In a week이다.

Questions 3 and 4 refer to the following conversation.

W: Here are my car keys. Can you give me some idea when it will be ready to pick up? I need it back as soon as possible.

M: Right now, it's two o'clock. We need to 3) change the engine oil and replace some old parts. It will take around three hours. So, it should be ready by five.

W: 4) I should be back here by five then? I'd be more than happy to be able to drive that car home today.

여: 자동차 키 여기 있어요. 언제쯤 찾으러 오면 될까요? 되도록 빨리 찾았으면 하는데요.

남: 지금 두 시인데요. 엔진 오일도 갈아야 하고 오래된 부품을 좀 교체해야 해요. 약 3시간 정도 걸릴 것 같아요. 그러니, 다섯 시면 준비가 될 것 같습니다.

여: 그럼 다섯 시까지 오면 되겠네요? 오늘 그 차를 운전해서 집에 가면 정말 좋겠네요.

3번은 자동차와 수리와 관련된 내용을 듣고 (A)를 고를 수 있어야겠다. 4번은 다양한 시점 중에서 여자가 다 고친 자동차를 찾으러 가는 시점에 집중해서 본문을 듣도록 하자. 정답은 두 시에서 세 시간 후인 다섯 시이다.

정답 · **1.** (D)　　**2.** (B)　　**3.** (A)　　**4.** (C)

3 실전 문제로 벼락치기

한꺼번에 연속으로 나오는 실전 문제를 시험과 같은 환경에서 풀어보자. 이 단계에서는 잘 모르는 부분
이 있더라도, 중간에 쉬지 말고 연속적으로 문제를 풀어라.

1. Who most likely is the woman?

(A) A travel agent
(B) A photographer
(C) A magazine editor
(D) A trail guide

2. When does the woman probably leave for New Zealand?

(A) In May
(B) In July
(C) In August
(D) In November

3. What will the man probably do next?

(A) Schedule an appointment
(B) Call his supervisor
(C) Contact a magazine editor
(D) Leave for New Zealand

4. What is the purpose of the man's trip?

(A) To sell factory equipment
(B) To look at building sites
(C) To attend a conference
(D) To arrange a merger

5. What does the man say about Martinsburg?

(A) It has many manufacturing facilities.
(B) It is near the company's main office.
(C) It is trying to attract new businesses.
(D) It is well located for shipping.

6. What does the woman ask the man to do?

(A) Apply for a building permit
(B) Report a problem to his supervisor
(C) Submit his expense receipts
(D) Update a list of clients

PART 3
Day 10

꼬치꼬치 캐물어!

세부사항을 묻는 문제

동영상강의
바로보기

Today's Mission: 아주 상세한 내용을 물어보는 경우에 대비한다.

1 벼락치기 전략

주제나 화자를 묻는 질문이 아닌 경우 아주 자세한 정보를 묻는 문제들이 출제되는데, 이 중 패턴으로 잡을 수 있는 것들을 소개한다.

01 화자의 방문, 전화의 목적을 묻는 문제 → 질문과 어울리는 대사 찾아 듣기

질문의 기본 형태는

Q1. Why is the man/woman calling?

Q2. What does the man/woman want to do?

Q3. Why is the man/woman visiting 장소?

대략 이런 식이다. 이 세 가지 형태의 질문은 매 시험에 등장하며 그 빈도도 굉장히 높다. 각각의 질문에는 어울리는 대사가 정해져 있다.

❶ 왜 전화를 하는가?

Q. Why is the man/woman calling?	Q. 남자/여자는 왜 전화를 하는가?
스크립트 I am calling to / I am calling about[regarding] / I am calling because~	~하기 위해서 / ~에 대해서 / ~때문에 전화 드립니다

수험자는 Why ~ calling? 질문을 읽고 나서, 스크립트에 I am calling to[about/regarding/because ~]라는 말이 나올 것을 예상하고 정답을 고를 준비를 하는 것이 좋다. 예제를 살펴보자.

Q. Why is the woman calling?	Q. 여자는 왜 전화를 하는가?
W: Excuse me, this is Jenny Smith. I am calling to let you know that the laptop you ordered has just arrived.	**여:** 실례합니다. Jenny Smith입니다. 귀하께서 주문하셨던 노트북 컴퓨터가 막 도착하였다는 사실을 알려드리기 위해 전화합니다.

이 정도 나왔다면 다음과 같은 보기를 예상해 볼 수 있다.

(A) To buy a laptop —→ laptop이라는 단어를 교묘하게 이용한 오답

(B) To set up an interview —→ 전혀 언급된 바 없는 엉뚱한 보기

(C) To provide update

(D) To order a computer —→ laptop이라는 단어를 교묘하게 이용한 오답

그런데 (C)에 나와있는 update(새로운 소식)라는 단어는 스크립트에서 한 번도 등장하지 않기 때문에 정답을 찾기가 쉽지 않다. 따라서, 다음과 같은 지식이 필요하다. '~을 알려주다(let you know)'는 update(새로운 소식), updated information(새로운 정보), notice(공지), announcement(발표) 등으로 paraphrasing되어 나온다.

❷ 무엇을 하기를 원하는가?

두 번째 질문은 다음과 같다.

Q. What does the man/woman want to do?	Q. 남자/여자는 무엇을 하기 원하는가?
스크립트 I want to / I would like to / I was wondering if~	~하고 싶습니다 / ~하고 싶습니다 / ~해도 될지 궁금합니다

수험자는 이 정도를 염두에 두고 정답을 고를 준비를 한다. 예제를 살펴보자.

Q. What does the woman want to do?	Q. 여자는 무엇을 하기 원하는가?
W: Hi, I bought this computer from here and I would like to return it. Its fan is broken. It keeps making a buzzing sound.	여: 안녕하세요, 제가 이 컴퓨터를 여기에서 샀는데 반품하고 **싶습니다**. 팬이 고장 났어요. 계속 윙윙거리는 소리가 나네요.

다음과 같은 보기를 예상해볼 수 있다.

(A) She wishes to buy a keyboard. → keyboard를 이용해 대사의 computer와 연관시킨 오답
(B) She wants to fix her computer. → 이런 함정에 빠져서는 안 된다! 동사를 보면 분명히 fix라고 되어있다. 실제 대사는 return 이다. '수리'와 '반품'은 다른 것이다.
(C) She wants to return an item.
(D) She needs to find a lost item. → 전혀 언급된 바 없는 엉뚱한 보기

역으로 가장 정답 같지 않은 item이라는 단어가 들어간 (C)가 정답이다. 이 item이라는 단어는 사실 그 위력이 대단하다. item = 물건, 물품, 상품 등.
즉, item이라는 단어는 이 세상에 존재하는 거의 모든 것을 지칭할 수 있다. 실제 토익 시험에서 웬만한 사물은 보기에 item으로 나온다.

❸ 왜 방문하였나?

마지막으로 다음과 같은 질문이 나왔을 경우에는,

Q. Why is the man/woman visiting 장소?	Q. 남자/여자는 ~에 왜 방문하였나?
스크립트 I am here to~ / I came here because~	저는 ~하기 위해 / ~때문에 여기 왔습니다.

앞서 보았던 Why ~ calling? 이나 What ~ want …? 등의 질문은 전화상으로 대화하는 스크립트를 써서 출제할 수도 있으나, Why is ~ visiting …?은 반드시 man/woman이 특정 장소를 직접 방문한 상황을 가정하여 스크립트를 작성해야 한다. 따라서, 다음과 같은 예시를 만들어볼 수 있다.

Q. **Why is the woman visiting the office?**	Q. 왜 여자는 사무실을 방문하는가?
W: Hi, I am here to see Mr. Kim. I have an appointment at 2:30 P.M. for an interview.	여: 안녕하세요, 여기 Kim 씨를 **보러 왔습니다.** 저는 오후 2시 30분에 면접이 잡혀있어요.

이 정도 나왔다면 다음과 같은 보기를 예상해볼 수 있다.

(A) To check the property → office라는 물질적 개념을 보러 갔다고 가정하고 낸 오답. property는 토익에서는 building '건물'을 지칭한다.

(B) To submit a document → '서류를 제출하기 위해서'라는 뜻. 흔히 사무실을 방문하면 나올 수 있는 이야기이기 때문에 오답으로 출제

(C) To have a job interview

(D) To apply for a position → 면접을 보러왔다는 것은 이미 지원해서 선발되었다는 의미이므로 오답

나머지 (C)와 (D)는 한 끗 차이인데, 여자는 오후 2시 30분에 면접이 잡혀있다고 했으므로 이미 일자리에 지원을 한 상태이다. 따라서 (D)의 '일자리에 지원하기 위해서'는 오답이다. 정답은 (C)의 '면접을 보기 위해서'이다.

(02) 문제점을 묻는 문제

문제점을 묻는 문제는 그 형태가 매우 명확한 편이다. 대표적인 질문들을 소개한다.

Q1. What is the problem?

Q2. What is the issue?

Q3. What is the man/woman unable to do?

먼저, What is the problem?과 What is the issue?는 사실상 같은 문제라고 봐야 한다. 또한, What is the man/woman unable to do? 역시 '부정적'인 내용이 등장하므로 위의 두 문장과 공통점이 있다.

Q1. What is the problem?	Q1. 무엇이 문제인가?
Q2. What is the issue?	Q2. 무엇이 문제인가?
Q3. What is the man/woman unable to do?	Q3. 남자/여자는 무엇을 하지 못하는가?

이런 부정적인 것들을 물어보는 질문에 가장 많이 나오는 스크립트는

스크립트 But ~ / However ~ / Unfortunately ~ / I am afraid ~	하지만 / 유감입니다만

의 부정적인 표현들이다. 예시를 보도록 하자.

Q1. What is the problem?	Q1. 무엇이 문제인가?
W: Excuse me, I would like to make a reservation at your hotel for tomorrow.	여: 실례합니다. 그쪽 호텔에 내일로 예약을 좀 하고 싶은데요.
M: I'm sorry, but unfortunately all the rooms are currently booked.	남: **죄송합니다. 유감입니다만.** 현재 모든 방이 예약되었습니다.

수험자는 남자의 대사에서 I'm sorry, but unfortunately~를 듣고 정답 지점임을 알아채야 한다. 대부분의 '문제점'을 물어보는 문제는 스크립트에 이런 부정적 표현들이 있는 경우가 많다.

A. No rooms are available.	A. 예약 가능한 방이 하나도 없다.

다른 예시를 보도록 하자.

Q2. **What is the man unable to do?**	Q2. 남자는 무엇을 하지 못하는가?

W: Hi, this is Sally from SPO fitness. How can I help you?	여: 안녕하세요, SPO 피트니스의 Sally입니다. 무엇을 도와드릴까요?
M: My name is John Stewart. I am a member of your gym. I applied for a membership that includes the locker use. However, I've just found that all the lockers are currently used and can't find my name on any of them.	남: 제 이름은 John Stewart입니다. 저는 현재 이 헬스클럽의 회원이에요. 저는 락커를 이용할 수 있는 회원권을 신청했습니다. 그러나 모든 락커들이 현재 사용 중이군요. 제 이름을 찾을 수가 없어요.

예시를 통해 살펴본 대로, '문제점'을 묻는 문제들은 그 형태도 뚜렷하고 스크립트에 나오는 말도 뚜렷한 편이다. 따라서, 수험자는 부정적인 말들(but ~/however ~/unfortunately ~/I am afraid ~)이 나올 것을 미리 예상하고 정답 지점을 잡으면 정답률을 높일 수가 있다.

A. Using a locker	A. 락커를 이용하는 것

03 화자가 제안 / 요청 / 제공하는 것이 무엇인지 묻는 문제

화자가 제안 / 요청 / 제공하는 것이 무엇인지 묻는 문제는 다음을 통해 질문에 나올 단어와 스크립트에 등장할 단어를 정확히 예측할 수 있다.

Q1. **suggest / recommend, request / ask, offer to do / will do**	
스크립트 Why don't ~ / How about ~ / You can ~ 등	~하는 게 어떨까요?
Would ~ / Could ~ / Can you ~ 등	~해주실 수 있나요?
I will ~ / I can ~ / Let me ~ 등	제가 ~할 게요

먼저, suggest / recommend의 '제안'하는 질문을 보도록 하자.

Q1. **What does the man suggest the woman do?**	Q1. 남자는 여자에게 무엇을 하라고 제안하는가?

W: I can't seem to find the book I need. I need that book to finish my essay.	여: 제가 필요한 책을 찾을 수가 없군요. 제 에세이를 완성하려면 그 책이 필요합니다.
M: Oh, actually all of the copies of that book are currently checked out. However, I guess P&J library has one. Why don't you come by that library?	남: 오, 사실 그 책은 전부 대여되었습니다. 하지만, 제가 알기론 P&J 도서관에 하나 있어요. 그쪽에 들러보시는 것이 어떤가요?

질문에 suggest가 써있는 것을 보고 남자의 말에서 Why don't you ~ 정도를 예상했다면 쉽게 ~ come by that library? 부분에서 정답임을 인지할 수 있었을 것이다.

A. **Visit a different library**	A. 다른 도서관을 방문하다.

다음으로 request / ask 즉, '요청'하는 질문에 대해서 알아보도록 하자. 참고로 ask for나 「ask + 사람 + to 동사」 등의 표현은 '질문하다'와 관련이 없다. '요청하다'의 뜻이다.

Q2. What does the woman ask for?	Q2. 여자는 무엇을 요청하는가?
M: Okay, so… you want to ship your package to Chicago, right? **W:** Yes. Actually, my coworker needs this for her work. Could you please let me know if there is any faster service I can use?	남: 좋아요, 그러니까… 이 소포를 시카고로 보내고 싶으신 거죠? 여: 네. 사실 제 동료가 업무상 이것이 필요합니다. 혹시 더 빨리 보낼 수 있는 방법이 있는지 알려주**실 수 있나요?**

질문에 ask for가 써있는 것을 먼저 파악한 수험자는 스크립트에서 Could you ~라는 말이 들리는 순간 정답 지점임을 간파하고 보기에서 골라낼 준비를 해야 한다. 스크립트의 service라는 단어가 문맥상은 '배송'을 의미하므로 정답에는 faster delivery라고 표현되었다.

A. **A faster delivery**	A. 더 빠른 배송

마지막으로 offer to do / will do와 같은 '제공' 표현을 살펴보도록 하자. 이 표현들은 화자가 상대방에게 '~을 해드리겠다'는 뜻으로 많이 사용된다.

Q3. What does the man say he offers to do?	Q3. 남자는 무엇을 하겠다고 말하는가?
W: Ah… look at this line. It seems that we might have to wait at least for half an hour. **M:** I agree. I think we should find another place. Let me search for another restaurant.	여: 아… 이 줄 좀 봐. 최소한 30분은 기다려야 할 것 같아. 남: 나도 그렇게 생각해. 다른 곳을 찾아보는 것이 더 나을 것 같아. 내가 다른 식당을 검색**해볼 게.**

질문에서 ~ offers to do ~ 부분을 보고, 스크립트에 I will ~ / I can ~ / Let me ~ 등이 나올 것을 예상하고 들어야 한다. Let me ~라고 남자가 말하는 순간 정답 지점임을 알아챘다면 손쉽게 another restaurant이 정답 단어임을 알 수 있을 것이다. 참고로 restaurant는 토익에서 종종 diner나 bistro 같은 단어로 바뀐다.

A. **Looking for another diner**	A. 다른 식당을 찾는다.

2 벼락치기 표현

정답을 맞히기 위해서는, 문제를 읽을 때에 중요한 내용을 기억하고, 본문에서 혼동을 줄 수 있는 어려운 부분을 예측해보는 것이 필요하다. 자주 등장하는 표현을 통해서 토익 파트 3, 4 문제가 어떤 부문에서 학생들을 틀리게 하려고 하는지를 확인해보고, 훈련해보자.

01 단답형 문제에 자주 등장하는 표현들

성별 분류 (남자/여자)		What does the man offer? 남자가 해주겠다고 제안한 것 What does the woman suggest the man do? 여자가 남자한테 시킨 것 What is the woman asked to do? 여자가 부탁 받은 것, 즉 남자가 부탁한 것
시제 분류	미래시제	will, be going to do (미래 시점) ~ do next, do now, do first (먼저, 이제, 우선 할 일)
	과거시제	did, was ~ (과거 시점) originally, previously, beforehand, last time (원래, 지난번에)
	현재시제	now, currently (이제, 현재), normally, regularly (보통, 일반적)

02 단답형 문제 지문에 자주 등장하는 표현들

비행기 관련	depart 출발하다 reserve, book 예약하다	arrive 도착하다 be delayed, be postponed 지연되다
회의 관련	change, reschedule, update 변경하다 preparation 준비 guests 초대 손님 chairs 좌석	meeting 회의 participants 참석자 extra copies 추가 복사본
가게/쇼핑 관련	by cash[credit/check] 현금[신용카드/수표]로 exchange 교환 finish, complete 완료하다 ready 준비 완료된 pick up 직접 가져가다 gift-wrap 포장하다 use oneself 자기가 직접 사용하다	refund 환불 store credit 가게 적립금 order 주문 deliver 배달하다 return 반품하다 present 선물하다
지원 관련	requirements, qualifications 자격 요건 degree, education 학력 temporary 임시직 part-time 시간제 근무(임시직) working hours 근무 시간 co-workers 동료 사원	experience 경력 permanent 정규직 full-time 종일 근무(정규직) salary 월급 commuting 출퇴근

PRACTICE
실전 문제와 정답 맞추기

토익에 익숙하지 않은 사람들에게 세 문제를 한꺼번에 읽고 연속으로 푸는 것은 쉽지 않은 일이다. 일단 한두 문제라도 정확히 읽고 나서, 문제의 정답을 맞히겠다는 각오로 녹음을 듣도록 하자.

음원바로듣기

---

1. What did the woman bring?

(A) Some drinks
(B) Some flowers
(C) A cake
(D) A friend

2. What does the man tell Jennifer?

(A) He doesn't like cooking.
(B) He appreciates her kindness.
(C) He invited many people.
(D) He is opening a restaurant.

3. How long is the man's presentation?

(A) Half an hour
(B) One hour
(C) Two hours
(D) Three hours

4. What problem does the man mention?

(A) Some equipment is not working.
(B) His presentation time has been changed.
(C) Some materials are not ready.
(D) The meeting is not prepared.

Questions 1 and 2 refer to the following conversation.

W: Hi, Chris. 1) Here's the cheesecake I made today.
M: Wow! 2) Thanks a lot, Jennifer. That was really thoughtful of you.

여: 안녕, Chris. 여기 오늘 내가 만든 치즈케이크야.
남: 와! 고마워, Jennifer. 이걸 가지고 오다니 정말 사려 깊은 걸.

1번의 여자가 가져온 물건은 여자 성우가, 2번의 남자가 말하는 부분은 남자 성우가 말할 가능성이 높다는 것을 기억하고 본문을 듣도록 하자.

Questions 3 and 4 refer to the following conversation.

W: Hi, Peter. Are you prepared for the 1 o'clock meeting with the board members? 3) You've got a two-hour presentation to give, right?
M: Yes, I'm pretty comfortable with the materials so it should be okay. But, there's a small problem. 4) The projector in the meeting room isn't working properly. I think the light has to be changed

여: 안녕하세요, Peter. 1시에 임원들과의 회의 준비는 다 되었나요? 두 시간짜리 발표죠, 그렇죠?
남: 네. 자료가 상당히 익숙해서 잘 될 것 같습니다. 그런데 작은 문제가 있어요. 회의실에 있는 프로젝터가 제대로 작동이 되지 않아요. 제 생각에는 전구를 갈아야 할 것 같아요.

남자의 발표 시간을 여자가 언급한 난이도 있는 문제로, 다양한 숫자 중에 정확하게 발표 시간을 골라야 한다. 남자의 문제점은 남자가 이야기하지만, 독해형 문장으로 긴 문장에서 남자의 문제점인 projector를 equipment라는 paraphrasing 표현으로 바꾸어 말한 것을 고를 수 있어야겠다.

정답 **1.** (C) **2.** (B) **3.** (C) **4.** (A)

3 실전 문제로 벼락치기

한꺼번에 연속으로 나오는 실전 문제를 시험과 같은 환경에서 풀어보자. 이 단계에서는 잘 모르는 부분이 있더라도, 중간에 쉬지 말고 연속적으로 문제를 풀어라.

1. **What does the man ask the woman to do?**

    (A) Check the boarding time
    (B) Change an appointment time
    (C) Go to see a doctor
    (D) Reserve a hotel room

2. **What will the man do tomorrow morning at 10?**

    (A) Go to the hospital
    (B) Visit the client's office
    (C) Wait in the lobby
    (D) Order office supplies

3. **When will the man probably start working again?**

    (A) At 10 A.M.
    (B) At 12 P.M.
    (C) At 1 P.M.
    (D) At 2 P.M.

4. **What does the woman ask for?**

    (A) A ride home
    (B) A bus schedule
    (C) An umbrella
    (D) A cold drink

5. **Where does the man need to go after work?**

    (A) To the bus stop
    (B) To the airport
    (C) To his parents' house
    (D) To the garage

6. **What does the man say about the weather?**

    (A) It is cold.
    (B) It is rainy.
    (C) It is windy.
    (D) It is sunny.

Day 12

그래서 이제 어찌할 것인가?

앞으로 할 일을 묻는 문제

동영상강의
바로보기

Today's Mission: 앞으로 할 일을 묻는 문제에 대비하자!

---

1 벼락치기 전략

30초 내외로 대화가 끝나야 하는 파트 3는 마지막에 항상 여운을 남기며 끝맺는다. 즉, 남자 또는 여자가 앞으로 할 일이 무엇인지를 묻는 것이다. 주로 스크립트의 마지막 부분에 나오니 집중력을 유지하는 것이 관건이다

01 will do / do next 질문에 대처하는 방법

파트 3에서 앞으로 할 일을 묻는 문제는 다음과 같이 출제된다.

Q. What does the man say he will do?

Q. What does the woman say she will do?

이처럼 the man say나 the woman say가 나오는 경우는 그 화자의 말에만 집중하면 되기 때문에 훨씬 문제 풀이가 수월하다.

Q. What does the man say he will do?	Q. 남자는 무엇을 할 것이라고 말하는가?
(A) Send an email	(A) 이메일을 보낸다
(B) Fix a printer	(B) 프린터를 고친다
(C) Visit the office	(C) 사무실을 방문한다
(D) Take a day-off	(D) 하루 휴가를 낸다
M: I think I will have to stop by your office tomorrow.	남: 내일 당신 사무실에 들러야 겠어요.

남자가 한 말 중에서 I will have to ~ 뒷부분인 stop by your office를 보기에서 찾으면 된다. stop by '들르다'가 visit '방문하다'로 바뀌어 있지만 office는 그대로 있다. 따라서, 정답은 (C)가 된다.

다른 출제 방식은 다음과 같다.

Q. What is the man probably going to do next?

Q. What is the woman probably going to do next?

또는

Q. What will the man offer to do?

Q. What will the woman offer to do?

참고로, offer to do는 '제공하다'라고 해석하면 제대로 뜻 파악이 되지 않는다. offer to do는 will do 와 같다고 생각하자. 앞으로 할 일이다. 그럼, 앞으로 할 일을 밝히는 대표적인 문장을 보도록 하자.

스크립트	I will ~	~할 것이다
	I am going to ~	~할 예정이다
	I will have to ~	~해야할 것이다
	I can ~	~할 수 있다
	Let me ~	제가 ~할 게요

물론, 여기에서 벗어날 수도 있겠지만 이 다섯 가지가 가장 대표적이다. 일단 암기하여 오답을 줄이 도록 하자!

⑫ 마지막은 누가 말할까?

참고로 '앞으로 할 일을 묻는 문제'에 probably 등의 단어가 써 있는 경우도 있다. 이때는 매우 주의 해야 할 것이 있는데, 질문에 the man이라고 써 있어도 woman이 얘기하는 경우가 있고 반대도 마 찬가지라는 것이다.

Q. What will the woman probably do?	Q. 여자는 아마 다음으로 무엇을 할 것인가?
M: Actually, we provide a shuttle bus for our customers. Once you add your name to the list, we send you a notification when the shuttle is here. **W:** Oh! That sounds great! Thanks for your help!	남: 사실, 저희가 고객님들을 위해서 셔틀 버스 를 제공하고 있습니다. 먼저 목록에 성함을 기재하시면, 셔틀 버스가 있을 때 알림을 보 내드립니다. 여: 오 좋네요! 감사합니다.
A. Take a shuttle	A. 셔틀 버스를 탄다.

질문에는 the woman이 쓰여 있지만 질문에 써 있는 probably(아마도)를 보고 미리 예상해야 한다. 즉, 여자의 마지막 말에서만 답을 고르려는 우를 범해서는 안 된다. 남자가 셔틀 서비스가 가능하다 고 말을 하고 여자가 '알았다'고 마무리를 짓는다면, 여자가 '아마도' 다음으로 할 일을 묻는다면 '셔 틀버스를 타는 것'이 정답이 되는 것이 합리적이기 때문이다.

따라서 질문에 the man이 쓰여 있으면 무조건 남자의 말에서, 질문에 the woman이 쓰여 있으면 무 조건 여자의 말에서 정답이 나온다는 일각의 주장은 절대 사실이 아니다.

2 벼락치기 표현

화자가 앞으로 할 일을 묻는 문제는 비교적 간단하다. 키워드는 do next, will do, going to do 등이다. 이런 질문이 나왔을 때 어떤 말이 나오면서 정답이 나오는지 살펴보도록 하자.

01 do next / will do 질문에 정답으로 등장하는 대표적인 표현들

다음과 같은 질문들이 출제되었다는 것은,

Q. What is man going to do next?

Q. What will the man do next?

Q. What are the speakers going to do next?

화자가 I will ~이나 I am going to ~라는 말을 할 것이라는 것을 전제로 한다. 대표적인 표현들은 다음과 같다.

- I will ~
- I will have to ~
- I am going to ~
- I can ~

- I should ~
- Let me ~
- Let's ~

예시를 보자.

Q. What is the woman probably going to do next?

라는 질문이 나왔다면, 여자 성우가 "I will~" 이라고 말하는 순간 정답을 골라내야 한다.

M: So, do you want to stop by my office?	**남:** 그래서, 제 사무실에 들르실 건가요?
W: Sure, I will bring my proposal as well.	**여:** 그럼요, 제 제안서도 가져갈게요.
Q. What is the woman probably going to do next?	**Q.** 여자는 아마도 다음에 무엇을 할 것인가?
(A) Make a phone call	(A) 전화를 한다.
(B) Send an email	(B) 이메일을 보낸다.
(C) Bring a document	(C) 서류를 가져간다.
(D) Write an article	(D) 기사를 쓴다.

스크립트에서 여자가 하는 말 중 I will ~로 시작하는 부분이 정답 지점이다. bring my proposal에서 proposal '제안서'를 a document '서류'로 바꾼 (C)가 정답이다.

🎧 12_1.MP3

PRACTICE
실전 문제와 정답 맞추기

토익에 익숙하지 않은 사람들에게 세 문제를 한꺼번에 읽고 연속으로 푸는 것은 쉽지 않은 일이다. 일단 한두 문제라도 정확히 읽고 나서, 문제의 정답을 맞히겠다는 각오로 녹음을 듣도록 하자.

음원바로듣기

1. What does the woman want to do?

(A) Change the table
(B) Have something to drink
(C) Order some desserts
(D) Pay for her meal

2. What does the man offer to do?

(A) Get some water
(B) Bring the menu
(C) Take woman's order
(D) Clean the table

3. Why does Greg call Marty?

(A) To invite him to play sports
(B) To sell baseball game tickets
(C) To tell him about game results
(D) To plan their vacations together

4. Why is Marty worrying about?

(A) He doesn't know how to play baseball.
(B) He has been sick lately.
(C) He hasn't played baseball for long.
(D) He has to meet a friend that day.

PART 3

Day 12

Questions 1 and 2 refer to the following conversation.

W: Excuse me, do you know where our waiter is? ¹⁾ We are ready to order some drinks, and he is nowhere to be seen.

M: Sorry, ma'am. We're very busy today. ²⁾ Why don't I take your drink orders now while I'm here? You can order your meal whenever you're ready.

여: 실례합니다. 우리 담당 웨이터가 어디 있나요? 음료수를 주문하려고 하는데, 웨이터가 보이지가 않네요.

남: 죄송합니다. 손님. 오늘은 굉장히 바빠서요. 제가 있는 동안 손님의 음료수 주문을 받도록 하죠. 식사는 준비되실 때에 주문하시면 되고요.

1번의 여자가 원하는 것은 여자 성우가, 2번의 남자가 제공하겠다(offer)는 부분은 남자 성우가 말할 가능성이 높다. 특히 offer '내가 ~ 해줄까' suggest '네가 ~해라' 문형은 성별을 구분하고 행동할 사람까지 확인하는 훈련을 하자.

Questions 3 and 4 refer to the following conversation.

M1: Hi, Marty. I was wondering ³⁾ if you would like to play baseball with us this coming Saturday.

M2: That sounds fun, Greg, but ⁴⁾ I haven't played baseball in years, and I'm not sure I can play as well as I used to.

M1: Don't worry. It's just a friendly game with our neighbors. You'll be fine.

남1: 안녕, Marty. 이번 주 토요일에 우리와 같이 야구 경기를 할 수 있는지 궁금해서 말이야.

남2: 재미있을 것 같은데, Greg. 그런데, 난 야구 경기를 안 한지 상당히 오래되어서 예전처럼 잘 할 수 있을지는 확실하지 않은데.

남: 걱정하지 마. 그냥 이웃간의 친선 경기니까, 괜찮을 거야.

본문 내용은 한 남자(Greg)가 다른 사람에게 야구를 하러 가는 내용으로 비교적 간단하다. 하지만 주어진 정답지 중에 어떤 것이 그것을 의미하는지 빠르게 골라내기 위해서는 독해력이 필요하다. 3번에 잘 들리는 baseball, game 등의 어휘가 등장하므로 스포츠를 하고 초대한 것이 적당하다. 4번은 (A), (C)를 구분할 수 있어야겠다. 못하는 게 아니라 오랫동안 안 했다는 것이 적당하다.

정답 · **1.** (B)   **2.** (C)   **3.** (A)   **4.** (C)

음원바로듣기

3 실전 문제로 벼락치기

한꺼번에 연속으로 나오는 실전 문제를 시험과 같은 환경에서 풀어보자. 이 단계에서는 잘 모르는 부분이 있더라도, 중간에 쉬지 말고 연속적으로 문제를 풀어라.

1. What does the man want to do?

(A) Open up a store
(B) Borrow some money
(C) Open a bank account
(D) Take some pictures

2. What does the man show the woman?

(A) A passport
(B) A driver's license
(C) A picture frame
(D) An application form

3. What will the woman probably do next?

(A) Fill out a form
(B) Apply for the job
(C) Make copies
(D) Contact the manager

4. What does the man say he will do soon?

(A) Complete some medical training
(B) Work for a new company
(C) Have his eyes examined
(D) Relocate to another country

5. According to the conversation, what did Paula do already?

(A) She rescheduled an appointment.
(B) She changed a prescription.
(C) She printed a document.
(D) She made an order.

6. What does Paula ask the man to do?

(A) Pay a bill
(B) Sign a form
(C) Wait for a doctor
(D) Try out an item

Day 13 꼭 말을 해야 아니?
의도 파악 문제

Today's Mission: 화자의 속내를 묻는 질문에 대비하자!

동영상강의
바로보기

1 벼락치기 전략

의도 파악 문제는 수험자들이 가장 어려워하는 부분이다. 사실 따옴표 안에 들어있는 영어 문장의 뜻을 완전히 알고 있다면, 문제 풀기가 수월하겠으나 그렇지 않으면 추론에 의존해야 하는 경우가 대부분이다.

01 의도 파악 문제

의도 파악 문제는 크게 두 가지 질문 형태로 나뉜다.

Q1. What does the man mean when he says "**He wants to emphasize the topic**"? → 문장
Q2. Why does the woman say "**To emphasize the topic**"? → to부정사

그러나 이것은 표면상의 차이일 뿐 사실상 두 질문의 형태는 같다고 보아도 좋다. 따옴표 내에 있는 말은 어떤 의미로 하였는가? 즉, 문맥상 어떤 뜻인가 하는 것이다.

가장 이상적인 풀이는 따옴표 안에 있는 표현이 정확이 어떤 뜻인지 모두 아는 것이다. 그러나 이것은 이상일 뿐 세상의 모든 영어 표현을 외우고 시험장에 들어가는 사람은 아무도 없으며 애초에 불가능하다. 여기서부터는 실현 가능한 방법만 논하기로 한다.

02 의도 파악 문제는 크게 두 가지 종류가 있다.

❶ '평범한 대사'인 경우

먼저, 영어권에서 쓰는 특별한 관용 표현(idiom) 등이 아닌 '일반적인 문장'이 써있는 경우의 예시를 보도록 하자.

M: It is unfortunate that you missed the bus. The convention center is not in walking-distance. Maybe we should <u>make another arrangement</u> for you.	**남:** 버스를 놓쳐서 안타깝네요. **컨벤션 센터는 걸어갈 만한 거리에 있지 않습니다.** 아마 저희가 다른 교통편을 예약해드려야 할 것 같습니다.
Q. What does the man mean when he says, "The convention center is not in walking distance"? (A) He wants to take a walk. (B) He does not have time to attend the conference. (C) He indicates that the woman needs transportation. (D) He wants to share a ride.	**Q.** 남자가 "컨벤션 센터는 걸어갈 만한 거리에 있지 않습니다"라고 말할 때 무엇을 의미하는가? (A) 그는 걷고 싶어한다. (B) 그는 컨퍼런스에 참석할 시간이 없다. (C) 그는 여자가 교통편이 필요하다는 것을 암시한다. (D) 그는 차를 같이 타고 싶어한다.

남자는 사실상 보기 (C)를 그대로 이야기한다. 스크립트에 나온 make another arrangement가 암시하는 바가 'transportation이 필요하다'는 것이다.

이처럼 따옴표 내에 있는 영어 문장이 일반적인 표현인 경우, 그 말이 나오기 전과 후에 나온 말을 거들기 위해 나왔다고 보는 것이 합리적이다. 세 문제를 독해하는 30초 동안 따옴표 내에 있는 문장을 이해하고 각각의 보기를 '그래서, 왜냐하면' 이라는 말로 연결시켜보고 읽어보자. 그 중 적당히 시나리오가 나올 것 같은 녀석들이 있다면 눈에 담아두자. 음원이 나오는데 마침 그 시나리오 중 하나가 있다면 크게 어렵지 않다. 해당 표현이 나오기 전과 후를 고려하여 보기에서 화자의 의도를 골라내면 된다.

❷ '관용 표현'인 경우

문제는 관용 표현(idiom)이 따옴표 내에 들어있는 경우다. 이런 경우는 따옴표 내에 있는 표현 자체의 의미 파악이 어려운 경우가 많다. 예를 들면, 영어권에서 Tell me about it.이라는 말은 상대의 의견에 동조할 때 쓰는 관용 표현이다. 그러나 문장을 그대로 직역하면 '나에게 그것에 대해 말해주세요.'라는 전혀 다른 말이 된다. 원어민이 아닌 일반 수험자들은 영어권에서 쓰이는 모든 관용 표현을 알 수는 없다. What a relief! 같은 관용 표현을 이용한 예시를 보자.

W: So… we've just received a phone call from Mr. Juarez. He said he would be able to attend the meeting just in time. What a relief!	**여:** 네… Juarez 씨에게서 전화를 막 받았습니다. 오늘 회의에 시간 맞추어 오실 수 있다고 하시더군요. **정말 다행입니다!**
Q. What does the woman mean when she says, "What a relief"?	**Q.** 여자가 "정말 다행입니다"라는 말을 할 때 무엇을 의미하는가?
(A) She is feeling better.	(A) 여자는 몸이 조금 좋아졌다.
(B) She is relieved that Mr. Juarez would not miss the conference.	(B) 여자는 Juarez 씨가 회의에 빠지지 않은 것에 안심하고 있다.
(C) She is wondering which solution is proper for the meeting.	(C) 여자는 어떤 해결책이 회의에 적절할지 궁금해 한다.
(D) She is convinced that the meeting will be successful.	(D) 여자는 회의가 성공적일 것이라고 확신한다.

위 문제에서, What a relief!라는 말을 군이 하지 않아도, he would be able to attend the meeting just in time에서 이미 정답은 (B)임을 알 수 있다. 관용 표현은 일종의 '확인'을 시켜주는 역할을 할 뿐이다.

당장 수험자에게 큰 도움이 될 만한 팁은 화자가 **긍정적인 톤으로 말을 하는지 부정적인 톤으로 말을 하는지 파악**하는 것이다. 만약 긍정적인 톤으로 말한다면 현재 나오고 있는 내용을 큰 변화 없이 옮겨놓은 보기가 정답일 것이며, 부정적인 톤으로 말한다면 현재 나오고 있는 내용에 대한 부정형을 써서 옮겨놓은 보기가 정답일 것이다.

결국은 따옴표 내에 있는 표현이 무슨 뜻인지 맞히라는 것이 아니라, 현재 나오고 있는 내용에 대한 화자의 의견이나 의중이 무엇인지 묻는 것이다.

2 벼락치기 표현

영어 관용 표현들은 최대한 많이 알수록 유리하다. 특히 실제 출제되었던 관용 표현일수록 어떤 의미로 쓰였는지 꼼꼼히 알아둘 필요가 있다. 각 표현의 사전적 의미와 그 숨은 뜻을 모두 살펴보도록 하자.

(01) 100% 출제 기반 관용 표현

❶ That's a good question.
직역하면 '좋은 질문이군요.'가 된다. 그러나 상대가 무슨 질문을 했느냐에 따라 다양한 뜻으로 해석할 수 있다. 예를 들어, 터무니없는 질문에 That's a good question.이라고 대답하면 '대답할 가치가 없다.'는 뜻이고, 대답할 수 없는 질문에 이렇게 답하면 '딱히 드릴 말씀이 없다.'는 뜻이다.

❷ I know what you think.
직역하면 '당신이 무슨 생각을 하는지 안다.'는 뜻이다. 나의 의견에 대해 상대의 찬성 또는 반대가 예상될 때 '아아~ 그래요, 무슨 생각하시는지 알아요.'라고 선수를 치는 표현이다.

❸ I think we can do better.
직역하면 '우리는 더 잘할 수 있다고 생각합니다.'라는 뜻이다. 직장에서 상사가 하면 가장 무서운 말이 된다. '이것밖에 못해?'보다 '더 잘할 수 있다고 생각한다.'는 말에서 느껴지는 중압감! 상대를 (좋게 말하면) 격려, 고무시키는 표현이다.

❹ Who knows?
직역하면 '누가 알까요?'라는 뜻이다. 누가 알겠어요? 즉, '아무도 모르죠.'라는 뜻인데, 모든 가능성을 열어두고 생각해보자는 뜻으로도 쓰인다. 이 전략이 통할까요? Who knows? 아무도 모르죠! 즉, 한번 시도해 보죠!

(02) 영어권에서 많이 쓰이는 관용 표현

❶ Tell me about it.
직역하면 '나에게 그것을 말해주세요.'가 되겠지만 실제 뜻은 우리말의 '내 말이!'에 가깝다. 상대방의 말에 맞장구를 칠 때 쓰는 표현이다.

❷ You can say that again.
직역하면 '당신은 그것을 다시 말해도 좋아요.'가 되겠지만 실제 뜻은 '그렇고 말고요.'에 가깝다. '당신의 말이 지극히 옳으므로 다시 말씀하셔도 좋다.'라는 뜻으로 만들어진 표현이다.

❸ I bet.
직역하면 '나는 내기한다.'가 되겠지만 실제 뜻은 '장담합니다.'에 가깝다. 내기 등에서 판돈을 거는 것을 bet한다고 하기 때문에, '~의 의견이 옳다'거나 '~가 맞다'고 확신할 때 상대에게 하는 말이다.

❹ No doubt.
직역하면 '의심 없음'이 되겠지만, 실제 뜻은 '그렇고 말고요.'에 가깝다. doubt는 '의심'이므로, 이 앞에 부정어를 만드는 no를 붙여서 만들어진 관용 표현이다.

❺ You read my mind.
직역하면 '당신은 제 생각을 읽었습니다.'가 된다. 우리말로 보아도 이해가 가는 표현이다. 즉, 상대방이 자신과 같은 의견을 밝힐 때 '제 생각도 그렇습니다.'라든가 '딱 제가 하려던 말입니다.' 정도의 표현으로 쓸 수 있다.

❻ It depends.
파트 2 선택의문문의 정답으로도 자주 출제되는 표현으로 '상황에 따라 달라요.'라는 의미이다. 무언가 둘 중 하나 선택을 하는 질문을 받았을 때 할 수 있는 대답이다.

❼ That's a relief.
'그거 다행이네요.'라는 의미이다. relief는 '안심, 안도'라는 의미이고, 형용사인 relieved도 알아 두어야 한다. relieved는 '안심한'이라는 의미이다.

❽ It slipped my mind.
'깜빡 잊어버렸어요.'라는 뜻이다. 회사 업무 관련 대화에서 등장할 수 있는 표현이다.

❾ Let me figure it out.
'제가 확인해 볼게요.'라는 뜻이다. figure out은 '알아내다'라는 의미로 이 또한 꼭 알아두어야 할 동사구 표현이다.

❿ I'm glad I bumped into you.
'이렇게 우연히 마주치게 되어 기쁘네요'라는 뜻으로 bump into는 '우연히 ~와 마주치다'라는 표현이다.

⓫ I'll catch up with you.
'곧 뒤따라 갈게요.'라는 뜻으로 catch up with는 '(앞서 간 사람을) 따라잡다, 또는 따라가다'라는 의미도 있지만 '(정도나 수준이 앞선 것을) 따라잡다'라는 의미이기도 하다.

⓬ I'd like your input.
'당신의 의견을 듣고 싶어요.'라는 의미로 input은 '조언, 의견'이라는 의미로 보통 opinion, advice, feedback 등으로 패러프레이징된다.

⓭ I got your back.
'제가 도와 드릴게요. 전 당신 편이에요.'라는 의미이다.

PRACTICE
실전 문제와 정답 맞추기

토익에 익숙하지 않은 사람들에게 세 문제를 한꺼번에 읽고 연속으로 푸는 것은 쉽지 않은 일이다. 일단 한두 문제라도 정확히 읽고 나서, 문제의 정답을 맞히겠다는 각오로 녹음을 듣도록 하자.

음원바로듣기

1. Why does the man say, "That would do harm definitely"?

(A) A marketing plan has been revised.
(B) A meeting has been postponed.
(C) Products have been damaged.
(D) Funds have been cut.

2. What does the man say about the bagels?

(A) They have been changed.
(B) They have been reduced in price.
(C) They have sold out.
(D) They are no longer popular.

3. What are the speakers discussing?

(A) A job interview
(B) A trade fair
(C) Office hours
(D) Return policy

4. Why does the man say, "Just a sec"?

(A) He wants to confirm a reservation.
(B) He wants to submit his résumé and portfolio.
(C) He wants the man to check time.
(D) He wants the man to wait a while.

Questions 1 and 2 refer to the following conversation.

W: Hi, Mr. Sanchez. I've just heard that there is going to be a budget cut this year. We need to make some changes to our plan on marketing a new line of bagels.
M: 1) That would do harm definitely. 2) The bagels must be advertised especially regarding the newly-added ingredients. Otherwise, no customer would know how they are different from the previous ones.

여: 안녕하세요, Sanchez 씨. 올해 예산 삭감이 있을 거라는 말을 들었어요. 우리는 새로운 베이글 제품군 마케팅 계획을 수정해야 해요.
남: 그거 타격이 분명히 있겠군요. 베이글은 특히 새롭게 추가된 식재료에 대하여 광고가 필요해요. 그렇지 않으면, 어떤 고객도 이전 제품들과의 차이점을 알 수 없을 겁니다.

여자가 먼저 budget cut '예산 삭감'을 언급하고, 이어서 bagels를 마케팅하는 데 변화가 있을 것이라고 한다. 여기에 남자가 말을 받아서 That would do harm definitely.라고 하므로, 사실상 여자가 한 말에 동조하는 것이다. 2번은 the newly-added ingredients '새롭게 추가된 식재료들'을 They have been changed. '그것들은 달라졌다.'고 paraphrasing한 (A)가 정답이다.

Questions 3 and 4 refer to the following conversation with three speakers.

W: Hi, my name is Suzan Lee, the assistant to the office manager Jason Kim. How can I help you?
M1: 3) Nice to meet you, Ms. Lee. I am here to see your manager. He left a message regarding a job interview.
M2: Oh, you must be a software developer Mr. Kim mentioned. 4) Just a sec, let me call Mr. Kim first.

여: 안녕하세요, 제 이름은 Suzan Lee입니다. 오피스 매니저인 Jason Kim의 비서입니다. 무엇을 도와드릴까요?
남1: 만나서 반갑습니다, Lee 씨. 매니저님을 만나러 왔습니다. 취업 면접에 대해서 메시지를 남기셨어요.
남2: 오, Kim 씨가 언급하셨던 소프트웨어 개발자시군요. 잠시만요, 제가 Kim 씨께 먼저 전화를 드릴게요.

남자는 Kim 씨가 A job interview '취업 면접'에 대해서 메시지를 남겼다고 밝히고, 다른 화자들도 모두 이 주제에 동참하고 있다. Just a sec은 '잠시만요.'라는 뜻의 관용 표현으로 상대에게 양해를 구할 때 사용한다. 이후 바로 Kim 씨에게 전화를 해보겠다고 밝히고 있어 '잠시 기다리라.'는 뜻으로 한 말임을 알 수 있다.

정답 · **1.** (D)   **2.** (A)   **3.** (A)   **4.** (D)

3 실전 문제로 벼락치기

한꺼번에 연속으로 나오는 실전 문제를 시험과 같은 환경에서 풀어보자. 이 단계에서는 잘 모르는 부분
이 있더라도, 중간에 쉬지 말고 연속적으로 문제를 풀어라.

1. **What is the woman's job?**

   (A) A lawyer
   (B) A photographer
   (C) A publisher
   (D) An office manager

2. **Why does the woman say, "that's unfortunate"?**

   (A) She can't get approval at the moment.
   (B) She is not allowed to take photographs in an office.
   (C) She doesn't have any experience in management.
   (D) She has to cancel a class in photography.

3. **What does the man offer to do?**

   (A) Review a document urgently
   (B) Send some samples
   (C) Meet with the woman to talk
   (D) Request the staff to contact the woman

4. **What issue are the speakers discussing?**

   (A) A customer is late.
   (B) A booking was amended.
   (C) An article was critical.
   (D) Additional reservations cannot be made.

5. **Why does the woman say, "What a coincidence"?**

   (A) She's surprised by the sales figures.
   (B) She's unable to take more reservations.
   (C) She's impressed with a job candidate.
   (D) She hears good news from the man.

6. **What does the woman say she will do?**

   (A) Contact a friend
   (B) Advertise a change
   (C) Review a Web site
   (D) Cancel a reservation

팩트 폭행!
시각 정보 문제

Today's Mission: 시각과 청각을 동시에 사용해야 하는 문제를 대비한다.

동영상강의
바로보기

1 벼락치기 전략

시각 정보 문제는 크게 보아 '그래프'와 '지도'로 나뉜다. 물론 이외에도 여러 가지가 출제되지만 그래프와 지도만큼 확실한 규칙을 지니고 있는 것도 없다! 먼저, 그래프 문제를 푸는 방법을 알아보자!

01 기준이 뭐요?

그래프는 항상 최저점과 최고점이 있다. 출제자는 최저점이나 최고점 중 하나를 기준으로 삼고, 그 최저점이나 최고점에서 두 번째로 최저, 최고인 부분을 정답으로 출제하는 방식을 취한다. 이것이 그래프 문제를 풀 때 알아두어야 할 점이다. 예시를 보도록 하자

이런 그래프가 나왔다면 핵심은 가장 높은 수치를 기록하고 있는 February와 가장 낮은 수치를 기록하고 있는 January가 될 것이다. 예를 들면, 스크립트에 다음과 같은 내용이 나올 수 있다.

M: As you can see, We made the highest increase here. We launched a new product and it brought us a big success that month. Well… I hope the sales could have increased constantly but you know, business does not go as planned. But the figures don't seem to be not bad. Now we see the second highest sales increase rate.	**남:** 보시다시피. 우리는 여기에서 가장 큰 상승 폭을 기록했습니다. 새로운 제품을 출시했고 그것이 당시 우리에게 큰 성공을 가져다 주었습니다. 음… 물론 매출이 꾸준히 증가했었으면 좋았겠지만 아시다시피 사업이란 게 계획대로 되지는 않죠. 하지만 수치가 그렇게 나쁜 것은 아닙니다. **현재는 두 번째로 높은 매출 증가율을 보고 있네요.**

Q. Look at the graphic. What is the current month?	**Q.** 시각 정보를 보라. 지금 몇 월인가?
(A) January	(A) 1월
(B) February	(B) 2월
(C) March	(C) 3월
(D) April	(D) 4월

그렇다, 남자는 February를 먼저 간접적으로 the highest라고 언급하여 알려준 뒤, 한참 말을 이어가다가 마지막에 현재가 4월(April)임을 암시하고 있다. 보기에는 January, February, March, April이 모두 써 있지만 이 단어들은 화자의 대사에 들어있지 않다. 정답은 (D).

지도가 나올 때도 같은 원리로 문제를 풀어야 한다! 문제를 출제해보자.

Office 1	Office 2	IT Department
Storage Room	Office 3	Main Entrance
Office 4	Office 5	

사무실1	사무실 2	IT 부서
창고	사무실 3	정문
사무실 4	사무실 5	

Q. Look at the graphic. Which office should the woman visit?	**Q.** 시각정보를 보라. 여자는 어느 사무실을 방문해야 하는가?
(A) Office 1 (B) Office 2 (C) Office 3 (D) Office 4	(A) 사무실 1 (B) 사무실 2 (C) 사무실 3 (B) 사무실 4

이 지도에서 어떤 사무실이 정답인지 찾으려면 보기에는 써있지 않은 Storage room, Office 5, IT Department, Main entrance를 유심히 봐야 한다. 이들 중 하나가 스크립트에 등장하고 right next to '바로 옆' 또는 right across from '바로 맞은 편' 등의 표현을 써서 실제 정답을 간접적으로 알려줄 것이다!

W: So, Roger. Where do you want me to drop off these files?	**여:** 그래요, Roger. 이 서류들을 어디에 가져다 주기를 원하시나요?
M: Umm… You have to visit Mr. James' office. I am not sure where it is located. Ah, he has recently moved to a different office. His office was originally located near the storage room but I heard it is right next to the IT department now.	**남:** 음… James 씨의 사무실로 가셔야 하는데요. 지금 어디에 있는지 잘 모르겠네요. 아, 최근에 그 분이 다른 사무실로 옮겼어요. 원래는 창고 근처였는데 **지금은 IT 부서 바로 옆이라고 들었어요.**

남자는 원래는 James 씨의 부서가 storage room 근처에 있었다고 한 뒤, 이후 옮겨서 현재는 IT 부서 바로 옆이라고 밝히고 있다. IT 부서 옆 사무실은 Office 2가 유일하다. 따라서 정답은 (B)가 된다.

시각 정보를 낸 이상 그것을 보고 들은 정보와 합쳐 정답을 골라내야 하는 과제이기 때문에 당연히 보기에 있는 단어를 불러줄 수는 없는 노릇이다. 따라서 수험자는 시각 정보에 써있는 단어들 중, 보기에는 나와있지 않은 것들을 유심히 봐야 한다. 이런 보기에 등장하지 않은 표현이 스크립트에 등장하고 이를 징검다리 삼아 정답으로 이동하는 과정을 요구하는 것이 바로 시각 정보 유형 문제들의 핵심이다.

2 벼락치기 표현

그래프나 지도를 이용해 시각 정보 문제를 출제할 때는 정답을 직접 불러주지 않고 기준점을 밝힌 후 찾아가게 만든다는 의도가 내포되어 있다. 기준점에서 정답까지 어떻게 찾아갈 수 있는지 대표적인 빈출 표현들을 소개한다

01 그래프에서 '정도'를 나타내는 표현

- The highest sales record 가장 높은 매출 기록
- The second highest sales record 두 번째로 높은 매출 기록
- The lowest sales record 가장 낮은 매출 기록
- The second lowest sales record 두 번째로 낮은 매출 기록
- As you can see, we marked the most / highest ~
  보시다시피, 저희는 가장 많은 / 가장 높은 ~을 기록했습니다.
- As you can see, the sales dropped significantly the following month.
  보시다시피, 다음 달에 매출이 현저하게 떨어졌습니다.
- Here, the number of participants skyrocketed. 여기, 참가자의 수가 급격히 상승했습니다.
- The biggest portion is ~ 가장 큰 부분을 차지하는 것은 ~입니다. (파이차트의 경우)

02 지도에서 '위치'를 묘사할 때 쓰는 표현

- Right next to ~ 바로 ~옆에
- Right across from ~ 바로 ~맞은 편에
- Close to ~ ~가까이에
- It is closest to the main entrance. 그곳은 정문과 가장 가깝습니다.
- It is opposite the storage room. 그곳은 창고 맞은 편입니다.

03 기차, 지하철 노선도 등에서 정답으로 찾아가게 만드는 표현

- Before ~ ~전에
- After ~ ~후에
- Two stations from ~ ~에서 두 정거장 (전이다 / 후이다)
- Between A and B stations A 와 B 정거장 사이이다.

PRACTICE
실전 문제와 정답 맞추기

토익에 익숙하지 않은 사람들에게 세 문제를 한꺼번에 읽고 연속으로 푸는 것은 쉽지 않은 일이다. 일단 한두 문제라도 정확히 읽고 나서, 문제의 정답을 맞히겠다는 각오로 녹음을 듣도록 하자.

UG Cleaners Daily Work Schedule

9:00 – 11:30	Kay's Auto
11:30 – 13:00	Lunch Break
13:00 – 15:00	Getaway Resort
15:00 – 17:00	Jay's Park
19:00 – 21:00	Daily Baking

Product Name	Product Price
Daily Moisturizer	$38
Facial Cream	$44
Daily Cleanser	$32
Body Butter	$20

1. What will the woman do to prepare for the work?

   (A) Print out an identification badge
   (B) Prepare some documentation
   (C) Notify workers
   (D) Leave an item at the front desk

2. Look at the graphic. What type of business does the woman probably work for?

   (A) An automobile repair center
   (B) A recreational center
   (C) A city park
   (D) A bakery

3. What does the woman want?

   (A) Information on the price of a product
   (B) Reason why the man canceled his appointment
   (C) Advice on a certain technical problem
   (D) Data on customer trends

4. Look at the graphic. What will the man tell the woman?

   (A) The product is $38.
   (B) The product is $44.
   (C) The product is $32.
   (D) The product is $20.

음원바로듣기

Questions 1 and 2 refer to the following conversation and schedule.

UG Cleaners Daily Work Schedule	
9:00 – 11:30	Kay's Auto
11:30 – 13:00	Lunch Break
13:00 – 15:00	Getaway Resort
15:00 – 17:00	Jay's Park
19:00 – 21:00	Daily Baking

UG Cleaners 일일 업무 일정	
9:00 – 11:30	Kay's Auto
11:30 – 13:00	점심시간
13:00 – 15:00	Getaway Resort
15:00 – 17:00	Jay's Park
19:00 – 21:00	Daily Baking

M: Good afternoon, Ms. Mitchell. I am John Stewart at UG Cleaners. This is a reminder of the scheduled floor-cleaning arrangement this evening. 2) We will begin work at 7:00 P.M.

W: Oh, thanks for the reminder. 1) I'll let all of the staff members be aware of the cleaning plan.

남: 안녕하세요, Mitchell 씨, 저는 UG Cleaners의 John Stewart입니다. 오늘 저녁에 있을 바닥 청소 예약에 대해 알려드리려고 합니다. 작업은 오후 7시에 시작할 예정입니다.

여: 오, 알려주셔서 감사합니다. 직원들 모두에게 청소 계획을 알고 있도록 하겠습니다.

여자는 '직원들에게 ~을 알고 있으라고 하겠다'는 표현을 한다. staff members를 workers로, let all of the staff membersbe aware of ~를 notify로 paraphrasing해 놓은 (C)가 정답이다. 2번은 남자는 오후 7시에 작업을 시작한다고 밝히고 있다. 오후 7시 작업은 Daily Baking으로 예정되어 있다. 따라서 상대방 여자가 일하는 곳은 (D) A bakery이다.

Questions 3 and 4 refer to the following conversation and price list.

Product Name	Product Price
Daily Moisturizer	$38
Facial Cream	$44
Daily Cleanser	$32
Body Butter	$20

제품명	제품 가격
Daily Moisturizer	$38
Facial Cream	$44
Daily Cleanser	$32
Body Butter	$20

W: Hi, Mr. Gomez. Do you happen to know the rate of Pinky White line? 3) I need to know the price of the Daily Cleanser for today's seminar.

M: Yes, I do. Aren't all the employees can access the database?

W: I think you are right, but I wasn't able to access the information for no reason.

M: That's odd... I downloaded the price list in PDF format actually.

W: 4) Can you look for the price of Daily Cleanser right now?

여: 안녕하세요, Gomez 씨, 혹시 Pinky White 제품군 가격을 아시나요? 오늘 세미나를 위해서 Daily Cleanser 가격을 알아야 합니다.

남: 네, 그럼요. 모든 직원들이 데이터베이스에 접근할 수 있지 않나요?

여: 아, 당신 말이 맞아요. 그러나 저는 아무 이유 없이 정보에 접근할 수가 없더군요.

남: 그것 이상하네요... 제가 가격 목록을 PDF 형식으로 다운로드 받았어요.

여: 지금 바로 Daily Cleanser 가격을 찾아봐 주시겠어요?

여자는 I need to know the price of the Daily Cleaner라고 직접적으로 제품명을 밝히며 가격을 묻고 있다. 보기에는 이 제품명이 product라고 표현되어 있다. 여자가 Daily Cleanser이라는 제품명을 직접 언급하지만 가격은 말하지 않는다. 시각 정보 문제는 늘 보기에 써있는 단어가 아닌 부가 정보들을 눈으로 보면서 징검다리처럼 정답으로 옮겨가야 한다

정답 **1.** (C) **2.** (D) **3.** (A) **4.** (C)

음원바로듣기

3 실전 문제로 벼락치기

한꺼번에 연속으로 나오는 실전 문제를 시험과 같은 환경에서 풀어보자. 이 단계에서는 잘 모르는 부분
이 있더라도, 중간에 쉬지 말고 연속적으로 문제를 풀어라.

Version	Options	Size of RAM
BASIC	Dahlia Xpress 80	4GB
BASIC	Dahlia Xpress 220	8GB
PREMIUM	Dahlia HD2	16GB
PREMIUM	Dahlia HD4	32GB

Apartment	Location	Rent (per month)
4A	On Lozano Street	$450
5B	On Lozano Street	$750
3B	On Gail Street	$750
7C	On Gail Street	$900

1. What are the speakers mainly discussing?

(A) Some defective devices
(B) The recent merger with a computer company
(C) The importance of a new software program
(D) Upgrading their computers

2. What problem does the man mention?

(A) His working space is too cluttered.
(B) His computer hasn't been functioning well.
(C) He doesn't get along with his supervisor.
(D) He has to pay extra costs in hauling his cargoes.

3. Look at the graphic. What model will the man most likely order?

(A) Dahlia Xpress 80
(B) Dahlia Xpress 220
(C) Dahlia HD2
(D) Dahlia HD4

4. What does the woman want to do?

(A) To find a place to live
(B) To visit her friend's place
(C) To get a job
(D) To purchase a house

5. What problem does the man mention?

(A) All rooms are already reserved.
(B) The woman's preferred choice is not available.
(C) Every option exceeds the woman's budget.
(D) Her office is far from her new apartment.

6. Look at the graphic. Which apartment will the woman probably choose?

(A) 4A
(B) 5B
(C) 3B
(D) 7C

REVIEW TEST 3

14_3.MP3

음원바로듣기
정답 33페이지

Today's Mission: 각 Day별로 완벽하게 학습한 후에 좀 더 문제 풀기의 능숙함과 숙련도를 높이기 위해서 Part 3 문제를 한꺼번에 풀어보도록 하자. 특히, 스크립트에 나오는 단어가 어떻게 paraphrasing되어 보기에 출제되었는지 비교하며 복습하는 것을 잊지 말자!

32. What are the speakers discussing?

(A) A computer workshop
(B) A vacation plan
(C) A room reservation
(D) A delayed order

33. How many people were invited to the conference?

(A) Five
(B) Seven
(C) Eight
(D) Nine

34. What will the woman probably do next?

(A) Call a different location
(B) Reserve a flight
(C) Purchase new equipment
(D) Enter a booking in the calendar

35. When will Cornelia leave for her vacation?

(A) Today
(B) Next week
(C) In two weeks
(D) Next month

36. What activity is Cornelia looking forward to?

(A) Meeting some friends
(B) Going skiing in Aspen
(C) Eating at a famous restaurant
(D) Relaxing at home

37. What does the man say about Aspen?

(A) He went there with his friends.
(B) It has good hotels and resorts.
(C) It has many good parks.
(D) It has many good restaurants.

PART 3
Day 14

GO ON TO THE NEXT PAGE

38. What kind of company does the woman work for?

(A) Electronics company
(B) Law firm
(C) Event organizing company
(D) Advertising agency

39. Why does the woman say, "That sounds great"?

(A) To tell the man he did a good job
(B) To urge the man to come early
(C) To indicate that she likes the man's decision
(D) To hold a workshop

40. What does the woman ask the man to bring?

(A) A calendar
(B) Work samples
(C) Electronic devices
(D) A résumé

41. What is the purpose of the woman's call?

(A) To confirm a shipping date
(B) To print the conference materials
(C) To design a new NEXUS product
(D) To promote the latest product

42. What does the woman offer the man?

(A) To send a brochure
(B) To extend the warranty
(C) To visit the man's office
(D) To give a special discount

43. What will the man do next?

(A) Buy some new equipment
(B) Read instructions about the machine
(C) Have a talk with his boss
(D) Obtain extra funding

44. Where does this conversation take place?

(A) At a restaurant
(B) At a shoe store
(C) At a bookstore
(D) At a photo laboratory

45. How did the woman want to pay?

(A) By cash
(B) By credit card
(C) By personal check
(D) By gift certificate

46. Why was the woman unable to pay with a check?

(A) Her card has been damaged.
(B) The amount was too large.
(C) Her balance was short.
(D) She didn't have two pieces of identification.

47. What is the woman shopping for?

(A) Books
(B) Children's clothes
(C) Toys
(D) Sports equipment

48. What does Rodrigo say about some items?

(A) They're no longer available.
(B) They're located on another floor.
(C) They've been used before.
(D) They've recently arrived.

49. What service does Rodrigo mention?

(A) Gift wrapping
(B) In-store tailoring
(C) Free shipping
(D) Online reservation

50. What type of business do the speakers work at?

(A) An art gallery
(B) An architect firm
(C) A dance studio
(D) A real estate agency

51. What does the man ask about?

(A) The size of a rental space
(B) The location of a building
(C) The price of a performance
(D) The availability of parking

52. When will they probably visit the property?

(A) Right away
(B) This morning
(C) This afternoon
(D) Tomorrow morning

---

53. What did the man give the woman last week?

(A) An advertisement design
(B) A sales report
(C) Customer survey results
(D) Applicant résumés

54. Why does the woman want to meet with the man?

(A) To make a hiring decision
(B) To review product specifications
(C) To provide feedback on a project
(D) To plan a presentation

55. Why is the man concerned?

(A) A report is incomplete.
(B) A deadline is approaching.
(C) A project has been canceled.
(D) An office will be closed.

56. Who most likely is the man?

(A) An administrative assistant
(B) A sales representative
(C) An interior designer
(D) A maintenance worker

57. What problem does the woman mention?

(A) A project is not complete.
(B) An office's door is locked.
(C) Some lights are not working.
(D) Some rooms are not available.

58. What is scheduled to take place at 1 o'clock?

(A) A welcome reception
(B) An executive meeting
(C) A furniture delivery
(D) An equipment installation

---

59. Where do the speakers most likely work?

(A) At a hospital
(B) At a shipping warehouse
(C) At a gym
(D) At a language school

60. What does the man imply when he says, "How could anyone do that"?

(A) He wants someone to help him with a task.
(B) He can't remember the name of a person.
(C) He thinks that the expectation is unreasonable.
(D) He doesn't know the ability of an employee.

61. What does the woman offer to do?

(A) Make changes to a schedule
(B) Email some information
(C) Arrange transportation for a coworker
(D) Reserve some equipment

GO ON TO THE NEXT PAGE ➤

Lawn Mower ($74)	Sprinkler ($45)
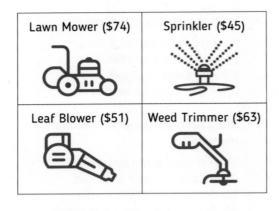	
Leaf Blower ($51)	Weed Trimmer ($63)

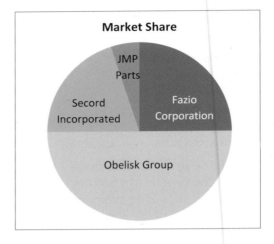

Market Share

62. What does the man say he just received?

(A) A survey result
(B) A product catalog
(C) Some job applications
(D) Some manufacturing instructions

63. Look at the graphic. Which price will most likely change?

(A) $74
(B) $45
(C) $51
(D) $63

64. What does the woman ask the man to do?

(A) Interview some potential candidates
(B) Respond to customer e-mails
(C) Raise a topic in a meeting
(D) Authorize an online payment

65. What are the speakers mainly discussing?

(A) An advertising campaign
(B) A corporate merger
(C) A newspaper subscription
(D) A quarterly budget

66. Look at the graphic. Where do the speakers work?

(A) Obelisk Group
(B) Secord Incorporated
(C) JMP Parts
(D) Fazio Corporation

67. Why does the woman say she is unsure?

(A) She is new to the industry.
(B) Some numbers may be inaccurate.
(C) The man has a busy schedule.
(D) A firm's profits are decreasing.

July			
Tuesday	Wednesday	Thursday	Friday
16	17	18	19

68. What does the woman say caused the problem?

(A) Office supply store is closed.
(B) The order was submitted late.
(C) Repair service is unavailable.
(D) Working hours have been extended.

69. Look at the graphic. When will the sales meeting take place?

(A) July 16th
(B) July 17th
(C) July 18th
(D) July 19th

70. What does the woman suggest?

(A) Email the file to a nearby business.
(B) Purchase a new toner cartridge.
(C) Speak with the manager.
(D) Reschedule a meeting

PART

4

DAY 15-20

먼저, 파트 4에 가장 많이 등장하는 테마들을 살펴보자.

| 1. 공지 | 2. 광고 | 3. 연설 | 4. 안내 | 5. 전화 |

파트 4는 파트 3과 달리 화자 한 명이 혼자서 말하기 때문에, 흐름이 비교적 뚜렷하고 화자의 정체가 잘 드러난다. 파트 3은 질문이 주로 남자, 여자로 구분되어 있으나, 파트 4는 화자, 청자로 구분되어 있다.

- 화자(Speaker) = 주로 I, We 등으로 자신을 표현한다.
- 청자(Listener) = 주로 You 등으로 표현된다.

M: Before we start today's sales meeting, I would like to announce that we have recently changed our working hours. We have seen a drop in our sales figures by 3% in product number 2. A task-force team has been organized and the schedule change was decided at the board meeting yesterday. In order to record every worker's work hours correctly, we are planning to provide new ID badges tomorrow, which are needed to access the main building.	**남:** 오늘 영업 회의를 시작하기 전에 우리의 근무 시간이 변경되었음을 공지합니다. 우리는 2번 제품의 영업 수치가 3% 가량 감소한 것을 보았습니다. 특별 전담팀이 꾸려졌고 어제 임원진 회의에서 근무 시간 조정이 결정되었습니다. 모든 직원들의 근무 시간을 정확히 기록하기 위해서, 저희는 본사 건물로 들어올 때 필요한 새로운 신분증을 내일 제공할 예정입니다.

상당히 달갑지 않은 소식이지만 파트 4에서는 자주 등장하는 테마이다. 이런 내용에 등장할만한 문제로는 다음과 같은 것들이 있을 수 있다.

Q1. Where most likely is the speaker?
화자는 어디에 있는 것 같은가?

Q2. Why has the change been made?
왜 변화가 결정되었는가?

Q3. Look at the graphic, which product is mentioned?
시각 정보를 보라, 어떤 제품이 언급되었는가?

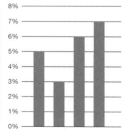

Q1는 화자를 묻는 문제, Q2는 세부사항, 그리고 Q3는 시각 정보 문제에 해당한다. 본서에서는 파트 4에 나올 수 있는 거의 모든 문제 형태를 다룬다. 파트 3과 마찬가지로 주제, 세부사항, 앞으로 할 일, 의도 파악, 그리고 시각 정보 등으로 구성되어 있다

지금 무슨 말을 하고 있게?
주제를 묻는 문제

동영상강의
바로보기

Today's Mission: 지문 유형별 자주 출제되는 문제에 대비한다!

1 벼락치기 전략

한 사람이 이야기하는 담화(short talk)를 듣고 세 문제를 푸는 파트 4는 문제를 녹음 속도에 맞추어 풀어야하므로 초보 학습자들이 특히 힘들어한다. 남자와 여자가 대화하는 파트 3에 비해 파트 4는 한 명이 말하기 때문에 속도가 빠르다고 느낄 수 있다. 하지만 걱정하지 말자. 파트 3에서 이미 다루었던 문제 유형이 반복되며, 주로 등장하는 테마별로 학습하 면 자주 출제되는 문제, 정답, 어휘까지 익힐 수 있다.

01 공지

먼저 공지에 대해서 알아보자. 공지는 크게 나누어 사내 공지와 라디오 방송으로 나눌 수 있는데, 사 내 공지의 경우 직원들을 대상으로 하는 공지사항을 다루는 경우가 많다. 예제를 보도록 하자.

❶ 사내 공지

M: Attention all workers. As you've probably heard, we have **recently** decided to extend our operation hours.	**남:** 전 직원, 주목해주시기 바랍니다. 아마 들으 셨겠지만, 저희는 **최근에** 근무 시간을 연장 하기로 **결정했습니다.**

이러한 내용에 주제를 묻는 문제가 출제된다면,

Q. What is the announcement about?	**Q.** 무엇에 대한 공지인가?
(A) Budget cut	(A) 예산 삭감
(B) Extending work hours	**(B) 근무 시간 연장**
(C) Market research	(C) 시장 조사
(D) Expanding business	(D) 사업 확장

정도가 될 것이다. 스크립트에서 we have recently decided to ~ '우리는 최근에 ~을 결정했다'라고 나와있는 것을 볼 수 있다. We는 speaker를 의미한다. 일반적으로 '공지'는 새롭게 하기로 했거나 최 근에 변경한 것에 대한 경우가 많다. 즉, new나 recently라는 대사를 듣게 될 가능성이 높다.

❷ 라디오 방송

라디오 방송에 다음과 같은 내용이 나왔다고 치자.

W: Welcome to P&J Radio! The city officials announced that a soccer tournament in order to raise funds for local high schools. The event is under preparation but due to the heavy rain that has been forecasted, the date would be slightly changed.	**여:** P&J 라디오에 오신 것을 환영합니다! 시 관계자들은 이 지역 고등학교들을 위한 **기금을 마련하기 위해 축구 대회**가 열릴 것이라고 발표했습니다. 행사가 준비 중이나, 예보된 폭우 때문에 날짜는 조금 변동될 것 같습니다.

주제가 무엇인지 묻는 문제가 나온다면,

Q. What is the main topic of the talk?	**Q. 담화의 주제는 무엇인가?**
(A) A charity event	**(A) 자선 행사**
(B) A construction work	(B) 공사 작업
(C) A new broadcast	(C) 새로운 방송
(D) A budget proposal	(D) 예산 제안

기금을 마련하기 위한 축구 대회를 charity event '자선 행사'라고 paraphrasing한 점에 주의한다!

만약 여기에서 화자가 누구인지 묻는다면,

Q. Who most likely is the speaker?	**Q. 화자는 누구인 것 같은가?**
(A) A city official	(A) 시 공무원
(B) A radio host	**(B) 라디오 진행자**
(C) A soccer player	(C) 축구 선수
(D) A weather forecaster	(D) 기상 예보관

다만, 다른 보기들도 모두 스크립트에 나오는 단어들로 구성되어 있으므로 주의하도록 한다. 화자는 넌지시 간접적으로 정답을 암시하고, 똑똑히 들리는 단어들을 일부러 오답으로 넣어놓는 것이다!

파트 4는 파트 3에 비해서 주제나 화자를 감추기가 어렵다. 파트 3는 남자와 여자가 번갈아 가면서 대사를 하기 때문에 남자가 누구인지를 맞히려면 여자의 대사를 들어야 할 때도 있고 그 반대의 경우도 있다. 그러나 파트 4는 화자가 한 명이기 때문에 자신의 존재를 감출 수 없다.

파트 4는 철저히 '화자'와 '청자'라는 단어로 말하는 이와 듣는 이를 구별한다. 파트 4에 가장 많이 등장하는 '주제'나 '화자'를 묻는 질문들은 아래와 같다.

Q. What is the speaker mainly discussing?

Q. What is the announcement about?

Q. Why is the speaker calling?

Q. Who most likely is the speaker?

Q. Where most likely does the speaker work?

이처럼 첫 번째 문제(지문 1개당 3문제가 출제되는데, 그 중 첫 번째 문제)에는 주로 speaker '화자'라는 단어가 등장한다. 파트 4는 파트 3에 비해 첫 번째 문제의 정답이 나오는 타이밍이 빠르다. 그럴 수밖에 없는 것이 파트 3은 두 사람이기 때문에 인사와 안부로 처음을 시작하지만 파트 4는 혼자 말하기 때문에, 시작하자마자 바로 주제를 밝히고 본론으로 들어가는 경우가 많기 때문이다.

⑫ 광고

광고로 나올 수 있는 내용을 살펴보도록 하자.

M: Do you usually work with a laptop? And always worried about the battery? Then, P&J Super Charger is what you've been looking for!	남: 주로 노트북으로 작업을 하시나요? 그리고 항상 배터리에 대해서 걱정하시나요? 그렇다면, P&J 슈퍼 **충전기**가 여러분이 찾던 것입니다!

주제를 묻는 문제를 출제한다면,

Q. What is being advertised?	Q. 무엇이 광고되고 있는가?
(A) A newly-released product	**(A) 새롭게 출시된 제품**
(B) A newly-built convention center	(B) 새롭게 지어진 컨벤션 센터
(C) A resort	(C) 리조트
(D) A supermarket	(D) 슈퍼마켓

이렇게 광고되고 있는 대상을 물어볼 수 있다. 스크립트에 나오는 charger '충전기'가 더 넓은 개념인 product로 나왔다는 점에 주의하자! (item이나 merchandise로 바꿀 수 있다.)

⑬ 연설

다음으로 연설이 나오는 경우를 보도록 하자. 연설의 단골 주제는 주로 은퇴식과 시상식이다.

W: Thanks for coming to Tim's retirement party.	여: Tim의 **은퇴식**에 와주셔서 감사 드립니다.

내용이 이렇게 시작하는 경우 문제는 아주 쉽다.

Q. What is the speaker mainly talking about?	Q. 화자는 주로 무엇에 대해 이야기하고 있는가?
(A) A retiring employee	(A) 은퇴하는 직원
(B) An award	(B) 상
(C) A planned party	**(C) 계획된 파티**
(D) A presentation	(D) 발표

연설은 어지간해서는 반전이 없는 편이다. 첫 부분만 놓치지 않으면 제대로 정답을 고를 수 있다.

W: Welcome to the 31st P&J Award Ceremony.	여: 제 31회 P&J **시상식**에 오신 걸 환영합니다.

내용이 시상식이어도 마찬가지다. An award나 Award Ceremony 등이 '주제'이므로 정답으로 등장한다.

(04) 안내

다음으로 안내에 대해서 살펴보도록 하자. 안내 중 단골로 등장하는 '관광'을 테마로 잡았다.

M: Welcome to P&J Park. I am Peter Jennings, your guide today. The weather is nice today and you all seem to be excited to tour this wonderful park.	남: P&J **공원**에 오신 것을 환영합니다. **저는 오늘 여러분의 가이드를 맡은** Peter Jennings입니다. 오늘 날씨가 좋고 여러분 모두 이 멋진 **공원** 투어에 대해 마음이 들떠 계신 것 같습니다.

이런 관광 안내에 관한 내용이 나올 때는 주로 '화자는 누구인 것 같은가' 또는 '화자는 어디에 있는 것 같은가' 등이 문제로 출제된다.

Q. Who most likely is the speaker?	**Q. 화자는 누구인 것 같은가?**
(A) A property owner	(A) 건물 주인
(B) A weather forecaster	(B) 기상 예보관
(C) A tour guide	**(C) 관광 가이드**
(D) A tourist	(D) 관광객

Q. Where most likely is the speaker?	**Q. 화자는 어디에 있는 것 같은가?**
(A) At a museum	(A) 박물관에
(B) At a national park	**(B) 국립 공원에**
(C) At a gallery	(C) 갤러리에
(D) At a radio station	(D) 라디오 방송국에

이 경우 정답은 화자가 안내를 시작하는 첫 부분에서 잡아야 한다. 스크립트에서 두 번에 걸쳐 park라는 단어가 나왔으므로 어렵지 않게 (B)가 정답임을 알 수 있을 것이다.

전화

마지막으로 전화 유형에서 나올 수 있는 주제를 묻는 문제를 보도록 하자.

W: Hello, this is Maria Kimberly, a sales representative at P&J Electronics. I am calling about your recent order.	**여:** 안녕하세요. 저는 Maria Kimberly입니다. P&J 전자의 **영업 사원**입니다. 귀하의 **최근 주문**에 대하여 전화 드립니다.

Q. What is the message about?	Q. 메시지는 무엇에 대한 것인가?
(A) A job interview	(A) 취업 면접
(B) A recent order	**(B) 최근의 주문**
(C) A complaint	(C) 고객 불만
(D) A survey	(D) 설문 조사

다른 지문 유형에서 살펴본 대로 '화자는 누구인가' 또는 '무엇에 관한 메시지인가' 등의 문제를 출제할 가능성이 높다.

Q. Who most likely is the speaker?	Q. 화자는 누구인 것 같은가?
(A) A sales person	**(A) 영업 사원**
(B) An engineer	(B) 기술자
(C) A manufacturer	(C) 제조업자
(D) A marketing director	(D) 마케팅 책임자

화자가 대사를 시작하자마자 자신의 이름을 먼저 밝히고, 이어서 a sales representative라는 단어를 써서 신분을 밝히고 있다. 앞서 살펴본 바와 같이 파트 4의 경우에는 시작하자마자 주제 또는 신분을 밝히고 본론으로 들어가는 경우가 많으므로, 주제 또는 화자를 묻는 문제를 맞히기 위해서는 스크립트의 앞 부분에 집중해야 한다.

2 벼락치기 표현

화자가 있는 장소 등을 묻는 문제들의 패턴을 파악하여, 매번 문제를 해석하지 않고도 어느 정도 대비할 수 있도록 하자. 화자를 묻는 질문, 청자를 묻는 질문, 장소를 묻는 질문을 각각 눈에 익히도록 한다.

01 시험에 자주 등장하는 문제 유형

파트 3와 마찬가지로 주제, 장소, 직업을 묻는 문제는 스크립트의 앞 부분에서 힌트를 제공한다.

General Question	What is the purpose of the talk? What is the announcement about?	주제 관련
	Where would you hear this message? Who is this talk addressing?	장소 청자의 신분·정체

02 공공 장소(public announcement / guided tours) 안내문에 등장하는 필수 어휘

교통 관련 (공항/기차역)	be delayed, be postponed 지연되다 take off, departure 이륙하다. 출발 boarding pass 탑승권 platform 승강장	be cancelled, be called off 취소되다 landing, arrival 착륙. 도착 sleeping car 침대차
건물 관련 (공공 시설)	public facility 공공 시설 hours of operation 영업시간 patrons, customers 고객. 이용객들	take inventory 재고 조사를 하다 extended hours 연장 영업 시간 information desk 안내 데스크
관광 관련 (견학/관광)	main attractions 볼만한 곳, 관광지 gather 모이다 impressionism 인상주의 souvenir, gift 기념품	restricted area 제한 구역 change, reschedule 일정을 변경하다 pottery 도자기

PRACTICE
기본 훈련을 확실하게

토익에 익숙하지 않은 사람들에게 세 문제를 한꺼번에 읽고 연속으로 푸는 것은 쉽지 않은 일이다. 일단 한두 문제라도 정확히 읽고 나서, 문제의 정답을 맞히겠다는 각오로 녹음을 듣도록 하자.

1. What is being advertised?

  (A) Fitness membership
  (B) Home security protection
  (C) Fitness equipment
  (D) A range of appliances

2. What can customers get this weekend?

  (A) A price discount
  (B) A free delivery
  (C) A gift certificate
  (D) An extended warranty

3. Who would be listening to this message?

  (A) Telephone operators
  (B) Machine repairpersons
  (C) Bank customers
  (D) Company messengers

4. What does the caller have to do to listen to this message again?

  (A) Ask for help from a representative
  (B) Leave a message and get a call back
  (C) Hang up and call a different number
  (D) Stay on the line

Questions 1 and 2 refer to the following advertisement.

M: Do you want to get in shape, but hate going to the gym? Then Home Fitness has the solution for you! 1) Home Fitness has a wide range of exercise equipment. We stock almost everything you'd see in a gym. The best thing is that now you can have it in the comfort of your own home! And 2) if you call Home Fitness this weekend, you can get a fabulous 2-for-1 offer. Buy any piece of exercise equipment and get another one absolutely free!

남: 몸매를 다듬고 싶지만 체육관에 가는 것은 싫으신가요? 그러면 홈 피트니스가 여러분을 위한 해결책이 있습니다. 홈 피트니스는 다양한 운동 기구를 구비하고 있습니다. 저희는 여러분이 체육관에서 볼 수 있는 거의 모든 것을 갖추고 있습니다. 그리고 가장 좋은 것은 이제 여러분의 편안한 집에서 운동 기구를 가지실 수 있다는 거죠. 그리고 이번 주말에 홈 피트니스에 전화를 주시면, 정말로 멋진 '하나 값에 두 개 할인'을 받으실 수 있습니다. 아무 운동 기구나 하나를 사시면 다른 하나를 완전히 무료로 드립니다.

주제를 물어보는 문제는 본문의 앞쪽에서 힌트를 준다. 하지만 앞쪽에 gym, fitness라는 어휘가 많이 등장해서 혼란스러울 수 있다. 정답은 반문하는 부분 다음인 '기구를 구비하다'라는 부분에서 정답을 알 수 있다. 세부정보를 묻는 질문은 this weekend라는 키워드를 기억하면 쉽게 답을 찾을 수 있다.

Questions 3 and 4 refer to the following recorded message.

W: 3) Thank you for calling Boston Bank's Automated Services. If you would like to talk to one of our representatives, please press "zero" at any time during the message. If you want to apply for a Boston Bank credit card or open a new account, press one now. If you want information about an already existing account, press two now. 4) This message will automatically repeat itself, so stay on the line for the menu options.

여: 보스턴 은행의 자동 음성 서비스에 전화해주셔서 감사합니다. 저희 직원과 통화하고 싶으시면 이 메시지 도중에 아무 때나 0번을 눌러주세요. 보스턴 은행의 신용카드를 신청하고 싶거나 새로운 계좌 개설을 하고 싶으면, 지금 1번을 눌러주세요. 이미 사용하고 계시는 계좌에 대한 정보를 원하시면 지금 2번을 눌러주세요. 이 메시지는 자동 반복되니, 메뉴 옵션을 다시 들으시려면 기다려 주세요.

듣는 사람을 물어보는 3번의 General Question은 다시 듣다(listen again)라는 키워드를 기억해야 하는 Specific Question의 조합이다. General Question은 첫 문장의 은행 안내를 듣고 고객들이 전화한다는 것을 추측할 수 있어야겠다. 자동 반복(automatically repeat itself)은 기다리면(stay on the line) 반복된다는 것을 추측할 수 있어야겠다.

정답 **1.** (C)   **2.** (A)   **3.** (C)   **4.** (D)

3 실전 문제로 벼락치기

한꺼번에 연속으로 나오는 실전 문제를 시험과 같은 환경에서 풀어보자. 이 단계에서는 잘 모르는 부분이 있더라도, 중간에 쉬지 말고 연속적으로 문제를 풀어라.

1. What is the purpose of the talk?

   (A) To order more office supplies
   (B) To advertise a cleaning service
   (C) To give information about new property
   (D) To sell a new kind of office furniture

2. What is stated about the service?

   (A) It can be done fast.
   (B) It is less expensive.
   (C) It is famous in the industry.
   (D) It is for the large business owners.

3. What would the caller receive if they call today?

   (A) A gift basket
   (B) A free service
   (C) A special training
   (D) An expert advice

4. Why is the woman calling?

   (A) To increase an order
   (B) To inform of late delivery
   (C) To cancel an appointment
   (D) To reserve a table

5. How often does the woman get her merchandise?

   (A) Every day
   (B) Every week
   (C) Every other week
   (D) Every month

6. What does the woman ask the listener to do?

   (A) Visit her office
   (B) Meet her in person
   (C) Contact her
   (D) Bake the cookies

PART 4

Day 15

꼬치꼬치 캐물어! 세부사항을 묻는 문제

동영상강의
바로보기

Today's Mission: 세부적인 내용을 묻는 질문들(Specific Question)에 대비한다!

1 벼락치기 전략

파트 4는 테마가 한정적이다. 따라서 매번 물어보는 세부사항이 비슷할 수 밖에 없으니, 각 테마별 가장 많이 나오는 질문과 정답 단어를 최대한 익혀 두도록 하자!

01 공지

Day 15에서 밝힌 대로, '공지'는 크게 사내 공지와 라디오 방송으로 나눌 수 있다. 먼저, 사내 공지에 관련한 세부사항 문제를 보도록 하자.

❶ 사내 공지

M: Attention all workers. As you've probably heard, we have recently decided to extend our operation hours. We have received an unexpectedly large number of orders. In order to meet the demand, we've changed our hours so that all of the workers can work overtime.	**남:** 전 직원 주목해주시기 바랍니다. 아마 들으셨겠지만, 저희는 최근에 근무 시간을 연장하기로 결정했습니다. 예상치 못한 엄청난 양의 주문을 받게 되었습니다. 수요를 맞추기 위하여, 근무시간을 변경하여 전 직원이 추가 근무를 할 수 있도록 하였습니다.

이 스크립트를 토대로 문제를 출제한다면 다음과 같은 예제가 가능하다.

Q. Why has the working hours been changed? (A) To have mandatory meetings **(B) To process the recent orders** (C) To renovate the facility (D) To conduct interviews	**Q. 왜 근무 시간이 변경되었는가?** (A) 필수적인 회의를 하기 위해서 **(B) 최근 주문들을 처리하기 위해서** (C) 시설을 개조하기 위해서 (D) 면접을 하기 위해서

스크립트의 We have received 〜 the demand를 통해서 정답이 (B)임을 알 수 있다. 여기서 process는 '〜을 처리하다'의 의미이다.

이처럼 사내 공지의 경우 근로자 입장에서는 그리 달갑지 않은 소식이 많이 나오는 편이다. 이렇게 토익에 자주 등장하는 패턴은 Day 20에서 심도 있게 다루어보도록 한다.

❷ 라디오 방송

라디오 방송의 경우에는 주로 town이나 city에서 열리는 행사 등에 대한 공지가 많이 나온다. 대표적인 것이 '자선 행사'이다. 참고로 자선 행사의 목적은 돈을 모으는 데 있다. 영어로는 raise money나 raise funds라고 표현한다. 주로 이런 목적을 달성하기 위해서 fundraiser을 하는데, 그 형태로는 concert와 같은 performance '공연'이나 sporting event '스포츠 행사' 등이 있다. 이런 행사의 세부사항은 주로 날짜와 관련된 경우가 많다. 예제를 보도록 하자.

W: Welcome to P&J Radio! The city officials announced that a soccer tournament will be held in order to raise funds for local high schools. The event is under preparation but due to the heavy rain that has been forecasted, the date would be slightly changed.	**여:** P&J 라디오에 오신 것을 환영합니다! 시 관계자들은 이 지역 고등학교들을 위한 기금을 마련하기 위해 축구 대회가 열릴 것이라고 발표했습니다. 행사가 준비 중이나, **예보된 폭우 때문에 날짜는 변동될 것 같습니다.**

유용한 팁을 드리자면, 토익에 등장하는 모든 행사는 일정대로 진행되는 일이 별로 없다. 대부분 미뤄지거나 취소되는데, (cancel, call off, delay, postpone 등의 단어가 등장한다.) 이유 중 하나가 바로 '날씨'다. (bad weather '안 좋은 날씨' 또는 inclement weather '악천후')

Q. **What caused the date to be changed?**	Q. 무엇이 날짜가 변경되는 것을 초래하였는가?
(A) Construction of a stadium	(A) 경기장 건설
(B) Registration issue	(B) 등록 문제
(C) Inclement weather	(C) 악천후
(D) Lost sponsorship	(D) 후원 취소

앞서 얘기한 대로 '날씨'가 변경, 취소 사유 중 가장 흔한데, 그렇다고 무작정 그것만 믿고 (C)를 고른다는 것은 아쉬움이 남는다. 조금 더 정교하게 문제를 풀어보도록 하자.

파트 3, 4에서 질문이 Why로 시작하면 '원인'을 묻는 질문으로, 정답이 due to 뒤에 나오는 경우가 많다. What caused ~도 마찬가지로 결국은 '이유, 원인'을 묻는 것이기 때문에, due to 뒤에 답이 나올 가능성이 높다. 다시 지문을 보도록 하자.

예상했던 대로, due to 뒤에 나온 the heavy rain이 paraphrasing된 (C) Inclement weather가 정답이다. 참고로 inclement weather는 '악천후'라는 뜻이다.

(02) 광고

광고의 경우 세부사항으로 나오는 것들은 주로 '현재 광고되고 있는 것의 특징'이다. 즉, feature(특징)에 대한 질문들이 많다. 예제를 보도록 하자.

M: Do you usually work with a laptop? And always worried about the battery? Then, P&J Super Charger is what you've been looking for! As the name indicates, this charger works faster than you can imagine. Your battery will be fully charged only in 10 minutes! Now you don't need to worry about carrying your laptop with you outdoors.	**남:** 주로 노트북으로 작업을 하시나요? 그리고 항상 배터리에 대해서 걱정하시나요? 그렇다면, P&J 슈퍼 충전기가 여러분이 찾던 것입니다! 이름에서 나타나듯이, 이 충전기는 여러분이 상상하는 것보다 더 **빠르게 충전합니다.** 여러분의 배터리는 불과 10분 만에 완전히 충전될 것입니다! 이제 밖에 노트북을 가지고 다닐 때 걱정할 필요가 없습니다.

이런 식의 광고에서 세부사항을 낸다면 다음과 같은 질문이 가능하다.

Q. What is the feature of the product?	**Q. 제품의 특징은 무엇인가?**
(A) Its charging speed	**(A) 제품의 충전 속도**
(B) Its durability	(B) 제품의 내구성
(C) Its weight	(C) 제품의 무게
(D) Its design	(D) 제품의 디자인

스크립트의 this charger works faster 부분을 paraphrasing한 (A)가 정답이 된다.

(03) 연설

연설의 경우 세부사항 문제로 출제되는 것은 연설 주제와 관련이 있다. 그 중에서 토익에 단골로 등장하는 '은퇴식'에 대해서 살펴보도록 하자.

W: Thanks for coming to Tim's retirement party. As you already know, Tim has been one of the most hard-working employees of our company for the last 20 years. He has made a great contribution to developing our company's database system.	**여:** Tim의 은퇴식에 와주셔서 감사드립니다. 이미 아시다시피, Tim은 지난 20년간 우리 회사에서 가장 근면한 직원들 중 한 명이었습니다. **그는 우리 회사의 데이터베이스 시스템을 개발하는 데 큰 공헌을 하였습니다.**

Tim의 은퇴식에 대한 이야기다. 은퇴식의 단골 주제는 이 은퇴하는 사람이 그 동안 어떤 역할을 해왔는지를 밝히는 것이다.

Q. What does the speaker say about Tim?	Q. 화자는 Tim에 대하여 무엇을 말하는가?
(A) He is retiring due to his sickness.	(A) 그는 건강상의 이유로 은퇴한다.
(B) He will be awarded for his contribution.	(B) 그는 그의 공헌에 대해 상을 받을 것이다.
(C) He started his career as a technician.	(C) 그는 기술자로 사회 생활을 시작했다.
(D) He played an important role in company's computer system.	**(D) 그는 회사 컴퓨터 시스템에 중요한 역할을 했다.**

본문에서 Tim은 회사의 database system에 큰 역할을 했다. 따라서 정답은 (D)가 된다. play a role 은 '~역할을 하다'라는 의미의 영어 표현이다.

(04) 안내

'안내'에서 나올 수 있는 세부사항 문제를 살펴보도록 하자. '안내'는 주로 시설 견학이나 관광 등을 포함한다. 거의 매 시험 등장한다고 볼 수 있는 '관광'을 테마로 잡고 세부사항 문제를 예상해보도록 하자.

M: Welcome to P&J Park. I am Peter Jennings, your guide today. The weather is nice today and you all seem to be excited to tour this wonderful park. Before we begin our tour, there are a few things that I would like to go over first. Please make sure that you have an umbrella with you. As you've probably heard, there is a waterfall in the middle of the course of our tour. We are going to walk right next to this waterfall and… you know… I don't want you to get soaked.	**남:** P&J 공원에 오신 것을 환영합니다. 저는 오늘 여러분의 가이드를 맡은 Peter Jennings 입니다. 오늘 날씨도 좋고 여러분 모두 이 멋진 공원 투어에 대해 마음이 들떠계신 것 같습니다. 우리의 투어를 시작하기 전에, 먼저 몇 가지 검토하고 싶은 것들이 있습니다. **우산을 꼭 들고 다니시기 바랍니다.** 아마 들으셨겠지만, 여러분의 투어 한가운데 폭포가 하나 있습니다. 우리는 이 폭포 바로 옆으로 걸어서 지나갈 것입니다 그리고… 아시죠… 전 여러분이 물에 젖는 것을 원치 않습니다.

관광 가이드가 관광객들에 해당하는 listener '청자'에게 일종의 '당부의 말씀'을 드리는 경우가 많다. 스크립트에서는 오늘의 관광 코스에 필요한 무언가를 언급하고 있다. 문제를 보도록 하자.

Q. What does the speaker ask the listeners to do?	Q. 화자는 청자들에게 무엇을 요청하는가?
(A) Bring their own lunch	(A) 점심 식사를 가지고 와라
(B) Have an umbrella ready	**(B) 우산을 준비해라**
(C) Browse through a brochure	(C) 안내 책자를 훑어봐라
(D) Change their clothes	(D) 옷을 갈아입어라

문제에 ask가 나올 때는 '요청하다'의 의미로, Please / Make sure / Would[Could, Can] you ~? 등이 위의 스크립트에 등장한다. 위의 스크립트에는,

Please make sure that you have an umbrella with you.

아주 정확하게 요청 사항을 언급하고 있다. that 이하에 나온 you have an umbrella with you를 옮겨놓은 (B)가 정답이다. 참고로 have something ready는 '~을 준비하다'의 뜻이다.

(05) 전화

마지막으로 '전화' 테마에서 나올 수 있는 세부사항 문제를 살펴보도록 하자. 파트 4는 화자 혼자 처음부터 끝까지 이야기를 끌고 나가기 때문에 '전화 통화'라기 보다는 '전화 메시지'가 자주 등장한다. 예제를 보도록 하자.

W: Hello, this is Maria Kimberly, a sales representative at P&J Electronics. I am calling about your recent order. The laptop you purchased through our Web site is currently out of stock and the next shipment will arrive at least a week later.	**여:** 안녕하세요 저는 Maria Kimberly입니다. P&J 전자의 영업 사원입니다. 귀하의 최근 주문에 대하여 전화 드립니다. 귀하께서 저희 웹사이트를 통해 구매하신 노트북은 현재 재고가 없으며 다음 배송은 최소 일주일 후에 올 것입니다.

토익에서는 소비자가 주문한 물품이 재고가 있는 경우가 별로 없다. 거의 매번 재고가 없어서 문제가 생기곤 한다. 예제를 보자.

Q. What issue does the speaker mention?	**Q. 화자는 어떤 문제를 언급하는가?**
(A) The company's Web site is not working properly.	(A) 회사의 웹사이트가 제대로 작동하지 않는다.
(B) The item is currently unavailable.	**(B) 제품이 현재 구매 가능하지 않다.**
(C) The manufacturer decided to discontinue producing a particular item.	(C) 제조업체가 특정 제품 생산을 중단하기로 결정했다.
(D) The order has not been properly entered in database system.	(D) 주문이 제대로 데이터베이스 시스템에 입력되지 않았다.

현재 재고가 없다는 out of stock을 옮겨놓은 (B)가 정답이다. 참고로 out of stock은 거의 매번 unavailable이라는 말로 paraphrasing된다.

2 벼락치기 표현

파트 4를 주제별로 접근하는 이유는, 등장하는 주제에 따라서 문제 자체나 정답까지도 반복되어 출제되는 경우가 많기 때문이다. 시험에 자주 나오는 문제와 정답 유형을 익힘으로써 특정 주제에 조금씩 가깝게 다가가도록 하자. 특히 광고는 스크립트 중반에 판매하는 물건이나 서비스의 특징이 나오게 된다.

01 시험에 자주 등장하는 문제 유형

앞 부분에서는 주로 무엇을 판매하고, 누가 구입하는지 가장 많이 묻는다. 그 다음에 판매하는 물건의 특징 및 특정한 프로모션(판촉)과 관련된 질문이 등장한다.

• What product/service is being advertised?	어떤 상품/서비스를 광고하는가?
• Who is the advertisement intended for?	광고의 대상은 누구인가?
• What feature/merit does this product have?	상품의 특징/장점은 무엇인가?
• How can customers get special offer/deals/discount?	할인은 어떻게 받는가?
• How long does the sale last?	세일 기간은 얼마 동안 하는가?
• When does the sale start/end?	세일이 언제 시작하는가/끝나는가?

02 광고 관련 필수 어휘

빈출 상품 / 서비스	travel agency 여행사 resort 리조트 car rental 렌트카 업체 educational institute 교육 단체 auto dealership 자동차 대리점 stationery store 문구점 grocery store, supermarket 식료품점 opera house 오페라 하우스 electronics 전자제품	hotel 호텔 airline 항공사 real estate agency 부동산 중개업체 insurance provider 보험 업체 office supplies 사무용품 cleaning service 청소 대행 서비스 movie theater 극장 furniture store 가구점 appliance (가정용) 기기
할인 관련	opening sale 개업 세일 anniversary sale 개업 기념 세일 holiday sale 명절 세일 limited time only 기간 한정 판매	clearance sale 재고 정리 세일 end of season sale 계절 품목 정리 세일 back to school sale 신학기 세일 closing[going out of business] sale 폐점 세일
	discount, price reduction, mark down, saving, ~% off, good deal, specials 할인, 세일	

(03) 개인적인 용건을 물어보는 전화 메시지

개인적인 메시지라고 하기는 하지만 주로 어떤 회사, 부서에서 업무상의 문제점이나 세부정보를 알기 위해서 전화하는 내용이 많다. 본문의 흐름을 잡고 듣는 훈련을 반복하자.

전화 관련	receptionist 접수 직원 leave a message 메시지를 남기다 page 호출하다	not available (전화)를 받을 수 없다 emergency, urgent 긴급 상황
자주 등장하는 업무	confirm the reservation 예약 확인하다 Accounting Division 회계부 Marketing Department 마케팅부 event arrangement 행사 예약	reschedule, change 일정을 변경하다 reimbursement 비용 환급 customer survey 고객 설문 조사

(04) 업체의 자동 안내 시스템(automated message)

자동 안내 시스템 메시지는 주로 업체에서 업무가 끝난 후나, 상담원이 모두 통화 중인 경우에 나오는 안내 메세지이다. 업체에 따라 다양한 내용이 나오지만 기본적인 안내나 전화 관련 표현은 반복 출제된다는 것을 기억하자.

전화 관련	you have reached ~ ~에 전화하다 we're located ~ ~에 위치하다 press, push 누르다 stay on the line, hold 기다리다 call back 다시 연락하다 operator 교환원	business hours, hours of operation 영업 시간 weekend hours 주말 근무 시간 hang up 끊다 leave a message 메시지를 남기다 listen again 다시 듣다 representative 직원
자주 등장하는 업무	instructions 지시 사항 general information, overview 전체적 안내 departure 출발 reservation 예약 deposit 입금 loan 대출	guidelines 규정 안내 airline 항공사 arrival 도착 bank 은행 withdraw 출금

PRACTICE
기본 훈련을 확실하게

토익에 익숙하지 않은 사람들에게 세 문제를 한꺼번에 읽고 연속으로 푸는 것은 쉽지 않은 일이다. 일단 한두 문제라도 정확히 읽고 나서, 문제의 정답을 맞히겠다는 각오로 녹음을 듣도록 하자.

1. Why is this announcement being made?

(A) To introduce payment procedures
(B) To advertise special prices
(C) To tell customers the store is closing
(D) To announce a new store is opening

2. What change will be introduced next week?

(A) A parking lot will be renovated.
(B) A special sale will take place.
(C) The store will stay open longer.
(D) The store manager will be changed.

3. Why isn't the speaker available today?

(A) She is meeting a client.
(B) She is staying at home.
(C) She is on a business trip.
(D) She is applying for a position overseas.

4. What do you have to do if you have an urgent message?

(A) Leave a message
(B) Talk to the secretary
(C) Call a different number
(D) Stay on the line

Questions 1 and 2 refer to the following announcement.

M: Attention, shoppers. 1) Our store will be closing in 15 minutes. Please make your final selection and proceed to the check-out lines. Also, we're proud to announce that 2) we've extended our hours of operation in order to serve you better. 2) Starting next week, our new store hours will be 9 A.M. to 10 P.M., 7 days a week. Thank you for shopping with us and we look forward to seeing you again soon.

남: 손님 여러분 주목해주세요. 저희 가게는 15분 후에 문을 닫습니다. 마지막으로 물건 선택을 하시고 계산대로 가주시기 바랍니다. 또한 저희는 여러분을 좀 더 잘 모시기 위해서 저희 영업 시간을 연장했다는 것을 자랑스럽게 알려드립니다. 다음 주부터, 저희 새로운 영업 시간은 일주일 내내 오전 아홉 시부터 오후 열 시까지입니다. 저희 가게에서 쇼핑해주셔서 감사합니다. 곧 다시 뵙기를 바라겠습니다.

첫 문장을 듣고 이곳이 슈퍼마켓이며 폐점 안내를 하고 있다는 것을 알 수 있다. next week(다음 주)라는 키워드를 기억하고 본문을 들으면 extended hours(연장된 영업 시간)의 동의 표현이 되는 open longer(가게 문을 더 오래 열다)를 찾아낼 수 있다.

Questions 3 and 4 refer to the following voice message.

W: Hello, you have reached the voice mail of Susan Jones. 3) I'll be attending a seminar in Hong Kong from November first through November seventh. For those who would like to talk to me in person, I will be back in my office on November eight. In the meantime, 4) if you need immediate help, please press one to be connected with my secretary, Ms. Young. Otherwise, stay on the line to leave a message.

여: 안녕하세요, 여러분은 Susan Jones의 음성사서함에 전화하셨습니다. 저는 11월 1일부터 7일까지 홍콩에서 열리는 세미나에 참석합니다. 저랑 직접 통화하시고 싶으신 분들은 제가 11월 8일에는 사무실로 돌아옵니다. 그 동안에 급하게 도움이 필요하신 분들은 저희 비서인 Young 씨와 통화하기 위해서 1번을 눌러주세요. 그 외에는, 메시지를 남기기 위해서 기다려주시기 바랍니다.

개인의 부재 중 메시지는 앞쪽에서 부재 중 이유를 밝힌 첫 문장에서 세미나에 참석한다는 이야기를 듣고 출장이라는 내용을 고를 수 있어야겠다. 두 번째 문제에서 급한 메시지(urgent message)는 키워드를 암기하고 본문을 들어야겠다. 일반적으로 급한 사람에게 메시지를 남기라고 하지 않는다는 것을 기억해 두자.

정답 · **1.** (C) **2.** (C) **3.** (C) **4.** (B)

3 실전 문제로 벼락치기

한꺼번에 연속으로 나오는 실전 문제를 시험과 같은 환경에서 풀어보자. 이 단계에서는 잘 모르는 부분이 있더라도, 중간에 쉬지 말고 연속적으로 문제를 풀어라.

1. What has caused the flight delay?

(A) Software malfunction
(B) Heavy airplane traffic
(C) Technical problems
(D) Severe weather conditions

2. When is the flight scheduled to depart?

(A) At 2:00 P.M.
(B) At 3:30 P.M.
(C) At 6:00 P.M.
(D) At 7:30 P.M.

3. What will passengers receive from the airline company?

(A) A discount on a future flight
(B) A meal voucher
(C) Transportation to a hotel
(D) Headphones

4. What is being shown in the Taylor Maxim's exhibit?

(A) Antique furniture
(B) Historic inventions
(C) Modern sculptures
(D) Musical instruments

5. What is mentioned about the exhibit?

(A) It has never been shown before.
(B) It is the largest of its kind.
(C) It is temporarily closed.
(D) It is on loan from another museum.

6. What are the listeners instructed to press 1 on their audio device for?

(A) To hear about different museum exhibits
(B) To learn about the life on Taylor Maxim
(C) To increase the volume
(D) To repeat the instructions

Day 17

그래서 이제 어찌할 것인가?

앞으로 할 일을 묻는 문제

Today's Mission: 앞으로 할 일 또는 앞으로 벌어질 일을 묻는 질문에 대비한다!

동영상강의
바로보기

1 벼락치기 전략

파트 4 스크립트의 마지막은 주로 조건을 걸고 그에 따라 제안이나 요청을 하며 끝난다. 화자 또는 청자가 앞으로 할 일이 무엇인지, 또는 전체 내용을 토대로 마지막에 부탁할만한 것이 무엇인지 살펴보도록 하자.

항상 한 지문에서 세 개의 문제가 출제되므로 '앞으로 할 일을 묻는 문제'는 주로 마지막 세 번째 문제이며, 이 문제는 두 번째 '세부사항을 묻는 문제'와 직접적으로 연관이 있다.

01 공지

Day 16의 '공지'에 제시된 예제를 다시 불러오도록 하자.

M: Attention all workers. As you've probably heard, we have recently decided to extend our operation hours. We have received an unexpectedly large number of orders. In order to meet the demand, we've changed our hours so that all of the workers can work overtime. We want all of you to get paid for your hard work and dedication. Please make sure that you bring your identification card when you come to work. Our automated system will record your working hours in detail every day.	남: 전 직원 주목해주시기 바랍니다. 아마 들으셨겠지만, 저희는 최근에 근무 시간을 연장하기로 결정했습니다. 예상치 못한 엄청난 양의 주문을 받게 되었습니다. 수요를 충족시키기 위하여 근무 시간을 조정하여 전 직원이 추가 근무를 할 수 있도록 하였습니다. 저희는 여러분의 근면과 헌신이 보상받기를 원합니다. 출근할 때 신분증을 가지고 오는 것을 잊지 마세요. 저희 자동화 시스템이 매일 여러분의 근무 시간을 상세히 기록할 것입니다.

이 지문에서 listeners '청자들'이 앞으로 할 일은 무엇일까? 그렇다! 바로 identification card를 가지고 출근하는 것이다. 실전이라면 다음과 같은 문제가 출제될 것이다.

Q. According to the speaker, what are the listeners asked to do?	**Q. 화자의 말에 따르면, 청자들은 무엇을 하도록 요청되는가?**
(A) Carry their ID cards with them (B) Enter their working hours when takeoff (C) Visit the Computing Department (D) Come to work earlier than usual	**(A) 신분증을 가지고 다녀라.** (B) 퇴근할 때 근무 시간을 기록해라. (C) 전산부서를 방문해라. (D) 평소보다 일찍 출근해라.

이 중 정답은 (A)이다. 지문에 나와 있는 Please make sure 이하부터 정답의 단서가 되는 부분인데 질문이 ~ what are the listeners asked to do?이므로 speaker '화자'가 listener '청자'에게 무엇을 '요청'하느냐는 것이다.

파트 3에서도 다루었지만

Q. **What are the listeners asked[requested / encouraged] to do?**	
스크립트 Please ~, Make sure ~	~해 주세요.
Would / Could / Can you ~?	~해 주시겠어요?
Would/Do you mind ~?	~해 주시겠어요?

이렇게 정리해볼 수 있다. 따라서, 수험자는 처음에 질문을 독해할 때 ask를 보고 화자의 말에서 해당 대사가 나오기를 기다렸다가 정답을 잡아야 한다.

본문의 bring이 보기에서 carry로, identification card가 ID card로 paraphrasing된 것도 확인해 두자.

(02) 광고

이번에는 '광고'에 썼던 예제를 다시 불러오도록 하자.

M: Do you usually work with a laptop? And always worried about the battery? Then, P&J Super Charger is what you've been looking for! As the name indicates, this charger works faster than you can imagine. Your battery will be fully charged only in 10 minutes! Now you don't need to worry about carrying your laptop with you outdoors. Also, we offer a 5% discount with water-proof laptop cases to the first 100 customers only. Don't miss out on this fantastic deal! If you are interested, please call at 555-0907.	남: 주로 노트북으로 작업을 하시나요? 그리고 항상 배터리에 대해서 걱정하시나요? 그렇다면, P&J 슈퍼 충전기가 여러분이 찾으시던 것입니다! 이름에서 나타나듯이, 이 충전기는 여러분이 상상하는 것보다 훨씬 빨리 충전합니다. 여러분의 배터리는 불과 10분 만에 완전히 충전될 것입니다! 이제 밖에 노트북을 가지고 다닐 때 걱정할 필요가 없습니다. 또한, 첫 100분의 고객님들에 한해 5% 할인과 함께 방수 노트북 케이스를 무료로 드립니다. 이 멋진 기회를 놓치지 마세요! 관심이 있으시면 555-0907로 전화 주세요!

이렇게 전형적인 special deal을 제시하는 내용이 나올 수 있다. 참고로 토익에 나오는 **special deal 이나 special offer** 등은 모두 '**할인, 무료 행사**'에 관련한 것들이다. 스크립트를 바탕으로 문제를 출제해보자.

Q. **What are the listeners encouraged to do?**	Q. 청자들은 무엇을 하라고 권장 되는가?
(A) Provide their credit card information	(A) 그들의 신용카드 정보를 제공해라
(B) Make a phone call	**(B) 전화를 해라**
(C) Bring their laptop when making a purchase	(C) 구매를 할 때 노트북을 가지고 와라
(D) Mention an advertisement	(D) 광고를 언급해라

정답은 (B)이다. 질문에 써있는 be encouraged to do는 be asked to do로 해석해도 좋다. 파트 4에 나오는 문제들에는 **be encouraged to**를 비롯하여 **be invited to** 또는 **be instructed to**가 들어 있는 경우가 많은데, 모두 **be asked to do**와 똑같이 해석하여 **Please ~, Make sure ~, Would / Could / Can you~?, Do you mind ~?** 같은 대사가 나올 때 정답을 잡는 것이 가장 유리하다

Q. be encouraged to do, be invited to do, be instructed to do = be asked to do

스크립트	Please ~, Make sure ~	~해 주세요.
	Would / Could / Can you ~?	~해 주시겠어요?
	Do you mind ~?	~해 주시겠어요?

위의 스크립트에서도 후반부에 please call ~이라는 부분을 듣고 문제를 맞히는 것이 정석이다.

> **Tip** 파트 4 마지막 문제가 나올 때 즈음에는 'if'라는 단어가 들리는 경우도 많다. 혼자 말을 하다가 마무리를 지어야 하기 때문에 '만약 지금까지의 내용에 대해서 질문이 있으시면, 관심이 있으시면…' 이라는 말이 들어가는 경우가 많을 수밖에 없다.

> **Tip** 세 문제를 독해하는 30초 동안 따옴표 내에 있는 문장을 이해하고 각각의 보기를 '그래서, 왜냐하면'이 라는 말로 연결시켜보고 읽어보자. 그 중 적당히 시나리오가 나올 것 같은 녀석들이 있다면 눈에 담아두 자. 음원이 나오는데 마침 그 시나리오 중 하나가 있다면 크게 어렵지 않다.

(03) 연설

이제 '연설' 지문을 다시 불러오도록 하자.

W: Thanks for coming to Tim's retirement party. As you already know, Tim has been one of the most hard-working employees of our company for the last 20 years. He has made a great contribution to developing our company's database system. We are grateful for his hard work and dedication. As a token of our appreciation, we've prepared a wrist watch with a company logo on it. Tim! Please come up to the stage to accept this.

여: Tim의 은퇴식에 와주셔서 감사드립니다. 이 미 아시다시피, Tim은 지난 20년간 우리 회 사에서 가장 근면한 직원들 중 한 명이었습 니다. 그는 우리 회사의 데이터베이스 시스 템을 개발하는 데 큰 공헌을 하였습니다. 우 리는 그의 근면 성실함과 헌신에 감사드립니 다. 감사의 표시로 회사 로고가 새겨진 손목 시계를 준비했습니다. **Tim! 무대 위로 올라 와 이것을 받아주십시오!**

역시 은퇴식에는 감사의 표시를 하는 것이 인간의 도리다. 마지막 부분을 보고 다시 한번 눈치를 채 셨는가? 이제 문제를 출제해보겠다.

Q. **What will Tim probably do next?**	Q. Tim은 아마 다음으로 무엇을 할 것인가?
(A) Play a video clip	(A) 영상을 재생한다.
(B) Give a speech	(B) 연설을 한다.
(C) **Receive a gift**	(C) **선물을 받는다.**
(D) Watch a show	(D) 공연을 본다.

질문에 probably '아마도'라는 말이 써있다. 즉, Tim이 직접 말을 할 기회가 없기 때문에 (파트 4는 화자가 한 명이므로) 후반부 내용을 보아 과연 Tim이 무엇을 할 것 같은가를 물어보는 것이다. 이럴 때는 speaker '화자'가 Tim에게 '제안 / 요청 / 제공' 하는 것이 무엇인가를 제대로 들어야 한다. 바로 그것을 Tim이 아마도 하게 될 것이기 때문이다.

스크립트의 후반부에 Please come up to the stage to accept this.라고 나와 있다. 즉, 화자가 Tim에 게 '요청'한 것이다. 앞서 나왔던 wrist watch '손목 시계'를 받으러 무대로 올라와달라는 요청을 옮겨 놓은 (C) Receive a gift가 정답이다.

본문의 wrist watch가 보기에서는 gift로, accept가 receive로 paraphrasing되어 있다.

 ## 04 안내

이제 '안내'를 불러오자.

M: Welcome to P&J Park. I am Peter Jennings, your guide today. The weather is nice today and you all seem to be excited to tour this wonderful park. Before we begin our tour, there are a few things that I would like to go over first. Please make sure that you have an umbrella with you. As you've probably heard, there is a waterfall in the middle of the course of our tour. We are going to walk right next to this waterfall and… you know… I don't want you to get soaked. Also, you are required to check whether your backpack is closed properly.	남: P&J 공원에 오신 것을 환영합니다. 저는 오늘 여러분의 가이드를 맡은 Peter Jennings 입니다. 오늘 날씨도 좋고 여러분 모두 이 멋진 공원 투어에 대해 마음이 들떠계신 것 같습니다. 우리의 투어를 시작하기 전에, 먼저 몇 가지 검토하고 싶은 것들이 있습니다. 우산을 꼭 들고 다니시기 바랍니다. 아마 들으셨겠지만, 여러분의 투어 한가운데 폭포가 하나 있습니다. 우리는 이 폭포 바로 옆으로 걸어서 지나갈 것입니다. 그리고… 아시죠… 전 여러분은 물에 젖는 것을 원치 않습니다. 그리고, **여러분께서는 모두 본인의 가방이 제대로 닫혔는지 확인하셔야 합니다.**

이제 문제를 낼 차례다.

Q. **What do the listeners have to do?**	Q. 청자들은 무엇을 해야 하는가?
(A) **Check their bags**	(A) **그들의 가방을 확인한다.**
(B) Pack their personal belongings	(B) 개인 소지품들을 가방에 넣는다.
(C) Step into the water	(C) 물속으로 들어간다.
(D) Check the weather forecast	(D) 기상예보를 확인한다.

질문이 ~ have to do이므로 사실상 must나 be required to의 뜻이다. 스크립트의 후반부에 나온 you are required to check ~. 부분이 정답의 단서가 된다. backpack이 제대로 닫혔는지 확인하라는 내용이었으므로 이를 적절히 옮겨놓은 (A)가 정답!

본문의 are required to가 문제에서는 have to로 paraphrasing 되어 있고, 본문의 backpack이 보기에서는 bag으로 paraphrasing되어 있다.

(05) 전화

이제 마지막 '전화' 테마를 불러올 차례다.

W: Hello, this is Maria Kimberly, a sales representative at P&J Electronics. I am calling about your recent order. The laptop you purchased through our Web site is currently out of stock and the next shipment will arrive at least a week later. However, we have just received a note indicating another customer has just canceled his order. Actually, he has returned his item before unpacking it. In order to check whether the item is fine, we will unpack this package and snap some pictures. We will email these photos to you so that you can check the condition of this item.	**여:** 안녕하세요 저는 Maria Kimberly입니다. P&J 전자의 판매 사원입니다. 귀하의 최근 주문에 대하여 전화드립니다. 귀하께서 저희 웹사이트를 통해 구매하신 노트북은 현재 재고가 없으며 다음 배송은 최소 일주일 후에 올 것입니다. 그러나, 저희는 조금 전 다른 고객님께서 주문을 취소하셨다는 소식을 들었습니다. 사실, 이분께서 상품을 포장을 뜯기 전에 반품하셨습니다. 제품이 괜찮은지 확인하기 위해서, 저희는 이 소포를 풀고 사진을 찍을 것입니다. **이메일로 이 사진들을 보내서 제품의 상태를 확인하실 수 있도록 하겠습니다.**

이제 문제를 출제해보겠다.

Q. What does the speaker say she will do?	Q. 화자는 자신이 무엇을 하겠다고 말하는가?
(A) Update the Web site	(A) 웹사이트를 업데이트한다.
(B) Gift-wrap the product	(B) 제품을 선물 포장한다.
(C) Send some free gifts	(C) 무료 선물들을 보낸다.
(D) Send some pictures	(D) 사진들을 보낸다.

이처럼 질문에 will do가 나오면 대사는 I will / I can / Let me ~ 등으로 좁혀진다. 정답은 실제 We will ~ 뒤에 나온 email these photos를 옮겨놓은 (D)이다.

2 벼락치기 표현

문제를 미리 읽고 준비를 하는 파트 4에서는 문제를 읽을 때에 모르는 어휘가 없이 매끄럽게 해석하는 것이 무엇보다도 중요하다. 특히, 시험에 자주 나오는 어휘는 주제별로도 지정되어 있으므로 미리 주제별 어휘를 익혀두는 것은 앞으로 문제 읽기를 훨씬 더 수월하게 만든다. 시험에 자주 나오는 문제와 주제를 연결하여 어휘를 익혀두도록 하자.

01 기상 관련 필수 어휘

weather forecast/report 일기 예보
cloudy, overcast 흐린
windy, gusty 바람이 부는
cold, freezing 추운
foggy, misty, hazy 안개가 낀
flood 홍수 ⇔ drought 가뭄
degree 도
Fahrenheit 화씨

sunny, clear, blue sky 맑은
rain, shower, downpour, drizzle 비
snow, blizzard, flurry 눈
hot, scorching, scorcher 더운
humid 습기 찬 ⇔ dry 건조한
temperature 온도
Celsius 섭씨

02 교통 관련 필수 어휘

bound for ~행
lane 차선
traffic report 교통 안내
closed down 폐쇄되다
bad weather 궂은 날씨
road 길
express way 고속도로
interstate (주와 주를 연결하는) 주간 고속도로
traffic congestion 교통 혼잡
delayed, bumper to bumper, backed up, stuck 막히다, 밀리다
detour, alternate route, alternative, different road 다른 길, 우회로

southbound 하행선
first lane 1차선
driver, commuter, motorist 운전자
construction 공사
accident 사고
route 노선, 길, 도로
highway 간선도로
traffic jam 교통 체증

03 방송 / 뉴스 관련 필수 어휘

Thank you for listening/watching. 청취해주셔서(라디오)/시청해주셔서(TV) 감사합니다.
This morning we'll talk with ~ 오늘 아침 초대 손님은 ~가 나오시겠습니다.
We'll be right back after the ~ ~을 먼저 듣고 돌아오겠습니다.
commercial break, advertisement, messages from the sponsors 광고

④ 소개 / 행사 유형에 등장하는 과거 / 현재 / 미래 표현들

자주 등장하는 소개나 반복되는 행사의 경우에는 빈도수를, 특별하다는 것을 강조하기 위해서는 과거 / 현재 / 미래를 구분하는 내용이 등장하므로 확실하게 표현을 암기하고 익히자.

과거 관련	originally 원래는 before joining us 우리 회사에 오기 전에 2 decades 20년	previously 전에 for the last 30 years 지난 30년 동안
현재/미래 관련	currently 최근에 from now on 이제부터 new, now, change 이제, 새롭게	now 이제 from next month 다음 달부터
빈도 관련	usually, normally 보통은 specially 특별히 weekly 주간의	rarely, hardly, unusually 드물게, 보통은 하지 않지만 yearly, annual 연례의 monthly 월례의

⑤ 자주 등장하는 소개 / 행사 관련 표현들

토익에 등장하는 행사는 주로 회사 / 사업체 등이 많이 참가하는 행사이며, 소개되는 인물도 그런 행사에서 일상적으로 볼 수 있는 경우다. 특히 신입 사원 / 은퇴 직원 / 발표자 / 수상자의 경우는 자주 등장하는 상황으로 꼭 익혀두도록 하자.

소개 관련	recognize 인정하다, 표창하다 show appreciation 감사를 표명하다 company anniversary 회사 창립 기념일 employee of the year, best employee 올해의 직원	give rewards 포상을 주다 award dinner, banquet 시상식(식사도 같이) expert, professional 전문
행사 관련	event, function 행사 foundation 재단 fund raiser 모금 행사 non-profit organization 비영리 단체 donation 기부 register, sign up 등록하다 reception 리셉션, 연회, 환영행사 Q&A session(question and answer session) 질의응답 시간	organization, group 단체 association, society 협회 charity 자선 단체 contribution 기부 program, booklet 책자 auditorium 강당 refreshment 간단한 다과

PRACTICE
기본 훈련을 확실하게

토익에 익숙하지 않은 사람들에게 세 문제를 한꺼번에 읽고 연속으로 푸는 것은 쉽지 않은 일이다. 일단 한두 문제라도 정확히 읽고 나서, 문제의 정답을 맞히겠다는 각오로 녹음을 듣도록 하자.

1. What is the main topic of the announcement?

   (A) Credit cards
   (B) Company security
   (C) New working hours
   (D) New computer system

2. What are employees asked to do?

   (A) Hold on to their ID cards
   (B) Apply for the loan
   (C) Register their cars
   (D) Enter and exit through the back doors

3. What is the speaker pleased about?

   (A) A proposal was accepted.
   (B) A merger has been approved.
   (C) A new type of medicine was developed.
   (D) An advertisement was successful.

4. What kind of company does the speaker work for?

   (A) A pharmaceutical company
   (B) A television station
   (C) An advertising agency
   (D) A graphic design firm

Questions 1 and 2 refer to the following announcement.

W: Attention employees. **1)** The new security door system will be installed on Sunday and will be ready to use from next Monday. This means from Monday morning, **2)** all employees are required to carry their new identification cards and use them to enter and exit the building.

여: 직원 여러분 주목해주시기 바랍니다. 새로운 보안 출입 시스템이 일요일에 설치되어 월요일부터 사용할 준비가 될 것입니다. 따라서 월요일 아침부터, 모든 직원들은 새로운 신분증을 가지고 건물에 출입하실 때에 사용하셔야 합니다.

전체적인 주제를 물어보는 1번은 첫 문장의 새로운 경비 시스템을 소개하는 내용에서 정답을 그대로 골라내야겠다. 직원들이 부탁 받는 내용(be asked to do)은 직원들은 ID를 가지고 다녀야 한다(are required to carry ~)는 부분을 듣고 계속 가지고 다닌다(hold on to)라는 표현으로 골라낼 수 있어야겠다.

Questions 3 and 4 refer to the following talk.

M: Okay, before we get started with the weekly status updates, I have some good news. This morning, **3)** CVS pharmaceuticals accepted our proposal to develop **4)** their television and web advertising campaigns for next year. Since two other advertising agencies also submitted proposals, getting this job is something we can be really proud of. I want to thank all of you who had a hand in helping put the proposal together.

남: 자, 이번 주 주간 보고를 시작하기 전에 여러분께 좋은 소식이 있습니다. 오늘 아침에 CVS 제약회사에서 내년도 텔레비전과 온라인 광고 캠페인을 개발하겠다는 우리 회사의 제안서를 받아들였습니다. 이미 두 군데 다른 광고사도 제안서를 제출했기 때문에, 이 일을 따낸다는 것은 자랑스러워 해야 할 정말 대단한 일입니다. 저는 이번에 제안서를 함께 준비해주신 모든 분들께 감사하고 싶습니다

직원 회의의 내용 중에 자주 나오는 고객(client)과의 계약 관계에 관한 것이다. 두 번째 문장에서 고객인 제약회사가 광고를 해주겠다는 우리 회사의 제안을 받아들였다는 부분에서 이곳이 광고 회사이며 제안서를 받아들인 것이 주제임을 알 수 있다. 둘 다 General Question으로 앞쪽에서 힌트를 얻을 수 있다.

정답 · **1.** (B)　**2.** (A)　**3.** (A)　**4.** (C)

3 실전 문제로 벼락치기

한꺼번에 연속으로 나오는 실전 문제를 시험과 같은 환경에서 풀어보자. 이 단계에서는 잘 모르는 부분
이 있더라도, 중간에 쉬지 말고 연속적으로 문제를 풀어라.

1. Who is Elizabeth Song?

   (A) A history professor
   (B) A sports announcer
   (C) An archeology researcher
   (D) A news reporter

2. What will the talk be about?

   (A) A famous book
   (B) A recent discovery
   (C) A local tourist attraction
   (D) A new product

3. What are they going to broadcast next?

   (A) A message from the president
   (B) Traffic reports
   (C) Ms. Song's interview
   (D) Commercials

4. What kind of information does the report mainly provide?

   (A) Weather
   (B) Traffic
   (C) Construction
   (D) Sports

5. What seems to be the problem?

   (A) Strong winds
   (B) Defective equipment
   (C) Congested roads
   (D) Power outages

6. What does the announcer advise listeners to do?

   (A) Delay driving home
   (B) Buy baseball tickets earlier
   (C) Use public transportation
   (D) Avoid Highway 5 all together

PART 4

Day 17

내 맘을 알아줘!

의도 파악 문제

Today's Mission: 화자의 숨은 의도를 알아내는 방법을 배워보자!

동영상강의
바로보기

1 벼락치기 전략

혼자 말하는 사람의 의도를 파악하려면 말의 앞뒤 문맥을 잘 들어봐야 한다. 문제점 등을 알리는 내용이라면 어떤 말을 하든 그 말의 의도는 아쉬움이나 불만의 표시이고, 좋은 소식을 알려준다면 상대를 기쁘게 하기 위한 의도가 있다. 즉, 긍정인지 부정인지를 파악하면서 듣도록 하자.

01 저의가 무엇이냐

의도 파악 문제는 파트 3와 4가 유사한 면이 있다. 그러나 파트 3는 두 명 또는 세 명이 대화를 하는 형식이기 때문에 어떤 화자의 '표현'은 다른 화자의 말에 대한 '반응'인 경우가 종종 있다. 그러나 파트 4는 한 명이 모든 대사를 다 하기 때문에, 따옴표 내에 있는 '표현'은 순전히 화자가 전달하고자 하는 내용과 관련이 있다.

앞서 보았던 파트 4 스크립트들을 바탕으로 의도 파악 문제를 구성해보도록 하자

M: Do you usually work with a laptop? And always worried about the battery? Then, P&J Super Charger is what you've been looking for! As the name indicates, this charger works faster than you can imagine. Your battery will be fully charged only in 10 minutes! Now you don't need to worry about carrying your laptop with you outdoors.	**남:** 주로 노트북으로 작업을 하시나요? 그리고 항상 배터리에 대해서 걱정하시나요? 그렇다면, P&J 슈퍼 충전기가 여러분이 찾던 것입니다! 이름에서 나타나듯이, 이 충전기는 여러분이 상상하는 것보다 빨리 충전 합니다. 여러분의 배터리는 불과 10분 만에 완전히 충전될 것입니다! 이제 밖에 노트북을 가지고 다닐 때 걱정할 필요가 없습니다.

여기서는 과연 어떤 문장을 '의도 파악'용 따옴표 내 표현으로 낼 수 있을까? 일단 앞뒤 내용을 연결하는 역할을 하되, 아주 상세한 정보를 담고 있지는 않은 것이어야 한다. 여기서는 Then, P&J Super Charger is what you've been looking for!가 그런 표현에 해당한다. 이 표현 자체만 봐서는 정확히 무슨 뜻으로 한 말인지 알 수가 없으나 앞뒤 문맥과 연결하면 확실한 의미를 알 수 있기 때문이다.

Q. Why does the man say, "Then, P&J Super Charger is what you've been looking for"? (A) To look for an item (B) To notify that he found a lost item **(C) To explain the advantages of the product** (D) To work with a laptop	Q. 왜 남자는 "그렇다면, P&J 슈퍼 충전기가 바로 여러분이 찾던 것입니다"라고 하는가? (A) 물품을 찾기 위해서 (B) 그가 분실물을 발견했음을 알리기 위해서 **(C) 제품의 장점들을 설명하기 위해서** (D) 노트북으로 작업을 하기 위해서

남자는 처음에 질문으로 말을 시작한다. Do you usually work with a laptop? '늘 노트북으로 작업을 하시나요?' 그리고 이어지는 남자의 말은 일종의 자신의 질문에 대한 대답이다. Then, P&J Super Charger is what you've been looking for! '그렇다면, P&J 슈퍼 충전기가 바로 여러분이 찾던 것입니다!' 수험자는 남자의 이 대사를 듣고 이어지는 As the name indicates, this charger ~ ' 이름에서 나타나듯이, 이 충전기는 ~' 부분을 듣고 내용을 함축해놓은 (C)를 정답으로 고르게 된다. 이런저런 자세한 설명들을 단어 하나에 담으려다 보니 advantage '이점, 장점'이라는 말로 표현되었다.

다른 예제를 살펴보자.

M: Welcome to P&J Park. I am Peter Jennings, your guide today. The weather is nice today and you all seem to be excited to tour this wonderful park. Before we begin our tour, there are a few things that I would like to go over first. Please make sure that you have an umbrella with you. As you've probably heard, there is a waterfall in the middle of the course of our tour. We are going to walk right next to this waterfall and… you know… I don't want you to get soaked.	**남:** P&J 공원에 오신 것을 환영합니다. 저는 오늘 여러분의 가이드를 맡은 Peter Jennings입니다. 오늘 날씨도 좋고 여러분 모두 이 멋진 공원 투어에 대해 마음이 들떠계신 것 같습니다. 우리의 투어를 시작하기 전에, 먼저 몇 가지 검토하고 싶은 것들이 있습니다. 우산을 꼭 들고 다니시기 바랍니다. 아마 들으셨겠지만, 여러분의 투어 한가운데 폭포가 하나 있습니다. 우리는 이 폭포 바로 옆으로 걸어서 지나갈 것입니다 그리고... 아시죠... **전 여러분이 물에 젖는 것을 원치 않습니다.**

이 지문에서는 정확하게 출제할 부분이 정해져 있다. 바로 I don't want you to get soaked.라는 문장이다. 이전에 살펴본 의도 파악 문제는 누구나 그 뜻을 파악할 수 있는 문장의 문맥상 뜻을 물어보았다면, 이번에는 뜻을 쉽게 알기 힘든 문장을 출제하는 경우이다

Q. What does the man mean when he says, "I don't want you to get soaked"? (A) He wants to inform the listeners of a weather forecast. **(B) He wants the listeners to remember to carry umbrellas during the tour.** (C) He thinks the waterfall is the most important landmark of the tour. (D) He doesn't want the listeners to take the tour.	Q. 남자는 "여러분께서 물에 젖는 것을 원치 않습니다"라는 말을 할 때 무엇을 의미하는가? (A) 그는 청자들에게 기상 예보에 대해서 알려주고 싶어한다. **(B) 그는 청자들이 투어 동안 우산을 가지고 있을 것을 기억하기를 원한다.** (C) 그는 폭포가 투어에서 가장 중요한 이정표라고 생각한다. (D) 그는 청자들이 투어하는 것을 원하지 않는다.

만약 수험자가 get soaked '흠뻑 젖다'라는 표현을 미리 알고 있다면 문제를 풀기가 한결 수월하다. 앞서 언급한 '우산을 들고 다니다'라는 말을 강조하는 것이 따옴표 내에 있는 표현의 역할이기 때문이다. 그러나 get soaked라는 표현이 생소하더라도 남자가 이 말을 하기에 앞서 나왔던 전체 내용을 기억한다면 어렵지 않게 (B)가 정답임을 알 수 있을 것이다.

따라서 이런 의도 파악 문제에 대한 대비는 두 가지를 모두 갖추는 것이다. 관용 표현을 최대한 많이 익혀두는 것이 첫 번째요, 눈을 보기에 고정시켜놓고 전체 내용과 일치하는 것을 하나 먼저 골라내는 능력을 배양하는 것이 두 번째다.

2 벼락치기 표현

파트 4에 특히 많이 쓰이는 관용 표현들을 살펴보고 그것의 사전적 의미와 실제 사용 가능한 문맥까지 한꺼번에 익혀 보도록 하자! 어떤 문맥에서 쓰는가에 따라 그 의미가 조금씩 달라진다.

01 영어권에서 흔히 쓰이는 관용 표현

❶ Come to an end.
'끝으로 오다.'라고 직역되지만 실제로는 간단하게 '끝나다'라는 말에 가깝다. 연설문이나 안내문 등에서 마지막 순서가 다가왔을 때 화자가 할만한 대사다.

❷ You can't miss it.
'당신은 그것을 놓칠 수 없다.'라고 직역되지만 '쉽게 찾으실 것'이라는 말에 가깝다. 안내문 등에서 특정 시설 등의 위치를 설명한 후 덧붙일 수 있는 말로 적합하다.

❸ Don't miss out on this deal.
'이 거래를 놓치지 마세요.'라고 직역된다. 우리말로 직역해도 뜻을 짐작할 수 있다. '이 기회를 놓치지 마세요.' 정도의 표현이다. 광고문 등에서 할인 행사를 홍보할 때 쓸 수 있는 말로 적합하다.

❹ That's not all.
'그게 다가 아닙니다.'라고 직역된다. 주로 혜택이나 기회 등에 대해서 이야기할 때 청중을 끌어당기기 위해 쓰는 표현이다.

❺ Why wait?
'왜 기다리나요?'라고 직역된다. 주로 할인 행사나 광고 등에서 소비자들에게 구매를 권유하기 위해 쓰는 표현이다. 일반적으로 전체 내용 후반부에 등장한다.

❻ Do not hesitate.
'망설이지 마세요.'라고 직역된다. Why wait?과 마찬가지로 특정 행사나 광고 등에서 소비자, 참가자들의 참여를 이끌어내기 위해 쓰는 표현이다.

❼ Be my guest.
'그러세요.'라는 의미로 무언가 부탁을 받았을 때 상대방의 부탁을 들어준다는 의미로 사용된다.

❽ I can't make it.
'저는 못 갈 것 같아요.'라는 의미이다. 여기서 make는 '만들다, 하다' 이런 의미가 아니라 make it 자체가 '가다'라는 의미가 있다. 반대로 '나 갈 수 있어!'라고 말할 때는 'I can make it.'이라고 하면 된다.

PRACTICE
기본 훈련을 확실하게

토익에 익숙하지 않은 사람들에게 세 문제를 한꺼번에 읽고 연속으로 푸는 것은 쉽지 않은 일이다. 일단 한두 문제라도 정확히 읽고 나서, 문제의 정답을 맞히겠다는 각오로 녹음을 듣도록 하자.

음원바로듣기

---

1. What does the woman mean when she says, "I'm pleased to announce this"?

(A) She will write a new song.
(B) She has reacted in a positive way.
(C) She will convey a good news.
(D) She wants to buy a better laptop computer.

2. Which product does the speaker emphasize?

(A) Suits
(B) Women's clothing
(C) Outdoor wear
(D) Sunglasses

3. Who most likely is the speaker?

(A) A food columnist.
(B) A weather forecaster.
(C) A quiz show host.
(D) A popular comedian.

4. What does the man mean when he says, "May we get our gear ready"?

(A) He will give a prize to the winner of a game.
(B) He will start a quiz show soon.
(C) He asks listeners to buy tickets.
(D) He encourages people to make suggestions.

Questions 1 and 2 refer to the following talk.

W: Okay, **1)** I am pleased to announce this. The sales figures during the holiday season seem higher than expected. Suits and outdoor wears have been sold in bulk as usual **2)** but what's most noticeable is the sales of sunglasses. Based on the solid record, I suggest that we expand our business in sunglasses.

여: 네. 이것을 알리게 되어 기쁘군요. 연휴 기간의 매출 수치가 예상보다 훨씬 높습니다. 정장과 아웃도어 의류들은 항상 그렇듯 대량으로 판매되었습니다. 그러나 가장 주목할 만한 것은 바로 선글라스 매출입니다. 확고한 기록을 바탕으로 저는 우리가 선글라스로 사업을 확장할 것을 제안합니다.

여자는 I am pleased to announce this.라는 말을 던진 뒤, 바로 이어서 판매 수치가 예상보다 훨씬 높다고 밝힌다. 따라서 좋은 소식을 전달하기 위한 의도였음을 알 수 있다. 또한, 여자는 정장과 아웃도어 의류들도 언급하고 있으나, but이라는 전환어구를 써서 sunglasses를 더 강조하고 있다.

Questions 3 and 4 refer to the following radio broadcast.

M: Good evening, everyone. Now you're tuned into P&J 70.1. **3)** I am Ned Potter, the host of your favorite quiz show *Wonders in the World*. We are confident that you want to call in to answer the quiz today since we have prepared the most attractive prize beyond your imagination. **4)** May we get our gear ready?

남: 안녕하세요, 여러분. P&J 70.1을 듣고 계십니다. 저는 여러분이 사랑하는 퀴즈쇼 〈Wonders in the World〉의 진행자인 Ned Potter입니다. 오늘 저희가 여러분이 상상할 수 없는 가장 매력적인 상을 준비했기 때문에 분명 퀴즈에 참여하시고 싶으실 것이라고 장담합니다. 본격적으로 시작해볼까요?

남자는 〈Wonders in the World〉라는 퀴즈쇼를 진행하는 사람이다. Get one's gear ready라는 표현은 '~을 준비시키다'라는 뜻이다. 자동차의 시동을 거는 표현에서 유래되었다. 여기서는 퀴즈 방식을 설명 한 후에 바로 '준비를 할까요?'라고 묻는 것은 '곧 시작하겠다'는 의미로 한 말이다.

정답 · **1.** (C)　　**2.** (D)　　**3.** (C)　　**4.** (B)

3 실전 문제로 벼락치기

한꺼번에 연속으로 나오는 실전 문제를 시험과 같은 환경에서 풀어보자. 이 단계에서는 잘 모르는 부분이 있더라도, 중간에 쉬지 말고 연속적으로 문제를 풀어라.

1. What is the ceremony event for?

(A) A radio show
(B) A fitness center
(C) A department store
(D) A museum

2. What does the woman mean when she says, "I'm sure you don't want to miss this"?

(A) There are more tickets available for a concert.
(B) There are more chances to win great prizes.
(C) There are more facilities to renovate.
(D) There is some other information to deliver.

3. What might the listeners get if they call the radio station?

(A) A special discount
(B) A chance to have an interview
(C) Recording equipment
(D) Free tickets

4. What is being advertised?

(A) A play
(B) A cruise ship
(C) A series of books
(D) A tourist destination

5. What does the man mean when he says, "Now is the time"?

(A) He will go on a vacation soon.
(B) He has some information about vacation plans.
(C) He is checking time.
(D) He wants to encourage people to make a call.

6. What will customers who book this month receive?

(A) A restaurant voucher
(B) Free accommodation
(C) A flight ticket
(D) Tickets for a performance

눈 앞에 있지 않는가?
시각 정보 문제

Today's Mission: 파트 4의 시각 정보 문제를 살펴보도록 하자!

동영상강의
바로보기

1 벼락치기 전략

파트 4의 시각 정보 문제들은 '광고'와 '안내' 관련된 문제가 단골로 등장한다. 이 두 테마를 중심으로 문제를 출제할 때는 각종 할인권, 가격표, 일정표, 그리고 지도 등이 시각 정보로 제시된다.

01 이 기회를 놓치지 마세요~! 광고

먼저, 앞서 다룬 스크립트를 다시 보도록 하자.

M: Do you usually work with a laptop? And always worried about the battery? Then, P&J Super Charger is what you've been looking for! As the name indicates, this charger works faster than you can imagine. Your battery will be fully charged only in 10 minutes! Now you don't need to worry about carrying your laptop with you outdoors. Also, we offer a 5% discount with complimentary water-proof laptop cases to the first 100 customers only. Don't miss out on this fantastic deal! If you are interested, please call at 555-0907.

남: 주로 노트북으로 작업을 하시나요? 그리고 항상 배터리에 대해서 걱정하시나요? 그렇다면 P&J 슈퍼 충전기가 여러분이 찾던 것입니다! **이름에서 나타나듯이, 이 충전기는 여러분이 상상하는 것보다 빨리 충전합니다. 여러분의 배터리는 불과 10분 만에 완전히 충전될 것입니다!** 이제 밖에 노트북을 가지고 다닐 때 걱정할 필요가 없습니다. 또한, 첫 100분의 고객님들을 대상으로 5% 할인과 함께 방수 노트북 케이스를 무료로 드립니다. 이 엄청난 기회를 놓치지 마세요! 관심이 있으시면 555-0907로 전화주세요!

이제 여기에 시각 정보 문제를 하나 출제해보겠다.

<P&J Laptop Models>

Model	Required time for full-charge
P&J C-a	30 minutes
P&J C-b	25 minutes
P&J C-c	15 minutes
P&J C-d	10 minutes

Q. Look at the graphic. Which model is currently being advertised?

(A) P&J C-a
(B) P&J C-b
(C) P&J C-c
(D) P&J C-d

〈P&J 노트북 모델〉

모델	완전히 충전하는데 요구되는 시간
P&J C-a	30분
P&J C-b	25분
P&J C-c	15분
P&J C-d	10분

Q. 시각 정보를 보라. 어떤 모델이 현재 광고되고 있는가?

(A) P&J C-a
(B) P&J C-b
(C) P&J C-c
(D) P&J C-d

이런 시각 정보 문제를 풀 때 기본 중의 기본은 역시 보기에 나와있는 단어는 들을 수 없다는 것이다. 만약 모델명을 음성으로 들려줄 것이라면 굳이 시각 정보를 함께 낼 필요가 없을 것이다. 따라서, 제시된 정보에 시선을 고정시키고 화자의 말에 집중한다. 보기에 쓰여 있지 않은 정보들을 통해 보기에서 정답을 골라내도록 하는 것이 시각 정보 문제의 핵심이다. 분명 시각 정보에 나와 있는 충전 시간에도 10분이 있다. 모델명은 P&J C-d이다. 그렇다면, 위 문제의 정답은 (D)가 된다. 이것이 아주 기본적인 시각 정보 문제 접근법이다.

(02) 안내

'안내'라는 테마를 중심으로 '일정표' 등이 나오는 경우를 보도록 하자.

M: Welcome to P&J Park. I am Peter Jennings, your guide today. The weather is nice today and you all seem to be excited to tour this wonderful park. Before we begin our tour, there are a few things that I would like to go over first. We were supposed to visit the Fine Forest first but due to the mechanical problem of the facility, it has been switched with the visit to our last destination.

남: P&J 공원에 오신 것을 환영합니다. 저는 오늘 가이드를 맡은 Peter Jennings입니다. 오늘 날씨도 좋고 여러분 모두 이 멋진 공원 투어에 마음이 들떠계신 것 같습니다. 투어를 시작하기 전에, 먼저 몇 가지 검토하고 싶은 것들이 있습니다. 우리는 Fine Forest를 먼저 방문하기로 되어있었습니다. 그러나 해당 시설의 기기 결함으로, 마지막 목적지와 순서가 바뀌었습니다.

<Tour Schedule>

Visiting time	Name of the destinations
08:00 A.M.	Fine Forest
09:00 A.M.	Seven Angels Garden
10:00 A.M.	Grey-Hair Waterfall
11:00 A.M.	Shining Stars

〈투어 스케줄〉

방문 시간	관광지
오전 08:00	Fine Forest
오전 09:00	Seven Angels Garden
오전 10:00	Grey-Hair Waterfall
오전 11:00	Shining Stars

Q. Look at the graphic. Which destination would be the first of the tour?

(A) Fine Forest
(B) Seven Angels Garden
(C) Grey-Hair Waterfall
(D) Shining Stars

Q. 시각 정보를 보라. 어떤 목적지가 투어의 첫 번째가 될 것인가?

(A) Fine Forest
(B) Seven Angels Garden
(C) Grey-Hair Waterfall
(D) Shining Stars

화자의서 등장한 switch가 시각 정보 문제에서 특히 '일정표'의 답을 찾는 핵심 단어이다. 화자의 대사에서 마지막으로 방문하는 곳의 이름인 Shining Stars는 직접적으로 언급되지 않는다. 이것이 시각 정보 문제의 핵심이다.

화자는 Fine Forest가 '마지막 목적지'와 switch '바꾸다'라고만 언급했을 뿐이다. 따라서 시각 정보의 마지막 칸에 있는 Shining Stars가 첫 번째 목적지로 변경된다는 것을 알아채야 한다.

2 벼락치기 표현

파트 4에 특히 많이 쓰이는 관용 표현들을 살펴보고 그것의 사전적 의미와 실제 사용 가능한 문맥까지 한꺼번에 익혀보도록 하자! 어떤 문맥에서 쓰는가에 따라 그 의미가 조금씩 달라진다.

(01) 일정이 변경되는 경우 사용되는 단어

❶ cancel, call off: 취소하다
전체 일정에서 한 가지가 취소되거나 예정된 발표자가 참석하지 못하는 등의 시나리오가 나왔을 때 듣게 되는 단어다.

❷ reschedule: 일정을 변경하다
전체 일정에서 일부 시간 등을 변경해야 할 때 쓰는 표현들이다.
- change a date or time: 날짜나 시간을 바꾸다
- postpone, delay, put off, put back, hold off: 연기하다

❸ change / switch / swap: 바꾸다 / 뒤바꾸다 / 뒤집다
전체 일정에서 특정 행사와 다른 행사의 순서가 바뀌었을 때 사용한다. 이처럼, '일정표'가 시각 정보 문제에 출제되는 경우 주로 '변경'된다는 것이 특징인데, 그때 화자가 주로 하는 말은 change, switch, swap 등이 있다. 변경되고 뒤집히고 하는 것이 일정이 바뀌는 내용의 핵심임을 고려한다면 당연히 스크립트에 나오기를 기대해볼 만한 단어들이다.

예를 들어, 다음과 같은 시각 정보가 나온다면 다음 세 가지 시나리오를 예상할 수 있다.

Presenter	Time
Scott	08:00 A.M.
Jenny	09:00 A.M.
Agness	10:00 A.M.
Michael	11:00 A.M.

1. Scott의 발표가 cancel/call off되어 Jenny의 발표가 08:00 A.M.이 된다.
2. 전체 일정이 30분씩 postpone되어 Scott의 발표가 08:30 A.M.이 된다.
3. Scott과 Jenny의 순서가 change/switch/swap되어, Scott이 09:00 A.M.에 Jenny가 08:00 A.M.에 발표를 한다.

PRACTICE
기본 훈련을 확실하게

Workshop Scheduling Board

Group thinking	January 10, Monday
Discussion skills	January 11, Tuesday
E-mail writing tips	January 12, Wednesday
Working in groups	January 13, Thursday

Program	Time
Making an Impression	Tuesday 12:00 P.M. - 1:30 P.M.
Networking	Wednesday 2:00 P.M. - 3:30 P.M.
Preparing for a Job Interview	Thursday 1:00 P.M. - 2:30 P.M.
Target Marketing Strategy	Friday 3:00 P.M. - 4:30 P.M.

1. **Why is the speaker calling the listener?**

   (A) To discuss a job application
   (B) To inquire about a services
   (C) To check on the progress with a contract
   (D) To organize a research project

2. **Look at the graphic. Which workshop did Maria attend?**

   (A) Group thinking
   (B) Discussion skills
   (C) E-mail writing tips
   (D) Working in groups

3. **Where most likely is the speaker?**

   (A) At an entrance of a library
   (B) At a local restaurant
   (C) At a history museum
   (D) At a convention center

4. **Look at the graphic. What time will "Making an impression" probably start?**

   (A) 12:00 P.M.
   (B) 1:00 P.M.
   (C) 2:00 P.M.
   (D) 3:00 P.M.

Questions 1 and 2 refer to the following recorded message and schedule.

Workshop Scheduling Board	
Group thinking	January 10, Monday
Discussion skills	January 11, Tuesday
E-mail writing tips	January 12, Wednesday
Working in groups	January 13, Thursday

워크숍 일정표	
집단사고	1월 10일(월)
토론 기술	1월 11일(화)
이메일 쓰기 팁	1월 12일 (수)
협업하기	1월 13일(목)

W: Hello, this is a message for Peter Jennings. **1)** My name is Sarah Coffman and I'm calling to inquire about a workshop. Would you be interested in holding a workshop at our company, TXM Technology? **2)** My former coworker Maria highly recommended you. She attended the seminar you hosted on Thursday actually. Could you please call me at 555-0909? This is my direct number.

여: 안녕하세요, 이 메시지는 Peter Jennings를 위한 것입니다. 제 이름은 Sarah Coffman입니다. 워크숍에 대해서 문의하기 위해 전화를 드립니다. 저희 TXM 기술에서 워크숍을 여는 것에 관심이 있으신지요? 제 예전 동료 Maria가 당신을 적극 추천했습니다. 그녀가 목요일에 귀하께서 주최했던 세미나에 참석했었습니다. 555-0909로 전화 주시겠습니까? 제 직통 번호입니다.

화자는 전화를 한 목적을 workshop '워크숍'에 대해 문의하되, 문맥상 청자가 이 분야의 professional '전문가'인 점을 고려하여 service로 paraphrasing되어있는 (B)를 정답으로 고른다. Maria라는 사람이 화자인 Sarah의 동료이고, 목요일에 세미나에 참석했다는 것을 보아, 목요일 프로그램에 해당하는 Working in groups '협업하기'에 참석하였음을 알 수 있다.

Questions 3 and 4 refer to the following announcement and schedule.

Program	Time
Making an Impression	Tuesday 12:00 P.M. - 1:30 P.M.
Networking	Wednesday 2:00 P.M. - 3:30 P.M.
Preparing for a Job Interview	Thursday 1:00 P.M. - 2:30 P.M.
Target Marketing Strategy	Friday 3:00 P.M. - 4:30 P.M.

프로그램	시간
〈감동 주기〉	화요일 오후 12:00 – 1:30
〈인적 네트워크 형성〉	수요일 오후 2:00 – 3:30
〈취업 면접 준비〉	목요일 오후 1:00 – 2:30
〈타겟 마케팅 전략〉	금요일 오후 3:00 – 4:30

W: **3)** Welcome to the Busan International Job Fair. There is an important announcement for all of the attendees. We'd like to inform you that *Target Marketing Strategy* has been cancelled due to the presenter's scheduling conflict. **4)** *Making an Impression* has been moved to Friday.

여: 부산 국제 취업 박람회에 오신 것을 환영합니다. 모든 참석자분들을 위한 중요한 공지가 있습니다. 발표자의 일정 차질로 인해서 〈타겟 마케팅 전략〉은 취소되었다는 것을 알려드립니다. 〈감동 주기〉가 금요일로 옮겨졌습니다.

취업 박람회를 개최하는 중이므로 convention center가 가장 적절한 장소이다. 〈Making an Impression〉이 금요일로 옮겨졌으므로, 원래 금요일로 예정되어있던 〈Target Marketing Strategy〉가 시작하기로 되어있던 오후 3시가 정답이다.

정답 **1.** (B) **2.** (D) **3.** (D) **4.** (D)

PART 4 · Day 19

3 실전 문제로 벼락치기

한꺼번에 연속으로 나오는 실전 문제를 시험과 같은 환경에서 풀어보자. 이 단계에서는 잘 모르는 부분
이 있더라도, 중간에 쉬지 말고 연속적으로 문제를 풀어라.

Conference Schedule		
10:00 A.M. – 12:00 P.M.	Lecture on *Local Economy*	Mr. Hamilton
12:00 P.M. – 1:00 P.M.	Lunch Break	
1:00 P.M. – 3:00 P.M.	Seminar on *Marketing Strategies*	Mr. Coleman
3:00 P.M. – 5:00 P.M.	Lecture on *Hiring*	Ms. Garcia
5:30 P.M. – 7:30 P.M.	Seminar on *Efficient Management*	Ms. Carlos

The Current Market Share Analysis Date

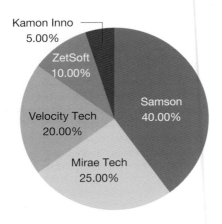

1. **What is the announcement about?**

    (A) A conference schedule
    (B) A building plan
    (C) A lunch menu
    (D) A restaurant location

2. **What has been cancelled?**

    (A) A local economy lecture
    (B) A marketing strategy lecture
    (C) An efficient management lecture
    (D) A hiring lecture

3. **Look at the graphic. Who has a traveling problem?**

    (A) Mr. Hamilton
    (B) Mr. Coleman
    (C) Ms. Garcia
    (D) Ms. Carlos

4. **According to the speaker, what was announced recently?**

    (A) The launch of a product
    (B) The restructuring of management
    (C) The release of a marketing plan
    (D) The sale of a business

5. **Who are the listeners told to contact?**

    (A) Supervisors
    (B) Customers
    (C) Suppliers
    (D) Programmers

6. **Look at the graphic. What is the expected market share for Zetsoft next year?**

    (A) 5%
    (B) 10%
    (C) 20%
    (D) 25%

Day 20 배경 지식

내가 보이는가?

동영상강의
바로보기

Today's Mission: 매 시험 반복되는 빈출 단어들을 유기적으로 연결하여 공부한다!

1 벼락치기 전략

토익 파트 3, 4는 주로 문제가 발생하고 그것을 해결해 나가는 상황을 가정한다. 더군다나 인물들이 등장하는 장소도 사무실이나 가게, 공항 등 매우 한정적이다. 이것을 역이용하면 매번 정답이나 키워드로 나올만한 단어들을 한번에 정리할 수 있다.

01 파트 3 & 4 단골 스토리, 그리고 어휘

마지막으로 토익 파트 3, 4에 매번 등장하는 뻔한 스토리와 관련 어휘들을 정리한다. 본 스토리와 어휘들은 철저히 기출 중심 데이터를 통해 제작되었으며, 시험에서 반복될 것이다.

- 먼저, 토익에 나오는 모든 업무는 공식 서류를 통해 처리한다. 따라서 사람들은 항상 서류(document / paper / form / file)를 작성한다(fill out / complete).
  - ⊙ **fill out** a survey 설문을 작성하다 = **complete** a questionnaire 설문을 작성하다

- 그리하면 초안(first draft / rough draft / manuscript)이 완성된다. 이제 이 초안을 본다(take a look at / check). 그 말은 곧, 검토한다(review / go over / look over / proofread)는 말이다.
  - ⊙ **go over** a draft 초안을 검토하다 = **review** a file 서류를 검토하다

- 사람이 늘 완벽할 수는 없기에 초안을 검토하다 보면 자연스레 오류 / 실수(error / mistake)를 발견하게 되는 것이다. 이렇게 되면 다음 과정으로 자연스럽게 수정한다(revise / correct).
  - ⊙ **revise** a paper 서류를 수정하다 = **correct** a document 서류를 수정하다

- 우여곡절 끝에 수정본 또는 최종안(revised version / final draft)이 탄생한다. 이제 만들어진 서류를 제출한다 (submit / hand in / turn in / send).
  - ⊙ **submit** a document 서류를 제출하다 = **turn in** a paper 서류를 제출하다

- 이 제출된 서류들을 승인하면(approve) 공식 자료가 된다. 그러면 드디어 인쇄하거나 또는 복사한다 (printout / copy).
  - ⊙ **okay** a document 서류를 승인하다 = **approve** a document 서류를 승인하다

- 이 자료들은 어디에 쓸 것인가? 사본들(copies/sheets + of + documents/papers/forms/files)은 주로 워크숍 또는 회의(workshop / conference) 등에서 참석자들에게 자료로 나누어준다(hand out / pass / distribute). 그렇게 되면 드디어 유인물(handouts / printouts / materials)이 탄생한다.

  ❯ **hand out** some documents 서류들을 나누어주다

    = **distribute** some reading materials 읽을 것들을 나누어주다

- 여기서 잠시, 인쇄, 복사를 하려면 무엇이 필요한가? 바로 기계(machine / equipment / appliance)들이 필요하다. 참고로 토익에 나오는 기계들은 대부분 오래되어서(be outdated / be out of date / old) 잘 고장 난다(breakdown). 그러면 직원들이 이 기계에 고장 났다는(out of order / malfunctioning / broken / not working properly) 사인(sign) 등을 붙여놓는다.

  ❯ machine is **malfunctioning** 기계가 오작동한다 = equipment is **out of order** 장비가 고장 났다

- 혹시 기계를 새로 사고 싶은가? 그럼 사도 좋다. 다만 토익의 배송 회사들은 모두 일 처리가 엉망이다. 배송 (shipping / delivery)은 기본적으로

  1. 누락된다(missing / lost).
  2. 늦는다(late).
  3. 도착해도 망가졌거나 결함이 있다(damaged / defect / flaw).

  ❯ A **shipment** is being **delayed**. 배송이 지연되고 있다. = A **delivery** is **late**. 배송이 늦는다.

- 이제, 그 유명한 반품, 환불 시나리오다.

  업체(the business)에서 먼저, 운송 라벨(shipping label)을 보내면 소비자는 이것을 해당 제품을 포장한 박스에 붙이고 반품(return)시킨다. 이제, 소비자에게는 두 가지 선택이 주어진다.

  1. 교환한다(exchange)
  2. 환불한다(refund / get money back)

  다만 2번의 경우 소비자는 반드시 영수증(receipt)을 가지고 업체가 제시한 기간 내에 환불 신청을 해야 한다.

  ❯ **send back** the product 제품을 돌려보내다 = **return** the item 제품을 반품하다

  ❯ **get money back** 환불을 받다 = **get a refund** 환불을 받다

  ❯ bring a **receipt** 영수증을 가지고 오다 = bring a **proof of payment** 지불 증거를 가지고 오다

- 업체(the business)는 주로 제품들(items / products / merchandise / goods)을 생산하는(produce) 시설을 갖추고 있다. 즉, 기계(machine / equipment)들을 갖추어 조립 라인(assembly line)이나 생산 라인 (production line)을 만들고 크게는 공장(factory / plant) 또는 제조 시설(manufacturing facility)을 꾸린다.

  ❯ There is a **problem** with assembly line 5. 5번 조립 라인에 문제가 있다.

    = Production line has an **issue**. 생산 라인에 문제가 있다.

■ 이제, 인력이 필요하지 않겠는가? 사람을 뽑기 위해 면접(interview)을 본다. 이때 필요한 것은 지원서 (application), 이력서(résumé), 자기소개서(cover letter)와 경력(experience)과 견본(sample) 등이다. 그 래야 이 지원자의 자격 요건(qualification)을 확인할 수 있기 때문이다.

★ 참고로 지원서나 이력서뿐 아니라, 견적서(estimate), 제안서(proposal), 또는 보고서(report)도 모두 서류 (document)라는 단어에 포함된다. 따라서 document는 정답으로 많이 나오는 단어일 수 밖에 없다.

      ➡ Please bring your **application and résumé**. 지원서와 이력서를 가지고 오세요.

        = Bring **necessary documents**. 필요한 서류들을 가지고 오라.

■ 이렇게 해서 뽑힌 직원들(workers / employees / staff members)끼리는 서로 동료(coworker / colleague / associate)가 되고, 나아가서는 친구나 지인(friend / acquaintance)이 된다.

      ➡ Why don't you ask **Tom** to help you? Tom에게 도와달라고 부탁하는 게 어때?

        = Request some help from a **coworker**. 동료에게 도움을 요청하라.

★ Why don't you ask Tom to help you? 에서 Tom처럼 사람 이름만 나오는 경우에도 결국 어디에 속해있 는 직원이거나 누군가의 동료, 친구이기 때문에 주로 worker / coworker / friend 등으로 보기에 나와 있 을 가능성이 높다.

■ 이런 사람들끼리 서로 만나기 위해서 일정을 잡지(set up/arrange/schedule + a meeting) 않는가? 그러 나 아쉽게도 토익에 나오는 사람들은 다들 너무 바빠서(busy) 참석하지 못할(can't make it) 가능성이 높다. 또한 날씨도 늘 좋지 않아서(inclement weather) 항공편(flight)이 취소(cancel)되거나 교통이 혼잡(traffic is heavy)할 것이다. 애초에 제 시간에 만날 생각은 하지도 말라.

      ➡ **set up** a time 시간을 잡다 = **make** an appointment 시간 약속을 잡다

      ➡ **arrange** a meeting 회의를 잡다 = **schedule** a meeting 회의를 잡다

      ➡ The flight has been canceled due to the **heavy snow**. 폭설로 항공편이 취소되었다.

        = The flight has been canceled due to the **inclement weather**. 악천후로 항공편이 취소되었다.

이렇게 파트 3, 4에 나오는 빈출 정답 단어들은 그 전체 흐름이 명료하고 서로 연관되어있다. 본 내 용을 여러 번 읽어보고 벼락치기 표현에서 마지막 다지기로 들어가자!

2 벼락치기 표현

어떠한 테마가 나오냐에 따라 정답이 될 단어는 미리 정해져 있는 경우가 많다. 전체 흐름상 어떤 단어가 보기에 나올지 미리 예상해보도록 하자!

01 테마별 출제 예상 단어

파트 3, 4에서

❶ 서류를 작성할 것이 있다면
fill out, **complete**라는 말과 **document**, **form** 등이 정답 보기에 나올 가능성이 높다.

❷ 서류를 제출하는 이야기라면
submit, **turn in**, **hand in**, **send**, **e-mail**이라는 말이 정답 보기에 나올 가능성이 높다.

❸ 서류를 복사하여 나누어주는 이야기라면
printer, **copier** 등이 나오고 **handouts**, **printouts**라는 유인물이 보기에 나올 가능성이 높다.

❹ 상품 구매에 관한 이야기라면
order나 **purchase**라는 동사를 정답 보기에서 많이 볼 수 있으며

❺ 배송에 대한 이야기라면
late, **missing**, **lost**라는 문제점이 정답 보기에 나올 가능성이 높고

❻ 소비자 항의 전화라면
damaged나 **defect**, **flaw** 등의 단어가 정답 보기에 나올 때가 많다.

❼ 업체는 소비자에게
voucher, **coupon**, **gift card**, **store credit** 등을 제공하여 **compensate**하는 경우가 많다.

❽ 토익에 나오는 사람들은 모두
어느 **company**, **firm**의 **employee**, **staff member**, **worker**이며

❾ 직원들은 서로를
coworker, **colleague**, **associate**라고 지칭한다. 가끔은 **acquaintance**(지인)라는 단어가 나오기도 한다.

PRACTICE
기본 훈련을 확실하게

토익에 익숙하지 않은 사람들에게 세 문제를 한꺼번에 읽고 연속으로 푸는 것은 쉽지 않은 일이다. 일단 한두 문제라도 정확히 읽고 나서, 문제의 정답을 맞히겠다는 각오로 녹음을 듣도록 하자.

음원바로듣기

1. What item is the speaker calling about?

(A) A hand-drier
(B) A bike
(C) A photocopier
(D) A fax machine

2. What does the speaker ask for?

(A) Some information
(B) A selling price
(C) A completion date
(D) Some contact details

3. Where is the announcement being made?

(A) At a tourist office
(B) At a hotel
(C) At an airport
(D) At a parking lot

4. What is the announcement about?

(A) A change of destination
(B) A flight cancelation
(C) A remodeling of restrooms
(D) A security check

Questions 1 and 2 refer to the following recorded message.

M: Hello, I'm leaving a message for Dwight Schnitzler. **1)** I just saw the ad on your bike at the bulletin board located in the lobby. It seems like the bike would be suitable for my little daughter who goes to school from this spring. **2)** Would you be able to let me know about this bike in detail if it hasn't been sold yet? Please email me at dwight30@uh.com

남: 안녕하세요, Dwight Schnitzler 씨에게 메시지를 남깁니다. 로비에 있는 게시판에서 당신의 자전거에 대한 광고를 보았습니다. 이번 봄부터 학교에 가는 우리 작은 딸에게 그 자전거가 적합해 보이는군요. 만약 아직 팔리지 않았다면 이 자전거에 대해서 자세히 알려주실 수 있으세요? dwight30@uh.com으로 이메일 주시기 바랍니다.

화자는 bulletin board '게시판'에서 bike '자전거'에 대한 광고를 보았다고 말한다. 화자는 특별히 '어떤' 정보라고 말하지 않고 '자세히 알려달라'는 말만 한다. 즉, 일반적인 information '정보'를 요청한 것이다.

Questions 3 and 4 refer to the following announcement.

W: **3), 4)** May I get your attention, please? The flight number 479, which is supposed to depart at 2 P.M., has been canceled due to the inclement weather. Passengers will be automatically booked for the first flight tomorrow morning. All the affected passengers will be provided with free accommodation here in London tonight.

여: 주목해주시겠어요? 오후 2시에 출발하기로 예정되어있는 479편 비행기가 악천후로 인해 취소되었습니다. 승객분들은 내일 아침 첫 번째 비행기로 자동 예약이 될 것입니다. 해당되는 모든 승객 여러분께는 여기 런던에서 오늘 밤 하루 무료 숙박이 제공될 것입니다.

전형적인 비행기 취소 관련 방송이다. 3~4번 모두 같은 문장 내에 정답이 들어있다

정답 **1.** (B)   **2.** (A)   **3.** (C)   **4.** (B)

3 실전 문제로 벼락치기

음원바로듣기

한꺼번에 연속으로 나오는 실전 문제를 시험과 같은 환경에서 풀어보자. 이 단계에서는 잘 모르는 부분
이 있더라도, 중간에 쉬지 말고 연속적으로 문제를 풀어라.

1. Who most likely is the speaker?

   (A) A company secretary
   (B) A television reporter
   (C) A department manager
   (D) A sales assistant

2. According to the speaker, how is the P&J different from other models?

   (A) It is cheaper.
   (B) It is lighter.
   (C) It is faster.
   (D) It is more popular.

3. What will Diana Cruz talk about?

   (A) A product launch
   (B) An advertising plan
   (C) A successful promotion
   (D) A production process

4. Where is the announcement being made?

   (A) In a police station
   (B) In a shopping mall
   (C) In a factory
   (D) In a supermarket

5. What will the listeners do next week?

   (A) Attend a training workshop
   (B) Work in a different location
   (C) Meet with investigators
   (D) Help with cleaning

6. What will the listeners receive later?

   (A) Safety equipment
   (B) Job offers
   (C) A work schedule
   (D) An investment plan

REVIEW TEST 4

20_3.MP3

Today's Mission: 지문이 길고 주제가 어려워 숨 가쁜 파트 4를 문형에 따라 열심히 공부했다. 앞서 공부한 대로 녹음을 들을 때 생소하지 않도록 문제를 미리 읽어둔다. 조금 생소한 지문은 문제를 다 푼 후에도 녹음을 반복 청취해서 파트 4 지문에 익숙해지도록 하자.

음원바로듣기
정답 59페이지

71. Why is the woman calling?

(A) To order extra items
(B) To set up an appointment
(C) To congratulate on promotion
(D) To complain about late delivery

72. What did the woman do on December 2nd?

(A) She met the customers.
(B) She placed an order.
(C) She delivered a product.
(D) She changed her order.

73. What is the listener asked to do?

(A) Contact Ms. Yoon
(B) Pay for the damages
(C) Repack the merchandise
(D) Order from a different supplier

74. What is the purpose of this announcement?

(A) To pay for the registration
(B) To report a schedule change
(C) To introduce a guest speaker
(D) To request more information

75. Why is the presentation delayed?

(A) Dr. Smith missed the flight.
(B) Dr. Smith got delayed.
(C) Dr. Smith went to the hospital.
(D) Dr. Smith was replaced to someone else.

76. When will the presentation begin?

(A) At 2:00 P.M.
(B) At 3:00 P.M.
(C) At 7:00 P.M.
(D) At 7:30 P.M.

PART 4
Day 20

GO ON TO THE NEXT PAGE

77. Who is this message intended for?

(A) Museum administrators
(B) Callers to a public facility
(C) Telephone operators
(D) Children under twelve

78. When does this place close on the weekend?

(A) At 10 P.M.
(B) At 12 P.M.
(C) At 5 P.M.
(D) At 6 P.M.

79. What should you do to get information about lectures?

(A) Go to the museum
(B) Write a letter
(C) Call another number
(D) Stay on the line

---

80. What kind of business is being advertised?

(A) An exotic restaurant
(B) A cultural seminar
(C) A travel agency
(D) A financial institute

81. What is said about the business?

(A) They have a long history.
(B) They are popular in Indonesia.
(C) They have affordable prices.
(D) They have many locations.

82. How long are the special packages available?

(A) One day
(B) One month
(C) Five days
(D) Seven day

83. What type of business does the speaker work for?

(A) A publishing company
(B) A clothing retailer
(C) A staffing agency
(D) A software developer

84. What does the speaker imply when he says, "you might have to wait a bit"?

(A) He recommends the listeners make appointments in advance.
(B) He wants the listeners to be patient.
(C) He is announcing that a meeting is canceled.
(D) He feels that a deadline is too short.

85. What does the speaker encourage the listeners to do?

(A) Have their meetings rescheduled
(B) Have their orders confirmed
(C) Have their résumés checked
(D) Have their parking passes validated

86. Where would you hear this message?

(A) At the lecture hall
(B) At the award ceremony
(C) At a school cafeteria
(D) At a research laboratory

87. What is Mr. Song's occupation?

(A) A professor of mathematics
(B) A researcher of biology
(C) A parent of a student
(D) A founder of the company

88. What are the listeners with questions asked to do?

(A) Ask them at any time
(B) Raise their hand
(C) Wait until the end
(D) Write them down

89. Where does the announcement most likely take place?

(A) On a boat
(B) In a train
(C) On an airplane
(D) At an airport

90. What does the speaker mean when he says, "This is uncanny"?

(A) The weather is inclement.
(B) The occasion does not happen frequently.
(C) The plane has a technical problem.
(D) In-flight meals will be served.

91. What does the speaker recommend the listeners do?

(A) Take notes
(B) Snap some pictures
(C) Talk with a flight attendant
(D) Fasten their seatbelts

92. Who probably is the speaker?

(A) An operator
(B) A radio announcer
(C) A plant manager
(D) A customer service agent

93. What must employees NOT do?

(A) Wear goggles
(B) Wear hard hats
(C) Sign up on the sheet
(D) Go into the restricted area

94. What will listeners do next?

(A) Start their work
(B) Wear safety belts
(C) Listen to the instructions
(D) Talk the section manager

GO ON TO THE NEXT PAGE

95. Where do the listeners most likely work?

(A) At a coffee shop
(B) At a plant
(C) At a grocery store
(D) At a library

96. Look at the graphic. Which request will the company start working on?

(A) More staff
(B) Better tools
(C) Healthier menu options
(D) Larger dining area

97. What will the employees receive for completing the survey?

(A) Free drinks
(B) A gift certificate
(C) A discounted meal
(D) A signed book

Service	Fee
Late payment	$20
Extending subscription	$40
Online subscription	$60
Early cancelation	$80

98. Where does the speaker most likely work?

(A) At a bank
(B) At a real estate agency
(C) At a Web design company
(D) At a newspaper

99. Look at the graphic. How much will Ms.Carson pay?

(A) $20
(B) $40
(C) $60
(D) $80

100. What is Ms. Carson encouraged to do on the Web site?

(A) Apply for a new subscription
(B) Complete a survey
(C) Purchase a product
(D) Check a list

PART

5

DAY 01-16

명사, 동사, 형용사, 부사 등의 핵심이 되고 가장 자주 출제되는 문법 문제에 대한 기본기 설명부터 실전 문제에 바로 적용할 수 있는 요령을 제공한다.

- **명사:** 명사자리를 파악하여 명사 모양을 고르는 문제부터 사람/사물 명사의 의미파악, 가산/불가산 명사를 구분하는 문제까지 쉬운 문제는 너무 쉽게, 어려운 문제는 한없이 어렵게 출제되는 품사이다.

- **동사:** 보기 네 개 중 동사 모양 고르기, 주어–동사의 수일치, 동사–목적어의 태일치, 동사–부사(구)의 시제일치까지 다양한 문제들이 출제되는 품사이다.

- **형용사:** 형용사의 자리를 파악하여 형용사를 고르는 문제, 비슷하게 생긴 형용사가 두 개 나와있을 때 의미 파악하는 문제 등 기본문법 문제 중에서는 가장 쉽게 출제되는 품사이다.

- **부사:** 다양한 부사의 자리를 파악해야 하고, 특수한 부사(강조부사, 시제부사 등)의 쓰임까지 알아야 풀 수 있는 다양한 문제가 출제되는 품사이다.

중급 문법

기본 품사에 대한 학습이 된 상태에서 준동사, 분사, 그리고 전치사와 접속사에 대한 설명을 시작으로 실제 토익 시험장에서 바로 적용할 수 있는 스킬까지 총 정리하였다.

- **준동사:** 문장에 이미 동사가 있는지 없는지를 파악해서 빈칸이 동사 자리인지 준동사 자리인지를 구분하는 문제부터 동명사 to부정사, 분사의 각각의 특성을 묻는 문제까지 다양한 문제가 출제된다.

- **접속사:** 문장 구조를 파악하여 전치사 자리인지, 접속사 자리인지를 구분하는 문제들이다. 보기 중에 있는 단어들이 전치사인지 접속사인지 구분만 해도 답이 나오는 쉬운 문제부터 접속사들끼리 보기에 나와서 반드시 해석을 해야만 풀 수 있는 어려운 문제까지 출제된다.

어휘

토익에서 점점 비중이 높아지고 있는 어휘 문제를 대비하기 위하여 매 시험 출제되는 핵심 단어 위주로 정리하였다. 단어를 많이 모르는 사람도 Day 별 정리된 단어 숙지만으로 목표 점수 750점 이상 달성이 가능하다. 어휘는 평소에 꾸준히 외워두되 무조건 외주지 말고 각 어휘들의 주의해야 할 용법까지 외워 두어야 한다.

짱 쉬운 명사

Today's Mission: 매 시험 2문제 이상이 반드시 출제된다.
명사의 생김새와 위치만 알고 있으면 쉽고 빠르게 풀 수 있다!

동영상강의
바로보기

---

1 핵심요령과 기본지식

빈칸 앞 뒤의 구조를 보고 명사 자리임을 파악할 수 있어야 한다. 보기의 '궁둥이'를 보면서 명사를 골라내면 끝!

01 명사의 생김새는? 명사의 '궁둥이'는 이렇게 생겼다.

-tion	information 정보	implementation 시행	**-ment**	development 개발	agreement 동의
-sion	decision 결정	admission 입학	**-ty**	ability 능력	variety 다양성
-sis	analysis 분석	emphasis 강조	**-ure**	failure 실패	procedure 절차
-nce	distance 거리	difference 차이	**-er / -or**	employer 고용주	supervisor 감독관
-y	delivery 배달	inquiry 문의사항	**-ee**	employee 직원	attendee 참석자

★ 항상은 아니지만 가끔 명사가 되는 '궁둥이'도 있다. 이런 단어는 따로 외워두도록 한다.

-al	approval 승인 arrival 도착	proposal 제안 professional 전문가	renewal 갱신 referral 소개	removal 제거
-ant **-ent**	applicant 지원자 assistant 보조/비서	participant 참가자	accountant 회계사	client 고객
-s	goods 상품 earnings 소득	headquarters 본사 belongings 소지품	means 방법 savings 저축	sales 매출, 영업
-ive	initiative 계획	adhesive 접착제		
-ing	recycling 재활용 processing 처리/과정 spending 지출 funding 자금(조달) malfunctioning 오작동 monitoring 감시 opening 공석/개막	findings 연구결과 planning 계획 수립 marketing 마케팅 financing 재정 staffing 고용 screening 검열	proceeding 절차 restructuring 구조조정 widening 확장 pricing 가격 책정 shipping 배송 photocopying 복사	publishing 출판 accounting 회계 seating 좌석 dining 식사 boarding 탑승 housing 주택

02 **명사의 자리는?** '구조'와 '앞의 단어'를 보고 알 수 있다.

1. 문장의 구조로 구별

주어, 목적어, 보어 자리에 명사가 올 수 있다.

The manager ordered **the item**.
　　주어(명사)　　　동사　　　목적어(명사)

Employees attended **the seminar**.
　주어(명사)　　　동사　　　목적어(명사)

The assistant director became **the director**.
　　　주어(명사)　　　　　동사　　　보어(명사)

2. 앞의 품사로 구별

바로 앞의 품사를 보고도 구별할 수 있는 쉬운 문제들이 많다.

❶ 한정사 뒤: 한정사 뒤에 명사가 온다.

　　I bought **a** -------.

　　I bought **the** -------.

　　I bought **their** -------.

　　I bought **Bryan's** -------.

★ 여기서 잠깐!

> **한정사란?**
> • 관사: a / an, the
> • 소유격 대명사: my, your, his, her, their, our, its, 명사's, 명사'
> • 수량형용사: every, each, another, many, several, a few, few, other, much, little, any 등

❷ 전치사 뒤: 전치사 뒤에는 목적어로 항상 명사가 있어야 한다.

She waited **for** -------.

She waited **in** -------.

❸ 타동사 뒤: 타동사 뒤에는 목적어로서 항상 명사가 있어야 한다.

Mr. Peterson **submitted** -------.

Mr. Peterson **ordered** -------.

❹ 형용사 뒤: 형용사 뒤에도 명사가 자주 온다.

Mr. Peterson submitted **important** -------.

Mr. Peterson ordered **expensive** -------.

★ 형용사의 '궁둥이'는 위에 나온 -ant와 -ive 등이 있는데 이 부분은 형용사 챕터에서 추가 설명!

2 예제로 익히기

Since change of the management last year, the employees have contributed to the company's -------.

(A) perform　　　　(B) to perform　　　　(C) performance　　　　(D) performable

❶ 보기를 보자. 비슷하게 생겨서 궁둥이만 또 다른 형태들만 있다. 문법 문제임을 알 수 있다.
❷ 빈칸 앞에 주어진 단어를 보자. 소유격(명사' s) 형태의 한정사가 있다.
❸ 한정사 뒤 빈칸에는 명사가 필요하다.
❹ 보기를 다시 보자. 명사 궁둥이를 확인하고 명사를 선택하자.
❺ 정답은 -nce 형태인 (C) performance이다.
　　참고로 (A)는 동사, (B)는 동사에 to를 더한 to부정사, (D)는 -able 형태의 형용사이다.

[해석] 작년 경영진의 변화 이후로, 직원들은 그 회사의 성과에 기여해오고 있다.
[어휘] management 경영, 경영진　employee 고용인, 직원　contribute to ~에 기여하다　performance 성과

PRACTICE

Dr. Henry will make a ------- on the new manufacturing process in seminar.

(A) to present　　　　(B) presentation　　　　(C) presented　　　　(D) presenting

[해설] 빈칸 앞에 있는 한정사 a 뒤에는 명사가 필요하다. 보기 중 명사의 궁둥이는 -tion으로 끝나는 (B) presentation이 정답이다.
[해석] Henry 박사는 세미나에서 새로운 제조 공정에 관한 발표를 할 것이다.
[정답] (B) presentation

3 전략 연습

해석까지 하면 좋겠지만 잘 안 되더라도 궁둥이를 통해 최대한 풀어본다. 왜 명사 자리인지를 생각해보면서 연습한다. 틀린 문제들은 반드시 해설지를 반복해 읽고 또 읽어 자연스레 체득할 수 있도록 하자.

1. Mr. Robert's application for ------- to the training program was not received before the deadline.

(A) admissible   (B) admission
(C) admit   (D) to admit

2. Please confirm your ------- in writing by Friday.

(A) reserve   (B) reserving
(C) reserved   (D) reservation

3. Skilled artisans were credited with the ------- of weathered document.

(A) restorative   (B) restorable
(C) restored   (D) restoration

4. Mr. Rowell's ------- of the stock market has been very reliable.

(A) analyze   (B) analyzing
(C) analysis   (D) analyzed

5. There is a significant ------- in quality between our product and theirs.

(A) different   (B) differ
(C) difference   (D) differently

6. We expect to receive ------- of our new car next week.

(A) deliver   (B) delivery
(C) delivers   (D) delivered

7. A company cannot be sold without the ------- of the shareholders.

(A) approve   (B) approved
(C) approval   (D) approvingly

8. Mrs. Trenton was one of the most active ------- in the negotiations for the pay increase.

(A) participate   (B) participation
(C) participating   (D) participants

9. Even a brief ------- to radiation is very dangerous.

(A) exposure   (B) exposing
(C) exposed   (D) expose

10. Cindy Koslowsky, the new -------, was recognized for her excellent work at the annual banquet.

(A) trainee   (B) train
(C) trained   (D) trains

1초만에 답 찾는
대명사

Today's Mission: 매 시험 2~4문제가 반드시 출제되는 대명사 문제!
앞 뒤의 몇 단어만 보고도 형태를 골라낼 수 있어야 한다.

동영상강의
바로보기

1 핵심요령과 기본지식

인칭대명사에는 '격'이 존재한다. 각 격마다 어떤 자리에 쓰이는 지를 정확히 이해해 둔다. 자리만 파악할 수 있으면 1초 안에 풀 수 있는 문제이다.

01 인칭대명사 문제를 풀기 위해 꼭 알아야 할 것

❶ 인칭대명사

수	인칭	주격 (~은, ~는)	목적격 (~을, ~를)	소유격 (~의)	소유대명사 (~의 것)	재귀대명사 (~자신)
단수	1 (나)	I	me	my	mine	myself
	2 (너)	you	you	your	yours	yourself
	3 (그 남자)	he	him	his	his	himself
	3 (그 여자)	she	her	her	hers	herself
	3 (그것)	it	it	its	-	itself
복수	1 (우리들)	we	us	our	ours	ourselves
	2 (너희들)	you	you	your	yours	yourselves
	3 (그들, 그것들)	they	them	their	theirs	themselves

❷ 인칭대명사의 위치

주격은 주어자리(동사 앞), 목적격은 목적어자리(타동사 뒤, 전치사 뒤), 소유격은 명사 앞에 쓰인다.

They wanted **us** to help the cleaning. **그들은 우리가** 청소를 돕기를 원했다.
　주어　　동사　목적어

This is **our** office. 이것은 **우리의** 사무실이다.
　　　　　소유격　명사

→ 명사 office 앞에 소유격 our

❸ 소유대명사 vs. 소유격

소유격은 명사 앞에서 '~의'의 해석으로 쓰이고, 소유대명사는 [소유격 + 명사]가 합쳐져 '~의 것'의 해석을 가지며 뒤에 또 명사가 오면 안 된다.

The proposal is (~~their~~ / **theirs**). 그 제안서는 **그들의 것**이다.
→ 정답은 theirs. their는 소유격이므로 뒤에 명사가 있어야 한다.

❹ self, selves로 끝나는 재귀(再歸)대명사

① 목적어가 주어와 같은 것을 가리킬 때 목적어 자리에 쓰인다.

I love **myself**. 나는 **나자신**을 사랑한다.
→ 주어인 I와 목적어가 같으므로 me를 쓰지 않고 재귀대명사인 myself가 쓰임

I love **yourself**. (×)
→ 주어인 I와 목적어가 다르므로 재귀대명사 yourself가 쓰일 수 없음

② 문장의 주어나 목적어를 강조할 때 쓰인다.

이때는 보통 부사처럼 주어 동사 사이나 문장 맨 뒤에 쓰인다.

He **himself** did the job. 그가 **직접** 그 일을 했다. (주어 he를 강조하는 himself)

He did the job **himself**. 그가 **직접** 그 일을 했다. (주어 he를 강조하는 himself)

He wants the job **itself**, not the money that comes out from it.
그는 그 일 **자체**를 원한다. 거기서 나오는 돈이 아니라. (목적어 the job을 강조하는 itself)

③ 관용적으로 가끔 출제되는 '혼자서, 홀로'라는 의미의 『**by oneself**』와 『**on 소유격 own**』을 기억해 두자.

He completed the project **by himself**. 그는 **혼자서** 그 프로젝트를 완수했다.

= He completed the project **on his own**.

---

(02) 앞에 나온 특정한 명사를 대신 받는 대명사 that과 those

앞서 언급된 단수 명사를 that으로, 복수 명사를 those로 대신 받는 역할이 자주 출제 된다. 이 경우에 that이나 those 뒤에는 보통 of의 전치사구를 취한다.

His **idea** was different from **that of his friends**. 그의 생각은 그의 친구들의 그것(생각)과 달랐다.
→ 앞에 있는 idea를 that으로 재지칭

Those는 '~하는 사람들(people)'이라는 의미로도 자주 쓰이는데 이때는 뒤에 보통 who와 함께 쓰인다.

Those who are interested in attending the event should contact me by Friday.
이 행사에 참석하는 것에 흥미가 있는 사람들은 금요일까지 저에게 연락해야 합니다.

= **The people who are interested in attending the event** should contact me by Friday.

2 예제로 익히기

Mr. Owen and Ms. Ryu are recognized for ------- excellent work at the annual company awards banquet.

(A) theirs   (B) they   (C) their   (D) them

❶ 보기를 보자. 여러 형태의 대명사들이 있다. 대명사 문제임을 알 수 있다.

❷ 문제 내 빈칸 앞에는 전치사 for가 있고, 이 뒤에는 목적어 excellent work이 있다.

❸ 뒤에 목적어가 이미 있으니 목적격을 적으면 안 되고 목적어로 쓰인 명사 앞에 들어갈 것을 적어야 한다.

❹ 명사 앞은 소유격의 자리이다.

❺ 정답은 소유격인 (C) their이다.

[해석] Owen 씨와 Ryu 씨는 그들의 뛰어난 성과로 연례 회사 시상 만찬에서 공을 인정받는다.

[어휘] **recognize** 인정하다   **excellent** 뛰어난   **annual** 연례적인

PRACTICE

Because Mr. Feron had completed his monthly budget report ahead of time, he offered to help Ms. Eileen finish -------.

(A) her   (B) hers   (C) herself   (D) she

[해설] 문장을 해석해보면 '그녀의 것'을 뜻하는 소유대명사 (B) hers가 답이 된다. 즉, hers는 her monthly budget report의 의미가 된다는 것을 알 수 있다.

[해석] Feron 씨는 그의 월간 예산 보고서를 시간보다 앞서 끝냈기 때문에, Eileen 씨가 그녀의 보고서를 끝내는 것을 도와주겠다고 제안했다.

[정답] (B) hers

3 전략 연습

해석까지 하면 좋겠지만 잘 안 되더라도 대명사의 어떤 형태가 들어가는 자리인가를 파악해서 풀어본다. 틀린 문제들은 반드시 해설지를 반복해 읽고 또 읽어 자연스레 체득할 수 있도록 하자.

1. It will be a pleasure to inform Mr. Dolores that ------- entry has been selected as this year's first place essay.

(A) his (B) him
(C) himself (D) he

2. Ms. Xien will oversee operations on the upcoming project, and her group leaders will report back to -------.

(A) herself (B) she
(C) hers (D) her

3. ------- who showed up at the morning briefing were given a coupon for free coffee at the employee cafeteria.

(A) They (B) Them
(C) Someone (D) Those

4. I introduced Katherine to some colleagues of ------- at the party.

(A) mine (B) my
(C) our (D) we

5. Mr. Border's management style was totally different from ------- of his predecessor.

(A) that (B) they
(C) them (D) those

6. Since Mr. Suzuki is going on vacation next week, Ms. Ando will complete all remaining work on the budget proposal -------.

(A) her (B) herself
(C) she (D) hers

7. Stonebridge Auto advises all drivers to have ------- tire alignment checked at least once a year.

(A) them (B) theirs
(C) their (D) they

8. The store policy states that ------- do not offer a discount on items that are purchased with coupons and other gift certificates.

(A) us (B) we
(C) ours (D) ourselves

9. Please send me the résumé at ------- earliest convenience.

(A) you (B) your
(C) yours (D) yourself

10. For the survey to be correct, all respondents must answer the questions by -------.

(A) themselves (B) they
(C) them (D) theirs

PART 5

Day 02

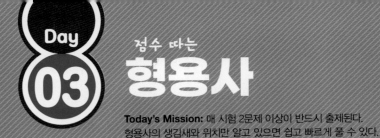

Day 03 점수 따는 **형용사**

Today's Mission: 매 시험 2문제 이상이 반드시 출제된다.
형용사의 생김새와 위치만 알고 있으면 쉽고 빠르게 풀 수 있다.

1 핵심요령과 기본지식

빈칸 앞 뒤의 구조를 보고 형용사 자리임을 파악할 수 있어야 한다. 보기의 '궁둥이'를 보면서 형용사를 골라내면 끝!

(01) 형용사의 생김새는? 형용사의 '궁둥이'는 이렇게 생겼다.

-ful	use**ful** 유용한	success**ful** 성공적인	-ive	respons**ive** 반응하는 expens**ive** 비싼
-ble	valua**ble** 가치 있는	responsi**ble** 책임 있는	-ent	effici**ent** 효율적인 differ**ent** 다른
-ous	vari**ous** 다양한	seri**ous** 심각한	-al	addition**al** 추가적인 profession**al** 전문적인
-ic	automat**ic** 자동의	dramat**ic** 극적인		

(02) 형용사의 자리는? 형용사는 명사를 수식하므로 명사와 가까운 다음의 자리이다.

❶ 한정사와 명사 사이
We ordered **a** ------- **gift.**
We ordered **their** ------- **gift.**
We ordered **some** ------- **gift.**

We ordered **the** ------- **gift.**
We ordered **Kevin's** ------- **gift.**

❷ 전치사와 명사 사이
Employees work **under** ------- **supervision.**

Employees work **as** ------- **workers.**

❸ 타동사와 명사 사이
Ms. Park **reviews** ------- **report.**

Ms. Park is **submitting** ------- **report.**

❹ be동사 / become / remain 뒤 (주격 보어 자리)
The company **was** -------.

The company **becomes** -------.

❺ make / find / consider의 목적어 뒤 (목적격 보어 자리)
The manager **considered** the proposal -------.

2 예제로 익히기

Regarding the action against the use of toxic in several industries, our new president delivered an ------- speech at the conference.

(A) impress   (B) impressive   (C) impression   (D) impressively

❶ 선택지를 보자. 여러 형태의 단어들이 있다. 문법 문제임을 알 수 있다.

❷ 문제 내 빈칸 앞에 주어진 단어를 보자. 한정사 중 하나인 an이 있다.

❸ 한정사 뒤 빈칸에는 명사가 필요하다. 명사는 이미 speech로 들어가 있다.

❹ 빈칸은 한정사(an)와 명사(speech) 사이이므로 형용사 자리이다. 보기를 보면서 형용사를 찾아본다.

❺ 정답은 -ive 형태인 (B) impressive이다.
참고로 (A)는 동사, (C)는 명사, (D)는 부사다.

[해석] 여러 산업체에서의 유독물질 사용에 대응하는 것에 관해 우리 신임 사장이 회의에서 인상적인 연설을 했다.

[어휘] regarding ~에 관해   action against ~에 대응   toxic 유독성의   deliver (연설 / 강연 등을) 하다

PRACTICE

We took an ------- route because the road was closed.

(A) alternative   (B) alternation   (C) alternatively   (D) alternativeness

[해설] 빈칸 앞에는 한정사 an, 빈칸 뒤에는 명사가 있다. 한정사와 명사 사이이므로 빈칸은 형용사 자리다.

[해석] 길이 폐쇄되어 우리는 다른 길을 택했다.

[정답] (A) alternative

3 전략 연습

해석까지 하면 좋겠지만 잘 안 되더라도 궁둥이를 통해 최대한 풀어본다. 왜 형용사 자리인지를 생각해보면서 연습한다. 틀린 문제들은 반드시 해설지를 반복해 읽고 또 읽어 자연스레 체득할 수 있도록 하자.

1. As of next Monday, there will be an extra charge for ------- passengers.

   (A) addition
   (B) additionally
   (C) add
   (D) additional

2. The most ------- cause of forest fires is disposed cigarette butts.

   (A) frequently
   (B) frequent
   (C) frequency
   (D) frequentness

3. The main factor in the success of the fashion magazine was the ------- efforts to appeal to readers under the age of thirty.

   (A) deliberate
   (B) deliberating
   (C) deliberates
   (D) deliberately

4. According to a customer survey, Taco's Paradise offers the ------- quality Mexican food in town.

   (A) highest
   (B) highly
   (C) higher
   (D) high

5. Mr. Chin's ------- excuse was persuasive enough for us to believe what he said.

   (A) elaboration
   (B) elaborates
   (C) elaborately
   (D) elaborate

6. Today's applicants all seemed very ------- and well qualified to perform the job.

   (A) knowledgeable
   (B) knowledge
   (C) knowledgeably
   (D) know

7. Many movie critics say the ending to the film was just so -------.

   (A) predict
   (B) predicts
   (C) prediction
   (D) predictable

8. It is always ------- to book seats at least a week in advance.

   (A) advisable
   (B) advise
   (C) advisor
   (D) advice

9. When preliminary studies are -------, Deni Corporation will make a bid on the project.

   (A) completes
   (B) completion
   (C) completeness
   (D) complete

10. He was forced to make a ------- revision to his keynote speech.

   (A) thoroughly
   (B) thoroughness
   (C) thorough
   (D) more thoroughly

Day 04

거저 먹는
부사

동영상강의의
바로보기

Today's Mission: 매 시험 2-3문제가 반드시 출제되는 부사 문제!
부사의 전형적인 출제 위치를 미리 공부해서 시험장에서 바로 고를 수 있도록 대비한다.

---

1 핵심요령과 기본지식

잔인한 말이지만 부사는 굳이 없어도 되는 꼽사리(??) 역할이다. 빈칸을 빼고 문장을 봤을 때 빈칸 앞과 뒤가 지어질 수 있으면 이 빈칸은 문법적으로 필요 없는 빈칸이며, 이와 같은 자리가 전형적인 부사 자리이다.

01 부사의 생김새는? 부사의 '궁둥이'는 이렇게 생겼다.

부사의 95%는 -ly로 끝난다. 가끔씩 -ly로 끝나지 않는 부사가 있으며 -ly로 끝나지만 형용사인 것들을 몇 개 알아두기만 하면 된다.

-ly로 끝나는 부사	carefully 신중하게	effectively 효과적으로	temporarily 일시적으로
-ly로 끝나지 않는 부사	very 매우 yet 아직	so 매우 too 너무	still 여전히 soon 곧
-ly로 끝나는 형용사	friendly 친절한 lively 활기찬	costly 비용이 많이 드는 leisurely 한가한, 여유로운	timely 제 때의
-ly로 끝나면서 형용사와 부사 둘 다 가능한 단어들	daily 매일(의) yearly 연간(의)	weekly 주간(의) likely ~할 것 같은, 아마도	monthly 월간(의)

02 부사의 자리는? 가장 많이 출제되는 부사 자리는 다음과 같다.

❶ 주어와 동사 사이 → 동사 수식
Employees ------ **wear** protection googles and gloves.

❷ 조동사와 동사 사이 → 동사 수식
Employees **will** ------- **wear** protection goggles and gloves.

❸ 전치사와 「형용사 + 명사」 사이 → 형용사 수식
The company is famous **for** ------- **managed strategies**.

❹ 타동사와 「형용사 + 명사」 사이 → 형용사 수식
The company **imports** ------- **developed system**.

❺ have와 동사 p.p. 사이 → 동사 수식
Workers in the factory **have** ------- **completed** the task.

❻ be동사와 형용사 사이 → 형용사 수식

The company **is** ------- **available** for the service.

❼ be동사와 동사 -ing 사이 → 동사 수식

The company **is** ------- **expanding** its branches to Europe.

❽ be동사와 동사 p.p. 사이 → 동사 수식

Expansion to Europe market **is** ------- **planned** among managers.

2 예제로 익히기

The presentation was ------- scheduled on Monday, but it was postponed.

(A) originally   (B) origin   (C) originate   (D) original

❶ 선택지를 보자. 궁둥이가 다른 단어들이 있다. 문법 문제임을 알 수 있다.

❷ 문제 내 빈칸 앞에는 be동사가 있고 뒤에는 동사 p.p.가 있다.

❸ 빈칸은 문법적으로 필요 없는 빈칸이며, be동사와 p.p. 사이는 부사 자리이다.

❹ 보기 중 -ly형태인 부사를 찾는다.

❺ 정답은 -ly형태인 (A) originally이다.
참고로 (B)는 명사, (C)는 동사, (D)는 -al 형태 형용사다.

[해석] 발표는 원래 월요일로 예정되어 있었지만 연기되었다.

[어휘] be scheduled 예정되다   postpone 연기하다   origin 기원   originally 원래   originate 유래하다   original 원래의

PRACTICE

Weber's office is ------- located near the subway station.

(A) convenient   (B) convenience   (C) conveniently   (D) conveniences

[해설] 빈칸 앞과 뒤에 있는 단어가 빈칸 없이도 조합될 수 있다. 게다가 be와 p.p. 사이가 빈칸이므로 전형적인 부사 자리이다.

[해석] Weber 사무실은 편리하게도 지하철역 인근에 위치해 있다.

[정답] (C) conveniently

3 전략 연습

해석까지 하면 좋겠지만 잘 안 되더라도 궁둥이를 통해 최대한 풀어본다. 왜 부사 자리인지를 생각해보면서 연습한다. 틀린 문제들은 반드시 해설지를 반복해 읽고 또 읽어 자연스레 체득할 수 있도록 하자.

1. Experience with computers is ------- desirable for the cashier's position.

(A) highness (B) high
(C) higher (D) highly

2. The board of directors ------- approved Mr. Edna's design for the store's Web site.

(A) enthusiastic (B) enthusiasm
(C) enthusiastically (D) enthusiast

3. His proposals met with a ------- favorable response.

(A) broad (B) broadest
(C) broadness (D) broadly

4. Mr. Tumbo's arrival at the Central Station was delayed ------- by a late train.

(A) significant (B) significance
(C) more significant (D) significantly

5. The number of teenage smokers has been ------- increasing since the health officials allowed the advertisement of tobacco in magazines.

(A) consistently (B) consistency
(C) consistent (D) more consistent

6. Please ------- respond to this message as soon as you receive it.

(A) prompt (B) promptness
(C) promptly (D) prompts

7. -------, children who are learning foreign languages do not get those foreign languages confused with their mother tongues.

(A) Amazing (B) Amazingly
(C) Amaze (D) Amazement

8. Sales of LCD TV sets have ------- increased after the manufacturer dropped the price by 15 percent.

(A) significant (B) significance
(C) signify (D) significantly

9. Only authorized personnel are permitted to use this room -------.

(A) temporarily (B) temporary
(C) temporal (D) temporize

10. The employees can ------- expect a pay rise when they've only been working for the company for two weeks.

(A) hardness (B) hard
(C) hardly (D) harder

PART 5
Day 04

Day
05

키워드만 잡으면 되는
동사의 시제

Today's Mission: 토익이 좋아하는 시제의 특징과 키워드를 완벽하게 마스터하자!

동영상강의
바로보기

1 핵심요령과 기본지식

파트 5에서 나오는 시제 문제는 키워드만 봐도 금방 알 수 있는 문제가 많다. 시제와 더불어서 주어가 단/복수에 따른 동사 변형도 함께 공부해두도록 한다.

01 토익이 가장 사랑하는 시제는 '현재와 과거'이다.

❶ 현재 시제

- **쓰임새**: '일반적 사실'이나 '반복되는 행위'에 대한 이야기를 할 때 쓰인다.
- **형태**: 보통 때는 동사 원형을 쓰지만 주어가 3인칭 단수일 때 동사원형에 -(e)s를 붙인다.

→ 'I'와 'You'가 아닌 단수 주어는 전부 3인칭 단수 주어라 한다.

I live in Seoul. 나는 서울에 산다.

He lives in Seoul. 그는 서울에 산다.

- **키워드**: 반복 빈도 부사가 있으면 현재 시제가 정답이 된다.

usually(보통)	always(항상)	often(자주)
frequently(빈번히)	regularly(정기적으로)	periodically(주기적으로)
every + day/week/month/ year(매일, 매주, 매달, 매년)		

- **예외**: when(~할 때), after(~한 뒤에), before(~하기 전에), if(만약 ~하면), unless(만약 ~하지 않으면), as soon as(~하자마자), once(일단 ~하면)의 접속사 안에 「주어 + 동사」를 쓸 때, 의미 상 미래를 나타내는 경우에도 현재 시제를 사용한다.

When I **visit** Seoul next week, I will give you a call. (○)

When I **will visit** Seoul next week, I will give you a call. (×)

❷ 과거 시제

- **쓰임새**: 과거의 특정 시점에 발생한 일을 나타낸다.
- **형태**: 불규칙 동사를 제외하고 대개 동사원형에 -ed를 붙인다.

produce − produced − produced
원형   과거   과거분사

- **키워드**: 대개 문장 안에 과거 시점을 나타내는 키워드를 준다.

~ago(~전에)	last~(지난~)	yesterday(어제)
in the past(과거에)	in 2019(과거 연도)	when I was~(~했었을 때)

I **checked** your e-mail two days ago. 이틀 전에 너의 이메일을 확인했다.
과거시제

02 간혹 출제되는 그 외의 시제들

❶ 현재 완료 시제 (have / has + 과거분사(p.p.))

과거에 발생한 동작이나 상태가 현재까지 영향을 미치는 경우에 쓰는 시제로 '(과거부터 지금까지) ~해 오고 있다, ~해왔다'라고 해석한다. 보통 다음과 같은 키워드와 함께 쓰인다.

since+과거시점(~이래로)	for(~동안)	over(~에 걸쳐서)
in the last few months/years(지난 몇 달/몇 년 사이에)		

Jenny **has worked** for Microsoft since last year. 작년 이래로 Jenny는 Microsoft 사에서 일해왔다.
　　　현재 완료 시제

❷ 과거 완료 시제 (had + 과거분사(p.p.))

언급된 과거의 어느 시점보다 더 과거에 일어난 일을 말한다.

When I **arrived** at the station, the train **had** already **left**.
　　　과거(A)　　　　　　　　　　　　　　　　　과거 완료(B)

내가 그 역에 도착했을 때 그 기차는 벌써 떠났다. (A보다 B가 먼저 일어난 일)

❸ 미래 시제

will + 동사원형으로 쓰여 미래를 나타낸다. 키워드는 다음과 같다.

soon/shortly (곧, 머지 않아)	tomorrow(내일)	in + 기간(~의 기간 후에)
next week/month/year(다음 주/다음 달/내년)		

New employees **will meet** the president tomorrow. 신입사원들은 내일 회장님을 만날 것이다.
　　　　　　　　미래 시제

Marvin **will call** us in two hours. Marvin은 두 시간 후에 우리에게 전화를 걸 것이다.
　　　미래 시제

❹ 미래 완료 시제(will have + 과거 분사(p.p.))

미래의 어느 시점이 되면 어떤 일이나 상황이 완료될 것이라는 의미로 사용되는 시제이다. 미래 시제 키워드 + 기간 표현이 함께 들어있다.

Mr. Hilton **will have worked** at this company **for ten years by next year**.
　　　　　　미래 완료 시제　　　　　　　　　　　　기간 표현　　　미래 시제 키워드

Hilton 씨는 내년이면 이 회사에서 십 년을 일해온 것이 될 것이다.

★ 미래 시제 키워드(next year), 기간 표현(for ten years), 이 두 가지가 다 들어있으면 미래 완료 시제가 쓰인다.

(03) 주어 – 동사 수 일치 문제

현재 시제가 쓰이는 경우, 주어가 3인칭 단수일 때만 동사원형에 -(e)s를 붙이는 걸 꼭 명심하자!

Most **employees** in the design department **attend** the seminar every month.
　　　　주어　　　　　　　　　　　　　　　　동사

디자인 부서에서 대부분의 직원들은 매달 세미나에 참석한다.

→ 문장의 주어는 most employees로 복수이므로 동사는 attend 원형 그대로 유지한다.

2 예제로 익히기

Next week, the employee cafeteria ------- closing at 3 o'clock.

(A) are　　　　　　　(B) has been　　　　　(C) will be　　　　　(D) was

❶ 보기를 보자. 동사의 여러 형태들이 있다. 동사 문제임을 알 수 있다.

❷ 이 문제에는 동사가 없다. 따라서 빈칸에는 동사가 필요하다.

❸ 문제 내에 미래 키워드인 next week가 있다.

❹ 보기를 다시 보자. 동사 미래 시제를 찾아보자. (A)는 주어와 수일치가 맞지 않는다.

❺ 미래 시제의 형태는 (C) will be이다.

해석　다음 주에, 직원 식당은 3시에 닫을 것이다.

어휘　employee 직원　　cafeteria 식당　　close 닫다

PRACTICE

Product ------- at Zenith LCD work both independently and as members of a team.

(A) develops　　　　(B) developers　　　　(C) development　　　(D) developed

해설　문장의 동사인 work가 현재 시제일 때 끝에 -(e)s가 붙어 있지 않으므로, 문장의 주어는 3인칭 단수가 아니다. 주어가 I나 You가 아닌 이상 동사원형의 형태로 현재시제를 받는 것은 복수 주어이다. 주어를 복수로 만들 수 있는 보기는 복수명사 형태인 (B) developers밖에 없다.

해석　Zenith LCD의 상품 개발부 직원들은 독립적으로도 일하고 하나의 팀에 속한 구성원으로도 일한다.

정답　(B) developers

3 전략 연습

해석까지 하면 좋겠지만 잘 안 되더라도 키워드를 찾아 최대한 풀어본다. 틀린 문제들은 반드시 해설지를 반복해 읽고 또 읽어 자연스레 체득할 수 있도록 하자.

1. When Mr. Kim ------- to Singapore next month, he will stay at the Maypole Hotel.

   (A) to go   (B) was going
   (C) goes   (D) go

2. The board of trustees ------- sometime next week to discuss the restoration of the Redwood Hall.

   (A) will gather   (B) gathering
   (C) to gather   (D) gathered

3. Eric Chavez ------- sports stories for a number of newspapers before his retirement in 2017.

   (A) write   (B) written
   (C) wrote   (D) writes

4. Last weekend, textile merchandisers from all over the world ------- at the Jefferson Business Center for the annual textile fair.

   (A) convened   (B) convenes
   (C) convene   (D) convening

5. A bell ------- at the Clearwater Factory at the beginning of every shift to alert workers of the time.

   (A) to ring   (B) rings
   (C) ringing   (D) be rung

6. The ------- expressed in this article are not necessarily the opinions of the editor.

   (A) view   (B) viewable
   (C) views   (D) viewed

7. Copies of private personnel records ------- not distributed to staff without prior authorization.

   (A) was   (B) are
   (C) will be   (D) having been

8. When the construction work near Eaton Shopping Mall ------- complete, traffic will no longer be delayed on the major intersections.

   (A) is   (B) are
   (C) were   (D) be

9. After Sally Yamada ------- the skills for her job, her supervisor asked her to help train new employees.

   (A) masters   (B) had mastered
   (C) has mastered   (D) is mastering

10. After considering the candidates' work experience and other qualifications, the directors ------- Ms. Ramos for the position.

    (A) recommendation
    (B) recommendable
    (C) recommended
    (D) recommends

딱 둘밖에 없어서 쉬운
동사의 태

Today's Mission: 시제 문제보다도 더 많이 나오는 게 태 문제이다.
출제 패턴을 정확히 파악해보자.

동영상강의
바로보기

1 핵심요령과 기본지식

동사를 찾을 때 시제 못지않게 중요한 게 태이다. 능동태와 수동태를 정확하게 구별할 수 있어야 한다..

01 동사의 태 종류는?

능동태 동사가 be p.p. 형태가 아닌 경우이며 '행하다'의 의미

She **submits** the report. 그녀는 보고서를 제출한다. → '제출한다'의 능동태
　　주어의 '능동적' 행위

수동태 동사가 be p.p. 형태로 쓰인 경우이며 '당하다'의 의미

The report **is submitted**. 보고서는 제출된다. → '제출된다'의 수동태
　　주어에 가해진 행위

★ 시제가 어떻게 바뀌어도 동사 형태의 마지막이 be p.p.로 끝나 있으면 수동태이고, 그렇지 않으면 능동태이다.
– 수동태 예시: 마지막이 be p.p.로 끝남

| **is revised** - 수동 | **will be revised** - 수동 | **was revised** - 수동 | **can be revised** - 수동 |

– 능동태 예시: 마지막이 be p.p.로 끝나지 않음

| **has revised** -능동 | **will have revised** - 능동 | **revises** - 능동 | **should revise** - 능동 |

위의 다양한 시제 형태 중 '수동태'만이 마지막이 be+p.p.의 조합으로 끝나있음에 주목한다.

02 능동태와 수동태의 구별?

능동태는 뒤에 목적어(명사)를 취하고, 수동태는 뒤에 목적어(명사)를 취하지 않는다.

I <u>recommended</u> <u>the new shoes</u>. 나는 그 새 신발을 추천했다.
　능동태 동사　　　+ 목적어(명사)

The new shoes **were recommended**. 그 새 신발이 추천되었다.
　　　　　수동태 동사 + 목적어 없음

자동사는 수동태가 쓰이지 않고 능동태로만 쓰인다. 이때 뒤에 목적어(명사)는 없다.

The profit rose. 수익이 올랐다. (자동사의 능동태 + 목적어 없음)

The profit was risen. (×) (자동사이므로 수동태가 쓰일 수 없다)

동사가 수동태가 되어 뒤에 목적어가 없을 때는 뒤에 전치사구(부사구)나 부사절이 보통 많이 온다.

These shoes **are** often **recognized for its durability**.
        수동태 동사   전치사구(부사구)

The factory **is halted temporarily**.
        수동태 동사   부사

2 예제로 익히기

Breakfast and dinner ------- in our tour package.

(A) to include   (B) inclusive   (C) are included   (D) are including

❶ 보기를 보자. 동사와 동사 아닌 형태가 섞여 있다.

❷ 한 문장에 동사 하나는 필수이다. 동사가 이미 있는지를 찾아보자.

❸ 아직 동사가 없는 문장이다. 즉 빈칸에는 동사가 필요하다.

❹ 보기를 다시 보자. 동사가 아닌 (A)와 (B)가 지워진다.

❺ (C)와 (D) 둘 다 동사지만 빈칸 뒤 목적어가 없으므로 수동태인 (C)가 정답이 된다.
　참고로 (A)는 동사에 to를 더한 to부정사, (B)는 형용사, (D)는 능동태 동사다.

해석　아침과 저녁 식사는 우리 여행 패키지에 포함되어 있다.

어휘　include 포함하다

PART 5

Day 06

PRACTICE

Mr. Kimura ------- for the Web Designer position by our manager.

(A) has been recommended   (B) recommend

(C) recommendation   (D) to recommend

해설　빈칸에는 동사가 필요하고 빈칸 뒤 목적어가 없음을 확인하고 수동태를 선택한다. 보기 중 수동태는 be p.p.로 끝나는 (A) has been recommended뿐이다.

해석　Kimura 씨는 우리 매니저에 의해 웹 디자이너 자리에 추천되었다.

정답　(A) has been recommended

3 전략 연습

해석까지 하면 좋겠지만 잘 안 되더라도 목적어가 있나 없나를 보고 능동태 수동태를 구별해본다. 틀린 문제들은 반드시 해설지를 반복해 읽고 또 읽어 자연스레 체득할 수 있도록 하자.

1. 19th-century art dealer Hans Obertan ------- a number of renowned impressionists.

    (A) to establish   (B) established
    (C) establishing   (D) be established

2. Many employees fed back that they couldn't ------- the e-mail because the text was too small.

    (A) read   (B) reading
    (C) have been read   (D) be read

3. Joe Holland in the Marketing Department will ------- next week's staff meeting.

    (A) chairing   (B) chair
    (C) be chaired   (D) to chair

4. The number of potential clients of A&D Law Firm ------- to be more than 2,000 next year.

    (A) expectation   (B) is expected
    (C) expected   (D) were expecting

5. This medication should ------- only as prescribed.

    (A) to be taken   (B) be taken
    (C) have taken   (D) to take

6. The presentation about the new policy will be ------- until August.

    (A) postpone   (B) postponing
    (C) postponed   (D) to postpone

7. All items ------- at the church's yard sale must be brought to the church before 9 A.M. this Sunday.

    (A) be selling   (B) to be sold
    (C) has been sold   (D) was to sell

8. The folders containing the résumés of the final five candidates for the job were mistakenly ------- in the wrong drawer.

    (A) file   (B) filed
    (C) filing   (D) to file

9. A portion of each full-time employee's travel expenses will be ------- from taxable income.

    (A) deduct   (B) deductive
    (C) deducting   (D) deducted

10. Once all the entries for the Copacana County Photo Contest -------, they will be delivered to the judges.

    (A) have received
    (B) have been received
    (C) is receiving
    (D) will be received

1. The dust bags of your Pulban Vacuum Cleaner should ------- often to prevent the device from getting clogged.

   (A) have replaced   (B) replace
   (C) be replaced   (D) replacing

2. Despite several attempts to contact the ------- of the item, we have not received a single phone call in reply.

   (A) manufacture   (B) manufacturer
   (C) manufactured   (D) manufacturing

3. Free copies of the *Downtown News* are available for ------- in restaurants and local convenient stores.

   (A) distribute   (B) distributes
   (C) distributing   (D) distribution

4. Over the last two decades, Ms. Draven ------- steadily up the corporate ladder in her company.

   (A) climbing   (B) climb
   (C) will climb   (D) has climbed

5. Newly recruited employees found it ------- to finish their assignments on time.

   (A) difficulty   (B) more difficultly
   (C) difficultly   (D) difficult

6. All on-site factory supervisors must ------- their timesheets by Monday.

   (A) submitted   (B) submit
   (C) be submitted   (D) to submit

7. At the Fareast Seafood, all dessert recipes are ------- approved by the renowned chef Miyagi Fukuda.

   (A) personally   (B) person
   (C) personal   (D) personalized

8. The study suggests that there has only been a ------- improvement in women's pay over the past few years.

   (A) marginally   (B) margin
   (C) marginalize   (D) marginal

9. The manager of Bryson's Hardware reported that the majority of its customers have reacted ------- to the store's automated checkout system.

   (A) favorably   (B) favorable
   (C) favoring   (D) favorite

10. It is ideal that all foreign residents are ------- for welfare benefits such as unemployment and sickness pay.

    (A) eligible   (B) eligibly
    (C) eligibility   (D) eligibilities

PART 5

Day 06

11. Many bookstores are expanding their supply of economic magazines in ------- to market trends.

(A) respond   (B) responding
(C) responded   (D) response

12. In the 1930s, it was ------- impossible to construct high-rise buildings.

(A) technical   (B) technically
(C) technician   (D) technicality

13. The newscaster ------- mispronounced the name of the newly elected Russian president.

(A) accidentally   (B) accident
(C) accidental   (D) accidents

14. Until Mr. Bennett returns from the Global Finance Conference, Ms. Chang ------- all accounting duties.

(A) had been handling
(B) handled
(C) will handle
(D) will be handled

15. A number of very strong ------- responded to the announcement of career opportunities in the design department.

(A) applicants   (B) apply
(C) applying   (D) applications

16. Please make sure all the safety equipment has been tested -------.

(A) thoroughly   (B) thoroughness
(C) thorough   (D) more thorough

17. The new store is ------- attracting customers by distributing free samples of their products.

(A) active   (B) actively
(C) action   (D) activity

18. The new handbooks detail the ------- of the new computer system.

(A) operate   (B) operator
(C) operation   (D) operative

19. Below is a list of ------- priced accommodations in Vancouver.

(A) reasonably
(B) reason
(C) reasonable
(D) more reasonable

20. ------- poor sales have forced the company to postpone planned pay raises.

(A) Unexpectable   (B) Unexpectedly
(C) Unexpecting   (D) Unexpect

Day 07

관용적으로 함께 쓰이는

to부정사와 동사

동영상강의
바로보기

Today's Mission: to부정사와 함께 수동태로 쓰이는 동사는 몇 개로 정해져 있다. 이를 숙지해서 빠르게 1초 안에 풀 수 있도록 대비하자.

1 핵심요령과 기본지식

to부정사 유형 중에 가장 많이 출제되는 것은 [be p.p. + to 부정사]로 쓰이는 동사들에 대한 문제이다. 공식처럼 통째로 익혀두도록 한다.

01 to부정사와 함께 수동태 형태로 출제되는 동사들

[be + p.p. + to 동사원형]의 형태로 시험에 출제되는 동사들이다.

be asked 요구되다	**be expected** 예상되다	**be reminded** 상기되다	
be advised 충고 받다	**be encouraged** 권장 받다	**be believed** 믿어지다	
be forced 강요되다	**be said** 얘기되다, 듣다	**be requested** 요청 받다	**+ to 동사원형** (to부정사)
be invited 초대받다	**be chosen** 선택 받다	**be told** 명령 받다, 듣다	
be required 요구 받다	**be urged** 촉구 받다	**be allowed** 허가 받다	

I was [advised / ~~advising~~] to come early.
'be advised to부정사'의 형태로 쓰이는 것을 외워 두었다면 쉽게 advised를 정답으로 고를 수 있다.

02 [be p.p. + to부정사]는 능동태로 쓰이면 [동사+목적어+to부정사]의 형태가 된다.

I **was advised to come** early. 나는 일찍 오도록 충고 받았다.
　　수동태　　to부정사

→ 능동태: They **advised me to come** early. 그들은 나에게 일찍 오도록 충고했다.
　　　　　　동사　목적어　to부정사

I **was encouraged to work** hard. 나는 열심히 일하도록 격려 받았다.
　　수동태　　to부정사

→ 능동태: He **encouraged me to work** hard. 그는 나에게 열심히 일하도록 격려했다.
　　　　　　동사　목적어　to부정사

★ 이와 같이 [be p.p. + to부정사]는 능동태가 될 때 바로 뒤에 to부정사가 오는 것이 아니라 목적어가 먼저 오고 그 뒤에 to 부정사가 와서 [동사+목적어+to부정사]로 쓰임에 유의한다.

PART 5

Day 07

(03) 타동사 + to부정사

다음 동사들은 보기에 동명사와 to부정사가 있을 때 목적어로 to부정사를 취한다.

want to do ~하기를 원하다　**wish to do** ~하기를 바라다　**hope to do** ~하기를 바라다

would like to do ~하기를 원하다　**plan to do** ~하는 것을 계획하다　**intend to do** ~하는 것을 의도하다

need to do ~할 필요가 있다　**choose to do** ~하는 것을 선택하다　**refuse to do** ~하는 것을 거절하다

expect to do ~하는 것을 기대하다　**fail to do** ~하는 데 실패하다　**promise to do** ~하는 것을 약속하다

manage to do ~하는 것을 해내다　**decide to do** ~하기로 결정하다　**aim to do** ~을 목표로 하다

hesitate to do ~하는 것을 망설이다　**tend to do** ~하는 경향이 있다

Those who wish (~~attendance~~ / to attend / ~~attending~~) the annual company seminar should arrive half an hour before beginning and bring their ID badge.

회사 연례 세미나에 참석하기를 원하는 사람들은 시작 30분 전에 도착해야 하고 사원증을 가져와야 한다.

2 예제로 익히기

The designers were asked ------- questions about the new line of hair dryer.

(A) to answer　　(B) answer　　(C) answering　　(D) answered

❶ 보기를 보자. 한 단어(answer)를 가지고 변형 시킨 여러 형태들이 있다. 문법 문제임을 알 수 있다.

❷ 문제 내 빈칸 앞에 주어진 단어를 보자. 「be + p.p.」 수동태가 있다.

❸ ask는 to부정사를 목적격 보어로 취하는 동사이다. [be asked to 동사원형]의 구조로 쓰여 '~하기를 요구 받다' 는 의미이다.

❹ 정답은 [be p.p. + to부정사]의 형태를 맞춰주는 to부정사 형태인 (A) to answer이다.

해석　디자이너들은 신상품으로 나온 헤어드라이어에 관한 질문에 답변하기를 요구 받았다.

어휘　ask 요구하다　line 상품군

PRACTICE

All surveyors are required ------- to the regulations stated in the safety manual while working in the field.

(A) adhere　　(B) adhering　　(C) adheres　　(D) to adhere

해설　require는 수동태로 쓰일 경우, 뒤에 to부정사를 요구하는 동사이다. be required. 즉 수동태가 되어도 여전히 뒤에는 to부정사가 와야 한다. be required to do라고 외워두면 편하다.

해석　측량기사들은 현장에서 일하는 동안에 안전 설명서에 명시되어있는 규제 조항을 준수하기를 요구 받는다.

정답　(D) to adhere

3 전략 연습

해석까지 하면 좋겠지만 잘 안 되더라도 [be p.p. + to부정사]로 쓰이는 구조와 [동사 + 목적어 + to부정사]로 쓰이는 구조를 인식해서 재빨리 풀어보도록 한다. 틀린 문제들은 반드시 해설지를 반복해 읽고 또 읽어 자연스레 체득할 수 있도록 하자.

1. We were ------- to have the appropriate vaccinations before we go on a business trip to South America.

   (A) advising   (B) advise
   (C) advises   (D) advised

2. Mrs. Shuman encouraged everyone in the office ------- the meeting to discuss the new project.

   (A) attend   (B) to attend
   (C) attending   (D) attends

3. Employees are ------- to contact Mr. Kojima if they are going to miss work for more than three days.

   (A) requires   (B) require
   (C) required   (D) requiring

4. As stated in our store policy, we are not allowed ------- refunds on items that are purchased at a discount.

   (A) to offer   (B) offer
   (C) offered   (D) offers

5. New employees were ------- to sign all the pertinent papers and send them to the personnel office.

   (A) told   (B) telling
   (C) to tell   (D) tells

6. The Rolling's Apparel expects all of its employees ------- themselves in a professional manner when speaking with clients.

   (A) to conduct   (B) conducting
   (C) be conducting   (D) conducts

7. Paynal's new recycling policy must be approved by the vice president of operations before it can ------- company wide.

   (A) have implemented
   (B) be implemented
   (C) implementation
   (D) implementing

8. Hospitals in this city are being ------- to close departments because of lack of money.

   (A) force   (B) forced
   (C) forcing   (D) forces

9. Although many considered it almost impossible, J&J Foods was expected ------- large profits in its first year of business.

   (A) generate   (B) generating
   (C) to generate   (D) generation

10. Ms. Singh plans ------- the handouts from the photocopier before leaving for the seminar.

    (A) retrieve   (B) retriever
    (C) retrieved   (D) to retrieve

Day **08**

한 번만 이해하면 정말 쉬운

동명사

Today's Mission: 동사의 성질을 지닌 명사 동명사!
일반 명사와 구별을 묻는 문제가 자주 출제된다. 완벽하게 이해해서 내 것으로 만들자!

동영상강의
바로보기

1 핵심요령과 기본지식

동명사는 기본적으로는 명사의 자리에 쓰인다. 고로 문장의 구조상 주어, 목적어, 보어 자리에 쓰일 수 있다. 다만 일반 명사와는 다르게 동사의 성격이 있는 명사이기 때문에 이 동사적 특징을 통해 일반 명사와 구별할 수 있어야 한다.

01 명사 vs. 동명사

공통점 문장 내 주어, 목적어, 보어 자리에 쓰일 수 있다.

차이점 명사는 **형용사**로 수식   vs.   동명사는 **부사**로 수식

명사는 **목적어가 불필요**   vs.   동명사는 **목적어가 필요**

❶ 명사 수식은 형용사, 동명사 수식은 부사가 한다.

동명사는 명사의 역할을 하지만 동사의 성질이 있기 때문에 **형용사가 아니라 부사가 수식한다.**

The management focuses on the **rapid production** of goods. 경영진은 상품의 **빠른 생산**에 집중한다.
                                형용사   명사

The management focuses on **rapidly producing** goods. 경영진은 상품을 **빠르게 생산하는** 것에 집중하고 있다.
                                  부사   동명사

❷ 명사는 목적어가 필요 없다. 반면 동명사는 목적어가 필요한 경우가 대부분이다.

The purpose of newspaper publication is to share **information** generally.
                                         명사(뒤에 목적어 없음)

신문 출간의 목적은 대부분의 사람들에게 **정보**를 공유하는 것이다.

The newspaper company is committed to **informing** people of the announcement.
                                    동명사(뒤에 목적어 있음)

신문사는 소식을 사람들에게 **알리는 것**에 헌신한다.

❸ 명사는 주어일 경우 단/복수가 바뀌는 반면, 동명사는 무조건 단수 취급이다.

A car in the manufacturing process **is** now painted black. 제조 공정에서 자동차가 검은색으로 페인트칠 되고 있다.
명사 주어   단수 취급

Cars in the manufacturing process **are** now painted black. 제조 공정에서 자동차들이 검은색으로 페인트칠 되고 있다.
명사 주어   복수 취급

Buying a car with an expert's help **is** always recommended. 전문가의 도움으로 자동차를 사는 것이 항상 추천된다.
동명사 주어   단수 취급

Buying cars with an expert's help **is** always recommended. 전문가의 도움으로 자동차들을 사는 것이 항상 추천된다.
동명사 주어   단수 취급

02 동명사의 자리는? 빈칸에 동명사가 필요한 경우는 다음과 같다.

❶ 전치사의 목적어 자리: 전치사 + _____ + 명사(목적어)

After **switching** service providers, Remora Fashion claimed a 20 percent increase in Internet traffic.
전치사 동명사   명사
         └→ 전치사의 목적어 └→ 동명사의 목적어

서비스 공급자를 바꾼 후로, Remora Fashion은 인터넷 트래픽의 20% 증가를 주장했다.

❷ 주어 자리: _____ + 복수 명사 + 단수 동사 ~.

Maintaining good relationships with clients **is** important, even after contracts have been completed.
동명사 주어   복수명사   단수동사
         └→ 동명사의 목적어

고객들과 좋은 관계를 유지하는 것은 계약이 완료가 된 후에도 중요하다.

03 동명사의 관용적 표현

동명사가 따라오는 타동사 [타동사+동명사]		
consider 고려하다	**suggest** 제안하다	**recommend** 추천하다
include 포함하다	**stop** 멈추다	**quit** 그만두다
discontinue 중단하다	**finish** 마치다	**avoid** 회피하다
mind 꺼려하다	**dislike** 싫어하다	**give up** 포기하다
postpone[delay] 미루다	**deny** 부인하다	**keep** 계속하다

필수 암기 동명사 구문	
look forward to -ing ~하기를 몹시 기다리다	**be committed/dedicated to -ing** ~하는 데 전념/헌신하다
be devoted to -ing ~에 헌신하다/바치다	**be busy -ing** ~하느라 바쁘다
have difficulty -ing ~하는 데 어려움이 있다	**spend 시간 / 돈 -ing** ~하는데 (시간/돈)을 사용하다
on -ing ~하자마자	**cannot help -ing** ~하지 않을 수 없다
It is no use -ing ~해도 소용없다	

2 예제로 익히기

All factory workers must wear protective clothing prior to ------- the factory.

(A) enter   (B) entrance   (C) entering   (D) enterable

❶ 보기를 보자. 한 단어(enter)를 가지고 변형 시킨 여러 형태들이 있다. 문법 문제임을 알 수 있다.

❷ 문제 내 빈칸 앞에 주어진 단어를 보자. 전치사가 prior to가 있다. prior to는 '~전에'라는 전치사이다. to 뒤에 동사원형이 오는 to부정사가 아님에 유의한다.

❸ 전치사 뒤에는 명사가 필요하다. (B)는 명사이고, (C)는 동명사다.

❹ 빈칸 뒤에 목적어 역할을 하는 'the + 명사'가 있다. 그렇다면 빈칸은 일반 명사가 아니라 목적어를 취하는 동명사가 들어가야 한다.

❺ 동명사 형태는 -ing로 끝나는 (C) entering이다.

참고로 (A)는 동사라서 전치사 뒤에 위치할 수 없고, (D)는 형용사이기 때문에 the를 포함한 각종 한정사 앞에 위치할 수 없다.

[해석] 모든 공장 근로자들은 공장에 들어가기 전에 방호복을 입어야 한다.

[어휘] factory 공장   worker 근로자   protective clothing 방호복   prior to ~전에

PRACTICE

Most customers are looking forward to ------- excellent service.

(A) receive   (B) receiving   (C) to receive   (D) receipt

[해설] 빈칸 앞에 전치사 to가 있으므로 전치사 뒤는 명사가 와야 한다. 보기 중 명사는 일반 명사인 (D)와 동명사인 (B) receiving이 있다. 빈칸 뒤에 목적어(excellent service)가 있기 때문에 동명사인 (B) receiving이 정답이 된다.

[해석] 대부분의 고객들은 훌륭한 서비스를 받기를 기대하고 있다.

[정답] (B) receiving

3 전략 연습

해석까지 하면 좋겠지만 잘 안 되더라도 명사 자리인지 동명사 자리인지를 구별해서 재빨리 풀어보도록 한다. 틀린 문제들은 반드시 해설지를 반복해 읽고 또 읽어 자연스레 체득할 수 있도록 하자.

1. Chef Daniel Smith focuses on ------- an ever-changing menu that gives customers the chance to eat fresh, local produce.

(A) provide   (B) provision
(C) provided   (D) providing

2. A survey technician has already completed ------- the lanes at 20 Arnold Drive last week.

(A) map   (B) mapping
(C) mapped   (D) mapper

3. It is common for many engineering students to work as interns before ------- their first job.

(A) to get   (B) gotten
(C) getting   (D) be getting

4. Clean water and sand, safety, and environmental management were crucial factors for judges in ------- this year's best beaches.

(A) decide   (B) decided
(C) deciding   (D) decision

5. These days, many candidates make a decision about ------- a company based on the overall image of the company on social media.

(A) joining   (B) joined
(C) to join   (D) joins

6. The city considered ------- the entire former army training site for parks and open space use.

(A) designate   (B) designates
(C) designation   (D) designating

7. Today's keynote speaker, Artistic Director Kevin Wu, will share some of the life experiences and challenges he encountered in ------- to a new county and finding his place.

(A) come   (B) came
(C) coming   (D) comes

8. Ryan Hann and William Smith reached an agreement to co-found a consulting company right after ------- from Pens University.

(A) graduate   (B) graduating
(C) being graduated (D) to graduate

9. Designonline, a Web design agency, is looking for a summer intern with a strong interest in ------- Web sites.

(A) will develop   (B) developed
(C) developing   (D) develops

10. We have an excellent safety record, and we are committed to ------- environmentally friendly tours.

(A) arrange   (B) arranging
(C) arrangement   (D) arrangements

PART 5

Day 08

Day 09 알고 보면 별것 아닌 분사

Today's Mission: 동명사나 동사랑 비슷하게 생겼지만 확연하게 다른 역할을 하는 분사! 완벽하게 이해해서 거저 먹는 점수로 만들자!

동영상강의
바로보기

---

1 핵심요령과 기본지식

분사는 동사를 -ing형태로 바꾸거나 p.p. 형태로 바꿔서 쓰인다. 그러니 얼핏 보면, 동명사 형태(-ing)와 동사의 과거 시제(-ed) 형태와 같아 보인다. 하지만 동명사가 명사의 역할을 하고, 동사는 동사의 역할을 하는 데에 반해 분사는 '형용사'나 '부사절'의 역할을 한다는 것을 명심하자.

01 분사의 형용사 역할

❶ 명사를 앞에서 수식하는 분사
명사를 앞이나 뒤에서 수식할 수 있다. 명사 앞에서 수식할 경우, 해석으로 '~하는'이면 -ing, '~되어진'이면 p.p.를 고르도록 한다.

I submitted the (revising / **revised**) report. 나는 **수정된** 보고서를 제출했다.
→ 보고서(report)는 스스로 수정을 '하는' 것이 아니라 수정이 '되어진' 것이므로 revised가 정답.

The (**performing** / performed) artist is a friend of mine. **공연하는** 예술가는 내 친구이다.
→ 예술가(artist)는 공연을 '하는' 주체이다. '공연을 받는, 되는'이 아니므로 performing이 정답.

❷ 명사를 뒤에서 수식하는 분사
명사 뒤에서 수식할 경우, 분사 뒤에 목적어가 있으면 -ing를 고르고 목적어가 없으면 p.p.를 고르도록 한다.

I submitted the report (**updating** / updated) the statistics. 나는 가장 최근 통계자료를 **보여주는** 보고서를 제출했다.
→ the report를 뒤에서 수식하는 분사이므로 목적어가 있는지 없는지를 확인한다. 뒤에 목적어(the statistics)가 있으므로 -ing형태를 쓴다.

I submitted the report (updating / **updated**) on September 9. 나는 9월 9일에 **업데이트된** 보고서를 제출했다.
→ the report를 뒤에서 수식하는 분사이므로 목적어가 있는지 없는지를 확인한다. 뒤에 목적어가 없으므로 p.p. 형태를 쓴다.

단, 자동사의 경우는 원래 목적어가 없고, 수동형이 불가능하기 때문에 뒤에 목적어가 없더라도 -ing 분사가 앞 명사를 수식한다.

02 분사의 부사절 역할
주절의 앞 혹은 뒤에서 부사절 역할을 할 수 있다. 이때 -ing는 목적어를 받고, p.p.는 목적어를 받지 못한다. p.p. 분사 뒤에는 주로 부사 역할을 하는 전치사구 등이 온다. -ing구는 '~하면서', p.p.구는 '~되면서'로 주로 번역된다.

[-ing + 목적어], [주어 + 동사 + 목적어 (주절)] [-ing + 목적어] → ~를 ~하면서

[p.p. + 전치사구], [주어 + 동사 + 목적어 (주절)] [p.p. + 전치사구] → ~되면서

Confirming the plan, the company has decided to move its headquarters.
　-ing 분사　　　　목적어　　　　　　　　　　　　　　　　주절
그 계획을 확정 지으면서, 회사는 본사로 이전하기로 결정했다.

Confirmed by the board, the company has decided to switch its suppliers.
　p.p. 분사　　　　전치사구　　　　　　　　　　　　　　주절
이사진에 의해 확정되면서, 회사는 공급업체들을 바꾸기로 결정했다.

Bahoz Inc. announced it would merge with Maxhu Co., **confirming rumors** that it plans to expand
into Asia.　　　　　주절　　　　　　　　　　　　　　　-ing 분사　　　목적어
아시아 지역으로 확장할 것이라는 소문을 확정 지으면서, Bahoz 사는 Maxhu 사와 합병할 것이라고 발표했다.

└→ 부사절 역할을 하는 분사구는 부사절처럼 주절의 앞, 뒤에 모두 올 수 있다.

(03) 따로 외워 놓아야 하는 분사

다음의 분사는 하나의 형용사처럼 의미를 따로 외워두도록 한다. 최다 빈출 어휘이며, 단순히 -ing
라고 '~하는' p.p.라고 '~되어진'으로 해석 되는 것이 아니라 그 의미가 독특한 단어들이기도 하다.

❶ 시험에 자주 나오는 -ing형 분사

increasing, growing, mounting, rising 증가하는　　decreasing, declining 감소하는
remaining 남아있는　　preceding 지난　　following 다음의　　approaching 다가오는
promising 유망한　　leading 선두의　　upcoming 다가오는　　deciding 결정적인
demanding 까다로운　　appealing 매력적인　　lasting 지속되는　　challenging 어려운
missing 분실된　　rewarding 보람 있는　　existing 기존의

❷ 시험에 자주 나오는 p.p.형 분사

reduced 감소된　　repeated 반복되는　　reserved 예약된　　renovated 수리된
required 요구되는　　reported 보고된　　renewed 갱신된　　refunded 환불된
assessed 평가된　　complicated 복잡한　　established 인정받는　　released 발표된
limited 제한된　　attached 첨부된　　enclosed 동봉된　　detailed 상세한
confirmed 확인된　　preferred 선호되는　　damaged 파손된　　delivered 배송된
motivated 의욕 있는　　authorized 허가된　　designated 지정된　　invited 초대된
specialized 특화된　　concerned 관심을 끄는　　extended 연장된　　expected 예상하는, 기대되는
qualified 자격을 갖춘　　desired 바라던　　anticipated 기대되는　　sophisticated 세련된
finished 완성된　　presented 제시된　　guided 안내된　　revised 수정된
approved, accepted 승인된　　　　　　　　skilled, experienced 숙련된
dedicated, devoted 헌신적인

❸ 감정분사의 구별

감정동사가 -ing나 p.p. 형태가 된 형용사를 '감정분사'라 한다. 감정분사 중 -ing는 '그 감정을 다른 대상에게 유발시키고', p.p.는 '그 감정을 직접 느낀다'는 차이가 있다.

The movie is **boring**. 그 영화는 지루하다. ─→ 그 영화는 사람들에게 지루함을 유발시킨다.

He is **bored**. 그는 지루함을 느낀다. ─→ 그는 무언가에 의해 지루함을 느끼고 있다.

이 구별이 헷갈리는 경우, -ing는 사물 명사 수식, p.p.는 사람 명사 수식으로 구별한다. 감정을 느낄 수 있는 주체는 사람 밖에 되지 못하기 때문이다.

감정동사 (이 동사들을 가지고 감정분사를 만든다)		
interest 흥미를 끌다	excite 흥미진진하게 만들다	please 기쁘게 하다
encourage 격려하다	disappoint 실망시키다	worry 걱정시키다
disturb 불안하게 하다	distract 산만하게 하다	annoy 짜증나게 하다
exhaust, tire 지치게 하다	fascinate 매혹시키다	attract 매료시키다
satisfy 만족시키다	impress 깊은 인상을 주다	overwhelm 압도하다
embarrass, bewilder 당황하게 하다	confuse 혼란시키다	
alarm, amaze, surprise 놀라게 하다		
frustrate, discourage, depress 좌절시키다		

2 예제로 익히기

The Espresso House is a coffee store ------- many different type of coffee beans.

(A) sell   (B) sold   (C) sells   (D) selling

❶ 보기를 보자. 한 단어(sell)를 가지고 변형 시킨 여러 형태들이 있다. 문법 문제임을 알 수 있다.
❷ 보기가 동사(A), (B), (C)와 동사가 아닌 것(B), (D)가 섞여있으므로 이미 동사가 있는지 없는지를 확인한다. (B) sold는 동사일수도 분사일 수도 있다.
❸ 이미 문장 내 동사(is)가 있기 때문에 동사인 (A)와 (C)는 오답이 된다.
❹ a coffee store를 뒤에서 수식하고 있는 분사 문제이므로 목적어가 있는지를 확인한다.
❺ 목적어(many different types)가 있으므로 -ing형태가 정답이다.
❻ -ing형태인 (D)가 정답이 된다.

[해석] Espresso House는 다양한 종류의 커피콩을 판매하는 가게이다.
[어휘] sell 팔다   type 종류

PRACTICE

These home appliances are on sale for a ------- period of time.

(A) limit   (B) limited   (C) limiting   (D) limits

[해설] 동사가 이미 있으므로(are) 동사 보기인 (A)와 (D)를 제외하고, 명사 period를 앞에서 수식하는 분사 문제임을 파악한다. 명사 앞에서 수식하는 분사는 해석으로 풀어야 한다. '제한된, 한정된'의 뜻인 limited가 정답이다.
[해석] 이 가전제품은 한정된 기간 동안 할인을 한다.
[정답] (B) limited

3 전략 연습

명사를 앞에서 수식하면 해석을 해서 [~하는 = -ing], [~되어진 = p.p.]로 풀어보고 명사를 뒤에서 수식하거나 부사절을 만드는 분사 문제가 나오면 [뒤에 목적어가 있으면 -ing], [목적어가 없으면 p.p.]로 풀도록 한다. 틀린 문제들은 반드시 해설지를 반복해 읽고 또 읽어 자연스레 체득할 수 있도록 하자.

1. Mr. Tsunayoshi mentioned that he is very ------- in our research assistant position.

   (A) interest   (B) interests
   (C) interesting   (D) interested

2. The ------- travel guide now includes a comprehensive list of hotels at price points to suit all travelers.

   (A) update   (B) updates
   (C) updating   (D) updated

3. All customers ------- a current account with BK Bank are given $100-worth of restaurant coupons.

   (A) open   (B) opened
   (C) will open   (D) opening

4. The company has been operating for only three years but delivers a wide variety of grocery items ------- fruits, vegetables, dairy products, and bread.

   (A) included   (B) including
   (C) include   (D) includes

5. Wi Photography has courteously provided all of the images ------- in the updated brochure.

   (A) display   (B) displaying
   (C) displayed   (D) displayer

6. The duties can be -------, so please allow me to offer my assistance and support in any way I can.

   (A) overwhelm   (B) overwhelmed
   (C) overwhelms   (D) overwhelming

7. By 2030, the Hoje Foundation will have improved the lives of 10 million children ------- in the poorest local communities.

   (A) live   (B) living
   (C) lived   (D) lives

8. Even though the road construction has slowed the traffic down, there have not been any major changes to ------- bus routes.

   (A) exist   (B) existing
   (C) existed   (D) being existed

9. Dr. Davis will talk about the latest scientific methods ------- on her study of food preferences to remove unwanted belly fat.

   (A) base   (B) basing
   (C) based   (D) having based

10. Unfortunately, I just found that the pure crystal vase I ordered last week arrived -------.

    (A) damaging   (B) damaged
    (C) damages   (D) damage

정말 많이 나오는
접속사와 전치사

동영상강의
바로보기

Today's Mission: 매회 4문제 이상은 꼭 출제되는 전치사와 접속사 문제를 마스터해본다.
전치사와 접속사는 익숙해지는 데 시간이 걸릴 수 있으므로 꼭 문제들을 반복하여 풀어본다.

1 핵심요령과 기본지식

전치사와 접속사는 의미가 비슷한 것들이 많기 때문에 의미만 알고 있는 것은 한계가 있다. 어떤 단어가 전치사이고 어떤 단어가 접속사인지 정확하게 품사를 구별할 수 있도록 외워둔다.

01 매달 나오는 전치사와 접속사의 구별 문제

단어를 보고 정확하게 전치사인지 접속사인지 구별할 수 있어야 한다. 더불어, 전치사는 뒤에 명사나 동명사가, 접속사는 뒤에 「주어 + 동사」가 온다는 것을 알아두자.

접속사 + 주어 + 동사	전치사 + 명사/동명사
when ~할 때 while ~동안에 although, even though, though ~에도 불구하고 because, since, as ~때문에 unless ~가 없다면	during + 일반명사 ~동안에 for + 기간표현 ~동안에 despite, in spite of ~에도 불구하고 because of, due to, owing to ~때문에 without ~없이 except ~을 제외하고

(Although / D̶e̶s̶p̶i̶t̶e̶) our shops in Bangkok and Seoul have closed, the Beijing shop will remain open.
　　접속사　　　　전치사　　　　　　　　　　　　　주어+동사
방콕과 서울의 매장들은 문을 닫았지만, 베이징 매장은 계속해서 문을 열 것이다.
→ 뒤에 [주어+동사]가 있으므로 접속사가 답이다.

(During / W̶h̶i̶l̶e̶) the summer vacation, I visited my family in Seattle.
　　전치사　　접속사　　　　명사
여름 방학 동안에, 나는 시애틀에 있는 가족을 방문했다.
→ 뒤에 명사만 있으므로 전치사가 답이다.

(02) 문장과 문장을 연결하는 접속사들

문장과 문장을 연결하는 접속사는 다음의 자리에 출제 된다.

〈 _____ 주어 + 동사, 주어 + 동사.〉 혹은 〈주어 + 동사 _____ 주어 + 동사.〉

when ~할 때, ~하면	though, although, even though ~에도 불구하고, ~지만
once 일단 ~하면, ~하자마자	because, since ~하기 때문에
while ~하는 동안에, ~인 반면에	if 만일 ~라면
unless 만일 ~가 아니라면	as soon as ~하자마자

I will let you know **as soon as I get** the permission. 그 허가를 얻자마자 너에게 바로 알려줄게.
주어+동사(주절)　　　　　접속사　　주어+동사

As soon as I get the permission, **I will let** you know. 그 허가를 얻자마자 너에게 바로 알려줄게.
　　접속사　　주어+동사　　　　　　　주어+동사(주절)

(03) 등위 접속사 and / but / or

이 접속사들의 왼쪽과 오른쪽은 형태나 품사를 같게 맞춰 준다.

He was **kind but strict**. 그는 친절했지만 엄격했다.
　　　　형용사 접속사 형용사

She **plays** the guitar **and writes** songs. 그녀는 기타도 치고 곡도 쓴다.
　　　동사　　　　　　접속사　동사

(04) 짝꿍처럼 같이 다니는 상관 접속사들

상관접속사는 짝꿍처럼 덩어리째 외워둔다.

both A and B A와 B 둘 다	either A or B A 혹은 B 둘 중 하나
neither A nor B A도 아니고 B도 아니고	between A and B A와 B 간에
not only A but (also) B A뿐만 아니라 B도	B as well as A A 뿐만 아니라 B도

★ A와 B자리에 위치하는 단어, 구 혹은 문장은 서로 형태나 품사가 같아야 한다.

She is **not only kind but also considerate**. 그녀는 친절할 뿐만 아니라 사려 깊다.
　　　　　　A(형용사)　　　　　B(형용사)

(05) 전치사의 종류

시험에 가장 잘 나오는 것들만 모았다! 꼭 숙지하도록 한다.

❶ 시간의 전치사

- **at:** (좁은 개념) 시간, 시각, 시점

  at 2 o'clock 12시에   **at** noon 정오에

  at night 밤에   **at** the beginning 처음에

  at the end of the month 이 달 말에

- **on:** 특정한 날짜, 요일

  on July 12 7월 12일에   **on** Sunday 일요일에

  on Thanksgiving 추수감사절에

- **in:** 월, 년도, 계절, 아침, 저녁…

  in April 4월에   **in** 2009 2009년에

  in winter 겨울에   **in** the morning[afternoon/evening] 오전에, 오후에, 저녁에

  in the past 과거에   **in** three hours 세 시간 있으면, 즉 세 시간 후에

- **since:** ~이후로 지금까지

  since last month 지난달 이후로 지금까지

- **before:** ~전에 ⟺ **after:** ~후에

  before noon 정오 전에   **after** the vacation 휴가 후에

- **until:** ~(시점)까지 → 계속되는 시점

  until further notice 추후공지가 있을 때까지   postpone **until** Thursday 목요일까지 연기되다

- **by:** ~(시점)까지 → 완료되는 시점

  by the end of this month 이번 달 말까지   submit the report **by** Friday 금요일까지 보고서를 제출하다

★ after(~후에), before(~전에), since(~이후로 지금까지), until(~까지)는 전치사와 부사절 접속사로 둘 다 쓰인다. 단, since가 '~때문에'라는 의미일 때는 부사절 접속사로만 쓰이고 전치사로는 쓰일 수 없다는 점 또한 기억하자.

PART 5

Day 10

❷ 장소, 위치의 전치사

- **at:** (지점) ~에, ~에서, 회사명 앞에, 주소(번지수) 앞에

  at the subway station 지하철 역에서
  at Mori Electronics Mori 전자에서는

  at the café 카페에서

- **in:** (범위, 경계, 구역) ~안에서, ~에, 나라/도시/대륙 이름 앞에

  in Korea 한국에서
  in the area 그 구역에
  in the country 그 나라에서

  in Seoul 서울에서
  in the meeting room 회의실에서
  in Europe

- **on:** (접촉, 표면) ~위에, ~에, 도로명 앞에

  on the first floor 1층에
  on the table 테이블 위에

  on the wall 벽에
  on the Victoria Street Victoria 가에서

- **around:** ~주위에, ~둘레에

  around the pond 연못 둘레에

  around the world 전 세계에

- **beside:** ~옆에, ~곁에

  beside the table 테이블 옆에

  beside my friend 내 친구 옆에

❸ 기간 전치사

- **for:** (숫자 기간) ~동안

  for three months 3개월 동안

  for ten years 10년 동안

- **during:** (구체적인 명사의 행위가 일어나는) ~동안

  during the meeting 회의시간 동안

  during the test 시험시간 동안

- **within:** (기간, 범위) ~이내에

  within 24 hours 24시간 이내에

⑥ 접속사와는 다른 접속부사들

접속부사는 접속사가 아니라 부사이다. 하지만 의미는 접속사와 비슷하니 다음의 단어들은 품사가 꼭 부사라는 것을 숙지해두자.

however 그러나	nevertheless, nonetheless 그럼에도 불구하고
therefore, thus 그러므로	meanwhile 그 동안에, 한편
otherwise 그렇지 않으면	moreover 게다가

접속부사는 접속사가 아니므로 문장과 문장을 이어주려면 마침표가 두 개가 필요하다. 접속사와는 달리 콤마가 바로 뒤에 위치한다. 즉, 한 문장이 끝나고 다른 문장이 시작할 때 그 문장의 맨 앞에 쓰고 콤마를 찍는 게 일반적인 위치이다.

I wanted to buy the computer. **However**, I did not have enough money.
나는 그 컴퓨터를 사기를 원했다. **그러나** 충분한 돈이 없었다.

The traffic became worse in downtown. **Moreover**, there are not enough parking spots.
다운타운의 교통 체증은 악화되었다. **게다가** 충분한 주차공간도 없다.

★ 문장 맨 앞에 오는 것이 일반적이지만 주어와 동사 사이에 들어갈 수도 있다. 또한 접속사와는 두 절을 연결할 수 없고 달리 뒤에 콤마가 위치할 수도 있다는 것을 기억하자.

You will not have access to the lab's computer network. You can, **however**, use the computers in the Reference Library.
당신은 연구실의 컴퓨터 네트워크에 접근권한을 갖지 않을 것입니다. **그러나** 열람 전용 도서관의 컴퓨터를 사용할 수 있습니다.

We have received about 20 inquiries ------- we advertised our products in the paper.

(A) without   (B) since   (C) during   (D) despite

❶ 보기를 보자. 전치사와 접속사가 섞여 있다. 전치사 vs. 접속사 구분 문제임을 알 수 있다.

❷ 빈칸의 위치를 보자. 「주어 + 동사 _____ 주어 + 동사」 구조이다.

❸ 절과 절을 연결하는 빈칸이므로 접속사가 필요하다.

❹ 선택지에서 전치사인 (A), (C), (D)가 소거된다.

❺ 정답은 접속사 역할이 가능한 (B) since가 된다

[해석] 신문에 우리 제품을 광고한 이후로 우리는 대략 20건의 문의를 받았다.

[어휘] **receive** 받다   **inquiry** 문의사항   **advertise** 광고하다

PRACTICE

------- you open the package, please read the notice carefully.

(A) After   (B) During   (C) Because of   (D) Despite

[해설] 빈칸 뒤에 절이 있음을 확인하면 빈칸에는 접속사가 필요하다는 것을 알 수 있다. 보기 중 접속사 역할이 가능한 것은 (A) After 밖에 없다.

[해석] 소포를 열고 나서, 공지(안내)를 꼼꼼히 읽어주세요.

[정답] (A) After

3 전략 연습

의미가 비슷한 전치사와 접속사가 많기 때문에 해석을 해도 헷갈릴 수 있다. 전치사 자리인지 접속사 자리인지 구별을 해보고, 자리에 맞는 품사를 골라보자. 틀린 문제들은 반드시 해설지를 반복해 읽고 또 읽어 자연스레 체득할 수 있도록 하자.

1. Make sure that you arrive at the building by 2 o'clock ------- the meeting starts at 2:30.

    (A) because of   (B) when
    (C) during   (D) because

2. The city council has been improving education facilities ------- the 1990s.

    (A) even though   (B) meanwhile
    (C) on   (D) since

3. ------- the sports promotion department has a small staff, it has organized impressive athletic events.

    (A) However   (B) In spite of
    (C) Although   (D) Whether

4. To receive a full refund, customers must return merchandise ------- 15 days.

    (A) unless   (B) within
    (C) always   (D) when

5. ------- you are buying or selling a house, be sure to use a real estate agent whose knowledge of the local market is comprehensive.

    (A) During   (B) So
    (C) Due to   (D) If

6. The renovation of the building is expected to continue ------- the remainder of the month.

    (A) at   (B) when
    (C) for   (D) therefore

7. ------- he was inexperienced, he decided to apply for the job.

    (A) Although   (B) Due to
    (C) Despite   (D) Because of

8. Quo 7 Textile Company posted a 15% increase ------- profits this year.

    (A) off   (B) at
    (C) up   (D) in

9. We expect the ceremony to be over ------- 12:30 P.M.

    (A) on   (B) in
    (C) by   (D) of

10. Iceberg Beverages will start a promotion campaign ------- the customer survey is completed.

    (A) as soon as   (B) except
    (C) but   (D) during

PART 5
Day 10

동영상강의
바로보기

1 핵심요령과 기본지식

관계대명사는 앞에 나온 명사에 대해 의미상 연결시켜주는 대명사와 접속사의 기능을 동시에 한다. 관계대명사는 앞 명사를 수식하는 형용사절 접속사이다.

She lives in a house **that** was built ten years ago. 그녀는 10년 전에 지어진 집에 산다.
→ that 이하의 관계절이 앞에 있는 a house를 수식해주는 역할을 한다.

관계절은 다른 단원에 비하면 출제 비중이 낮으나 출제 패턴이 정해져 있으므로 각 관계사마다 뒤의 구조를 정확히 알아 놓으면 쉽게 풀 수 있다.

01 관계대명사의 종류와 뒤의 구조

선행사가 사람이냐 사물이냐에 따라서 두 가지로 나뉘어진다. 대명사처럼 주격, 목적격, 소유격으로 세 가지의 격이 있다.

선행사	주격	목적격	소유격
사람	who	who / whom / that	whose
사물	which	which / that	whose

각각의 격의 뒤의 구조는 다음과 같다.

- **주격 관계대명사** + (주어 없음) + 동사
- **목적격 관계대명사** + 주어 + 타동사 + (목적어 없음)
- **소유격 관계대명사** + 완전한 문장

따라서, 각 관계사는 다음과 같은 구조가 뒤에 있다면 정답이다.

선행사(앞 명사)	관계사	뒤 문장의 형태
사람	who	주어 없음 (즉, 뒤 문장이 동사로 시작)
사람	whom	목적어 없음 (즉, 뒤에 주어와 동사까지만 있음)
사물	which	주어 혹은 목적어 없음
사람 / 사물	that	주어 혹은 목적어 없음
사람 / 사물	whose	완전한 문장
없음	what(명사절)	주어 혹은 목적어 없음

02 주의해야 할 관계대명사

❶ **which는 선행사로 사물뿐만 아니라 앞 문장 전체를 받을 수 있다.**

I work out every day, which keeps me healthy. 나는 매일 운동하는데, 그것이 나를 건강하게 해준다.

❷ **that이 쓰일 수 없는 경우**

that은 콤마(,) 뒤에서는 쓰일 수 없다.

Mr. Park, (t̶h̶a̶t̶ / who) was my boss, will establish a law firm. 내 상관이었던 Park 씨는 법률 회사를 설립할 것이다.

→ 콤마 뒤에 that을 쓸 수 없다. 이 경우는 who로 바꿔서 써야 한다.

03 완벽한 문장을 받는 관계부사 – when, where, why, how

앞에 선행사를 수식하는 형용사절을 만든다는 점에서 관계대명사와 유사해 보이나, 관계부사는 선행사가 좀 더 구체적이며 뒤에 완전한 문장을 받는다는 특징이 있다.

선행사	관계부사
장소 (the place, the city…)	where
때 (time, day…)	when
이유 (the reason)	why
방법 (the way)	how

I visited the hotel **where** we will have an anniversary party. 나는 우리가 1주년 기념 파티를 하게 될 호텔을 방문했다.
　　　　　　장소 선행사　관계부사　　　　　　완전한 절

→ 관계부사 where 뒤에는 완전한 문장

I visited the hotel **which** was renovated recently. 나는 최근에 보수된 호텔을 방문했다.
　　　　　　사물 선행사　관계대명사　　　불완전한 절

→ 관계대명사 which 뒤에는 불완전한 문장

2 예제로 익히기

These are the annual budget reports ------- you personally requested.

(A) what   (B) then   (C) when   (D) that

❶ 보기를 보자. 여러 형태의 관계사들이 있다. 관계사 문법 문제임을 알 수 있다.

❷ 문제 내 빈칸 앞에는 명사 reports가 있고, 빈칸 뒤에는 you(주어) personally(부사) requested(타동사) 가 있다.

❸ 뒤에 주어 + 타동사로 끝나는 구조를 취하고 목적어가 없는 것은 목적격 관계사이다.

❹ 목적격 관계대명사는 (D) that 밖에 없다.

[해석] 이것들이 당신이 개인적으로 요청하신 연례 예산 보고서들입니다.

[어휘] annual 연례의   budget 예산   personally 개인적으로, 직접   request 요청하다

PRACTICE

Hotel guests ------- made a reservation for "Early Bird" room service will receive their meals between 6 A.M. and 8 A.M.

(A) whose   (B) who   (C) where   (D) what

[해설] 앞에 선행사가 사람이고 뒤의 구조가 주어없이 동사부터 있으므로 주격관계대명사인 (B) who이다.

[해석] Early Bird 룸서비스를 예약한 손님들은 오전 여섯 시에서 여덟 시 사이에 식사를 받으실 수 있습니다.

[정답] (B) who

3 전략 연습

관계사 문제는 해석이 없어도 구조만 보고도 풀 수 있다. 빈칸 앞의 선행사와 빈칸 뒤의 구조를 보며 풀어본다. 틀린 문제들은 반드시 해설지를 반복해 읽고 또 읽어 자연스레 체득할 수 있도록 하자.

1. Staff members ------- are interested in taking evening English conversation classes should contact Mr. Raul at 510-9032.

   (A) which   (B) what
   (C) who   (D) where

2. Mr. Felton, ------- has been our valuable customer, was invited to our annual company party.

   (A) that   (B) who
   (C) which   (D) what

3. The main showroom ------- has been under renovation will open in two days.

   (A) who   (B) where
   (C) what   (D) that

4. We took a tour at the Guatemalan farm ------- the fruit is picked and artificially ripened before shipping.

   (A) what   (B) which
   (C) where   (D) that

5. This pamphlet is for the company ------- new model will be going into production early next year.

   (A) that   (B) which
   (C) what   (D) whose

6. The news article showed clearly ------- the Japanese companies were planning in the Korean market.

   (A) that   (B) what
   (C) where   (D) which

7. Ms. Taylor brought with her three colleagues, none of ------- I had ever met before.

   (A) which   (B) whom
   (C) what   (D) whose

8. I still remember the day ------- you were first promoted and delighted with joy.

   (A) when   (B) which
   (C) that   (D) where

9. This manual explains the way ------- the wages and year-end bonuses are calculated.

   (A) whom   (B) how
   (C) in which   (D) whose

10. Other companies are adopting new accounting methods, ------- is a sign that we may need to restructure our systems too.

    (A) who   (B) that
    (C) what   (D) which

1. The architect has ------- exploited new materials and building techniques.

   (A) clever
   (B) cleverly
   (C) cleverness
   (D) more cleverness

2. The accounting program may be used only by staff ------- have received the proper training.

   (A) few
   (B) should
   (C) after
   (D) who

3. ------- unexpected technical problems, the promotional campaign of our new camera will not be cancelled.

   (A) Although
   (B) Even
   (C) Unless
   (D) Despite

4. In spite of the snowy weather, the reception was well attended by ------- staff researchers and company sponsors.

   (A) either
   (B) both
   (C) not only
   (D) neither

5. In honor of ------- fifth anniversary, Solux Beauty will release the premier line of the cosmetics.

   (A) theirs
   (B) any
   (C) its
   (D) whose

6. This week's fundraiser will not be postponed ------- we had to change our key staff members who have been designing the event.

   (A) although
   (B) in spite of
   (C) however
   (D) nevertheless

7. Neither the CEO ------- the vice president deals personally with the overseas branch managers.

   (A) and
   (B) or
   (C) but also
   (D) nor

8. This discount offer is available ------- to our established customers.

   (A) exclusively
   (B) exclude
   (C) exclusive
   (D) excluding

9. Ms. Knight's flight to Boston was delayed; -------, she would have arrived here by 10 A.M.

   (A) nevertheless
   (B) otherwise
   (C) even though
   (D) but

10. Once the board of directors ------- reviewing your application, you will be notified within two weeks.

    (A) finish
    (B) finished
    (C) will finish
    (D) had finished

11. The purpose of this letter is to inform ------- that we have received the required deposit.

(A) herself   (B) hers
(C) her   (D) she

12. The financial situation of our company has become much worse than ------- of VGX Pipes, our competitor in the market.

(A) those   (B) that
(C) it   (D) them

13. Tyra Holmes ------- recognition as a world-famous classic guitarist in Europe and Asia in the last seven years.

(A) gaining   (B) gain
(C) has gained   (D) gains

14. One of the most amazing aspects of the Internet ------- that relatively poor people also can have access to it with a little help from the government.

(A) is   (B) are
(C) have   (D) were

15. His work efficiency fell dramatically ------- he was trying to manage both his busy work schedule and hectic personal chores at the same time.

(A) whether   (B) because of
(C) because   (D) nonetheless

16. Harry Yeats, the Human Resources manager ------- will contact each applicant to arrange their job interviews.

(A) himself   (B) him
(C) he   (D) his

17. Mr. Marion's articles in the newspaper are so ------- well written that everyone looks forward to reading them.

(A) exceptional   (B) exceptionally
(C) exceptions   (D) exception

18. The retraining program is intended for ------- working in the engine assembly line.

(A) those   (B) that
(C) them   (D) they

19. The guest speaker will give a presentation on urban transportation ------- thirty minutes.

(A) at   (B) since
(C) in   (D) from

20. The new office will be located in a fancy old building which ------- thirty years ago.

(A) was built   (B) built
(C) has been built   (D) is built

Day
12

명사 어휘 답 찍기

Today's Mission: 매회 1~3문제가 출제되는 명사 어휘 문제를 맞혀보자!

동영상강의
바로보기

1 핵심요령과 기본지식

명사는 형용사의 수식을 받고, 동사의 주어나 목적어로 쓰이기도 한다. 그러므로 수식을 하는 형용사와 문장의 동사를 유심히 보면 단서가 될 때가 많다. 그러므로 명사 단어들마다 앞 뒤로 친한 형용사, 동사, 명사를 함께 익혀두면 큰 도움이 된다. 어휘 문제를 풀고 리뷰할 때는 가급적 앞 뒤에 있었던 단어와 함께 익혀두는 것을 습관화 하도록 한다.

예를 들어 문제가 빈칸에 attention(관심, 주목)이라는 명사를 답으로 고르는 문제라면,

01 빈칸 앞의 형용사가 힌트가 될 수 있다.

full 완전한 / urgent 다급한 / close 밀접한 / careful 신중한, 주의깊은 / special 특별한 / unwanted 불필요한

They listened with **careful** -------.

(A) attention   (B) invitation   (C) information   (D) aversion

➡ careful attention: 주의깊은 관심

02 빈칸 앞의 동사들이 힌트가 될 수 있다.

devote 바치다 / pay 지불하다 / have 갖다 / attract 끌다 / draw 끌다 / catch 잡다 / distract 산만하게 하다

I need you to **pay** ------- to the lecture.

(A) attraction   (B) inhibition   (C) conclusion   (D) attention

➡ pay attention: 집중하다

03 복합명사로 출제된다.

간혹 다른 명사와 만나 하나의 의미를 만드는 [명사 + 명사]의 형태, 즉 '복합 명사'로도 출제된다.

attention span 주의 지속 시간

Kids these days have rather short ------- **span**.

(A) attribution   (B) reservation   (C) attention   (D) prohibition

➡ attention span(주의 지속 시간)이라는 단어를 알고 있으면 바로 풀 수 있는 문제이다.

2 예제로 익히기

The city's mayor made a special appearance at the conference on housing -------.

(A) development   (B) collection   (C) foundation   (D) commitment

❶ 선택지를 보자. 뜻이 다른 단어들이 있다. 어휘 문제임을 알 수 있다.

❷ 문제 내 빈칸 앞에 있는 단어 housing(주택)과 어울리는 어휘가 필요하다.

❸ 선택지를 다시 보자. 개발 / 수집 / 설립 / 약속 중 주택과 어울리는 어휘가 무엇인지 생각하자.

❹ 가장 어울리는 어휘는 이 중 개발로서 '주택 개발'이라고 할 수 있다.

❺ 정답은 (A) development다.

❻ 이후 복습할 때, 가급적 housing development를 통째로 익혀두도록 한다.

[해석] 시장이 주택 개발 총회에 특별 참석했다.

[어휘] mayor 시장   special appearance 특별 참석, 출연   conference 총회   housing development 주택 개발   collection 수집   foundation 설립, 기초   commitment 약속

PRACTICE

They're organizing a campaign to draw people's ------- to the environmentally harmful effects of using their cars.

(A) treatment   (B) attention   (C) rule   (D) appropriateness

[해설] 빈칸 앞에 동사 draw '끌다'가 보인다. '사람들의 ~을 끌다'라고 대충 해석이 되는 것 같다. 그렇다면 (B) attention이 빈칸에 들어가서 '사람들의 주의를 끌다'라고 하면 딱 어울리겠다. draw (one's) attention to~ '~에 대한 (~의) 주의를 끌다'라고 외워두자.

[해석] 그들은 자동차 사용의 환경적으로 해로운 효과에 대한 사람들의 주의를 끌기 위해 캠페인을 준비하고 있다.

[정답] (B) attention

3 전략 연습

어휘 문제이기 때문에 해석이 필요한 문제이다. 전체 해석이 깔끔하게 되면 좋겠지만 그게 어렵다면 앞 뒤를 위주로 해석해서 어떤 단어가 어울릴지를 생각해본다. 틀린 문제들은 반드시 해설지를 반복해 읽고 또 읽어 자연스레 체득할 수 있도록 하자.

1. Advance Group Limited is involved in the manufacture, sales, and ------- of its own food products.

   (A) exception
   (B) distribution
   (C) repetition
   (D) solution

2. The community housing department gives limited financial ------- to first-time home buyers.

   (A) assistance
   (B) association
   (C) division
   (D) statement

3. By purchasing two additional publishing companies, Bantam Media will secure the top ------- among American publishing companies.

   (A) order
   (B) position
   (C) record
   (D) schedule

4. Because Ms. Han does not have the technical ------- needed to complete the project, the work has been outsourced to a local technology firm.

   (A) expense
   (B) impression
   (C) indication
   (D) expertise

5. In its advertisements, Steven's Furniture emphasizes the strength and ------- of its products.

   (A) obligation
   (B) determination
   (C) reliability
   (D) decision

6. More than 10% of the One Bank's customers have switched to the new ------- plan.

   (A) statement
   (B) maintenance
   (C) discount
   (D) savings

7. In an ongoing commitment to client -------, Labo Electronics welcomes your feedback on its services.

   (A) satisfaction
   (B) extension
   (C) pleasure
   (D) management

8. Felix Public Relations has created effective media publicity ------- for customers in the communication, manufacturing and publishing industries.

   (A) permissions
   (B) influences
   (C) campaigns
   (D) intentions

9. Due to space constraints on its airplanes, the Continent Airline changed its ------- and now allows only one suitcase per passenger.

   (A) policy
   (B) accommodation
   (C) handling
   (D) measure

10. Solomon Logistics takes every ------- to ensure that your items arrive at their destination safely and on time.

    (A) idea
    (B) advice
    (C) detention
    (D) precaution

형용사 어휘 답 찍기

동영상강의
바로보기

Today's Mission: 매회 1–3문제가 출제되는 형용사 어휘 문제를 맞혀보자!

1 핵심요령과 기본지식

어떤 형용사 어휘가 빈칸에 들어가면 좋을지는 명사에 의해 결정된다. 형용사는 결국 명사를 수식하거나 설명하기 때문이다. 물론 전체 문장의 해석이 중요한 경우도 있지만, 빈칸이 수식하는 명사만 잘 곱씹어봐도 어울릴 만한 형용사를 골라낼 수 있는 경우가 많다.

01 빈칸 뒤의 명사가 힌트가 될 수 있다.

The assembly lines at the new manufacturing facilities in Vancouver use the ------- **technology** and serve as a model for other plants in Canada.

(A) continuous   (B) shortest   (C) latest   (D) immediate

➡ 형용사 자리에 형용사 어휘 4개가 보기에 있으니 형용사 어휘문제이다. 빈칸은 technology를 수식하는 형용사이므로 결국 technology와 어울리는 해석의 형용사를 찾아본다.

'과학 기술'의 의미인 technology를 수식하는 가장 적절한 형용사로 (C) latest(가장 최신의)가 답이다. **최신의 과학 기술**'이라고 해야 알맞은 표현이므로 (A) continuous (계속되는), (B) shortest(가장 짧은), (D) immediate(즉각적인) 등은 technology와 도저히 어울리지 않는다.

02 주어가 힌트가 될 수 있다.

Now that the price of gasoline has dropped, **long car trips** have once again **become** ------- for most drivers.

(A) affordable   (B) capable   (C) comparable   (D) predictable

➡ 빈칸 앞에는 형용사를 요구하는 동사 become이 있다. 보기 네 개가 전부 형용사인데 여기서 형용사는 주어인 long car trips를 설명한다. "장거리 자동차 여행은 _____이다"와 어울리는 해석을 찾아본다. "장거리 여행은 감당할 만하다 (affordable) / 능력이 있다(capable) / 비교할 만하다(comparable) / 예측 가능하다(predictable)." 이 중 가장 의미가 맞아 보이는 단어는 **감당할 만하다(affordable)**'라는 걸 알 수 있다.

물론, 전체 맥락을 해석할 수 있으면 더 완벽히 풀 수 있다. '휘발유 가격(price of gasoline)이 떨어져서(has dropped), 대부분의 운전자들(most drivers)에게 장거리 자동차 여행(long car trips)이 ~하게 되었다' 라는 해석이 되므로 휘발유 가격이 낮아졌기 때문에 휘발유를 많이 소비하게 되는 장거리 자동차 여행도 경제적으로 감당할(affordable) 만하게 되었다고 해야 딱 맞겠다. 답은 (A) affordable.

Last week's concert by the Sydney Orchestra was the most ------- one so far, with more than 300 people in attendance.

(A) wealthy   (B) delighted   (C) overall   (D) successful

❶ 보기를 보자. 뜻이 다른 어휘로 구성되어 있다. 어휘 문제임을 알 수 있다.

❷ 뒤의 명사인 one을 수식하고 있는데 여기서의 one은 '앞서 언급된 것'을 칭하는 대명사이므로 무엇을 지칭하는지를 정확히 찾아본다.

❸ 앞의 맥락을 보면 여기서의 one은 concert를 지칭한다는 것을 알 수 있다. 고로 concert랑 어울리는 형용사를 찾아본다.

❹ 보기를 다시 보자. wealthy(부유한) / delighted(즐거워하는) / overall(전체적인) / successful(성공적인) 중 '콘서트'와 어울리는 형용사는 '성공적인'이다. 참고로 '즐거운'은 감정분사의 p.p. 형태이므로 (Day 9에서 배웠던 것!) 사람만 수식해야 하니 맞지 않다.

❺ 그러므로 정답은 (D) successful이다.

[해석] 지난주의 시드니 오케스트라 공연은 300명 이상의 관객이 참석한, 지금까지 가장 성공적인 것이었다.

[어휘] so far 지금까지   attendance 참석, 출석   wealthy 부유한   delighted 즐거워하는   overall 전체적인   successful 성공적인

PRACTICE

The new employee is required to perform ------- tasks, such as making copies and cleaning the office.

(A) sincere   (B) flavorful   (C) routine   (D) recent

[해설] 빈칸 뒤에는 '임무, 과업'의 의미를 갖고 있는 명사 tasks가 있다. 앞에 대충 해석해봐도 문장의 주어인 신입 직원(new employee)이 무슨 과업, 무슨 임무를 해야 할까? 보기에 있는 형용사들을 하나씩 넣어보면 (A) sincere(성실한), (B) flavorful(맛 좋은), (C) routine(일상적인), (D) recent(최근의)이다. 성실한 업무? 일상적인 업무? 최근의 업무? 뭔가 말이 되는 게 많게 느껴진다면 전체 해석을 따져봐야 한다. such as making copies, cleaning the office(복사 하기, 사무실 청소하기와 같은)으로 미뤄봤을 때 가장 어울리는 해석은 (C) routine이다. (C) routine은 '일상적인, 매일 반복되는'의 의미를 가진 형용사로 뒤에 있는 명사 tasks와 아주 잘 어울린다. routine tasks(매일 반복되는 일과)라고 외워두자.

[해석] 신입 직원은 복사하기나 사무실 청소 같은 일상적인 업무를 해야 한다.

[정답] (C) routine

3 전략 연습

어휘 문제이기 때문에 해석이 필요한 문제이다. 전체 해석이 깔끔하게 되면 좋겠지만 그게 어렵다면 수식 받는 명사와 해석상 가장 어울리는 형용사를 찾아본다. 틀린 문제들은 반드시 해설지를 반복해 읽고 또 읽어 자연스레 체득할 수 있도록 하자.

1. Diamond Tailors promises custom suits at ------- prices.

   (A) willing   (B) valuable
   (C) reasonable   (D) relative

2. At Truman Associates, we believe that a ------- working environment is essential to the well-being of our staff.

   (A) tender   (B) pleasant
   (C) confident   (D) fragile

3. Range Photocopiers was able to increase its share of the market by selling units at two thirds of the ------- price.

   (A) duplicate   (B) numerous
   (C) standard   (D) divided

4. We found it ------- to request estimates from several contractors before choosing one.

   (A) beneficial   (B) legible
   (C) abundant   (D) accessible

5. Few people attended the city festival the first year it was held, but extensive advertising attracted larger crowds in ------- years.

   (A) next   (B) subsequent
   (C) followed   (D) late

6. Future Technology Company is committed to providing ------- products at an affordable price.

   (A) reliable   (B) skilled
   (C) earnest   (D) tactful

7. Because of the ------- problems, we have had with Budget Delivery over the past year, we will be switching to a new delivery service.

   (A) supportive   (B) spoiled
   (C) voluntary   (D) numerous

8. With the rise in transportation costs, Wilcher Corporation has experienced an ------- need to find innovative ways to reduce shipping expenses.

   (A) effective   (B) outgoing
   (C) increasing   (D) accidental

9. Hartford Utilities appreciates your ------- payment of the enclosed electric bill, which is due by February 3rd.

   (A) lasting   (B) missed
   (C) prompt   (D) soon

10. Many ------- economists, including Teresa Robinson and Diana Boxer, have published articles in *The Yale Reviews*.

   (A) customary   (B) definite
   (C) elaborate   (D) notable

부사 어휘 답 찍기

동영상강의
바로보기

Today's Mission: 매회 1~3문제가 출제되는 부사 어휘 문제를 맞혀보자!

1 핵심요령과 기본지식

부사는 다양한 품사를 수식할 수 있으니 수식하는 대상을 찾아서 그와 어울리는 해석의 부사를 찾도록 한다. 토익 시험에서는 부사 어휘 문제는 보통 동사를 수식하는 부사와 전치사구를 수식하는 문제로 가장 많이 출제된다.

01 수식하는 동사가 힌트가 될 수 있다.

> Negotiators should be aware that the CEO tends to **speak** very -------.
>
> (A) indirectly   (B) mutually   (C) centrally   (D) nearly

➡ 여기서의 부사 어휘는 앞에 very와 함께 speak(이야기하다)를 수식하고 있다. '매우 ~하게 이야기하다'라는 의미일 테니까 보기의 부사들을 하나씩 대입해보면 (A) indirectly가 답으로 들어 가서 'CEO가 매우 간접적으로(즉, 빙 돌려서) 말하다'라고 해야 가장 알맞다.

(B) 'CEO가 매우 mutually (상호적으로) 말하다', (C) 'CEO가 매우 centrally(중심적으로)말하다', (D) 'CEO가 매우 nearly(거의) 말하다'는 의미상 동사 speak와 어울리지 않는다.

02 전치사구를 수식하는 부사를 찾는다.

> Our new manager, Mrs. Kutzkian wants the department briefings to **begin** ------- **at 9:00 A.M. on Mondays.**
>
> (A) sometime   (B) soon   (C) exceedingly   (D) promptly

➡ 빈칸 앞에는 동사 begin이 있고, 뒤에는 at 9:00 A.M.이라는 전치사구가 있다. '_____하게 오전 아홉 시에 시작하다' 라는 의미가 되어야겠다.

(A) sometime(미래의 언젠가, 훗날에)이라는 부사는 막연한 미래의 시점을 말하므로 정확히 '아홉 시에'라는 전치사구와 의미가 맞지 않고, (B) soon(곧)도 미래 시제와 어울리는 부사이므로 답에서 제외하고, (C) exceedingly(지나치게)는 문맥상 전혀 어울리지 않는다. 답은 (D) promptly(신속하게, 즉시, 정확하게)로 '정확히 9시에 시작하다'의 의미를 만들었으므로 잘 어울리는 부사이다.

2 예제로 익히기

With over 200 guest rooms, the Mountain Top Hotel can ------- accommodate several tour groups at once.

(A) softly   (B) easily   (C) deeply   (D) slowly

❶ 보기를 보자. 뜻이 다른 어휘가 있다. 어휘 문제임을 알 수 있다.

❷ 문제 내 200개의 객실이 있다(with over 200 guest rooms)는 해석과 수용할 수 있다(can accommodate) 는 해석과 어울리는 어휘가 필요하다.

❸ 선택지를 다시 보자. softly(부드럽게) / easily(쉽게) / deeply(깊게) / slowly(천천히) 중 위 두 조건 에 충족하는 어휘는 '쉽게'라고 할 수 있다.

❹ 정답은 (B) easily이다.

해석 200개 이상의 객실을 가진 Mountain Top 호텔은 몇 개의 관광 단체들을 한 번에 쉽게 수용할 수 있다.
어휘 guest room 객실   accommodate 숙박시키다, 수용하다   at once 한 번에

PRACTICE

Mr. Keenan, the manager, visits all the offices under his management -------.

(A) widely   (B) recently   (C) regularly   (D) brightly

해설 문장의 동사 visits를 꾸미는 부사로 (A) widely(넓게)와 (D) brightly(밝게)는 문맥에 맞지 않고, (B) recently(최근에)는 의미상 '가까운 과거에 있었던 행위'를 나타내기 때문에 과거 시제나 현재 완료 시제와 함께 쓴다. 그렇다면, 답은 (C) regularly가 되겠는 데, '일정하게, 규칙적으로'라는 의미로 '반복되는 일정이나 습관'을 주로 현재 시제로 표현한다는 규칙에도 의미상 잘 어울린다.
해석 매니저인 Keenan 씨는 그의 관리 하에 있는 모든 사무실들을 정기적으로 방문한다.
정답 (C) regularly

3 전략 연습

어휘 문제이기 때문에 해석이 필요한 문제이다. 전체 해석이 깔끔하게 되면 좋겠지만 그게 어렵다면 수식 받는 동사나 전치사와 해석상 가장 어울리는 부사를 찾아본다. 틀린 문제들은 반드시 해설지를 반복해 읽고 또 읽어 자연스레 체득할 수 있도록 하자.

1. The exchange rate is not very favorable at the moment, but it is expected to improve -------.

   (A) urgently   (B) shortly
   (C) nearly   (D) openly

2. According to the first quarter report, January's sales were ------- better than average.

   (A) quickly   (B) slightly
   (C) attentively   (D) variably

3. The sales plan was not decided ------- but was rather the result of careful cooperation by a team of sales managers.

   (A) arbitrarily   (B) officially
   (C) only   (D) impossibly

4. Freeman Books can send invoices ------- from book orders at the customer's request.

   (A) partially   (B) jointly
   (C) diversely   (D) separately

5. I ------- remember the man in a black suit guiding us to the party hall.

   (A) mistakenly   (B) exclusively
   (C) newly   (D) vaguely

6. Since the book was published, it has been ------- translated into 15 languages.

   (A) accordingly   (B) unlimitedly
   (C) conveniently (D) subsequently

7. We went through the report ------- but the information we wanted wasn't given anywhere.

   (A) overly   (B) thoroughly
   (C) easily   (D) reportedly

8. As competitors scrambled to keep up, JYT Inc. moved ------- to start production of the plastic components before other firms even had a chance to act.

   (A) regularly   (B) softly
   (C) quickly   (D) tiredly

9. Screenwriter Edwin Burrows is ------- obligated to write a new installment in her *Dave Cross* series every twelve months.

   (A) contractually (B) descriptively
   (C) responsibly   (D) critically

10. Copier paper and printer cartridges are ------- sorted in the filing cabinet next to the receptionist's desk.

   (A) relatively   (B) usually
   (C) slightly   (D) vaguely

Day 15 동사 어휘 답 찍기

Today's Mission: 매회 1~3문제가 출제되는 동사 어휘 문제를 맞혀보자!

동영상강의
바로보기

1 핵심요령과 기본지식

모든 동사에는 주어가 있다. 주어와 얼마나 잘 어울리는 동사인지가 일단 중요하다. 이를테면 주어가 '기차'인데 동사로 '먹는다'는 '기차가 먹는다??'로 해석이 어울리지 않을 것이다. 타동사는 목적어가 반드시 있다. 그러므로 타동사의 경우, 목적어와 어울리는 동사를 찾는다. 목적어가 '기차'인데 동사로 '먹는다'는 '기차를 먹는다??' 라는 해석이 되어 어울리지 않을 것이다. 마지막으로 전치사와 짝꿍처럼 쓰이는 자동사를 찾는 문제도 있다. 예를 들면 comply는 항상 전치사 with과 함께 쓰이므로 with 앞에 빈칸이 나올 경우, 가장 먼저 정답으로 의심해봐야 한다.

01 주어가 힌트가 될 수 있다.

Visits to Wall Street security firms will be ------- for seminar participants who indicate an interest in advance.

(A) aligned   (B) collected   (C) arranged   (D) adhered

➡ 문장의 주어는 방문(visits)이고, '방문이 ~되어질 것이다'에서 동사 부분을 고르는 문제이다. (A) aligned (정렬되다), (B) collected(수집되다), (D) adhered(고수되다) 등은 주어 Visits와 어울리지 않는다. '방문은 주선 혹은 준비되어야(be arranged)'할 것이므로 답은 (C) arranged가 되겠다. 이렇게 **수동태 문장의 동사 어휘 문제를 풀 때에는 주어와 어울리는 동사를 골라주는 것이 기본 전략**이다.

02 목적어가 힌트가 될 수 있다.

The financial director ------- **the new bullet train** to London for the board meeting.

(A) spent   (B) went   (C) had   (D) took

➡ 문장은 「주어 + 동사 + 목적어」로 구성되어 있고 동사 자리가 빈칸이기 때문에 주어랑 목적어와 잘 어울리는 동사를 찾아본다. 문장의 주어는 The financial director(재정 담당 이사)로 이 명사는 어울리는 동사를 찾아낼 만큼 특별하지는 않다. 그렇다면, 문장의 목적어를 찾아보자. 이 문장에서는 빈칸 뒤에 있는 the new bullet train(새로운 초고속 열차)이 목적어가 될 것이고, 이 '기차를 ~하다'라고 할 때 '~하다'에 어울리는 동사는 (D) took가 되겠다.

'(교통수단을) 타다, 이용하다'의 의미로 동사 take가 쓰인다는 것을 알면 바로 답을 고를 수 있다. (A) spent(소비했다), (B) went(갔다), (C) had(가졌다) 등은 기본 동사이므로 당연히 의미를 알고, 답에서 제외할 수 있어야 한다.

(03) 관용표현

The city has contracted Rolling's Builders to ------- the historic Sabre Castle **to** its original beauty.

(A) restore　　　　　(B) regain　　　　　(C) replace　　　　　(D) restart

➡ 빈칸 뒤에 목적어인 the historic Sabre Castle(역사적인 무슨 성)을 '원래의 아름다움으로(to its original beauty) ~ 한다'는 의미의 문장이다. 목적어 지나서 있는 전치사는 단서가 될 경우가 많다. 이 문제 역시도 힌트가 되는 부분은 to its original beauty, 즉 '원래의 아름다웠던 모습으로'라는 부분이다. 그 오래된 건물을 원래의 아름다운 상태로 '복원시킨다'라고 해야 의미가 통하므로 답은 (A) restore이다.

이런 문제를 한 방에 답을 찾기 위해서는 **restore A to B(A를 B의 상태로 복원, 복구시키다)**를 표현으로 외워두자. 참고로 나머지 보기의 의미는 (B) regain(다시 얻다), (C) replace(교체하다), (D) restart(다시 시작하다)이다.

2 예제로 익히기

Employees must ------- the basic English conversation course before they are permitted to enroll in the intermediate-level course.

(A) present　　　　　(B) complete　　　　　(C) retire　　　　　(D) make

❶ 보기를 보자. 뜻이 다른 어휘가 있다. 어휘 문제임을 알 수 있다.

❷ 주어가 직원들(employees)이고 목적어는 수업(course)이라고 할 수 있다. 그러니 "직원들이 수업을 _____한다"에 어울리는 동사가 정답이다.

❸ 보기를 다시 보자. present(제시(발표)하다) / complete(끝내다) / retire(은퇴하다) / make(만들다(하다)) 중 위의 해석을 충족하는 어휘는 '끝내다'라고 할 수 있다.

❹ 정답은 (B) complete다.

[해석] 직원들은 중급 과정 등록이 허가되기 전에 반드시 기초 영어 회화 과정을 끝내야 한다.

[어휘] conversation 대화; 회화　permit 허가하다　enroll 등록하다　intermediate 중간의

PRACTICE

The Business Focus Weekly ------- information on companies in the English education sector.

(A) arrives　　　　　(B) observes　　　　　(C) contains　　　　　(D) trusts

[해설] "주간지가 정보를 _____한다"에 어울리는 해석의 동사를 찾아본다. 가장 잘 어울리는 동사는 (C) contains(포함하다, 수록하다)이다. (A) arrives(도착하다), (B) observes(준수하다), (D) trusts(믿다) 등의 동사들은 문장의 의미가 올바르게 완성되지 않는 오답들이다.

[해석] 〈The Business Focus Weekly〉는 영어 교육 관련 분야의 회사들에 대한 정보를 포함하고 있다.

[정답] (C) contains

3 전략 연습

어휘 문제이기 때문에 해석이 필요한 문제이다. 전체 해석이 깔끔하게 되면 좋겠지만 그게 어렵다면 주어와 목적어랑 잘 어울리는 동사를 찾는 데에 집중해보도록 한다. 틀린 문제들은 반드시 해설지를 반복해 읽고 또 읽어 자연스레 체득할 수 있도록 하자.

1. The Marketing Division will ------- a consumer survey.

   (A) detain   (B) associate
   (C) foretell   (D) conduct

2. For security reasons, only authorized personnel are ------- to enter this room.

   (A) associated   (B) permitted
   (C) decided   (D) written

3. The sales team meeting originally scheduled next Monday has been ------- until next Wednesday.

   (A) abbreviated   (B) terminated
   (C) postponed   (D) met

4. The mail order form for Lion Company states that any purchase over $50 ------- for free shipping.

   (A) supplies   (B) qualifies
   (C) arranges   (D) copies

5. The Editorial Department intends to ------- significant changes to the magazine's format at the next meeting.

   (A) involve   (B) announce
   (C) participate   (D) agree

6. The reception will begin at 6 o'clock and will be ------- by a dinner in the main hall at seven thirty.

   (A) followed   (B) advanced
   (C) delayed   (D) processed

7. Kevin Hamus told his supervisor about the complaints from international customers, and she promised to ------- the matter.

   (A) look into   (B) act out
   (C) show up   (D) go ahead

8. Mr. Tanaka's report has ------- the managers aware of hiring needs for next year.

   (A) brought   (B) given
   (C) made   (D) become

9. Corporate policy ------- staff members from conducting personal business during working hours.

   (A) discourages   (B) detects
   (C) indicates   (D) pretends

10. The Maintenance Department has installed a computer program that enables employees to ------- their working hours electronically.

    (A) practice   (B) attend
    (C) record   (D) recover

PART 5   Day 15

전치사 어휘 답 찍기

Today's Mission: 언제나 아리송한 전치사 문제를 정복해보자!

1 핵심요령과 기본지식

전치사는 뒤에 명사를 받는다. 그러므로 뒤에 있는 명사와 얼마나 잘 어울리느냐가 관건이다. 거기다 꼭 알아야 할 지식 하나 더! 보통 토익은 다른 단어와 짝꿍처럼 함께 쓰이는 전치사를 골라내는 유형을 좋아하므로 해당 단어의 전치사 짝꿍이 있으면 꼭 함께 외워 놓아야 한다.

> The new director commended the managers' efforts to promote physical fitness
> ------- **factory workers** in the assembly line.
>
> (A) between   (B) beside   (C) along   (D) among

➡ 전치사는 뒤에 있는 명사와 잘 어울려야 한다. 빈칸 뒤에 있는 명사는 공장 근로자들(factory workers)이므로 그와 잘 어울리는 전치사를 찾아본다. (A) during은 의미상 '~동안'이므로 기간적 표현을 받는다. (B) beside는 '~옆에', (C) along은 '~을 따라'의 장소적인 의미이므로, 가장 적절한 전치사는 '(셋 이상의 사람[사물]들) 사이에'의 뜻인 (D) among이다.

> The newly arrived Picasso's works in the museum are guarded by a security service -------
> the close of business **to** the next morning.
>
> (A) since   (B) from   (C) only   (D) even

➡ 빈칸 뒤에 있는 the close만으로는 특정 전치사를 한정 지을 수가 없다. 그러므로 이 문제는 좀 더 넓게 문제를 살펴봐야 하는데 빈칸 뒤에 전치사 to가 보인다. 한 쌍으로 같이 다니는 전치사는 보기 중에 (B) from으로 from A to B (A에서 B까지) 구문이다. 이 문장을 'A에서 B까지'라는 from A to B로 해석하면 잘 들어맞는 해석임을 알 수 있다.

(A) since '~이래로'는 전치사는 맞지만 뒤에 to가 따라오지 않고, '이래로 ~해왔다'의 의미로 대개 현재 완료 시제와 잘 사용된다. (이 문장은 현재 시제(are guarded)이므로 since 와 어울려 쓰이지 않는다.)

2 예제로 익히기

The sponsor asks that all participants check in at the reception desk ------- arrival.

(A) as   (B) on   (C) into   (D) up

❶ 보기를 보자. 다양한 전치사가 있다. 전치사 어휘 문제임을 알 수 있다.

❷ 뒤에 있는 명사는 '도착(arrival)이다.

❸ on과 upon은 뒤에 명사를 받을 때 "~하자마자"로 쓰일 수 있는데 이 해석이 도착과 잘 어울린다. 나머지 보기들은 '도착으로서(as)', '도착 안으로(into), '도착 위로(up)'과 같이 이상한 해석이 되어버린다.

❹ 정답은 '도착하자마자'의 해석을 만들어내는 (B) on이다.

[해석] 주최자는 모든 참가자들이 도착하자마자 리셉션 데스크에 등록하기를 요구한다.

[어휘] sponsor 주최자   participant 참가자   check in ~에 등록하다   arrival 도착

PRACTICE

After the clerk finishes checking the sale items, the computer quickly prints ------- the total list.

(A) with   (B) between   (C) out   (D) of

[해설] 이 문제는 뒤의 명사(the total list)만 봐서는 딱 말이 되는 전치사가 한정되지 않는다. 혹시 짝꿍 전치사 문제가 아닌지를 의심해봐야 하는데 빈칸 앞에 있는 동사 prints와 함께 자주 쓰이는 전치사는 (C) out이다. print out(인쇄하다, 출력하다)이라는 표현을 기억해두면 너무나 쉬운 문제!

[해석] 판매원이 세일 품목을 체크하는 것을 끝내면, 컴퓨터가 전체 목록을 신속하게 인쇄한다.

[정답] (C) out

3 전략 연습

어휘 문제이기 때문에 해석이 필요한 문제이다. 전체 해석이 깔끔하게 되면 좋겠지만 그게 어렵다면 뒤의 명사와 잘 어울리는 전치사를 찾는 데에 집중해보도록 한다. 또한, 특정 단어와 짝꿍 전치사가 정답이 될 수도 있음에 유의하자. 틀린 문제들은 반드시 해설지를 반복해 읽고 또 읽어 자연스레 체득할 수 있도록 하자.

1. Please be sure to follow up with Ms. Wilson ----- the maintenance of the dehumidifier.

   (A) across   (B) regarding
   (C) since   (D) even

2. Dr. Hu is a passionate physician who has committed himself ------- caring for children in need.

   (A) in   (B) of
   (C) to   (D) that

3. Pilex Delivery announced yesterday that, ------- commercial cargo, it will begin shipping residential freight.

   (A) in addition to   (B) as a result of
   (C) even though   (D) not only

4. Hotel Ontari is ------- an hour's drive of the Harbor City.

   (A) onto   (B) on
   (C) where   (D) within

5. The flight reservations ------- Ms. Ramirez's trip to Seoul have been confirmed by the airline.

   (A) for   (B) about
   (C) in   (D) by

6. Driving directions to our company and a map of the city are enclosed ------- the letter.

   (A) along   (B) from
   (C) with   (D) until

7. Xing Corporation plans to hold a series of seminars to promote better communication ------- its staff members.

   (A) among   (B) under
   (C) past   (D) behind

8. The renovation of the employee cafeteria is expected to continue ------- the remainder of the month.

   (A) at   (B) for
   (C) then   (D) what

9. ------- unexpected technical problems, the launch for the new antivirus software will not be delayed.

   (A) In spite of   (B) Prior to
   (C) However   (D) Originally

10. Since his election as president, Mr. Tanner has been trying to build trade relationships with companies ------- the region.

   (A) moreover   (B) up
   (C) as   (D) throughout

REVIEW TEST 3

Today's Mission: 문제를 보자마자 답이 나올 때까지 반복 예습하자!

정답 109페이지

1. We need to get an assistant who's ------- and efficient.

(A) possible
(B) capable
(C) mandatory
(D) tentative

2. Motorists are ------- by law to wear a seat belt.

(A) require
(B) requiring
(C) required
(D) requirements

3. We recommend that the paint be used ------- on a metallic surface as it does not adhere well to the surface of the other materials.

(A) only
(B) doubly
(C) nearly
(D) as

4. ------- employees must have proficient computer skills and fluency in English.

(A) Intermediate
(B) Prospective
(C) Obvious
(D) Previous

5. New employees ------- wish to attend the company banquet must sign up before Friday.

(A) what
(B) whom
(C) who
(D) when

6. For a limited time only, Solomon Insurance offers business in the Robson area a significant ------- on property insurance.

(A) restraints
(B) delivery
(C) fix
(D) discount

7. Mrs. Nuyen doesn't want to take even ------- criticism about her work performance.

(A) constructive
(B) compatible
(C) various
(D) operative

8. The $100 appliance rebate is ------- toward the purchase of new Sedin Energy refrigerators and appliances for a limited time only.

(A) diverted
(B) submissive
(C) purposeful
(D) applicable

9. Commuters are ------- to use the tunnel while the bridge is under repair.

(A) encourage
(B) encouraged
(C) encouraging
(D) encouragement

10. The advertising manager gave a brief ------- about the new media campaign.

(A) presentation
(B) arrangement
(C) administration
(D) occupation

11. This discount offer is given ------- to the subscriber of the *Biker's Weekly*.

(A) exclusively   (B) accurately
(C) actively   (D) occasionally

12. The Personnel Department was asked to find ------- ways to motivate employee participation in the time management seminars.

(A) obtained   (B) decided
(C) effective   (D) approximate

13. Because this machine works so -------, we are able to accomplish twice as much as before.

(A) efficiently   (B) right
(C) unconditionally   (D) extremely

14. The old bridge across the Red Cedar River has begun to show signs of -------.

(A) shape   (B) decrease
(C) wear   (D) limit

15. Mr. Futon will return from England, ------- he received a Ph.D. from a university.

(A) what   (B) who
(C) which   (D) where

16. In order to improve customer service, we urge you to respond ------- to this matter.

(A) increasingly   (B) promptly
(C) currently   (D) easily

17. Many applicants ------- were interviewed will meet the president tomorrow.

(A) whom   (B) what
(C) who   (D) which

18. Every laboratory employee should download and print a copy of the safety handbook for quick -------.

(A) reference   (B) procedure
(C) subject   (D) indication

19. While Harry is out of the office next week, he will be checking his e-mail ------- from home.

(A) timely   (B) exactly
(C) evenly   (D) regularly

20. A sports club member who wishes to cancel a membership must give 30 days -------.

(A) knowledge   (B) notice
(C) track   (D) catch

PART 6

DAY **17**

파트 6는 한 문제 한 문제 따로 보면 파트 5와 똑같이 생겼지만, 긴 지문 내에서 문맥을 파악해야만 풀 수 있는 문제들이 많다는 점에서 파트 5와는 다르고 난이도도 훨씬 높다. 특히 파트 6에서 어렵게 출제되는 것이 동사의 시제 문제, 어휘 문제, 그리고 문장 삽입 문제이다.

파트 6 시제문제

Please join us for Temple Education's holiday party. This year's event ------- on December 21 between 4:00 P.M. and 8:00 P.M. at the Sacramento Community Center. Delicious dishes will be served throughout the party. Please alert us if you have any food restrictions.

131. (A) will take place   (B) taking place   (C) had taken place   (D) took place

위 문제에서 This year's event 131. ------- on December 21 between 4:00 P.M. and 8:00 P.M. at the Sacramento Community Center. 문장만을 보고 문제를 풀려고 하면 보기 중에서 (B)만 빼고 다 정답이 될 수 있다. 왜냐면 12월 21일이 과거인지 미래인지 알 수가 없기 때문이다.

그러나 다음 문장을 보면 "Delicious dishes will be served throughout the party."라고 미래시제로 맛있는 음식이 제공될 것이라는 힌트가 나와있다. 이 파티는 아직 개최되지 않은 미래의 일인 것이다. 따라서 답은 미래시제인 (A)가 답인 것이다.

파트 6 어휘문제

After months of delays, the city's new bridge was finally completed this week. All commuter traffic from the old bridge will be moving over to the new one. The ------- is scheduled to begin on Monday.

132. (A) transition   (B) renovation   (C) negotiation   (D) production

위 문제에서도 The 132. ------- is scheduled to begin on Monday. 만 보고 성급하게 답을 고르면 네 개가 모두 답이 될 수 있기 때문에 조심해야 한다.

앞 문장을 보면 모든 교통 이동이 옛날 다리에서 새로 생긴 다리로 이동할 것이라는 내용이 나와있기 때문에 정답은 (A) transition(이동)이 되는 것이다.

파트 6 문장삽입문제

파트 6 문장 삽입 문제는 한 지문에 한 문제씩 출제된다. 한 문제당 4개의 다른 문장이 보기에 주어지고, 문맥상 가장 자연스러운 문장을 선택하면 된다.

파트 6 문장 삽입 문제는 추론 문제이기 때문에 지문 내 주어진 빈칸을 중심으로 빈칸 앞 문장과 뒤 문장을 읽고, 빈칸에 들어갈 수 있는 내용을 먼저 유추해본 후, 보기를 보고 가장 근접한 내용을 선택하면 된다.

Day 17 독해로 푸는 파트 6

동영상강의
바로보기

Today's Mission: 독해가 중요한 파트 6의 풀이 방식과 전략을 정복해보자.

1 핵심요령과 기본지식

파트 6는 문법 보다는 어휘 문제가 주를 이룬다. 거기다 문장 삽입 문제까지 포함되어 있으므로 지문의 독해가 필수적으로 요구되는 파트이다. 꼭 처음부터 지문을 독해해가며 문제를 풀고, 모르는 문제는 일단 넘어갔다가 다른 문제들을 풀고 돌아오도록 한다. 지문의 후반부에 해당 문제의 추가 단서가 나올 수도 있기 때문이다.

Questions 131–134 refer to the following notice.

We would like to express our appreciation for your decision to stay with us here at the Parks Lodge Hotel. In each room, you will find the bathroom with a range of luxury toiletries including body lotion, shampoo, soap, and toothpaste. ------- are all provided free of charge.
131.

Any towels ------- on the bathroom floor or in the bathtub will be replaced with new towels by
132.
Housekeeping. -------. In order to protect the environment, we would appreciate if you could
133.
reuse the towels as much as you can. Thank you beforehand for joining us in our ------- to
134.
reducing the hotel's impact on the environment.

처음부터 독해를 하며 읽어 가다가 빈칸이 나올 때 해당 문제의 보기를 보고 그 문장을 읽어본다. 이 때 보기를 보면 문법 문제인지 어휘 문제인지 대강 파악이 가능하다. 앞의 흐름과 연결이 되는 문제가 많기 때문에 꼭 계속 독해를 해가면서 풀어야 한다는 것을 명심하자. 한 세트(4문제)를 풀 때는 제한 시간 2분을 넘기지 않도록 연습해야 한다.

문법 문제
131. (A) This
(B) That
(C) Them
(D) These

어휘 문제
132. (A) disposed
(B) hanging
(C) left
(D) gone

문장 삽입 문제
133. (A) Please hang any towels for reuse on the rack so that Housekeeping will not replace them.
(B) We have recently replaced the bathtub with the new one.
(C) You should always keep the towels clean.
(D) In order to cut down on our expenses, we have reduced the number of Housekeeping staff.

문법 문제
134. (A) commit
(B) commitment
(C) committing
(D) committed

보기 구성을 봤을 때, 보기 4개가 각각 다른 뜻을 갖고 있는 단어들로 구성되어 있다면 **어휘 문제**이다. 큰 개념에서 뜻은 같지만 품사가 다른 단어들로 구성되어 있다면 **문법 문제**라고 할 수 있으며, 보기들이 문장으로 구성되어 있는 문제는 **문장 삽입 문제**라고 할 수 있다.

문법 문제는 보통 빈칸이 포함된 문장 하나만 봐도 풀리는 경우가 많지만, 어휘 문제의 경우 앞 흐름과 뒤의 흐름을 알아야 풀 수 있는 경우가 많다는 것에 유의하자. 문장 삽입 문제는 최대한 전체 내용을 이해하고 푸는 것이 유리하기 때문에 가장 마지막으로 푸는 것이 좋다.

풀이 순서1   **131번 문법 문제**

빈칸은 주어 자리로 명사 또는 대명사가 들어갈 수 있다. 문맥상 '이것들은 모두 무료로 제공됩니다.'라는 의미인데다가 뒤에 복수동사를 받을 수 있는 복수 주어는 (D) These밖에 없다.

풀이 순서 2   **132번 어휘 문제**

이미 문장의 주어(Any towels)와 동사(will be replaced)가 있으므로 빈칸은 동사자리는 아니다. Any towels를 뒤에서 수식하는 분사 자리이므로 '화장실 바닥에 ~된 수건들'과 가장 어울리는 해석을 찾아본다. '욕실 바닥 또는 욕조에 두신 (left) 수건들은 깨끗한 수건으로 교체해드릴 것입니다.'라는 의미가 어울리므로 빈칸에는 '남겨둔(left)'이라는 의미의 (C) left가 정답이다. 참고로 disposed(배치하다, 처분하다), hang(걸다), go(가다).

풀이 순서 3   **134번 문법 문제**

빈칸은 앞의 소유격 대명사 our의 수식을 받는 명사 자리이다. 소유격 뒤에는 꼭 명사가 있어야 하므로 명사인 (B) commitment가 정답. 동명사인 (C) committing은 뒤에 목적어가 필요할 것이므로 오답이다. (Day 8에서 다룬 지식!)

풀이 순서 4   **133번 문장 삽입 문제**

빈칸 앞에는 교체될 수건들에 대한 설명이 있고, 빈칸 뒤에는 환경 보호를 위해 가급적 수건들을 최대한 재사용해달라는 당부사항이 있다. 따라서 (A)번 '재사용할 수건들은 수건 옷걸이에 걸어주세요'라는 문장이 맥락상 가장 잘 어울린다.

이 순서로 한 지문을 풀게 되면 평균 90초, 즉 1분 30초 정도가 소요된다. 그리고 나아가서 파트 6는 한 세트에 4지문 16문제로 구성되어 있기 때문에 전체 소요시간은 약 6분 정도로 예상된다.

지문 해석 참고하세요!

이곳 Parks Lodge Hotel 투숙을 선택해주셔서 감사 드리고 싶습니다. 객실마다 욕실에 바디 로션, 샴푸, 비누, 치약 등 다양한 고급 세면도구를 보실 수 있을 것입니다. **이것들은** 모두 무료로 제공됩니다.

욕실 바닥 또는 욕조에 **두신** 수건은 객실 관리과에서 새 수건으로 교체해드릴 것입니다. **객실 관리과에서 교체하지 않는 것을 알 수 있도록, 재사용하고 싶으신 수건은 욕실 수건 걸이에 걸어주십시오.** 환경을 보호하기 위해, 저희는 고객님께서 최대한 수건들을 재사용 해주시면 감사하겠습니다. 호텔이 환경에 미치는 영향을 줄이려는 저희의 **헌신에** 동참해주신 점 미리 감사 드립니다.

2 독해를 해가며 파트 6를 풀어보자!

맥락을 살펴가며 파트 6의 문제를 하나씩 풀어본다. 문장 삽입은 가급적 마지막에 풀고, 모르는 문제는 일단 넘어가고 다른 문제부터 풀고 나중에 다시 보도록 한다. 틀린 문제들이 많은 지문은 지문의 해석 연습도 반드시 해보고 넘어가도록 하자.

Questions 131-134 refer to the following e-mail.

From: Sarah Smith <sarahpsmith@pepperproductions.com>
To: Emily Rodriguez <paularod@mailtome.com>
Date: Friday, April 5
Subject: Talk show appearance
Attachment: Guidelines

Dear Ms. Rodriguez,

We are ------- to learn that you have accepted our offer to appear on our primetime talk
     131.
show, *Tucker Tonight with Frank Tucker*. Please arrange to arrive at our studios by 16:00 on

Thursday, May 16. Your interview with Frank ------- live on the show from 19:00 to 20:00. You
                                            132.
will be receiving a call from the show's director, Toby Brown, in due course to discuss details

of the interview. In the meantime, I'm attaching some guidelines for your reference, detailing

our policies and procedures, and giving you ------- to the studios.
                                           133.

Thank you once again for your decision to take part in our show. -------.
                                                                134.

Yours sincerely,
Sarah Smith
Production Assistant, Pepper Productions

---

131. (A) delight
(B) delighted
(C) delighting
(D) delights

132. (A) was transmitted
(B) will have been transmitted
(C) will be transmitted
(D) be transmitting

133. (A) instructions
(B) preparations
(C) suggestions
(D) directions

134. (A) This is a small token of my
gratitude.
(B) I look forward to seeing you soon.
(C) Please turn off your mobile phone
during the movie.
(D) I would like to offer you a 20%
discount.

Questions 135–138 refer to the following notice.

Attention: all clients

No matter how used you are to traveling, it's always possible that -------. Therefore, we have
135.
produced the following guidelines that you may wish to keep in mind so that your trip goes

smoothly. Firstly, it is ------- that you carefully check your travel documents, such as tickets
136.
and itineraries, when you receive them from us. Secondly, although you may be tempted to

cut costs by going without travel insurance, this is inadvisable. Over the years, many travelers

------- that they took out travel insurance in cases of serious illness, loss of money, or missed
137.
flights. Finally, if during your trip you find yourself dissatisfied with any member of our staff,

or of staff at your resort hotel, please make your ------- in writing to us at our head office
138.
address. We endeavor to address all issues in a timely manner.

Thank you.

World Travel Agency

135. (A) you will run into problems on your
trip
(B) you will enjoy traveling to
experience new cultures
(C) you will travel more and learn
something new
(D) you will make some great
memories with your companions

136. (A) likely
(B) crucial
(C) usual
(D) final

137. (A) are relieving
(B) relieve
(C) have been relieved
(D) relieved

138. (A) complaint
(B) destination
(C) proposal
(D) agenda

Questions 139–142 refer to the following letter.

Brian Moore
586 Hills Road
Gainsborough, CT 20836

Dear Mr. Moore,

Many thanks for your letter of April 10. I'm pleased to inform you that we do replace or refund any items that customers aren't entirely satisfied with within 30 days of purchase.

------- items to us is very simple. You just need to go to our Web site and click on the 'Returns'
139.
button on the homepage. You'll then be asked to fill in an online form, which you can then

print out and send back to us ------- your unwanted item in the returns packet provided.
140.
Please note that items must be returned to us in their ------- packaging and must be in
141.
perfect, unused condition.

-------. We always strive to make our customers happy, and you can be assured that we will
142.
process your refund as quickly as possible after receiving your return.

Best regards,

Rachel Campbell
HomeandBeauty.com

---

139. (A) Return
(B) Returned
(C) Returning
(D) Returns

140. (A) together with
(B) rather than
(C) close to
(D) due to

141. (A) colorful
(B) original
(C) excessive
(D) attractive

142. (A) We appreciate your recent
purchase of our new product.
(B) Unfortunately, sometimes
unavoidable mistakes happen.
(C) We are very sorry that you weren't
completely satisfied with your
purchase.
(D) Please do not hesitate to share
your thoughts and feedback with
us at any time.

Questions 143–146 refer to the following letter.

Laura Fresno
876 South Street
Harrisburg, PA
August 10
Our reference: LK0568

Dear Ms. Fresno,

-------. We have investigated this matter and found that your account was indeed charged
     143.
twice for the same amount ($149.98) on July 10. We have ------- corrected this error, and
                                                              144.
refunded the amount to your account.

This correction is now ------- through your online banking account, and will also be shown on
                          145.
your next printed statement.

I would like to take this opportunity to assure you that we take these matters extremely
seriously and will be following up with the retailer involved to check why this problem
occurred. Although this error was most likely beyond our control, we would like to ------- to
                                                                                      146.
you for this occurrence.

Sincerely,

Lucy Kendal
Customer Services
Jet Bank

---

143. (A) The minimum opening deposit at
        our bank is $50.
    (B) Some of our automated teller
        machines are temporarily out of
        service.
    (C) You will face criminal charges of
        mortgage fraud with serious fines.
    (D) We are sorry to learn that there
        was an error in your July bank
        statement.

144. (A) necessarily
    (B) forcefully
    (C) immediately
    (D) substantially

145. (A) view
    (B) viewable
    (C) being viewed
    (D) views

146. (A) invite
    (B) donate
    (C) reward
    (D) apologize

PART

7

DAY 18-20

파트 7 단일 지문

단일 지문은 1개의 지문에 2~4개의 문제가 하나의 set로 출제된다. 지문은 총 10개의 set가 출제되고, 첫 번째 지문에서 네 번째 지문까지는 비교적 짧은 지문에 2문제씩 출제된다. 마지막 아홉 번째, 열 번째 지문에는 평균 3문단 이상의 긴 지문이 출제되며 3~4문제가 출제된다.

> **Tip** 단일 지문은 지문을 먼저 읽고 그 다음 문제를 풀어도 되지만, 상대적으로 지문의 길이가 짧기 때문에 지문 내의 키워드 발견이 어렵지 않다. 따라서 제한 시간을 효율적으로 관리하기 위해 서는 문제부터 읽고 키워드를 잡아서 지문으로 접근해도 좋다.

파트 7 이중 지문

이중 지문은 2개의 지문과 5개의 문제가 한 세트로 출제되며, 총 2개 set가 출제된다. 이중 지문은 연계 지문이기 때문에 이러한 특징을 살려 연계 문제가 출제된다. 이러한 연계 문제를 대비하게 위하여 지문을 읽으면서 중요한 부분에 밑줄을 긋고, 내용들을 중간중간 정리해서 적어두는 것이 중요하다.

> **Tip** 이중 지문의 연계 문제를 대비해서 문제부터 읽고 지문을 보는 것 보다는 단일 지문과는 반대로 지문부터 읽고 고유 명사나 숫자 등에 밑줄을 긋고 두 지문에 연속적으로 나오는 단어는 따로 메모해두면 연계 지문 문제가 출제되더라도 무리 없이 풀이할 수 있다.

파트 7 삼중 지문

삼중 지문의 기본적인 틀은 이중 지문과 동일하다. 이중 지문보다 하나의 지문이 추가된 형태이기 때문에 출제 방식은 똑같지만, 연계 문제 출제 시 경우의 수가 더 많아질 수 있다. 즉 1번 – 2번, 2번 – 3번, 1번 – 3번 지문의 연계 문제 출제가 가능하기 때문에 이중 지문보다 더 확실한 내용 이해가 필요하다.

> **Tip** 삼중 지문은 총 5문제 중에서 평균 2문제가 연계 문제로 출제된다. 단, 정답의 근거가 같은 지문의 조합에서 출제되지는 않는다. 즉, 문제 수에 대비하여 지문의 수가 많다 보니 한번 정답의 근거로 활용된 지문이 있으면, 그 지문은 다른 문제의 정답의 근거로 다시 활용될 가능성이 매우 낮다. 문제를 풀면서 활용된 지문은 표시해두는 것이 좋다.

Day 18 단일 지문

Today's Mission: 토익 RC 문항 중 약 30%를 차지하는 것이 파트 7 단일 지문이다. 빈출 독해 유형에 대해 확실하게 대비해보자.

동영상강의
바로보기

1 핵심요령과 기본지식

토익 파트 7의 54문제 중 25문제는 단일 지문에서 출제된다. 편지/이메일, 안내문, 공지, 광고문, 기사, 회람, 상품 설명서, 문자 대화문 등 다양한 형태의 단일 지문이 출제되고 있다. 독해 문제를 빨리 풀기 위해서는 풍부한 어휘력을 바탕으로 문장을 빨리 읽어 내는 방법 밖에 없다. 파트 5와 6는 상대적으로 빨리 늘릴 수 있는 반면, 파트 7은 독해력 자체가 상승해야 하므로 좀 더 꾸준히 독해력과 어휘력 자체를 늘려갈 생각을 해야 실력이 늘 수 있을 것이다.

토익은 '비즈니스 영어'를 다루고 있기 때문에 비슷한 스토리와 구문이 자주 반복된다. 문제도 비슷한 것을 묻는 문제가 반복되므로 반복 훈련을 부지런히 하면 충분히 파트 7도 정복할 수 있으리라!

2 예제로 익히기

 01 편지(letter) 혹은 이메일(e-mail) 유형

Questions 1-2 refer to the following e-mail.

To: Heather Lee <hl@corcos.com>
From: Teresa Miguel <miguel@customersg.com>
Date: May 3
Claim number 4231

Dear Ms. Lee:
Our service department has received the computer you shipped to us for repairs. The complaint form you enclosed claims that [2-A] you purchased the computer two weeks ago and that [2-D] the CD-ROM drive has not worked properly since then. It is very seldom customers have problems with our CD-ROM drive, and [2-C] our technicians have tested the computer and have not discovered any defects in that part.

수신: Heather Lee <hl@corcos.com>
발신: Teresa Miguel <miguel@customersg.com>
날짜: 5월 3일
청구 번호 4231

Lee 씨에게
저희 서비스 부서에서 당신이 수리 요청을 위해 우리에게 보내신 컴퓨터를 받았습니다. 당신이 첨부한 불만 신고 양식에 따르면 **당신은 2주 전에 컴퓨터를 구매했고, 그때부터 CD-ROM 드라이브가 제대로 작동하지 않는다고 했습니다.** CD-ROM 드라이브에 문제가 있는 경우는 흔치 않으며, **저희 기술자가 그 컴퓨터를 테스트해보았지만** 그 부분에서 어떠한 결함도 발견되지 않았습니다.

Questions 10-12 refer to the following press release.

Press release

Owen City Public Pools to Reopen in June

May 3—The Owen City Department of Facility Services is pleased to announce that two of the city's public swimming pools have been renovated and are scheduled to reopen in June.

The pool at Hope Center was forced to shut down last year after failing a quarterly water inspection. The pool's water filtering system has been replaced, and the pool will reopen to the public on June 15. The expansion of Stein Center's pool facilities has also been completed. The city purchased an adjacent lot in order to build a new 25-meter outdoor pool. In addition, tiles were replaced in the indoor pool, and a cafeteria and fitness area were added to the center during the renovation.

The city's three other recreation centers—Fountain, Dignen, and Columbus—will undergo renovations next year.

---

10. What is the main topic of the press release?

(A) The renovation of city facilities
(B) Swimming lessons
(C) Revised health regulations
(D) The construction of a hospital building

11. What is NOT new at Stein Center?

(A) The indoor pool
(B) The cafeteria
(C) The outdoor pool
(D) The fitness area

12. What was the problem at Hope Center?

(A) The roof was leaking.
(B) Water was not properly filtered.
(C) The building was too small.
(D) There were not enough visitors.

Questions 13-14 refer to the following text message chain.

Richard Crane

I have a problem, Lisa. I bought two tickets for the Royal King's Orchestra performance next Friday night, but something just came up and I can't attend this concert. It's such a shame I can't go to the concert.

11:02 A.M.

Lisa Livingstone

That's too bad. You really would be kind of out of luck. What are you going to do with those tickets?

11:05 A.M.

Richard Crane

I remember you said you have a friend who will be visiting from out of town next week. Would you like the tickets and you can go together with your friend?

11:05 A.M.

Lisa Livingstone

You're sweet, Richard! That's a nice thought, and I do love the Royal King's Orchestra. But we already have some plans for Friday night. Scott is also a huge fan of the Royal King's Orchestra.

11:08 A.M.

Richard Crane

I know. I already checked with him. He told me he's gonna bury himself under a mountain of paperwork next week. Actually, I paid for the most expensive tickets and they are even non-refundable. It seems there's nothing I can do.

11:09 A.M.

Lisa Livingstone

Why don't you post a notice about your tickets on the company intranet? I'm sure there must be some coworkers who want to buy them.

11:11 A.M.

Richard Crane

That sounds like a great idea. I think I'll do it right away. As you say, someone's sure to want to snap them up.

11:12 A.M.

Lisa Livingstone

That's what I'm saying, Richard. Go for it, man! I'll also ask some of my close colleagues if they want to go to the concert.

11:14 A.M.

---

13. What problem does Mr. Crane have?

(A) He has to do too much paperwork.
(B) He can't afford to buy a ticket.
(C) He can't take time off from his job.
(D) He will miss a music performance.

14. At 11:08 A.M., what does Ms. Livingstone mean when she writes, "You're sweet, Richard"?

(A) He loves sweets.
(B) He flatters her with compliments.
(C) He's kind and cares about her.
(D) He's a little indecisive.

Questions 15-16 refer to the following online chat discussion.

Jennifer Longman 11:13 A.M.

Emily, a city official brought the new food safety permit earlier this morning. Should I put it on the wall behind the cashier stand like before?

Emily Carter 11:14 A.M.

Nope. Have you heard the city council passed a recently revised food regulation bill two weeks ago?

Jennifer Longman 11:15 A.M.

No. I haven't at all. Why don't you fill me in?

Emily Carter 11:16 A.M.

Sorry, Jennifer. I have no time for this. Actually, I gotta go to the airport to pick up a store manager. Michael, you can do that for me, right?

Michael Western 11:17 A.M.

Sure. The roads are good. Just drive safe, Emily.

Emily Carter 11:17 A.M.

I will. See you guys later.

Michael Western 11:18 A.M.

Jennifer, it states that the permit must be placed within one foot of the front door for all patrons to see.

Jennifer Longman 11:19 A.M.

Then, should I put it by the main entrance of the store?

Michael Western 11:20 A.M.

Most of our customers usually pass through the main entrance of the store. I think that's the spot.

Jennifer Longman 11:21 A.M.

But there are a few days left before the old one expires on Friday. I'll put it up this Friday night after we close up.

`SEND`

15. What does Mr. Western ask Ms. Longman to do?

(A) Put up a sign for sale
(B) Place a package near a cashier stand
(C) Prepare some dishes for an event
(D) Post a document on a new location

16. At 11:15 A.M., what does Ms. Longman mean when she writes, "Why don't you fill me in"?

(A) She wants to talk with Mr. Western over lunch.
(B) She wants to share a taxi with Ms. Carter.
(C) She wants to Ms. Carter to fill in for her tomorrow.
(D) She wants some information about the revision in a law.

Day 19 이중 지문

동영상강의
바로보기

Today's Mission: 토익 RC 문항 중 10문제를 차지하는 것이 파트 7 이중 지문이다.
연계 질문을 포함한 이중 지문의 출제 패턴을 마스터하자.

1 핵심요령과 기본지식

파트 7에서 이중 지문은 두 세트가 출제되고, 문항 수는 총 10문항이다. 두 지문의 정보를 결합해서 정답을 찾아야 하는 연계 질문이 나오므로 각각의 지문을 따로 인식하기 보다도 두 지문의 연계성 정보가 무엇인지 파악하는 시야가 필요하다. 보통 1번과 2번 문제는 첫 번째 지문에 정답이 있으므로 첫 번째 지문으로 가서 정답을 찾아보고, 3번, 4번, 5번 문제는 연계 질문이 있을 수 있으므로 두 지문을 다 보며 정답을 찾는 연습을 한다.

2 잘 나오는 지문 유형

❶ E-mail / Letter ➕ E-mail / Letter

- 호텔에서 고객 만족도를 묻는 이메일과 고객의 답장 이메일
- 인터넷 접속 오류 관련 2개의 이메일
- 회의 장소 예약이나 일정 변경 관련 2개의 이메일

❷ Advertisement ➕ E-mail / Letter, Itinerary, Invitation, Article, Report, Résumé, etc.

- 구인 광고 + 구직 지원용 이메일
- 제품 광고 + 제품 문의, 주문, 배송 지연 관련 이메일
- 호텔 서비스에 대한 광고 + 호텔 서비스에 대한 항의나 환불 요청 이메일

❸ Notice ➕ E-mail / Letter

- 행사 개최 또는 변경 사항 공지 + 그에 대한 추가 정보 문의 이메일
- 행사 참여 권고 공지 + 행사 참여자의 문의 이메일
- 사내 정책 변경 공지 + 공지 내용이나 후속 대책 문의 이메일

❹ Article ➕ E-mail / Letter

- 지역 건설 계획 관련 기사 + 그 기사에 대한 이메일
- 인물, 회사 영업 실적, 경제, 제품 등에 대한 기사 + 그에 대한 문의나 오류 정정 요구 이메일
- 식생활, 운동 등 건강 정보 기사 + 그 기사에 대한 추가 정보 요청 이메일

❺ Form(Invoice, Invitation, Survey, Itinerary, Telephone message, etc.) ➕ E-mail / Letter

- 송장 + 이의 제기 이메일
- 초청장 + 그에 대한 의사 표시 및 감사 이메일
- 식당, 호텔 서비스에 대한 의견 요청 이메일 + 고객 만족도를 나타내는 설문지
- 여행 일정 및 숙박 시설에 대한 표 + 회의 참석을 위한 비행 및 숙박 예약 관련 이메일
- 부재중 전화 메모 + 메모 관련 내용을 담은 이메일

Questions 6-10 refer to the following article and e-mail.

PIXEL Electronics Unveils New Computer By Robert Eugene	**PIXEL Electronics가 컴퓨터를 출시하다** Robert Eugene 작성

San Jose, August 23 — The latest portable computer to be developed by San Jose based PIXEL Electronics is sure to become a big hit in the electronics world. With its compact size, **6-C)** light weight and the increased storage capacity, the PIXEL's S-Series merges portability and functionality.

The new model's high resolution and **6-A)** user-friendly features make it especially well-suited for computer graphic applications, **6-B)** its fast processing speed will appeal to computer users of all types. It will also come with the newest version of the software program Easytouch Pro, which will take full advantage of the S-Series' graphic capacity.

In an interview with *Hightech Weekly*, S-Series' creator Daniel Jung said he was very pleased with the positive publicity the computer has been receiving. He added the low prices of the computer should, "bring it within reach of all who would like to purchase it".

7, 10) The S-Series will appear on the market in the beginning of October.

산 호세, 8월 23일 – 산 호세에 기반을 둔 PIXEL Electronics사에 의해 개발된 최신 휴대용 컴퓨터는 전자 업계에서 분명히 큰 성공작이 될 것이다. 작은 사이즈, **가벼운 무게**, 증가된 저장 용량으로 PIXEL의 S-Series는 휴대성과 기능을 통합시켰다.

새 모델의 높은 해상도와 **사용이 쉬운 특징들**은 컴퓨터 그래픽의 적용에 특히 잘 어울리고, **빠른 처리 속도**는 모든 사용자들에게 매력적일 것이다. 또한 최신 버전의 소프트웨어 Easytouch Pro가 탑재되어 있어 S-Series의 그래픽 용량을 충분히 이용할 수 있게 해준다.

〈Hightech Weekly〉와의 인터뷰에서 S-Series의 개발자인 Daniel Jung은 그 컴퓨터가 받고 있는 긍정적인 홍보에 매우 흡족하다고 말했다. 그는 컴퓨터의 낮은 가격이 '그것을 구입하고 싶어 하는 모든 사람이 접근할 수 있도록 해줄 것'이라고 말했다.

S-Series는 10월 초에 시장에 그 모습을 드러낼 것이다.

To: Ronald Sanchez
From: Sherman Davis
Date: September 5
Subject: New Computers

Ronald,

As part of our yearly equipment updates here at Alamo Corporation, I have approved the purchase of 30 personal computers before November 15. **8)** I'd like to propose that we purchase a portable computer model from PIXEL Electronics, the S-Series. The most recent weekly computer magazine has an article on the S-Series that you may want to read.

9) As you know, our graphic design department is still working with the outdated TX model with Solomon Networks. An upgrade to S-Series would give our designers increased efficiency and encouragement with minimal cost to the company.

Let me know what you think about the S-Series suggestion. I will be in Singapore next week for a technology meeting, but perhaps we can meet before then to discuss this in greater detail. **10)** If you approve, I'd like to place an order with PIXEL Electronics as soon as the model becomes available.

Thanks,
Sherman

수신: Ronald Sanchez
발신: Sherman Davis
날짜: 9월 5일
주제: 새 컴퓨터들

Ronald에게,
우리 Alamo Corporation의 연례 장비 업데이트의 일환으로, 11월 15일 전에 나는 30대의 PC 구입을 승인했습니다. **우리가 휴대용 컴퓨터 모델을 PIXEL Electronics 사의 S-Series로 사기를 제안합니다.** 최근의 컴퓨터 관련 주간지에서 S-Series에 관한 기사가 나와 있는데 한 번 읽어 보시기 바랍니다.

아시다시피, 우리 그래픽 디자인 부서는 여전히 낙후된 Solomon Networks 사의 TX model로 작업을 하고 있습니다. S-Series로 업데이트 하면 적은 회사 비용으로 우리 디자이너들에게 업무를 효율성 있게 해주고 사기를 올려줄 수 있다고 생각합니다.

S-Series의 제안에 대해 어떻게 생각하시는지 알려주세요. 다음 주에 저는 싱가포르에 기술회의 때문에 가 있을 것입니다. 하지만 이 문제를 더 자세히 논의하기 위해서 그 전에 만날 수도 있을 것 같습니다. **당신이 승인하면 PIXEL Electronics 사에 그 모델이 시장에 나오자마자 바로 주문하고 싶습니다.**

감사합니다.
Sherman

6. **What is NOT mentioned as a feature of the S-Series?**

(A) It is easy to use.
(B) It processes information quickly.
(C) It is lightweight.
(D) It has a long battery life.

6. S-Series의 특징으로 언급되지 않은 것은?
(A) 사용하기 쉽다.
(B) 정보를 빠르게 처리한다.
(C) 가볍다.
(D) 배터리 사용 시간이 길다.

>> article의 컴퓨터에 대한 소개에서 언급되지 않은 것을 찾는다. 지문에서 언급되지 않은 (D)가 정답이다.

7. **What is inferred about the S-Series?**

(A) Alamo Corporation developed the S-Series.
(B) It can be purchased on-line.
(C) It is not yet available in stores.
(D) Discount is offered for a limited time.

7. S-Series에 대해 무엇을 유추할 수 있나?
(A) Alamo Corporation이 S-Series를 개발했다.
(B) 온라인으로 구매 가능하다.
(C) 상점에서 아직 구입 가능하지 않다.
(D) 할인은 한정된 기간에만 주어진다.

≫ 기사를 쓴 날짜는 8월 23일이고 The S-Series will appear on the market in the beginning of October.에서 아직은 상점에 나오지 않았고 10월은 되어야 상점에서 구입 가능할 것이라는 것을 알 수 있다. 답은 (C)이다.

8. What is the purpose of the e-mail?

(A) **To suggest a purchase of products**
(B) To compare magazine articles
(C) To request maintenance service for a faulty product
(D) To ask about available funds

8. 이메일의 목적은?

(A) **상품의 구매를 제안하기 위해서**
(B) 잡지의 기사들을 비교하기 위해서
(C) 결함 상품의 수리 서비스를 요청하기 위해서
(D) 사용 가능한 자금을 요청하기 위해

≫ I'd like to propose that we purchase a portable computer model...에서 컴퓨터의 구매를 제안하는 이메일이라는 것을 알 수 있다. 답은 (A) To suggest a purchase of products이다.

9. What does Sherman Davis suggest?

(A) PIXEL Company has to update the S-Series.
(B) **Alamo Corporation's graphic designers need new computers.**
(C) Ronald Sanchez will travel to Singapore.
(D) The retail price is too high.

9. Sherman Davis가 암시하는 것은?

(A) PIXEL Company는 S-Series 컴퓨터를 업데이트해야 한다.
(B) **Alamo Corporation의 그래픽 디자이너들이 새 컴퓨터가 필요하다.**
(C) Ronald Sanchez가 싱가포르로 출장갈 것이다.
(D) 소매 가격이 너무 높다.

≫ 새로운 S-Series로 컴퓨터들을 업데이트시키는 것이 오랫동안 낙후된(outdated) TX model로 일해온 디자이너에게 도움이 될 것이라고 언급하고 있다. 답은 (B) Alamo Corporation's graphic designers need new computers.이다.

10. When does Sherman Davis hope to contact the PIXEL Company?

(A) In August
(B) In September
(C) **In October**
(D) In December

10. 언제 Sherman Davis가 PIXEL Company와 연락하기를 바라나?

(A) 8월에
(B) 9월에
(C) **10월에**
(D) 12월에

≫ 기사 안에 The S-Series will appear on the market in the beginning of October.와 이메일의 If you approve, I'd like to place an order with PIXEL Electronics as soon as the model becomes available.에서 원하는 모델이 시장에 나오게 될 10월 초(the beginning of October)에 PIXEL Electronics 사에 주문을 하게 될 것임을 알 수 있다. 답은 (C) In October이다.

3 독해를 해가며 파트 7을 풀어보자!

문제를 풀기 전에 쓰윽 지문의 전체적인 내용을 훑어주면 좋다. 속독 능력이 잡혀 있어야 가능하므로 이 부분이 잘 안된다면 꾸준히 독해 연습을 쌓아가야 한다. 문제에서 묻는 바를 정확히 이해해서 단서 부분을 찾아본다. 연계 질문이 1–2문제가 있음에 유의한다. 틀린 문제들이 많은 지문은 지문의 해석 연습도 반드시 해보고 넘어가도록 하자.

Questions 1-5 refer to the following e-mails.

From	customerservice@rizonairways.com
To	D_singer@marvelmanufacturer.com
Subject	New flight connections from Lansbury
Date	August 14

Dear Mr. Singer,

We are pleased to inform you that Rizon Airways will soon be offering direct flights to three new destinations from your closest airport. Starting on September 4, Rizon Airways will be using the new routes, which are listed below. As a Regular Travelers Club member, you are eligible for discounts on any of these flights until October 28. When booking, please remember to include the membership number on your traveler's card. For more information regarding this offer, please visit www.rizonairways.com/regulartravelers.

    Burton Falls Airport in Lansbury – Cranford Valley Airport in Wilberforce
    Burton Falls Airport in Lansbury – Blackstone Airport in Riverport
    Burton Falls Airport in Lansbury – Equiano Airport in Dumbarton

Regards,

Customer Service Department
Rizon Airways

From:	D_singer@marvelmanufacturer.com
To:	J_lyons@marvelmanufacturer.com
Subject:	Upcoming visit
Date:	August 18

Dear Mr. Lyons,

I am in the process of making plans to visit the Dumbarton office for the upcoming workshops. Thank you for being flexible in rescheduling these sessions to suit my schedule. Before I book the flight, I need to make sure how long I will be staying in Dumbarton. Will I be there for seven days, like the last time?

Also, I appreciate your offer to come pick me up at the airport again. This time, I should be able to arrive at a much more convenient time; I just discovered that Rizon Airways will begin operating several new flights from Lansbury Airport, which includes a direct flight to Dumbarton. Due to the convenient timing of the workshops, I am even eligible for a discount.

I look forward to meeting you.

Dave Singer

1. According to the first e-mail, what are Regular Travelers Club members encouraged to do on the Web site?

(A) Apply for a new membership card
(B) Check arrival times
(C) Find out about a discount
(D) Modify a reservation

2. In the second e-mail, the word "suit" in paragraph 1, line 2, is closest in meaning to

(A) flatter
(B) fit
(C) become
(D) answer

3. What is indicated about Mr. Singer's previous visit with Mr. Lyons?

(A) It was rescheduled twice.
(B) It lasted a week.
(C) It was held at Mr. Singer's office.
(D) It occurred two years ago.

4. Where will Mr. Singer most likely meet Mr. Lyons?

(A) At Burton Falls Airport
(B) At Cranford Valley Airport
(C) At Blackstone Airport
(D) At Equiano Airport

5. When are the training sessions scheduled to begin?

(A) Before August 18
(B) Between August 18 and September 4
(C) Between September 4 and October 28
(D) After October 28

Day 20 삼중 지문

동영상강의
바로보기

Today's Mission: 독해 끝판 왕 파트 7 삼중 지문! 보기만 해도 숨이 턱 막히는 분들을 위한 삼중 지문 풀이 기술 총정리!

1 핵심요령과 기본지식

파트 7에서 삼중 지문은 3세트가 출제되고, 문항 수는 총 15문항이다. 두 지문의 정보를 결합해서 정답을 찾아야 하는 연계질문이 나오므로 각각의 지문을 따로 인식하기 보다도 세 지문의 연계성 정보가 무엇인지 파악하는 시야가 필요하다. 지문은 3개이지만 지문 3개를 다 연계해서 봐야하는 문제는 출제되지 않고, 지문1과 지문2, 지문1과 지문3, 지문2와 지문3 이렇게 세 가지 패턴으로 두 지문의 연계를 묻는 문제가 2~3문제 들어있다. 나머지 문제는 한 지문에 대해서만 묻는 문제이다.

2 예제로 익히기

아래 지문을 보자. 지문을 순서대로 지문 1, 지문 2, 지문 3으로 본다면 출제될 수 있는 문제는 다음과 같다. ❶ **지문 1 혹은 지문 2 혹은 지문 3에서 각각의 정보(내용)를 묻는 문제와** ❷ **지문 1, 지문 2 혹은 지문 2, 지문 3 혹은 지문 1, 지문 3에서 연계되는 정보 혹은 정보들을 통한 유추**가 그것이다.

Questions 1-5 refer to the following advertisement and e-mails.

지문 1

Wonderful Honolulu	**아주 멋진 호놀룰루**
Need a break for a while? Looking for a peaceful and beautiful place for a rest?	잠시 휴식이 필요한가요? 휴식을 위한 평화롭고 아름다운 곳을 찾고 있나요?
Guarantee Honolulu is best for you! Package 1: ($2,000) December 3 – December 7 Package 2: ($2,000) December 10 – December 14 *Package 3: ($2,500) December 20 – December 24 *Holiday season price	호놀룰루가 여러분께 최고임을 보장합니다! 패키지 1: (2,000달러) 12월 3일–12월 7일 패키지 2: (2,000달러) 12월 10일–12월 14일 *패키지 3: (2,500달러) 12월 20일–12월 24일 *휴가 시즌 가격
Special Prices: from November 6 through November 8	특별가: 11월 6일부터 11월 8일까지
More information: www.akztour.com	추가 정보: www.akztour.com
Any purchaser today will be given a free travel-bag and a 20% coupon of lodging.	오늘 구매하시는 분은 무료 여행 가방과 20% 숙박 쿠폰을 받으실 것입니다.

From: Andrew Lee <Lee1907@okwes.com>
To: Customer Support <CS@akztour.com>
Date: November 9
Subject: Inquiry

My name is Lee, and I made a purchase of a travel package for Honolulu on 6 November. Before the purchase, I had a chance to read the advertisement, and it said that any purchaser, buying the package during the given days, is qualified for getting a free gift and a coupon.

However, my account only shows me a voucher for a bag but not a coupon for the accommodation. As you know, great hotels in Honolulu are always booked up fast especially during the holiday season. So, I am wondering when I am able to receive the coupon. Please let me know as soon as possible.

발신: Andrew Lee <Lee1907@okwes.com>
수신: Customer Support <CS@akztour.com>
날짜: 11월 9일
제목: 문의

제 이름은 Lee이며 저는 호놀룰루 여행 패키지를 11월 6일에 구입하였습니다. 구입 전에, 광고를 읽을 기회가 있었고 주어진 날짜 동안 패키지를 구입하는 모든 구매자들은 무료 선물과 쿠폰을 받을 자격이 있다고 되어 있었습니다.

그러나, 제 계정은 가방 교환권만 보이고 숙박 쿠폰은 보이지 않습니다. 아시겠지만, 호놀룰루에 있는 좋은 호텔들은 특히 휴가 시즌 동안 항상 빨리 예약이 끝납니다. 그래서 저는 언제 쿠폰을 받을 수 있을지 궁금합니다. 가능한 한 빨리 제게 알려주세요.

From: Customer Support <cs@akztour.com>
To: Andrew Lee <lee1907@okwes.com>
Date: November 10
Subject: RE: Inquiry

We apologize for the inconvenience you experienced. We checked your account, and we noticed that you are totally eligible for receiving both a free bag and a coupon.

To make up this situation, we would like to offer you the regular season prices, which are cheaper than holiday season prices.

Sorry again. If you have more questions or concerns, please email us.

발신: Customer Support <cs@akztour.com>
수신: Andrew Lee <lee1907@okwes.com>
날짜: 11월 10일
제목: 회신: 문의

고객님께서 겪으신 불편에 사과 드립니다. 저희는 고객님의 계정을 확인했으며 고객님이 무료 가방과 쿠폰 모두를 받을 자격이 완전하다는 것을 알았습니다.

이 상황에 대해 보상해드리기 위해, 저희는 고객님께 일반 시즌 가격을 제안해드리고 싶습니다. 그것은 휴가 시즌 가격보다 더 저렴합니다.

다시 한번 사과의 말씀 드립니다. 질문이나 우려사항이 더 있으시면 저희에게 이메일을 보내주십시오

삼중 지문은 위와 같이 하나의 story를 세 개의 지문에 이어 붙인 것과 같은 인상을 준다. 이러한 지문과 함께 출제되는 문제는 다음과 같다.

1. What is the **purpose** of the **advertisement**? → 세 개 지문 중 광고에만 해당하는 문제

이 광고의 목적은 무엇인가?

2. What is **Mr. Lee's concern** of his **purchase**? → 세 개 지문 중 구매와 관련된 하나의 지문에만 해당하는 문제

구매에 대한 Lee 씨의 걱정은 무엇인가?

02 동의어 문제

3. In the second e-mail, the word "make up" in paragraph 2, line 1, is closest in meaning to

두 번째 이메일, 첫 번째 문단 네 번째 줄에 있는 make up이라는 단어의 유의어가 무엇인가?

→ /번과 2번 문제유형은 단일 지문에서도 흔히 볼 수 있는 질문의 유형으로서 상중 지문에서도 출제되는 유형

02 연계 지문 문제

4. What is most likely **the departure date** of **Mr. Lee's travel**?

Lee 씨의 출발 날짜가 언제이겠는가?

5. How much does **Mr. Lee** probably **pay for his travel package**?

Lee 씨는 그의 여행 상품에 얼마나 지불해야 할 것 같은가?

→ 추론(유추) 문제로서 단일 지문에서는 가끔씩 출제되는 반면 복수 지문인 상중 지문에서는 매 지문마다 출제되는 유형

그렇다면 어떻게 풀어야 할까?

❶ 문제보다는 지문부터 읽는다.
❷ 지문을 읽을 때는 ① **고유 명사** ② **숫자**에 꼭 표시한다.
❸ 지문 간 중복 or 반복되는 ① **고유 명사** ② **숫자**는 이 자체가 문제의 정답이 되거나 그 관련 정보가 정답이 된다.

★ 실제 시험에서 시간이 부족한 경우에는, 연계 지문 문제보다는 단일 지문으로 풀릴 수 있는 문제들부터 푸는 것이 좋다.

3 독해를 해가며 파트 7을 풀어보자!

문제를 풀기 전에 쓰윽 지문의 전체적인 내용을 훑어주면 좋다. 속독 능력이 잡혀 있어야 가능하므로 이 부분이 잘 안된다면 꾸준히 독해 연습을 쌓아가야 한다. 문제에서 묻는 바를 정확히 이해해서 단서 부분을 찾아본다. 연계 질문이 2~3문제가 있음에 유의한다. 틀린 문제들이 많은 지문은 지문의 해석 연습도 반드시 해보고 넘어가도록 하자.

Questions 1-5 refer to the following instructions, Web site and e-mail.

How to transfer data between memory cards

On this page, step by step instructions will be provided on how to transfer data from one memory card to another memory card.

What you will need:
- Two compatible memory cards (must be of the same class)
- A computer that can recognize the cards (through a commercially available card reader/writer or a built-in card slot)

What to do:
- Insert the card with the data into the card slot or the card reader/writer.
- Locate the memory card on your computer device and access the card.
- Select the data and copy it to your desktop.
- Remove the memory card.
- Insert the memory card you want to transfer the data to.
- Locate the memory card on your computer device and access the card.
- Select the copied folder from your desktop and move it to the second memory card.

IMPORTANT
- Do not alter, move, or erase files in the folder.
- Do not overwrite data by recopying the folder to the original memory card.

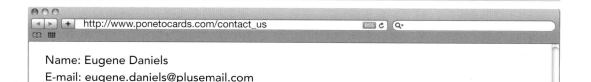

http://www.ponetocards.com/contact_us

Name: Eugene Daniels
E-mail: eugene.daniels@plusemail.com
Subject: My memory card won't register.

Message (explain in detail as much as possible for an accurate answer):

As I wrote on the subject, my memory card won't register with my camera. I don't understand why since I followed everything on the instruction manual. I went ahead and purchased a 32GB memory card since the original memory card I have is 8GB, which is too small for all my pictures and music. The new 32GB memory card says that the model is "Poneto: Kamang memory card 32GB" and my original memory card is "Poneto: Haru memory card 8GB." I copied and pasted everything without any alteration, but my camera keeps saying that "The card is corrupt: Error 403." What should I do?

PART 7

Day 20

To	Eugene Daniels <eugene.daniels@plusemail.com>
From	Poneto - Support <noreply@poneto.net>
Date	June 8
Subject	Re: My memory card won't register.

****Please note that this is an auto-generated message from Poneto Support based on your recently submitted message. Please do not reply to this message as it will not be seen by the Poneto Support Staff. ****

Hello! Ms. Daniels,
Thank you for your recent submission to Poneto Support. We have created a case file for your report and evaluated the issue in order to provide the best response.

Unfortunately, it seems that you are using the wrong line of cards. Kamang and Haru are two different lines that support different systems. It seems like your camera only supports the Haru line. My only suggestion is that you return the Kamang memory card and buy a Haru card. If you still encounter problems, please feel free to contact us again.

Thank you.
Poneto Support Team

1. In the instructions, the word "compatible" in paragraph 2, line 2, is closest in meaning to

    (A) competitive
    (B) operative
    (C) complicated
    (D) agreeable

2. Why did Ms. Daniels submit her message to the Web site of the Poneto?

    (A) To submit reviews of the company's products
    (B) To support the customers with frequently asked questions
    (C) To complain about Ponento's poor customer service
    (D) To ask for a solution to a product malfunction

3. What should Ms. Daniels do if she wants to use her camera with a memory card?

    (A) She should follow the instructions correctly.
    (B) She should use only Haru memory cards.
    (C) She should receive repair services by the Poneto.
    (D) She should secure enough space on her Kamang memory card.

4. What is mentioned in the e-mail?

    (A) The Poneto will reimburse Ms. Daniels for the faulty camera.
    (B) The Poneto Support staff cannot be reached by the e-mail.
    (C) Ms. Daniels has lost all her data.
    (D) Ms. Daniels' camera is an old version.

5. What is NOT true about Poneto memory cards?

    (A) It is impossible to transfer data between memory cards.
    (B) There are more than one line of products.
    (C) They usually come in various sizes.
    (D) Data can be altered by the user through a computer.

Questions 1-4 refer to the following letter.

Cartix Boilers Inc.

September 16

Dear Cartix Boilers customer,

We're writing to let you know that your year-long boiler maintenance plan ------- an end on **1.** September 30.

-------. With many winter months still ahead, protecting your boiler against breakdown is a **2.** key consideration for keeping you and your family safe and warm. Our lowcost maintenance plan means that you don't have to worry about ------- repairs should your boiler break down. **3.**

So, give us a call today and let us keep bringing peace of mind to ------- household through **4.** the long winter.

Sincerely,

Cartix Boilers Customer Service Team

---

1. (A) gets off
(B) comes to
(C) wakes up
(D) goes down

2. (A) You must have specialized training from some boiler experts.
(B) You need to verify your identity and protect yourself from being defrauded.
(C) You are required to purchase our new boiler as soon as possible.
(D) You should call us to renew your plan before the end of the month.

3. (A) affluent
(B) invaluable
(C) rich
(D) pricy

4. (A) you
(B) your
(C) yours
(D) yourself

Questions 5-6 refer to the following text message chain.

DAVID JOHNSON

Could you send me the schedule to my e-mail? I can't seem to find it.

7:16 A.M.

DAVID JOHNSON

Also, could you check with the electrician when he will be coming today? I thought it was 2 P.M., but Richard says it's 3 P.M.

7:19 A.M.

SARAH MOORE

No problem. Just to clarify, do you want the schedule for this week or next week?

7:21 A.M.

DAVID JOHNSON

I want the schedule for next week. I have a copy of this week's schedule.

7:25 A.M.

SARAH MOORE

Sure. I'll have it arranged immediately.

7:27 A.M.

DAVID JOHNSON

Thanks for the fast response. I received your e-mail. Did you get in touch with the electrician?

7:57 A.M.

SARAH MOORE

I just got off the phone with him. He will be visiting around 3 P.M.

7:58 A.M.

DAVID JOHNSON

Okay. I definitely thought it was 2 P.M. Thanks for clarifying.

8:00 A.M.

---

5. What is indicated about Mr. Johnson?

(A) He is expecting a client today.
(B) He is a skilled electrician.
(C) He has a copy of the current work schedule.
(D) He will be visiting Ms. Moore's office at 3:00 P.M.

6. At 8:00 A.M., what does Mr. Johnson mean when he writes, "Thanks for clarifying"?

(A) Ms. Moore sent the correct files to Mr. Johnson.
(B) Ms. Moore has explained to the electrician of the changed appointment.
(C) Ms. Moore has clearly answered Mr. Johnson's question.
(D) Ms. Moore has helped Mr. Johnson do his paperwork more accurately.

FRANCONIA NEWS

Saturday, May 16 — Franconia Mayor Cynthia Barber announced yesterday that the town will fund a project to widen Main Street from 8th Avenue to Garner Street. Not only will a widened Main Street improve the traffic problem that has existed in the area for the last decade, but it will also bring in more customers for the businesses on Main Street. —[1]—.

The project was met with opposition for several years. —[2]—. However, the growing issues warranted a change, with local town meeting concluding that the majority of residents supported the project.

Mayor Barber stated that the work would commence before the start of next month. —[3]—. The project is expected to shut down Main Street, as well as portions of 8th Street, 9th Street, Garner Street, and Brown Avenue, for extended periods. —[4]—.

---

7. Why is the roadwork necessary?

(A) Franconia has traffic problems.
(B) Businesses near Main Street are losing money.
(C) The road is often flooded due to rain in the summer.
(D) There are frequent accidents caused by unsafe road conditions.

8. What will probably be under construction for most of next year?

(A) Main Street
(B) 8th Street
(C) Garner Street
(D) Brown Avenue

9. The word "warranted" in paragraph 2, line 2, is closest in meaning to

(A) opposed
(B) clarified
(C) justified
(D) exaggerated

10. In which of the positions marked [1], [2], [3], and [4] does the following sentence best belong?

"The tentative date for the completion of the project is December of next year."

(A) [1]
(B) [2]
(C) [3]
(D) [4]

Questions 11-15 refer to the following e-mails.

From:	Elly Spears <spears@lscrosse.com>
To:	Natalia Zimini <nzim@ghj.com>
Date:	Thursday, November 11 5:15 P.M.
Subject:	LS Crosse Associates

Dear Ms. Zimini,

Thank you for coming into our office to meet with us. We were very impressed by your ideas, and we are interested in possibly having you on board. As you know, there is a lot of competition for this position. While many qualified candidates have interviewed with us, we have chosen only a few to go on to the last round of hiring, including you.

As I mentioned earlier on, the new Account Manager will be a member of a team that creates advertising for several firms that create HVAC products. The team is headed by John Williams, and he wants to hear your ideas for improving sales, as well as give you an idea of the business culture at LS Crosse Associates.

We would like to ask you to come in again on Thursday, November 18, at 1 P.M. or, if that date does not work for you, November 23 at the same time. Please let me know if one of these dates works for you. If you have any questions regarding the interview, please contact my assistant, Ms. Simpson. I look forward to meeting with you again.

Sincerely,

Elly Spears
Director of Human Resources

From:	Natalia Zimini <nzim@ghj.com>
To:	Elly Spears <spears@lscrosse.com>
Date:	Thursday, November 11 9:12 P.M.
Subject:	Re: LS Crosse Associates

Dear Ms. Spears,

Thank you for contacting me regarding the Account Manager position. I am still interested in the position, and I would greatly appreciate the opportunity to speak to you about my experience in advertising and my ideas for the direction of the advertising at your firm. Unfortunately, I am already committed to giving a presentation at an advertising conference in Seattle on November 18, but I am certainly available for the later date.

Furthermore, regarding your request for a letter of reference, I have asked my supervisor, John Helms, to provide a letter of reference for me. He will be in touch with you soon. I can bring samples of my work with me for the next interview.

Thank you.

Sincerely,

Natalia Zimini

11. What is the purpose of the first e-mail?

(A) To ask for some documents
(B) To schedule a job interview
(C) To ask for advertising ideas
(D) To assign a work project

12. What type of business is LS Crosse Associates?

(A) An investment company
(B) A machinery manufacturer
(C) A newspaper publisher
(D) An advertising agency

13. According to the first e-mail, what does Mr. Williams do?

(A) He handles contracts with HVAC retailers.
(B) He serves as a spokesperson for the company.
(C) He manages a team that markets HVAC products.
(D) He directs a group of engineers who develop HVAC products.

14. When will Ms. Zimini meet with Ms. Spears?

(A) On November 11
(B) On November 18
(C) On November 23
(D) On November 25

15. Who is NOT an employee at LS Crosse Associates?

(A) Ms. Spears
(B) Mr. Williams
(C) Ms. Simpson
(D) Ms. Zimini

Questions 16-20 refer to the following advertisement, e-mail, and notice.

Electroiz Inc.

LICENSED ELECTRICIANS 24/7

We are an electrical company that has well-rounded knowledge and skills on industrial, commercial, and residential electrical systems. We specialize in installation, design, maintenance, and development of custom-built control systems.

We always make sure that our electrical services and products comply with the necessary standards implemented by the state or region. Through our licensed electricians, you can expect that you'll be provided with quality, professionalism, and safety regardless of how big or small that project maybe.

Call your professional licensed electrician today at 648-555-4823 for a free estimate.

To	Eric Palmer <eric.palmer@electroiz.net>
From	Heather Peters <h.peters@khaldrone.org>
Date	January 7
Subject	Khaldrone Museum of Natural History

Hello, thank you for meeting me last Thursday to give a free estimate on the situation we have here at the museum. I apologize for the delay in my response. Honestly, I thought the problem would get better, but I was clearly wrong. We are currently exhibiting a special themed exhibition on marine animals, and part of the lighting is acting up, worse than before. It flickers from time to time, and will turn off on its own all of a sudden. I believe that the rest of the lights are getting dim as well. It's an overall mess. The museum does have a maintenance team, but unfortunately, the lead technician went on vacation and is out of reach. It'd be appreciated if your company could come take a look and fix the situation as soon as possible.

Thank you so much in advance.
Heather Peters, Curator
Khaldrone Museum of Natural History

NOTICE

It is with our deepest apologies that the exhibition: *Under the Sea* will be unavailable for a couple of days due to maintenance. There has been some trouble with the lighting, so we are currently doing our best to fix the situation. Until then, we recommend that you visit our other exhibitions, such as *History of Humanity*, *Animals of Khaldrone* or *Galactic Travel—What's out there?*.

* As a token of our sincere apologies, all tickets purchased for the *Under the Sea* exhibit during the maintenance will be refunded with a free ticket for your next visit. Please visit our information desk for a refund with your ticket. If you have bought your ticket online, please bring the ticket confirmation number to the information desk.

16. In the advertisement, the word "comply" in paragraph 2, line 1, is closest in meaning to

(A) avert
(B) abide
(C) conceal
(D) regulate

17. According to the e-mail, what is Ms. Peters' problem?

(A) There is no one to fix the electrical problem.
(B) There was an incident at the *History of Humanity* exhibition.
(C) There is not enough staff to maintain the museum.
(D) There is no financial support from the government or any other fund.

18. What is suggested about the Khaldrone Museum of Natural History?

(A) It has complicated electrical wiring.
(B) It was built a long time ago.
(C) It never had maintenance issues before.
(D) It has several exhibitions going on.

19. Why is the museum offering free admission?

(A) To invite the visitors to come back
(B) To advertise its newest exhibition
(C) To apologize for the inconvenience
(D) To build up its progressive image

20. What is implied in the e-mail?

(A) Mr. Palmer has visited the museum before.
(B) Some awards have been given to the Electroiz Inc. in the previous years.
(C) Ms. Peters is offering the lead technician job to Mr. Palmer.
(D) The Khaldrone Museum of Natural History is located within walking distance from Electroiz Inc.

실전
모의고사

실전 모의고사로
최종 마무리

MP3 바로 듣기

해설지 바로가기

- **준비물:** OMR 카드, 연필, 지우개, 시계
- **시험시간:** LC 약 45분 / RC 75분

나의 점수		
	LC	RC
맞은 개수		
환산 점수		

총점: _____ 점

점수 환산표

LC		RC	
맞은 개수	환산 점수	맞은 개수	환산 점수
96-100	475-495	96-100	460-495
91-95	435-495	91-95	425-490
86-90	405-475	86-90	395-465
81-85	370-450	81-85	370-440
76-80	345-420	76-80	335-415
71-75	320-390	71-75	310-390
66-70	290-360	66-70	280-365
61-65	265-335	61-65	250-335
56-60	235-310	56-60	220-305
51-55	210-280	51-55	195-270
46-50	180-255	46-50	165-240
41-45	155-230	41-45	140-215
36-40	125-205	36-40	115-180
31-35	105-175	31-35	95-145
26-30	85-145	26-30	75-120
21-25	60-115	21-25	60-95
16-20	30-90	16-20	45-75
11-15	5-70	11-15	30-55
6-10	5-60	6-10	10-40
1-5	5-60	1-5	5-30
0	5-35	0	5-15

LISTENING TEST

In the Listening test, you will be asked to demonstrate how well you understand spoken English. The entire listening test will last approximately 45 minutes. There are four parts, and directions are given for each part. You must mark your answers on the separate answer sheet. Do not write your answers in your test book.

PART 1

Directions: For each question in this part, you will hear four statements about a picture in your test book. When you hear the statements, you must select the one statement that best describes what you see in the picture. Then find the number of the question on your answer sheet and mark your answer. The statements will not be printed in your test book and will be spoken only one time.

Statement (B), "A man is pointing at a document," is the best description of the picture, so you should select answer (B) and mark it on your answer sheet.

1.

2.

GO ON TO THE NEXT PAGE ➤

3.

4.

5.

6.

GO ON TO THE NEXT PAGE ➡

PART 2

Directions: You will hear a question or statement and three responses spoken in English. They will not be printed in your test book and will be spoken only one time. Select the best response to the question or statement and mark the letter (A), (B), or (C) on your answer sheet.

7. Mark your answer on your answer sheet.

8. Mark your answer on your answer sheet.

9. Mark your answer on your answer sheet.

10. Mark your answer on your answer sheet.

11. Mark your answer on your answer sheet.

12. Mark your answer on your answer sheet.

13. Mark your answer on your answer sheet.

14. Mark your answer on your answer sheet.

15. Mark your answer on your answer sheet.

16. Mark your answer on your answer sheet.

17. Mark your answer on your answer sheet.

18. Mark your answer on your answer sheet.

19. Mark your answer on your answer sheet.

20. Mark your answer on your answer sheet.

21. Mark your answer on your answer sheet.

22. Mark your answer on your answer sheet.

23. Mark your answer on your answer sheet.

24. Mark your answer on your answer sheet.

25. Mark your answer on your answer sheet.

26. Mark your answer on your answer sheet.

27. Mark your answer on your answer sheet.

28. Mark your answer on your answer sheet.

29. Mark your answer on your answer sheet.

30. Mark your answer on your answer sheet.

31. Mark your answer on your answer sheet.

PART 3

Directions: You will hear some conversations between two or more people. You will be asked to answer three questions about what the speakers say in each conversation. Select the best response to each question and mark the letter (A), (B), (C), or (D) on your answer sheet. The conversations will not be printed in your test book and will be spoken only one time.

32. What is the conversation mainly about?

(A) A magazine
(B) A manuscript
(C) A reading club
(D) An exhibition

33. Who is the man?

(A) A professor
(B) A librarian
(C) A publisher
(D) An attorney

34. According to the man, what will happen next?

(A) A design will be made.
(B) A survey will be conducted.
(C) A contract will be edited.
(D) A movie scenario will be created.

35. What does the man inform the woman of?

(A) A store location
(B) An opening time
(C) A new rule
(D) An alternative route

36. Where is the woman most likely going?

(A) To a bank
(B) To a car dealership
(C) To a shopping mall
(D) To a dental office

37. What does the man advise the woman do?

(A) Go to a different branch
(B) Pay with a credit card
(C) Reschedule an appointment
(D) Use a different parking area

38. What is the woman calling about?

(A) A late delivery
(B) An order status
(C) Computer errors
(D) Damaged items

39. What does the woman want to do?

(A) Talk to a manager
(B) Exchange a product
(C) Receive some samples
(D) Get her money back

40. What will the man send the woman?

(A) A voucher
(B) A corrected invoice
(C) A shipping label
(D) A catalog

41. What does the man want to print?

(A) Flyers
(B) Event posters
(C) Invitations
(D) Business cards

42. What does the woman notify the man about?

(A) A sale
(B) Operating hours
(C) Store locations
(D) An additional fee

43. What will the man probably do next?

(A) Sign a contract
(B) Visit another business
(C) Meet a manager
(D) Hire a designer

GO ON TO THE NEXT PAGE

44. Who is the man?

(A) A store manager
(B) A receptionist
(C) A personal trainer
(D) A cashier

45. According to the conversation, what does the gym offer?

(A) A discount
(B) A swimming pool
(C) Exercise classes
(D) Free clothes

46. What does the man inform the woman about?

(A) A fee
(B) A regulation
(C) A closing time
(D) A room service

---

47. What does the woman want to do?

(A) Meet a client
(B) Hire someone to take photographs
(C) Print the invitations
(D) Change the date of an event

48. What does the man ask about?

(A) The number of guests
(B) The form of payment
(C) The location of an event
(D) The purpose of an event

49. What will the man send the woman?

(A) An estimate
(B) A brochure
(C) A list of venues
(D) Some work samples

50. Where are the speakers?

(A) At a hair salon
(B) At a clothing store
(C) At a convenience store
(D) At a real estate agency

51. What does the woman want to speak to the manager about?

(A) Defective products
(B) Long lines
(C) A wide range of selections
(D) A helpful worker

52. What is the woman asked to do?

(A) Provide written feedback
(B) Visit the store this weekend
(C) Read the store return policy
(D) Try a different item

---

53. What will the company do on June 5?

(A) Release a new product
(B) Revise management procedures
(C) Upgrade some computer software
(D) Train some employees

54. What does the woman imply about the techniques that the speakers learned?

(A) They were recently developed.
(B) They might help to attract more customers.
(C) They will address some complaints.
(D) They will repair some unresolved technical errors.

55. Why does the woman say, "No worries"?

(A) She is confident about acquiring a client.
(B) She reassures the men that a project will be completed on time.
(C) She is able to increase the company's profits.
(D) She can obtain some information.

56. Where most likely does the woman work?

    (A) At a hospital
    (B) At a pharmacy
    (C) At a post office
    (D) At a grocery store

57. Why is the man calling?

    (A) To inquire about business hours
    (B) To send a package
    (C) To confirm a reservation
    (D) To change an appointment

58. What will the man do tomorrow?

    (A) Attend a conference
    (B) Visit a friend
    (C) Go on a business trip
    (D) Hold a party

---

59. What are the speakers trying to do?

    (A) Arrange a filing cabinet
    (B) Conduct a job interview
    (C) Update a budget
    (D) Review some résumés

60. What does the man mean when he says, "Are you serious"?

    (A) He is happily surprised.
    (B) He does not agree with her.
    (C) He is very disappointed.
    (D) He doesn't like her joke.

61. What will the woman probably do next?

    (A) Read a newspaper article
    (B) Email some files
    (C) Print some documents
    (D) Submit a résumé

How to Clean the Soda Machine

Step 1
Brush dust off the surface of the machine

Step 2
Disassemble all attachments and soak in cleaning solution

Step 3
Rinse all components in hot water

Step 4
Wipe everything with a dry towel

62. Why does the man want to talk to the woman?

    (A) To offer a promotion
    (B) To revise a procedure
    (C) To address a complaint
    (D) To review a schedule

63. Look at the graphic. Which step in the procedure does the man mention?

    (A) Step 1
    (B) Step 2
    (C) Step 3
    (D) Step 4

64. What does the man ask the woman to do?

    (A) Arrange some training
    (B) Clean some equipment
    (C) Interview some candidates
    (D) Study some material

GO ON TO THE NEXT PAGE

Position	Vacation Period
Part-timers	3 days
New staff	7 days
Experienced staff	10 days
Executives	15 days

Name	Service	Food
Montezuma	☆☆☆☆☆	☆☆☆
Dragon	☆☆☆	☆☆☆☆☆
Greenfield	☆☆☆☆	☆☆☆☆☆
Lakewood	☆☆☆	☆☆

65. Who will be receiving vacation requests?

(A) The head of personnel
(B) Division directors
(C) Assistant managers
(D) A secretary

66. Look at the graphic. How many days of vacation is she entitled to?

(A) 3 days
(B) 7 days
(C) 10 days
(D) 15 days

67. Why is the woman disappointed?

(A) Her friend canceled the trip.
(B) She has to wait to take a few days off.
(C) She has already used all of her vacation time.
(D) They couldn't find temporary workers.

68. Why does the man call the woman?

(A) To request her assistance with a project
(B) To ask for some advice
(C) To discuss menu options
(D) To offer suggestions about a upcoming speech

69. What's the problem with Dragon?

(A) The venue is too small.
(B) The food is not good.
(C) All the rooms are fully booked.
(D) It does not host banquets.

70. Look at the graphic. Which venue will the man most likely choose for the event?

(A) Montezuma
(B) Dragon
(C) Greenfield
(D) Lakewood

PART 4

Directions: You will hear some talks given by a single speaker. You will be asked to answer three questions about what the speaker says in each talk. Select the best response to each question and mark the letter (A), (B), (C), or (D) on your answer sheet. The talks will not be printed in your test book and will be spoken only one time.

71. What is the problem?

(A) Baggage has been lost.
(B) A flight will be canceled.
(C) A flight has been oversold.
(D) A boarding gate has been changed.

72. According to the speaker, what kind of compensation is offered?

(A) An upgraded seat
(B) A free shuttle service
(C) A complimentary accommodation
(D) A discount on their next trip

73. What are listeners asked to do?

(A) Check their departure gate number
(B) Talk to airline staff
(C) Go to a different terminal
(D) Present a boarding pass

74. Who most likely is the man?

(A) A bus driver
(B) A news reporter
(C) A tour guide
(D) A park official

75. What does the speaker say is unusual about today?

(A) The weather is good.
(B) The tower closes early.
(C) An island is not visible.
(D) Admission is free.

76. What will the listeners probably do in half an hour?

(A) Return a telescope
(B) Have lunch
(C) Take some photos
(D) Meet at an information desk

77. Where do the listeners most likely work?

(A) At an advertising agency
(B) At an electronics store
(C) At a phone company
(D) At a Web design firm

78. What are the listeners asked to do?

(A) Speak to a manager
(B) Provide some ideas
(C) Call some customers
(D) Work overtime

79. According to the speaker, what will take place next Tuesday?

(A) An anniversary party
(B) An opening of a store
(C) A client meeting
(D) A company gathering

80. Who is Mr. Larry Jones?

(A) An author
(B) An art critic
(C) A professor
(D) A film producer

81. What will Mr. Jones be doing at today's event?

(A) Signing autographs
(B) Teaching a class
(C) Showing videos
(D) Judging a contest

82. What are the listeners encouraged to do this weekend?

(A) Ask questions
(B) Register for a workshop
(C) Take some notes
(D) Donate money

GO ON TO THE NEXT PAGE

83. Who most likely is the speaker?

(A) A restaurant chef
(B) A vehicle mechanic
(C) A showroom salesperson
(D) A self-employed plumber

84. According to the speaker, what is the problem?

(A) A payment was incorrect.
(B) A vehicle is out of stock.
(C) A part is missing.
(D) An error was not fixed.

85. What does the woman mean when she says, "I don't have a clue about it"?

(A) She doesn't have any solutions to it.
(B) She doesn't know why it happened.
(C) She doesn't want to think about it.
(D) She is not knowledgeable about it.

---

86. Who is Delon Roux?

(A) An executive
(B) A project manager
(C) A designer
(D) A computer programmer

87. Why have Roux cameras been popular?

(A) They are affordable.
(B) They are lightweight.
(C) They have many features.
(D) They are waterproof.

88. What will Mr. Roux discuss tomorrow morning?

(A) Remedies to a problem
(B) The company's new policy
(C) Decreases in annual sales
(D) Plans for business expansion

89. What type of business is being advertised?

(A) A hotel
(B) Boat tours
(C) An airline
(D) Rent-a-car

90. What exclusive opportunity is being offered?

(A) It features natural sites.
(B) It is given in a speedboat.
(C) It takes place at night.
(D) It is a virtual reality tour.

91. What does the speaker mean when he says, "Don't miss the boat"?

(A) Don't be late to board a boat.
(B) Don't be sad after the service is no longer available.
(C) Don't miss out on a great deal.
(D) Don't forget to tie a boat to the dock.

Program

Presenter	Time
Dr. Doogan	10:00 A.M. — 10:50 A.M.
Dr. Gordon	11:00 A.M. — 11:50 A.M.
BREAK	11:50 A.M — 12:30 P.M.
Dr. Kurata	12:30 P.M — 1:20 P.M.
Dr. deJong	1:30 P.M. — 2:20 P.M.

92. Where does this announcement take place?

(A) At a retirement party
(B) At a tradeshow
(C) At a seminar
(D) At a reception

93. Look at the graphic. When will Dr. Kurata begin his presentation?

(A) 10:00 A.M.
(B) 11:00 A.M.
(C) 11:50 A.M.
(D) 12:30 P.M.

94. What does the speaker ask the listeners to do?

(A) Check a schedule
(B) Silence their phones
(C) Store their belongings
(D) Complete some paperwork

Name of Work	Location
Nihilism	Hall 302
Embracing Your Ego	Hall 108
Woman with Flower	Hall 301
Sketches	Exhibit Hall A

95. Who most likely is the speaker?

(A) A gallery owner
(B) A museum employee
(C) A visitor
(D) An artist

96. What is the announcement about?

(A) A change in business hours
(B) A new concept of art
(C) A store grand opening
(D) A new exhibit

97. Look at the graphic. What is being displayed in Hall 108?

(A) Nihilism
(B) Embracing Your Ego
(C) Woman with Flower
(D) Sketches

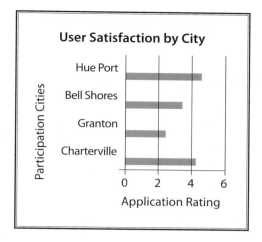

98. What does the speaker say he is surprised about?

(A) The easy use of a program
(B) The sudden increase in sales
(C) The price of a new service
(D) The change in a project deadline

99. What feature of the application does the speaker say is popular?

(A) The payment platform
(B) High-quality videos
(C) The search engine
(D) The user testimonials

100. Look at the graphic. What city does the speaker ask Kevin to investigate?

(A) Hue Port
(B) Bell Shores
(C) Granton
(D) Charterville

This is the end of the Listening test. Turn to Part 5 in your test book.

GO ON TO THE NEXT PAGE

READING TEST

In the Reading test, you will read a variety of texts and answer several different types of reading comprehension questions. The entire Reading test will last 75 minutes. There are three parts, and directions are given for each part. You are encouraged to answer as many questions as possible within the time allowed.

You must mark your answers on the separate answer sheet. Do not write your answers in your test book.

PART 5

Directions: A word or phrase is missing in each of the sentences below. Four answer choices are given below each sentence. Select the best answer to complete the sentence. Then mark the letter (A), (B), (C), or (D) on your answer sheet.

---

101. The Red store offers ------- on various clothing items in order to draw new customers.

(A) discount
(B) discounted
(C) discountable
(D) discounts

102. Students ------- are interested in taking the class have to sign up no later than April 6.

(A) which
(B) since
(C) who
(D) what

103. An employee who has made a considerable ------- will receive the Employee of the Year award.

(A) contribution
(B) contribute
(C) contributing
(D) contributed

104. Employees want to simplify the installation process in order to ------- most customers to update the program in less than 5 minutes.

(A) promote
(B) allow
(C) give
(D) accept

105. We recognize that Ace Computer's difference from other competitors is the ------- service to the customers.

(A) exception
(B) exceptional
(C) exceptionally
(D) exceptionality

106. Please keep in mind that ------- records are confidential and therefore you should not distribute them to other people.

(A) this
(B) theirs
(C) these
(D) that

107. It is difficult to remove the price sticker without ------- an adhesive mark.

(A) leave
(B) leaves
(C) left
(D) leaving

108. Request forms to reserve meeting rooms must be submitted in writing to Ms. Jullia within ------- one week.

(A) nearly
(B) late
(C) highly
(D) mostly

109. The opinion polls of Lansing employees were ------- in favor of discontinuing producing the bicycle line.

(A) overwhelms
(B) overwhelm
(C) overwhelming
(D) overwhelmingly

110. All employees recognize that her ------- commitment increases the annual sales.

(A) deep
(B) depth
(C) deepen
(D) deeply

111. She tries to ------- with strict company regulations in order to be one of the good employees.

(A) comply
(B) conduct
(C) observe
(D) compare

112. If there are items to add for the event, please send ------- to Mr. Hong.

(A) him
(B) them
(C) there
(D) it

113. Many analysts ------- that the merger of the two companies will be able to increase sales.

(A) predict
(B) predicting
(C) predicts
(D) predictable

114. To make a hotel reservation, ------- call one of the hotels you want to stay.

(A) simplest
(B) simply
(C) simple
(D) simpler

115. The company apologizes for ------- inconvenience caused by its current malfunctioning Web site.

(A) both
(B) any
(C) these
(D) many

116. Because of ------- electronic problems, local bus services stopped and many people experienced inconvenience.

(A) full
(B) recent
(C) late
(D) whole

117. All customers who visit Chung-Ho Jewelry can receive 20 percent off their purchase ------- they spend $30 or more.

(A) that
(B) than
(C) even
(D) if

118. The supervisor of ABC Company has been ------- monitoring their work to maintain its productivity.

(A) once
(B) lately
(C) routinely
(D) availably

119. Sales of Sandra's latest novel have increased ------- since the aggressive promotion last year.

(A) considerably
(B) considerable
(C) considered
(D) consideration

120. Due to the ------- material costs, the pharmaceutical company has decided to increase the price of medicine.

(A) above
(B) longer
(C) profitable
(D) rising

GO ON TO THE NEXT PAGE

121. Upon arrival, people who are joining in the tour will be ------- served the local meals in Owen Hall.

(A) promptly
(B) prompted
(C) prompts
(D) prompting

122. The restaurant became considerably profitable after it had been open for only a ------- time.

(A) popular
(B) short
(C) next
(D) first

123. Some employees in Quality Control Department were able ------- the quality of the company's Web site.

(A) to be improved
(B) to improve
(C) improves
(D) improved

124. The art gallery will be ------- closed to visitors in order to renovate it.

(A) previously
(B) stylishly
(C) constructively
(D) temporarily

125. Before Mr. Hong's call ------- to a supervisor of the customer service department, there had been a small problem such as the sudden disconnection.

(A) transferring
(B) was transferred
(C) transfers
(D) being transferred

126. ------- the factory is open depends on receiving additional funding.

(A) Whether
(B) That
(C) While
(D) Since

127. The 100-page report ------- results of customer surveys about the quality of the product.

(A) details
(B) corresponds
(C) expects
(D) prepares

128. The prices of yellow shoes are ------- more expensive than those of red shoes.

(A) even
(B) yet
(C) very
(D) soon

129. Upon ------- of the microwave, please contact me by phone.

(A) entry
(B) request
(C) receipt
(D) appeal

130. Many issues will be addressed by the customer service department ------- a week of receiving an inquiry.

(A) within
(B) over
(C) by
(D) until

PART 6

Directions: Read the texts that follow. A word, phrase, or sentence is missing in parts of each text. Four answer choices for each question are given below the text. Select the best answer to complete the text. Then mark the letter (A), (B), (C), or (D) on your answer sheet.

Questions 131-134 refer to the following advertisement.

RED K, Inc., which is a major provider of residential and commercial ------- furniture has
             131.

grown for the last 15 years. RED K ------- customers a full line of office and household
             132.

furnishings for rent. RED K is ------- for high-quality furniture, affordable prices and good
             133.

service. If you are interested in RED K, feel free to call us at 278-5577 or visit our Web site

www.redk.com. -------.
        134.

131. (A) rental
    (B) rents
    (C) renter
    (D) rent

132. (A) is offered
    (B) offers
    (C) were offering
    (D) had been offered

133. (A) known
    (B) knew
    (C) know
    (D) knowing

134. (A) Some of our customers have been
        with us for two decades.
    (B) Let us find the best furniture for your
        home or office.
    (C) Sorry, but we only speak with
        customers through e-mail.
    (D) We're planning to launch our Web site
        two months from now.

GO ON TO THE NEXT PAGE

Questions 135-138 refer to the following e-mail.

To: Hee-Jung, Park
From: Customer Service
Date: March 2
Subject: Order #87

Dear Ms. Park,

-------. You can pick up your order. Please retrieve your ------- no later than April 2.
  135.   **136.**
-------, your order will be automatically canceled. You should print out this e-mail and
  137.
bring it so as to help our clerk ------- your item quickly.
                                       138.

Sincerely,

Customer Service

---

135. (A) Thank you for your interest in our company.
    (B) Your order is ready to be delivered to your home.
    (C) We regret that the items you requested are unavailable.
    (D) The items you purchased have finally arrived.

136. (A) exchange
    (B) information
    (C) refund
    (D) merchandise

137. (A) Otherwise
    (B) Moreover
    (C) In addition
    (D) Similarly

138. (A) identify
    (B) identified
    (C) identifying
    (D) identifies

Questions 139-142 refer to the following letter.

Aileen Jang

367 Riverside
East Lansing, Michigan 48005

Dear Ms. Jang,

Thank you for your application to the East Lansing Artists Workshop. We are sorry to notify you that you cannot ------- the workshop this year.
139.
-------, only 50 artists were accepted to the program this time. -------. The review
140.   **141.**
committee, -------, felt that your paintings were good and promising.
142.
We hope that you continually develop your artistic techniques and will apply again next year.

Sincerely,

Ho-Seok Lee, Coordinator
East Lansing Artists Workshop

---

139. (A) participate in
(B) decide on
(C) plan to
(D) respond to

140. (A) Definitely
(B) Finally
(C) Alternatively
(D) Unfortunately

141. (A) You need to improve the quality of your paintings.
(B) And you were not one of the first 50 to register.
(C) This year's workshop has been postponed until fall.
(D) There was not enough interest in the workshop to hold it.

142. (A) moreover
(B) however
(C) then
(D) therefore

GO ON TO THE NEXT PAGE

Questions 143-146 refer to the following e-mail.

To: inquires@sapmail.com
From: MI1234@ontmail.net
Date: March 2
Subject: Order #1277

To Whom It May Concern:

I have a problem about an order ------- I placed. -------. Your delivery policy states that
           143.   **144.**
all items should be delivered within 7 days of the order date. However, it has now been

------- two weeks, and it wasn't still delivered to me. Could you please contact me to
145.
explain this -------? Thank you for your assistance with this matter in advance.
        146.

143. (A) that
    (B) whom
    (C) whose
    (D) what

144. (A) I need to know when I can pick up the
        item.
    (B) My order number is 1277, and I made
        it on your Web site.
    (C) I would like to cancel the order that I
        just made.
    (D) When the item arrived, there was a big
        scratch on it.

145. (A) over
    (B) across
    (C) by
    (D) on

146. (A) refund
    (B) arrival
    (C) delay
    (D) exchange

PART 7

Directions: In this part you will read a selection of texts, such as magazine and newspaper articles, e-mails, and instant messages. Each text or set of texts is followed by several questions. Select the best answer for each question and mark the letter (A), (B), (C), or (D) on your answer sheet.

Questions 147-148 refer to the following e-mail.

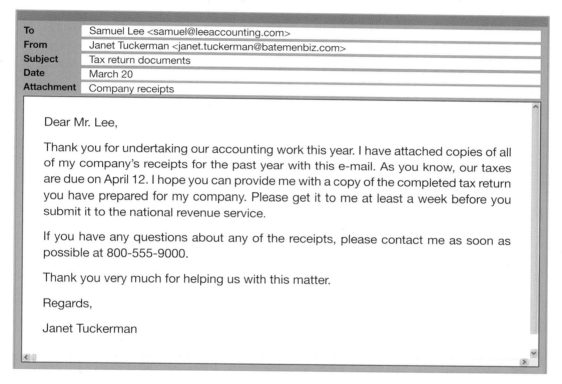

To	Samuel Lee <samuel@leeaccounting.com>
From	Janet Tuckerman <janet.tuckerman@batemenbiz.com>
Subject	Tax return documents
Date	March 20
Attachment	Company receipts

Dear Mr. Lee,

Thank you for undertaking our accounting work this year. I have attached copies of all of my company's receipts for the past year with this e-mail. As you know, our taxes are due on April 12. I hope you can provide me with a copy of the completed tax return you have prepared for my company. Please get it to me at least a week before you submit it to the national revenue service.

If you have any questions about any of the receipts, please contact me as soon as possible at 800-555-9000.

Thank you very much for helping us with this matter.

Regards,

Janet Tuckerman

147. What is the purpose of the e-mail?

(A) To change some services
(B) To send some documents
(C) To ask for Mr. Lee's company records
(D) To inquire about billing procedures

148. What most likely is Mr. Lee's occupation?

(A) Bank cashier
(B) Assistant manager
(C) Government employee
(D) Accountant

GO ON TO THE NEXT PAGE

Notice to Moore City Residents

Starting June 1, there will be some changes to the city's application process for building permits.

Fees for building permit applications will remain the same. However, decisions on applications will now take 14 days instead of 7. Please keep this in mind when planning a construction project.

In addition, applications should now be submitted to the Development Services Office at our new building on Main Street. The Building Permit Office will be closed with the closing of the old Moore City Government Building.

Thank you for your cooperation.

Moore City Government

---

149. What is the purpose of the notice?

(A) To explain some changes to a government service
(B) To seek investment for a new building project
(C) To introduce a new schedule for employees
(D) To detail the closing of a private building

150. What is NOT stated about permit applications?

(A) Application fees will not be affected.
(B) It will take one week longer to receive a decision.
(C) They should be presented to a different office now.
(D) Many applications could be denied.

Questions 151-152 refer to the following text message chain.

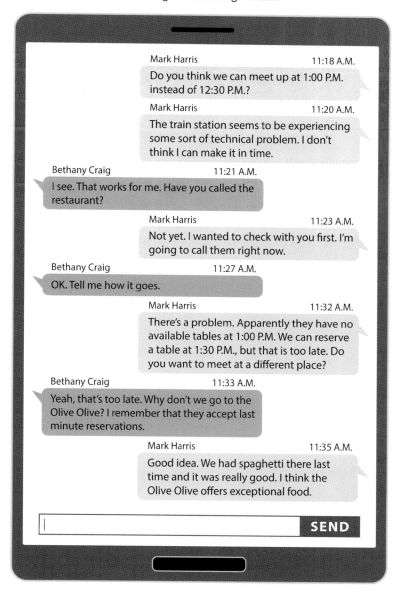

Mark Harris — 11:18 A.M.
Do you think we can meet up at 1:00 P.M. instead of 12:30 P.M.?

Mark Harris — 11:20 A.M.
The train station seems to be experiencing some sort of technical problem. I don't think I can make it in time.

Bethany Craig — 11:21 A.M.
I see. That works for me. Have you called the restaurant?

Mark Harris — 11:23 A.M.
Not yet. I wanted to check with you first. I'm going to call them right now.

Bethany Craig — 11:27 A.M.
OK. Tell me how it goes.

Mark Harris — 11:32 A.M.
There's a problem. Apparently they have no available tables at 1:00 P.M. We can reserve a table at 1:30 P.M., but that is too late. Do you want to meet at a different place?

Bethany Craig — 11:33 A.M.
Yeah, that's too late. Why don't we go to the Olive Olive? I remember that they accept last minute reservations.

Mark Harris — 11:35 A.M.
Good idea. We had spaghetti there last time and it was really good. I think the Olive Olive offers exceptional food.

SEND

151. What is suggested about Ms. Craig?

(A) She is late to the appointment.
(B) She met Mr. Harris before.
(C) She is trying to reserve a table at a restaurant.
(D) She needs to take some clients out to dinner.

152. At 11:32 A.M., what does Mr. Harris mean when he writes, "There's a problem"?

(A) He will be late due to the weather.
(B) He wasn't aware of the restaurant's cancellation policy.
(C) He wasn't able to reserve a table at the preferred time.
(D) The restaurant isn't picking up the phone.

GO ON TO THE NEXT PAGE

Sprick Medical Supplies

To: All staff
From: Nick Potter
Date: June 2

We will be doing our second physical inventory of the year on June 15. As you know, the warehouse will be closed for business so that we can perform the count in a single day.

We will start early and finish late, without much time for breaks. The first inventory performed last week dealt with three tasks except 2 took approximately two hours only without serving meals for employees. You may already know that Task 2, unlike any other tasks, lasts four hours. This is because we will take an hour break during the task for a luncheon we will be providing for everyone.

We will reopen the warehouse on the day after the physical inventory, so any orders placed on June 14 will be delayed by one day. Please let customers know this so they can anticipate the delay in receiving their orders.

153. Why was the memo written?

(A) To give the schedule for a company tour
(B) To announce physicals for all staff members
(C) To provide details for some workers about a trip
(D) To inform staff of plans to take inventory

154. When will the warehouse be reopened?

(A) June 2
(B) June 14
(C) June 15
(D) June 16

155. During which task will lunch be provided to the employees?

(A) Task 1
(B) Task 2
(C) Task 3
(D) Task 4

Questions 156-158 refer to the following information.

We have come across many homes with hardwood floors that are over 100 years old, and those floors are still going strong! —[1]—. Please follow the steps below, and your hardwood floors can last for the life of your house.

First, hardwood floors should be varnished every few years. —[2]—. A quality varnish will not only keep the floor looking great, but it will also seal the floor, protecting it from moisture. Please beware, however, that varnish in its liquid state contains toxic spirits, so always use gloves and a breathing respirator when working with it.

—[3]—. Next, hardwood floors should also be waxed regularly. A high-quality wax isn't cheap, but a coat or two of it will give a hardwood floor a lustrous sheen. What's more, it will serve as a protective film preventing dirt and other contaminants from getting through the varnish and to the flooring itself. —[4]—.

156. What is the purpose of the information?

(A) To advise on how to make a home more secure
(B) To explain how to care for a part of a home
(C) To promote a new product for home maintenance
(D) To give some procedures for installing floors

157. According to the information, what is true about varnish?

(A) It contains chemicals that are harmful to health.
(B) It is currently available in water-based formulations.
(C) It should be applied to floors on a monthly basis.
(D) It is the least expensive way to protect wood.

158. In which of the positions marked [1], [2], [3], and [4] does the following sentence best belong?

"The key to their longevity has been regular maintenance."

(A) [1]
(B) [2]
(C) [3]
(D) [4]

GO ON TO THE NEXT PAGE

Questions 159-161 refer to the following letter.

Wheaton Auto Repair
7281 Garner Road
Richmond, Virginia 22087

Deborah Howe
9281 Vale Road
Richmond, Virginia 22087

Dear Ms. Howe,

I would first like to thank you for contacting me regarding the recent work our technician's performed on your automobile. Our company takes pride in the work we do and the level of service we provide for our customers. —[1]—.

So it certainly concerns me to find out about the poor service you were provided with on your last visit. And I absolutely agree with you that a customer shouldn't be told that her car is ready when, in fact, it isn't. —[2]—.

I would like you to know that you, the customer, are the most important part of our business. —[3]—. We don't want any of our customers to experience what you had to go through, and I believe that a thorough review of our communication practices is in order. I will also be holding a workshop with all of my employees to review our communication practices.

—[4]—. I know that it can't erase the trouble you experienced, but I hope that it can give us the opportunity to show you that our company is worthy of your business.

Sincerely,

Les Morris
Les Morris
Manager, Wheaton Auto Repair

159. What is the main purpose of the letter?

(A) To ask for payment for previously performed work
(B) To inform a customer of a completed repair
(C) To provide an explanation for a repair
(D) To address a customer's complaint

160. What problem did Ms. Howe have?

(A) She was incorrectly informed about the status of some repairs.
(B) She was charged for additional repairs that she had not authorized.
(C) She contacted the staff at Wheaton Auto Repair but was ignored.
(D) Her credit card was overcharged for some automobile repairs.

161. In which of the positions marked [1], [2], [3], and [4] does the following sentence best belong?

"You will soon be receiving a voucher in the mail for $100 for any service our company provides."

(A) [1]
(B) [2]
(C) [3]
(D) [4]

Questions 162-164 refer to the following article.

Manager's Solutions
Monthly Tips
Schedules for Happy Employees!
Jennifer Ludlow

As a manager, you are the one who has to figure out when your employees need to be at work. Doing this isn't always as easy as it may sound. Being a good manager means being flexible at times, and this is especially true when it comes to creating weekly schedules. Here are some tips for creating schedules that can keep your employees happy.

* Post a sheet on the bulletin board for schedule requests. Mention on the sheet that you will do your best to give the employee the times requested but that you can't make any promises.

* Reward employees with better scheduling. If one of your better-performing employees needs to work a half-day here or there, do whatever is possible to let them have the time off. They'll keep performing better and be happier, too.

* Be sure to limit split shifts to a maximum of 2 to 3 weeks. Most people get really tired while working a split shift.

Jennifer Ludlow creates schedules for happy employees at Walker Plastics Corporation.

---

162. Why was the article written?

(A) To inform managers at a company of some new scheduling rules
(B) To provide some help with making employee work schedules
(C) To propose some topics for future articles on work schedules
(D) To explain how to minimize the time spent completing timesheets

163. What is most likely Ms. Ludlow's job title at Walker Plastics Corporation?

(A) Administrative assistant
(B) Janitor
(C) Writer
(D) Manager

164. What tip is NOT mentioned in the article?

(A) Providing a sheet for schedule requests
(B) Giving time off to excellent employees
(C) Limiting the duration of split-shift schedules
(D) Giving incentives to work more

GO ON TO THE NEXT PAGE

Virginia Home Tours

Want to learn about Virginia history while viewing some of the most beautiful historic homes in the country? Virginia Home Tours is the top ranked home tour company in the state. With thousands of satisfied customers and excellent reviews, our reputation speaks for itself.

Our four-hour tour of homes in historic Williamsburg, Virginia includes presentations by several experts on Virginia history. You will visit twenty homes, fifteen of which have been featured in several popular magazines. After the tour, enjoy a four-star meal provided by our award-winning chef, Jacob Marshall, at our dining room in Williamsburg Harbor.

Our tour bus stops at main entrances in City Hall, Main Street Park, and the Williamsburg Zoo at 9:00 A.M., 9:15 A.M., and 9:30 A.M., respectively. Following the tour, the bus will return you to any one of these three stops.

Tour tickets cost $75 for adults. They are $50 for seniors over the age of 65 and children under 13 years of age at a reduced rate. Lunch is included in the price of the ticket. Children under the age of 3 are welcome without a ticket, although we do require prior notification of their attendance.

For details and reservations, call Virginia Home Tours at 1-800-555-6777 or visit our Web site at www.virginiahometours.com.

165. For whom is the advertisement most likely intended?

(A) Williamsburg landlords
(B) Chefs
(C) History experts
(D) Tourists

166. According to the advertisement, where can individuals board the bus?

(A) At the entrances of several locations
(B) In front of the historic homes
(C) Outside of their residences
(D) Near the dining room at Williamsburg Harbor

167. Who is NOT entitled to a discounted or complimentary ticket?

(A) Adults
(B) Seniors over 65
(C) Children under 13
(D) Children under 3

Everything Is on Sale at Boat World!

After twenty years at our location on Gordon Boulevard in Lorton, Boat World is moving! Starting in June, you will find us at the Gunston Center at Mason Neck. And to make our move easier, we are selling everything at ridiculously low prices!

We are slashing prices on every boat in stock. Get 50 percent off on brand-name boats including Seawave, Bass Boat, Gunther, Tidemaster, Whitman, and our own line, BW. If you have ever been to Boat World, you know that we take pride in the variety of products we make available. We offer boats, kayaks, and canoes in many different sizes and materials. You can choose a boat made with a traditional material such as wood or something exotic like carbon fiber!

And the best part of shopping at Boat World is trying out the boats! Our Lorton location sits on the bank of the Occoquan River. One of our staff members will be happy to take you out for a test ride in any boat you choose! You have to try it before you buy it, right?

In addition to the huge selection of boats we offer, we carry safety equipment such as CB radios, flares, and lifejackets. We also sell a wide assortment of oars made from many different materials. But that's not all we sell. We carry everything you need to have a great trip out on the water.

Visit us at 927 Gordon Boulevard in Lorton before we close the location for good on April 30. We are open between 10 A.M. and 7 P.M., Tuesday through Sunday. For more details on the products we carry, visit our Web site at www.boatworld. com or call us at 800-555-1723.

168. Why is Boat World having a sale?

(A) It needs to make room for new stock.
(B) It is moving to a different location.
(C) It will stop selling used boats.
(D) It is closing its business.

169. What is indicated about the store?

(A) It recently relocated to its current address.
(B) It offers its own line of boats.
(C) It provides repair services for boats.
(D) It imports its products from abroad.

170. According to the advertisement, what does Boat World encourage its customers to do?

(A) Take a boat on a test ride
(B) Return purchases within a week
(C) Trade in a used boat for a new one
(D) Compare prices before purchasing

171. What items are NOT mentioned?

(A) Televisions
(B) Oars
(C) Boats
(D) Lifejackets

GO ON TO THE NEXT PAGE

Questions 172-175 refer to the following online chat discussion.

 Lisa Miller   3:10

You guys, I'm sorry, but I'm still putting the data on your sales research into our intra database system. You surveyed over two thousands customers last month, so I have huge volumes of data to deal with.

Harry Morgan   3:12

I know you're busy, but I appreciate you taking the time to do this. How much time do you need to complete it?

 Lisa Miller   3:13

Not that long. A couple of days. I think I'll get it done by Tuesday morning.

John Stanford   3:15

That would be good. Me and Harry need to make a presentation on our sales data next Wednesday. There is enough time left for us to prepare for our presentation after you are done.

 Lisa Miller   3:16

Oh, I didn't know about your presentation. I'll keep my fingers crossed for it.

Harry Morgan   3:17

Thanks. We will do our best for it. Actually, I hope this work doesn't bother you. It's too hard for us to use statistical software program.

 Lisa Miller   3:20

No problem. I'm glad that I can be of some slight help to you guys. All you guys should do is just buy me lunch or dinner. Then we're even, okay?

Harry Morgan   3:21

Your work will really help us a lot. We'd like to treat you to a special dinner this Saturday. It is the least that we can do for you. What kind of food do you like?

 Lisa Miller   3:22

I'm glad to hear it! I like Italian food. I'll spare some time to have dinner with you on this Saturday. Is that okay to you guys?

John Stanford   3:22

Sure, no problem. How about you, Harry?

Harry Morgan   3:23

I can do that. I heard there is a good Italian restaurant near the office. Want to try it?

John Stanford   3:24

Why not? Please let me know the restaurant name and the phone number. Then I'll make a reservation for us.

SEND

172. What is suggested about Mr. Morgan?

(A) He majored in computer science.
(B) He will become a sales manager.
(C) He hurt some of his fingers.
(D) He is not good at using a software program.

173. What will happen next Wednesday?

(A) A dinner party will be held.
(B) Ms. Miller's work will be completed.
(C) A presentation will be delivered.
(D) A two-year contract extension will be signed.

174. What does Ms. Miller ask other speakers to do?

(A) Finalize a contract
(B) Make a reservation for dinner
(C) Search for some sales data
(D) Treat her to a meal

175. At 3:24, what does Mr. Stanford mean when he writes, "Why not"?

(A) He needs to cancel his reservation for some reason.
(B) He would like to try the restaurant on Saturday.
(C) He thinks about reasons why he should not visit Mr. Morgan.
(D) He wants to know why Ms. Miller won't go to the restaurant.

GO ON TO THE NEXT PAGE

Questions 176-180 refer to the following e-mails.

From	:	marialobos@phys.org
To	:	mailinglist@phys.org
Date	:	November 5, 3:45 P.M.
Subject	:	Dr. Andrew Taylor

Dear mailing list members,

As exercise physiologists, you will certainly be interested in a seminar we will soon be hosting at the American Institute of Physiology on December 20. The seminar will be given by Dr. Andrew Taylor, a nationally acclaimed exercise physiologist who has published a number of papers as well as books on the subject. The seminar will cover exercise recovery techniques.

The price of admission will be $180 per ticket. However, a pair of tickets can be purchased for $340. Tickets can be purchased online at our Web site at www.phys.org/seminar. The deadline for purchasing tickets is December 15; however, the seminar is sure to sell out prior to the deadline.

There will be plenty of parking spaces available for the event. The normal price for parking at the American Institute of Physiology is $8 per day, but if you purchase a one-day parking pass along with a ticket for the event, you can save $3.

If you have any questions about the event, contact me or my executive assistant, Trevor Johnson, at 800-555-1000.

Thank you,

Maria Lobos
Event planner

From	trevorjohnson@phys.org
To	mailinglist@phys.org
Date	November 5, 5:45 P.M.
Subject	Re: Dr. Andrew Taylor

Dear mailing list members,

Maria Lobos indicated that the deadline for purchasing tickets is December 15. However, it is the following day, December 16. We are sorry for the mistake.

Sincerely,

Trevor Johnson

176. What is the purpose of the first e-mail?

    (A) To promote a talk by a physiologist

    (B) To announce an invitation to submit articles

    (C) To give the details for an upcoming trip

    (D) To introduce a new colleague at an organization

177. How much is the discount for buying two tickets?

    (A) $10

    (B) $20

    (C) $180

    (D) $360

178. What is indicated about parking at the event?

    (A) It will cost $5 if purchased with a seminar ticket.

    (B) It might be difficult to find a parking space.

    (C) There will be a $3 surcharge for a parking pass.

    (D) There is no charge for parking on most days.

179. Why was the second e-mail sent?

    (A) To add some more information about the location

    (B) To announce a new date for the event

    (C) To fix a problem with the first e-mail

    (D) To provide additional information about billing

180. Who sent the second e-mail?

    (A) An event planner

    (B) An exercise physiologist

    (C) A parking lot employee

    (D) An executive assistant

GO ON TO THE NEXT PAGE

Questions 181-185 refer to the following e-mail and news article.

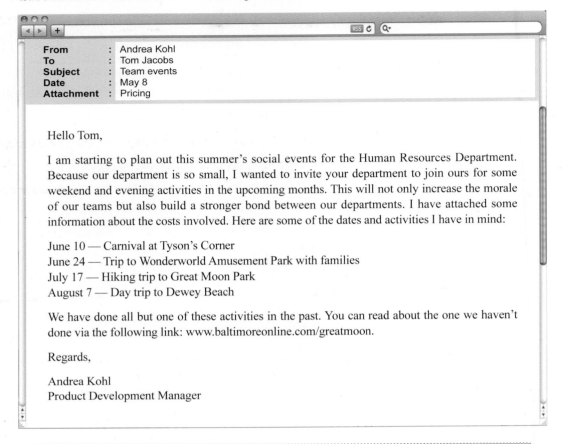

From	:	Andrea Kohl
To	:	Tom Jacobs
Subject	:	Team events
Date	:	May 8
Attachment	:	Pricing

Hello Tom,

I am starting to plan out this summer's social events for the Human Resources Department. Because our department is so small, I wanted to invite your department to join ours for some weekend and evening activities in the upcoming months. This will not only increase the morale of our teams but also build a stronger bond between our departments. I have attached some information about the costs involved. Here are some of the dates and activities I have in mind:

June 10 — Carnival at Tyson's Corner
June 24 — Trip to Wonderworld Amusement Park with families
July 17 — Hiking trip to Great Moon Park
August 7 — Day trip to Dewey Beach

We have done all but one of these activities in the past. You can read about the one we haven't done via the following link: www.baltimoreonline.com/greatmoon.

Regards,

Andrea Kohl
Product Development Manager

Baltimore Online

New Trail to Open Next Week at Great Moon Park

May 1—This week, state park officials announced the completion of a new trail at Great Moon Park. Construction of the trail has taken over a year, with delays caused by the blizzards we had at the end of last year. The new trail is designed for beginner hikers, so there are no dangerous obstacles or steep gradients.

Tina Walker, a representative for the state park service, said she has already hiked a small part of the trail and loves it. "Great Moon Park offers spectacular views, but previously these views were only available to those who could hike our most difficult trails," said Ms. Walker. "Now, hikers of all ability levels can access the top of the mountains in our park." Ms. Walker added that she thinks the new trail will increase tourism in the area and help bring in more revenue to the Great Moon Township.

181. What does Ms. Kohl suggest?

(A) Planning a few trips to the beach this summer
(B) Restructuring two departments
(C) Organizing joint group outings for two departments
(D) Appointing a department employee to organize summer activities

182. In the e-mail, what date does Ms. Kohl suggest for this year's new activity?

(A) June 10
(B) June 24
(C) July 17
(D) August 7

183. In which section of a newspaper would the article most likely appear?

(A) Lifestyle
(B) Business
(C) Local weather
(D) Entertainment

184. What caused an interruption to construction?

(A) A delay in the approval of the project
(B) Extreme weather conditions
(C) A lack of volunteers
(D) A decreased budget

185. What feature of the new trail does Ms. Walker praise?

(A) Its increased gradient
(B) Its difficult start
(C) Its accessibility to novice hikers
(D) Its early completion

GO ON TO THE NEXT PAGE

Questions 186-190 refer to the following Web pages and e-mail.

Address @ http://www.ferrisorthotics.co.ie

Ferris Custom Shoe Orthotics

Frequently Asked Questions

What types of products does Ferris Custom Shoe Orthotics produce?

Ferris Custom Shoe Orthotics manufactures shoe orthotics for men's, women's, and children's shoes. Most of our shoe orthotics are created for normal daily use. They typically use a proprietary thermoplastic or fiberglass composite that can be heat-molded to match the customer's foot. However, we also offer specialized shoe orthotics. For example, our heat moldable carbon fiber shoe orthotics were developed specifically for use in athletics shoes. These shoe orthotics are light, durable, and extremely rigid.

Who uses our products?

We provide our shoe orthotics for many companies in both the United States and Asia. All of our products can be heat-molded with a simple, foolproof process, allowing for a custom fit each and every time.

How can I request Ferris Custom Shoe Orthotics to become a supplier for my company?

Please contact one of our representatives to schedule a meeting. Our representatives can provide you with free product samples and contract requirements.

Address @ http://www.ferrisorthotics.co.ie/personneldepartment/personnelroaster

The List of Sales Representatives

Asia: Daisuke Tanaka <d.tanaka@ferrisorthotics.co.jp>
Australia: Debora Morgan <dmorgan@ferrisorthotics.co.au>
Western Europe: François Jalabert <f.jalabert@ferrisorthotics.fr>
Eastern Europe: Anatoly Konenko <akonenko@ferrisorthotics.ru>
North America: Steven Doughty <s.doughty@ferrisorthotics.com>
Central America: Julian Sanchez <js@ferrisorthotics.com>
South America: Maria Jimenez <m.jimenez@ferrisorthotics.com>

To	Steven Doughty <s.doughty@ferrisorthotics.com>
From	Jaime Fotos <jaimefotos@elavie.co.ar>
Date	June 12
Subject	Interested in your products

Dear Mr. Doughty,

My company is a South America-based orthotics distributor. We provide orthotics for the medical industry, with goods such as shoe orthotics, artificial limbs, and orthopedic back and neck braces. Last month, I attended the US National Orthotics trade show in Las Vegas, and I visited your company's booth several times. I was quite impressed by the quality and pricing of your athletic shoe orthotics and intend to place a large order for them. Your company's products are far superior to the rubber products that we are getting from our current supplier. We have been looking for a lighter product for some time, and some of your products definitely fit the bill.

I would like to speak to one of your company's representatives about sampling your products and possibly entering into a contract. Please let me know whom I can meet with in this region so I can start doing business with your company.

Sincerely,

Jaime Fotos
Elavie Orthopedic Medical Suppliers

186. What is stated about Ferris Custom Shoe Orthotics?

(A) It only makes athletics footwear.
(B) It sells its products solely to hospitals.
(C) It only works with domestic companies.
(D) It does business in many countries.

187. What is most likely true about Mr. Doughty?

(A) He is able to send samples of shoe orthotics.
(B) He works in both North and South America.
(C) He met with Mr. Fotos on several occasions.
(D) His office is based on the West Coast of the United States.

188. What type of materials will Mr. Fotos most likely want to be used in products that he purchases?

(A) Rubber
(B) Thermoplastic
(C) Fiberglass composite
(D) Carbon fiber

189. In the e-mail, the word "intend" in paragraph 1, line 5, is closest in meaning to

(A) plan
(B) seem
(C) request
(D) ask

190. Who will Mr. Fotos most likely contact to receive the sample products?

(A) Debora Morgan
(B) François Jalabert
(C) Julian Sanchez
(D) Maria Jimenez

GO ON TO THE NEXT PAGE

OCEANFRONT SUMMER RENTALS

This OCEANFRONT APARTMENT is offered and managed by South Beach Vacations LLC with amenities and furnishings consistent with the high standards required of a five star quality resort accommodation.

NO OTHER APARTMENTS in South Beach offer this harmony of Extra Private Ocean View Features, Beauty & Ambiance, Five Star Quality Amenities & Service, Private Patio, Prestigious, Tranquil & Convenient Art Deco District Location.

It is located right in the heart of the historic South Beach Art Deco District. If you need more information or want to make a reservation, please email Marsha Lee at lee@sbvl. com.

OCEANFRONT APARTMENT

1000 Beach Drive

Miami, Florida 23711

From	: Marsha Lee <lee@sbvl.com>
To	: Maria Fernandez <m.fernandez@hjo.com>
Subject	: Reservation
Date	: May 23

Dear Ms. Fernandez,

Thank you for choosing Oceanfront Summer Rentals again. We are sending this e-mail to confirm that we have received your Internet request for oceanfront apartment at 1000 Beach Drive in Miami. One of our representatives has reviewed your reservation and has verified that #403 will be available for you on the dates you requested. You will be staying in #403 from the date of June 8 to June 14. Your transaction number is 72877771.

The credit card you submitted (ending 8891) has been charged $872.40. Please be aware that your booking is final and that this charge cannot be refunded if you choose to cancel your stay.

One of our representatives will be in touch with you before the end of the month to provide you with our new guidelines for staying at one of our properties.

If you have any questions or concerns, please feel free to call us at 800-555-1000. You will be asked your transaction number at the time of your call, so please have it ready.

We appreciate your business and wish you a great stay.

Sincerely,

Marsha Lee, Guest Services Manager
South Beach Vacations LLC

From	: Maria Fernandez <m.fernandez@hjo.com>
To	: Marsha Lee <lee@sbvl.com>
Subject	: Re: Reservation
Date	: June 5

Dear Ms. Lee,

I am contacting you about my reservation (#72877771) with Oceanfront Summer Rentals for the dates of June 8 to June 14. Your e-mail indicated that I would be contacted with important details for my stay. You also wrote that this would happen by the end of last month. However, I have had no more contact from your company.

I would very much appreciate receiving this information prior to my departure, so please provide me with it as soon as possible. I repeatedly tried to reach your company at the phone number you provided in your e-mail, but the call went straight to voicemail every time.

Please contact me as soon as you can.

Thank you.

Sincerely,

Maria Fernandez
(800) 555-8399

191. What is the purpose of the first e-mail?

(A) To request more information
(B) To seek payment for some services
(C) To indicate a problem with a reservation
(D) To verify that a reservation has been made

192. What is implied about Ms. Fernandez?

(A) She works for South Beach Vacations LLC.
(B) She rented Oceanfront Apartment before.
(C) She previously spoke to Ms. Lee on the phone.
(D) She wants to cancel her reservation and get a full refund.

193. What is Ms. Fernandez asked to provide when contacting Oceanfront Summer Rentals?

(A) The address where she will stay
(B) Her current home address
(C) Her transaction number
(D) Some payment details

194. What does Ms. Fernandez request from Ms. Lee?

(A) Revised residential policies
(B) An apartment room number
(C) Payment options
(D) Directions to a property

195. In the second e-mail, the word "reach" in paragraph 2, line 2, is closest in meaning to

(A) contact
(B) approach
(C) overtake
(D) maintain

GO ON TO THE NEXT PAGE

Digital Courses by Masterplan Inc.

Have you ever wished you could learn how to use all of the major productivity software programs? Well then, this course is for you! From creating simple graphs to creating powerful presentations, this course will help you on your professional journey. Our curriculum offers the basic knowledge on how to operate these software programs. We offer intensive courses for each program as well, for the people who already know most of the programs but want to learn more about a specific program.

We also have special package programs that are discounted for companies. Please consult with us to learn the details. We can be reached through our Web site www.masterplan.com or 1-800-555-1234.

If you register with us within September, we will be offering the courses at a discounted price.

To	All Employees
From	Natalie Hoffman <nhoffman.1@Khera.org>
Date	September 8
Subject	Courses Offered

Hello everyone,

I'm excited to introduce you all to a special event. Starting next week, we will be offering courses created by Masterplan Inc. that teach you all of productivity software programs. We have noticed that some of the employees are not comfortable with using the software programs that we use at our company. That's why we decided to open courses that explain the basics.

These courses will be offered for a month. Each week, you will all learn the basics of one program. While all employees are recommended to attend these courses, attendance is not required. The courses will be given in different time slots to avoid crowded rooms. The course schedule will be announced later this week once it is ready by the Human Resources Departmant.

We hope that these courses will help you to improve productivity and achieve growth at work.

Thanks,

Natalie Hoffman
CEO
Khera Education

Software Basics 101 presented by Damian Lowe from Masterplan Inc.
Course schedules

≫ Week 1

Week 1 is basic training. You will be learning the basic controls of how to operate the given operating system. This course is offered Monday to Friday at 11 A.M. and at 6 P.M. and it lasts for 30 minutes.

≫ Week 2

Week 2, we will start with the word processor. You will be learning on how to create simple yet powerful documents and how to make tables and graphs for reports. This course is offered Monday to Friday at 7 P.M. and it will last for an hour.

≫ Week 3

This week features the presentation program. You will learn where each function lies and what it can do so that you can use the program efficiently. Also, Anna Tische, one of the best presentation speakers in our company, will give you a lecture on how to perfect your presentation. This course is offered Monday to Friday at 3 P.M. It will last for two hours and all employees are required to attend.

≫ Week 4

The last week will be on how to use the spreadsheet program. Spreadsheet programs are quite difficult to understand. This course will focus on basic controls. By the end of the course, everyone will be able to use the program proficiently. This course is offered Monday to Friday at 7 P.M. It will last for two hours and all accounting employees are required to attend.

---

196. In the advertisement, the word "intensive" in paragraph 1, line 5, is closest in meaning to

(A) incomplete
(B) thorough
(C) repeated
(D) superficial

197. What is indicated about Ms. Tische?

(A) She has to attend all of the courses.
(B) She will be teaching all the courses.
(C) She is an employee at Masterplan Inc.
(D) She works for Khera Education.

198. What is most likely true about Software Basics 101?

(A) It was offered at a discounted price.
(B) It is necessary that all employees attend each course.
(C) It is only available for companies.
(D) Each course lasts 30 minutes long.

199. Which week is mandatory for all employees?

(A) Week 1
(B) Week 2
(C) Week 3
(D) Week 4

200. Why did Ms. Hoffman hire Masterplan Inc.?

(A) To increase office productivity
(B) To ask for advice on business and management
(C) To examine the current status of the staff
(D) To improve Masterplan Inc.'s sales

Stop! This is the end of the test. If you finish before time is called, you may go back to Parts 5, 6, and 7 and check your work.

NO TEST MATERIAL ON THIS PAGE

ANSWER SHEET

토익 750+ 벼락치기 20일 완성 LC+RC

LISTENING (Part I-IV)

NO.	ANSWER	NO.	ANSWER	NO.	ANSWER	NO.	ANSWER	NO.	ANSWER
	A B C D		A B C D		A B C D		A B C D		A B C D
1	Ⓐ Ⓑ Ⓒ	21	Ⓐ Ⓑ Ⓒ	41	Ⓐ Ⓑ Ⓒ Ⓓ	61	Ⓐ Ⓑ Ⓒ Ⓓ	81	Ⓐ Ⓑ Ⓒ Ⓓ
2	Ⓐ Ⓑ Ⓒ	22	Ⓐ Ⓑ Ⓒ	42	Ⓐ Ⓑ Ⓒ Ⓓ	62	Ⓐ Ⓑ Ⓒ Ⓓ	82	Ⓐ Ⓑ Ⓒ Ⓓ
3	Ⓐ Ⓑ Ⓒ	23	Ⓐ Ⓑ Ⓒ	43	Ⓐ Ⓑ Ⓒ Ⓓ	63	Ⓐ Ⓑ Ⓒ Ⓓ	83	Ⓐ Ⓑ Ⓒ Ⓓ
4	Ⓐ Ⓑ Ⓒ	24	Ⓐ Ⓑ Ⓒ	44	Ⓐ Ⓑ Ⓒ Ⓓ	64	Ⓐ Ⓑ Ⓒ Ⓓ	84	Ⓐ Ⓑ Ⓒ Ⓓ
5	Ⓐ Ⓑ Ⓒ	25	Ⓐ Ⓑ Ⓒ	45	Ⓐ Ⓑ Ⓒ Ⓓ	65	Ⓐ Ⓑ Ⓒ Ⓓ	85	Ⓐ Ⓑ Ⓒ Ⓓ
6	Ⓐ Ⓑ Ⓒ	26	Ⓐ Ⓑ Ⓒ	46	Ⓐ Ⓑ Ⓒ Ⓓ	66	Ⓐ Ⓑ Ⓒ Ⓓ	86	Ⓐ Ⓑ Ⓒ Ⓓ
7	Ⓐ Ⓑ Ⓒ	27	Ⓐ Ⓑ Ⓒ	47	Ⓐ Ⓑ Ⓒ Ⓓ	67	Ⓐ Ⓑ Ⓒ Ⓓ	87	Ⓐ Ⓑ Ⓒ Ⓓ
8	Ⓐ Ⓑ Ⓒ	28	Ⓐ Ⓑ Ⓒ	48	Ⓐ Ⓑ Ⓒ Ⓓ	68	Ⓐ Ⓑ Ⓒ Ⓓ	88	Ⓐ Ⓑ Ⓒ Ⓓ
9	Ⓐ Ⓑ Ⓒ	29	Ⓐ Ⓑ Ⓒ	49	Ⓐ Ⓑ Ⓒ Ⓓ	69	Ⓐ Ⓑ Ⓒ Ⓓ	89	Ⓐ Ⓑ Ⓒ Ⓓ
10	Ⓐ Ⓑ Ⓒ	30	Ⓐ Ⓑ Ⓒ	50	Ⓐ Ⓑ Ⓒ Ⓓ	70	Ⓐ Ⓑ Ⓒ Ⓓ	90	Ⓐ Ⓑ Ⓒ Ⓓ
11	Ⓐ Ⓑ Ⓒ	31	Ⓐ Ⓑ Ⓒ	51	Ⓐ Ⓑ Ⓒ Ⓓ	71	Ⓐ Ⓑ Ⓒ Ⓓ	91	Ⓐ Ⓑ Ⓒ Ⓓ
12	Ⓐ Ⓑ Ⓒ	32	Ⓐ Ⓑ Ⓒ	52	Ⓐ Ⓑ Ⓒ Ⓓ	72	Ⓐ Ⓑ Ⓒ Ⓓ	92	Ⓐ Ⓑ Ⓒ Ⓓ
13	Ⓐ Ⓑ Ⓒ	33	Ⓐ Ⓑ Ⓒ	53	Ⓐ Ⓑ Ⓒ Ⓓ	73	Ⓐ Ⓑ Ⓒ Ⓓ	93	Ⓐ Ⓑ Ⓒ Ⓓ
14	Ⓐ Ⓑ Ⓒ	34	Ⓐ Ⓑ Ⓒ	54	Ⓐ Ⓑ Ⓒ Ⓓ	74	Ⓐ Ⓑ Ⓒ Ⓓ	94	Ⓐ Ⓑ Ⓒ Ⓓ
15	Ⓐ Ⓑ Ⓒ	35	Ⓐ Ⓑ Ⓒ	55	Ⓐ Ⓑ Ⓒ Ⓓ	75	Ⓐ Ⓑ Ⓒ Ⓓ	95	Ⓐ Ⓑ Ⓒ Ⓓ
16	Ⓐ Ⓑ Ⓒ	36	Ⓐ Ⓑ Ⓒ	56	Ⓐ Ⓑ Ⓒ Ⓓ	76	Ⓐ Ⓑ Ⓒ Ⓓ	96	Ⓐ Ⓑ Ⓒ Ⓓ
17	Ⓐ Ⓑ Ⓒ	37	Ⓐ Ⓑ Ⓒ	57	Ⓐ Ⓑ Ⓒ Ⓓ	77	Ⓐ Ⓑ Ⓒ Ⓓ	97	Ⓐ Ⓑ Ⓒ Ⓓ
18	Ⓐ Ⓑ Ⓒ	38	Ⓐ Ⓑ Ⓒ	58	Ⓐ Ⓑ Ⓒ Ⓓ	78	Ⓐ Ⓑ Ⓒ Ⓓ	98	Ⓐ Ⓑ Ⓒ Ⓓ
19	Ⓐ Ⓑ Ⓒ	39	Ⓐ Ⓑ Ⓒ	59	Ⓐ Ⓑ Ⓒ Ⓓ	79	Ⓐ Ⓑ Ⓒ Ⓓ	99	Ⓐ Ⓑ Ⓒ Ⓓ
20	Ⓐ Ⓑ Ⓒ	40	Ⓐ Ⓑ Ⓒ	60	Ⓐ Ⓑ Ⓒ Ⓓ	80	Ⓐ Ⓑ Ⓒ Ⓓ	100	Ⓐ Ⓑ Ⓒ Ⓓ

READING (Part V-VII)

NO.	ANSWER	NO.	ANSWER	NO.	ANSWER	NO.	ANSWER	NO.	ANSWER
	A B C D		A B C D		A B C D		A B C D		A B C D
101	Ⓐ Ⓑ Ⓒ Ⓓ	121	Ⓐ Ⓑ Ⓒ Ⓓ	141	Ⓐ Ⓑ Ⓒ Ⓓ	161	Ⓐ Ⓑ Ⓒ Ⓓ	181	Ⓐ Ⓑ Ⓒ Ⓓ
102	Ⓐ Ⓑ Ⓒ Ⓓ	122	Ⓐ Ⓑ Ⓒ Ⓓ	142	Ⓐ Ⓑ Ⓒ Ⓓ	162	Ⓐ Ⓑ Ⓒ Ⓓ	182	Ⓐ Ⓑ Ⓒ Ⓓ
103	Ⓐ Ⓑ Ⓒ Ⓓ	123	Ⓐ Ⓑ Ⓒ Ⓓ	143	Ⓐ Ⓑ Ⓒ Ⓓ	163	Ⓐ Ⓑ Ⓒ Ⓓ	183	Ⓐ Ⓑ Ⓒ Ⓓ
104	Ⓐ Ⓑ Ⓒ Ⓓ	124	Ⓐ Ⓑ Ⓒ Ⓓ	144	Ⓐ Ⓑ Ⓒ Ⓓ	164	Ⓐ Ⓑ Ⓒ Ⓓ	184	Ⓐ Ⓑ Ⓒ Ⓓ
105	Ⓐ Ⓑ Ⓒ Ⓓ	125	Ⓐ Ⓑ Ⓒ Ⓓ	145	Ⓐ Ⓑ Ⓒ Ⓓ	165	Ⓐ Ⓑ Ⓒ Ⓓ	185	Ⓐ Ⓑ Ⓒ Ⓓ
106	Ⓐ Ⓑ Ⓒ Ⓓ	126	Ⓐ Ⓑ Ⓒ Ⓓ	146	Ⓐ Ⓑ Ⓒ Ⓓ	166	Ⓐ Ⓑ Ⓒ Ⓓ	186	Ⓐ Ⓑ Ⓒ Ⓓ
107	Ⓐ Ⓑ Ⓒ Ⓓ	127	Ⓐ Ⓑ Ⓒ Ⓓ	147	Ⓐ Ⓑ Ⓒ Ⓓ	167	Ⓐ Ⓑ Ⓒ Ⓓ	187	Ⓐ Ⓑ Ⓒ Ⓓ
108	Ⓐ Ⓑ Ⓒ Ⓓ	128	Ⓐ Ⓑ Ⓒ Ⓓ	148	Ⓐ Ⓑ Ⓒ Ⓓ	168	Ⓐ Ⓑ Ⓒ Ⓓ	188	Ⓐ Ⓑ Ⓒ Ⓓ
109	Ⓐ Ⓑ Ⓒ Ⓓ	129	Ⓐ Ⓑ Ⓒ Ⓓ	149	Ⓐ Ⓑ Ⓒ Ⓓ	169	Ⓐ Ⓑ Ⓒ Ⓓ	189	Ⓐ Ⓑ Ⓒ Ⓓ
110	Ⓐ Ⓑ Ⓒ Ⓓ	130	Ⓐ Ⓑ Ⓒ Ⓓ	150	Ⓐ Ⓑ Ⓒ Ⓓ	170	Ⓐ Ⓑ Ⓒ Ⓓ	190	Ⓐ Ⓑ Ⓒ Ⓓ
111	Ⓐ Ⓑ Ⓒ Ⓓ	131	Ⓐ Ⓑ Ⓒ Ⓓ	151	Ⓐ Ⓑ Ⓒ Ⓓ	171	Ⓐ Ⓑ Ⓒ Ⓓ	191	Ⓐ Ⓑ Ⓒ Ⓓ
112	Ⓐ Ⓑ Ⓒ Ⓓ	132	Ⓐ Ⓑ Ⓒ Ⓓ	152	Ⓐ Ⓑ Ⓒ Ⓓ	172	Ⓐ Ⓑ Ⓒ Ⓓ	192	Ⓐ Ⓑ Ⓒ Ⓓ
113	Ⓐ Ⓑ Ⓒ Ⓓ	133	Ⓐ Ⓑ Ⓒ Ⓓ	153	Ⓐ Ⓑ Ⓒ Ⓓ	173	Ⓐ Ⓑ Ⓒ Ⓓ	193	Ⓐ Ⓑ Ⓒ Ⓓ
114	Ⓐ Ⓑ Ⓒ Ⓓ	134	Ⓐ Ⓑ Ⓒ Ⓓ	154	Ⓐ Ⓑ Ⓒ Ⓓ	174	Ⓐ Ⓑ Ⓒ Ⓓ	194	Ⓐ Ⓑ Ⓒ Ⓓ
115	Ⓐ Ⓑ Ⓒ Ⓓ	135	Ⓐ Ⓑ Ⓒ Ⓓ	155	Ⓐ Ⓑ Ⓒ Ⓓ	175	Ⓐ Ⓑ Ⓒ Ⓓ	195	Ⓐ Ⓑ Ⓒ Ⓓ
116	Ⓐ Ⓑ Ⓒ Ⓓ	136	Ⓐ Ⓑ Ⓒ Ⓓ	156	Ⓐ Ⓑ Ⓒ Ⓓ	176	Ⓐ Ⓑ Ⓒ Ⓓ	196	Ⓐ Ⓑ Ⓒ Ⓓ
117	Ⓐ Ⓑ Ⓒ Ⓓ	137	Ⓐ Ⓑ Ⓒ Ⓓ	157	Ⓐ Ⓑ Ⓒ Ⓓ	177	Ⓐ Ⓑ Ⓒ Ⓓ	197	Ⓐ Ⓑ Ⓒ Ⓓ
118	Ⓐ Ⓑ Ⓒ Ⓓ	138	Ⓐ Ⓑ Ⓒ Ⓓ	158	Ⓐ Ⓑ Ⓒ Ⓓ	178	Ⓐ Ⓑ Ⓒ Ⓓ	198	Ⓐ Ⓑ Ⓒ Ⓓ
119	Ⓐ Ⓑ Ⓒ Ⓓ	139	Ⓐ Ⓑ Ⓒ Ⓓ	159	Ⓐ Ⓑ Ⓒ Ⓓ	179	Ⓐ Ⓑ Ⓒ Ⓓ	199	Ⓐ Ⓑ Ⓒ Ⓓ
120	Ⓐ Ⓑ Ⓒ Ⓓ	140	Ⓐ Ⓑ Ⓒ Ⓓ	160	Ⓐ Ⓑ Ⓒ Ⓓ	180	Ⓐ Ⓑ Ⓒ Ⓓ	200	Ⓐ Ⓑ Ⓒ Ⓓ

MEMO

MEMO

토익 750+ 벼락치기

해 설 서

최신 경향 완벽 반영
최신 시험 분석·반영은 물론,
효과적인 대비 전략 수록

시험에 나오는 개념만 집약
돈 주고만 들을 수 있었던
1타 강사의 족집게 신공

문제 풀이 시간 단축 해법
클라쓰가 다른 1타 강사의 문제 풀이
노하우와 풀이 시간 단축 스킬

동영상 강의 무료 제공
책과 함께 보면
실력 200% 상승

PAGODA Books

토익 750+ 벼락치기

해 설 서

PAGODA Books

Day 1 사람이 있는 사진

3 실전 문제로 벼락치기

29 페이지

1

인물 사진은 동작을 확인하라: 행동을 나타내는 동사가 답이 된다.

(A) The man is opening a box.   남자는 상자를 열고 있다.
(B) The man is sitting on stairs.   남자는 계단에 앉아 있다.
(C) The man is holding a box.   **남자는 상자를 들고 있다.**
(D) The man is sending a mail.   남자는 우편물을 보내고 있다.

[해설] 인물 사진의 기본은 동사를 구분하는 것부터 시작된다. (A)는 남자가 열고 있는 행동이 없고 (B)는 계단은 있으나 앉아 있지는 않다. (D)는 mail이 아닌 box, parcel, package 등으로 나오는 것이 적절하다. 정답은 남자가 박스를 들고 있는 행동을 묘사한 (C)이다.

[어휘] sit 앉다   stairs 계단   hold 잡다   send 보내다

2

인물 사진에서 복장, 외모 묘사를 확인하자.

(A) They are planting flowers.   그들은 꽃을 심고 있다.
(B) They are wearing hats.   **그들은 모자를 쓰고 있다.**
(C) They are walking on a path.   그들은 길을 걸어가고 있다.
(D) They are shoveling dirt.   그들은 흙을 삽질하고 있다.

[해설] 인물 사진의 정답이 꼭 주요 행동이 되지 않을 수도 있다. 쉽게 지나칠 수 있는 외모, 복장 등을 녹음을 들으면서 확인할 수 있도록 훈련하자. (A)는 꽃은 있지만 심고 있지는 않다. (C)는 길도 보이지 않고 걷고 있지도 않다. (D)는 흙은 보이지만 삽을 사용하고 있지는 않다.

[어휘] plant 심다, 식물   wear 입다(상태)   path 길   shovel 삽, 삽질하다   dirt 흙

3

문장 끝을 조심하라!

(A) Some artworks have been displayed outdoors.   미술품들이 야외에 전시되어 있다.
(B) Some people are making a purchase.   사람들이 구매를 하고 있다.
(C) Some people are viewing paintings indoors.   사람들이 실내에서 그림들을 보고 있다.
(D) Some people are painting a wall.   사람들이 벽을 칠하고 있다.

[해설] 앞에는 다 그럴싸하지만 뒤에서 정답의 티가 나죠? 정답은 (A) Some artworks have been displayed outdoors. 이다. (B) Some people are making a purchase. 앞부분은 맞지만 구매하고 있는 행동은 알 수 없다. (C) Some people are viewing paintings indoors. 앞부분은 맞지만 실내라는 장소를 나타내는 뒷부분이 잘못되었다. (D) Some people are painting a wall. 앞부분은 맞지만 벽을 칠하는 뒷부분의 행동이 잘못되었다. 그래서 늘 정/오답을 탐지하는 리트머스지는 문장 맨 끝에 있다고 생각해야 한다!

[어휘] artworks 미술품   display 전시/진열하다   make a purchase 구매하다   view 보다   indoors 실내

4

정답으로 자주 등장하는 '동사 표현'을 암기해두자.

(A) The women are purchasing some computers.   여자들은 컴퓨터를 구매하고 있다.
(B) The women are writing on the board.   여자들은 칠판 위에 쓰고 있다.
(C) The women are checking the monitor.   **여자들은 화면을 보고 있다.**
(D) The women are listening to some music.   여자들은 음악을 듣고 있다.

해설 주어는 여자들(the women)로 통일되고, 정답을 좌우하는 행동 동사를 통해서 정답을 골라내야 한다. (A)는 컴퓨터는 있지만 구매하고 있지는 않다. (B)는 칠판도 등장하지 않았으며, 펜을 쥐고 무언가를 쓰고 있지도 않다. (D)는 이어폰을 끼고 음악을 듣고 있지 않으며, 스피커도 등장하지 않았다. 특히 정답인 check는 동의어인 examine, inspect와 함께 토익에서 정답 표현으로 출제 빈도율이 매우 높은 어휘이므로 꼭 기억해 두도록 하자.

어휘 **purchase** 구매하다   **board** 칠판, 탑승하다   **check** 확인하다   **monitor** (텔레비전/컴퓨터의) 화면, 모니터   **listen to** ~을 듣다

Day 2 **사람이 없는 사진**

3 실전 문제로 벼락치기

35 페이지

1

사물만 등장하는 사진은 모양이나 형태의 표현을 잡는다.

(A) They're taping some cartons. — 그들은 상자를 테이프로 붙이고 있다.
(B) All the windows are open. — 창문들이 다 열려 있다.
(C) They're writing something on the box. — 그들은 상자 위에 무언가를 쓰고 있다.
(D) Some boxes have been stacked. — **상자들이 쌓여 있다.**

해설 (A) 사진 속에 상자는 등장하나, 테이프로 붙이고 있는 사람은 등장하지 않았다. (B) 사진 속에 보이는 창문은 일단 닫혀 있는 하나로, 다른 창문들의 상황은 알 수 없다. (C) 글씨는 있지만 박스 위에 쓰고 있는 사람은 없다. (D) 사물의 상태를 표현하는 수동태 완료 시제를 꼭 암기해두자.

어휘 **tape** 테이프로 붙이다   **carton** 상자, 판지 상자   **stack** 쌓다

2

풍경 사진의 시제 표현을 익혀 두자.

(A) Guests are checking into the hotel rooms. — 손님들이 호텔방으로 체크인하고 있다.
(B) The pillows have been placed on the floor. — 베개들이 바닥에 놓여있다.
(C) The maid is making the bed. — 청소부가 침대를 정리하고 있다.
(D) There is a lamp on both sides of the bed. — **침대의 양쪽에 등이 하나씩 있다.**

해설 풍경 사진에서 '무엇이 있다 / 없다'라는 것은 There is / There are라고 표현하는 경우가 많다. 방 안에 여러 종류의 물건이 등장하지만, 각각 문장의 주어와 어울리는 서술구를 확인하면서 녹음을 듣는다고 생각하자. (A) 사진에 호텔이라는 어휘는 어울리지만, 사람들이 등장하지 않았다. (B) 베개가 있기는 하지만 바닥에 놓여있지는 않다. (C) The bed has been made.는 '침대가 정리되어 있다.'라는 의미로 실전에서 정답으로 등장한 경우가 많았으나, 이 사진에서는 침대를 정리하고 있는 청소부가 없다. (D)의 on both sides '양쪽에'라는 표현은 가구가 등장하거나 또는 도로 사진에서 자주 등장하는 표현으로 잘 익혀 두자.

어휘 **pillow** 베개   **place** 놓다   **maid** 청소부, 하녀   **make the bed** 침대를 정리하다   **both** 둘 다   **side** 옆

3

풍경 사진에 답이 되는 시제(수동태)와 답이 되지 않는 시제(진행)를 구분해내도록 훈련하자.

(A) Crops are planted in rows. — **농작물이 줄지어서 심어졌다.**
(B) Trees are being planted. — 나무들이 심어지고 있다.
(C) The farmer is harvesting. — 농부가 수확을 하고 있다.
(D) Flowers are being decorated. — 꽃들이 장식되고 있다.

해설 현재 이미 다 심겨 있는 농작물을 표현하는 시제로는 현재 완료 수동태(have been planted)와 현재 수동태(are planted)가 적합하다. 수동태 진행(are being planted)의 경우에는 수동태라 하더라도 현재 행동이 진행되고 있는 상태가 아니므로 적합하지 않다. (B)는 나무도 없고, 심어지고 있지도 않다. (C)에 사람이 보이지 않는다. (D) 꽃도 보이지 않고 장식되고 있지도 않다.

어휘 **crop** 농작물   **plant** 심다; 농작물   **in rows** 줄지어서, 여러 줄로   **harvest** 수확하다   **decorate** 장식하다

4

풍경 사진에는 다양한 물건 및 상태가 등장하므로 각각의 주어에 맞는 서술어구를 확인하자.

(A) The path leads to the entrance of the house.
(B) The car is being parked on the driveway.
(C) The house is being painted in white.
(D) Some people are sitting on the porch.

길이 집의 입구로 연결된다.
자동차가 진입로에 주차되고 있다.
집이 하얀색으로 칠해지고 있다.
몇몇 사람들이 현관에 앉아있다.

[해설] 그림에 등장한 각각의 물건 및 상태를 확인하자. (B) 자동차는 있지만 현재 진입로에 주차되고 있는 상태가 아니다. (C) 현재 집이 칠해지고 있는 상태가 아니다. (D) 사람이 보이지 않는다. (A) 집의 입구로 보이는 곳까지 길이 연결되어 있다. '~로 이어진다, 연결된다'라는 표현으로 lead to가 자주 등장하므로 잘 익혀 두도록 한다.

[어휘] **lead to** ~로 연결되다, ~로 이어지다   **driveway** 진입로   **paint** 페인트를 칠하다   **porch** 현관, 현관 앞의 공간

1

1인 사진

(A) The man is carrying something in his hand.
(B) The man is planting some flowers.
(C) The man is watering the plants.
(D) The man is working at the gym.

남자는 손에 무언가를 운반하고 있다.
남자는 꽃을 심고 있다.
남자는 식물에 물을 주고 있다.
남자는 체육관에서 일을 하고 있다.

[해설] 남자가 손에 물건을 들고 옮기고 있으므로 (A)가 정답이다. (B) 꽃이 등장하나 남자가 심고 있지 않다. (C) 식물들이 등장하나 남자가 물을 주고 있지 않다. (D)는 체육관이 아니므로 오답이다.

[어휘] **carry** ~을 운반하다   **plant** ~을 심다   **water** 물을 주다   **gym** 체육관

2

사람이 없는 사진 – 선착장

(A) Some people are fishing in a boat.
(B) The boat is near the dock.
(C) The boat is sailing in the open sea.
(D) Some poles are lying on the dock.

사람들이 배에서 낚시를 하고 있다.
배가 선착장 근처에 있다.
배가 바다에 항해하는 중이다.
장대들이 부두에 놓여있다.

[해설] 사람이 없고 배 하나가 선착장 근처에 떠 있으므로 (B)가 정답이다. (A) 낚시를 하는 사람이 보이지 않는다. (C) 배가 항해 중이 아니라, 부두에 멈춰있다. (D) 장대는 사진 속에서 등장하지 않는다.

[어휘] **dock** 선착장, 부두   **sail** 항해하다   **pole** 막대, 기둥, 장대

3

인물 배경

(A) They are sitting next to each other.
(B) Both of them are wearing shirts and ties.
(C) There is a sign hanging on the wall.
(D) They are looking at the opposite direction.

그들이 나란히 앉아있다.
둘 다 셔츠와 타이를 착용한 상태이다.
벽에 표식이 걸려있다.
그들이 반대 방향을 쳐다보고 있다.

[해설] 사람들이 나란히 앉아있지 않고 서서 같은 방향을 쳐다보고 있으므로 (A)와 (D)는 함정이 있는 오답이다. 벽에 표식이 걸려 있으므로 (C)가 정답이 된다.

[어휘] **next to each other** 나란히   **hang** 걸다   **opposite** 반대의

2인 사진

(A) They're standing next to each other.
(B) They're holding hands with each other.
(C) The man is pouring coffee into cups.
(D) They're facing each other.

그들은 서로 나란히 서 있다.
그들은 서로 손을 잡고 있다.
남자는 컵에 커피를 붓고 있다.
그들은 서로 마주보고 있다.

해설 사람들이 마주 보고 있으므로 (D)가 정답이다. (A) 나란히가 아닌 마주보고 앉아있다. (B) 서로 손을 잡고 있지 않다. (C) 커피를 붓고 있지 않다.

어휘 hold ~을 잡다 pour (액체 따위를) 붓다 face each other 마주보다

5

사물 묘사

(A) The cars are parked side by side.
(B) The cars are passing each other.
(C) The cars are entering the garage.
(D) The cars are being parked on the street.

자동차들이 나란히 주차되어 있다.
자동차들이 서로 지나치는 중이다.
자동차들이 차고로 들어가는 중이다.
자동차들이 도로에 주차되는 중이다.

해설 자동차들이 나란히 옆에 서로 주차되어 있으므로 (A)가 정답이다. side by side 대신 next to each other라는 표현을 써도 무방하다. (B) 차가 지나가는 중이 아니라 주차되어 있다. (C) 차고로 들어가고 있지 않다. (D) 현재 주차 중이 아니라 이미 주차되어 있다.

어휘 side by side 나란히 pass 지나가다 enter 입장하다. 들어가다 garage 차고

6

인물 행위에 초점

(A) The man is putting on an apron.
(B) The man is preparing something to eat.
(C) The man is cooking in the kitchen.
(D) The man is chopping some vegetable.

남자는 앞치마를 하는 중이다.
남자는 먹을 것을 준비하고 있다.
남자는 부엌에서 요리를 하고 있다.
남자는 채소를 썰고 있다.

해설 (A) put on은 옷 등을 입고 있는 동작을 나타내므로 오답이다. 남자가 요리를 하고 있으나 부엌이 아니므로 (C)는 함정이다. 정답은 (B)가 된다.

어휘 put on ~을 입다(동작) apron 앞치마 chop ~을 썰다

Day 3 의문사 의문문 (1)

3 실전 문제로 벼락치기

49 페이지

1 의문사 Who 의문문은 다양한 인물을 지칭하는 이름을 기억해 두도록 하자.

Q. Who has the designs for the new building project?
(A) We'll sign the contract.
(B) The secretary should have them.
(C) The building designer was hired recently.

새 건물 설계도를 누가 가지고 있나요?
우리는 계약을 할 거예요.
비서가 가지고 있을 거예요.
건물 디자이너는 최근에 고용되었어요.

해설 secretary '비서'는 사람을 지칭하는 어휘이다. 각각의 의문사에 해당하는 정답을 많이 암기해두는 것이 가장 빠르게 점수를 올릴 수 있는 방법이다. 직업, 직급 등의 다양한 이름을 기억해두자.

어휘 design 설계도, 도안   building 건물   sign 서명하다; 사인   hire 고용하다

2 의문사 의문문은 맨 앞의 의문사에 집중하자.

Q. Where did Ms. Wilson leave the fabric samples?
(A) Yesterday afternoon.
(B) It's really soft.
(C) At the reception area.

Wilson 씨는 직물 표본들을 어디에 두었나요?
어제 오후에요.
그건 정말 부드러워요.
응접실에요.

해설 의문사는 맨 앞에 등장하면서 가장 중요한 의미를 전달하게 된다. 장소를 나타내는 의문사 Where에 해당하는 장소를 나타내는 명사는 (C)밖에 없다. (A)는 시점을 나타내는 When의 답으로 적당하고, (B)는 상태를 나타내는 How의 답으로 적당하다. 문제와 정답을 세트로 익혀 두자.

어휘 leave 두다, 놓다   sample 샘플, 표본   reception area 응접실, 접수 구역

3 각 의문사에 해당하는 정답을 암기해 두도록 하자.

Q. Where do I sign my name?
(A) I haven't heard your name.
(B) On this line right here.
(C) On the day you arrive.

제 이름을 어디에 서명하나요?
당신 이름은 들어본 적이 없는데요.
여기에 있는 선 위에요.
당신이 도착한 날에요.

해설 장소를 물어보는 의문사 Where는 사람이 갈 수 있는 장소와 물건 등을 놓을 수 있는 장소로 구분되는 경우가 많다. 서류를 가지고 서명할 장소를 물어보는 내용이다. (A)는 name이 반복되지만 내용상 연계성이 없고, (C)는 시간을 나타낸다.

어휘 sign 서명하다; 서명   line 선

4 의문사 Who의 정답이 있는 부분을 통째로 익혀 두도록 하자. 특히, 대명사 I / You는 의문사 Who의 정답이 된다.

Q. Who would like to go to a restaurant with us?
(A) He didn't finish the job yesterday.
(B) Maybe I could join you.
(C) The place is close to the office.

누가 우리와 함께 같이 식당에 갈거예요?
그는 어제 일을 끝내지 못했어요.
내가 같이 갈 수 있을 것 같아요.
그곳은 사무실에서 가까워요.

해설 의문사 Who에 대한 대답은 사람 뿐만 아니라 다양한 부서나 회사 이름이 될 수 있다. 그 중에서도 대명사 I가 정답이 되는 경우가 많았다는 것을 기억해두자. (A)는 restaurant와 job이라는 연상되는 어휘가 반복되는 오답이고, (C)는 위치를 나타내는 표현이다.

어휘 finish 끝내다, 끝나다   join 같이 가다   close 가까운

5 의문사 의문문은 의문사에 해당하는 정답을 암기해 두자.

Q. Where does Maria live?
(A) She has an apartment downtown.
(B) The department has a sale going on.
(C) She's leaving at 9 o'clock.

그녀는 시내에 아파트가 있어요.
백화점은 세일을 하고 있어요.
그녀는 아홉 시에 떠납니다.

해설 살고 있는 장소를 물어보는 의문사에 대해서 '아파트를 가지고 있다.'라고 대답했다. (B)와 (C)는 각각 apartment와 발음이 유사한 department '백화점'과 live와 발음이 유사한 leave '떠나다'가 나와서 혼동스럽게 하고 있다.

어휘 live 살다 go on 진행되다. 계속하다 leave 떠나다

6 의문사 Who는 제 3자나 본인, 즉 I를 내세워 대답할 수 있음을 기억하자!

Q. Who is going to be promoted to marketing director?
(A) Mr. Cho I think.
(B) It is still on the market.
(C) No, I will not.

누가 마케팅 책임자로 승진하나요?
제 생각에는 Cho 씨입니다.
그것은 여전히 시장에 있습니다.
아니요, 저는 하지 않을 것입니다.

해설 의문사 의문문(Wh-Qs)에는 절대 Yes / No로 대답할 수 없다. 따라서 (C)는 오답이다. (B)는 질문의 marketing과 보기의 market의 발음이 비슷한 것을 이용한 유사발음 오답이다. 정답은 Cho 씨가 승진한다고 밝힌 (A)이다.

어휘 promote 승진하다 director 책임자

(Day 4) 의문사 의문문 (2)

3 실전 문제로 벼락치기

1 의문사 When은 각종 시점 표현을 익혀두자.

Q. When will the rental rates go up?
(A) They have a very good rating.
(B) By 10 percent.
(C) At the beginning of next month.

임대료는 언제 인상될 건가요?
그들은 평점이 아주 좋아요.
10%요.
다음 달 초에요.

해설 의문사 의문문에서는 정답을 가장 많이 좌우하는 것이 의문사이다. 발음이 잘 들리는 특정 어휘에 연연하지 말고, 질문에 답이 되는지를 확인할 수 있어야겠다. 가격 인상과 관련된 어휘가 등장하지만 (A)는 발음만 반복되고, (B)는 인상 폭에 대한 이야기이고, 시점을 이야기하는 것은 (C)밖에 없다.

어휘 rental 임대의 rating 순위, 순서, 평점 beginning 초, 앞

2 의문사 Why는 이유나 원인을 설명하는 다양한 예제들을 익혀두자.

Q. Why is Ms. Anderson working late tonight?
(A) She has to finish the sales report.
(B) It'll start later than usual.
(C) She's working at the company.

왜 Anderson 씨는 오늘 밤에 늦게까지 일하나요?
그녀는 매출 보고서를 끝내야 해요.
평소보다 늦게 시작해요.
그녀는 회사에서 일하고 있습니다.

해설 의문사 Why는 단답형으로 대답하기보다는 문장 전체로 이유나 목적을 설명하는 경우가 많다. 특히, 회사에서는 업무 때문에 다른 일을 못하는 경우가 많다는 것을 기억해두자. (B)는 late라는 유사 발음이 반복되는 오답이다. (C)는 working을 반복해서 쓴 오답이다.

어휘 work late(=work overtime) 늦게까지 일하다, 야근하다 sales report 판매 보고서

3 전형적인 '몰라요' 유형의 표현을 암기해두자.

Q. How long will the sales seminar be delayed?
(A) Probably by bus.
(B) We're not certain yet.
(C) The sales start next week.

영업 세미나는 얼마나 지연될까요?
아마도 버스로요.
아직 확실하지 않아요.
할인은 다음 주에 시작합니다.

[해설] 기간을 물어보는 How long 의문문이지만 정답은 '확실히는 모른다'라고 대답한 전형적인 '몰라요' 유형이다.
[어휘] delay 지연시키다 be certain 확신하다

4 전형적인 '몰라요' 유형의 표현을 암기해두자.

Q. When is the new date for the marketing conference?
(A) It hasn't been confirmed yet.
(B) The market opens at 9 in the morning.
(C) We'll meet in the conference room.

마케팅 회의의 새로운 날짜는 언제입니까?
아직 확정되지 않았어요.
시장은 아침 9시에 문을 엽니다.
우리는 회의실에서 만날 것입니다.

[해설] 시점을 물어보는 의문사 When에 대한 정답이 아직 확정되지 않았다는 '몰라요' 유형이 정답이 되었다. 그 외에도 결정된 것이, 혹은 의견이 없다는 다양한 '몰라요' 유형을 암기해 두도록 하자.
[어휘] date 날짜 conference 회의, 컨퍼런스 confirm 확정하다

5 직접적으로 대답하지 않고, '시도하지 않아서/못 들어서 모른다'라는 표현에 익숙해지자.

Q. What was the memo from the accounting about?
(A) I haven't read it yet.
(B) I'm applying for the accountant position.
(C) The movie was great.

회계부에서 온 공지사항은 무엇에 관한 내용이었나요?
아직 읽지 못했어요.
저는 회계직 자리에 지원합니다.
그 영화는 정말 좋았어요.

[해설] 내용을 물어보는 What ~ about? 문제에 대해서 '아직 보지 못했다, 모른다'라고 대답한 전형적인 '몰라요' 유형의 답이다. 오답은 발음을 반복하는 전형적인 오답들이다. 발음 연습 부분에서 전형적인 유사 발음을 익히도록 하자.
[어휘] memo 회사에서의 공지사항 accounting 회계, 회계부 position 자리, 직책

6 전형적으로 예측할 수 있는 답이 아니라 해도, 문형상 연결되는 의미를 찾아보자.

Q. What is included next year's budget?
(A) We'll meet again next year.
(B) The budget committee is on the third floor.
(C) Didn't you get the report?

내년 예산에는 무엇이 포함되어 있나요?
우리는 내년에 다시 만날 거예요.
예산 위원회는 3층에 있습니다.
보고서를 받지 못하셨어요?

[해설] 내용을 물어보는 의문사 What에 대해서 단순하게 대답하는 것이 아니라, 왜 모르냐고 반문하는 형태의 정답이다. 예를 들어, 얼마나 (How much)고 물어보는 경우에, 무엇을 원하냐, 가격표를 보았느냐고 반문하는 형태의 정답이 가능하다.
[어휘] include 포함하다 budget 예산 committee 위원회

3 실전 문제로 벼락치기

65 페이지

1 일반의문문에 네/아니오로 대답하는 다양한 표현을 익히자.

Q. Does your new printer work fine?
(A) When is it?
(B) I think he works at Marketing.
(C) I haven't had any problems.

새로운 프린터는 작동이 잘 되나요?
그건 언제에요?
그는 마케팅부에서 일하는 것 같아요.
문제없었어요(좋았어요).

> 해설 일반의문문에서는 긍정 / 부정으로 대답하는 방법을 익혀야만 한다. '문제없다'라는 표현은 '좋다'라는 표현의 동의어로 익혀둘 수 있다. 특히 의문사가 없는 의문문에 대답하는 형태는 초보자에게 익숙하지 않은 경우가 많으니 문제와 정답을 세트로 익혀 두도록 하자.
> 어휘 work 작동하다, 일하다 fine 좋은, 잘

2 모르니까 '확인해보겠다'라는 정답 유형에 익숙해지도록 하자.

Q. Didn't Mr. Anderson hand in the insurance paperwork yesterday?
(A) The insurance costs me a lot of money.
(B) My hands are full these days.
(C) I'll ask him at the meeting.

Anderson 씨가 보험 서류를 어제 제출하지 않았나요?
보험은 돈이 많이 듭니다.
요즘 광장히 바쁩니다.
제가 회의 때 그분에게 물어보겠습니다.

> 해설 어떤 행동을 했는지, 안 했는지를 물어보는 문제에 대해서 '모르겠다, 알아보겠다'라고 대답한 전형적인 '몰라요' 유형의 정답이다. 특히 잘 모르는 내용은 남에게 '물어보거나(ask), 확인해서(check), 알려주겠다(inform)'라고 말하는 경우가 많다는 것을 기억해두도록 하자.
> 어휘 hand in 제출하다 paperwork 서류, 서류 작업 cost 비용이 들다 full 꽉 찬, 바쁜

3 부가의문문에서 「긍정 + 긍정」의 내용을 기대하면서 듣도록 하자.

Q. That meeting was boring, wasn't it?
(A) Yes, I made an appointment.
(B) We're in meeting room number 5.
(C) Yes, it was longer than I thought.

그 회의는 정말 지겨웠어요, 그렇지 않았나요?
네, 내가 약속을 해 두었어요.
저희는 5번 회의실에 있어요.
네, 생각보다 길었어요.

> 해설 긍정 / 부정 / 부가의문문은 Yes / No를 대답한 후에 다음에 연결된 내용을 골라낼 수 있어야 한다. '회의가 지겨웠다'라는 내용에 동의하려면, '길었다, 지루했다'라고 대답하는 것이 일반적이다. (A)와 (B)는 meet와 연계성이 있는 어휘나 유사 발음을 이용한 오답이다.
> 어휘 make an appointment 약속을 잡다 longer than ~보다 더 긴

4 긍정/부정의문문에서 특정 행동 여부를 물어보는 경우가 많다. 전형적인 대답 유형을 익혀 두자.

Q. Didn't Ms. Wales submit the expense report on Monday?
(A) I'll ask her at the meeting.
(B) The hotel rates were very expensive.
(C) No, it's Tuesday today.

Wales 씨는 월요일에 지출 내역서를 제출하지 않았나요?
제가 회의 때 그녀에게 물어볼 게요.
호텔 비용이 광장히 비쌌어요.
아니요, 오늘은 화요일입니다.

> 해설 긍정 / 부정의문문에는 특히 회사에서의 어떤 업무를 처리했느냐, 안 했느냐를 물어보는 내용이 많이 등장한다. 서류를 제출했다는 내용에 모르니까 물어보겠다(ask, check)라는 전형적인 '몰라요' 유형으로 대답한 다소 까다로운 문제이다. (A)는 he / she로 부를 수 있는 사람이 문제에 등장해서 정답으로 적합하다. (B) expensive는 유사 발음, (C)는 요일을 연상하는 오답이다.
> 어휘 submit 제출하다 expense 지출, 비용 rates 요금, 요율 expensive 비싼

Part 2

5 특정 사실에 대해서 물어보는 내용:「부정 + 연결문」을 확인하자.

Q. Is the cafeteria open after 8 P.M.?
(A) No, I already had dinner.
(B) I agree. It's a good coffee.
(C) No, only until 7.

식당이 여덟 시 이후에도 문을 여나요?
아니요, 저는 이미 저녁을 먹었어요.
맞아요, 정말 좋은 커피예요.
아니요, 일곱 시까지밖에 (안 해요).

> [해설] '식당이 문을 계속 여는가?'에 대한 질문에 '아니다, 7시까지밖에 하지 않는다.'라고 답했다. 영업 시간을 물어본다면 정확한 시간을 가르쳐주는 것이 일반적일 것이다. (A)는 dinner라는 어휘를, (B)는 coffee라는 어휘를 사용했지만, 이 문제는 식당이 요점이 아니라 계속 문을 여는가를 물어본 문제이다.
>
> [어휘] **cafeteria** (구내) 식당   **until** ~까지

6 특정 업무를 안 했느냐고 확인하는 내용:「부정 + 변명」 (부정의 이유)을 확인하자.

Q. Aren't these machines supposed to be installed today?
(A) From the Facility Department.
(B) No, they are behind schedule.
(C) Yes, it will be delivered to your office.

이 기계들이 오늘까지 설치되어야 하는 것 아니에요?
시설 관리 부서에서요.
아니요, 일정보다 늦어지고 있어요.
네, 당신 사무실로 배달될 것입니다.

> [해설] 부정의문문은 이미 아는 내용을 확인할 때에 많이 사용된다. '~안 했느냐?'라는 질문에 'No + 왜냐하면(일정이 늦어져서)'을 연결한 전형적인 형태이다. (A)와 (C)는 연계성이 있는 어휘를 사용했지만 의미상 연결이 안 된다.
>
> [어휘] **be supposed to** ~하기로 되어있다   **install** 설치하다   **Facility Department** 시설 관리 부서   **behind schedule** 일정보다 늦어진

(Day 6) 선택의문문

3 실전 문제로 벼락치기

71 페이지

1 '몰라요' 유형은 여전히 어떤 의문문의 정답으로도 사용될 수 있다.

Q. Which one is more comfortable, that blue jacket or this yellow one?
(A) I can't decide.
(B) Yes, I'd rather buy a smaller one.
(C) Please wrap it up for me.

저 파란 재킷과 이 노란 것 중 어느 것이 더 편안할까요?
결정할 수가 없어요.
네, 저는 더 작은 것을 사고 싶어요.
포장을 해주세요.

> [해설] 둘 중 어느 것이 편한지 묻는 단순한 형태의 질문이지만, 정답은 앞서 여러 번 언급한 '몰라요' 유형이 정답이다. 특히 이 유형은 어떤 형태의 질문에도 정답이 될 수 있다는 사실을 기억해 두도록 하자.
>
> [어휘] **comfortable** 편안한   **wrap up** 포장하다, 싸다

2 자주 등장하는 물건의 주문, 배달 장소 등을 익혀두자.

Q. Would you like us to send the product to your house or to the office?
(A) I'd like to get it from the office.
(B) No, thank you. I'm already full.
(C) I don't want that product.

물건을 손님 집으로 보낼까요, 사무실로 보낼까요?
사무실에서 받고 싶은데요.
아니요, 고마워요. 전 이미 배가 불러요.
전 그 물건이 싫어요.

> [해설] 배달 장소를 물어보는 문제로 집과 사무실 중에서 선택해야만 한다. 정답은 사무실을 I'd like to '~ 하고 싶다'라는 표현을 사용해서 고른 (A)이다. (B)는 음식을 권할 때 사용되는 표현이고, (C)는 이미 사기로 결정한 물건의 대답으로는 적합하지 않다.
>
> [어휘] **get(=receive)** 받다   **full** 꽉 찬, 배부른

3 선택의문문에서 문장이 길더라도 비교되는 '두 개의 행동'을 구분하는 훈련을 하자.

Q. Do you have our phone number, or should I write it down for you?
(A) He called this morning.
(B) A number of times.
(C) I have it here.

저희 전화번호가 있으신가요, 아니면 제가 적어드릴까요?
그가 오늘 아침에 전화했어요.
여러 번이요.
여기 가지고 있습니다.

해설 전화번호가 있는가, 없는가를 물어보는 선택의문문이다. 정답은 I have it here. '여기 있다.'라고 대답한 (C)이다. 특히 전화번호는 전체를 단수로 받는다는 것을 기억해 두도록 하자. (A)는 갑자기 He라는 3인칭이 등장할 수 없다. (B)는 number라는 어휘를 사용 했지만 전혀 의미가 다른 문장이다.

어휘 write down ~을 적다   a number of(=many) 많은

---

4 전형적인 '아무거나 좋아요, 상관없어요' 형태는 여전히 시험에 자주 출제된다.

Q. Should I leave the window open or closed for now?
(A) I'd like to open a checking account.
(B) I have no preference.
(C) Now is not a good time.

지금 문을 열어 둘까요, 닫을까요?
일반 계좌를 개설하고 싶습니다.
아무거나 좋아요.
지금은 좋은 시간이 아니에요.

해설 창문을 열어 둘 것인가 아닌가를 물어보는 문제로 정답은 앞쪽에서 암기 문형으로 외운 '아무거나 좋아요.'가 되었다. (A)는 open이 라는 어휘가 사용되었지만 은행에서의 대화로 적합하고, (C)는 now라는 어휘가 사용되었지만 비교되는 부분이 아니다.

어휘 leave ~한 상태로 두다   for now 지금은   open an account 계좌를 개설하다   checking account (이자율이 낮은) 보통 계좌
preference 선호사항

---

5 선택하는 사항을 파악하고 '동의어'로 바꾼 표현을 골라낼 수 있어야 한다.

Q. Would you like the computer to be delivered, or will you come and pick it up?
(A) Thank you, I really like my new computer.
(B) I could come by later this afternoon.
(C) There will be some delivery charge.

이 컴퓨터를 배달해드릴까요, 와서 가져가시 겠습니까?
고맙습니다. 저는 정말 제 새 컴퓨터가 좋아요.
오늘 오후 늦게 들를 수 있을 것 같아요.
배송비가 있을 겁니다.

해설 배달하는 것과 직접 와서 찾아가는 두 가지 선택 중에서 pick up '직접 찾으러 오다'의 동의 표현인 come by '들르다'가 사용되었다. (A)는 컴퓨터만 등장하고 선택을 하지 않았다. (C)는 delivery라는 표현이 등장하지만, 손님의 대답으로 적합하지 않다.

어휘 pick up 가져 가다   come by(=stop by, visit) 들르다   delivery charge 배송비

---

6 자주 등장하는 배달 종류는 익일배송(overnight), 속달, 일반 배송이 있다.

Q. Would you like to send this package by express mail or regular delivery service?
(A) The delivery truck got into an accident.
(B) Please be careful. It is very breakable.
(C) Which one would you recommend?

이 물건을 속달로 보낼까요, 아니면 일반 택배로 보낼까요?
배달 트럭이 사고가 났어요.
조심하세요. 매우 깨지기 쉽습니다.
어떤 것을 추천하시나요?

해설 속달 배송이나 일반 배송 중 선택하는 문제이다. 정답은 본인은 잘 모르니 어떤 것이 좋냐고 반문한 (C)로 상당히 난이도가 있는 편 이다. 특히 토익에서는 반문하는 표현이 정답이 많이 된다는 것을 기억해두자. (A)는 delivery라는 어휘가 반복되지만 비교되는 부 분이 아니다. (B)는 우편물에 대해서 이야기하고 있는 것 같지만 비교하는 배달 서비스가 아니라 그냥 물건에 관한 내용이다.

어휘 package 소포, 물건   express mail 속달 우편   delivery service 배달 서비스, 택배   get into an accident 사고가 나다   breakable
깨지기 쉬운   recommend 추천하다

3 실전 문제로 벼락치기

77 페이지

---

1 제안/요청/청유문은 전형적으로 긍정/부정으로 대답하는 방법을 익혀두자.

Q. Mr. Lockwood, can you submit this expense report today?
(A) Yes, they are too expensive.
(B) He leaves tomorrow.
(C) Sure, I'll do it right away.

Lockwood 씨, 이 비용 보고서를 오늘 제출해 주시겠어요?
네, 그것들은 너무 비싸요.
그는 내일 떠납니다.
물론이죠, 지금 당장 할 게요.

> [해설] 제안/요청/청유문에는 긍정으로 답할 때는 기꺼이, 부정으로 답할 때는 부정하는 이유를 설명하는 것이 일반적이다. Sure, I'd love to. / I'd be glad to. 등의 전형적인 긍정 표현(기꺼이 해드리겠습니다)을 같이 익혀 두도록 하자.
>
> [어휘] submit 제출하다   expense report 비용 보고서   expensive 비싼   leave 떠나다

---

2 제안/요청/청유문의 Why don't we ~?(~합시다) / Why don't you ~?(~하는 게 어때요?)를 익혀두자.

Q. Why don't we wait until the rest of the people arrive?
(A) We have to check the weight first.
(B) That's a really good idea.
(C) I don't know him very well.

다른 사람들이 도착할 때까지 기다립시다.
무게를 먼저 확인해야 해요.
정말 좋은 생각이예요.
난 그를 잘 몰라요

> [해설] 이 문제의 Why는 이유를 묻는 의문사가 아닌 청유의 의미로, '~하자, 합시다'로 해석하는 것이 적합하다. 어떤 내용을 제안했을 때 긍정의 답으로 That sounds good. / That's a good idea.가 가장 많이 등장한다. (A)는 wait과 weight의 유사 발음, (C)는 him이 갑자기 등장할 수 없다.
>
> [어휘] rest 나머지   check 확인하다   weight 무게

---

3 행동을 해달라는 부탁: 「Yes + 긍정」 내용을 연결한 전형적인 형태이다.

Q. Could you stop by at my office before you leave?
(A) I don't know. I don't have much money.
(B) Sure, I could be there in five minutes.
(C) No, he doesn't live around here.

퇴근하기 전에 제 사무실에 들러주겠어요?
모르겠어요, 제가 돈이 많지 않아서요.
물론이죠, 5분 있다 갈게요.
아니요, 그 남자는 이 근처에 살지 않아요.

> [해설] 회사에서의 업무와 연계되어 사무실에 와달라는 부탁에 「그래(Yes) + 곧 가겠다」라고 표현한 (B)가 정답이다. 특히 leave라는 동사는 회사에서는 leave work '퇴근하다'로 해석되어야 적당하다. (A)는 앞 부분은 좋으나 뒤에 돈이 없다는 내용이 말이 되지 않고, (C)는 3인칭의 he가 문맥에 맞지 않게 등장한 오답이다.
>
> [어휘] stop by 들르다   leave work 퇴근하다   live 살다

---

4 '때'를 조건으로 걸고 시간이 되시는지 들어보자!

Q. Could we talk about this tomorrow?
(A) No, every Monday.
(B) I'll be visiting my parents in London.
(C) I would like to borrow it.

우리가 이것에 대해서 내일 이야기할 수 있을까요?
아니요, 매주 월요일입니다.
저는 런던에 계신 부모님을 뵈러 갑니다.
저는 그것을 빌리고 싶습니다.

> [해설] 내일 이야기할 수 있냐는 일종의 부탁이다. (A)는 '빈도'에 어울리는 답변이고, (C)는 내용과 아무런 관계가 없다. 런던에 계신 부모님을 뵈러 가기 때문에 내일 이야기할 수 없다고 간접적으로 대답한 (B)가 정답이다.
>
> [어휘] visit 방문하다   borrow 빌리다

---

5 시간이 안 되신다면 왜 그런지도 들어보자!

Q. Would you like to join us for dinner tonight?
(A) No, our office is close by.
(B) I will be working late today.
(C) I enjoyed it.

오늘 저녁 저희랑 식사 같이 하시겠어요?
아니요, 저희 사무실은 가깝습니다.
저는 오늘 늦게까지 일합니다.
즐거웠습니다.

[해설] 저녁을 함께 먹겠냐는 '제안'이다. (A)는 얼핏 들으면 사무실이 '닫는다'는 말로 착각할 수 있다. 질문의 tonight과 연상시켜 오답을 고르게 하려는 속셈이다. (C)는 질문과 시제가 맞지 않는다. 오늘 늦게까지 일하므로 함께 식사를 할 수 없다고 간접적으로 답한 (B) 가 정답이다.

[어휘] join 함께 하다, 동참하다 work late 늦게까지 일하다, 야근하다

6 도움을 청하면 상대는 대부분 수락한다.

Q. Could you carry these boxes to the storage room?
(A) Sure. Let me do that for you.
(B) We don't carry that model.
(C) Where is the store located?

이 상자들을 창고로 옮겨주시겠어요?
그럼요, 바로 해드리죠.
저희는 그 모델을 취급하지 않습니다.
가게는 어디에 위치해 있나요?

[해설] (B)는 질문에 나온 carry와 같은 발음을 반복시켜 수험자를 혼동시키는 오답! (C) 역시 질문의 storage와 store의 발음이 비슷한 것을 이용한 오답이다. 정답은 (A)이다.

[어휘] carry 운반하다, 나르다, 취급하다 locate 위치하다

(Day 8) 평서문

3 실전 문제로 벼락치기

84 페이지

1 말하는 사람의 의견에 긍정적으로 동의하는 내용이 평서문에서 정답인 경우가 많다.

Q. I wish I could leave work early tomorrow.
(A) Yes, that would be nice.
(B) I don't usually wake up early.
(C) It was delivered on Monday.

내일은 일찍 퇴근할 수 있으면 좋겠어요.
네, 그러면 좋겠어요.
난 보통 일찍 일어나지 않아요.
그것은 월요일에 배달되었어요.

[해설] 개인적인 의견이나 소망에 대해서 동의를 해줌으로써 대화를 매끄럽게 이끌어나가고 있다. (B)는 early라는 어휘만 반복된 오답이며, (C)는 요일이나 날짜가 반복됨으로써 연계성을 주는 오답이다.

[어휘] I wish I could ~할 수 있으면 좋겠다 leave work 퇴근하다 usually 보통 deliver 배달하다

2 걱정해 주는 내용에는 이유를 설명하여 답하는 것이 일반적인 반응이다.

Q. You look really tired today.
(A) He doesn't look like his mother.
(B) Have you tried the new place?
(C) I had to stay up last night to finish the report.

오늘 굉장히 피곤해 보여요.
그는 그의 엄마를 닮지 않았어요.
그 새로운 장소에 가봤나요?
지난밤에 보고서를 끝내기 위해서 늦게까지 잠을 못 잤어요.

[해설] 다른 사람이 걱정해주는 내용에 대해서는 고맙다거나 별거 아니라고 대답하는 것이 일반적이다. 하지만, 토익에서 피곤한 이유는 주로 '업무상' 등 이유를 언급하는 내용이 많이 등장하므로 '일을 많이 해서 피곤하다' 등의 표현을 기억해 두도록 하자. (A)는 look 이 반복된 오답이며, (B)는 유사 발음인 try '시도하다'가 반복된 오답이다.

[어휘] tired 피곤한 look like ~같이 보이다, 닮다 try 시도하다 stay up 늦게까지 깨어있다

3 정보를 주는 내용에 '세부정보'를 요청하는 내용이다.

Q. There's a phone call for you.
(A) No, it's not cold.
(B) Who is it from?
(C) Early next week.

당신한테 전화가 와 있어요.
아니, 전혀 춥지 않은데요.
누구한테 온 거죠?
다음 주 초에요.

[해설] 비서와 상사의 대화로 적합한 내용이다. 어떤 사실을 간단하게만 주면, 거기에 대한 세부정보를 물어봐야 한다. 주로 연락, 약속 등에 대한 내용이 많다. 전형적인 사무실의 대화로 암기해두는 것도 좋겠다.

[어휘] phone call 전화

4 말하는 사람의 감정이나 느낌에 동의하는 내용의 표현을 익혀두도록 하자.

Q. I don't like to eat out for lunch today.
(A) You are late today.
(B) Neither do I.
(C) I don't get up early.

오늘은 점심 먹으러 나가고 싶지 않은데요.
당신은 오늘 늦었습니다.
저도 그래요.
저는 일찍 일어나지 않아요.

[해설] 평서문에서는 말하는 사람의 의견에 대해서 동의 / 반대하는 것이 가능하다. 특히 전형적인 '동의' 표현은 암기해두는 것이 좋다. 부정문에 대해 동의할 때 Neither라는 부정의 표현을 쓴다는 것을 기억해두자. (A)는 today가 반복되는 오답이다. (C)는 오늘과 아침이 연계성이 있어 보이는 오답이다.

[어휘] eat out 외식하다, 밖에서 먹다

5 새로운 정보를 알려주는 내용에 '세부정보'를 요청하는 경우가 많다.

Q. We hired two new employees.
(A) Great! When do they start?
(B) The report is due on Friday.
(C) We need three more boxes.

우리는 신입 사원을 두 명 더 고용했어요.
잘됐네요. 언제부터 일을 시작하나요?
보고서는 금요일까지 마감입니다.
우리는 상자가 세 개 더 필요합니다.

[해설] 새로운 정보를 알려주는 내용에 대해서 「긍정 + 세부정보」를 동시에 물어보고 있다. 새로운 직원을 고용했다면 누구인지를 물어보거나, 새로운 옷을 샀다고 하면 어디에서 샀는가를 물어보거나, 영화를 봤다면 어땠냐고 물어보는 것 등이 일반적인 내용들이다.

[어휘] hire 고용하다 report 보고서 due 기한인, 마감인

6 제안을 하는 내용에 '세부정보'를 물어보는 내용이다.

Q. I would take the highway if I were you.
(A) At least 30 minutes.
(B) Yes, you did it yesterday.
(C) But, isn't it closed for construction?

내가 당신이라면 고속도로로 가겠어요.
적어도 삼십 분이요.
네, 어제 당신이 했잖아요.
하지만, 공사로 폐쇄되지 않았나요?

[해설] 제안을 하는 내용에는 동의하거나 반대하는 것이 가능하다. 빠른 교통 수단을 제안하는 내용에 대해서는 긍정의 표현인 That's a good idea.가 가능하고 부정의 표현인 But isn't it ~? '근데 ~하지 않았어요?'처럼 본인이 그 선택을 하지 않은 이유를 설명할 수 있다. (A)는 시간의 길이이지 방법을 말하고 있지 않다. (B)는 Yes / No 응답이다.

[어휘] take the highway 고속도로로 가다 close 폐쇄하다

7 의문사 의문문은 각각의 의문사에 집중하도록 하자.

Q. Who would you like to speak to?
(A) I'm trying to reach Jim Morris.
(B) It was an excellent speech.
(C) I would like some more.

누구와 말씀하시겠습니까?
Jim Morris 씨에게 연락하고 싶은데요.
그것은 정말 훌륭한 연설이었어요.
조금 더 주세요.

> 해설 의문사 의문문에서 각각의 의문사가 원하는 정답을 골라내는 것이 가장 중요하다. 하지만, 실수를 줄이기 위해서 오답이 어떤 것인지 확인하는 것도 좋은 복습 방법이다. (B)의 speech는 speak의 유사 발음, (C)는 would like이 반복된 오답이다.
> 어휘 reach ～에 이르다   speech 연설

8 의문사 의문문은 각각의 의문사에 집중하도록 하자.

Q. What's the due date for this report?
(A) No, I don't know.
(B) Next Monday.
(C) I only have two.

이 보고서의 마감일은 언제인가요?
아니요, 저는 몰라요.
다음 주 월요일이요.
저는 두 개만 있어요.

> 해설 의문사 What은 다양한 어휘와 함께 연결되어 다양한 용법을 만들어낼 수 있다. '날짜'라는 어휘와 연결되어 의문사 When과 같은 의미의 시점을 나타내게 된다. What date = When이라는 것을 함께 암기해두자.
> 어휘 due date 마감일   report 보고서

9 일반의문문의 변형인 권유/청유형에서 긍정/부정으로 대답하는 법을 익혀두자.

Q. Could you do me a favor Mr. Henson?
(A) I'd be happy to.
(B) It's my favorite book.
(C) I don't work on the weekend.

Henson 씨 부탁 하나만 들어주시겠어요?
기꺼이 그러죠.
그것은 제가 가장 좋아하는 책이에요.
저는 주말에 일을 하지 않아요.

> 해설 다른 사람에게 어떤 행동을 부탁하거나 권유하는 형태의 문제로 존칭을 사용하기 때문에 대답하는 사람도 그에 맞게 이야기하는 것이 일반적이다. '～해주실래요', '물론이죠, 기꺼이', '죄송해요, ～ 이유로 못하겠어요' 등의 표현을 익혀두도록 하자.
> 어휘 favor 부탁, 친절   favorite 매우 좋아하는

10 의문사 의문문은 각각의 의문사에 집중하도록 하자.

Q. When was the contract signed?
(A) Earlier today.
(B) Mr. Anderson contacted me.
(C) At our main office.

계약서는 언제 서명되었나요?
오늘 일찍이요.
Anderson 씨가 저한테 연락을 했어요.
저희 본사에서요.

> 해설 전형적인 의문사 의문문의 답을 고르는 형태이다. 오답들이 질문에 등장하는 특정 어휘를 반복하는 경우가 있어서 혼동되기는 하지만, 질문을 듣고 의문사에 집중하는 훈련을 해두자. When, Where를 잘못 듣는 경우가 많다는 것도 기억해두자.
> 어휘 contract 계약서   earlier 일찍   main office 본사

11 일반의문문은 앞부분에 먼저 집중하도록 한다.

Q. Does this price include delivery?
(A) No, you'll have to pay extra.
(B) Yes, it is very nice.
(C) She received the first prize.

이 가격에 배달이 포함되나요?
아니요, 추가로 내셔야 해요.
네, 정말 좋네요.
그녀는 일등상을 받았어요.

[해설] 긍정의문문에 「Yes + 세부정보 / No + 이유」로의 전형적인 답변을 훈련하자. 아마도 가게에서의 대화인 것 같다. 배달비가 포함되
느냐는 손님의 질문에 No로 대답하고 추가적으로 비용을 내야 한다고 이야기한 전형적인 대답이다.

[어휘] **price** 값, 가격 **delivery** 배달 **extra** 추가의 **prize** 상

12 평서문은 두 사람의 '의사소통'에 집중하도록 하자.

Q. I haven't met the plant manager yet.
(A) Neither have I.
(B) The plan has been changed.
(C) The management team will be here soon.

저는 아직 공장장을 만나보지 못했어요.
저도 그래요.
계획이 변경되었어요.
관리팀이 곧 이곳에 올 거예요.

[해설] 평서문에 대한 긍정적인 맞장구로 '나도 그렇다' 라는 전형적인 구문이 정답이 되었다. 평서문에 대해서 다양하게 긍정적으로 반응
하는 법을 익혀야 한다. 부정의 내용에 Neither have I. '나도 못 해봤다'라는 내용을 완료 시제로 표현했다. 꼭 암기해 두도록 하자.

[어휘] **plant** 공장 **plan** 계획 **management team** 관리팀

13 의문사 의문문은 각각의 의문사에 집중하도록 하자.

Q. Where would you like to send this package to?
(A) The post office is closed today.
(B) I would like some more, please.
(C) The address is written on the box.

이 소포를 어디로 보내고 싶으세요?
우체국은 오늘 문을 닫습니다.
저는 좀 더 주세요.
주소는 박스 위에 써 있어요.

[해설] 전형적인 의문사 Where의 정답은 장소 명사를 내는 경우가 많지만, 장소로 (A)에 오답인 '우체국'이 등장하여 난이도가 높은 편이
다. 정답은 우편물을 보낼 장소를 적은 위치를 알려준 (C)이다. 우체국이라는 어휘만 듣고 고르기보다는 문제를 듣고 원하는 정답
에 가장 적합한 것을 끝까지 듣고 고르는 것이 안전하다.

[어휘] **package** 소포 **post office** 우체국

14 선택의문문은 반복되는 어휘를 듣고 정답을 고르자.

**Q. Do you want to speak with the director or with the assistant
manager?**
(A) I can't find the directions.
(B) The director, if she's here.
(C) It's about the City Project.

당신은 이사님과 말하시겠어요, 아니면 부팀장
님과 말하시겠어요?
저는 약도를 찾을 수가 없네요.
이사님이 계시면 만나고 싶어요.
시 프로젝트 건에 관한 것입니다.

[해설] 둘 중에 하나를 골라야 하는 선택의문문, 어휘가 그대로 반복되는 정답이 가능하다. director와 assistant manager라는 두 개의 직
급 중에서 하나를 선택해야 한다. 정답은 그냥 director를 그대로 선택했다. 파생어면서 유사 발음인 directions는 오답으로 처리해
도 된다.

[어휘] **director** 임원, 책임자 **assistant manager** 대리, 부팀장 **directions** 약도

15 현재 완료 의문문은 긍정/부정으로 대답하는 형태를 익혀 두도록 한다.

Q. Haven't you called the main office?
(A) He didn't call me.
(B) No, they're not moving at all.
(C) Yes, I have.

당신은 본사에 전화하지 않았어요?
그는 저에게 전화하지 않았어요.
아니요, 그들은 이사가지 않아요.
아니요, 했어요.

[해설] Have / Haven't you ~?로 시작하는 문장의 전형적인 긍정 / 부정은 Yes, I have. / No, I haven't.로 대답하는 것이다. 그 외에도
be동사로 물어보는 질문을 인칭에 맞게 be동사로 대답하는 것도 자주 등장하는 일반의문문의 형태이다.

[어휘] **call** 전화하다 **move** 이사하다

16 긍정의문문은 전형적인 긍정/부정으로 대답하는 형태를 익혀두도록 하자.

Q. Are you going to visit South America this summer?
(A) No, we should go home right away.
(B) Yes, I'm planning to.
(C) I'm from North America.

이번 여름에 남아메리카를 방문할 겁니까?
아니요, 지금 당장 집에 가야 합니다.
네, 그렇게 계획하고 있어요.
저는 북아메리카 출신입니다.

> 해설 계획을 물어보는 전형적인 일반의문문에 그럴 계획이라고 대답하지만, 어휘만을 바꾸어서 대답하고 있다. 특히 전형적으로 등장하는 긍정 / 부정의문문의 형태는 뒤따라 나오는 어휘까지 한꺼번에 익혀두는 것이 좋다.

> 어휘 visit 방문하다   right away 즉시, 곧바로

17 권유/청유형의 긍정/부정 의문문의 형태를 익혀두자.

Q. Can you fax me the price list again?
(A) They can fix the machine.
(B) Can I do it tomorrow?
(C) Don't listen to him again.

가격표를 다시 한번 팩스로 보내주시겠어요?
그들이 기계를 고칠 수 있어요.
내일 해드려도 될까요?
다시는 그가 하는 말을 듣지 말아요.

> 해설 어떤 행동을 부탁하는 경우에 「긍정: 기꺼이 하겠다」 「부정: 못하겠다 + 이런 이유로, 다음 기회에」라고 대답하는 것이 일반적이다. 권유 / 청유형의 난이도가 조금 높은 문제로 못하겠다는 부분이 생략되고 바로 다음에 할 수 있는 시점을 물어보는 문제이다. 오답은 발음이 반복되는 형태로 해석한 뒤 지워내는 훈련을 하자.

> 어휘 price list 정가표   fix 수리하다   machine 기계

18 간접의문문은 뒤에 나오는 의문사에 집중하도록 하자.

Q. Do you know who Melisa's meeting with?
(A) The conference room.
(B) A new client.
(C) At 4, I think.

Melisa가 누구랑 만나는지 아세요?
회의실이에요.
새로운 고객이요.
제 생각에는 4시에요.

> 해설 중간에 있는 의문사를 들어야 한다. 물어보고 싶은 내용을 돌려서 묻는 간접의문문은 주로 「Do you know + 의문사」의 형태로 등장한다. 하지만, 출제 빈도가 비교적 낮고 해석이 어렵지 않으니 너무 걱정하지 말자. 정답은 전형적인 의문사의 정답이 '직업/직급'인 client가 되었다.

> 어휘 conference room 회의실   client 고객

19 평서문은 두 사람의 '의사소통'에 집중하도록 하자.

Q. There are some mistakes on this sales proposal.
(A) I can correct them if you want.
(B) We need to hire more people.
(C) I'm sorry you didn't make it.

이 영업 제안서에는 몇 개의 실수가 있네요.
원하시면 제가 수정할 수 있는데요.
저희는 좀 더 많은 사람을 고용해야 합니다.
당신이 오시지 못해서 유감이었어요.

> 해설 '문제가 있다 / 도움이 필요하다'라는 평서문에 적극적으로 도와주도록 하자. 회사에서 상사가 하는 내용이라고 생각하면 응답하기가 좀 더 편하다. 서류에 실수가 있다는 내용에 '내가 고쳐보겠다. 내가 처리하겠다'라는 표현이 정답이 되었다.

> 어휘 mistake 실수   proposal 제안서   hire 고용하다

20 '몰라요' 유형의 정답은 정답 1순위로 확실하게 암기해두자.

Q. How many people will appear at the event?
(A) I have ten dollars with me.
(B) I have to check the list first.
(C) He disappeared a few minutes ago.

행사에는 몇 명이 올까요?
저는 10달러가 있습니다.
일단 리스트를 확인해야 합니다.
그는 조금 전에 사라졌어요.

> 해설 전형적인 의문문으로 난이도가 낮은 문제라면, '숫자'를 제시했을 것이다. 하지만, 토익에서 가장 많이 정답이 되었던 '몰라요, 확인해 보아야 해요'를 정답으로 제시했다.

> 어휘 appear 나타나다   disappear 사라지다

21 Which 바로 뒤에 나오는 명사와 the one에 집중한다.

Q. Which printer would be better for my office?
(A) Our photocopier is also broken, too.
(B) I'd like some more coffee.
(C) I would recommend the one with auto-feeding.

어떤 프린터가 우리 사무실에 좋을까요?
저희는 복사기도 고장이 났어요.
커피를 좀 더 마시고 싶습니다.
자동 공급 기능이 있는 것을 추천해드리고 싶습니다.

[해설] 의문사 Which의 경우에는 선택을 해야 하기 때문에 고르는 물건의 특징에 the one '~한 것'이라는 어휘가 연결된 표현이 정답인 경우가 많다. 특히 사무실에서 다양한 사무기기(equipment)와 용품(supplies)을 지칭하는 표현도 같이 익혀 두도록 하자.
[어휘] recommend 추천하다   auto- 자신, 스스로, 저절로

22 일반의문문에는 전형적으로 긍정/부정으로 답하는 방법을 익혀두자.

Q. Did you contact Elizabeth about employee benefits?
(A) We need a new telephone in the office.
(B) Yes, I sent her an e-mail about it.
(C) No, you won't have any problems.

직원 복리후생에 대해서 Elizabeth에게 연락했나요?
우리 사무실에는 새로운 전화기가 필요해요.
네, 제가 그것에 대해서 그녀에게 이메일을 보냈어요.
아니요, 당신은 아무 문제가 없을 거예요.

[해설] 토익에 가장 많이 등장하는 내용 중에 하나로 어떤 사람에게 연락하는(contact, get in touch with, reach) 내용이 주로 전화, 이메일, 팩스 상황으로 등장한다. '연락했냐'라는 내용으로 '이메일을 보냈다'라고 이야기한 전형적인 정답의 형태이다.
[어휘] employee 직원   benefit 복리후생, 혜택

23 선택의문문의 뒷부분에 등장하는 시제에 집중하는 연습을 해보자.

Q. Should I call Mr. Kang now, or wait until tomorrow?
(A) Yes, they called him.
(B) I don't think he is.
(C) He's very busy today.

제가 Kang 씨한테 지금 전화를 할까요, 아니면 내일 할까요?
네, 그들은 그에게 전화를 했어요.
그가 아닌 것 같아요.
그는 오늘 굉장히 바쁘대요.

[해설] 선택의문문에 가장 많이 등장하는 비교 대상의 하나인 now or later를 고르는 문제이다. 문제는 전형적인 형태이지만, 정답은 난이도를 높여서 '오늘은 바쁘다', 결국은 '지금은 연락 못하니 내일하라'는 내용으로 바꾸어 표현했다.
[어휘] until ~까지

24 부가의문문의 전형적인 긍정/부정으로 대답하는 형태를 익혀두자.

Q. You were reimbursed for the travel expense, weren't you?
(A) Let's take the 6 o'clock flight.
(B) Well, I may be a little late.
(C) Yes, I got it yesterday.

당신은 출장비를 돌려 받았죠, 그렇지 않나요?
여섯 시 비행기를 탑시다.
글쎄요, 저는 조금 늦을 것 같아요.
네, 어제 받았어요.

[해설] 과거 행동을 물어보는 부가의문문에 「Yes + 세부정보」로 전형적인 대답을 했다. 토익 시험에서 전체 난이도가 높아질수록 회사 업무와 관련된 어휘나 상식이 많이 등장한다는 것을 기억해두자. 회계부(Accounting)에서 회사 업무상 간 여행, 즉 출장비 상환 (reimbursement)을 받았느냐는 질문에 「Yes + 어제」로 대답했다.
[어휘] reimburse 상환하다, 변제하다   travel expense 출장비

25 부정의문문의 전형적인 긍정/부정 형태의 정답 표현을 익혀두자.

Q. Don't you want to go out for a walk after lunch?
(A) I have worked at this company for a long time.
(B) No, I don't like that color, sorry.
(C) OK, I'll be free in 5 minutes.

점심 식사 후에 산책하러 나가고 싶지 않아요?
저는 이 회사에서 오랫동안 일을 해왔습니다.
아니요, 죄송하지만 저는 그 색깔이 싫어요.
좋아요, 전 5분 뒤에 시간이 되요.

해설 전형적인 긍정 / 부정의 형태를 익혀두는 것은 다음 번에 유사한 문제가 등장할 때에 정답을 맞히는 데 도움이 된다. 산책하자는 권유에 '그러자, 조금만 기다려라'라고 응답한 가장 전형적인 형태이다.

어휘 **go out for a walk** 산책하러 나가다   **free** 자유로운

26 전형적인 권유/청유형의 긍정/부정으로 대답하는 방법을 익혀두자.

Q. Would you like me to send you detailed information about the deal?

(A) Thanks, that would be really helpful.
(B) Where is the information center?
(C) Yes, we would like some more money.

제가 그 거래에 대한 세부 정보를 보내드릴까요?

고마워요, 정말 도움이 많이 되겠네요.
정보 센터는 어디에 있나요?
네, 저희는 돈을 더 받고 싶어요.

해설 전형적인 제안(offer)의 형태로 말하는 사람이 어떤 호의를 제안하는 내용이다. 무엇을 해주겠다고 제안하는 경우에 '긍정: 고맙다, 도움이 많이 되었다' '부정: 그럴 필요 없다, 혼자서 처리할 수 있다'라고 대답하는 것이 일반적이다. 질문과 정답을 세트로 암기해두도록 하자.

어휘 **deal** 거래   **information center** 정보 센터

27 의문사의 전형적인 정답 형태를 익혀 두자.

Q. Why did you bring an umbrella?

(A) I need to make an important phone call.
(B) It should be on my desk.
(C) It's supposed to rain today.

당신은 왜 우산을 가지고 왔나요?

제가 중요한 전화를 해야 해서요.
제 책상 위에 있을 겁니다.
오늘 비 온다고 했어요.

해설 의문사 Why의 경우에는 이유/목적을 나타내는 표현을 정답으로 골라야 한다. 우산을 가지고 다니는 가장 큰 이유는 비 올 때에 사용하기 위해서이다.

어휘 **make a call** 전화를 걸다   **be supposed to do** ~하기로 되어 있다

28 부가의문문의 전형적인 긍정/부정으로 대답하는 형태를 익혀두자.

Q. You're moving to the new apartment, aren't you?

(A) Yes, all items are on sale.
(B) No, I have to wait for the next train.
(C) Yes, I'm so excited about it.

당신은 새 아파트로 이사 가죠, 그렇죠?

네, 모든 물건이 할인 중입니다.
아니요, 저는 다음 기차를 기다려야 합니다.
네, 정말 기대되요.

해설 어떤 행동을 할 것인가를 묻는 부가의문이다. 「하는데 + 기대된다」라고 표현한 정답의 형태이다. 보통 자기가 하는 행동에 긍정으로 대답하는 긍정의 연결 표현을, 부정으로 대답하는 경우에는 부정하는 이유나 다음 번 행동을 제시하는 경우가 대부분이다.

어휘 **on sale** 할인 중인

29 권유/청유형의 긍정/부정의문문의 형태를 익혀 두자.

Q. Would you like the receipt for your purchase?

(A) I haven't received anything.
(B) Yes, could you put it in the bag?
(C) I'm just looking, thank you.

구매하신 물건의 영수증을 드릴까요?

저는 아무 것도 받은 것이 없는데요.
네, 가방에 넣어주시겠어요?
전 그냥 구경 중이에요, 고마워요.

해설 조동사를 붙인 의문문으로 물어보는 경우에, Yes나 No 뒤에 자연스러운 대화체로 만든 전형적인 문형이다. 뒤에 다른 표현을 연결해서 receipt '영수증'이라는 어휘가 해석이 되어야 하기 때문에 난이도가 올라갔다.

어휘 **receipt** 영수증   **purchase** 구매, 구매 물품

30 평서문은 말하는 사람의 감정을 고려하여 '착하게' 반응하는 것이 대부분이다.

Q. You can buy a ticket after you board the train.
(A) The training starts in 10 minutes.
(B) Please watch your step when you get off the bus.
(C) Is it more expensive then?

당신은 기차를 탄 후에도 표를 살 수 있어요.
교육은 10분 있다 시작해요.
버스에서 내릴 때 계단을 조심해주세요.
그러면 가격이 더 비싼가요?

[해설] 기차 표에 관한 정보를 알려주는 평서문에 '세부정보'를 묻는 식으로 관심을 표현했다.
[어휘] **board** 승선하다　**training** 교육, 훈련　**step** 걸음

---

31 의문사 의문문은 각각의 의문사에 먼저 집중하도록 하자.

Q. What is the problem with the supply closet?
(A) Some paper and notebooks.
(B) It is on the exit sign on the wall.
(C) The door doesn't shut all the way.

물품 보관 캐비닛에 무슨 문제가 있나요?
종이하고 공책들이요.
벽에 있는 출구 표시판 위에 있어요.
문이 끝까지 닫히지 않아요.

[해설] 의문사 What은 각종 동사 / 명사에 연결되어 다양한 의미를 만들어낼 수 있다. What's the problem? / What's wrong? / What happened?는 관용적인 용법들로 암기해두도록 한다. 무엇이 잘못되었는가를 묻는 문형에 '문이 잘 안 닫힌다'라는 이유도 덧붙여져 어려운 내용이 되었다. 하지만 What에만 집중한 (A)는 오답, 이유가 아닌 위치를 설명한 (B)도 오답으로 처리하여 정답 (C)를 고를 수 있도록 하자.
[어휘] **supply closet** 물품 보관 캐비닛　**exit** 출구

Day 9 Paraphrasing

3 실전 문제로 벼락치기

Questions 1 through 3 refer to the following conversation.

W: Good morning. I currently subscribe to your newspaper and **1)** I'm moving to a different city in a week. So, I would like to get the daily newspaper at my new address. Could you let me know what I should do?

M: Absolutely. We process all of the newspaper delivery services through our database system. **2)** In your case, you can simply visit our Web site and fill out a form.

W: Oh, that sounds good. I will do that right away. Also, can I ask about the free Internet service for new online subscribers? I heard that your company offers a free Internet service for those who apply for newly-updated online subscription.

M: Yes, if you want to do that, you need to sign up for it on our Web site first. **3)** We will check your current Internet service first and install a new system at your house in two days.

여: 좋은 아침입니다. 저는 현재 귀사의 신문을 구독하고 있는데요, 제가 일주일 후 다른 도시로 이사를 갑니다. 그래서, 일간지를 제 새 주소로 받고 싶은데요. 제가 무엇을 하면 되는지 말씀해 주시겠어요?

남: 물론이죠. 저희는 모든 신문 배달 서비스를 데이터 베이스를 통해서 처리합니다. 귀하의 경우, 저희 웹사이트를 방문하셔서 서식을 하나 작성하시면 됩니다.

여: 오, 괜찮네요. 바로 하겠습니다. 또한, 신규 온라인 구독자들을 위한 무료 인터넷 서비스에 대해서 문의를 해도 될까요? 새롭게 업데이트된 온라인 구독을 신청한 사람들을 위해 귀사에서 무료 인터넷 서비스를 제공한다고 들었습니다.

남: 네, 만약에 하시고 싶으시면, 먼저 저희 웹사이트에서 등록하셔야 합니다. 저희가 먼저 귀하의 현재 인터넷 서비스를 점검한 후 이틀 후에 귀하의 집에 새로운 시스템을 설치합니다.

어휘 | **currently** 현재, 지금   **subscribe** 구독하다   **process** 처리하다   **fill out** 작성하다   **offer** 제공하다   **apply** 신청하다   **install** 설치하다   **request** 요청하다   **refund** 환불   **reservation** 예약

---

1 What **does** the woman **want** to do?
(A) **Receive a newspaper at a new address**
(B) Find a new house
(C) Request a full refund
(D) Purchase a Web site address

여자는 무엇을 하기를 원하는가?
새로운 주소로 신문을 받는다.
새로운 집을 찾는다.
전액 환불을 요청한다.
웹사이트 주소를 구매한다.

해설 | 여자는 곧 다른 도시로 이사 갈 것임을 밝힌 후 I would like to ~라는 빈출 대사를 이용해 ~ get the daily newspaper at my new address.라고 말을 잇고 있다.

---

2 What **does** the man advise?
(A) Visiting a new home
(B) Making a reservation
(C) **Submitting a form online**
(D) Switching Internet provider

남자는 무엇을 조언하는가?
새로운 집을 방문한다.
예약을 한다.
온라인으로 서식을 제출한다.
인터넷 제공업체를 바꾼다.

해설 | 남자는 In your case ~ '귀하의 경우'라는 말을 하여 힌트를 던진 뒤 you can simply visit our Web site and fill out a form.이라 밝히고 있다. 참고로 fill out은 '작성하다'의 뜻이다. 동의어로는 complete이 있다.

---

3 How long **does it take to process the request?**
(A) One day
(B) **Two days**
(C) Three days
(D) Four days

요청을 처리하는 데는 얼마나 걸리는가?
1일
2일
3일
4일

해설 | 남자는 '먼저 귀하의 현재 인터넷 서비스를 점검한 후에 설치한다'고 밝히며 in two days라고 명시하고 있다. 참고로, 영어에서 시간 표현 앞의 in은 '~내에'가 아닌 '~후에'라고 번역해야 옳다.

Questions 4 through 6 refer to the following conversation.

M: Hello, my name is Victor Hernandez. **4)** I checked out your hotel this morning. I stayed in room 501. **5)** I've found out that I don't have my cellphone with me. Would you please check it for me?	**남:** 안녕하세요. 제 이름은 Victor Hernandez입니다. 오늘 아침에 당신의 호텔에서 체크아웃 했습니다. 501호에 머물렀었고요. 제가 지금 휴대폰이 없다는 사실을 알았습니다. 한번 확인 좀 해 주시겠어요?
W: Don't worry, Mr. Hernandez. **5)** We will send someone to search for your phone right away. Oh, wait… I see your cellphone on our lost and found list.	**여:** 걱정 마세요, Hernandez 씨. 고객님의 휴대폰을 찾으러 사람을 바로 보내겠습니다. 오 잠시만요… 귀하의 휴대폰이 저희 분실물 목록에 있네요.
M: Oh, great! What a relief. Umm… but the problem is that I am at the airport right now and about to board a flight flying back to New York. Would it be possible for you to send it by express service? I will pay the shipment.	**남:** 오, 좋습니다! 안심이네요. 음… 그런데 지금 문제는 제가 공항에 와 있고 뉴욕으로 돌아가는 비행기에 막 타려는 참이라는 거예요. 혹시 빠른 우편으로 보내주실 수 있나요? 배송비는 제가 부담하겠습니다.
W: Don't worry about that, sir. We will send it to your company first thing tomorrow morning. And you don't have to pay for anything. **6)** We guarantee all of the lost items must be sent to our customers free of charge. This is our complimentary service.	**여:** 걱정 마세요, 고객님. 내일 아침 일찍 고객님의 회사로 보내 드리겠습니다. 그리고 비용을 부담하실 필요는 없습니다. 저희는 모든 분실물을 고객님들께 무료로 보내 드리는 것을 보장합니다. 저희의 무료 서비스입니다.

어휘 check out (호텔 등에서 비용을 지불하고) 나가다 stay 머무르다 find out 발견하다, 알아내다 search for ~를 찾다 lost and found 분실물 취급소 relief 안도, 안심 board 탑승하다 pay 지불하다 complimentary 무료의 departure 출발 book 예약하다 trace 추적하다, 찾아내다

---

4 Where **most likely does** the woman work?
(A) At a store
(B) At an airport
(C) At a delivery company
(D) At a hotel

여자는 어디에서 일하는가?
가게에서
공항에서
배송 회사에서
호텔에서

해설 남자는 대화를 시작하자마자, '당신의 호텔에서 체크아웃했다'고 밝히고 있다. 이처럼 파트 3에서는 여자(혹은 남자)가 누구인지 맞히기 위해 반대편에 있는 남자(혹은 여자)가 하는 말을 듣고 재빨리 정답을 골라야 할 경우가 있다.

---

5 Why is the man **calling**?
(A) To check a flight departure
(B) To book a room
(C) To trace a missing item
(D) To arrange a collection

남자는 왜 전화를 하는가?
비행기의 출발을 확인하기 위해서
방을 예약하기 위해서
분실물을 찾기 위해서
물품 수거를 예약하기 위해

해설 남자가 자신의 cellphone을 두고 왔다는 말을 한 뒤, 여자가 We will send someone to search for your phone right away. 라고 말을 잇는다. 남자는 To trace '찾기 위해, 추적하기 위해' 전화를 했음을 알 수 있다. 대사로 나온 cellphone은 (C)의 item으로 paraphrasing되었다.

---

6 What **does** the woman offer?
(A) An upgraded room
(B) A free service
(C) A full refund
(D) Special delivery

여자는 무엇을 제공하는가?
업그레이드된 방
무료 서비스
전액 환불
특별 배송

해설 여자는 lost items '분실물'이 고객들에게 free of charge '무료로' 보내진다는 점을 강조한다. 이어 나오는 complimentary service를 통해 (B) A free service가 정답임을 알 수 있다. complimentary와 free는 토익에 나오는 빈출 동의어임을 알아 두자.

3 실전 문제로 벼락치기

101 페이지

Questions 1 through 3 refer to the following conversation.

M: Joanna, how is your schedule for May? **1)** A travel magazine called and requested that a photographer take some pictures of rocks formations. The **1)** shooting will be done in New Zealand.

W: I'd love to do it! Let's see... **2)** would August be too late for them? I have nothing scheduled for August, yet.

M: **2)** Okay, **3)** I'll call the magazine editor right away and let her know that you're available in August.

W: Thanks. Please ask them if they can provide camping equipment, because we might have to stay the night out in the field to get good pictures.

남: Joanna, 5월에 스케줄이 어때요? 여행 잡지사에서 연락이 와서 암석 형성에 관한 사진을 찍을 사진작가를 구한다고 했는데요. 촬영은 뉴질랜드에서 할 거고요.

여: 꼭 하고 싶어요! 어디 봅시다... 8월이면 너무 늦을까요? 제가 8월에는 아직 아무 일정이 없는데요.

남: 좋아요. 제가 잡지 편집자에게 당장 전화해서 당신이 8월에 시간이 있다고 전해드릴 게요.

여: 고마워요. 그리고 좋은 사진을 찍기 위해서는 들판에서 밤을 새야 할지도 모르니까 캠핑 장비를 제공할 수 있는지 물어봐 주세요.

> **어휘** travel agent 여행사 직원   editor 편집자   contact 연락을 취하다   request 요청하다   formation 형성   shooting 촬영   right away 바로   available 시간이 있는, 여유 있는   provide 제공하다   equipment 장비   night out 외박, 밤샘

---

1 Who **most likely is the** woman?
(A) A travel agent
(B) A photographer
(C) A magazine editor
(D) A trail guide

여자는 아마도 누구인가?
여행사 직원
사진 작가
잡지 편집자
산행 안내자

> **해설** 사진 촬영 일정과 장소를 제시하고 스케줄을 확인하는 질문으로 보아 여자의 직업을 추측할 수 있다. 촬영(shooting), 잡지(magazine), 편집자(editor)도 관련 어휘로 알아두자.

---

2 When **does the woman probably leave** for New Zealand?
(A) In May
(B) In July
(C) In August
(D) In November

여자는 아마도 언제 뉴질랜드로 떠날 것인가?
5월에
7월에
8월에
11월에

> **해설** 남자가 5월을 물어보지만 여자는 8월을 제시한다. 주의해야 할 것은 여자가 원하는 시간이 아니라 결국은 여자가 떠날 시간을 예측하는 것이기 때문에 상대편 남자의 대답을 끝까지 확인하도록 하자.

---

3 What will the man **probably** do next?
(A) Schedule an appointment
(B) Call his supervisor
(C) Contact a magazine editor
(D) Leave for New Zealand

남자는 아마도 다음에 무엇을 할 것인가?
약속을 잡는다.
상사에게 연락한다.
잡지 편집자에게 연락한다.
뉴질랜드로 떠난다.

> **해설** 대화가 끝나자마자 남자가 할 일은 주로 대화의 뒤편에 등장하게 된다. 남자의 마지막 문장에서 I'll call the magazine editor라는 문장을 contact '연락을 취하다'로 바꾸어 말했다.

Questions 4 through 6 refer to the following conversation.

W: Hi, Mark. Welcome back from your trip. **4)** Did you find any good sites for our new factory in the eastern region?

M: Yes, the property in Martinsburg may be the best option for us. A couple of other sites would be good for the building, but **5)** Martinsburg has the advantage of being closer to transportation for shipping.

W: Well, I look forward to seeing the full report about your trip. Oh, and don't forget, today is the deadline to report your travel expenses for the month. **6)** Be sure to submit the receipts for your travel expenses by the end of the day.

여: 안녕하세요, Mark. 출장 잘 다녀오셨어요. 동부 지역에서 저희 새로운 공장을 위한 좋은 부지를 찾으셨나요?

남: 그래요, Martinsburg에 있는 땅이 저희한테는 최고로 좋을 것 같아요. 다른 몇 군데도 건물 짓기에 좋지만 Martinsburg가 배송을 위한 교통수단에서 더 가깝다는 장점이 있어요.

여: 그래요, 당신 출장의 전체 보고서를 기대하고 있답니다. 오늘이 이번 달 출장비 보고서 마감이라는 것을 잊지 말아요. 오늘까지 출장비에 대한 영수증을 꼭 내도록 하세요.

어휘 site 현장, 부지 arrange 계획하다, 예약하다 merger 합병 facility 시설 attract 끌어모으다, 당기다 be located 위치하다 shipping 배송 permit 허가증 expense 비용 receipt 영수증 list 목록, 목록을 대다 eastern 동쪽의 region 지역 property 부동산, 건물 option 선택 transportation 교통 look forward to 기대하다, 기다리다 submit 제출하다

---

4 What is the purpose of the man's trip?
(A) To sell factory equipment
(B) To look at building sites
(C) To attend a conference
(D) To arrange a merger

남자의 출장의 목적은 무엇인가?
공장 기계를 팔기 위해서
건물 부지를 보기 위해서
컨퍼런스에 참가하기 위해서
합병을 계획하기 위해서

해설 목적을 물어보는 General Question 문제이다. 첫 문장에서 여자가 공장 부지에 대해서 물어보고 남자가 대답하는 내용에서 정답을 알 수 있다. 난이도가 올라가면 남자가 여자와 다른 내용을 말할 수도 있다는 것을 기억해두고 문제에 등장하는 성별을 기억해 두도록 하자.

---

5 What does the man say about Martinsburg?
(A) It has many manufacturing facilities.
(B) It is near the company's main office.
(C) It is trying to attract new businesses.
(D) It is well located for shipping.

남자는 Martinsburg에 대해서 무엇이라고 말하는가?
그곳에는 많은 제조 시설이 있다.
그곳은 회사의 본사와 근접해 있다.
그곳은 새로운 회사들을 모으려고 하고 있다.
그곳은 배송하기에 좋은 위치이다.

해설 남자 목소리가 정답을 말할 확률이 100%이다. 하지만 ~ say about '~ 에 대해 말한 것은'이라는 문장 유형은 정답지가 긴 독해형이 많기 때문에 미리 정답지를 읽어 두는 것도 좋은 전략 중에 하나이다. 가장 근접한 것은 (D)이다. ship이라는 동사는 '배송; 배달하다'의 의미로 확실하게 암기해 두도록 하자.

---

6 What does the woman ask the man to do?
(A) Apply for a building permit
(B) Report a problem to his supervisor
(C) Submit his expense receipts
(D) Update a list of clients

여자는 남자에게 무엇을 하라고 요청하는가?
건물 허가증을 신청하라고
그의 상사에게 문제를 보고하라고
그의 비용 영수증을 제출하라고
고객 리스트를 업데이트하라고

해설 여자가 요청하다(ask to do)라는 내용은 주로 본문에서 명령문의 형태로 나오는 경우가 많다는 것을 기억해두자. 여자의 마지막 문장 don't forget '잊지 말라', Be sure to '꼭 ~하라'라는 부분에서 정답이 나올 것을 알 수 있다.

3 실전 문제로 벼락치기

109 페이지

Questions 1 through 3 refer to the following conversation.

M: Cindy, **1)** I need you to reschedule my 10 o'clock client tomorrow to another time. **2)** I have to meet someone at the hospital.

W: Sure, Mr. Bern. What time do you want me to change it to? Would 1 o'clock in the afternoon be good for you?

M: Well, my meeting should be over by 12, but I might have to have lunch there. So, **3)** let's say 2. I'll be back in the office by then.

W: OK, sir. **3)** I'll ask him to come at 2.

남: Cindy, 내일 10시 고객 약속을 다른 시간대로 바꿔주면 좋겠는데. 병원에서 누굴 좀 만나야 하거든.

여: 물론이죠, Bern 선생님. 몇 시로 바꿀까요? 오후 1시로 바꾸면 편하시겠어요?

남: 글쎄. 회의는 12시면 끝날 것 같지만 거기에서 점심을 먹을지도 모르거든. 그러니까, 2시로 하지. 그때 쯤이면 사무실에 돌아올 거야.

여: 네. 선생님. 그분께 2시에 오시라고 하죠.

> 어휘 reschedule(=change) 일정을 변경하다 client 고객, 손님 be over(=be finished) 끝나다 check 확인하다 boarding 탑승 reserve 예약하다 office supplies 사무용품

---

1 What does the man ask the woman to do?
(A) Check the boarding time
(B) Change an appointment time
(C) Go to see a doctor
(D) Reserve a hotel room

남자는 여자에게 무엇을 부탁하는가?
탑승 시간을 확인하라고
약속 시간을 변경하라고
병원에 가라고
호텔을 예약하라고

> 해설 남자가 여자에게 부탁하는 것을 묻는 문제는 남자가 말할 확률이 100%이다. 첫 문장에서 남자가 약속 변경을 부탁하고 있다.

---

2 What will the man do tomorrow morning at 10?
(A) Go to the hospital
(B) Visit the client's office
(C) Wait in the lobby
(D) Order office supplies

남자는 내일 아침 10시에 무엇을 할 것인가?
병원을 방문할 것이다.
고객의 사무실을 방문할 것이다.
로비에서 기다릴 것이다.
사무용품을 주문할 것이다.

> 해설 세부사항을 묻는 것으로 문제를 읽을 때 먼저 10시라는 단어를 기억해두고 녹음을 들어야 한다. 본문에서 10시에는 병원을 갈 것임을 알 수 있다.

---

3 When will the man probably start working again?
(A) At 10 A.M.
(B) At 12 P.M
(C) At 1 P.M.
(D) At 2 P.M.

남자는 언제 다시 일을 시작할 것인가?
오전 10시에
오후 12시에
오후 1시에
오후 2시에

> 해설 여러 가지 시간대가 등장하지만 결국 2시로 약속을 바꾸어 일할 것임을 알 수 있다. 병원 약속 시간이나 점심 시간이 아닌 남자가 다시 일하는 시간에 초점을 맞추어야 한다.

Questions 4 through 6 refer to the following conversation.

W: David, ⁴⁾ can you give me a ride home after work today? My car is still in the shop.

M: Sorry, I have to leave work early today. ⁵⁾ I have to go to the airport to pick up my wife's parents.

W: Oh, well, I guess I can take the bus. It's not that far from the bus station from here, right?

M: No, it's only a couple of blocks up the road. Besides, it looks like the rain has stopped and ⁶⁾ the sun is finally out.

여: David, 오늘 일 끝난 다음에 **집까지 좀 태워다줄 수 있겠어?** 내 차가 아직도 수리점에 있어서 말이야.

남: 미안해. 오늘 나는 좀 일찍 퇴근해야 해. 장인 장모님 모시러 공항에 가야 하거든.

여: 어, 그래. 그럼 버스를 타고 가면 되지 뭐. 여기서 버스 정류장까지 그렇게 멀지는 않지, 그렇지?

남: 안 멀어. 도로를 따라서 두 블록만 올라가면 돼. 거기다 마침 비도 그치고 해가 나는 것 같은데.

> **어휘** ride 탈 것, 교통편   give a ride 태워다주다   leave work 퇴근하다   pick up 데리러 가다, 가지러 가다   a couple of 두 개의, 한 쌍의
> drink 음료수   garage(=repair garage, repair shop) 차고, 수리점

---

4 What does the woman ask for?
(A) **A ride home**
(B) A bus schedule
(C) An umbrella
(D) A cold drink

여자는 무엇을 부탁하는가?
집까지 태워다줄 것
버스 스케줄
우산
차가운 음료수

> **해설** 여자가 부탁하는 것은 여자가 100% 말하게 된다. 첫 문장에서 여자가 ride home, 즉 집까지 태워다줄 것을 부탁한다. 첫 문장에서 그대로 나왔기 때문에 어휘력을 키우면서 첫 문장부터 집중하는 훈련을 하자.

---

5 Where does the man need to go after work?
(A) To the bus stop
(B) **To the airport**
(C) To his parents' house
(D) To the garage

남자는 퇴근 후에 어디로 가야하는가?
버스 정류장으로
공항으로
남자의 부모님 댁으로
차고로

> **해설** 연이은 남자의 문장에서 leave work라는 키워드 뒤로 공항에 간다는 이야기가 등장한다. 순서대로 등장하는 정답을 연이어 맞힐 수 있도록 문제의 키워드를 빨리 찾는 훈련을 하자.

---

6 What does the man say about the weather?
(A) It is cold.
(B) It is rainy.
(C) It is windy.
(D) **It is sunny.**

남자는 날씨에 대해서 무엇이라고 이야기하는가?
춥다.
비가 온다.
바람이 분다.
맑다.

> **해설** 남자의 마지막 문장에서 날씨에 대한 이야기가 나온다. 즉 비가 그치고 해가 나온다는 표현 the rain has stopped and the sun is finally out에서 날씨가 맑음을 알 수 있다.

3 실전 문제로 벼락치기

114 페이지

Questions 1 through 3 refer to the following conversation.

M: Hi, 1) I'd like to open a checking account with this bank, please.

W: Of course. We need a picture ID to do that. Do you have either your passport or driver's license with you, sir?

M: 2) Here is my driver's license.

W: Thank you. Why don't you fill out this application form, 3) while I'm making copies of your ID? I'll be right back.

남: 안녕하세요. 이 은행에서 당좌예금 계좌를 개설하고 싶은데요.

여: 물론이죠. 그러려면 사진이 있는 신분증이 필요한 데요. 고객님은 여권이나 운전면허증을 소지하고 계신가요?

남: 여기 제 운전면허증이 있어요.

여: 고맙습니다. 제가 고객님의 신분증을 복사하는 동안 고객님은 이 신청서를 작성해 주시겠어요? 곧 돌아오겠습니다.

어휘 checking account 당좌예금 계좌 fill out 작성하다 application 신청, 지원 take a picture 사진을 찍다 passport 여권 driver's license 운전면허증 apply for ~에 지원하다, ~를 신청하다 contact 연락하다

---

1 What does the man want to do?
(A) Open up a store
(B) Borrow some money
(C) Open a bank account
(D) Take some pictures

남자가 무엇을 하기를 원하는가?
가게 열기
돈 빌리기
은행 계좌 개설하기
사진 찍기

해설 남자가 원하는 것은 남자 성우가 말할 확률이 높다. 첫 문장의 남자가 원하는 부분에서 정답을 알 수 있다. open이라는 어휘만을 듣고 (A)를 섣불리 고르지 않도록 주의하자.

---

2 What does the man show the woman?
(A) A passport
(B) A driver's license
(C) A picture frame
(D) An application form

남자는 여자에게 무엇을 보여주는가?
여권
운전면허증
액자
지원서

해설 다시 한번 남자가 보여주는 것도 남자 성우가 말할 확률이 높다. 여자가 두 개의 신분증을 이야기하지만, 그 중에서 남자가 보여주는 것은 운전면허증이다.

---

3 What will the woman probably do next?
(A) Fill out a form
(B) Apply for the job
(C) Make copies
(D) Contact the manager

여자는 아마 다음에 무엇을 할 것인가?
양식을 작성한다
직장에 지원한다
복사한다
매니저에게 연락한다

해설 여자가 다음에 할 일은 본문의 마지막에 힌트로 제시된다. 문제는 여자가 '너는 신청서를 작성하고 나는 복사를 한다'라는 두 가지 일을 한꺼번에 이야기해서 난이도가 올라갔다. 단순히 발음을 듣고 고르는 것이 아니라 문제를 정확하게 이해하고 문제에서 원하는 것을 찾아 듣는 훈련을 하도록 하자.

Questions 4 through 6 refer to the following conversation with three speakers.

M:	Hello, I'm Michael Rogers. I spoke earlier on the phone about my optical prescription. **4)** I'm moving overseas soon, and I thought I should take a copy with me.
W1:	Ah, yes, I remember. Could you tell me who your optician is?
M:	It's Dr. Spinelli.
W1:	OK, let me check to see if my colleague Paula already dealt with this. Just a moment, please. Paula?
W2:	Yes?
W1:	**5)** Did you print out Mr. Roger's prescription?
W2:	**5)** Yes, it's right here. **6)** Mr. Rogers. Could I just get you to sign this prescription request form? It's for our record purposes.
M:	Sure.

남:	안녕하세요. 저는 Michael Rogers입니다. 이전에 제 시력 처방전에 대해 전화로 말했었는데요. 제가 곧 해외로 이사를 가게 되어서 사본을 하나 가지고 있어야 할 것 같아서요.
여1:	아, 네. 기억해요. 안경사가 누구신지 말씀해 주시겠어요?
남:	Spinelli 선생님이요.
여1:	네, 제 동료 Paula가 이미 이 일을 처리했는지 확인해 볼게요. Paula?
여2:	네?
여1:	Rogers 씨의 처방전을 출력했어요?
여2:	네, 바로 여기요. Rogers 씨. 이 처방전 신청서에 서명을 해 주시겠어요? 기록을 목적으로 한 것이에요.
남:	네 그럴게요.

어휘 optical 시각적인, 시력의   prescription 처방(전)   move 이사하다   overseas 해외로   optician 안경사   deal with 처리하다   print out 출력하다   get 사람(A) to 동사원형 A를 ~하게 하다   request 요청, 신청   purpose 목적   complete 끝내다   examine 검사하다   relocate 이전하다   reschedule 일정을 다시 잡다   try out 테스트해 보다

4 What does the man say he will do soon?
(A) Complete some medical training
(B) Work for a new company
(C) Have his eyes examined
(D) Relocate to another country

곧 무엇을 할 것이라고 말하는가?
의료 교육을 마칠 것
새 회사에서 일할 것
눈 검사를 할 것
다른 나라로 이사할 것

해설 남자가 곧 할 것을 묻고 있다. 남자가 처음에 '해외로 이사를 가게 되어서 복사본을 하나 가지고 있어야 할 것 같다.'고 말했으므로 정답은 (D) Relocate to another country이다.

5 According to the conversation, what did Paula do already?
(A) She rescheduled an appointment.
(B) She changed a prescription.
(C) She printed a document.
(D) She made an order.

대화에 따르면, Paula는 벌써 무엇을 했는가?
예약을 변경했다.
처방전을 바꿨다.
서류를 출력했다.
주문을 했다.

해설 Paula가 벌써 한 일을 묻고 있다. 여1이 마지막에 Rogers 씨의 처방전을 출력했는지 묻자 여2가 여기 있다고 말했으므로 정답은 (C) She printed a document.이다.

6 What does Paula ask the man to do?
(A) Pay a bill
(B) Sign a form
(C) Wait for a doctor
(D) Try out an item

Paula는 남자에게 무엇을 해달라고 요청했는가?
계산서를 지불할 것
양식에 서명할 것
의사를 기다릴 것
제품을 사용해볼 것

해설 Paula가 남자에게 요청한 것을 묻고 있다. 여2가 마지막에 처방전 신청서에 서명을 요청했으므로 정답은 (B) Sign a form이다.

3 실전 문제로 벼락치기

120 페이지

Questions 1 through 3 refer to the following conversation.

W: **1)** Hello, my name is Kimberly Cloud, a professional photographer. I am looking for some places where we can take some pictures of people working in an office. I think your accounting firm is a suitable place for this task. Would it be possible to get some help with this?

M: That sounds interesting. Well, we need to get permission from our managing staff first. Umm… they are now away on a business trip for a conference in Dublin.

W: Oh, **2)** that's unfortunate. Would you be able to contact them?

M: Well, I'm afraid we can't make a phone call or something for now since this is not an urgent matter. **3)** However, we can take a message for you and ask the managing staff to contact you upon their return. Please give me your contact information.

여: 안녕하세요, 제 이름은 Kimberly Cloud입니다. 전문 사진작가예요. 저는 지금 사람들이 사무실 안에서 일하는 모습이 담긴 사진을 촬영할 곳을 찾고 있는 중입니다. 당신의 회계사 사무실이 이 작업에 적합한 장소가 될 것 같아요. 여기에 도움을 주실 수 있을까요?

남: 흥미로운 이야기로군요. 아, 먼저 저희 운영진에게 허가를 받아야 합니다. 음… 현재 그분들께서 Dublin에서 열리는 컨퍼런스로 출장 중이예요.

여: 오, 안타깝네요. 혹시 그분들께 연락 가능하신가요?

남: 아, 유감입니다만 이게 긴급 상황은 아니라서 현재 전화나 기타 연락을 드리는 것은 어렵습니다. 하지만, 돌아오시는 대로 귀하께 연락을 드리게끔 말씀을 전달해드리죠. 연락처를 알려주시기 바랍니다.

어휘 professional 전문적인　accounting 회계　firm 회사　suitable 적합한, 적절한　permission 허락, 허가　unfortunate 운이 없는, 불운한　urgent 긴급한, 시급한　matter 문제　lawyer 변호사　approval 승인

---

1 What is the woman's job?
(A) A lawyer
(B) A photographer
(C) A publisher
(D) An office manager

여자의 직업은 무엇인가?
변호사
사진작가
출판인
사무실 관리자

해설 영어권에서는 자신을 소개할 때 먼저 이름을 말하고 뒤에 직책, 부서, 회사 등을 순서대로 붙인다. Kimberly Cloud 바로 뒤에 a professional photographer이라고 명시되어 있으므로 정답은 (B)이다.

---

2 Why does the woman say, "that's unfortunate"?
(A) She can't get approval at the moment.
(B) She is not allowed to take photographs in an office.
(C) She doesn't have any experience in management.
(D) She has to cancel a class in photography.

왜 여자는 "안타깝네요"라는 말을 하는가?
그녀는 당장 승인을 받지 못한다.
그녀는 사무실 안에서 사진을 찍는 것이 허락되지 않는다.
그녀는 운영에 아무런 경험이 없다.
그녀는 사진 수업을 취소해야 한다.

해설 남자가 먼저 we need to get permission이라고 밝힌 후, they are now away on a business trip이라고 하여 현재 운영진이 부재 중임을 알리고 있다. 여기에 여자가 that's unfortunate '안타깝네요'라고 말을 받으므로 정답은 (A)이다.

---

3 What does the man offer to do?
(A) Review a document urgently
(B) Send some samples
(C) Meet with the woman to talk
(D) Request the staff to contact the woman

남자는 무엇을 해주겠다고 하는가?
긴급하게 서류를 검토한다.
견본들을 보낸다.
이야기를 나누기 위해 여자와 만난다.
직원이 여자에게 연락할 것을 요청한다.

해설 남자는 However라는 전환 어구 뒤에 ~ ask the managing staff to contact you ~라고 하여 여자에게 연락을 하도록 운영진에게 요청할 것임을 밝히고 있다.

Questions 4 through 6 refer to the following conversation.

M: Have you noticed that the number of reservations at our restaurant dramatically increased since the feature article got posted in the local newspaper? As I see the records, all of the tables are fully booked for next weekend as well. **4)** We won't be able to get our regular customers on weekends then.

W: It is good to see the business increase, but **4)** we need to come up with an idea for our regulars. Why don't we look into a way to renovate the patio area?

M: Ah, a friend of mine is currently working at a remodeling business actually.

W: **5)** What a coincidence! Would you please contact your friend and get some estimate? If the price is affordable, we will make some renovation to our patio area right away.

M: Sure, let me find his business card first.

W: Thanks a lot. **6)** I will post the update on our Web site after reviewing the estimate.

남: 지역 신문에 특별 기사가 게재된 이후로 우리 식당 예약 건수가 엄청나게 증가했다는 것을 알아채셨어요? 기록을 보니, 다음 주말도 모든 자리가 예약되었네요. 이렇게 되면 우리가 단골 고객님들을 주말에 받을 수가 없게 됩니다.

여: 사업이 잘 되는걸 보는 것은 좋지만, 단골 고객들을 위해 무언가 생각을 해내야 합니다. 앞마당 공간을 개조하는 방법을 모색해보는 것이 어떨까요?

남: 아, 제 친구 중 한 명이 현재 리모델링 업체에서 일하고 있어요.

여: 이런 우연의 일치가! 친구분께 연락을 해서 견적을 받아볼 수 있을까요? 만약 비용이 괜찮다면, 바로 앞마당 공간을 개조할 것입니다.

남: 그럼요, 먼저 명함을 찾아볼게요.

여: 고마워요. 견적서를 검토한 후에 웹사이트에 이 소식을 게재하겠습니다.

어휘 notice 알다, 알아차리다　dramatically 극적으로　feature article 특별 기사, 특집 기사　renovate 개조하다, 보수하다　coincidence 우연의 일치　estimate 견적서　affordable (가격이) 알맞은　business card 명함　amend 개정하다, 수정하다　critical 비판적인, 비난하는　impress 깊은 인상을 주다, 감명을 주다

4 What issue are the speakers discussing?
(A) A customer is late.
(B) A booking was amended.
(C) An article was critical.
(D) Additional reservations cannot be made.

어떤 문제를 화자들이 논의하는 중인가?
고객이 늦는다.
예약이 수정되었다.
기사가 비판적이었다.
추가 예약이 불가능하다.

해설 여자와 남자가 각각 We won't be able to get our regular customers on weekends나 we need to come up with an idea for our regulars. 등의 말을 통해 현재 예약 문제에 대해서 논의하고 있으므로 정답은 (D)가 된다.

5 Why does the woman say, "What a coincidence"?
(A) She's surprised by the sales figures.
(B) She's unable to take more reservations.
(C) She's impressed with a job candidate.
(D) She hears good news from the man.

왜 여자는 "이런 우연의 일치가"라는 말을 하는가?
그녀는 매출 수치에 대해서 놀란다.
그녀는 추가 예약을 받을 수 없다.
그녀는 취업 지원자에게 감명을 받았다.
그녀는 남자로부터 좋은 소식을 듣는다.

해설 남자가 먼저 a friend of mine ~이라고 밝혀 자신의 친구가 이 일을 해결하는 데 도움이 될 수 있음을 암시하고, 이어서 여자가 What a coincidence!라는 말을 통해 동조하고 있다. 본 표현을 모르는 수험자는 바로 뒤에 이어지는 If the price ~ right away. 라는 대사를 통해 일이 잘 풀릴 것을 이야기하는 것을 알아채고 (D)를 골라야 한다.

6 What does the woman say she will do?
(A) Contact a friend
(B) Advertise a change
(C) Review a Web site
(D) Cancel a reservation

여자는 무엇을 하겠다고 말하는가?
친구에게 연락한다.
변경사항을 알린다.
웹사이트를 점검한다.
예약을 취소한다.

해설 여자는 I will post the update라는 말을 하여 '새로운 소식을 게재하겠다' 즉, '변경사항을 알리겠다'고 말한다. (A)는 남자가 할 일이다.

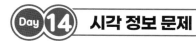

3 실전 문제로 벼락치기

126 페이지

Questions 1 through 3 refer to the following conversation and list.

Version	Options	Size of RAM
BASIC	Dahlia Xpress 80	4GB
	Dahlia Xpress 220	8GB
PREMIUM	Dahlia HD2	16GB
	Dahlia HD4	32GB

버전	선택항목	RAM 크기
베이직	Dahlia Xpress 80	4GB
	Dahlia Xpress 220	8GB
프리미엄	Dahlia HD2	16GB
	Dahlia HD4	32GB

M: Hello, Fernanda. I've just checked my e-mail. So, are we going to purchase new laptop computers for each department?

W: You're right. **1)** Do you remember the agreement made with the computer company last time? This is a part of that deal.

M: I see. I think this is a good news actually. **2)** I've had hard time using my computer recently. It keeps freezing and sometimes malfunctions.

W: Same here. **1)** Now is the time to upgrade the computers we use in order to improve our productivity. Have you decided which model you are going to purchase?

M: I haven't made up my mind yet. **3)** But I guess I will probably choose a basic model which can just manage online database.

W: **3)** It should have at least 8GB of RAM then.

남: 안녕하세요, Fernanda 씨. 제 이메일을 막 확인했습니다. 그러니까, 우리가 각 부서마다 노트북 컴퓨터들을 구매하게 되는 건가요?

여: 네 맞아요. 지난번 저희가 컴퓨터 업체와 맺었던 계약을 기억하시나요? 그 계약의 일부라고 보시면 돼요.

남: 그렇군요. 제 생각에 이건 좋은 소식 같습니다. 최근에 제 컴퓨터 사용하는 데 애를 먹었거든요. 계속 멈추고 가끔은 오작동 합니다.

여: 저도 마찬가지예요. 이제 우리의 생산성 향상을 위해서라도 컴퓨터들을 업그레이드할 때가 되었어요. 어떤 모델을 구매할 지 결정하셨나요?

남: 아직 결정은 못했어요. 허나, 아마 온라인 데이터베이스를 운용할 수 있는 정도의 기본 모델을 선택할 거예요.

여: 그렇다면 최소 8GB RAM을 갖추고 있는 모델이어야겠네요.

어휘 purchase 구입하다   agreement 협정, 동의   deal 거래   malfunction 기능 부전, 고장   productivity 생산성   defective 결함이 있는   device 장치, 기구   merger 합병   cluttered 어수선한   cargo 화물

---

1 What are the speakers mainly discussing?

(A) Some defective devices

(B) The recent merger with a computer company

(C) The importance of a new software program

(D) Upgrading their computers

화자들은 무엇을 논의하고 있는가?

손상된 기기들

컴퓨터 회사와의 최근 합병

새로운 소프트웨어 프로그램의 중요성

그들의 컴퓨터를 업그레이드하는 것

해설 여자는 컴퓨터 업체와 맺었던 계약을 언급한 뒤, 후반부에 컴퓨터 업그레이드의 필요성을 다시 강조한다.

---

2 What problem does the man mention?

(A) His working space is too cluttered.

(B) His computer hasn't been functioning well.

(C) He doesn't get along with his supervisor.

(D) He has to pay extra costs in hauling his cargoes.

남자는 어떤 문제를 언급하는가?

그의 작업 공간이 너무 어수선하다.

그의 컴퓨터가 제대로 작동하지 않았다.

그는 상사와 잘 어울리지 못한다.

그는 화물을 운반하는 데 추가 비용을 지불해야 한다.

해설 남자는 자신의 컴퓨터가 malfunction '오작동'했음을 밝히고 있다.

3 Look at the graphic. What model will the man most likely order?
(A) Dahlia Xpress 80
(B) Dahlia Xpress 220
(C) Dahlia HD2
(D) Dahlia HD4

시각 정보를 보라. 남자는 어떤 모델을 주문할 것인가?
Dahlia Xpress 80
Dahlia Xpress 220
Dahlia HD2
Dahlia HD4

[해설] 남자는 basic model '기본 모델'이라고 말하고 이어서 여자가 8GB of RAM을 갖추고 있는 모델이어야 한다고 말하는 것을 듣고 Dahlia Xpress 220 모델을 살 것임을 알 수 있다.

Questions 4 through 6 refer to the following conversation and list.

Apartment	Location	Rent (per month)
4A	On Lozano Street	$450
5B	On Lozano Street	$750
3B	On Gail Street	$750
7C	On Gail Street	$900

아파트	위치	임대료(월)
4A	Lozano 가	$450
5B	Lozano 가	$750
3B	Gail 가	$750
7C	Gail 가	$900

W: Excuse me, **4)** I'm here to inquire about renting an apartment. I am looking for a studio on a short-term lease actually.

M: **5)** Well, I guess we do not have any studio apartment at the moment. Would you be interested in two-bedroom apartment?

W: I don't think I can afford it. I am on a tight budget, so… two-bedroom apartment is not an option for me. **6)** The rent must be under $800.

M: If that is the case, why don't you look into apartments on Lozano Street?

W: **6)** Lozano Street is too far from my workplace. I would like to rent an apartment close to my office. It should be in a walking distance.

M: Oh! I guess there is one available according to my database. You are in luck!

여: 실례합니다. 아파트 임대에 대해서 문의하려고 왔습니다. 단기 계약으로 원룸 아파트를 하나 찾고 있어요.

남: 음, 저희가 현재 원룸은 없습니다. 혹시 방이 두 개 있는 아파트는 어떠신가요?

여: 제가 그걸 지불할 여력은 없네요. 현재 예산이 빠듯하거든요. 그래서… 방 두 개짜리는 선택사항이 아닙니다. 임대는 800달러 이하여야 해요.

남: 그런 경우라면, Lozano Street에 있는 아파트들을 알아보시는 게 어떤가요?

여: Lozano Street은 제 직장에서 너무 멉니다. 사무실과 가까운 곳으로 아파트를 얻고 싶어요. 걸어 다닐 수 있는 거리여야 합니다.

남: 오! 저희 데이터베이스에 따르면 딱 하나 임대 가능한 것이 있습니다. 운이 좋으시네요!

[어휘] inquire 묻다, 알아보다   rent 임대하다, 빌리다   short-term 단기   lease 임대차 계약   studio 원룸   afford (~을 살 금전적 / 시간적) 여유가 되다   tight 빠듯한   budget 예산, 비용   workplace 직장   luck 행운   prefer 선호하다   exceed 넘다, 초과하다

4 What does the woman want to do?
(A) To find a place to live
(B) To visit her friend's place
(C) To get a job
(D) To purchase a house

여자는 무엇을 하고 싶어하는가?
살 곳을 찾는 것
친구의 집을 방문하는 것
직업을 얻는 것
집을 사는 것

[해설] 여자는 아파트 임대에 대해 문의하고 있다. 이를 find a place to live라고 paraphrasing한 (A)가 정답이다. (D)는 실제 집을 사겠다는 부동산 관련 문의를 뜻한다.

5 **What problem does the man mention?**
(A) All rooms are already reserved.
(B) The woman's preferred choice is not available.
(C) Every option exceeds the woman's budget.
(D) Her office is far from her new apartment.

남자는 어떤 문제를 언급하는가?
모든 방이 이미 예약되어있다.
여자가 선호하는 선택사항이 현재 가능하지 않다.
모든 옵션은 여자의 예산을 초과한다.
그녀의 사무실은 새로운 아파트에서 멀다.

해설 남자는 여자가 문의한 원룸은 현재 없다고 밝히고 있다. studio apartment를 preferred choice로 옮겨놓은 (B)가 정답이다.

6 **Look at the graphic. Which apartment will the woman probably choose?**
(A) 4A
(B) 5B
(C) 3B
(D) 7C

시각 정보를 보라. 여자는 어떤 아파트를 선택할 것인가?
4A
5B
3B
7C

해설 시각 정보에는 각 아파트 번호와 지역, 그리고 임대료가 쓰여있다. 먼저 여자가 임대료로 지불할 수 있는 돈은 800달러 이하임을 밝혔으므로 4A, 5B, 3B가 정답 후보가 된다. 이어서, Lozano Street은 너무 멀어서 안 된다고 말을 이어서 했기에 4A와 5B가 탈락하고 3B가 남는다.

REVIEW TEST 3

127 페이지

Questions 32 through 34 refer to the following conversation.

M: Hi, This is Marty Anderson in the Marketing Department. **32)** I'm calling to reserve the conference room for next Monday, the seventh.

W: Of course, Mr. Anderson. **33)** Do you know how many people will be there? You know we have different sizes of rooms.

M: **33)** I invited eight clients and would like to get a rather large room to use the projector.

W: Eight people? Room B207 should be large enough and it's available as far as I can see on the computer calendar. **34)** I'll put your reservation in now.

남: 안녕하세요, 마케팅 부서의 Marty Anderson입니다. 다음 주 월요일인 7일에 회의실을 예약하고 싶어서 전화 드렸는데요.

여: 물론이죠, Anderson 씨. 몇 분이 거기 오실 건데요? 아시다시피 저희 회사에는 다양한 크기의 회의실이 있답니다.

남: 제가 8명의 고객을 초대했고 프로젝터를 사용하려고 하니까 좀 큰 방으로 부탁합니다.

여: 8명이요? B207호실이 크기가 충분할 것 같네요. 그리고 제가 지금 컴퓨터 일정표로 보는 한은 예약이 가능합니다. 지금 예약해 드리겠습니다.

어휘 department(=division) 부서   invite 초대하다   client 고객   rather 꽤   projector 프로젝터   available 이용할 수 있는, 사용할 수 있는   computer calendar 컴퓨터 일정표   put in(=enter) 넣다, 입력하다   reservation(=booking) 예약   location 위치, 장소   purchase(=buy) 구입하다   equipment 장비

32 **What are the speakers discussing?**
(A) A computer workshop
(B) A vacation plan
(C) A room reservation
(D) A delayed order

화자들은 무엇을 토론하는가?
컴퓨터 워크숍
휴가 계획
회의실 예약
지연된 주문

해설 전체적인 주제를 물어보는 문제로 첫 문장에서 가장 큰 힌트를 주게 된다. 첫 문장에서 남자가 회의실을 예약하는 문제로 전화를 하는 것을 알 수 있다. 정답은 방의 이름만을 다르게 표현한 (C)이다.

33 How many people were invited to the conference?
(A) Five
(B) Seven
(C) **Eight**
(D) Nine

몇 명이 회의에 초대되었는가?
5명
7명
8명
9명

[해설] 몇 명이 회의에 참석하는가를 물어보는 세부정보 문제이다. 아라비아 숫자 중에서 영어의 원어민이 발음을 했을 때 가장 듣기 어려운 숫자 8(eight)인데 모음으로 시작하는 짧은 음절의 어휘로 앞뒤 단어에 발음이 묻히는 경우가 많기 때문이다. 반복하여 청취하여 발음을 익혀 두도록 하자.

---

34 What will the woman probably do next?
(A) Call a different location
(B) Reserve a flight
(C) Purchase new equipment
(D) **Enter a booking in the calendar**

여자는 아마도 무엇을 할 것인가?
다른 장소에 전화한다.
비행편을 예약한다.
새로운 장비를 구입한다.
일정표에 예약을 입력한다.

[해설] 여자가 미래에 할 일을 예측하는 문제로 주로 마지막 문장에 힌트를 제시하게 된다. 여자의 마지막 문장에서 '예약을 입력하다'(put in the reservation)가 enter a booking으로 표현되었다.

Questions 35 through 37 refer to the following conversation.

M: Cornelia, I heard 35) you're finally taking some time off next week. What are you planning to do?
W: Yes, I'm planning to visit and stay in Aspen for two weeks with my friends. 36) I'm really looking forward to going skiing there. I heard they have the best snow in the North American area.
M: They do. I went there last winter. 37) I recommend you try the small local diners and restaurants. They're great.
W: Thanks. I heard they also have fantastic parks, too.

남: Cornelia, 다음 주에 드디어 쉰다고 들었어. 무엇을 할 계획이야?
여: 맞아. 친구들이랑 Aspen에 가서 2주 동안 있을 계획이야. 그곳에서 스키 타는 것을 너무나도 기다려왔거든. 그곳은 북미 지역에서 가장 좋은 눈으로 유명하다고 들었어.
남: 맞아. 나 지난 겨울에 갔었거든. 그곳 지역 음식점과 식당을 가보라고 권하고 싶어. 정말 좋아.
여: 고마워. 내가 듣기로는 공원도 좋은 곳이 있다더라.

[어휘] take some time off 쉬다   look forward to ~을 기대하다, 기다리다   recommend 추천하다   try 시도하다, 가보다   local 지역의, 동네의   diner 음식점   fantastic 환상적인, 멋진   leave for ~을 향해서 떠나다   activity 활동, 행사   relax 쉬다

---

35 When will Cornelia leave for her vacation?
(A) Today
(B) **Next week**
(C) In two weeks
(D) Next month

Cornelia는 언제 휴가를 떠날 것인가?
오늘
다음 주
2주 후
다음 달

[해설] take off는 vacation(휴가)과 동의어로 쓰일 수 있다. 또한 leave of absence(휴직계)도 직장에서 잠시 쉬는 경우의 어휘로 익혀두도록 하자. 시점에 집중하면 첫 부분에 등장하는 다음 주(next week)를 골라낼 수 있을 것이다.

---

36 What activity is Cornelia looking forward to?
(A) Meeting some friends
(B) **Going skiing in Aspen**
(C) Eating at a famous restaurant
(D) Relaxing at home

Cornelia는 어떤 활동을 기대하고 있는가?
친구들을 만나는 것
Aspen에 스키 타러 가는 것
유명한 식당에서 식사하는 것
집에서 쉬는 것

[해설] 기대하는 것(looking forward to)이라는 표현을 기억하고 Cornelia가 하고 싶은 활동을 골라내도록 하자. 정답은 여자가 그대로 표현했다. 이후에 남자가 추천하는 행동을 여자가 기대하는 행동과 혼동되지 않게 처음부터 여자 기대(36번), 남자 말하는 것(37번)을 기억하고 각각 문제에 맞는 답을 골라내자.

37 What does the man say about Aspen?
(A) He went there with his friends.
(B) It has good hotels and resorts.
(C) It has many good parks.
(D) It has many good restaurants.

남자는 Aspen에 대해서 무엇이라고 이야기 하는가?
그는 친구들과 그곳에 갔다.
좋은 호텔과 리조트가 있다.
좋은 공원이 많이 있다.
좋은 식당이 많이 있다.

해설 Aspen이라는 장소에 대한 표현은 남자가 말할 확률이 100%이다. 여자는 스키와 친구들에 대한 이야기를 하지만, 남자는 식당에 가볼 것을 권유하고 있다. 본문에서 recommend(추천하다)라는 어휘를 녹음으로 들을 수 있도록 반복 청취해보자. (A)는 친구들과 함께 갔다는 표현이 없으므로 정답이 될 수 없다. 친구들 이야기를 한 것은 여자이다.

Questions 38 through 40 refer to the following conversation.

W: Good morning, Mr. Kim. **38)** This is Maria Sanders from P&J Electronics. You've applied for the marketing director position, right? I've reviewed your application and résumé, and I'd like to make an appointment for a job interview. Are you available on Friday?

M: Well, I am supposed to attend a workshop in Lake Town that morning, **39)** but I can meet you by 2 P.M. since the venue isn't far away from your office.

W: **39)** That sounds great. I'll put your name on the calendar then. **40)** Also, please remember to bring all your latest works when come in.

여: 안녕하세요. Kim 씨. 저는 P&J 전자의 Maria Sanders입니다. 저희 마케팅 부서장 자리에 지원하셨죠? 귀하의 지원서와 이력서를 검토했고, 취업면접을 위해서 시간 약속을 잡고자 합니다. 금요일에 시간 있으신가요?

남: 아, 제가 그날 아침에 Lake Town에서 열리는 워크숍에 참석하기로 되어있습니다만 장소가 귀하의 사무실에서 그리 멀지 않아서 오후 2시쯤에는 만나 뵐 수 있을 것입니다.

여: 좋은 소식이군요. 그럼 귀하의 이름을 일정표에 기록해두겠습니다. 면접에 오실 때 최근에 작업하셨던 견본들이 있으면 꼭 가지고 오세요.

어휘 apply 지원하다 position 자리 application 지원, 지원서 appointment 약속 available 가능한 attend 참석하다 venue 장소 latest 최근의

---

38 What kind of company does the woman work for?
(A) Electronics company
(B) Law firm
(C) Event organizing company
(D) Advertising agency

여자는 어떤 회사에서 근무하는가?
전자기기 회사
법률 사무소
행사 기획사
광고 회사

해설 여자는 자신의 이름을 밝힌 후 P&J 전자에서 근무함을 밝히고 있다. 영어권에서는 자신의 이름을 말한 후 신분을 밝히는 것이 말 순서이다. 기억해두자.

---

39 Why does the woman say, "That sounds great"?
(A) To tell the man he did a good job
(B) To urge the man to come early
(C) To indicate that she likes the man's decision
(D) To hold a workshop

여자는 왜 "좋은 소식이군요"라고 말하는가?
남자에게 일을 잘 처리했다고 말하기 위해서
남자에게 일찍 올 것을 촉구하기 위해서
남자의 결정이 마음에 든다는 것을 나타내기 위해서
워크숍을 개최하기 위해서

해설 남자가 but 이후에 I can meet you by 2 P.M.이라고 말한 후 여자가 That sounds great.이라고 한 것으로 보아 남자와 만날 수 있다는 사실에 대한 표현임을 알 수 있다.

40 What does the woman ask the man to bring?
(A) A calendar
(B) Work samples
(C) Electronic devices
(D) A résumé

여자는 남자에게 무엇을 가져올 것을 요청하는가?
달력
작업 견본들
전자 기기들
이력서

[해설] 여자는 남자에게 all your latest works를 가져오라고 한다. 토익에서 '작업, 견본'등에 해당하는 단어는 sample이다. 취업 관련 테마에서 résumé와 sample은 늘 붙어 다니므로 반드시 기억하자!

Questions 41 through 43 refer to the following conversation.

W: Hello, Mr. Hoffman. This is Angela Wong of Nexus Technologies. We have provided you with our photocopier and maintenance services for the last 2 years. **41)** I just wanted to let you know that our new NEX2400 just came out.
M: If my memory is right, we replaced our photocopier less than a year ago. I don't see why we'd need a new one.
W: Mr. Hoffman, the NEX2400 has a lot of new features for your company to save money and time that you spend on photocopying. **42)** Should I send you a catalog?
M: Well, I don't know. **43)** I'll have to speak with my supervisor Mr. Schuster first.

여: 안녕하세요, Hoffman 씨. Nexus 테크놀로지의 Angela Wong입니다. 저희 회사에서 지난 2년 동안 고객님께 복사기와 함께 관리 서비스를 제공해왔는데요. 저희 회사의 새로운 NEX2400 모델이 출시되었다는 것을 알려드리려고 연락 드렸습니다.
남: 제 기억이 맞다면, 우리가 복사기를 교체한 지 채 1년이 되지 않았는데요. 전 새로운 복사기가 필요한 이유를 모르겠어요.
여: Hoffman 씨, NEX2400은 새로운 다양한 기능을 가지고 있어서 귀사가 복사에 쓰는 돈과 시간을 절약할 수 있게 해드립니다. 카탈로그를 보내드릴까요?
남: 글쎄요. 전 잘 모르겠네요. 제 상사인 Schuster 씨랑 먼저 상의해보도록 하죠.

[어휘] **provide A with B** A에게 B를 제공하다 **photocopier** 복사기 **maintenance service** 유지 관리 서비스 **come out** 나오다, 출시되다 **memory** 기억, 기억력 **less than** ~보다 적게 **feature** 특징, 기능 **save** 절약하다, 저축하다 **spend** 사용하다, 쓰다 **supervisor(=boss)** 관리자, 상사 **confirm** 확인하다 **shipping** 배송 **conference materials** 회의 자료 **promote** 판촉하다 **the latest** 가장 최신의 **offer** 제안하다 **extend** 연장하다 **warranty** 보증, 보증서 **equipment** 장비 **instruction** 설명서, 안내서

41 What is the purpose of the woman's call?
(A) To confirm a shipping date
(B) To print the conference materials
(C) To design a new NEXUS product
(D) To promote the latest product

여자 전화의 목적은 무엇인가?
배송일을 확인하기 위해서
회의 자료를 프린트하기 위해서
새로운 NEXUS 상품을 디자인하기 위해서
최신 상품을 판촉하기 위해서

[해설] 여자가 전화하는 이유는 여자가 말할 확률이 높다. 여자의 인사말 다음에 새로운 상품을 소개하는 내용이 나와 있다. 아마도 새로운 상품을 사라고 판촉하는 것을 예측할 수 있다.

42 What does the woman offer the man?
(A) To send a brochure
(B) To extend the warranty
(C) To visit the man's office
(D) To give a special discount

여자는 남자에게 무엇을 제안하는가?
브로셔를 보내주겠다고
보증서(기한)를 연장해주겠다고
남자의 사무실을 방문하겠다고
특별 할인을 해주겠다고

[해설] 여자가 제안하는 것은 여자가 말할 확률이 100%이다. 남자의 대답 이후에 다시 직원인 듯한 여자가 상품 카탈로그를 보내주겠다고 제안한다. TOEIC 빈출 어휘로 product catalog와 brochure를 동의어로 암기해두자.

43 What will the man do next?
(A) Buy some new equipment
(B) Read instructions about the machine
(C) Have a talk with his boss
(D) Obtain extra funding

남자는 무엇을 할 것인가?
새로운 장비를 산다.
기계에 대한 설명서를 읽는다.
상사와 논의한다.
추가 자금을 구한다.

해설 남자가 미래에 할 일을 예측하는 것은 남자가 말할 확률이 높다. 여자의 판촉 활동 제안에 대해서 '상사와 이야기하다'의 의미인 speak with my supervisor가 다른 동의어 표현(Have a talk with his boss)으로 변형되었다.

Questions 44 through 46 refer to the following conversation.

M: 44) The total comes up to $210.75. Would you like to pay in cash or by credit card?
W: Actually, 45) I would like to pay by check. 44) Can you gift-wrap these shoes? They are the gift for my mother.
M: Certainly, ma'am. 46) By the way, we need two forms of identification to accept the check over 200 dollars.
W: Really? I only have my driver's license with me. I guess I'll have to charge it on my credit card then.

남: 총액이 210달러 75센트 되겠습니다. 현금으로 계산하시겠습니까, 아니면 신용카드로 하시겠습니까?
여: 실은, 수표로 하고 싶은데요. 그리고 이 신발들을 선물 포장해주시겠어요? 어머니께 드릴 선물이거든요.
남: 물론이죠, 손님. 그런데, 저희 가게는 200달러 이상 되는 수표를 받기 위해서는 두 개의 다른 신분증이 필요한데요.
여: 그래요? 난 운전 면허증 하나밖에 없는데. 그럼 신용카드로 계산할 수밖에 없네요.

어휘 total 총계, 총액 come up ~가 나오다, 되다 actually 실은, 사실은 gift-wrap 선물 포장하다 driver's license 운전 면허증 charge (신용카드로) 계산하다 photo laboratory 사진 현상소 credit card 신용카드 check 수표 gift certificate 상품권 damaged 손상된 amount 금액 balance 잔액 short 모자라는, 부족한 a piece of ~한 개의 identification 신분증

44 Where does this conversation take place?
(A) At a restaurant
(B) At a shoe store
(C) At a bookstore
(D) At a photo laboratory

이 대화가 일어나는 곳은 어디인가?
식당에서
신발가게에서
서점에서
사진 현상소에서

해설 대화가 일어나는 장소를 물어보는 전체적인 문제로 주로 앞에 많은 힌트를 제시한다. 하지만 순서대로 풀려고 뒤의 Specific Question의 key word를 놓쳐서는 안 된다. 문제들을 한꺼번에 보면서 어느 문제의 힌트가 먼저 제시되든지 간에 맞힐 준비를 하는 훈련을 해야겠다. 첫 번째 남자의 문장에서 이 장소가 가게(store)임을 알 수 있고, 이어서 나오는 여자의 문장에서 신발(shoes)을 사는 것을 알 수 있다.

45 How did the woman want to pay?
(A) By cash
(B) By credit card
(C) By personal check
(D) By gift certificate

여자는 어떻게 계산하고 싶어했는가?
현금으로
신용카드로
수표로
상품권으로

해설 여자가 계산하고 싶은 방법은 여자가 말할 확률이 거의 100%이다. 여자의 첫 문장에서 pay by check(수표로 내다)라는 표현이 등장하므로 수표가 답이다.

46 Why was the woman unable to pay with a check?
(A) Her card has been damaged.
(B) The amount was too large.
(C) Her balance was short.
(D) She didn't have two pieces of identification.

여자는 왜 수표로 계산할 수 없었는가?
카드가 손상이 되어서
금액이 너무 커서
잔고가 부족해서
두 개의 신분증이 없어서

해설 여자가 가게에서 수표로 내고 싶어하는데도 불구하고 못 내는 이유는 가게에서 제시할 확률이 높다. 남자의 마지막 문장에서 금액이 높은 경우에 신분증을 두 개 제시해야 한다는 내용이 나온다. 정답은 이를 풀어서 다르게 표현한 (D)이다.

Questions 47 through 49 refer to the following conversation with three speakers.

M1: Good afternoon. Can I help you with anything?

W: Yes, please. **47)** I'm looking for a gift for my nephew. I was thinking of getting some children's storybooks. Do you carry them here?

M1: **48)** Hmm… I'll have to check with my coworker. Rodrigo, do you know if we have children's storybooks?

M2: **48)** Sure. They're on the second floor, though. If you follow me, I'll take you there.

W: Thanks! Also, would it be possible to have them sent straight to my nephew's home?

M2: Of course. **49)** Any item from our store can be delivered within the city at no additional cost.

W: Oh, that's great.

남1: 안녕하세요? 무엇을 도와드릴까요?

여: 네, 조카를 위한 선물을 찾고 있어요. 어린이 이야기 책을 살까 생각 중인데요. 여기에서 취급하시나요?

남1: 음... 제 동료한테 물어봐야겠네요. Rodrigo, 어린이 이야기책이 있는지 알아요?

남2: 물론이죠. 그런데 2층에 있어요. 저를 따라오시면, 모셔다 드릴게요.

여: 고마워요 또, 혹시 책들을 제 조카 주소로 직접 보낼 수 있을까요?

남2: 물론이죠. 우리 상점의 어떤 제품이든 추가 비용 없이 시내로 배송됩니다.

여: 오, 좋네요.

어휘 **look for** ~을 찾다 **think of** ~에 대해 생각하다 **check with** ~에게 물어보다/확인하다 **coworker** 동료 **possible** 가능한 **straight** 곧장, 곧바로 **deliver** 배송하다 **additional** 추가의 **equipment** 장비 **available** 구할 수 있는 **be located** 위치하다 **recently** 최근에 **tailoring** 재단 **reservation** 예약

---

47 What is the woman shopping for?
(A) Books
(B) Children's clothes
(C) Toys
(D) Sports equipment

여자는 무엇을 위해 쇼핑을 하는가?
책
어린이 옷
장난감
스포츠 장비

해설 여자가 구입하려는 물건을 묻고 있다. 여자가 말한 첫 문장에서 정답을 알 수 있다.

---

48 What does Rodrigo say about some items?
(A) They're no longer available.
(B) They're located on another floor.
(C) They've been used before.
(D) They've recently arrived.

Rodrigo는 어떤 상품에 대해 무엇을 말하는가?
더 이상 구할 수 없다.
다른 층에 있다.
전에 사용된 것이다.
최근에 도착했다.

해설 Rodrigo가 상품에 대해 이야기하는 것을 묻고 있다. 남자1의 물음에 대한 남자2(Rodrigo)의 대답을 통해 어린이 이야기책들이 2층에 있음을 알 수 있다.

---

49 What service does Rodrigo mention?
(A) Gift wrapping
(B) In-store tailoring
(C) Free shipping
(D) Online reservation

Rodrigo는 어떤 서비스에 대해 언급하는가?
선물 포장
상점 내 재단
무료 배송
온라인 예약

해설 Rodrigo가 언급하는 서비스를 묻고 있다. 남자2(Rodrigo)의 마지막 말에서 정답을 알 수 있다.

Questions 50 through 52 refer to the following conversation.

W: Dennis, **50)** I just found a perfect space for our new dance studio. It's the Primo Building, right across from the public park.

M: I've always been curious about that building. **51)** Does it have enough space?

W: You wouldn't believe how large the studio is and the rent is quite reasonable too. The space is vacant at the moment and we can move in right away if we want to. Do you have time this afternoon to look at it with me?

M: I'm teaching dance lessons all afternoon, **52)** but I can go there with you tomorrow morning.

여: Dennis, 우리의 새로운 댄스 스튜디오를 위한 완벽한 장소를 찾았어요. 공립 공원 바로 건너편에 있는 Primo 빌딩이에요.

남: 저도 언제나 그 건물에 대해서 궁금했었어요. 공간은 충분한가요?

여: 스튜디오가 얼마나 큰지 놀랄 거예요. 그리고 임대료도 꽤 합리적이에요. 지금 현재 비어있어서 우리가 원하면 당장이라도 이사할 수 있어요. 오늘 오후에 저랑 같이 가서 둘러보실 시간 있으세요?

남: 저는 오늘 오후 내내 무용 수업이 있어요. 하지만 내일 아침이면 같이 갈 수 있어요.

어휘 perfect 완벽한   curious 궁금한, 알고 싶은   rent 임대료, 임대하다   vacant 비어있는, 사용 가능한   at the moment 지금은   architect firm 건축 사무실   real estate agency 부동산   rental 임대의   space 공간, 장소   availability 유용성, 이용도

---

50 What type of business **do the speakers work at?**
(A) An art gallery
(B) An architect firm
(C) A dance studio
(D) A real estate agency

화자들은 어떤 업체에서 일하는가?
미술 갤러리에서
건축 사무소에서
댄스 스튜디오에서
부동산 중개업체에서

해설 근무 업체를 물어보는 General Question으로 본문의 앞 부분에서 가장 큰 힌트를 주게 된다. 첫 문장에서 '우리의 새로운 댄스 스튜디오(our new dance studio)'를 찾는다'는 내용에서 정답을 알 수 있다. 주제는 부동산이지만 업계는 댄스라는 것을 구분해서 문제를 풀 수 있어야겠다

---

51 What **does the man ask about?**
(A) The size of a rental space
(B) The location of a building
(C) The price of a performance
(D) The availability of parking

남자는 무엇에 대해서 물어보는가?
임대 공간의 크기
건물의 위치
공연의 가격
주차 가능성

해설 남자가 물어보는 것(ask about)은 남자 목소리가 말할 확률이 100%이다. 얼핏 부동산과 관련된 내용은 위치를 물어볼 것 같지만 정답은 '공간이 충분하냐(enough space)'라는 내용에서 정답을 알 수 있다.

---

52 When **will they probably** visit the property?
(A) Right away
(B) This morning
(C) This afternoon
(D) Tomorrow morning

그들은 아마도 언제 건물을 방문할 것인가?
지금 당장
오늘 아침
오늘 오후
내일 아침

해설 미래 시점을 물어보는 문제이다. 결국은 방문할 시점은 물어보는 시점이 아니라 마지막으로 등장한 내일이다.

Part 3

Questions 53 through 55 refer to the following conversation.

M: Hello, Sheila. **53)** Have you had a chance to review the advertisement layout I dropped off last week?

W: Yes, thank you, Michael. I did look at your design earlier and **54)** I have some comments I'd like to share with you. Can you meet me in my office at 3 o'clock?

M: Well, could we possibly meet earlier than that? The deadline for the ad to appear on Monday's newspaper is 5 P.M. today. **55)** And I'm afraid meeting at 3 won't give me enough time to make any revisions.

남: 안녕하세요, Sheila. 제가 지난주에 갖다 드린 광고안을 검토할 기회가 있으셨나요?

여: 네, 고마워요, Michael. 제가 미리 디자인을 봤는데 당신과 몇 가지 의견을 나누고 싶은데요. 제 사무실에서 3시에 만날 수 있겠어요?

남: 글쎄요, 좀 더 빨리 만날 수 있을까요? 월요일 신문에 나올 광고 마감이 오늘 오후 5시라서요. 3시에 만나면 제가 수정할 시간이 충분하지 않을 것 같아요.

> [어휘] **layout** 구조, 틀 **drop off** 맡기다, 가져다 주다 **share** (의견) 말하다, 공유하다 **appear** 나오다 **revision** 수정, 개정 **survey** 설문 조사 **applicant** 지원자 **résumé** 이력서 **review** 검토하다, 보다 **specification** 세부 항목 **provide** 제공하다 **feedback(=comment, opinion, input)** 피드백, 의견 **incomplete** 미완성의, 불완전한 **approach** 다가오다, 근접하다

53 What did the man give the woman last week?
   (A) An advertisement design
   (B) A sales report
   (C) Customer survey results
   (D) Applicant résumés

남자는 지난주에 여자에게 무엇을 주었는가?
광고 디자인
매출 보고서
고객 설문 조사 결과
지원자 이력서

> [해설] 남자가 지난주(과거 시점)에 여자에게 준 것을 고르는 문제로 주로 과거 시점에 대한 힌트는 본문의 앞에, 미래 시점에 대한 내용은 본문의 뒤에 힌트가 등장한다. 첫 문장에서 광고 도안(advertisement layout)이라는 것을 듣고 광고 디자인으로 바꿔 쓸 수 있어야겠다.

54 Why does the woman want to meet with the man?
   (A) To make a hiring decision
   (B) To review product specifications
   (C) To provide feedback on a project
   (D) To plan a presentation

여자는 왜 남자를 만나고 싶어하는가?
고용 결정을 하기 위해서
상품 세부 항목을 검토하기 위해서
프로젝트에 관한 의견을 주기 위해서
발표를 계획하기 위해서

> [해설] 여자가 만나고 싶어하는 이유는 여자 목소리가 말할 확률이 거의 100%이다. 여자의 의견(comment)이 있냐는 질문에서 동의 표현인 feedback을 골라낼 수 있어야겠다. 특히 회사 상황에서는 어떤 의견(comment, feedback, advise, suggestion, idea, input)에 대한 문제가 많이 등장한다.

55 Why is the man concerned?
   (A) A report is incomplete.
   (B) A deadline is approaching.
   (C) A project has been canceled.
   (D) An office will be closed.

남자는 무엇을 걱정하는가?
보고서가 끝나지 않았다.
마감이 다가오고 있다.
프로젝트가 취소되었다.
사무실이 폐쇄되었다.

> [해설] 남자가 걱정하는 이유는 남자가 말할 확률이 높다. 마감 시간을 맞추기 위해 조금 더 빨리 만나기를 원한다는 내용을 듣고 정답을 그대로 고르면 된다. 회사 상황일 때에 무조건 보고서를 선호하는 경향이 있는데 꼭 본문에서 나온 표현을 정답으로 고를 수 있도록 훈련하자.

Questions 56 through 58 refer to the following conversation.

M: 56) I'm planning to go up to the fifth floor now to start repainting the conference room. Are there any other maintenance requests I should know about?

W: Yes, I've just received one. Ms. Sanchez called to report that 57) the lights won't turn on in the main lobby next to the doorway. She said the switch doesn't seem to be working properly.

M: Okay, I'll take a look. Can it wait until this afternoon, or should I do that before I start painting?

W: I think you'd better take care of it right away. Ms. Sanchez will 58) meet the company president and other board members at 1 o'clock and we don't want to give bad impressions when they walk through the main lobby of the building.

남: 저는 지금 5층에 올라가서 회의실에 재도색을 하려고 하는데요. 제가 알아야 할 다른 시설 관리 요청건이 있나요?

여: 네, 지금 하나 받았어요. Sanchez 씨가 출입구 옆에 메인 로비에 있는 조명들이 켜지지 않는다고 보고하려고 전화를 했네요. 그녀 말로는 스위치가 작동이 잘 되지 않는데요.

남: 알았어요. 제가 한번 보도록 하죠. 오늘 오후까지 기다릴 수 있나요, 아니면 도색을 시작하기 전에 처리를 해야 할까요?

여: 지금 당장 처리하시는 것이 좋을 것 같아요. Sanchez 씨는 회사 사장님과 다른 이사회 임원들을 1시에 만나기로 되어 있는데, 우리는 그분들이 건물의 메인 로비를 통해서 걸어가실 때에 좋지 않은 이미지를 주고 싶지는 않으니까요.

어휘 **request** 요청, 요청하다 **take care of** ~을 처리하다, 해결하다 **board member** 이사회 임원 **impression** 인상 **administrative** 행정의, 관리의 **assistant** 보조 요원, 비서 **representative** 직원 **maintenance** 시설 관리 **mention** 언급하다 **not working** 작동하지 않는다, 고장 나다 **available** 이용할 수 있는 **take place** 일어나다 **reception** 환영행사 **executive** 중역 **installation** 설치

56 Who **most likely is** the man?
(A) An administrative assistant
(B) A sales representative
(C) An interior designer
(D) A maintenance worker

남자는 아마도 누구인가?
행정 보조 직원
영업 사원
인테리어 디자이너
시설 관리 직원

해설 남자가 누구인지를 물어보는 General Question으로 첫 문장에서 재도색(repainting)이나 시설 관리 요청(maintenance request)을 듣고 정답을 골라낼 수 있다.

57 What problem **does** the woman mention?
(A) A project is not complete.
(B) An office's door is locked.
(C) Some lights are not working.
(D) Some rooms are not available.

여자는 어떤 문제를 언급하는가?
프로젝트가 끝나지 않았다.
사무실 문이 잠겼다.
몇몇 조명이 작동되지 않는다.
몇몇 방은 이용할 수 없다.

해설 mention(언급하다)이라는 동사의 등장으로 정답은 100% 여자 목소리가 말하게 된다. 로비의 불이 켜지지 않는다는 내용을 듣고 (C)로 바꾸어 고를 수 있어야겠다. '로비'라는 단어만을 듣고 호텔 방을 고르지 않도록 주의하자.

58 What is scheduled **to take place** at 1 o'clock?
(A) A welcome reception
(B) An executive meeting
(C) A furniture delivery
(D) An equipment installation

1시에는 무슨 일이 일어나기로 잡혀 있는가?
환영 행사
중역 회의
가구 배달
기계 설치

해설 1시라는 키워드를 기억하고 1시에 사장과 임원들을 만난다는 본문을 들으면 executive(중역)라는 동의 표현을 고를 수 있다.

Questions 59 through 61 refer to the following conversation.

W: **59)** Hey, Pablo. I have the schedule for next week's Spanish classes right here. I've given you two morning classes on Wednesday, just as you requested. **M:** **59)** Oh, thanks. Hmm… But wait. There's not enough time between the two classes. **W:** What do you mean? **M:** Well, the first class is in the Begley Building, and the second is in the Pitt Building. **60)** It takes at least ten minutes to walk to the Pitt Building, but there's only five minutes to get to the second class. How could anyone do that? **W:** **61)** Ah, yes, I see. OK, I'll try to find you another class in the Begley Building in place of the one in the Pitt Building.	**여:** 안녕하세요, Pablo. 제가 다음 주 스페인어 수업들이 바로 여기서 있어요. 당신이 요청한대로, 수요일에 아침 수업 두 개를 당신에게 주었어요. **남:** 오, 고마워요. 흠… 그런데 잠시만요. 두 수업 사이에 시간이 충분히 있지 않네요. **여:** 무슨 말이에요? **남:** 첫 번째 수업은 Begley 빌딩에서 있고, 두 번째 수업은 Pitt 빌딩에서 있어요. Pitt Building까지 걸어 가려면 적어도 10분이 걸리는데, 두 번째 수업에 들어가는 시간까지 5분밖에 없어요. 어떤 사람이 할 수 있겠어요? **여:** 아, 맞아요, 알겠어요. 그렇군요, Pitt 빌딩 대신 Begley 빌딩에서의 다른 수업이 있는지 찾아보도록 할 게요.

어휘 enough 충분한 at least 적어도 get to ~에 도착하다 in place of ~을 대신해 shipping warehouse 배송 창고 imply 암시하다 task 업무, 일 expectation 기대 unreasonable 불합리한 ability 능력 arrange transportation 차편을 구하다 reserve 예약하다 equipment 장비

59 Where do the speakers most likely work?
(A) At a hospital
(B) At a shipping warehouse
(C) At a gym
(D) At a language school

화자들은 어디에서 일할 것 같은가?
병원에서
배송 창고에서
헬스 클럽에서
어학원에서

해설 화자들이 일하는 장소를 묻고 있다. 여자의 처음에 한 말에 대한 남자의 대답으로 정답을 알 수 있다.

60 What does the man imply when he says, "How could anyone do that"?
(A) He wants someone to help him with a task.
(B) He can't remember the name of a person.
(C) He thinks that the expectation is unreasonable.
(D) He doesn't know the ability of an employee.

남자가 "어떤 사람이 할 수 있겠어요"라고 말할 때 남자는 무엇을 암시하는가?
일을 도와줄 사람이 있기를 원한다.
사람 이름을 기억할 수 없다.
기대가 불합리하다고 생각한다.
직원의 능력을 모른다.

해설 남자의 말을 통해, 5분 만에 다른 빌딩에 있는 수업을 들어가는 것이 불가능하다고 생각함을 알 수 있다.

61 What does the woman offer to do?
(A) Make changes to a schedule
(B) Email some information
(C) Arrange transportation for a coworker
(D) Reserve some equipment

여자는 무엇을 해주겠다고 하는가?
일정을 변경하는 것
정보를 이메일로 보내는 것
동료를 위해 차편을 구하는 것
장비를 예약하는 것

해설 여자가 해주겠다고 하는 것을 묻고 있다. 여자의 마지막 말을 통해 정답을 알 수 있다.

Questions 62 through 64 refer to the following conversation and product chart.

Lawn Mower ($74)	Sprinkler ($45)
Leaf Blower ($51)	Weed Trimmer ($63)

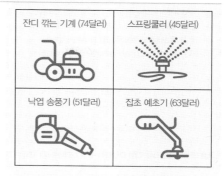

잔디 깎는 기계 (74달러)	스프링쿨러 (45달러)
낙엽 송풍기 (51달러)	잡초 예초기 (63달러)

M: Hey, Helen. **62)** I just got the marketing survey for our lawn care products. The results seem pretty favorable overall.

W: That's good to hear. Was there anything that people didn't like?

M: Well, **63)** several people complained about the weed trimmer. They said it was not worth the current price. Do you think we could make it cheaper?

W: I'm not sure. **64)** Why don't you bring this up in our weekly meeting? We need to find out if there's a way to accomplish that.

남: 안녕하세요, Helen. 방금 우리 잔디 관리 제품에 관한 마케팅 설문조사를 받았어요. 전반적으로 결과는 호의적인 것 같네요.

여: 좋은 소식이네요. 사람들이 마음에 들지 않아 했던 부분도 있었나요?

남: 음, 여러 사람이 잡초 예초기에 관해 항의했어요. 현 가격만큼의 가치가 없다고 말했어요. 더 싸게 만들 수 있을까요?

여: 잘 모르겠어요. 저희 주간 회의에서 언급하면 어떨까요? 그 목적을 달성할 방법이 있을지 알아내야 해요.

어휘 survey 설문조사 lawn care 잔디 관리 product 제품 result 결과 pretty 꽤 favorable 호의적인 overall 전반적인 complain 불평하다 weed trimmer 잡초 예초기 worth ~의 가치가 있는 current 현재의 price 가격 bring up (화제를) 꺼내다 weekly 주간의 accomplish 달성하다 lawn mower 잔디 깎기 leaf blower 낙엽 송풍기

62 What does the man say he just received?
(A) A survey result
(B) A product catalog
(C) Some job applications
(D) Some manufacturing instructions

남자는 방금 무엇을 받았다고 말하는가
설문조사 결과
제품 목록
입사 지원서
제조 지침서

해설 남자가 I just got the marketing survey for our lawn care products.에서 바로 정답 (A)를 고를 수 있어야겠다.

63 Look at the graphic. Which price will most likely change?
(A) $74
(B) $45
(C) $51
(D) $63

시각 자료를 보시오. 어느 가격이 변경되겠는가?
74달러
45달러
51달러
63달러

해설 남자가 Well, several people complained about the weed trimmer. They said it was not worth the current price. Do you think we could make it cheaper? 라고 했으므로 제품 차트에서 weed trimmer를 찾으면 가격이 63달러임을 확인할 수 있으므로 (D)가 정답이다.

Part 3

64 What does the woman ask the man to do?
(A) Interview some potential candidates
(B) Respond to customer e-mails
(C) Raise a topic in a meeting
(D) Authorize an online payment

여자는 남자에게 무엇을 해 달라고 요청하는가?
예비 후보자들의 면접을 진행해달라고
고객 이메일에 대응해달라고
회의에서 논점을 제의해달라고
온라인 지급을 허가해달라고

해설 여자가 Why don't you bring this up in our weekly meeting?라고 말했으므로 (C)가 정답이다. 본문의 bring up이 보기에서는 raise로 paraphrasing 되었다.

Questions 65 through 67 refer to the following conversation and pie chart.

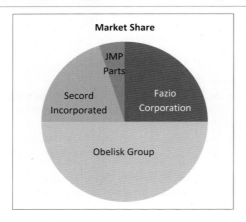

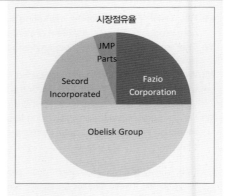

M: **65)** Amy, did you hear the news? According to today's newspaper, our company may purchase JMP Parts. I have the article right here.
W: **65)** Oh, I didn't know. Does the article give any details?
M: Well, it points out that the takeover would make us more competitive than we are now. Look—the article breaks down the market share of each of the four major companies in the industry.
W: **66)** I see. Acquiring JMP Parts would give us a market share that is equal to that of Fazio Corporation.
M: Exactly. It seems like a wise move.
W: **67)** But actually, I'm not so sure about that. It says here in the article that JMP Parts' profits are down for the second quarter in a row—I think our company should reconsider.

남: Amy, 소식 들었어요? 오늘 신문에 따르면, 우리 회사가 JMP Parts를 인수할지도 모른대요. 바로 여기 기사가 있어요.
여: 오, 몰랐어요. 기사에 구체적인 사항들이 있나요?
남: 음, 기사에는 인수가 우리 회사를 현재보다 더 경쟁력 있게 만들어준다고 언급되었어요. 보세요, 기사에는 업계에서 네 개의 대기업의 시장 점유율이 각각 나누어져 있어요.
여: 그렇군요. JMP Parts 인수는 우리 회사가 Fazio Corporation과 동일한 시장 점유율 가질 수 있게 해주네요.
남: 맞아요. 현명한 조치 같아요.
여: 그런데 사실, 전 그것에 대해 아주 확신하지 않아요. 기사에는 두 분기 연속으로 JMP Parts의 수익이 하락했다고 나와 있어요. 제 생각엔 우리 회사가 다시 고려해봐야 할 것 같아요.

어휘 **according to** ~에 따르면 **purchase** 구입하다 **details** 세부사항 **point out** ~을 언급하다, 지적하다 **takeover** 기업 인수 **competitive** 경쟁력 있는 **break down** 나누다 **major company** 대기업 **acquire** 인수하다, 얻다 **be equal to** ~와 동등하다 **it seems like** ~인 것 같다 **move** 조치, 움직임 **profits** 수익 **in a row** 연속으로 **reconsider** 다시 고려하다 **corporate** 기업의 **merger** 합병 **subscription** 구독 **quarterly** 분기별 **industry** 분야, 업계 **inaccurate** 부정확한 **decrease** 감소하다

65 What are the speakers mainly discussing?
(A) An advertising campaign
(B) A corporate merger
(C) A newspaper subscription
(D) A quarterly budget

화자들은 주로 무엇에 관해 이야기하는가?
광고 캠페인
기업 합병
신문 구독
분기별 예산

해설 대화의 주제를 묻고 있다. 남자가 첫 번째 대화와 여자의 대답을 통해 답을 알 수 있다.

66 Look at the graphic. Where do the speakers work?
(A) Obelisk Group
(B) Secord Incorporated
(C) JMP Parts
(D) Fazio Corporation

시각 정보를 보라. 화자들은 어디에서 일하는가?
Obelisk Group
Secord Incorporated
JMP Parts
Fazio Corporation

해설 화자들의 회사를 묻고 있다. 도표에서 JMP Parts와 합병 이후 Fazio Corporation과 같은 시장 점유율을 가지게 되는 회사는 (B) Secord Incorporated이다.

67 Why does the woman say she is unsure?
(A) She is new to the industry.
(B) Some numbers may be inaccurate.
(C) The man has a busy schedule.
(D) A firm's profits are decreasing.

여자는 왜 확신하지 못한다고 말하는가?
그녀는 업계에 새로 들어온 사람이다.
몇몇 숫자들이 부정확하다.
남자가 바쁜 일정을 가지고 있다.
회사의 수익이 감소하고 있다.

해설 여자가 확신하지 못하는 이유를 묻고 있다. 여자가 마지막 대화 내용을 통해 정답을 알 수 있다.

Questions 68 through 70 refer to the following conversation and calendar.

July			
Tuesday	Wednesday	Thursday	Friday
16	17	18	19

7월			
화요일	수요일	목요일	금요일
16	17	18	19

M: Jane, do you have any idea why the new printer is not working? I see this "out-of-order" sign again.
W: It needs a new toner cartridge. **68)** We were supposed to get it last week but the manager forgot to make an order... so now you see what happens. Anyways, she called the supplier this morning so we should get it by tomorrow afternoon.
M: That doesn't sound good. I am scheduled to attend an important sales meeting tomorrow morning and I need to print out some of the slides of my presentation.
W: Oh, really? **69)** I thought it was supposed to be on Thursday.
M: **69)** Actually, It has been rescheduled for the day earlier.
W: **70)** Well, if that is the case, how about sending the file to the printing service in the next building? I don't think they would request much money for that. By the way, please remember to keep your receipt. You will be able to be reimbursed later.

남: Jane, 새 프린터가 왜 작동하지 않는지 아세요? 또 '고장' 표시가 떴네요.
여: 새로운 토너 카트리지가 필요해요. 우리가 지난주에 그것을 받아보기로 했는데 매니저가 주문하는 것을 깜빡했어요. 그래서 이렇게 되었네요. 아무튼, 매니저가 오늘 아침에 공급업체에 전화를 했으니 내일 오후까지는 받을 수 있을 거에요.
남: 안 좋은 소식이군요. 내일 아침에 중요한 영업 회의에 참석해야 해서 제 프레젠테이션 슬라이드들을 인쇄해야 하거든요.
여: 아, 정말요? 저는 회의가 목요일인줄 알았는데요.
남: 사실은 그게 하루 앞당겨졌어요.
여: 음, 만약 그런 경우라면, 파일을 옆 건물에 있는 인쇄업체에 보내보는 것이 어때요? 그렇게 많이 청구할 것 같지 않는데요. 그런데 영수증은 꼭 가지고 계세요. 그래야 나중에 상환받으실 수 있어요.

어휘 out-of-order 고장난   order 주문하다   supplier 공급 회사   reschedule 일정을 변경하다   request 요청, 요구   receipt 영수증   reimburse 상환   submit 제출하다   extend 연장하다

68 What does the woman say caused the problem?
(A) Office supply store is closed.
(B) The order was submitted late.
(C) Repair service is unavailable.
(D) Working hours have been extended.

여자는 무엇이 문제를 초래했다고 말하는가?
사무용품점이 문을 닫았다.
주문이 늦게 들어갔다.
수리 서비스가 가능하지 않다.
근무 시간이 연장되었다.

해설 여자는 manager가 주문을 잊었다고 말한다. 이제 막 주문하여 내일 오후에 도착한다고 하므로 정답은 (B)가 된다.

69 Look at the graphic. When will the sales meeting take place?

시각 정보를 보라. 언제 영업 회의가 있는가?

(A) July 16th

7월 16일

(B) July 17th

7월 17일

(C) July 18th

7월 18일

(D) July 19th

7월 19일

[해설] 여자는 원래 목요일인 줄 알았다고 밝히고 남자는 하루 앞당겨졌다고 하므로 정답은 수요일에 해당하는 17일이다.

---

70 What does the woman suggest?

여자는 무엇을 제안하는가?

(A) Email the file to a nearby business.

인근 업체에 파일을 이메일로 보낸다.

(B) Purchase a new toner cartridge.

새로운 토너 카트리지를 구매한다.

(C) Speak with the manager.

매니저와 상의한다.

(D) Reschedule a meeting.

회의를 연기한다.

[해설] 여자는 how about sending the file ~이라는 말을 써서 파일을 전송할 것을 제안한다. 보기에 있는 business라는 단어는 '사업'이라는 추상 명사 이외에도 '업체'라는 뜻으로 쓸 수 있다.

Day 15 주제를 묻는 문제

3 실전 문제로 벼락치기

141 페이지

Questions 1 through 3 refer to the following talk.

M: If you are a small business owner, **1)** you need to keep your place clean and presentable for your clients. If you are too tired of daily office work and have **1)** nowhere else to look for a dependable cleaning service, it is time to join the thousands who use "Cleaning Witch." We magically change your messy office to an impeccable one in a snap. Our staff is specially trained to do their jobs efficiently and **2)** we use innovative cleaning equipment that can get the job done easily and in very little time. We are fast and efficient. One hour of our service everyday will keep your place at its best continuously. **3)** And if you order today, you'll get your first week's cleaning and maintenance service for free. Yes, absolutely free for a whole 7 days. So, don't wait another minute, call 212-559-4824 for a free consultation.

남: 여러분께서 중소기업을 운영하신다면, 손님들을 위해서 **사업장을 깨끗하고 보여줄 만하게 유지하셔야 합니다.** 매일매일의 사무로 피곤하고 믿을 만한 청소 서비스 업체를 찾으실 수 없다면, 이제 Cleaning Witch 를 사용하시는 몇 천명과 함께하실 때입니다. 저희는 여러분의 지저분한 사무실을 먼지 하나 없는 깨끗한 사무실로 한 번에 마법처럼 바꾸어드립니다. 저희 직원들은 효율적인 서비스를 하기 위해서 특별히 훈련받고 짧은 시간 내에 쉽게 작업을 끝낼 수 있는 혁신적인 청소 장비를 사용합니다. 저희는 빠르고 효율적입니다. 매일 한 시간 정도의 서비스면 당신의 사무실을 최상의 상태로 계속 유지해드립니다. 그리고 오늘 주문하시면, 첫 주의 청소와 관리 서비스를 무료로 받으실 수 있습니다. 네, 7일 동안 완전히 무료입니다. 그러니, 더 이상 망설이지 마시고 무료 상담을 위해서 212-559-4824로 전화 주시기 바랍니다.

어휘 presentable 내놓을 만한, 괜찮은   dependable 믿을 수 있는   thousands 수천의, 많은   magically 불가사의하게, 신기하게 impeccable 흠잡을 데 없는   snap 탁, 한 번에   efficiently 효율적으로   innovative 혁신적인   equipment 장비   continuously 계속해서   maintenance 관리   absolutely 완전히   consultation 상담   office supplies 사무용품   cleaning service 청소 대행 서비스   property 부동산(부지, 건물)   office furniture 사무용 가구   state(=mention) 말하다   be done(=be over) 끝나다   less 덜, 더 적은   expert advice 전문가 조언

---

1 What is the purpose of the talk?
(A) To order more office supplies
(B) To advertise a cleaning service
(C) To give information about new property
(D) To sell a new kind of office furniture

담화의 목적은 무엇인가?
사무용품을 더 주문하기 위해서
청소 대행 서비스를 광고하기 위해서
새로운 부동산에 관한 정보를 주기 위해서
새로운 종류의 사무용 가구를 팔기 위해서

해설 주제를 물어보는 General Question으로 특히 광고의 경우에는 앞쪽에서 '문제점 + 해결책 제시'로 정답을 주는 경우가 많다. 첫 문장에서 장소를 '깨끗하게 유지하기(keep your place clean and presentable)' 하기 위해서 '믿을 만한 청소 대행 서비스(dependable cleaning service)를 이용하라고' 광고한다.

---

2 What is stated about the service?
(A) It can be done fast.
(B) It is less expensive.
(C) It is famous in the industry.
(D) It is for the large business owners.

서비스에 대해서 무엇을 말하는가?
빨리 처리될 수 있다.
저렴하다.
업계에서 유명하다.
큰 사업체 사장들을 위한 것이다.

해설 광고에서 나오는 서비스에 대한 특징을 물어보는 문제이다. 특히 어떤 상품이나 서비스의 특징은 한 개 이상을 주는 경우가 대부분이 므로 미리 읽어두고 본문과 매칭하는 훈련을 해야겠다. 빠르고 효율적(fast and efficient)으로 서비스를 제공한다는 내용이므로 답은 (A)이다.

3 What **would the caller receive if they call today?**
(A) A gift basket
(B) A free service
(C) A special training
(D) An expert advice

오늘 전화하면 무엇을 받을 수 있는가?
선물 바구니
무료 서비스
특별 훈련
전문가의 조언

해설 광고의 마지막에 주로 구매를 독려하기 위해서 무엇인가 추가로 선물로 주는 내용이 많이 등장한다. today(오늘)라는 키워드를 기억하고 오늘 전화하면 first week's cleaning and maintenance service for free(일주일 무료 서비스를 제공받을 수 있다)는 것을 알 수 있다.

Questions 4 through 6 refer to the following recorded message.

W: Hello, this is Rudi Orson from Rudi's Organic Bakery. I know it's a last minute change, **4)** but I'd like to increase the order of organic whole wheat flour **5)** that I have been getting weekly. Our whole wheat and honey bread and cookies are very popular with my customers so I would like to double the order. Please let me know if that is possible, starting from the next week's order, and how much extra it would cost. I'm hoping to get a discount for a large order. Thank you very much, **6)** I'm waiting to hear from you.

여: 안녕하세요. Rudi의 유기농 베이커리의 Rudi Orson입니다. 막판에 와서 변경하는 것이 죄송하기는 하지만, 제가 매주 한 번씩 받는 유기농 통밀가루의 주문을 늘리고 싶어요. 저희 가게의 밀과 꿀로 만든 빵과 쿠키가 손님들에게 굉장히 반응이 좋아서 주문을 두 배로 늘리고 싶습니다. 다음 주 분의 주문부터 그게 가능할지, 그리고 얼마나 비용이 더 들어갈지 알려주시기 바랍니다. 많은 주문인만큼 할인을 받을 수 있으면 좋겠네요. 정말 감사합니다. 연락 오기를 기다리고 있겠습니다.

어휘 organic 유기농의 whole wheat flour 통밀가루 extra 추가의 large order(=bulk order) 대량 주문 increase 증가하다 inform 알리다, 공지하다 cancel(=call off) 취소하다 reserve(=book) 예약하다 merchandise 상품 every other week(=every two weeks) 격주로, 2주에 한 번 in person 직접 contact 연락하다

---

4 Why **is the woman calling?**
(A) To increase an order
(B) To inform of late delivery
(C) To cancel an appointment
(D) To reserve a table

여자가 전화하는 이유는 무엇인가?
주문을 늘리기 위해서
늦어지는 배달을 알려주기 위해서
약속을 취소하기 위해서
자리를 예약하기 위해서

해설 첫 문제를 보고 파트 4에 자주 등장하는 녹음 메시지(recorded message)라는 것을 눈치 챌 수 있어야겠다. 아마도 여자 본인이 전화하는 이유를 처음에 이야기할 가능성이 높다. 특히 녹음 메시지는 맨 앞에 전화하는 사람이나 이유를, 마지막에 연락 방법을 이야기한다는 것을 기억해두자. 앞쪽에서 increase the order(주문을 늘리고 싶다)라는 표현을 듣고 정답을 고를 수 있어야겠다.

---

5 How often **does the woman** get her merchandise?
(A) Every day
(B) Every week
(C) Every other week
(D) Every month.

여자는 얼마나 자주 물건을 받는가?
매일
매주
격주로
매달

해설 내용 자체는 어렵지 않지만 두 문제에 대한 힌트가 한 번에 제시되었기 때문에 한꺼번에 문제를 읽지 못하는 수험자는 실수로 놓치기 쉬운 문제이다. 특히 빈도수를 나타내는 weekly, monthly, yearly와 같은 어휘는 녹음상에 빠르게 지나갈 수 있으므로 이런 문제가 등장할 때마다 확실하게 키워드를 마킹하는 훈련을 하도록 하자.

6 What **does the woman** ask the listener to do?
(A) Visit her office
(B) Meet her in person
(C) Contact her
(D) Bake the cookies

여자는 청자가 무엇을 하라고 요청하는가?
사무실을 방문해달라고
그녀를 직접 만나달라고
그녀에게 연락해달라고
쿠키를 구워달라고

해설 녹음 메시지에서 전화한 사람이 받는 사람에게 부탁하는 내용은 거의 정해져 있다. 대부분의 녹음 메시지는 듣는 사람이 내용을 받았는지를 확인하기 위해서 연락을 기다린다는(waiting to hear from you) 내용을 이야기하는 경우가 많다. call, contact, get in touch with 등 '연락하다'의 동의어를 기억해두도록 하자.

(Day) (16) 세부사항을 묻는 문제

3 실전 문제로 벼락치기

150 페이지

Questions 1 through 3 refer to the following announcement.

M: Attention passengers on Northwest Airlines' Flight 520 from New York to Chicago. **1)** Due to the heavy volume of air traffic, your departure time has been delayed. The flight will be **2)** departing from Gate B22 at 7:30 P.M. instead of 6 o'clock. Northwest apologizes for this inconvenience and **3)** is offering a voucher for a complimentary meal at any of the airport restaurants. Please stop by the Northwest counter to receive your coupon. Again, Northwest Airlines' Flight 520 from New York to Chicago is now scheduled to leave at 7:30 from Gate B22. Thank you.

남: 뉴욕에서 시카고로 가는 노스웨스트 520 비행편 승객 여러분 주목해주세요. 항공 교통량 증가로 인해 여러분의 출발 시간이 지연되었습니다. 비행기는 6시가 아닌 7시 30분에 B22 게이트에서 출발하겠습니다. 노스웨스트 사는 이러한 불편에 대해 사과 드리며 공항의 어느 식당에서나 사용할 수 있는 **무료 식사권을 제공**해드립니다. 노스웨스트 사 카운터에 오셔서 쿠폰을 받으시기 바랍니다. 다시 한번, 뉴욕에서 시카고로 가는 노스웨스트 520편 비행기는 이제 B22 게이트에서 7시 30분에 출발할 예정입니다. 감사합니다.

어휘 volume 양, 크기　complimentary(=free) 무료의　stop by 들르다, 방문하다　cause 야기시키다　malfunction 오작동　severe 심각한　condition 상태, 조건　depart 출발하다　voucher 쿠폰, ~권　transportation 교통, 교통편

---

1 What **has** caused the flight delay?
(A) Software malfunction
(B) Heavy airplane traffic
(C) Technical problems
(D) Severe weather conditions

무엇이 비행기 연착을 야기했는가?
소프트웨어의 오작동
항공 교통 체증
기술적인 문제들
심각한 날씨 상황

해설 1번 문제를 읽고 이곳이 공항이고 비행 지연을 알리는 것이 목적이라는 것을 알 수 있다. 주제상 General Question에 해당하며 첫 문장을 듣고 air traffic의 volume(양)이 늘었다는 내용에서 Heavy airplane traffic을 동의 표현으로 골라낼 수 있어야겠다

---

2 When **is the flight scheduled** to depart?
(A) At 2:00 P.M.
(B) At 3:30 P.M.
(C) At 6:00 P.M.
(D) At 7:30 P.M.

비행기는 언제 출발할 계획인가?
오후 2시에
오후 3시 30분에
오후 6시에
오후 7시 30분에

해설 새롭게 변경된 시간을 맞추어야만 한다. 특히 무엇인가 변경(change)될 때는 두개의 시점이 등장할 수 있다는 것을 기억해두자. instead of(대신에)는 난이도를 높일 때 많이 등장하는 전치사구이다.

3 What will passengers receive from the airline company?
(A) A discount on a future flight
(B) A meal voucher
(C) Transportation to a hotel
(D) Headphones

승객들은 항공사로부터 무엇을 받을 것인가?
미래의 항공편에 대한 할인
식사권
호텔까지의 교통편
헤드폰

해설 항공사에서 사과의 의미로 주는 것으로 무료 식사(complimentary meal)를 할 수 있는 쿠폰(voucher)에 대한 내용이 나오고 있다.

Questions 4 through 6 refer to the following recorded message.

W: Welcome to the Central Museum of Fine Arts. Thank you for purchasing this audio tour guide to the **4)** Taylor Maxim's Modern Sculpture Exhibit. **5)** This exhibit is the largest collection of Mr. Maxim's works ever assembled. You'll see each of the sculptures has a number beside it. To listen to the information about a particular piece, simply type that number on the keypad on our audio device. **6)** If at any time, you'd like to listen to this instruction again, press number one. If you want to skip a particular instruction, please press number two on your keypad. If you want general information about Taylor Maxim, please press zero at any time of the message. Thank you and don't forget to return the device after you're done touring the exhibit. Thank you.

여: 중앙 순수 미술 박물관에 오신 것을 환영합니다. Taylor Maxim의 현대 조각 전시회의 오디오 관광 가이드를 구매해주셔서 감사합니다. 이 전시회는 지금까지의 Maxim 씨의 작품 소장품전 중에 가장 규모가 큽니다. 여러분은 각각의 작품 옆에 번호가 있는 것을 보게 될 것입니다. 특정 작품에 대한 정보를 듣고 싶으시면 여러분의 오디오 장치의 키패드에서 그 번호를 눌러주세요. 이 안내 방송을 다시 듣고 싶으시면, 아무 때나 1번을 눌러주세요. 특정 지시 사항을 건너뛰고 싶으시면 키패드의 2번을 눌러주세요. Taylor Maxim에 대한 일반적인 정보를 원하시면, 메시지 중에 아무 때나 0번을 눌러주세요. 고맙습니다. 그리고 전시회의 관람이 끝나시면 장치를 잊지 말고 반납해 주시기 바랍니다. 감사합니다.

어휘 **modern** 현대의 **collection** 수집물, 소장품 **assemble** 모으다, 모이다 **beside** 옆의 **particular** 특정한 **skip** 건너뛰다, 빼다 **general** 일반적인, 보통의 **return** 돌려주다, 반납하다 **be done(=be over, be finished)** 끝내다 **exhibit** 전시, 전시회 **antique** 앤틱의, 고가구의 **invention** 발명, 발명품 **sculpture** 조각품 **instrument** 기구, 악기 **temporarily** 일시적으로 **loan** 임대, 빌려줌 **device** 장치, 기계 **learn about** ~에 대해서 알아내다

4 What is being shown in the Taylor Maxim's exhibit?
(A) Antique furniture
(B) Historic inventions
(C) Modern sculptures
(D) Musical instruments

Taylor Maxim의 전시회에서는 무엇이 전시되고 있는가?
앤틱 가구
역사적인 발명품들
현대 조각들
악기들

해설 문제의 키워드인 Taylor Maxim's exhibit를 기억하고 본문을 듣도록 하자. 본문의 앞쪽에서 바로 맥심의 근대 조각(Modern Sculpture) 전시라고 이야기하는 부분에서 정답을 알 수 있다. 특히 발음이 어렵거나 생소한 어휘는 정답지를 보면서 녹음을 듣는 훈련을 해두면 비교적 쉽게 정답을 맞힐 수 있다.

5 What is mentioned about the exhibit?
(A) It has never been shown before.
(B) It is the largest of its kind.
(C) It is temporarily closed.
(D) It is on loan from another museum.

전시회에 대해서 무엇이라고 말해지는가?
그것은 전에 전시된 적이 없다.
이런 종류 중에 가장 크다.
임시로 문을 닫았다.
다른 박물관에 임대되어 있다.

해설 전시회(exhibit)라는 키워드를 기억하고 비교적 긴 선택지를 미리 읽어두어야 하는 문제 유형이다. 그럴듯한 여러 가지 표현이 나오지만 본문에 나온 내용은 (B)뿐이다. 긴 선택지의 경우 밑줄을 치며 미리 읽어두는 것이 좋다.

6 What are the listeners instructed to press 1 on their audio device for?

(A) To hear about different museum exhibits

(B) To learn about the life on Taylor Maxim

(C) To increase the volume

(D) To repeat the instructions

청자들은 왜 오디오 장치의 1번을 누르라는 지시를 받는가?

다른 박물관의 전시에 대해서 듣기 위해서

Taylor Maxim의 인생에 대해서 알기 위해서

소리를 크게 하기 위해서

지시 사항을 다시 듣기 위해서

> 해설 press 1이라는 문제의 키워드를 정확하게 기억하고 본문을 듣도록 하자. listen ~ again(다시 듣다)이라는 본문의 내용을 듣고 repeat (반복하다)라는 동의 표현으로 바꾸어 고를 수 있어야겠다.

Day 17 앞으로 할 일을 묻는 문제

3 실전 문제로 벼락치기

159 페이지

Questions 1 through 3 refer to the following radio broadcast.

M: Good afternoon and thank you for listening to *Radio World Now*. I'm your host, Robert Jackson. **1)** Today, we will talk with Elizabeth Song. Ms. Song is a chief researcher at the Institute of Archeology. **2)** We're going to be discussing last month's exciting news about a recently discovered royal tomb in Twan-Kay, China. Inside this tomb, there was found the oldest stone coffin in the history, if proven right. Ms. Song will tell us how she and her team discovered the tomb and why this discovery is important to us and our next generation. All this begins in five minutes from now **3)** but first let's hear some messages from our sponsors.

남: 좋은 오후입니다. 저희 Radio World Now를 청취해 주셔서 감사합니다. 저는 진행자인 Robert Jackson 입니다. 오늘은 Elizabeth Song 씨와 이야기를 나누 겠습니다. Song 씨는 고고학 연구소의 수석 연구원 입니다. 저희는 중국 Twan-Kay에서 최근 발견된 왕 릉에 대한 지난달의 흥미진진한 뉴스에 대해서 이야 기해보겠습니다. 이 무덤 안에서는, 연구가 맞다면 역 사상 가장 오래된 석관이 발견되었습니다. Song 씨는 그녀와 그녀의 팀이 어떻게 그 무덤을 찾았는지 그리 고 이 발견이 우리와 우리 다음 세대에 있어서 왜 중요 한지에 대해서 말씀해주시겠습니다. **저희 후원업체들 의 메시지를 먼저 듣고, 이 모든 것을 앞으로 5분 후에 시작하겠습니다.**

> 어휘 chief 최고의, 장의, 수석의 researcher 연구원 archeology 고고학 institute 기관 recently 최근에 discovered 발견한, 발굴한 royal tomb 왕릉 coffin 관 generation 세대 sponsor 후원자 professor 교수 attraction 볼만한곳, 관광지 president 사장 commercial (=advertisement) 광고

---

1 Who is Elizabeth Song?

(A) A history professor

(B) A sports announcer

(C) An archeology researcher

(D) A news reporter

Elizabeth Song은 누구인가?

역사 교수

스포츠 아나운서

고고학 연구원

뉴스 리포터

> 해설 3인칭의 특정 인물이 누구인지 묻는 문제는 대부분 사람을 소개하는 부분에 정답이 제시된다. 제3인물을 소개하는 경우에 대부분 그 인물의 이름의 앞뒤로 직업, 직급 등이 소개된다는 것을 기억해두자. 오늘 방송은 자기소개가 끝나고 키워드인 Elizabeth Song 다음에 a chief researcher at the Institute of Archeology(고고학 연구소의 수석 연구원)라는 표현 속에서 연구원임을 알 수 있다.

---

2 What will the talk be about?

(A) A famous book

(B) A recent discovery

(C) A local tourist attraction

(D) A new product

무엇에 대한 이야기인가?

유명한 책

최근의 발견

지역 관광 명소

신상품

What ~ talk about 형태의 문제는 대부분의 소개된 인물이 나와서 무엇에 대해서 말할 것인가를 묻는 문제이다. 인물 소개 바로 다음에 최근에 발견된 왕릉(recently discovered royal tomb)에 대한 내용이 최근 발견(recent discovery)으로 바꾸어 표현되었다.

3 What are they going to broadcast next?
(A) A message from the president
(B) Traffic reports
(C) Ms. Song's interview
(D) Commercials

그들은 다음에 무엇을 방송할 것인가?
사장으로부터의 메시지
교통 안내
Song 씨의 인터뷰
광고

해설 다음 방송이나 광고 안내가 주로 마지막에 소개되는 경우가 많다. 다음 방송은 5분 뒤에 시작하고 먼저 후원자들로부터의 메시지(messages from our sponsors)를 듣는다는 것은 광고(commercials)를 표현한 동의어이다.

Questions 4 through 6 refer to the following report.

M: 4) And now for the traffic report: The good news is, for the first time in months, drivers heading north will have no problems getting home from work. The construction work on Highway 5 has finally been completed. Unfortunately now, the roads south and west of the city 5) are jammed due to the baseball game downtown. The season's final match of the Baltimore Oriels and Boston Redsox will be at the stadium tonight. Those roads should be open after the game starts at 7:30, but 6) I recommend putting off your evening commute until then in order to avoid traffic.

남: 자, 이제 교통 뉴스 시간입니다. 좋은 소식은, 몇 달 만에 처음으로 북쪽으로 향하는 운전자들은 퇴근하시는 데 문제가 없겠습니다. 5번 고속도로의 공사가 마침내 끝났습니다. 안타깝게도, 지금 도시의 남쪽과 서쪽 도로는 시내의 야구 경기 때문에 막혔습니다. 볼티모어 오리엘팀과 보스턴 레드삭스팀의 이번 시즌 마지막 경기가 오늘밤 경기장에서 열립니다. 해당 도로는 경기가 시작한 후인 7시 30분에 열리지만 교통을 피하기 위해서는 저녁 퇴근을 연기하실 것을 권해드립니다.

어휘 **head** ~을 향해 가다 **jam** 막히다; 막힘 **downtown** 시내; 시내의 **final** 마지막의, 최후의 **match** 경기; 맞붙다 **put off(=delay)** 지연시키다 **commute** 출퇴근; 출퇴근하다 **avoid** 피하다, 방지하다 **defective** 결함이 있는, 불량의 **congested** 막힌 **outage** 나감, 꺼짐 **delay** 지연하다 **public transportation** 대중교통

---

4 What kind of information does the report mainly provide?
(A) Weather
(B) Traffic
(C) Construction
(D) Sports

이 뉴스는 주로 어떤 정보를 제공하는가?
날씨
교통
공사
스포츠

해설 전체적인 주제를 물어보는 General Question으로 스크립트의 앞쪽에서 교통 방송(traffic report)이라는 것을 알아낼 수 있어야겠다.

---

5 What seems to be the problem?
(A) Strong winds
(B) Defective equipment
(C) Congested roads
(D) Power outages

무엇이 문제인 것 같은가?
강한 바람
결함이 있는 장비
정체된 도로
정전

해설 문제(problem)가 무엇인지 묻는 문제로 주제를 물어보는 문제와 같이 스크립트의 맨 앞에서 힌트를 주는 경우가 많다. 공사가 나오지만 끝났고 야구 경기로 인해 길이 막히는 부분을 듣고 야구 경기만을 기다리면 정답을 고를 수 없다. 주어진 정답지 중에서 나온 것을 골라야 한다.

6 What does the announcer advise listeners to do?
(A) **Delay driving home**
(B) Buy baseball tickets earlier
(C) Use public transportation
(D) Avoid Highway 5 all together

아나운서는 청자들에게 무엇을 하라고 조언하는가?
집에 가는 것을 늦추라고
야구 표를 일찍 구매하라고
대중 교통을 이용하라고
5번 고속도로를 다 함께 피하라고

해설 파트 4에서 가장 많이 나오는 지시(ask, advise, recommend, instruct) 문제이다. 본문에서 advise의 동의 표현인 recommend를 사용해서 집에 갈 것을 미루라고 제안하고 있다. (D)에서 길을 피하다(avoid)라는 표현은 정답이 가능하지만 Highway 5는 안 막히는 길로 이미 등장했다.

 Day 18 의도 파악 문제

3 실전 문제로 벼락치기

164 페이지

Questions 1 through 3 refer to the following advertisement.

W: Still concerned about what to do this weekend? **1)** How about coming to the opening ceremony of recently renovated Arnold Fitness? The new gym is located downtown of the city, and will be offering free personal training and protein powder for a limited time only. And **2)** I'm sure you don't want to miss this! Jason Hwang, a professional bodybuilder will make his appearance at 8:00 P.M. Due to the unexpected interest, we now accept those who bought tickets in advance. Tickets were gone only in 30 minutes yesterday. But it is not over! **3)** We are planning to give away tickets to the 5 listeners who make calls first. So get calling now!

여: 이번 주말에 무엇을 할지 여전히 걱정되시나요? 최근 새로 단장한 Arnold Fitness의 개업식에 와보시는 것이 어떤가요? 새로운 헬스클럽은 도심에 위치해 있으며 한정된 기간에 한하여 무료 개인 트레이닝과 단백질 보충제를 제공할 예정입니다. 그리고 여러분께서 이것은 놓치고 싶지 않을 것입니다! 오늘 오후 8시에 전문 보디빌더 Jason Hwang이 방문합니다! 예상치 못한 관심으로 표를 미리 구매하신 분들만 입장을 허가하고 있습니다. 어제 30분 만에 표가 매진되었습니다. 하지만 끝난 게 아닙니다! 지금 바로 전화 주시는 선착순 5명께 추가 표를 드리려고 합니다. 자, 바로 전화하세요!

어휘 concern 걱정하게 하다 opening ceremony 개업식 recently 최근에 renovate 개조 / 보수하다 offer 제공하다 protein powder 단백질 보충제 miss 놓치다 interest 관심 give away ~을 선물로 주다 available 구할 수 있는 equipment 장비

1 What is the ceremony event for?
(A) A radio show
(B) **A fitness center**
(C) A department store
(D) A museum

개업식 행사는 무엇을 위한 것인가?
라디오 쇼
피트니스 센터
백화점
박물관

해설 여자는 Arnold Fitness라고 직접 상호명으로 말하며 피트니스 센터의 개업을 알리므로 정답은 (B)이다.

2 What does the woman mean when she says, "I'm sure you don't want to miss this"?
(A) There are more tickets available for a concert.
(B) There are more chances to win great prizes.
(C) There are more facilities to renovate.
(D) **There is some other information to deliver.**

여자가 "여러분은 이것은 놓치고 싶지 않을 것입니다"라고 말할 때, 무엇을 의미하는가?
공연을 위한 표가 더 있다.
큰 상을 탈 수 있는 기회가 더 있다.
더 개조할 시설들이 있다.
전달할 다른 정보가 있다.

해설 여자의 이전 대사에서 And I'm sure you don't want to miss this!를 기점으로 전문 보디빌더의 방문 등 새로운 정보를 제시하고 있으므로 (D)가 정답이다.

3 What might the listeners get if they call the radio station?
(A) A special discount
(B) A chance to have an interview
(C) Recording equipment
(D) Free tickets

[해설] 앞서 표가 매진되었음을 밝혔으나 But이라는 전환어구를 통해 주의를 환기시킨 뒤, 전화를 먼저 하는 선착순 5명에게 tickets를 give away(무료로 나누어 주다) 할 것을 밝히고 있다.

Questions 4 through 6 refer to the following advertisement.

M: 4) Have you always imagined a paradise for your summer vacation? 4), 5) Now is the time! Dios Resort, located near the Sunset Beach is here to welcome all of you! From large spa-pools to thrilling water-sports, we have it all! No wonder why *Luxury Life* magazine rated our resort as the top 5 of this city. Please do not hesitate to make a reservation. 6) This month only, we offer an additional stay for a day free of charge when you choose three-week vacation package. Please visit our Web site for more information.

남: 당신은 여름 휴가를 위한 파라다이스를 늘 꿈꿔왔나요? 이제 때가 왔습니다! Sunset Beach 인근에 위치한 Dios 리조트가 여러분들을 맞을 준비가 되어있습니다! 넓은 스파풀에서부터 신나는 수상스포츠까지 저희는 모두 갖추고 있습니다! 〈Luxury Life〉 잡지에서 저희 리조트를 이 도시에서 최상위 5개 중 하나로 평가한 것이 놀랄 일도 아니겠죠. 망설이지 마시고 예약하세요. 이번 달에 한해서, 3주 휴가 패키지를 예약하시면 무료로 추가 1일 숙박권을 드립니다. 더 많은 정보를 위해서 저희 웹사이트에 방문해주세요.

[어휘] thrilling 신나는   wonder 궁금하다, 놀라다   hesitate 망설이다   reservation 예약   free of charge 무료

4 What is being advertised?
(A) A play
(B) A cruise ship
(C) A series of books
(D) A tourist destination

무엇이 광고되고 있는가?
연극
크루즈 여객선
책 시리즈
여행지

[해설] 화자는 여름 휴가를 위한 Sunset Beach 인근의 리조트를 광고하고 있다.

5 What does the man mean when he says, "Now is the time"?
(A) He will go on a vacation soon.
(B) He has some information about vacation plans.
(C) He is checking time.
(D) He wants to encourage people to make a call.

남자가 "이제 때가 왔습니다"라고 말할 때, 무엇을 의미하는가?
그는 곧 휴가를 갈 것이다.
그는 휴가 계획에 대해서 정보가 있다.
그는 시간을 확인하고 있다.
그는 사람들이 전화할 것을 권장 하고 싶다

[해설] 남자가 '이제 때가 왔다!'고 말한 후, 본격적으로 Dios Resort에 대한 홍보를 시작하므로 청자들의 휴가 계획에 도움이 될 만한 정보가 있다는 뜻으로 말을 하고 있다.

6 What will customers who book this month receive?
(A) A restaurant voucher
(B) Free accommodation
(C) A flight ticket
(D) Tickets for a performance

이번 달에 예약하는 소비자들은 무엇을 받게 되는가?
레스토랑 식권
무료 숙박
- 비행기 표
공연을 위한 표

[해설] This month only라는 한정된 기간을 밝히고 3주 패키지를 예약하면 무료로 추가 1일 숙박권을 제공한다고 밝히고 있다. free of charge는 '무료로'라는 뜻이다.

3 실전 문제로 벼락치기

170 페이지

Questions 1 through 3 refer to the following announcement and schedule.

Conference Schedule		
10:00 A.M. – 12:00 P.M.	Lecture on *Local Economy*	Mr. Hamilton
12:00 P.M. – 1:00 P.M.	Lunch Break	
1:00 P.M. – 3:00 P.M.	Seminar on *Marketing Strategies*	Mr. Coleman
3:00 P.M. – 5:00 P.M.	Lecture on *Hiring*	Ms. Garcia
5:30 P.M. – 7:30 P.M.	Seminar on *Efficient Management*	Ms. Carlos

컨퍼런스 일정		
오전 10:00 – 오후 12:00	〈지역경제〉에 관한 강연	Mr. Hamilton
오후 12:00 – 오후 1:00	점심시간	
오후 1:00 – 오후 3:00	〈마케팅 전략〉에 관한 세미나	Mr. Coleman
오후 3:00 – 오후 5:00	〈채용〉 관련 강연	Ms. Garcia
오후 5:30 – 오후 7:30	〈효율 경영〉에 관한 세미나	Ms. Carlos

W: Ladies and gentlemen, may I have your attention please? **1)** We are sorry to announce that there is going to be a slight change to our schedule. **3)** One of the presenters has a problem with preparing his business trip and expected to be a little late, so the lecture on *Local Economy* scheduled for 10:00 A.M. will be postponed to 3:00 P.M. and **2)** the lecture on *Hiring* has been cancelled. We are sorry for any inconvenience this may cause. There is no more extra change to the schedule. The rest of it remains unchanged. Lunch will be provided in Hall A from noon. We are looking forward to meeting all of you soon.

여: 신사 숙녀 여러분, 잠시 주목해 주시겠습니까? 저희 일정에 조금 변화가 생기게 되었음을 알려드리게 되어 유감입니다. 발표자들 중 한 분께서 출장 준비에 문제가 생기는 바람에 조금 늦으실 것 같습니다. 그래서 오전 10시로 예정되어있었던 〈지역 경제〉에 대한 강연이 오후 3시로 연기되었습니다. 그리고 〈채용〉에 대한 강연은 취소되었습니다. 이것으로 야기될 모든 불편에 대해 사과 드립니다. 일정에 더 이상의 추가 변동은 없습니다. 나머지는 변하지 않습니다. 점심 식사는 A홀에서 정오부터 제공됩니다. 여러분 모두를 곧 만나 뵙기를 기다리겠습니다.

어휘 slight 약간의, 조금의   presenter 발표자   inconvenience 불편, 애로   look forward to ~을 기다리다

1 What is the announcement about?
(A) **A conference schedule**
(B) A building plan
(C) A lunch menu
(D) A restaurant location

공지사항은 무엇에 대한 것인가?
컨퍼런스 일정
건축 계획
점심 메뉴
식당 위치

해설 일정에 변화가 있음을 알리고 있으므로 정답은 (A)이다.

2 What has been cancelled?
(A) A local economy lecture
(B) A marketing strategy lecture
(C) An efficient management lecture
(D) **A hiring lecture**

무엇이 취소되었는가?
지역 경제에 대한 강연
마케팅 전략에 대한 강연
효율적인 운영에 대한 강연
채용에 대한 강연

해설 the lecture on *Hiring* has been cancelled에서 채용에 대한 강연은 취소되었다고 직접 언급되었다.

3 Look at the graphic. Who has a traveling problem?
(A) Mr. Hamilton
(B) Mr. Coleman
(C) Ms. Garcia
(D) Ms. Carlos

시각 정보를 보라. 누가 출장 문제가 있는가?
Hamilton 씨
Coleman 씨
Garcia 씨
Carlos 씨

해설 시각 정보에서 오전 10시로 예정되어있던 발표자는 Lecture on *Local Economy*를 맡고 있는 Hamilton 씨이다. 참고로 be a little late '조금 늦는다'라고 했기 때문에, 완전히 취소되는 Garcia 씨는 정답이 아니다. 주의하자!

Questions 4 through 6 refer to the following talk and chart.

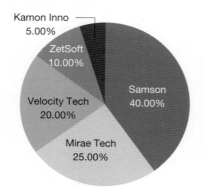

The Current Market Share Analysis Date

Kamon Inno 5.00%
ZetSoft 10.00%
Velocity Tech 20.00%
Samson 40.00%
Mirae Tech 25.00%

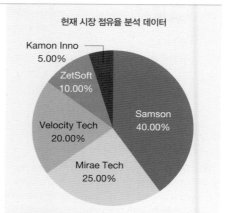

현재 시장 점유율 분석 데이터

Kamon Inno 5.00%
ZetSoft 10.00%
Velocity Tech 20.00%
Samson 40.00%
Mirae Tech 25.00%

W: **4)** I'm pretty sure that you are all aware that Zetsoft has recently announced that a new accounting software is about to be released that might compete with our program. It is no surprise that Zetsoft invested a huge amount of money in marketing this new software. **6)** It seems like…, Zetsoft is expected to take over nearly half a market share of Velocity Tech. **5)** We can't stand still. We need to contact our customers directly and explain what special features and advantages our product has. In order to understand the current market share, a report has been made by the marketing department. All of you will be given this report, which is confidential. Please remember that you must keep this report only here at Velocity Tech. Thanks.

여: 여러분 모두 아시다시피 Zetsoft가 최근에 우리 프로그램과 경쟁할 수 있는 새로운 회계 소프트웨어를 곧 출시할 것임을 발표했습니다. Zetsoft가 이 소프트웨어의 마케팅에 엄청난 금액을 투자했다는 것이 놀라운 일은 아닙니다. 상황이… Zetsoft가 우리 Velocity 테크 프로그램이 차지하고 있는 시장 점유율의 대략 절반을 차지할 것으로 예상됩니다. 우리는 멈춰있을 수 없습니다. 우리의 소비자들께 직접 연락을 드려서 우리 제품이 어떤 특별한 기능들과 이점을 가지고 있는지 설명해야 합니다. 현재의 시장 점유율을 이해하기 위해서, 마케팅 부서에서 보고서를 작성하였습니다. 여러분 모두 이 보고서를 받으셨습니다. 기밀 서류입니다. 여기 Velocity 테크에서만 가지고 계셔야 한다는 점을 꼭 기억하시기 바랍니다. 감사합니다.

어휘 **accounting** 회계 **take over** 차지하다, 대신하다 **stand still** 가만히 있다; 현상을 유지하다 **market share** 시장 점유율 **confidential** 비밀의, 기밀의

4 According to the speaker, what was announced recently?
(A) The launch of a product
(B) The restructuring of management
(C) The release of a marketing plan
(D) The sale of a business

화자의 말에 따르면, 최근에 무엇이 발표되었는가?
제품의 출시
회사의 구조조정
마케팅 계획의 발표
업체의 할인

해설 최근에 Zetsoft에서 발표한 제품의 출시에 대해 공지하고 있다.

5 **Who** are the listeners told to **contact?**
(A) Supervisors
(B) Customers
(C) Suppliers
(D) Programmers

청자들은 누구에게 연락해야 하는가?
감독관들
고객들
공급자들
프로그래머들

해설 화자가 다 함께 contact하자고 한 대상은 customers 즉, '고객들'이다.

6 **Look at the graphic. What is the expected market share for Zetsoft** next year?
(A) 5%
(B) 10%
(C) 20%
(D) 25%

시각 정보를 보라. 내년에 Zetsoft의 시장 점유율은 얼마가 예상되는가?
5퍼센트
10퍼센트
20퍼센트
25퍼센트

해설 표에서, 현재 Velocity 테크의 시장 점유율이 20%이므로 Zetsoft가 이의 절반을 차지하면 10% 더 성장하여 Zetsoft 전체 점유율은 20%가 된다.

배경 지식

3 실전 문제로 벼락치기

176 페이지

Questions 1 through 3 refer to the following talk.

W: I'd like to thank all of you for attending today's workshop. **1)** As a manager of R&D department, I am pleased to tell you that P&J tablet PC series are ready to be released now. **2)** These new line of products are equipped with new data-processing system, which enables the computers to process information three times faster than any other models on the market. **3)** Diana Cruz, the head of the marketing department has led the advertising project and she is here to introduce it.

여: 오늘 워크숍에 참석해주셔서 모두 감사드립니다. R&D 부서의 부서장으로서, P&J tablet PC 시리즈가 곧 출시될 것이라는 소식을 알려드리게 되어서 기쁘게 생각합니다. 이 새로운 제품군들은 새로운 데이터 처리 시스템을 갖추고 있는데, 이것이 현재 시장에 있는 다른 어떤 모델들보다 세 배 빠르게 정보를 처리할 수 있도록 합니다. 마케팅 부서 책임자인 Diana Cruz 씨가 광고 프로젝트를 이끌어왔고 여기에서 발표하려 합니다.

어휘 release 출시하다 be equipped with ~을 갖추다 head 대표, 책임자 introduce (신제품 등을) 발표하다

1 **Who** most likely is the **speaker?**
(A) A company secretary
(B) A television reporter
(C) A department manager
(D) A sales assistant

화자는 아마 누구인 것 같은가?
회자 비서
TV 기자
부서장
점원

해설 초반부에 바로 R&D 부서의 부장임을 밝히고 있다.

2 According to the speaker, how is the P&J different from other models?
(A) It is cheaper.
(B) It is lighter.
(C) It is faster.
(D) It is more popular.

화자에 따르면, P&J는 다른 모델들과 어떻게 다른가?
더 싸다.
더 가볍다.
더 빠르다.
더 인기가 많다.

해설 기존의 다른 모델들과 다른 점은 3배나 빠른 정보 처리 속도이다.

3 What will Diana Cruz talk about?
(A) A product launch
(B) An advertising plan
(C) A successful promotion
(D) A production process

Diana Cruz는 무엇에 대해 이야기 할 것인가?
제품 출시
광고 계획
성공적인 홍보
생산 과정

해설 Diana Cruz가 자신이 이끌어온 광고 프로젝트를 발표한다.

Questions 4 through 6 refer to the following announcement.

W: Attention all the workers. ⁴⁾ The city inspectors are supposed to come to our plant to conduct the annual inspection of our equipment next week. ⁵⁾ You are required to work at a different area when the inspection is underway. ⁶⁾ We will issue a schedule that indicates a workstation for each employee during the inspection. Please check the schedule thoroughly. Thanks for your time.

여: 전 직원 주목해주시기 바랍니다. 다음 주에 시 검사관들이 매년 하는 우리 장비 점검을 위해서 공장을 방문할 예정입니다. 여러분께서는 점검이 진행되는 동안 다른 곳에서 작업을 해주시기 바랍니다. 저희가 각 직원이 점검이 진행되는 동안 작업을 수행할 작업 공간이 명시된 일정표를 발행하겠습니다. 일정표를 모두 꼼꼼히 확인해주시기 바랍니다. 시간을 내주셔서 감사합니다.

어휘 inspector 검사관, 감독관 inspection 점검 equipment 장비 underway 진행 중인 indicate 나타내다, 보여주다 workstation 작업 공간 investigator 조사관 investment 투자

4 Where is the announcement being made?
(A) In a police station
(B) In a shopping mall
(C) In a factory
(D) In a supermarket

어디에서 하는 공지인가?
경찰서에서
쇼핑몰에서
공장에서
슈퍼마켓에서

해설 시 검사관들이 our plant '우리 공장'에 온다고 하는 것으로 보아 (C)가 정답이다. plant / factory / manufacturing facility는 동의어 관계임을 잊지 말자.

5 What will the listeners do next week?
(A) Attend a training workshop
(B) Work in a different location
(C) Meet with investigators
(D) Help with cleaning

청자들은 다음 주에 무엇을 하는가?
훈련 워크숍에 참석한다.
다른 장소에서 일한다.
조사관들을 만난다
청소를 돕는다

해설 먼저 next week '다음 주'에 연례 정비가 진행됨을 밝히고 이어서 직원들에게 a different area '다른 장소'에서 작업을 할 것을 요구하고 있다.

6 What will the listeners receive later?
(A) Safety equipment
(B) Job offers
(C) A work schedule
(D) An investment plan

청자들은 나중에 무엇을 받게 되는가?
안전 장비
취업 제안
작업 일정
투자 계획

해설 다음 주 정비가 진행되는 동안 작업 공간이 명시된 일정표를 발행하겠다(issue a schedule)고 하였으므로 정답은 (C)이다.

REVIEW TEST 4

177 페이지

Questions 71 through 73 refer to the following telephone message.

W: Hello. This is Estella Yoon from the Chic. **72)** We have ordered 20 women's leather boots of five different sizes on December 2nd. **71)** It's been almost 3 weeks since I have made that order and I haven't heard anything from you. As you may already know, the Christmas season is almost over and it would be difficult to sell them even if you send the order right away. So, I'm calling you to cancel that order and get the full refund since this is obviously your company's fault in missing the delivery date. **73)** Please call me back or e-mail me regarding this account. Thank you.

여: 안녕하세요. 저는 Chic에서 일하는 Estella Yoon입니다. 저희가 12월 2일에 20켤레의 여자 가죽 부츠를 다섯 개 사이즈로 주문을 했는데요. 제가 주문을 한 지 3주나 지났는데 아무런 연락이 없네요. 아시다시피, 크리스마스 시즌도 거의 끝나가고 지금 당장 주문한 물건을 보내주신다고 해도 그것들을 팔기가 힘들 것 같네요. 그래서 주문을 취소하고 이번 건은 주문 날짜를 어긴 당신 회사의 명백한 잘못이니까 전액 환불을 받고 싶습니다. 이 건에 대해서 전화를 주시거나 이메일을 보내주시기 바랍니다. 고맙습니다.

어휘 leather 가죽   be over(= be finished) 끝나다   full refund 전액 환불   obviously 확실하게   fault 실수, 잘못   miss 놓치다   account 거래; 사건   extra 추가의   item 물건   set up an appointment 약속을 잡다   complain 불평하다   delivery 배달   place an order 주문을 넣다, 주문하다   contact 연락하다   repack 재포장하다

71 Why is the woman calling?
(A) To order extra items
(B) To set up an appointment
(C) To congratulate on promotion
(D) To complain about late delivery

여자가 전화하는 이유는 무엇인가?
추가 물품을 주문하기 위해서
약속을 잡기 위해서
승진을 축하하기 위해서
늦은 배송에 대해 불만을 제기하기 위해

해설 여자가 전화하는 이유는 녹음 메세지에서 자기소개 다음에 등장한다. '물건을 주문한 지 3주가 지났는데 연락이 없다(It's been almost 3 weeks since I have made that order and I haven't heard anything from you)'라는 부분에서 늦은 배달에 대해 불만을 제기하기 위해서 전화한 것을 알 수 있다.

72 What did the woman do on December 2nd?
(A) She met the customers.
(B) She placed an order.
(C) She delivered a product.
(D) She changed her order.

여자는 12월 2일에 무엇을 했는가?
손님을 만났다.
주문을 했다.
상품을 배달했다.
주문을 변경했다.

해설 12월 2일(December 2nd)이라는 키워드를 기억하고 들어야 한다. 첫 문장에 '12월 2일에 주문을 했다(We have ordered ~ on December 2nd)'라는 부분에서 주문한 시점을 골라낼 수 있어야겠다.

73 What is the listener asked to do?
(A) Contact Ms. Yoon
(B) Pay for the damages
(C) Repack the merchandise
(D) Order from a different supplier

청자는 무엇을 해달라고 부탁받는가?
Yoon 씨에게 연락을 하라고
손상된 부분을 배상하라고
물건을 재포장하라고
다른 업체에서 주문하라고

해설 전화 메시지에서 가장 많이 부탁하는 내용이 연락을 달라는 것이다. 본문의 '전화 또는 이메일을 달라(Please call me back or e-mail me)' 부분에서 연락하라(contact)는 표현을 골라낼 수 있어야겠다.

Questions 74 through 76 refer to the following announcement.

W: Ladies and gentlemen, **74)** I'm sorry to announce that tonight's speech on global warming by Dr. Roxanne Smith from Environment Protection Agency will be delayed by two hours **75)** due to the late arrival of Dr. Smith's flight. **76)** We expect Dr. Smith's speech at 7:30 P.M. In the meantime, we will first be viewing a documentary movie related to global warming in the Arctic areas, which is the main topic of the today's speech. Please note that you have to register at the information desk to participate in this three day long convention. Once you sign up, we will give out detailed information and materials on different subjects on environmental pollution. Thank you.

여: 신사 숙녀 여러분. 환경보호국에서 일하시는 Roxanne Smith 박사님의 지구 온난화에 대한 오늘 밤 발표가 Smith 박사님의 항공편이 연착되는 관계로 두 시간 정도 지연되겠습니다. 일곱 시 반에 Smith 박사님의 연설이 있겠습니다. 그 동안에 여러분은 먼저, 오늘 발표 주제인 북극 지역의 지구 온난화와 관련된 다큐멘터리 영화를 관람하시겠습니다. 이번에 3일 동안 진행되는 컨벤션에 참석하시기 위해서는 안내 데스크에서 등록해야 한다는 것을 꼭 기억하시기 바랍니다. 일단 등록하시면, 저희가 환경 오염에 관련된 여러 가지 주제에 대한 정보와 자료를 배포해 드리겠습니다. 감사합니다.

어휘 global warming 지구 온난화   environment 환경   protection 보호   due to ~ 때문에   in the meantime 그동안에   view 보다, 관람하다   related to ~와 관련된/연계된   note 주의하다, 주목하다   sign up(=register) 등록하다   material 자료   pollution 오염   registration 등록   request 요청하다   delay 지연시키다   miss 놓치다   replace 교체하다

74 What is the purpose of this announcement?
(A) To pay for the registration
(B) To report a schedule change
(C) To introduce a guest speaker
(D) To request more information

이 안내 방송의 목적은 무엇인가?
등록비를 내기 위해서
일정 변경을 알려주기 위해서
초청 연사를 소개하기 위해서
좀 더 많은 정보를 요청하기 위해서

해설 목적을 물어보는 General Question으로 주로 본문의 앞 부분에 제시된다. 첫 문장에서 발표자가 두 시간 지연될 것이라고 말하는 부분에서 '일정 변경(schedule change)'을 골라낼 수 있어야겠다.

75 Why is the presentation delayed?
(A) Dr. Smith missed the flight.
(B) Dr. Smith got delayed.
(C) Dr. Smith went to the hospital.
(D) Dr. Smith was replaced to someone else.

발표는 왜 지연되는가?
Smith 박사가 비행기를 놓쳐서
Smith 박사가 늦어져서
Smith 박사가 병원에 가서
Smith 박사가 다른 사람으로 교체되어서

해설 왜 지연되었는지(Why~ delayed) 내용을 기억하고 본문을 듣자. 앞에서 'Smith 박사의 항공편이 연착되어서(due to the late arrival of Dr. Smith's flight)'라는 부분에서 비행기가 지연된 것을 알 수 있다. 하지만, 정답지에서 항공편(flight)이라는 어휘만을 듣고 (A)를 고르지 않도록 조심해야 한다. 비행기를 놓친 것이 아니라 연착된 것으로 가장 안전한 정답은 (B)이다.

76 When will the presentation begin?
(A) At 2:00 P.M.
(B) At 3:00 P.M.
(C) At 7:00 P.M.
(D) At 7:30 P.M.

발표는 언제 시작할 것인가?
오후 2시에
오후 3시에
오후 7시에
오후 7시 30분에

Questions 77 through 79 refer to the following recorded message.

M: 77) Thank you for calling the City Museum. We are open to the public from 10 A.M. until 6 P.M. Monday through Friday, and 78) from 12 P.M. until 5 P.M. on Saturday and Sunday. 79) Information about special exhibits, classes, and lectures can be obtained by calling our Education Office at 555-3857. Admission to the museum costs 15 dollars for adults and 10 dollars for children ages 6 to 12. Children under 6 are not charged for admission. Museum members receive 25% off the regular admission prices. Groups over 20 people are also eligible for special group rates. Please call the Ticket Office for detailed information.

남: 시립 박물관에 전화 주셔서 감사합니다. 저희는 월요일부터 금요일에는 아침 열 시부터 오후 여섯 시까지, 토요일과 일요일은 열두 시부터 오후 다섯 시까지 일반인에게 개방합니다. 특별 전시회나 수업, 그리고 강의에 관한 정보는 저희 교육사무소의 555-3857로 전화 주시면 받아 보실 수 있습니다. 박물관 입장료는 어른은 15달러이고 6세부터 12세 사이의 어린이는 10달러입니다. 6세 이하의 어린이는 입장료를 받지 않고 있습니다. 박물관 회원은 입장료 가격에서 25% 할인을 받을 수 있습니다. 20명 이상의 단체도 또한 특별 할인을 받으실 수 있습니다. 자세한 정보를 위해서는 티켓 구매처로 전화 주시기 바랍니다.

어휘 **exhibit** 전시 **obtain** 얻다 **admission(=admission fee)** 입장, 입장료 **~% off(=discount)** ~% 할인된 **regular** 원래의, 일반의 **be eligible for** ~할 자격이 있다, ~에 적합하다 **group rates** 단체 가격 **detailed** 다양한, 세부적인 **intend** 의도하다 **administrator** 관리자 **facility** 시설 **stay on the line** 전화기를 끊지 않고 기다리다

---

77 **Who is this message** intended for?
(A) Museum administrators
(B) Callers to a public facility
(C) Telephone operators
(D) Children under twelve

누구를 위한 전화 안내인가?
박물관 관리자들
공공 시설에 전화하는 사람들
전화 교환원들
12세 이하의 어린이들

해설 누구를 대상으로 하는가를 물어보는 General Question으로 주로 본문의 앞 부분에서 힌트를 주게 된다. 첫 문장에서 시립 박물관에 전화한 것에 감사하고(Thank you for calling the City Museum) 공공 개방 시간을 안내하는 것으로 보아 공공 시설에서의 전화 안내임을 알 수 있다.

---

78 **When does** this place close on the weekend?
(A) At 10 A.M.
(B) At 12 P.M.
(C) At 5 P.M.
(D) At 6 P.M.

이 장소는 주말에는 언제 문을 닫는가?
오전 열 시에
정오에
오후 다섯 시에
오후 여섯 시에

해설 주말에 닫는 시간(close on the weekend)이라는 키워드를 기억하고 본문을 듣도록 하자. 일반적으로 주중 시간 안내를 먼저하고 그 다음에 주말 안내를 한다는 것도 기억해두도록 하자. '토요일과 일요일에는 열두 시부터 다섯 시까지(from 12 P.M. until 5 P.M. on Saturday and Sunday)'라는 것을 듣고 주말로 바꿔 정답을 고르면 된다.

---

79 What **should you do** to get information about lectures?
(A) Go to the museum
(B) Write a letter
(C) Call another number
(D) Stay on the line

강의에 관한 좀 더 많은 정보를 얻기 위해서는 어떻게 해야 하는가?
박물관에 간다.
편지를 쓴다.
다른 번호로 전화한다.
끊지 않고 기다린다.

해설 강의에 대한 정보(information about lectures)라는 키워드를 기억하고 본문을 듣도록 하자. '강의 포함 여러 가지 정보는 교육사무소에 전화하라(by calling our Education Office at 555-3857)'에서 다른 번호로 전화하라는 것을 알 수 있다.

Questions 80 through 82 refer to the following advertisement.

W: Are you tired of the noise of the city? Do you want to get away and enjoy the ambience of a new culture? Then you want to take a journey into the most exotic island of the world, Bali, Indonesia. **80)** 99 Bali Travels offers the ultimate holiday getaway this season. Indonesia has been established as a unique attraction to people all over the globe by its uncommon beauty. Explore the beauty of the culture, landscape, beaches and more. **81)** We offer reasonable prices for the packages and other accommodations. For completing your heavenly holiday in Bali, 99 Bali Travels is available for your convenience. **82)** For one week only, special discount packages are available for couples and honeymooners. Please call for more information.

여: 도시의 소음이 지겨우십니까? 어딘가로 떠나서 새로운 문화의 향기를 느껴 보고 싶으십니까? 그렇다면, 당신은 세상에서 가장 이국적인 섬, 인도네시아 발리로 여행을 가고 싶은 겁니다. **99 발리 여행사는 이번 계절 최고의 휴가를 제공합니다.** 인도네시아는 전 세계에서 흔치 않은 아름다움으로 이미 유명한 곳입니다. 문화, 풍경, 해변은 물론 이 나라의 아름다움을 한 번 탐험해보세요. 저희 여행사는 **패키지 및 숙박 관련 합리적인 가격을 제공해드립니다.** 발리에서의 환상적인 휴가를 만끽하실 수 있도록 99 발리 여행사가 여러분의 편의를 위해서 준비하고 있습니다. **일주일 동안만 특별한 할인 패키지가 커플과 신혼부부들을 위해서 제공됩니다.** 좀 더 자세한 정보를 원하시면 전화 주시기 바랍니다.

[어휘] **noise** 소음 **get away** 도망가다, 멀리 떠나다 **ambience** 분위기 **culture** 문화 **ultimate** 궁극적인, 최고의 **getaway** 휴양지 **unique** 특별한 **attraction** 매력 **uncommon** 특별한 **landscape** 풍경 **reasonable** 합리적인, 저렴한 **accommodation** 숙박시설 **complete** 완성하다 **exotic** 이국적인 **financial institute** 재정 기관 **affordable** 알맞은, 적합한 **location** 지점, 위치

80 What kind of business is being advertised?
(A) An exotic restaurant
(B) A cultural seminar
(C) A travel agency
(D) A financial institute

어떤 종류의 업체가 광고되고 있는가?
이국적인 식당
문화 세미나
여행사
금융기관

[해설] '어떤 사업체가 광고되는가'라는 광고의 General Question으로 주로 앞 부분부터 힌트가 제시된다. 첫 문장에서 문제점 제시로 여행을 가고 싶냐고 물어보고, 다음에 '99 발리 여행사로 이번 시즌에 여행을 가라(99 Bali Travels offers ultimate holiday getaway this season)'에서 여행 상품을 제공하는 여행사임을 알 수 있다.

81 What is said about the business?
(A) They have a long history.
(B) They are popular in Indonesia.
(C) They have affordable prices.
(D) They have many locations.

이 업체에 대해서 무엇이라고 말하는가?
역사가 길다.
인도네시아에서 인기가 많다.
가격이 저렴하다.
많은 지점을 가지고 있다.

[해설] 업체에 대한 특징(features)을 물어보는 문제로 소개 다음에 나오는 여러 장점들과 연결되는 것을 골라내도록 하자. 특히 합리적인 가격, 적당한 가격(reasonable price, affordable price, inexpensive price)은 자주 등장하는 동의어 세트로 암기해두도록 하자.

82 How long are the special packages available?
(A) One day
(B) One month
(C) Five days
(D) Seven days

특별 패키지는 얼마 동안 살 수 있는가?
하루
한 달
5일
7일

[해설] 세일 기간(How long~ available)을 물어보는 문제로 주로 only라는 표현과 같이 등장하게 된다. 본문에서 '일주일 동안만(For one week only)'에서 동의어인 7일을 골라낼 수 있어야겠다.

Questions 83 through 85 refer to the following announcement.

M: Good morning. **83)** Thank you for joining us here at Manheim Employment Solutions. We recruit staff for companies, ranging from publishing firms to clothing retailers. Today, we have representatives from various industries to meet with you one-on-one and provide you with professional advice. But as there are so many of you here today, **84)** you might have to wait a bit. **85)** While you're waiting, you should consider taking advantage of our résumé review service, available at the desk in the lobby.

남: 안녕하세요? 이곳 Manheim Employment Solutions에 함께 해주셔서 감사합니다. 저희는 출판사부터 의류 소매업체까지 회사들을 위한 직원을 모집합니다. 오늘 다양한 업계의 대표들이 여러분과 1대 1로 만나 전문적인 조언을 해주시기 위해 오셨습니다. 그러나 오늘 여러분께서 이곳에 아주 많이 오셨기 때문에 약간 기다리셔야 할지도 모르겠습니다. 기다리시는 동안 로비 데스크에서 이용 가능한 저희의 이력서 검토 서비스를 이용하시면 좋을 것 같습니다.

[어휘] recruit 모집하다, 뽑다 publishing firm 출판사 retailer 소매업체 representative 대표 one-on-one 1대 1로 professional 직업의, 전문적인 take advantage of ~을 이용하다 review 검토 available 이용할 수 있는 staffing agency 채용업체 developer 개발회사 imply 암시하다 recommend 추천하다 make an appointment 약속을 하다 in advance 미리, 사전에 patient 인내심 있는 announce 발표하다 deadline 기한 encourage 권장하다 reschedule 일정을 변경하다 confirm 확인하다 parking pass 주차권 validate 인증하다

---

83 What type of business does the speaker work for?
(A) A publishing company
(B) A clothing retailer
(C) A staffing agency
(D) A software developer

화자는 어떤 종류의 업체에서 일하는가?
출판사
의류 소매업체
채용 대행사
소프트웨어 개발회사

[해설] 화자가 일하는 업체를 묻고 있다. 공지 처음 부분을 통해 정답을 알 수 있다.

---

84 What does the speaker imply when he says, "you might have to wait a bit"?
(A) He recommends the listeners make appointments in advance.
(B) He wants the listeners to be patient.
(C) He is announcing that a meeting is canceled.
(D) He feels that a deadline is too short.

화자가 "약간 기다리셔야 할지도 모릅니다"라고 말할 때, 무엇을 암시하는가?
그는 청취자들이 미리 약속을 잡을 것을 추천한다.
그는 청취자들이 인내심을 갖기를 원한다.
그는 회의가 취소되었음을 알리고 있다.
그는 마감 기한이 너무 짧다고 느낀다.

[해설] 화자가 "약간 기다리셔야 할지도 모르겠습니다"라고 말할 때 암시한 것을 묻고 있다. 공지 중간 부분에서 많이 왔으니 조금 기다려 줄 것을 요청하므로 정답은 (B)이다.

---

85 What does the speaker encourage the listeners to do?
(A) Have their meetings rescheduled
(B) Have their orders confirmed
(C) Have their résumés checked
(D) Have their parking passes validated

화자는 청취자들이 무엇을 하라고 권장하는가?
그들의 회의 일정을 변경하라고
그들의 주문을 확인하라고
그들의 이력서를 검토하라고
그들의 주차권을 확인하라고

[해설] 화자가 청자들에게 권장한 것을 묻고 있으며, 공지 마지막 부분에서 정답을 알 수 있다.

Questions 86 through 88 refer to the following message.

W: **86)** Thank you all for coming to today's lecture series. I'm pleased to bring you our next guest speaker, Mr. David Song. **87)** Mr. Song is an expert in microbiology and head researcher in Waksman Foundation for Biology, one of the prominent research centers in the country. Mr. Song will talk about the recent public school project that teaches and demonstrates the importance of microorganism plays in our lives to children. The presentation will take about 30 minutes and Mr. Song will welcome any questions. However, because we are turning off the main lights for better viewing of the slides presentation, **88)** you are cordially asked to refrain from asking questions until the presentation is over and the lights are back. Ladies and gentlemen, please welcome Mr. David Song.

여: 오늘 연속 강연에 와주셔서 감사드립니다. 저는 다음 번 초청 연사이신 David Song 씨를 모시게 되어 정말 기쁩니다. Song 선생님은 미생물학 분야의 전문가이며 전국에서 유명한 연구 센터 중에 하나인 Waksman 생물학 재단의 총 연구원장으로 근무하고 계십니다. Song 선생님은 최근에 공립학교 프로젝트에서 미생물 활동이 학생들의 생활에 끼치는 중요성에 대해 말씀하실 겁니다. 발표는 약 30분 정도 걸릴 예정이고, Song 선생님은 어떤 질문이라도 환영합니다. 하지만, 저희가 슬라이드 발표를 더 잘 보기 위해서 중앙 조명을 끄기 때문에 발표가 끝나고 조명이 다시 켜질 때까지 질문을 삼가 주시기 정중히 부탁 드립니다. 신사 숙녀 여러분, David Song 선생님을 환영합시다.

[어휘] expert 전문가 microbiology 미생물학 foundation 재단 prominent 유명한 public school 공립학교 turn off 끄다 view 보다, 관람하다 cordially 정중히 refrain from ~을 삼가하다 be over(=be finished) 끝나다 lecture hall 강의실 award ceremony 시상식 cafeteria 식당 laboratory 실험실 occupation 직업 biology 생물학 at any time 아무 때나 raise 올리다

86 Where would you hear this message?
(A) At the lecture hall
(B) At the award ceremony
(C) At a school cafeteria
(D) At a research laboratory

이 메시지는 어디서 들을 수 있는가?
강의실에서
시상식에서
학교 식당에서
연구 실험실에서

[해설] 장소를 물어보는 General Question으로 주로 본문의 앞부분에 힌트가 제시된다. 첫 문장에서 '강의에 와주셔서 감사하다(Thank you for coming to today's lecture series)'에서 별다른 일이 없다면 (A)가 정답이 될 것이다.

87 What is Mr. Song's occupation?
(A) A professor of mathematics
(B) A researcher of biology
(C) A parent of a student
(D) A founder of the company

Song 씨의 직업은 무엇인가?
수학 교수
생물학 연구원
학생의 부모
회사의 창업주

[해설] 소개되는 Song 씨의 직업(Song's occupation)은 그 사람의 이름 앞뒤로 등장하게 된다. '미생물학 분야의 전문가이고 생물학 재단의 연구자(an expert in microbiology and head researcher in ~ Foundation for Biology)'라는 부분에서 생물학 연구자임을 알 수 있다.

88 What are the listeners with questions asked to do?
(A) Ask them at any time
(B) Raise their hand
(C) Wait until the end
(D) Write them down

질문이 있는 사람은 무엇을 하도록 요청받는가?
아무 때나 질문을 하라고
손을 들라고
끝날 때까지 기다리라고
질문을 적으라고

[해설] 질문(questions)이라는 key word를 기억하고 본문을 듣도록 하자. 특히 소개(introduction)의 경우에 질문에 관한 안내가 주로 본문의 뒷부분에 등장한다는 것을 기억해두도록 하자. '발표가 끝날 때까지 질문을 삼가해달라(you are cordially asked to refrain from asking questions until the presentation is over)'에서 끝까지 기다렸다가 질문을 해달라는 것을 알 수 있다.

Questions 89 through 91 refer to the following announcement.

M: Welcome aboard. **89)** This is your captain Mike Gonzales. I am thrilled to tell you that the top of Mt. Pierre is highly visible today. If you look out the window, you will be able to see a magnificent peak of the mountain. **90)** Actually the summit is often hidden in the clouds most of the days of the year. But this morning, it is highly visible. This is uncanny! **91)** I recommend you take pictures with your camera or smartphone. Your family and friends would definitely want to see them.

남: 탑승하신 것을 환영합니다. 저는 기장 Mike Gonzales입니다. 오늘 Pierre산의 정상이 보임을 알려드리게 되어 흥분되는군요. 창밖을 보시면 산의 웅장한 정상을 보실 수 있을 것입니다. 사실은 정상은 거의 일 년 내내 대부분 구름에 가려져 있습니다. 하지만 오늘 아침은 아주 잘 보이는군요. 매우 드문 일입니다! 여러분의 카메라나 스마트폰으로 사진을 찍어보세요. 가족과 친구분들께서 분명히 보고 싶어하실 것입니다.

[어휘] **captain** 선장, 기장 **thrilled** 아주 흥분한, 신이 난 **magnificent** 웅장한 **peak** 정상 **visible** 보이는 **uncanny** 매우 드문, 이례적인 **definitely** 분명히, 틀림없이 **inclement** (날씨가) 좋지 못한 **snap** 사진을 찍다

---

89 Where **does the announcement** most likely take place?
(A) On a boat
(B) In a train
(C) On an airplane
(D) At an airport

아마 어디에서 하는 공지인 것 같은가?
배에서
기차에서
비행기에서
공항에서

[해설] 남자는 자신이 captain임을 밝히고 있다. 영어권에서 captain은 주로 '선장'이나 '기장'을 의미한다. 바로 다음 문장에 the top of Mt. Pierre가 보인다고 하므로 airplane에서 하는 방송임을 알 수 있다.

---

90 What **does the speaker** mean when he says, "This is uncanny"?
(A) The weather is inclement.
(B) The occasion does not happen frequently.
(C) The plane has a technical problem.
(D) In-flight meals will be served.

화자가 "매우 드문 일입니다"라고 말할 때, 무엇을 의미하는가?
날씨가 좋지 않다.
이 상황은 자주 일어나지 않는다.
비행기에 기체 결함이 있다.
기내식들이 제공될 것이다.

[해설] 화자의 말에 따르면 summit 즉, '산의 정상'은 항상 구름에 가려 있다고 한다. 그러나 오늘 아침에는 보이므로 uncanny한 일이라 말한다. uncanny는 '매우 드문, 이례적인'이라는 뜻이 있다.

---

91 What **does the speaker** recommend the listeners do?
(A) Take notes
(B) Snap some pictures
(C) Talk with a flight attendant
(D) Fasten their seatbelts

화자는 청자들에게 무엇을 추천하는가?
메모를 하라고
사진을 찍으라고
승무원과 이야기하라고
안전벨트를 매라고

[해설] 화자는 take picture를 권유하고 있다. Take를 snap으로 paraphrasing했지만 pictures는 그대로 나와 있다.

Questions 92 through 94 refer to the following announcement.

M: Good morning, everyone. Here is another reminder for our employees to follow their safety regulations for you and your families. **92)** First, you must wear safety goggles and hard hats all the time when you're on the factory floor. Second, don't forget to check yourself in on the sign up sheet when you go in and out of each workstation. We want to maintain a certain number of employees in one section to ensure your safety. **93)** Finally, you are not allowed to enter the restricted areas unless you're specifically instructed to do so by the section manager. We already broke last year's record of accident free dates. So keep up the good work and **94)** let's start the day at our Georgia Tire Plant.

남: 좋은 아침입니다. 여러분. 여러분과 가족 여러분들을 생각해서 꼭 지키셔야 할 안전 규정을 다시 한번 알려 드리겠습니다. 첫 번째, 공장 현장에 계시는 동안에는 계속해서 **보안경과 안전모를 착용해야 합니다.** 두 번째, 작업 장소에 출입하실 때에는 꼭 등록부에 체크하시는 것을 잊지 마시기 바랍니다. 저희는 여러분의 안전을 위해서 한 구역에 일정한 숫자 이상의 직원을 허용하지 않으려고 합니다. **마지막으로,** 구역 매니저로부터 특별한 지시사항이 없는 한 **제한 구역에는 들어가서는 안 됩니다.** 저희는 이미 작년도의 무사고 안전 일수의 기록을 갱신했습니다. 그러니, 좀 더 열심히 하실 것을 부탁드리고요. **이제 Georgia 타이어 공장에서의 새로운 하루를 시작해봅시다.**

[어휘] reminder 주의 환기, 공지   safety regulations 안전 규정   safety goggles 보안경   hard hat 안전모   workstation(=section) 작업 구획   maintain 유지하다   operator 전화 교환원   plant 공장   sign up 등록하다, 접수하다   restricted area 제한 구역

92 Who probably is the speaker?
(A) An operator
(B) A radio announcer
(C) A plant manager
(D) A customer service agent

화자는 누구일 것 같은가?
전화 교환원
라디오 아나운서
공장 매니저
고객 서비스 담당 직원

[해설] 일단 안전 수칙이 가장 많이 등장하는 곳이 공장이라는 것도 상식적으로 기억해두자. factory floor라는 어휘로 이 장소가 공장임을 알 수 있다.

93 What must employees NOT do?
(A) Wear goggles
(B) Wear hard hats
(C) Sign up on the sheet
(D) Go into the restricted area

직원들이 하지 말아야 할 것은 무엇인가?
고글(보안 안경)을 쓰는 것
안전모를 쓰는 것
종이에 사인하는 것
제한 구역에 들어가는 것

[해설] 안전 규정 중에 하지 말아야 할 것(NOT)은 본문에서 그대로 등장하게 된다. 특히 공장에서는 어휘 자체에서도 알 듯이 '제한 구역 (restricted area)'은 말 자체가 '들어가면 안 되는 곳'이라는 의미이다.

94 What will listeners do next?
(A) Start their work
(B) Wear safety belts
(C) Listen to the instructions
(D) Talk the section manager

청자들은 다음에 무엇을 할 것인가?
일을 시작한다.
안전벨트를 맨다.
지시사항을 듣는다.
구역 매니저와 이야기한다.

[해설] 주로 맨 마지막에 다음번에 할 내용을 제시하게 된다. 안전 규정을 확인하고, 마지막 문장에서 '새로운 하루를 시작하자'라는 내용에서 이제 하루의 일과가 시작되는 것을 추측할 수 있다.

Questions 95 through 97 refer to the following announcement and chart.

M: **95)** The first item on today's agenda is the recent survey that we conducted regarding our plant's dining area. So let's briefly go over the results. **95)** According to the graph, the most popular request was for the seating area to be expanded. Although we'd like to do this, we just don't have the budget for it right now. **96)** But we can definitely address the next most popular request. So we're going to begin work on that right away. **97)** And remember: all employees who participated in the survey will be receiving a complimentary cup of coffee every day for a week.

남: 오늘 안건의 첫 번째 사항은 우리 공장의 식당 구역에 대한 최근 설문조사입니다. 그럼 그 결과를 간략히 검토해 봅시다. 그래프에 의하면, 가장 많은 요청은 좌석 공간 확대였습니다. 이 일을 하고 싶지만, 지금 당장은 그럴 예산이 없습니다. 하지만 우리는 다음 번으로 많은 요청은 분명히 다룰 수 있습니다. 그래서 이 일을 바로 시작할 것입니다. 그리고 기억하십시오. 설문조사에 참여한 모든 직원들은 1주일간 매일 무료 커피를 받게 될 것입니다.

어휘 agenda 안건   recent 최근의   conduct (특정한 활동을) 하다   regarding ~에 관하여   plant 공장   briefly 간단히   go over ~을 검토하다   according to ~에 의하면   request 요청   expand 확장하다   definitely 분명히, 틀림없이   address 다루다   employee 직원   participate in ~에 참여하다   complimentary 무료의   grocery store 식료품점   complete 완료하다   gift certificate 상품권   discounted 할인된

---

95 Where do the listeners most likely work?
(A) At a coffee shop
(B) At a plant
(C) At a grocery store
(D) At a library

청자는 어디에서 근무할 것 같은가?
커피숍에서
공장에서
식료품점에서
도서관에서

해설 청자가 근무하는 곳을 묻는 문제다. 공지 처음 부분에서 정답을 알 수 있다.

---

96 Look at the graphic. Which request will the company start working on?
(A) More staff
(B) Better tools
(C) Healthier menu options
(D) Larger dining area

시각 정보를 보라. 이 회사는 어떤 요청을 다루기 시작할 것인가?
더 많은 직원
더 좋은 도구
더 건강에 좋은 메뉴
더 넓은 식사 구역

해설 이 회사가 다루기 시작할 요청을 묻고 있다. 공지 중간 부분에서 정답을 알 수 있으며, 정답은 그래픽에서 두 번째로 많은 답변이었던 (C) Healthier menu options이다.

---

97 What will the employees receive for completing the survey?
(A) Free drinks
(B) A gift certificate
(C) A discounted meal
(D) A signed book

직원들은 설문조사 작성함으로써 무엇을 받을 것인가?
무료 음료
상품권
식사 할인
서명된 책

해설 직원들이 설문조사를 완료함으로써 받을 것을 묻고 있다. 공지 마지막 부분의 And remember ~에서 정답은 (A) Free drinks임을 알 수 있다.

Questions 98 through 100 refer to the following telephone message and list.

Service	Fee
Late payment	$20
Extending subscription	$40
Online subscription	$60
Early cancelation	$80

서비스	수수료
연체	$20
구독 연장	$40
온라인 구독	$60
조기 해약	$80

M: Hello. This message is for Rachel Carson. **98)** This is Daniel Roberto from *Sunrise Daily*. I've just noticed that you canceled the subscription. **99)** However, I am sorry to tell you that you should take a look at the list of fees on the contract you signed first. Since you are discontinuing early, you will be required to pay for a penalty fee. **100)** Also, we would like you to visit our Web site to fill out a questionnaire regarding our service. It will definitely help our service to be improved.

남: 안녕하세요. Rachel Carson 씨에게 메시지 남깁니다. 저는 〈Sunrise Daily〉의 Daniel Roberto입니다. 귀하께서 구독을 취소하신 것을 막 알게 되었습니다. 하지만 유감스럽게도 귀하께서는 계약서에 있는 수수료 목록을 먼저 보셔야 합니다. (원래 계약 기간보다) 일찍 취소 신청을 하셨으므로 위약금이 청구될 것입니다. 또한, 저희는 귀하께서 저희 서비스에 대한 설문을 저희 웹사이트에서 작성해주시기를 바랍니다. 그것은 저희 서비스를 향상시키는 데 반드시 도움이 될 것입니다.

어휘 notice 알게 되다   cancel 취소하다   subscription 구독   fee 수수료   contract 계약서   discontinue 중단하다   penalty fee 위약금, 과태료   questionnaire 설문지

98 Where does the speaker most likely work?
(A) At a bank
(B) At a real estate agency
(C) At a Web design company
(D) At a newspaper

화자는 어디에서 근무하는 것 같은가?
은행에서
부동산 중개업소에서
웹디자인 회사에서
신문사에서

해설 화자는 자신이 〈Sunrise Daily〉에서 일함을 밝히고 있다. 토익에서 Daily나 Express라는 이름을 가진 회사는 대부분 '신문사'를 뜻한다.

99 Look at the graphic. How much will Ms. Carson pay?
(A) $20
(B) $40
(C) $60
(D) $80

시각 정보를 보라. Carson 씨는 얼마를 내야 하는가?
20달러
40달러
60달러
80달러

해설 도표에 따르면 Early Cancelation은 80 달러를 내야 한다.

100 What is Ms. Carson encouraged to do on the Web site?
(A) Apply for a new subscription
(B) Complete a survey
(C) Purchase a product
(D) Check a list

Carson 씨는 웹사이트에서 무엇을 하도록 요청되는가?
새로운 구독을 신청한다.
설문을 작성한다.
제품을 구매한다.
목록을 확인한다.

해설 화자는 fill out a questionnaire를 해줄 것을 요청하고 있다. 이를 paraphrasing한 (B)가 정답이다.

PART 5

Day 1 짱 쉬운 명사

3 전략 연습

187 페이지

1 Mr. Robert's application **for** ------ to the training program was not received before the deadline.

(A) admissible 형용사 　　　　(B) **admission** 명사

(C) admit 동사원형 　　　　　　(D) to admit to부정사

> 빈칸이 전치사 for 뒤에 있으므로 보기 중에는 -sion이 붙은 명사 (B)가 답이다.

2 Please confirm **your** ------ in writing by Friday.

(A) reserve 동사원형 　　　　　(B) reserving 동명사 혹은 현재분사

(C) reserved 과거동사 혹은 과거분사　　(D) **reservation** 명사

> your는 '너의'라는 의미의 소유격이므로 뒤에는 명사가 필요하고 명사 궁둥이 -tion이 보이는 (D)가 답이다.

3 Skilled artisans were credited **with the** ------ **of** weathered document.

(A) restorative 형용사 　　　　(B) restorable 형용사

(C) restored 과거동사 혹은 과거분사　　(D) **restoration** 명사

> 전치사 with 뒤에 정관사 the까지 있으니까 당연히 답은 명사! -tion으로 끝나는 명사 (D)가 답이다.

4 **Mr. Rowell's** ------ of the stock market has been very reliable.

(A) analyze 동사원형 　　　　　(B) analyzing 동명사 혹은 현재분사

(C) **analysis** 명사 　　　　　　(D) analyzed 과거동사 혹은 과거분사

> 명사 끝에 's가 붙으면 '~의'라는 의미의 소유격이다. 당연히 뒤에는 명사가 와야 하는데, 궁둥이가 -sis이면 명사이므로 (C)가 답이다.

5 There is a **significant** ------ in quality between our product and theirs.

(A) different 형용사 　　　　　(B) differ 동사원형

(C) **difference** 명사 　　　　　(D) differently 부사

> -ant는 형용사 접미어이므로 significant는 형용사이다. 뒤에는 형용사의 수식을 받는 명사가 와야 하므로 명사 궁둥이인 -nce로 끝나는 (C)가 답이다.

6 We expect to **receive** ------ of our new car next week.

(A) deliver 동사원형 　　　　　(B) **delivery** 명사

(C) delivers 현재동사 　　　　　(D) delivered 과거동사 혹은 과거분사

> 동사 receive 뒤에는 목적어(명사)가 와야 '~을 받다'라는 의미가 완성된다. 보기 중 명사는 동사원형인 deliver에 명사 궁둥이 -y가 붙은 (B)이다.

7 A company cannot be sold **without the** ------ of the shareholders.

(A) approve 동사원형 　　　　　(B) approved 과거동사 혹은 과거분사

(C) **approval** 명사 　　　　　　(D) approvingly 부사

> 전치사 without 뒤에는 명사가 와야 하고, 관사 the 뒤에도 당연히 명사가 위치해야 한다. 보기 중 명사는 뒤에 명사 궁둥이 -al이 붙은 (C)이다.

8 Mrs. Trenton was **one of the** most **active** ------- in the negotiations for the pay increase.

(A) participate 동사원형

(B) participation 단수명사

(C) participating 동명사 혹은 현재분사

(D) participants 복수명사

빈칸 앞에 -ive로 끝나는 형용사가 있으니 분명 명사가 답일 것이다. 그런데, 빈칸 앞에 one of the ~(~중에 하나)가 보인다. 그렇다면 그 뒤에는 무엇이 와야 할까? '~들 중에 하나라고 해야 말이 되니까 당연히 복수 명사가 와야 한다. 복수 명사는 -s로 끝나는 단어일 테니까 답은 (D)이다.

9 Even **a brief** ------- to radiation is very dangerous.

(A) exposure 명사

(B) exposing 동명사 혹은 현재분사

(C) exposed 과거동사 혹은 과거분사

(D) expose 동사원형

문장의 주어로 is와 어울리는 단어는 명사여야 하고, 관사 a와 형용사 brief 뒤이므로 역시 명사가 들어갈 자리라는 것을 알 수 있다. 궁둥이가 -ure로 끝나면 무조건 명사이므로 답은 (A)이다.

10 Cindy Koslowsky, **the new** -------, was recognized for her excellent work at the annual banquet.

(A) trainee 명사

(B) train 동사원형

(C) trained 과거동사 혹은 과거분사

(D) trains 현재동사

문장의 주어 자리가 비어 있고, 관사 the, 형용사 new 뒤이므로 명사를 답으로 고른다. -ee로 끝나는 명사 (A)가 답이다. (B) train도 명사이긴 하지만 '기차'라는 의미로 뜻이 맞지 않다.

★ 해석이 궁금한 사람은 참고하세요~

❶ 교육 프로그램에 대한 Robert 씨의 입학 신청서는 마감시간 전에 접수되지 않았다.

❷ 금요일까지 당신의 예약을 서면으로 확인해놓으세요.

❸ 숙련된 장인들이 오래된 그 문서의 복원에 공을 인정받았다.

❹ 주식 시장에 대한 Rowell 씨의 분석은 매우 신뢰할 수 있다.

❺ 우리 상품과 그들의 상품 간에는 상당한 품질의 차이가 있다.

❻ 우리는 다음 주에 우리의 새 자동차를 배송받을 것을 기대한다.

❼ 주주들의 승인 없이 회사는 매각될 수 없다.

❽ Trenton 씨는 임금 인상 협상에서 가장 적극적인 참가자들 중 한 명이었다.

❾ 심지어 잠깐의 방사선에 대한 노출도 매우 위험하다.

❿ 새로운 견습 사원인 Cindy Koslowsky는 연례 만찬에서 그녀의 뛰어난 업무로 인정받았다.

3 전략 연습

191 페이지

1 It will be a pleasure to inform Mr. Dolores that ------ **entry has** been selected as this year's first place essay.

(A) his 소유격   (B) him 목적격
(C) himself 재귀대명사   (D) he 주격

빈칸 뒤에 entry, 그 뒤에 동사인 has가 있는 것으로 보아 주어로 쓰인 명사 entry 앞에는 소유격이 들어간다. 따라서 답은 (A)이다.

2 Ms. Xien will oversee operations on the upcoming project, and **her group leaders** will report back **to** ------.

(A) herself 재귀대명사   (B) she 주격
(C) hers 소유대명사   **(D) her** 소유격 혹은 목적격

전치사(to) 뒤는 목적어 자리이므로 목적격 대명사가 들어가야 한다. 목적어로는 (A) herself도 가능하지만, 그러려면 문장의 주어가 목적어와 같은 사람, 즉 she가 되어야 한다. 그러나, her group leaders가 주어이므로 답이 될 수 없다. 정답인 (D)는 소유격과 목적격의 생김새가 똑같은데 이 문장에서는 목적어 자리이므로 목적격으로 사용된 경우가 되겠다.

3 ------ **who showed** up at the morning briefing were given a coupon for free coffee at the employee cafeteria.

(A) They 주격   (B) Them 목적격
(C) Someone 단수 대명사   **(D) Those** 대명사

Those who(~하는 사람들)는 그대로 한 단어처럼 외워두자. 관계대명사 단원에서 다루겠지만, who는 주어의 역할을 하는 주격 관계대명사이기 때문에 역시 주격 대명사인 (A) They가 앞에 또 위치할 수 없고, 단수의 의미인 (C) Someone을 주어로 쓰면 문장 전체의 동사인 were(복수 동사)와 주어-동사의 수 일치에 어긋난다.

4 I introduced Katherine to some **colleagues of** ------ at the party.

(A) mine 소유대명사   (B) my 소유격
(C) our 소유격   (D) we 주격

전치사(of) 뒤에는 목적어의 의미를 가진 명사가 들어가야 한다. 보기 중에 명사의 의미를 갖고 있으면서 목적어로 쓰일 수 있는 것은 소유대명사인 (A)밖에 없다. 즉, mine은 '나의 것들', 즉 '나의 동료들'의 의미로 쓰였다.

5 Mr. Border's **management style** was totally different from ------ of his predecessor.

(A) that 단수 대명사   (B) they 주격
(C) them 목적격   (D) those 복수 대명사

해석해 보면 Border 씨와 그의 전임자 (predecessor)의 management style을 비교하는 의미이므로 반복을 피하기 위해 대신 사용되는 대명사 (A)가 답이다. 왜? 단수이니까.

Part 5

6 Since Mr. Suzuki is going on vacation next week, **Ms. Ando will complete all remaining work on the budget proposal** -------.

(A) her 소유격 혹은 목적격   (B) herself 재귀대명사
(C) she 주격   (D) hers 소유대명사

빈칸이 없더라도 문장이 완전하므로 문장의 주어인(Ms. Ando)를 강조해서 '그녀가 직접'이라는 의미를 만드는 재귀대명사 (B)가 답이다.

7 Stonebridge Auto advises all drivers to have ------- **tire alignment** checked at least once a year.

(A) them 목적격   (B) theirs 소유대명사
(C) their 소유격   (D) they 주격

tire alignment는 명사이고 그 앞에는 소유격이 와야 하므로 (C)를 고르면 된다.

8 The store policy states that ------- **do not offer** a discount on items that are purchased with coupons and other gift certificates.

(A) us 목적격   (B) we 주격
(C) ours 소유대명사   (D) ourselves 재귀대명사

동사인 do 앞에는 당연히 주어가 위치해야 하므로 주격 대명사인 (B)가 답이다.

9 Please send me the résumé **at** ------- earliest **convenience**.

(A) you 주격 혹은 목적격   (B) your 소유격
(C) yours 소유대명사   (D) yourself 재귀대명사

전치사(at) 뒤에 위치한 명사 convenience의 앞에 위치할 수 있는 대명사는 소유격 (B) 밖에 없다.

10 For the survey to be correct, **all respondents** must answer the questions **by** -------.

(A) themselves 재귀대명사   (B) they 주격
(C) them 목적격   (D) theirs 소유대명사

by 뒤에 목적어로 쓰여서 주어(all respondents)와 같은 의미인 경우 재귀대명사가 쓰인다. 재귀대명사는 전치사 by, for 등과 같이 쓰여서 '~혼자서, ~스스로'의 의미로 자주 출제된다. 따라서 답은 (A)이다.

★ 해석이 궁금한 사람은 참고하세요~

❶ Dolores 씨에게 그의 출품작이 올해의 1등 에세이로 선택되었다는 것을 알리는 것은 기쁨일 것이다.
❷ Xien 씨가 곧 있을 프로젝트의 운영을 감독할 것이고, 그녀의 그룹 책임자들이 그녀에게 보고하게 될 것이다.
❸ 아침 브리핑에 나온 사람들은 회사 식당에서 무료 커피를 마실 쿠폰을 한 장 받았다.
❹ 파티에서 나는 Katherine을 나의 동료들 중 몇 명에게 소개했다.
❺ Border 씨의 경영 스타일은 그의 전임자의 그것과 완전히 달랐다.
❻ Suzuki 씨가 다음 주에 휴가를 가기 때문에 Ando 씨가 직접 나머지 예산안에 대한 일을 완료할 것이다.
❼ Stonebridge Auto는 모든 운전자들에게 그들의 타이어 정렬을 적어도 일 년에 한 번은 점검받기를 권고한다.
❽ 상점 규정상 저희는 쿠폰이나 다른 상품권으로 구매된 상품에 대해서는 할인을 제공하지 않습니다.
❾ 가급적 빨리 저에게 이력서를 보내주세요.
❿ 설문 조사가 정확하려면 모든 응답자들은 반드시 그들 스스로 질문에 답변해야 한다.

3 전략 연습

194 페이지

1 As of next Monday, there will be an extra charge **for** ------- **passengers**.

(A) addition 명사   (B) additionally 부사

(C) add 동사원형   **(D) additional** 형용사

전치사인 for와 명사 passengers 사이에는 형용사가 있어야겠다. 부사가 분명한 (B) additionally에서 -ly를 빼고 남는 (D)가 정답이다.

2 The most ------- **cause** of forest fires is disposed cigarette butts.

(A) frequently 부사   **(B) frequent** 형용사

(C) frequency 명사   (D) frequentness 명사

빈칸 앞에는 '가장 ~한'의 의미로 쓰이는 최상급 표현이, 빈칸 뒤에는 cause가 보인다. 이 cause는 of 앞에 위치해 있으므로 명사가 분명하다. (왜? 「명사 + of + 명사」가 '~의 …'라는 의미를 만들어주므로 of 앞뒤에는 명사가 있어야 한다.) 형용사를 꾸며주는 최상급과 명사 사이에는 당연히 형용사 (B)가 와야 한다.

3 The main factor in the success of the fashion magazine was the ------- **efforts** to appeal to readers under the age of thirty.

(A) deliberate 형용사 혹은 동사   (B) deliberating 동명사 혹은 현재분사

(C) deliberates 현재 동사   (D) deliberately 부사

빈칸 뒤의 efforts가 '노력'이라는 뜻의 명사이므로 답은 명사 앞에 위치할 형용사인 (A)를 고르면 되겠다.

4 According to a customer survey, Taco's Paradise offers **the** ------- **quality** Mexican food **in town**.

(A) highest 형용사의 최상급   (B) highly 부사

(C) higher 형용사의 비교급   (D) high 형용사의 원급

관사 the 뒤에 위치한 quality는 명사 꿍둥이 -ty가 붙어 있는 명사이므로, 그 앞에는 형용사를 넣어주면 된다. 그런데, 보기를 보니 형용사가 세 개이다. 그렇다면 답을 어떻게 고를까? 빈 칸 앞에 the, 명사 quality 뒤에 '~에서'의 의미로 수식하는 in town 등으로 보면 '~에서 가장 …하다'의 의미가 되어야 가장 자연스러우므로 형용사 high의 최상급인 (A)가 답이다.

5 **Mr. Chin's** ------- **excuse** was persuasive enough for us to believe what he said.

(A) elaboration 명사   (B) elaborates 현재 동사

(C) elaborately 부사   **(D) elaborate** 형용사 혹은 동사

Mr. Chin's는 'Chin 씨의 ~'라고 해석되는 소유격이고, 빈칸 뒤의 excuse는 명사이다. excuse가 동사라면 뒤에 있는 동사 was와 충돌해서 「주어 + 동사 + 동사」의 잘못된 문장 구조가 되기 때문이다. 그러므로 이 문제는 당연히 빈칸에 형용사가 위치해서 명사 excuse를 꾸며야겠다. 부사인 (C) elaborately에서 -ly만 제거한 형용사 (D)가 답이다.

6 Today's applicants all **seemed** very ------- and well qualified to perform the job.

(A) knowledgeable 형용사   (B) knowledge 명사

(C) knowledgeably 부사   (D) know 동사원형

형용사가 뒤에 따라오는 동사 seemed 뒤에 부사 very가 보인다. 그렇다면 그 뒤에는 당연히 부사의 수식을 받는 형용사가 위치해야 동사 seemed의 의미를 완성시킬 수 있다. 형용사 궁둥이 -able로 끝나는 (A)가 답이다.

7 Many movie critics say the ending to the film **was** just so -------.

(A) predict 동사원형   (B) predicts 현재동사

(C) prediction 명사   (D) predictable 형용사

문장 앞 부분의 해석은 필요 없다. be동사 (was) 뒤에 형용사가 위치하고, 사이에 부사 just so가 끼어있는 문장이라는 것만 파악할 수 있으면 된다.

8 It **is** always ------- to book seats at least a week in advance.

(A) advisable 형용사   (B) advise 동사원형

(C) advisor 명사   (D) advice 명사

「be + 부사(always) + 형용사」의 순서가 되어야 하므로 답은 형용사 궁둥이 -able을 갖고 있는 (A)이다.

9   When preliminary studies **are** -------, Deni Corporation will make a bid on the project.

(A) completes 현재동사   (B) completion 명사

(C) completeness 명사   (D) complete 형용사 혹은 동사

be동사(are) 뒤에 빈칸이 한 개이므로 형용사를 넣으면 되는 문제이다. 선택지를 보니 (B) completion, (C) completeness는 각각 명사 궁둥이인 -tion, -ness가 있으므로 답에서 제외. (A) completes는 품사가 무엇이건 간에 형용사는 아닐 것이므로 답에서 또 제외. 왜냐고? 형용사에 절대로 -s로 끝나는 단어는 없기 때문이다. 그렇다면 형용사로 답이 될 수 있는 나머지는 (D)이다.

10 He was forced to make **a** ------- **revision** to his keynote speech.

(A) thoroughly 부사   (B) thoroughness 명사

(C) thorough 형용사   (D) more thoroughly 부사의 비교급

관사 a 뒤에 있는 revision은 당연히 명사일 것이고, 그 앞의 빈칸에는 형용사를 골라 넣으면 되겠다. 보기 중에서 부사처럼 보이는 (A) thoroughly에서 -ly를 뺀 (C)가 형용사로 답이다.

★ 해석이 궁금한 사람은 참고하세요~

❶ 다음 주 월요일부로 추가 승객에게는 별도의 요금이 붙을 것이다.

❷ 가장 빈번한 산불의 원인은 버려진 담배 꽁초이다.

❸ 그 패션 잡지의 성공의 주요 요인은 30세 이하의 독자들에게 호소하려는 신중한 노력이었다.

❹ 고객 설문 조사에 따르면 Taco's Paradise가 동네에서 가장 높은 질의 멕시코 음식을 제공한다.

❺ Chin 씨의 상세한 변명은 그가 말한 것을 우리가 믿기 충분할 정도로 설득력이 있었다.

❻ 오늘 지원한 사람들은 전부 매우 지식을 갖추고 그 일을 수행하기에 자격이 갖추어진 것으로 보였다.

❼ 많은 영화 평론가들은 그 영화의 결말이 그저 너무 예측 가능했다고 말한다.

❽ 좌석은 적어도 일주일 전에 예약하는 것이 항상 바람직하다.

❾ 예비 조사들이 완료되면 Deni Corporation은 그 프로젝트에 입찰을 할 것이다.

❿ 그는 그의 기조연설에 철저한 수정을 해야만 했다.

3 전략 연습

197 페이지

1 Experience with computers **is** ----- **desirable** for the cashier's position.

(A) highness 명사
(B) high 형용사
(C) higher 형용사의 비교급
(D) highly 부사

be동사(is) 뒤에 desirable은 -ble로 끝나는 것으로 보아 형용사이다. 그렇다면 빈칸은 부사가 들어갈 자리이다. 답은 형용사에 -ly가 붙어 끝나는 (D)이다.

2 **The board of directors** ----- **approved** Mr. Edna's design for the store's Web site.

(A) enthusiastic 형용사
(B) enthusiasm 명사
(C) enthusiastically 부사
(D) enthusiast 명사

「주어 + ____ + 동사」 사이에 끼어들어 동사를 수식할 수 있는 것은 부사 밖에 없으므로 답은 (C)이다.

3 His proposals met **with a** ----- **favorable response**

(A) broad 형용사
(B) broadest 형용사의 최상급
(C) broadness 명사
(D) broadly 부사

관사 a 뒤에 위치한 명사는 response일 것이고, 그 앞에는 형용사 favorable이 있다. 이 형용사를 수식하는 것은 부사이므로 답은 (D)이다.

4 Mr. Tumbo's arrival at the Central Station **was delayed** ----- by a late train.

(A) significant 형용사
(B) significance 명사
(C) more significant 형용사의 비교급
(D) significantly 부사

「be + p.p. + ____」의 빈칸에는 부사가 위치한다. 정답은 (D)이다. 또한 「be + ____ + p.p.」와 같이 be동사와 p.p. 사이에도 부사가 위치한다는 것을 기억해야겠다.

5 The number of teenage smokers has **been** ----- **increasing** since the health officials allowed the advertisement of tobacco in magazines.

(A) consistently 부사
(B) consistency 명사
(C) consistent 형용사
(D) more consistent 형용사의 비교급

「be + ____ + -ing」 사이에는 부사가 위치한다. 정답은 (A)이다. 분사인 -ing 형태는 역할이 형용사이므로 이것을 수식하는 부사가 필요하기 때문이다.

6 **Please** ----- **respond** to this message as soon as you receive it.

(A) prompt 형용사
(B) promptness 명사
(C) promptly 부사
(D) prompts 현재동사

Please로 시작하는 것으로 보아 '~하라'의 명령문이므로 뒤에 동사원형이 와야 한다. 빈칸 뒤에 동사 respond가 보이므로 빈칸에는 동사를 수식하는 부사 (C)가 들어가면 되겠다.

7 -----, **children** who are learning foreign languages do not get those foreign languages confused with their mother tongues.

(A) Amazing 동명사 혹은 현재분사
(B) Amazingly 부사
(C) Amaze 동사원형
(D) Amazement 명사

문장 맨 앞에 빈칸과 콤마(,)가 있으면 부사가 들어갈 자리이다. 뒤를 읽을 필요도 없이 답은 (B)이다.

8 Sales of LCD TV sets **have** ------- **increased** after the manufacturer dropped the price by 15 percent.

(A) significant 형용사   (B) significance 명사
(C) signify 동사원형   **(D) significantly 부사**

「have + _____ + -ed(p.p.)」 구조에서 빈칸에는 부사가 위치해야 한다. 정답은 부사 (D)이다.

---

9 Only authorized personnel are permitted to use this room -------.

(A) temporarily 부사   (B) temporary 형용사
(C) temporal 형용사   (D) temporize 동사원형

이 문제는 빈칸 앞이 완전한 문장이라는 것을 이해할 수 있어야 한다. 즉 주어(Only authorized personnel), 동사(are permitted to use), 목적어(this room) 등 부족한 것이 없는 완전한 문장이 나오고, 그 뒤에 빈칸이 위치하므로, 들어 갈 수 있는 품사는 부사밖에 없다. 정답은 (A)이다.

---

10 The employees **can** ------- **expect** a pay rise **when they've only been working for the company for two weeks.**

(A) hardness 명사   (B) hard 부사 혹은 형용사
(C) hardly 부사   (D) harder 부사 혹은 형용사의 비교급

조동사(can) 뒤에는 항상 동사원형(expect), 그 사이에 끼어들 수 있는 품사는 부사밖에 없다. 그런데, 선택지에 부사가 될 수 있는 단어로 hard, harder, hardly 세 개가 보이므로 해석상 적당한 의미의 단어를 고른다. 의미상 '겨우 2주 일하고서 급여 인상을 기대할 수 없다.' 처럼 부정의 의미가 되어야 하므로 답은 (C)이다.

★ 해석이 궁금한 사람은 참고하세요~

① 계산원 자리를 위해 컴퓨터 관련 경력은 매우 바람직하다.
② 이사회는 Edna 씨의 상점의 웹사이트 디자인을 열정적으로 승인했다.
③ 그의 제안들은 대체로 우호적인 반응을 얻었다.
④ Tumbo 씨의 Central역 도착은 기차가 늦어서 상당히 지연되었다.
⑤ 보건 당국에서 잡지에 담배 광고를 허용한 이래 청소년 흡연자들의 수가 꾸준히 증가하고 있다.
⑥ 이 메시지를 받자마자 신속하게 응답해 주세요.
⑦ 놀랍게도, 외국어를 배우는 어린이들은 모국어와 그 외국어를 혼동하지 않는다.
⑧ 제조업체가 가격을 15% 내린 다음에 LCD TV세트들의 판매는 상당히 증가했다.
⑨ 오직 승인된 직원들만 임시로 이 방을 사용하도록 허용된다.
⑩ 직원들은 회사에서 겨우 2주 일하고서 급여 인상을 기대할 수는 없다.

3 전략 연습

1 When Mr. Kim ------- to Singapore **next month**, he will stay at the Maypole Hotel.

(A) to go to부정사

(B) was going 과거진행동사

(C) goes 현재동사

(D) go 동사원형

when, if 등 시간이나 조건, 양보를 나타내는 접속사 뒤에「주어 + 동사」가 올 때, 현재 시제가 미래 시제를 대신한다는 것을 배웠다. next month가 있으니 의미상 미래이고, 현재동사를 3인칭 단수 주어인 Mr. Kim에 맞추려면 뒤에 -(e)s가 붙어 (C)가 되어야 한다.

2 The board of trustees ------- sometime **next week** to discuss the restoration of the Redwood Hall.

(A) will gather 미래시제

(B) gathering 동명사 혹은 현재분사

(C) to gather to부정사

(D) gathered 과거동사 혹은 과거분사

문장의 시제를 결정해주는 결정적 부사구 next week가 보인다. 인칭이 무엇이든 미래 시제를 고르면 된다. (A)가 정답이다.

3 Eric Chavez ------- sports stories for a number of newspapers before his retirement **in 2017**.

(A) write 동사원형

(B) written 과거분사

(C) wrote 과거동사

(D) writes 현재동사

'2017년에 은퇴하기 전에(before his retirement in 2017)'라고 했으므로, 과거 동사를 써야 한다. wrote는 불규칙 동사 write의 과거형이다. 정답은 (C)이다.

4 **Last weekend, textile merchandisers** from all over the world ------- at the Jefferson Business Center for the annual textile fair.

(A) convened 과거동사 혹은 과거분사

(B) convenes 현재동사

(C) convene 동사원형

(D) convening 동명사 혹은 현재분사

Last weekend(지난 주말에)가 너무도 반갑게 문장 맨 앞에 버티고 있다. 답은 당연히 과거시제 (A) convened를 고르면 되는데, -ed로 끝나는 단어는 과거 분사의 형태이기도 하다. 하지만, 위 문장에서 빈칸은 당연히 동사 자리이므로 분사일 수도 있다는 걱정은 전혀 할 필요가 없겠다. 왜? 문장에 동사가 없으므로!

5 A bell ------- at the Clearwater Factory at the beginning of **every shift** to alert workers of the time.

(A) to ring to부정사

(B) rings 현재동사

(C) ringing 동명사 혹은 분사

(D) be rung 수동태 동사

문장의 주어는 3인칭 단수인 A bell이고 동사의 형태로 가능한 것은 보기 중에 현재형인 (B)밖에 없다. 더군다나 문장 안에 '매 근무(every shift)의 시작에'처럼 반복이나 습관을 의미하는 부사구가 있을 경우에 현재 시제가 답이 된다는 것도 기억해두자.

6 The ------- expressed in this article **are** not necessarily the opinions of the editor.

(A) view 단수명사 혹은 동사원형

(B) viewable 형용사

(C) views 복수명사

(D) viewed 과거동사 혹은 과거분사

The 뒤에 위치해서 문장의 주어가 되는 명사의 알맞은 형태를 고르는 문제이다. are가 문장의 동사이므로 어울리는 주어는 3인칭 복수인 (C)이다.

7 **Copies** of private personnel records ------- **not distributed** to staff without prior authorization.

(A) was 과거동사   (B) are 현재동사

(C) will be 미래시제   (D) having been 분사(현재완료)

문장의 주어는 복수 명사(copies)이므로 (A) was는 답에서 제외시키고, (D) having been은 동사가 아니므로 역시 답이 될 수 없다. (C) will be도 답이 될 수 없는데 not이 (C)와 같이 쓰이려면 will be not이 아니라 will not be처럼 조동사 바로 뒤에 not이 위치해야 하기 때문이다. 정답은 (B)이다.

8 **When the construction work** near Eaton Shopping Mall ------- complete, traffic will no longer be delayed on the major intersections.

(A) is 현재동사   (B) are 현재동사

(C) were 과거동사   (D) be 동사원형

콤마 뒤에 will이 보이므로 콤마 뒤의 문장의 시점이 미래임을 알 수 있다. 하지만, 더불어 미래의 의미가 될 When 뒤의 「주어 + 동사」에는 현재 시제가 미래 시제를 대신한다는 것을 기억하고, 그 문장의 주어는 construction work로 3인칭 단수라는 것을 알면 답은 (A)이다.

9 **After Sally Yamada** ------- the skills for her job, her supervisor **asked** her to help train new employees.

(A) masters 현재동사   (B) had mastered 과거완료동사

(C) has mastered 현재완료 동사   (D) is mastering 현재진행 동사

'Sally Yamada가 ~한 뒤에, 그녀의 supervisor가 부탁했다(asked)'라고 해석이 되니까 '~한 뒤에' 부분이 '부탁한(asked)'시점보다 더 과거인 과거 완료임을 알 수 있다. (B)가 정답이다.

10 After considering the candidates' work experience and other qualifications, **the directors** ------- Ms. Ramos for the position.

(A) recommendation 명사   (B) recommendable 형용사

(C) recommended 과거동사 혹은 분사   (D) recommends 현재동사

빈칸 앞의 주어는 3인칭 복수인 the directors이므로, 그 뒤에 위치할 동사는 (D) recommends가 될 수는 없다. 그렇다면 보기 중 동사는 과거 시제인 (C)가 답이다.

★ 해석이 궁금한 사람은 참고하세요~

❶ Kim 씨는 다음 달에 싱가포르에 갈 때 Maypole 호텔에 머물 것이다.

❷ 이사회는 Redwood Hall의 복원을 논의하기 위해서 다음 주 언젠가 모일 것이다.

❸ Eric Chavez는 2017년에 은퇴하기 전에 스포츠 이야기들을 많은 신문에 썼다.

❹ 지난 주말에 전 세계의 섬유상들이 Jefferson Business 센터의 매년 있는 섬유 박람회에서 회합했다.

❺ Clearwater 공장에는 매 근무 시작 시에 직원들에게 시간을 경각시키기 위해 벨이 울린다.

❻ 이 기사에 표현된 견해들은 반드시 편집자의 의견은 아니다.

❼ 개인 인사 기록 사본들은 사전 승인 없이 직원들에게 배포되지 않는다.

❽ Eaton 쇼핑몰 근처의 공사가 끝나면, 주요 교차로들의 교통이 더 이상 지연되지 않을 것이다.

❾ Sally Yamada가 그녀의 업무에 쓰일 기술들을 익힌 뒤에, 그녀의 상사는 신입 직원들을 훈련시키는 것을 도와 달라고 Sally에게 부탁했다.

❿ 후보자들의 직장 경력과 다른 자격 요건들을 고려한 뒤에, 이사들은 Ramos 씨를 그 자리에 추천했다.

3 전략 연습

204 페이지

1 19th-century art dealer Hans Obertan ------ a number of renowned impressionists.

(A) to establish to부정사

(B) established 과거동사 혹은 분사

(C) establishing 동명사 혹은 현재분사

(D) be established 수동태 동사

주어진 문장에는 동사가 없다. 빈칸에 동사가 필요하기 때문에 동사가 아닌 (A)와 (C)는 소거된다. (B)는 능동태 동사고 (D)는 수동태 동사다. 빈칸 뒤에 a number of renowned impressionists는 명사로 목적어가 있으므로 능동태 동사인 (B)가 정답이다.

2 Many employees fed back that they **couldn't** ------ **the e-mail** because the text was too small.

(A) read 현재 혹은 과거동사

(B) reading 동명사 혹은 현재분사

(C) have been read 현재완료 수동태

(D) be read 수동태 동사

빈칸은 that절의 동사가 들어가야 할 자리다. (B)는 동사가 아니라서 소거된다. 빈칸 뒤에 the e-mail은 명사로서 목적어 기능을 할 것이기 때문에 목적어가 필요 없는 수동태형 (C)와 (D)는 소거된다. 유일한 능동태인 (A)가 정답이 된다.

3 Joe Holland in the Marketing Department **will** ------ **next week's staff meeting**

(A) chairing 동명사 혹은 현재분사

(B) chair 동사원형

(C) be chaired 수동태 동사

(D) to chair to부정사

빈칸은 이 문장의 본동사 자리다. 빈칸 앞에 조동사 will이 있기 때문에, 동사원형인 (B) 혹은 (C)가 정답이 될 수 있다. 빈칸 뒤에 있는 next week's staff meeting은 명사로서 목적어 기능을 할 수 있기 때문에 능동형인 (B)가 정답이 된다.

4 **The number** of potential clients of A&D Law Firm ------ **to be** more than 2,000 next year.

(A) expectation 명사

(B) is expected 수동태 동사

(C) expected 과거동사 혹은 과거분사

(D) were expecting 과거진행동사

빈칸은 이 문장의 본동사 자리다. to부정사가 명사 역할을 한다면 동사는 능동태가 필요하고 반대로 to부정사가 부사 역할을 한다면 동사는 수동태가 필요하다. 이 경우 가장 간단한 방법은 해석으로 구분하는 것이다. 해석상 The number는 예상하는 게 아니라 예상되므로 수동태인 (B)이다.

5 This medication **should** ------ **only** as prescribed.

(A) to be taken to부정사 수동태

(B) be taken 수동태 동사

(C) have taken 현재완료 동사

(D) to take to부정사

빈칸 앞에 조동사 should가 있고 빈칸에는 동사원형이 필요하다. 빈칸 뒤에 있는 only는 부사이기 때문에 원형 수동태인 (B)가 답이다.

6 The presentation about the new policy will **be** ------ **until August**

(A) postpone 현재동사

(B) postponing 동명사 혹은 현재분사

(C) postponed 과거동사 혹은 과거분사

(D) to postpone to부정사

빈칸 앞에 be동사가 있다. 빈칸 뒤에 있는 until August는 전치사구로서 부사 기능을 하기 때문에 수동태 동사를 완성하려면 p.p.형인 (C)를 정답으로 해야 한다.

Part 5

7 **All items** ------- **at the church's yard sale** must be brought to the church before 9 A.M. this Sunday.

(A) be selling 현재진행 동사

(B) to be sold to부정사 수동태

(C) has been sold 현재완료 수동태 동사

(D) was to sell be to부정사

이 문장에는 이미 동사 mut be brought가 있으므로 동사 (A), (C), (D)는 소거된다. 빈칸은 명사 주어 All items를 수식하는 수식어구 자리이다. 동시에 빈칸 뒤에 있는 at the church's yard sale은 전치사구로서 빈칸에는 수식어구이면서 수동태 형태가 필요하다.

8 The folders containing the résumés of the final five candidates for the job **were** mistakenly ------- **in the wrong drawer**.

(A) file 현재동사

(B) filed 과거동사 혹은 과거분사

(C) filing 동명사 혹은 현재분사

(D) to file to부정사

빈칸 바로 앞에는 부사가 있다. 그리고 그 앞에는 be동사가 있다. 빈칸 뒤에 있는 in the wrong drawer는 전치사구로서 부사 기능을 수행하기 때문에 수동태 동사를 완성하고자 p.p.형을 정답으로 해야 한다.

9 A portion of each full-time employee's travel expenses **will be** ------- **from** taxable income.

(A) deduct 현재 동사

(B) deductive 형용사

(C) deducting 동명사 혹은 분사

(D) deducted 과거동사 혹은 분사

빈칸 앞에 있는 will be 또한 be동사 성격이다. be동사 뒤에 형용사 형태인 deductive는 문법적으로는 정답일 수 있으나 해석을 하면 '연역적인'이 되므로 어색한 반면 p.p.형인 deducted는 문법적으로 봐도 문제가 없고 해석 또한 '공제된'으로 문맥상 자연스럽다.

10 **Once** all the entries for the Copacana County Photo Contest ------- they will be delivered to the judges.

(A) have received 현재완료

(B) have been received 현재완료수동태

(C) is receiving 현재진행

(D) will be received 미래 수동태

접속사 once 뒤에 절이 필요하고 그렇다면 빈칸에는 동사가 필요하다. 빈칸 뒤에는 목적어가 없기 때문에 수동태가 필요하다. 또한 once와 같은 조건 접속사에는 미래 시제가 들어갈 수 없기 때문에 이 2가지 조건을 충족한 (B)가 정답이다.

★ 해석이 궁금한 사람은 참고하세요~

❶ 19세기 미술상 Hans Obertan은 여러 유명한 인상파 화가들의 지위를 확고히 하였다.

❷ 많은 직원들이 글자가 너무 작아서 이메일을 읽을 수 없었다고 피드백을 보내왔다.

❸ 마케팅 부서의 Joe Holland는 다음 주 직원 회의에서 의장을 맡을 것이다.

❹ A&D 법률 사무소의 잠재 고객 수는 내년에 2,000명이 넘을 것으로 예상된다.

❺ 이 약은 반드시 처방받은 대로만 복용해야 합니다.

❻ 그 새 정책에 대한 프레젠테이션은 8월까지 연기될 것이다.

❼ 그 교회의 마당 세일에서 팔리게 될 모든 물품들은 이번 주 일요일 오전 9시까지 교회에 가져와야 한다.

❽ 그 업무에 대한 최종 다섯 명의 후보자 이력서가 들어있는 서류철들이 실수로 엉뚱한 서랍에 보관되었다.

❾ 각 정규 직원들의 출장 경비 일부가 과세 소득에서 공제될 것입니다.

❿ 일단 Copacana County 사진 대회의 모든 출품작들이 접수되고 나면, 이 작품들은 심사위원들에게 전달될 것이다.

1 The dust bags of your Pulban Vacuum Cleaner **should** ------ **often** to prevent the device from getting clogged.

(A) have replaced (B) replace
(C) be replaced (D) replacing

빈칸은 조동사 should의 뒤이므로 동사원형이 와야하므로 (D)는 소거. 빈칸 뒤에 목적어가 없으므로 수동태 (C)가 정답이다.

2 Despite several attempts to contact **the** ------ **of** the item, we have not received a single phone call in reply.

(A) manufacture **(B) manufacturer**
(C) manufactured (D) manufacturing

관사 the 뒤에는 당연히 명사가 올 테고, of는 대개 앞뒤에 명사가 위치해서 '~의 …'라는 의미를 만든다. (D)도 명사이긴 하지만 '제조업'이라는 뜻으로 의미상 맞지 않다. manufacturer는 '제조업자' 혹은 '제조 업체'를 뜻한다.

3 Free copies of the *Downtown News* are available **for** ------ in restaurants and local convenient stores.

(A) distribute (B) distributes
(C) distributing **(D) distribution**

for는 전치사이고 뒤에는 명사가 올 자리이다.

4 **Over the last two decades**, Ms. Draven ------ steadily up the corporate ladder in her company.

(A) climbing (B) climb
(C) will climb **(D) has climbed**

빈칸은 주어 뒤 문장의 동사자리이므로 동사가 아닌 (A)는 소거된다. 주어가 단수이므로 복수동사 (B)도 소거된다. 문장 앞에 기간을 나타내는 표현 'over[for/in] the last[past] + 기간'이 있으므로 현재완료 시제 (D)가 정답

5 Newly recruited employees **found it** ------ to finish their assignments on time.

(A) difficulty (B) more difficultly
(C) difficultly **(D) difficult**

「find + 목적어 + 형용사」의 문장 형태는 '~을 …하다고 여기다' 라고 해석하면 된다. 여기서 it는 가목적어이고 빈칸 뒤에 있는 to finish their assignment가 진목적어이다.

6 All on-site factory supervisors **must** ------ **their timesheets** by Monday.

(A) submitted **(B) submit**
(C) be submitted (D) to submit

빈칸은 조동사 뒤 동사원형 자리이므로 (A), (D)는 소거. 빈칸 뒤 문장의 목적어가 있으므로 능동태 (B)가 정답

7 At the Fareast Seafood, all dessert recipes **are** ------ **approved** by the renowned chef Miyagi Fukuda.

(A) personally (B) person
(C) personal (D) personalized

be동사(are) 뒤에 p.p.(approved)가 있으므로 그 사이에는 부사를 쓰면 된다.

8 The study suggests that there has only been **a** ------- **improvement** in women's pay over the past few years.

(A) marginally   (B) margin
(C) marginalize   **(D) marginal**

관사 a 뒤의 명사 improvement를 보아, 그 앞에는 명사를 수식하는 형용사가 위치해야 한다.

9 The manager of Bryson's Hardware reported that the majority of its customers have **reacted** ------- **to** the store's automated checkout system.

(A) favorably   (B) favorable
(C) favoring   (D) favorite

동사 reacted는 뒤에 항상 전치사 to와 같이 쓰여서, '~에 반응하다'라는 의미로 쓰이는 자동사이다. 그 사이에서 동사의 의미를 더해주는 것은 부사이다.

10 It is ideal that all foreign residents **are** ------- **for** welfare benefits such as unemployment and sickness pay.

(A) eligible   (B) eligibly
(C) eligibility   (D) eligibilities

be동사(are) 뒤에는 형용사가 위치해야 의미가 완성되지만 빈칸 뒤에는 또 다른 형용사가 아니라 전치사(for)가 있는 것으로 보아 형용사를 넣으면 되겠다. 만약 빈칸 뒤에 형용사가 또 하나 있다면 빈칸에는 그 형용사를 수식하는 부사가 필요하기 때문이다.

11 Many bookstores are expanding their supply of economic magazines **in** ------- to market trends.

(A) respond   (B) responding
(C) responded   **(D) response**

전치사(in) 뒤에는 명사가 와야 한다. 보기 단어들의 생김새로 바로 명사를 고를 수 없다면 response(반응, 응답)라는 명사를 그냥 외워 놓자.

12 In the 1930s, it **was** ------- **impossible** to construct high-rise buildings.

(A) technical   **(B) technically**
(C) technician   (D) technicality

be동사(was) 뒤에는 형용사(impossible)가 위치해 있으므로 그 앞에는 형용사를 수식하는 부사가 와야 한다.

13 The newscaster ------- **mispronounced** the name of the newly elected Russian president.

(A) accidentally   (B) accident
(C) accidental   (D) accidents

문장의 주어(The newscaster)와 동사(mispronounced) 사이에 들어갈 수 있는 품사는 동사를 수식하는 부사 밖에 없다.

14 **Until** Mr. Bennett **returns** from the Global Finance Conference, Ms. Chang ------- **all accounting duties**.

(A) had been handling   (B) handled
(C) will handle   (D) will be handled

빈칸 뒤에 목적어가 있으므로 수동태 동사(D)는 소거. 앞에 시간의 접속사 until과 현재 시제가 있어 Bennett가 돌아올 때까지라는 미래 시점이므로 미래시제 (C)가 정답이다. 시간의 접속사는 미래의 의미를 나타낼 때 현재 시제가 대신한다는 점을 꼭 기억하자.

82   토익 750+ 벼락치기 20일 완성 LC+RC

15 A number of very **strong** ------ **responded** to the announcement of career opportunities in the design department.

(A) **applicants** (B) apply
(C) applying (D) applications

전치사 of 뒤에는 명사가 와야 하지만 very strong은 「부사 + 형용사」이지 명사가 아니다. 그 뒤에 명사가 와서 「부사 + 형용사」의 수식을 받고 동사 responded의 주어가 된다. 따라서 -ant로 끝나는 명사 applicants(지원자들)가 답이 된다. 물론 보기 중에 applications도 명사이긴 하지만 이 문제는 해석상 사람이 주어가 되어야 하므로 답에서 제외시킨다.

16 Please make sure all the safety equipment has **been tested** ------.

(A) **thoroughly** (B) thoroughness
(C) thorough (D) more thorough

수동태 동사 「be동사(been) + p.p.(tested)」 뒤는 부사가 위치할 자리이다. 또한 이 부사가 「be동사 + _____ + p.p.」처럼 사이에 위치하는 경우도 많이 출제되고 있다.

17 The new store **is** ------ **attracting** customers by distributing free samples of their products.

(A) active (B) **actively**
(C) action (D) activity

be동사(is)와 분사(attracting) 사이에는 부사가 위치한다.

18 The new **handbooks** detail **the** ------ of the new computer system.

(A) operate (B) operator
(C) **operation** (D) operative

관사(the) 뒤에는 명사가 와야 하고 of는 대개 「명사 + of + 명사(~의 …)」처럼 자주 쓰이기 때문에 당연히 명사가 들어갈 자리이다. (B)도 명사이긴 하지만 사람 명사이므로 핸드북에서 다룰 내용으로는 맞지 않는다.

19 Below is a list of ------ **priced accommodations** in Vancouver.

(A) **reasonably** (B) reason
(C) reasonable (D) more reasonable

전치사(o f) 뒤에는 명사가 위치하는데 accommodations는 명사 접미사 -tion이 붙은 것으로 보아 명사이다. priced는 형용사 역할을 하므로, 그 앞에는 부사가 와야 형용사를 수식할 수 있겠다.

20 ------ **poor** sales have forced the company to postpone planned pay raises.

(A) Unexpectable (B) **Unexpectedly**
(C) Unexpecting (D) Unexpect

sales는 동사 have 앞에 있으니까 명사가 분명하고 그 앞에 있는 poor는 형용사이다. 그렇다면 형용사를 수식하는 부사가 앞에 오면 되겠다.

❶ Pulban 진공 청소기의 먼지 주머니는 장치가 막히는 것을 예방하기 위하여 자주 교체되어야 합니다.

❷ 그 물건의 제조 업체와 연락하려고 여러 차례 시도했음에도 불구하고, 우리는 답변으로 전화 한 통 받지 못했다.

❸ 〈Downtown News〉의 무료 신문은 식당과 지역 편의점에서 이용 가능하다.

❹ Ms. Draven은 지난 20년에 걸쳐 회사 내에서 꾸준히 승진을 해왔다.

❺ 새로 채용된 사원들은 그들의 업무를 제때에 끝내는 것을 어려워했다.

❻ 모든 현장 공장 감독관들은 월요일까지 그들의 근무시간 기록표를 제출해야만 한다.

❼ Fareast Seafood에는 모든 디저트 요리법들이 유명한 요리사 Miyagi Fukuda가 직접 승인한 것들이다.

❽ 그 연구는 여성들의 급여에 있어서 지난 몇 년 동안 약간의 개선만 있어왔다고 암시한다.

❾ Bryson Hardware의 매니저는 고객의 대다수가 그 상점의 자동 계산 시스템에 대해 우호적으로 반응했다고 보고했다.

❿ 모든 외국 거주인들이 실업이나 질병 수당 같은 복지 혜택에 자격이 되는 것은 이상적인 일이다.

⓫ 많은 서점들은 시장 추세에 맞춰 경제 잡지들의 재고를 늘리고 있다.

⓬ 1930년대에는 고층 건물들을 짓는 것이 기술적으로 불가능했다.

⓭ 그 뉴스 진행자는 새로 선출된 러시아 대통령의 이름을 실수로 잘못 발음했다.

⓮ Mr. Bennett가 Global Finance 학회에서 돌아올 때까지, Ms. Chang이 모든 회계 업무를 처리할 것이다.

⓯ 매우 쟁쟁한 많은 지원자들이 디자인 부서의 구인 공고에 반응했다.

⓰ 모든 안전 장비들이 철저하게 시험되었는지 확실히 하세요.

⓱ 그 새 상점은 제품의 무료 샘플들을 배포함으로써 적극적으로 고객들을 끌어 모으고 있다.

⓲ 새 안내 책자들은 새 컴퓨터 시스템의 운용에 대해 상세히 설명하고 있다.

⓳ 아래의 목록은 합리적인 가격의 밴쿠버 숙박 시설들이다.

⓴ 예상치 못한 매출 저조는 예상했던 봉급 인상을 뒤로 미루게 했다.

Day 7 관용적으로 함께 쓰이는 to부정사와 동사

3 전략 연습
209 페이지

1 We **were** ------- **to** have the appropriate vaccinations before we go on a business trip to South America.

(A) advising 동명사 혹은 현재분사　(B) advise 동사원형

(C) advises 현재동사　　　　　　**(D) advised** 과거동사 혹은 과거분사

be동사(were) 뒤에 동사가 위치하려면 동사의 형태는 -ing이거나 p.p.만 가능하다. advise는 타동사로 능동의 의미로 쓰이면 뒤에 목적어가 와야 한다. 이 문장은 빈칸 뒤에 목적어가 없으므로 수동의 의미가 맞겠다. 이렇게 긴 설명을 원치 않으면 제일 좋은 것은 be advised to ~라고 한 단어처럼 외워놓는 것이다.

2 Mrs. Shuman **encouraged** everyone in the office ------- the meeting to discuss the new project.

(A) attend 동사원형　　　　　　**(B) to attend** to부정사

(C) attending 동명사 혹은 현재분사　(D) attends 현재동사

동사 encouraged 뒤에 목적어 everyone in the office가 있다. 그 다음에는 to부정사가 따라올 순서이다. 「encourage + 목적어 + to부정사」의 형태를 기억하자.

3 Employees **are** ------ **to contact** Mr. Kojima if they are going to miss work for more than three days.

(A) requires 현재동사

(B) require 동사원형

(C) required 과거동사 혹은 과거분사

(D) requiring 동명사 혹은 현재분사

be required to do '~하기를 요구받다'를 외워두면 답을 쉽게 찾을 수 있다. requiring을 쓸 수 없는 이유는 능동의 의미인 be requiring 뒤에는 목적어가 붙어서 '~에게 요구하다'라는 의미가 되어야 하는데 이 문장에는 빈칸 뒤에 아무 목적어도 없기 때문에 능동이 아닌 수동태가 되어야 적절하다.

4 As stated in our store policy, we **are** not **allowed** ------ refunds on items that are purchased at a discount.

(A) to offer to부정사

(B) offer 동사원형

(C) offered 과거동사 혹은 과거분사

(D) offers 현재동사

be allowed to do '~하 도록 허용되다'의 표현이다.

5 New employees **were** ------ **to sign** all the pertinent papers and send them to the personnel office.

(A) told 과거동사 혹은 과거분사

(B) telling 동명사 혹은 현재분사

(C) to tell to부정사

(D) tells 현재동사

be told to do는 '~하라고 지시받다/명령받다'의 의미이다.

6 The Rolling's Apparel **expects** all of its employees ------ themselves in a professional manner when speaking with clients.

(A) to conduct to부정사

(B) conducting 동명사 혹은 현재분사

(C) be conducting 현재진행 동사

(D) conducts 현재동사

「expect + 목적어(all of its employees) + to부정사」의 문장 구조가 알맞다.

7 Paynal's new recycling policy must be approved by the vice president of operations before it **can** ------ **company wide**.

(A) have implemented 현재완료 동사

(B) be implemented 수동태 동사

(C) implementation 명사

(D) implementing 동명사 혹은 분사

조동사 can 뒤에는 동사원형이 위치해야 하고, it은 문장 내에서 policy를 의미하므로 '정책은 실행되어야 한다'라는 수동의 의미가 필요하다. 빈칸 뒤에 company는 목적어가 아니라 company wide가 '전사적으로'라는 부사구임을 알아 두자.

8 Hospitals in this city are **being** ------ **to close** departments because of lack of money.

(A) force 동사원형

(B) forced 과거동사 혹은 과거분사

(C) forcing 동명사 혹은 현재분사

(D) forces 현재동사

be forced to do '~하기를 강요받다'의 형태가 되어야 한다.

9 Although many considered it almost impossible, J&J Foods **was expected** ------ large profits in its first year of business.

(A) generate 동사원형

(B) generating 동명사 혹은 현재분사

(C) to generate to부정사

(D) generation 명사

be expected to do '~하도록 예상되다'의 형태로 답은 (C) to generate. 동사 expect는 수동태건 능동태건 상관없이 뒤에 to부정사가 있어야 하는 동사이다.

10 Ms. Singh **plans** ------- the handouts from the photocopier before leaving for the seminar.

(A) retrieve

(B) retriever

(C) retrieved

(D) to retrieve

plan이라는 동사가 바로 앞에 있으므로 동사 (A)는 탈락. plan의 목적어가 필요한데 빈칸 뒤에 이미 명사가 있으므로 명사 (B)도 탈락. 관사 앞엔 형용사가 올 수 없으므로 (C)도 탈락이다. plan는 to부정사를 목적어로 취하는 동사이다.

★ 해석이 궁금한 사람은 참고하세요~

❶ 남아메리카로 출장가기 전에 우리는 적절한 백신을 맞을 것을 권고 받았다.

❷ Shuman 씨는 사무실의 모든 사람들에게 새 프로젝트를 논의하는 회의에 참석하도록 권장했다.

❸ 직원들은 만약 3일 이상 결근할 경우에는 Kojima 씨에게 연락하도록 요구 받는다.

❹ 상점 규정에 명시된 것처럼 우리는 할인 가격에 구매된 상품에 대해서는 환불해 주도록 허용되지 않습니다.

❺ 신입 직원들은 모든 관련 문서에 서명하고 인사과로 보내라고 지시 받았다.

❻ Rolling's Apparel은 모든 직원들이 고객과 대화할 때 전문가다운 태도로 행동하기를 기대한다.

❼ Paynal 사의 새로운 재활용 정책은 회사에서 널리 시행되기 전에 운영 부사장에 의해서 승인되어야 한다.

❽ 이 도시의 병원들은 자금 부족 때문에 진료 부서들을 폐쇄하도록 강요 받고 있다.

❾ 많은 사람들이 거의 불가능하다고 간주했지만 J&J Foods는 사업 첫 해에 많은 수익을 창출할 것으로 예상되었다.

❿ Ms. Singh씨는 세미나에 가기 전에 복사기에 있는 핸드아웃을 가져갈 계획이다.

(Day 8) 한 번만 이해하면 정말 쉬운 동명사

3 전략 연습

213 페이지

1 Chef Daniel Smith focuses **on** ------- **an ever-changing menu** that gives customers the chance to eat fresh, local produce.

(A) provide 동사원형

(B) provision 명사

(C) provided 과거동사 혹은 과거분사

(D) providing 동명사 혹은 현재분사

빈칸은 전치사 on의 목적어 자리이므로 명사 형태가 와야 하는데, 뒤에 명사구 an ever-changing menu가 있으므로 목적어를 취할 수 있으면서 동시에 전치사의 목적어 역할을 할 수 있는 동명사가 정답이다.

2 A survey technician **has** already **completed** ------- **the lanes** at 20 Arnold Drive last week.

(A) map 동사원형 혹은 명사

(B) mapping 동명사 혹은 현재분사

(C) mapped 과거동사 혹은 과거분사

(D) mapper 명사

빈칸은 동사 has completed의 목적어 자리 이므로 동명사 형태가 와야 한다. '지도 제작하는 것을 완료했다'라는 의미가 되어야 한다.

3 It is common for many engineering students to work as interns **before** ------- **their first job**.

(A) to get to부정사   (B) gotten 과거분사

(C) getting 동명사 혹은 현재분사   (D) be getting 현재진행 동사

빈칸은 전치사 before의 목적어 자리이므로 명사 또는 동명사가 와야 한다. before의 목적어 역할을 하면서 their first job을 목적어로 취할 수 있어야 하기 때문에 동명사가 정답이다.

4 Clean water and sand, safety, and environmental management were crucial factors for judges **in** ------- **this year's best beaches**.

(A) decide 동사원형   (B) decided 과거동사 혹은 과거분사

(C) deciding 동명사 혹은 현재분사   (D) decision 명사

(A)는 to부정사로서 전치사 뒤에 올 수 없다. 빈칸은 전치사 in의 목적어 자리이므로 명사가 와야 하며, 동시에 빈칸 뒤의 명사구 this year's best beaches를 목적어로 취해야 하므로 동사이면서 명사 성격을 띠는 동명사가 와야 한다.

5 These days, many candidates make a decision **about** ------- **a company** based on the overall image of the company on social media.

(A) joining 동명사 혹은 현재분사   (B) joined 과거동사 혹은 과거분사

(C) to join to부정사   (D) joins 현재 동사

빈칸은 about의 목적어 역할을 하면서 a company를 목적어로 취할 수 있어야 하기 때문에 동명사가 정답이다.

6 The city **considered** ------- **the entire former army training site** for parks and open space use.

(A) designate 동사원형   (B) designates 현재동사

(C) designation 명사   **(D) designating** 동명사 혹은 현재분사

빈칸은 동사 considered의 목적어 자리이므로 명사나 동명사가 와야 한다. considered의 목적어 역할을 하면서 동시에 the entire former army training site를 목적어로 취할 수 있는 동명사가 정답이다.

7 Today's keynote speaker, Artistic Director Kevin Wu, will share some of the life experiences and challenges he encountered **in** ------- to a new county and finding his place.

(A) come 동사원형 혹은 과거분사   (B) came 과거 동사

(C) coming 동명사 혹은 현재분사   (D) comes 현재 동사

빈칸은 전치사 in의 목적어 자리이므로 명사나 동명사가 와야 한다. (A), (B), (D)는 동사로서 목적어 역할을 할 수 없기 때문에 모두 소거된다. 동명사 형태인 (C)는 목적어 역할을 할 수 있기 때문에 정답이 될 수 있고 coming은 「자동사 -ing」 형태이기 때문에 그 뒤에 목적어가 따로 없어도 되는 경우다.

8 Ryan Hann and William Smith reached an agreement to co-found a consulting company right **after** ------- from Pens University.

(A) graduate 동사원형   **(B) graduating** 동명사 혹은 현재분사

(C) being graduated 동명사 혹은 현재분사   (D) to graduate to부정사

빈칸은 전치사 after의 목적어 자리로 명사 혹은 동명사가 와야 한다. (A)는 동사로서 소거, (D)는 to부정사는 전치사의 목적어가 될 수 없기 때문에 소거, 남은 (B)와 (C)는 모두 동명사 형태라고 할 수 있으나, 해석상 '주어가 대학을 졸업했다' 즉 능동형 해석이 더 자연스럽다.

9 Designonline, a Web design agency, is looking for a summer intern with a strong interest **in** ------ **Web sites**.

(A) will develop 미래 시제

(B) developed 과거동사 혹은 과거분사

(C) developing 동명사 혹은 현재분사

(D) develops 현재 동사

빈칸은 전치사 in의 목적어 자리로 명사 혹은 동명사가 와야 하고 동시에 빈칸 뒤의 명사 Web sites를 목적어로 취하므로 동명사가 와야 한다. (B)는 비록 문법상 가능해 보일 수 있으나 해석상 '개발된 Web sites에 대한 흥미'보다는 'Web sites를 개발하는 것에 대한 흥미'가 더 자연스럽기 때문에 오답이다.

10 We have an excellent safety record, and we are committed **to** ------ environmentally friendly **tours**.

(A) arrange 동사원형

(B) arranging 동명사 혹은 현재분사

(C) arrangement 명사

(D) arrangements 명사

빈칸은 전치사 to의 목적어 자리이므로 명사나 동명사가 와야 한다. 참고로 be committed to는 뒤에 명사나 동명사가 와야 하는 구문이다. 그런데 빈칸 뒤에 명사 tours가 이어지고 있으므로 빈칸에는 tours를 목적어로 취할 수 있는 동명사가 정답이 된다.

★ 해석이 궁금한 사람은 참고하세요~

❶ Daniel Smith 주방장은 고객들이 신선한 지역 농산물을 맛볼 기회를 줄 수 있는 계속 바뀌는 메뉴를 제공하는데 주력한다.

❷ 한 측량 기사가 지난주에 이미 20 Arnold Drive의 도로 구조 지도 제작을 완료했다.

❸ 많은 공대생들이 흔히들 첫 직장을 얻기 전에 인턴으로 일한다.

❹ 깨끗한 물과 모래, 안전, 그리고 환경 관리는 심사위원들이 올해 최고의 해변을 결정하는 데 있어 결정적인 요건들이었다.

❺ 요즘에는 많은 지원자들이 소셜 미디어에 비친 그 회사의 전반적인 이미지에 근거하여 회사에 입사할 것인지에 대한 결정을 내린다.

❻ 시에서는 이전 군사 훈련소였던 부지 전체를 공원과 공공 용지로 지정하는 것을 고려했다.

❼ 오늘의 기조 연설자인 예술 감독 Kevin Wu는 새로운 주에 와서 자신의 자리를 잡기까지 자신이 맞부딪혔던 인생 경험과 도전 일부를 여러분과 함께 공유하게 될 것입니다.

❽ Ryan Hann과 William Smith는 Pens 대학교를 졸업하는 즉시 컨설팅 회사를 공동 창립하기로 합의했다.

❾ 웹 디자인 대행사인 Designonline 사는 웹 사이트 개발에 매우 관심이 많은 여름 인턴사원을 찾고 있습니다.

❿ 우리는 뛰어난 안전 기록을 가지고 있으며 환경친화적인 여행을 기획하는 데 전념하고 있습니다.

3 전략 연습

218 페이지

1 Mr. Tsunayoshi mentioned that **he is** very ------- in our research assistant position.

(A) interest 동사원형 혹은 명사
(B) interests 현재동사 혹은 복수명사
(C) interesting 동명사 혹은 현재분사
(D) interested 과거동사 혹은 과거분사

감정동사의 분사형 형용사의 경우는 수식하거나 설명하는 대상이 사람일 때는 p.p.를 고르도록 한다. 빈칸은 사람 주어 he를 설명하는 보어 자리이므로 과거분사 (D)가 정답이다.

2 The ------- **travel guide** now includes a comprehensive list of hotels at price points to suit all travelers.

(A) update 동사원형 혹은 명사
(B) updates 현재동사
(C) updating 동명사 혹은 현재분사
(D) updated 과거동사 혹은 과거분사

빈칸은 뒤의 명사 travel guide를 꾸미는 형용사 자리이다. 문맥상 '업데이트된 여행 안내서'라는 의미가 되어야 하므로 빈칸에는 '업데이트된'이라는 의미의 과거분사형 형용사가 와야 한다. 정답은 (D)이다.

3 All **customers** ------- **a current account** with BK Bank **are given** $100-worth of restaurant coupons.

(A) open 동사원형 혹은 형용사
(B) opened 과거동사 혹은 과거분사
(C) will open 미래시제 동사
(D) opening 동명사 혹은 현재분사

이 문장에는 이미 동사 are given이 있으므로 (A), (C)는 소거. 앞 명사를 뒤에서 수식하는 분사 문제임을 알 수 있다. 뒤에 목적어 a current account가 있으므로 -ing 분사 (D)가 정답이다.

4 The company delivers a wide variety of grocery **items** ------- **fruits, vegetables, dairy products, and bread.**

(A) included 과거동사 혹은 과거분사
(B) including 동명사 혹은 현재분사
(C) include 동사원형
(D) includes 현재동사

이 문장에는 이미 delivers라는 동사가 있으므로 동사 (C), (D)는 소거. 명사 items를 뒤에서 수식하는 분사 문제임을 알 수 있다. 빈칸 뒤에 목적어가 있으므로 -ing 분사를 고른다.

5 Wi Photography has courteously provided all of the **images** ------- in the updated brochure.

(A) display 동사원형
(B) displaying 동명사 혹은 현재분사
(C) displayed 과거동사 혹은 과거분사
(D) displayer 명사

이 문장에는 이미 has produced라는 동사가 있으므로 (A)는 소거. 복수명사 뒤에 또 명사가 나올 수 없으므로 명사 (D)도 소거. 명사를 뒤에서 수식하는 분사 문제임을 알 수 있다. 뒤에 목적어가 없으므로 p.p. 분사인 (C)가 정답이다.

6 The duties can be -------, so please allow me to offer my assistance and support in any way I can.

(A) overwhelm 동사원형
(B) overwhelmed 과거동사 혹은 과거분사
(C) overwhelms 현재동사
(D) overwhelming 동명사 혹은 현재분사

감정동사의 분사형 형용사의 경우는 수식하거나 설명하는 대상이 사물일 때는 -ing를 고르도록 한다. 빈칸은 사물 주어 the duties를 설명하는 보어 자리이므로 현재분사 (D)가 정답이다.

Part 5

7 By 2030, the Hoje Foundation **will have improved** the lives of 10 million **children** ------- in the poorest local communities.

(A) live 동사원형
(B) living 동명사 혹은 현재분사
(C) lived 과거동사 혹은 과거분사
(D) lives 현재동사

이 문장에는 이미 will have improved라는 동사가 있으므로 동사 (A), (D)는 소거. 명사를 뒤에서 수식하는 분사 문제임을 알 수 있다. live는 '~에 살다'라는 자동사 이므로 뒤에 목적어가 없다고 해서 p.p를 고르면 안 된다. 정답은 (B)이다. 자동사는 원래 목적어가 없기 때문이다.

8 Even though the road construction has slowed the traffic down, there have not been any major changes to ------- **bus routes**.

(A) exist 동사원형
(B) existing 동명사 혹은 현재분사
(C) existed 과거동사 혹은 과거분사
(D) being existed 동명사 혹은 현재분사

빈칸은 명사 앞에 형용사를 고르는 문제이다. 형용사처럼 생긴 것이 분사형 (B), (C)가 있지만 exist의 형용사형은 existing(기존의)이다. exist의 형용사형은 existing이지 existed라는 형용사는 존재하지 않는다는 점을 기억하자. 정답은 (B)이다.

9 Dr. Davis will talk about the latest scientific **methods** ------- **on** her study of food preferences to remove unwanted belly fat.

(A) base 동사원형 혹은 명사
(B) basing 동명사 혹은 현재분사
(C) based 과거동사 혹은 과거분사
(D) having based 동명사 혹은 현재분사

methods라는 명사를 뒤에서 수식하는 분사 문제임을 알 수 있다. 뒤에 목적어가 없으므로 p.p. 분사인 (C) based가 정답이다. based on은 '~에 근거한, ~에 기반한'이라는 관용적인 표현이라는 것을 알아두면 1초 안에 답이 나올 수 있는 문제이다.

10 Unfortunately, I just found that **the pure crystal vase** I ordered last week arrived -------.

(A) damaging 동명사 혹은 현재분사
(B) damaged 과거동사 혹은 과거분사
(C) damages 현재동사
(D) damage 동사원형 혹은 명사

문맥상 '유감스럽게도, 크리스탈 화병이 파손된 채로 도착했다'는 의미가 되어야 하므로 빈칸에는 앞의 명사 the pure crystal vase를 설명하며 '파손된, 하자가 생긴'이라는 수동의 의미를 가지는 과거분사가 와야 한다.

★ 해석이 궁금한 사람은 참고하세요~

❶ Tsunayoshi 씨는 우리의 연구 보조직에 매우 관심이 있다고 말했다.
❷ 업데이트된 여행 안내서는 모든 여행자들을 만족시키기 위해서 이제 기준 소매 가격의 종합적인 호텔 목록을 포함하였습니다.
❸ BK 은행에서 당좌예금을 개설하는 모든 고객들은 100달러 상당의 레스토랑 쿠폰을 받으시게 됩니다.
❹ 그 회사는 과일, 야채, 유제품, 빵을 다양한 식료품을 배달하고 있다.
❺ Wi Photography는 업데이트된 안내 책자 안에 게시된 모든 이미지들을 친절하게 제공했습니다.
❻ 해야 할 일들이 엄청날 수도 있으니, 어떤 식으로든 제가 할 수 있는 도움과 지원을 해드리겠습니다.
❼ 2030년까지, Hoje 재단은 가장 빈곤한 지역 사회에 살고 있는 아동 1천만 명의 삶을 향상시킬 것이다.
❽ 도로 공사가 교통을 지체시키고 있음에도 불구하고, 기존의 버스 노선에 어떤 큰 변경 조치도 없었다.
❾ Davis 박사는 원치 않는 복부지방 제거를 위한 음식 선택에 대한 자신의 연구에 기반해서 최신의 과학적 연구법에 대해 이야기 할 것이다.
❿ 유감스럽게도, 지난주에 제가 주문했던 순 크리스탈 화병이 파손된 채로 도착했음을 알게 되었습니다.

3 전략 연습

225 페이지

1 Make sure that you arrive at the building by 2 o'clock ------ **the meeting starts** at 2:30.

(A) because of 전치사   (B) when 접속사

(C) during 전치사   **(D) because** 접속사

빈칸 뒤에는 「주어(the meeting) + 동사 (starts)」가 있으므로 빈칸에는 접속사가 필요하다. 보기 중 접속사는 (D)뿐이다.

2 The city council **has been** improving education facilities ------ **the 1990s**.

(A) even though 접속사   (B) meanwhile 접속부사

(C) on 전치사   **(D) since** 전치사

(A) even though나 (B) meanwhile은 빈칸 뒤에 「주어 + 동사」가 위치해야 한다. 이 문제의 빈칸 뒤에는 명사 the 1990s가 있고, 앞 부분에 '~해왔다'라는 동사의 시제가 보이므로 답은 '~이래로'의 의미인 (D)를 골라서 '1990년대 이래로 지금까지 ~해왔다'라는 의미의 문장을 만드는 문제이다.

3 ------ **the sports promotion department has** a small staff, it has organized impressive athletic events.

(A) However 접속부사   (B) In spite of 전치사

(C) Although 접속사   (D) Whether 접속사

빈칸 뒤에 위치한 「주어(the sports promotion department) + 동사(has)」를 보면 빈칸에는 접속사가 위치할 것이라는 것을 알 수 있다. 따라서 접속사 (C) Although가 정답이다. (A) However는 접속부사로 뒤에 콤마(,)가 위치하고, (D) Whether도 접속사이지만 이 단어는 뒤에 오는 「주어 + 동사」와 같이 만나서 명사의 역할을 하는 접속사로 답에서 제외한다.

⑩ Whether you may come or not is very important to me.

4 To receive a full refund, customers must return merchandise ------ **15 days**.

(A) unless 접속사   **(B) within** 전치사

(C) always 부사   (D) when 접속사

빈칸 뒤에는 명사 15 days만 있으므로 답은 전치사 (B)가 된다. 나머지 품사는 명사 앞에 위치할 수 없는 품사들이다.

5 ------ **you are** buying or selling a house, be sure to use a real estate agent whose knowledge of the local market is comprehensive.

(A) During 전치사   (B) So 부사

(C) Due to 전치사   **(D) If** 접속사

빈칸 뒤에는 「주어(you) + 동사(are)」가 위치해 있으므로 답은 볼 것도 없이 그대로 (D)이다. 이런 문제를 빨리 해결하려면 나머지 보기들의 품사가 접속사가 아니라는 것을 보자마자 알 수 있는 정도의 어휘력을 갖추어야 한다.

6 The renovation of the building is expected to continue ------- **the remainder of the month**.

(A) at 전치사   (B) when 접속사

(C) for 전치사   (D) therefore 접속부사

빈칸 뒤에 「주어+동사」가 위치해 있지 않으므로 접속사나 접속부사는 답에서 일단 제외된다. '그 달의 나머지(remainder) 기간 동안'으로 해석되어 전치사 (C)가 답이다.

7 ------- **he was** inexperienced, he decided to apply for the job.

(A) Although 접속사   (B) Due to 전치사

(C) Despite 전치사   (D) Because of 전치사

빈칸 뒤에는 「주어(he) + 동사(was)」가 있으므로 당연히 접속사가 답이 된다. 토익 시험의 대표 접속사인 (A)가 답이다.

8 Quo 7 Textile Company posted a 15% **increase** ------- profits this year.

(A) off 전치사   (B) at 전치사

(C) up 전치사   **(D) in** 전치사

'~의 증가(increase)', 혹은 '~의 하락(decrease)'이라고 할 때 전치사 in을 붙인다.

9 We expect the ceremony **to be over** ------- **12:30 P.M.**

(A) on 전치사   (B) in 전치사

(C) by 전치사   (D) of 전치사

전부 전치사인데 의미상 '열 두시 삼십 분까지는 끝날 것이다'라고 해야 하므로 답은 (C)가 된다. 전치사 by는 매우 많은 의미가 있는데 그 중에 '~까지 …이 완료되다'의 문장을 만들 때 사용된다는 것을 알아두자.

10 Iceberg Beverages will start a promotion campaign ------- **the customer survey is** completed.

(A) as soon as 접속사   (B) except 전치사

(C) but 등위 접속사   (D) during 전치사

빈칸 뒤에 위치한 「주어(the customer survey) + 동사(is)」 앞에는 접속사가 위치할 텐데 보기 중에 접속사는 (A) as soon as와 (C) but 두 가지가 있다. 해석을 해보면 '여론 조사를 완료하자마자 ~ 할 것이다'라고 해야 자연스러우므로 답은 (A)이다.

★ 해석이 궁금한 사람은 참고하세요~

❶ 회의가 2시 30분에 시작될 것이기 때문에 2시까지는 건물에 확실히 도착하도록 하세요.

❷ 시 위원회는 1990년대 이래로 교육 시설들을 개선시켜왔다.

❸ 비록 스포츠 홍보 부서는 사람이 많지 않음에도 불구하고 멋진 체육 행사를 준비했다.

❹ 전액 환불을 받기 위해서 고객들은 반드시 15일 이내에 상품을 반환해야 한다.

❺ 당신이 주택을 구입하거나 판다면 지역 부동산 시장에 대해 포괄적인 지식을 가진 부동산 중개업자를 꼭 이용하세요.

❻ 그 건물의 보수 공사는 이달 나머지 동안 계속될 것으로 예상된다.

❼ 그는 경험이 없음에도 불구하고 그 직장에 지원하기로 결정했다.

❽ Quo 7 섬유 회사는 올해 15%의 수익 상승을 게시했다.

❾ 우리는 의식이 오후 열두 시 삼십 분까지는 끝날 것이라고 예상한다.

❿ 고객 설문 조사가 완료되자마자 Iceberg Beverages는 광고 캠페인을 시작할 것이다.

3 전략 연습

229 페이지

1 **Staff members** ------ **are** interested in taking evening English conversation classes should contact Mr. Raul at 510-9032.

(A) which   (B) what

(C) who   (D) where

빈칸 앞이 사람(Staff members), 빈칸 뒤가 동사(are)면? 그렇다. 사이에는 (C) who가 들어간다. (A) which는 선행사로 사물이 오고, (B) what은 선행사가 없이 명사절을 이끌며, (D) where는 뒤에 완전한 문장이 따라와야 한다.

2 **Mr. Felton,** ------ **has been** our valuable customer, was invited to our annual company party.

(A) that   **(B) who**

(C) which   (D) what

앞에 사람, 뒤에 동사면 빈칸에는 (B) who가 답이다. (A) that은 왜 안 될까? 빈칸 앞에 있는 콤마 때문에 that은 쓰일 수 없다. (C) which는 선행사로 사물이 있어야 하고, (D) what은 선행사가 없어야 한다.

3 **The main showroom** ------ **has been** under renovation will open in two days.

(A) who   (B) where

(C) what   **(D) that**

빈칸 앞에 선행사로 showroom이 있고, 뒤에는 주어 없이 동사 has가 있다. 사이에 는 사물을 대신 받으면서 뒤 문장의 주어 역할이 필요하므로 답은 (D) that이다. (A) who는 선행사로 사람, (B) where는 뒤에 완전한 문장이 필요하며, (C) what은 선행사가 없어야 한다.

4 We took a tour at the Guatemalan **farm** ------ **the fruit is picked and artificially ripened** before shipping.

(A) what   (B) which

(C) where   (D) that

선행사로 사물이면서 장소인 farm이 있고, 뒤에 따라 오는 문장은 주어나 목적어가 빠져있지 않은 완전한 문장이므로 답은 관계부사인 (C) where이다. (A) what은 선행사가 필요 없고, (B) which와 (D) that은 뒤에 위치한 문장 안에 주어나 목적어가 없어야 한다.

5 This pamphlet is for **the company** ------ **new model will be going into production** early next year.

(A) that   (B) which

(C) what   **(D) whose**

선행사로 사물인 the company가 있고, 빈칸 뒤의 문장은 완전하므로 빈칸에는 관계부사가 들어갈 수 있는데, 보기 중에는 관계부사가 없다. 그렇다면 관계대명사 중에 소유격인 (D) whose가 답이다. (A) that과 (B) which, 그리고 (C) what은 모두 뒤에 주어나 목적어가 없는 불완전한 문장이 따라와야 한다.

6 The news article **showed** clearly ------- **the Japanese companies were planning** in the Korean market.

(A) that   **(B) what**
(C) where   (D) which

빈칸 앞에는 선행사로 쓰일 명사가 보이지 않고, 빈칸 뒤에 동사 were planning ~ 뒤에 목적어가 없는 불완전한 문장이다. 따라서 답은 (B) what이다. (A) that과 (D) which는 선행사로 명사가 있어야 하고, (C) where는 빈칸 뒤의 문장이 완전해야 한다.

7 Ms. Taylor brought with her **three colleagues, none of** ------- I had ever met before.

(A) which   **(B) whom**
(C) what   (D) whose

빈칸의 선행사는 three colleagues이므로 빈칸에 쓰일 관계사는 사람을 대신하는 관계사여야 한다. 그리고, 전치사 of 뒤에 위치하여 목적격이 되어야 하므로 답은 (B) whom 이다. (A) which는 선행사로 사물을 대신 받고, (C) what은 선행사가 필요 없고, (D) whose는 소유격이기 때문에 뒤에는 대명사 I 가 아닌 보통 명사가 와야 한다.

8 I still remember **the day** ------- **you were first promoted and delighted with joy.**

(A) when   (B) which
(C) that   (D) where

선행사로 시점(the day)이 있고, 뒤따라오는 문장이 완전하므로 빈칸에는 관계부사 (A) when이 적절하다. (B) which, (C) that은 뒤에 따라오는 문장에 주어나 목적어가 하나 빠져있어야 하고, (D) where는 선행사로 장소 명사가 나와야 한다.

9 This manual explains **the way** ------- **the wages and year-end bonuses are calculated.**

(A) whom   (B) how
(C) in which   (D) whose

빈칸 앞에는 명사 the way가 있고, 빈칸 뒤에 완전한 문장이 오므로 답은 (C) in which이다. (B) how를 쓰기 위해서는 the way가 생략되어야 한다.

10 Other companies are adopting new accounting methods, ------- **is a sign** that we may need to restructure our systems too.

(A) who   (B) that
(C) what   **(D) which**

앞 문장 전체를 '그것'이라는 의미로 대신할 수 있는 관계사는 (D) which밖에 없다. (B) that은 앞에 콤마를 찍을 수 없기 때문에 답에서 제외한다.

★ 해석이 궁금한 사람은 참고하세요~

❶ 저녁 영어 회화 수업을 수강하는 것에 관심 있는 직원들은 Raul 씨에게 510-9032로 연락하세요.
❷ 우리의 소중한 고객인 Felton 씨는 우리 회사의 연례 파티에 초대되었다.
❸ 보수 공사 중이었던 주 전시장이 이틀 후에 개장할 것이다.
❹ 우리는 과일이 수확되어서 선적 전에 인공적으로 숙성되는 과테말라 농장을 견학했다.
❺ 이 팸플릿은 내년 초에 새 모델이 생산에 들어갈 그 회사를 위한 것이다.
❻ 신문 기사가 일본 회사들이 한국 시장에서 계획하고 있던 것을 분명히 보여주었다.
❼ Taylor 씨는 그녀의 동료 세 명을 데리고 왔는데, 그들 중 누구도 전에 만나본 적이 없던 사람들이었다.
❽ 나는 네가 처음 승진되어서 기뻤던 그 날을 여전히 기억한다.
❾ 이 안내 책자는 임금과 연말 보너스가 계산되는 방법을 설명하고 있다.
❿ 다른 회사들은 새로운 회계 방법들을 도입하고 있는데, 그것이 우리도 시스템도 재구성해야 할 필요가 있다는 신호이다.

1 The architect **has** ------ **exploited** new materials and building techniques.

(A) clever   **(B) cleverly**
(C) cleverness   (D) more cleverness

have동사(has)와 p.p.(exploited) 사이는 부사가 위치할 자리이다.

2 The accounting program may be used only by **staff** ------ **have received** the proper training.

(A) few   (B) should
(C) after   (D) who

빈칸은 완전한 문장과 주어가 빠진 불완전한 문장을 연결하는 자리이므로 주어역할을 하면서 접속사 역할까지 할 수 있는 주격 관계사 (D) who가 정답이다.

3 ------ unexpected **technical problems**, the promotional campaign of our new camera will not be cancelled.

(A) Although   (B) Even
(C) Unless   **(D) Despite**

빈칸 뒤에는 명사(problems)가 위치해 있으므로 전치사인 (D) Despite밖에 답이 될 수 없다. (A) Although와 (C) Unless는 접속사로 뒤에 「주어 + 동사」가 위치해야 하고, (B) Even은 부사이므로 구를 이끌 수 없다.

4 In spite of the snowy weather, the reception was well attended by ------ staff researchers **and** company sponsors.

(A) either   **(B) both**
(C) not only   (D) neither

선택지를 훑어보고 상관 접속사에 관한 문제임을 파악하면 빈칸 주위에 힌트가 될 만한 단어들을 빨리 찾아본다. 빈칸 뒷부분에 있는 and는 「both A and B」의 형태를 만들 것이라고 확신할 수 있겠다.

5 In honor of ------ **fifth anniversary**, Solux Beauty will release the premier line of the cosmetics.

(A) theirs   (B) any
(C) its   (D) whose

of 뒤에 명사는 기념일(anniversary)인데, 의미상 그 회사(Solux Beauty)의 기념일이 되므로 소유격 (C) its가 정답이다. theirs는 '그들의 것'이라는 소유 대명사이다.

6 This week's fundraiser will not be postponed ------ **we had to change** our key staff members who have been designing the event.

(A) although   (B) in spite of
(C) however   (D) nevertheless

빈칸 뒤에 「주어 + 동사」를 이끌어 앞 문장과 연결시켜줄 수 있는 접속사를 찾는 문제이다. (B) in spite of는 전치사, (C) however와 (D) nevertheless는 접속부사이므로 문장을 해석하지 않은 상태에서 빈칸에 들어갈 품사가 아니라는 것을 판단할 수 있어야 한다.

7 **Neither** the CEO ------- the vice president deals personally with the overseas branch managers.

(A) and 　　　　　　　　　　　(B) or

(C) but also 　　　　　　　　　(D) nor

문장 맨 앞에 Neither가 보이면 짝을 이루는 (D) nor를 답으로 찾는다.

8 This discount offer is available ------- **to our established customers**.

(A) exclusively 　　　　　　　(B) exclude

(C) exclusive 　　　　　　　　(D) excluding

전치사구(to our established customers)를 앞에서 수식하는 것은 부사의 역할이다.

9 **Ms. Knight's flight** to Boston was delayed; -------, **she would have arrived** here by 10 A.M.

(A) nevertheless 　　　　　　(B) otherwise

(C) even though 　　　　　　(D) but

빈칸의 앞뒤에 세미콜론(;)과 콤마(,)가 보이면 접속부사가 들어갈 자리이므로 (A) nevertheless와 (B) otherwise 중 하나가 답이 된다. 이런 문제는 해석을 해서 문맥에 맞는 답을 골라야 하는데 '그렇지 않으면(지연되지 않았더라면)'이라는 의미의 접속부사 (B)가 정답이다.

10 **Once** the board of directors ------- reviewing your application, you **will be notified** within two weeks.

(A) finish 　　　　　　　　　　(B) finished

(C) will finish 　　　　　　　(D) had finished

접속사 Once 뒤에「주어 + 동사」의 의미가 미래라도 현재 시제를 사용한다. 동사의 현재 시제를 묻는 문제들 중에 가장 출제 빈도가 높은 유형이다.

11 **The purpose** of this letter is to **inform** ------- that we have received the required deposit.

(A) herself 　　　　　　　　　(B) hers

(C) her 　　　　　　　　　　　(D) she

동사(inform) 뒤에 들어갈 목적어로 쓰일 대명사를 고르는 문제이다. '~에게 ~라는 것을 알리다'의 의미가 되어야 하므로 대명사 she의 목적격 her를 써서 inform her that ~ 이라고 해야 한다.

12 The financial situation of our company has become much worse than ------- **of VGX Pipes**, our competitor in the market.

(A) those 　　　　　　　　　　(B) that

(C) it 　　　　　　　　　　　　(D) them

문맥상 서로 비교 대상은 같아야 한다. 즉, 우리의 '재정 상태'와 경쟁 업체의 '재정 상태'를 비교하는 것이므로 단수인 the financial situation을 대신 받는 대명사 that이 정답이다.

13 Tyra Holmes ------- recognition as a world-famous classic guitarist in Europe and Asia **in the last seven years**.

(A) gaining 　　　　　　　　　(B) gain

(C) has gained 　　　　　　　(D) gains

'지난 7년 동안'이라는 것은 '7년 전부터 지금까지 ~해왔다'라는 것을 의미하므로 현재 완료시제가 적절하다.

14 **One** of the most amazing aspects of the Internet ------- that relatively poor people also can have access to it with a little help from the government.

   (A) is   (B) are

   (C) have   (D) were

문장의 주어와 동사의 일치를 묻는 문제이다. 문장의 주어는 '~들 중 하나' 즉 문장 맨 앞의 One이므로 단수로 취급해야 한다.

15 **His work efficiency fell** dramatically ------- **he was** trying to manage both his busy work schedule and hectic personal chores at the same time.

   (A) whether   (B) because of

   (C) because   (D) nonetheless

빈칸에는 두 개의 문장을 서로 연결해주는 접속사가 필요하다. (B) because of는 전치사이고, (D) nonetheless는 접속부사로 처음부터 답에서 제외시킨다. 접속사 (A)와 (C) 중에서 의미상 '두 가지 일을 관리하려고 하기 때문에 효율성이 떨어졌다'는 의미로 (C) because가 정답이다.

16 **Harry Yeats**, the human resources manager ------- **will contact** each applicant to arrange their job interviews.

   (A) himself   (B) him

   (C) he   (D) his

문장의 주어와 동사 사이에 끼어 들어가서 주어를 강조하는 것은 재귀대명사의 용법 중 하나이다.

17 Mr. Marion's articles in the newspaper are so ------- **well** written that everyone looks forward to reading them.

   (A) exceptional   **(B) exceptionally**

   (C) exceptions   (D) exception

문맥상 빈칸 뒤에 있는 부사 well을 수식할 수 있는 품사는 부사밖에 없다. 이렇게 부사가 부사를 수식할 수도 있다는 것만 확실히 기억하고 넘어가면 되겠다.

18 The retraining program is intended **for** ------- **working** in the engine assembly line.

   (A) those   (B) that

   (C) them   (D) they

대명사 those는 뒤에 관계대명사 who와 만나서 '~하는 사람들'의 의미로 자주 사용된다. ~ for those (who are) working in the...에서 관계사와 be동사, 즉 who are가 생략된 형태라고 이해하면 되겠다.

19 The guest speaker will give a presentation on urban transportation ------- **thirty minutes**.

   (A) at   (B) since

   (C) in   (D) from

전치사 in 뒤에 시간이나 기간의 의미를 가진 단어가 위치하면 '~있으면, ~후에'의 미래 시점을 나타낸다. in thirty minutes는 '30분 이내에'라는 뜻이 아니라 '30분 있으면, 즉 '30분 후에'를 뜻한다는 것에 주의하자.

20 The new office will be located in a fancy old building which ------- **thirty years ago**.

   (A) was built   (B) built

   (C) has been built   (D) is built

문장 맨 끝에 ~ ago가 보이므로, 그 앞에 위치한 동사는 당연히 과거 시제가 될 수밖에 없다. 목적어가 없고 의미상으로도 '건물은 지어져야'의 의미이므로 수동태의 형태인 (A)가 답이다.

❶ 그 건축가는 새로운 재료와 건축 기술을 현명하게 이용했다.

❷ 그 회계 프로그램은 제대로 된 교육을 받은 직원만 사용할 수 있다.

❸ 예상치 못한 기술적 문제들에도 불구하고, 우리의 새 카메라의 홍보 캠페인은 취소되지 않을 것이다.

❹ 눈이 오는 날씨에도 불구하고, 연회에는 연구원들과 후원업체들이 많이 참석했다.

❺ 그 회사의 제 5주년을 기념하여, Solux Beauty는 최고급 화장품들을 선보일 것이다.

❻ 우리가 그 행사를 기획해왔던 중요 직원을 교체해야 했음에도 불구하고, 이번 주의 모금 행사는 연기되지 않을 것이다.

❼ CEO도 부사장도 해외 지점장들과 직접 거래하지는 않는다.

❽ 할인은 오로지 우리의 기존 고객들에게만 제공된다.

❾ Knight 씨의 보스턴행 비행기가 지연되었는데 그렇지 않았다면 여기에 오전 열 시까지는 도착했을 것이다.

❿ 일단 이사회가 당신 지원서의 검토를 끝내면, 당신은 2주 안에 통보 받을 것이다.

⓫ 이 편지의 목적은 우리가 요구되는 보증금을 받은 것을 그녀에게 알리기 위함이다.

⓬ 우리 회사의 재정 상태는 시장에서 우리의 경쟁 상대인 VGX Pipes의 재정 상태보다 훨씬 악화되었다.

⓭ Tyra Holmes는 지난 7년 동안 유럽과 아시아에서 세계적으로 유명한 클래식 기타리스트로서의 명성을 얻어왔다.

⓮ 인터넷의 가장 놀라운 면 중 하나는 대체로 가난한 사람들도 정부의 약간의 도움으로 인터넷에 접속할 수 있다는 것이다.

⓯ 직장에서의 바쁜 스케줄과 정신 없는 개인적 업무를 동시에 관리하느라 그의 업무 효율은 상당히 떨어졌다.

⓰ 인사부 부장인 Harry Yeats가 직접 면접을 주선하기 위해 각 지원자에게 연락할 것이다.

⓱ Marion 씨의 신문 기사들은 너무나 특출하게 잘 쓰여져서 모든 사람이 그 기사들을 읽기를 고대한다.

⓲ 재훈련 프로그램은 엔진 조립 라인에서 일하는 사람들을 위해 의도되었다.

⓳ 30분 후에 초청 연사가 도시 교통수단에 관한 발표할 것이다.

⓴ 새 사무실은 30년 전에 지어진 멋지고 오래된 건물에 차려질 것이다

(Day 12) 명사 어휘 답 찍기

3 전략 연습

234 페이지

1 Advance Group Limited is involved in the **manufacture, sales,** and ------- of its own food products.

(A) exception 예외

(B) distribution 유통

(C) repetition 반복

(D) solution 해결책

'상품(products)'의 제조(manufacture), 판매(sales) 그리고 무엇'이라고 해야 가장 어울릴까? 그렇다. 상품의 유통. 즉 (B) distribution이 딱 맞겠다. 동사 distribute의 명사인 distribution은 '배포, 유통'의 의미를 갖는다.

2 The community housing department **gives** limited **financial** ------- to first-time home buyers.

(A) **assistance** 도움

(B) association 연합

(C) division 부서

(D) statement 내역서; 주장

빈칸 앞의 '재정적인'이라는 의미의 형용사 financial 과 어울려 가장 문맥에 맞는 명사를 답으로 고르는 문제이다. 보기 중에서 (A) assistance(도움)를 고르면 '재정적 도움', 즉 '어느 정도의 대출이나 금액의 할인'이라는 의미로 가장 적절하다. financial aid나 financial support도 같은 의미이다.

3 By purchasing two additional publishing companies, Bantam Media will **secure** the **top** ------ **among American publishing companies.**

(A) order 질서, 순서, 주문   **(B) position** 위치

(C) record 기록   (D) schedule 일정

'~ 중에(among) 가장 높은(top) …를 확보하다(secure)'라는 의미의 문장이다. 답은 (B) position 인데 이 문장에서는 '자리'라기보다는 '순위, 랭킹'의 의미가 된다. secure a position among ~ '~중에서 어느 지위를 확보하다'라는 표현을 기억해두자.

4 Because Ms. Han does not have the **technical** ------ **needed to complete the project,** the work has been outsourced to a local technology firm.

(A) expense 비용   (B) impression 인상

(C) indication 표시, 지시   **(D) expertise** 전문 지식

빈칸의 앞뒤로 '그 프로젝트를 끝내는 데 필요한 기술적인 무엇'이라는 의미로 답은 (D) expertise '전문 지식'이다.

5 In its **advertisements,** Steven's Furniture emphasizes the **strength and** ------ **of its products.**

(A) obligation 의무   (B) determination 결심

(C) reliability 신뢰성   (D) decision 결정

어느 상품의 광고(advertisements)에서건 상품의 강점(strength)과 신뢰성(reliability)을 강조할 것이 분명하다. '신뢰할 수 있는 상품'이라고 할 때 형용사 reliable을 써서 reliable products라고 한다.

6 More than 10% of the One **Bank**'s customers have switched to the **new** ------ **plan.**

(A) statement 내역서; 주장   (B) maintenance 관리

(C) discount 할인   **(D) savings** 저축

은행(Bank)의 고객들과 관련 있는 것은 '저축(savings) 상품(plan)'일 것이다.

7 In an ongoing **commitment** to client ------, Labo Electronics welcomes your feedback on its services.

(A) satisfaction 만족   (B) extension 연장

(C) pleasure 기쁨   (D) management 관리

client(고객)와 같이 어울려 복합명사를 만드는 명사를 고르는 문제로 '고객 만족(client satisfaction)에 대한 약속(commitment)'에서 ~라고 하는 것이 가장 적절하다. (C) pleasure나 (D) management는 client와 어울려서 사용되지 않는다.

8 Felix **Public Relations** has created effective media **publicity** ------ for customers in the communication, manufacturing and publishing industries.

(A) permissions 허락, 허가   (B) influences 영향

(C) campaigns 캠페인   (D) intentions 의도

문장의 주어로 Public Relations, 즉 PR회사가 있으니까 그들이 하는 것은 '홍보 캠페인 (publicity campaigns)'을 고객들을 위해 만드는 것일 것이다.

9 Due to space constraints on its airplanes, the **Continent Airline changed** its ------ and **now allows** only **one suitcase** per passenger.

(A) policy 방침   (B) accommodation 숙박

(C) handling 취급   (D) measure 조치

'~항공사(Airline)는 …을 바꿔서 이제 가방 한 개만 허용한다'라는 의미가 된다. 그렇다면 당연히 항공사의 방침(policy)을 바꾸었을 것이다.

10 Solomon Logistics **takes** every ------- to **ensure** that your items **arrive** at their destination **safely and on time**.

(A) idea 아이디어   (B) advice 충고

(C) detention 구금   (D) precaution 예방 조치

의미를 파악해보면, '무엇인가가 안전하게(safely) 정시에(on time) 도착(arrive)하는 것을 확실히 하기 (ensure) 위해 ~을 하다'라는 뜻일 것이다. 그러기 위해서 사전에 미리 '예방 조치를 취한다'라고 하는 것이 가장 적절하다. 앞에 동사 take와 함께 take precaution '예방 조치를 취하다'를 하나의 표현으로 외워두자.

★ 해석이 궁금한 사람은 참고하세요~

❶ Advance Group Limited는 자체 식품의 제조, 판매, 그리고 **유통**에 관여하고 있다.

❷ 지역 주택 부서는 주택을 처음 구입하는 사람들에게 제한적인 재정 **지원**을 제공한다.

❸ 추가로 두 개의 출판사를 사들임으로 해서 Bantam Media는 미국 출판사들 중에 선두 **지위**를 확보할 것이다.

❹ Han 씨는 그 일을 완료하는 데 요구되는 기술적 **전문 지식**이 없기 때문에, 그 일은 외부 현지 기술 업체한테 주어졌다.

❺ 광고에서 Steven's Furniture는 자사 상품의 강점과 **신뢰성**을 강조한다.

❻ 10% 이상의 One Bank 고객들이 새 **저축** 상품으로 바꾸었다.

❼ 고객 **만족**에 대한 계속되는 약속으로, Labo Electronics는 자사 서비스에 대한 여러분의 피드백을 환영합니다.

❽ Felix Public Relations는 효과적인 매체 홍보 **캠페인**들을 커뮤니케이션, 제조 및 출판 업체들 같은 고객들을 위해 만들어왔다.

❾ 비행기의 공간 제약 때문에, Continent 항공사는 **방침**을 바꾸어서 이제 승객당 오직 한 개의 여행용 가방만 허용한다.

❿ Solomon Logistics는 여러분의 물품이 목적지에 안전하고 제시간에 도착할 것을 보장하기 위해 모든 **예방 조치**를 취한다.

Day 13 형용사 어휘 답 찍기

3 전략 연습

237 페이지

1 Diamond Tailors promises custom suits **at** ------- **prices**.

(A) willing 기꺼이 하는   (B) valuable 귀중한

(C) reasonable 합리적인   (D) relative 상대적인

보기에서 가격(prices)과 어울리는 형용사는 (C) reasonable이다. at reasonable prices(합리적인 가격에)를 한 단어처럼 외워두자. right(올바른), budget(경제적인), good(저렴한) 등의 형용사도 price와 잘 어울린다.

2 At Truman Associates, we believe that a ------- **working environment** is essential to the well-being of our staff.

(A) tender 부드러운   (B) pleasant 즐거운

(C) confident 자신 있는   (D) fragile 깨지기 쉬운

대충 '~한 근무 환경(working environment)이 직원들의 복지(well-being)에 꼭 필요하다'라는 의미일 것이다. 당연히 즐거운(pleasant) 근무 환경이라고 해야겠다. 보기에 있는 나머지 형용사들은 working environment(근무 환경)와는 어울려 사용되지 않고, 다음의 경우처럼 사용될 수 있다.

예 a tender steak(부드러운 스테이크), a confident manner(자신 있는 태도), fragile environment(취약한 환경)

3 Range Photocopiers was able to increase its share of the market by selling units at two thirds of the ------- **price**.

(A) duplicate 복제의   (B) numerous 많은

(C) standard 표준의   (D) divided 나누어진

빈칸 뒤의 명사 price와 어울리는 형용사를 고르는 문제이다. (C) standard를 집어넣어서 '표준가격에(at the standard price)'라고 해야 말이 되겠다. (B) numerous는 뒤에 의미상 복수 명사가 와야 하고, 그 외의 보기에 있는 단어들도 전혀 의미가 어울리지 않는다.

4 We found it ------- **to request estimates from several contractors before choosing one**.

(A) beneficial 유익한   (B) legible 읽을 수 있는

(C) abundant 풍부한   (D) accessible 이용 가능한

이 문제는 문장 전체의 의미를 알아야 풀 수 있다. 해석해보면 '하나를 선택하기 전에(before choosing one) 몇 군데(several)로부터 견적을 요청해보는 것(request estimates)이 ~하다는 것을 우리는 알았다(found)'라는 대략의 의미이다. 보기에 있는 네 단어들을 하나씩 집어넣어보면 답은 (A) beneficial이 되어서 '그렇게 하는 것이 우리한테 이득이 된다'라고 해야 말이 된다.

5 Few people attended the city festival **the first year** it was held, but extensive advertising attracted larger crowds in ------- **years**.

(A) next 다음의   **(B) subsequent** 그 다음의

(C) followed 뒤이어진   (D) late 늦은

조금 어려운 문제이다. 우선 (A) next는 답에서 제외하는데 지금을 기준으로 하는 '내년'이 아니라 이 문장에서는 과거의 어떤 해를 기준으로 the first year(그 첫 해), in the next years(그 다음 해에는)와 같이 관사 the를 필요로 하기 때문이다. (C) followed도 오답. '뒤따르는 해'라고 하고 싶으면 the following years라고 해야 한다. (D) late은 의미상 말이 되지 않는다. 따라서, 답은 (B) subsequent가 되겠는데, '그 다음의'라는 의미의 형용사로 이 문장에서 알맞은 의미를 만들어준다.

6 Future Technology Company is committed to providing ------- **products** at an affordable price.

(A) reliable 믿을 만한   (B) skilled 숙련된

(C) earnest 진지한   (D) tactful 재치 있는

빈칸 뒤의 명사 products(상품)와 가장 잘 어울리는 형용사는 (A) reliable이다. reliable products[service / source]라고 자주 어울리는 단어들을 한 단어처럼 외워두자. (B) skilled는 skilled workforce(숙련된 인력), skilled job(숙련된 기술이 필요한 직업) 등의 표현으로 주로 쓰인다.

7 Because of the ------- **problems**, we have had with Budget Delivery over the past year, we will be switching to a new delivery service.

(A) supportive 뒷받침하는   (B) spoiled 망쳐진

(C) voluntary 자발적인   **(D) numerous** 많은

(A) supportive, (C) voluntary는 problems같은 명사가 아니라 뭔가 긍정적인 의미의 단어와 어울릴 것이고, spoiled는 spoiled children(버릇없는 아이들), spoiled food(상한 음식)와 같이 쓰이는 단어이다. 그렇다면 답은 (D) numerous밖에 없다. '많은 문제들 때문에~ 어쩌고 저쩌고'라는 문장일 것이다. 어휘 문제이지만 문장 전체의 해석과 전혀 무관하게 답을 고를 수 있는 전형적인 문제이다.

8 With the rise in transportation costs, Wilcher Corporation has experienced an ------- **need** to find innovative ways to reduce shipping expenses.

(A) effective 효과적인　　　　　　(B) outgoing 외향적인

(C) increasing 증가하는　　　　　(D) accidental 우연한

빈칸 뒤의 need는 관사 an과 함께 쓰였으므로 명사로 '필요'를 의미한다. '혁신적인(innovative) 뭔가를 찾기 위한 ~필요'라는 의미로 보기 안에 단어들을 하나씩 대입해 보면 '증가하는(increasing) 필요'라고 하는 것이 가장 알맞겠다. '혁신적인 무엇인가를 찾기 위한 필요가 점점 증가하고 있다.'라고 의역할 수 있는 문장으로 답은 (C) increasing.

9 Hartford Utilities **appreciates** your ------- **payment** of the enclosed electric bill, which is due by February 3rd.

(A) lasting 지속적인　　　　　　(B) missed 놓친

(C) **prompt** 신속한, 즉각적인　　(D) soon 곧

고객의 어떤 대금지불(payment)을 고마워(appreciate)할까? 당연히 신속하게(prompt) 내주는 것을 좋아하겠지.

10 Many ------- **economists**, including Teresa Robinson and Diana Boxer, have published articles in *The Yale Reviews*.

(A) customary 관례적인　　　　(B) definite 분명한

(C) elaborate 정교한　　　　　(D) **notable** 유명한

빈칸 뒤의 명사 economists(경제학자들)와 어울리는 형용사는 (D) notable(유명한, 저명한)밖에 없다. 나머지 단어들은 이렇게 외워두자.

⑩ customary laws(관습법),
　a definite answer(확답),
　elaborate network(정교한 네트워크)

★ 해석이 궁금한 사람은 참고하세요~

❶ Diamond Tailors는 **합리적**인 가격에 고객 맞춤 정장을 약속한다.
❷ 우리는 Truman Associates에서 **즐거운** 업무 환경이 직원들의 복지에 꼭 필요하다고 믿습니다.
❸ Range Photocopiers는 상품을 **표준** 가격의 3분의 2 가격으로 팔아서 시장의 점유율을 올릴 수 있었다.
❹ 우리는 한 군데를 결정하기 전에 몇 군데 하청 업자들로부터 견적을 요청하는 것이 **이득이 된다**는 것을 알았다.
❺ 시 축제가 열린 첫 해에는 사람들이 거의 참석하지 않았는데, 광범위한 광고 덕분에 **그 다음** 해부터 더 많은 군중들이 왔다.
❻ Future Technology Company는 저렴한 가격에 **신뢰할 수 있는** 상품을 제공하는 데 전념하고 있다.
❼ 우리가 Budget Delivery와 지난 한 해 동안 가진 **많은** 문제들 때문에, 우리는 새로운 배달 서비스로 바꿀 것이다.
❽ 운송비의 상승으로 Wilcher 사는 선적 비용을 줄이기 위한 혁신적 방법을 찾아야 할 **증가하는** 필요성을 경험했다.
❾ Hartford Utilities는 2월 3일까지 기한인 동봉된 전기 요금에 대한 당신의 **신속한** 지불에 감사드립니다.
❿ Teresa Robinson과 Diana Boxer를 포함한 많은 **저명한** 경제학자들이 〈The Yale Reviews〉에 기사들을 실어 왔다.

3 전략 연습

240 페이지

1 The exchange rate is not very favorable at the moment, but it is expected to **improve** -------.

(A) urgently 위급하게　　(B) shortly 곧
(C) nearly 거의　　(D) openly 공개적으로

미래의 의미인 be expected to do(~할 것으로 예상되다)와 improve(개선되다)와 가장 어울리는 부사는 soon의 의미를 가진 (B) shortly밖에 없다.

2 According to the first quarter report, January's **sale**s were ------- **better than** average.

(A) quickly 빠르게　　(B) slightly 약간
(C) attentively 주의 깊게　　(D) variably 다양하게

'판매(sales)가 어떻게 더 낫다(better)'의 의미상 가장 알맞은 부사를 고르는 문제이다. 여기 들어갈 부사는 빈칸 뒤의 형용사 better를 가장 어울리게 수식할 수 있어야 한다. 따라서, 답은 (B) slightly이다. (C) attentively 는 attentively watch(주의 깊게 시청하다)와 같은 표현으로 기억하자.

3 The sales **plan** was **not decided** ------- **but** was rather **the result of careful cooperation** by a team of sales managers.

(A) arbitrarily 독단적으로　　(B) officially 공식적으로
(C) only 오직　　(D) impossibly 불가능하게

이 문제는 문장 전체의 의미를 어느 정도 파악해야 가능한 문제이다. '계획(plan)은 ~어떻게 결정되지 않았고, 신중한 협조(careful cooperation)의 결과(result)이다'라고 대충 해석이 되는 문장인데, 문장 한가운데 but이 보이므로 but의 앞뒤 문장은 의미상 무엇인가 상반되어야 한다. but 뒤의 문장에 있는 careful cooperation(신중한 협력)과 상반되는 단어를 찾으면 (A) arbitrarily(독단적으로)가 된다.

4 Freeman Books can send invoices ------- **from book orders** at the customer's request.

(A) partially 부분적으로　　(B) jointly 공동으로
(C) diversely 다양하게　　(D) separately 단독으로

빈칸 뒤에 from book orders로 보아 (D) separately from(~로부터 분리해서, 따로) 표현이 적당하다.

5 I ------- **remember** the man in a black suit guiding us to the party hall.

(A) mistakenly 실수로　　(B) exclusively 독점적으로
(C) newly 새롭게　　(D) vaguely 희미하게

빈칸 뒤의 동사 remember(기억하다)를 수식하는 부사를 찾는 문제이다. 보기의 부사 네 개를 하나씩 대입해서 동사 remember와 어울리는 의미를 찾으면 답은 (D) vaguely밖에 없다. 반대로 '생생하게 기억하다'라는 표현은 vividly remember라는 것도 기억하자.

Part 5

6 Since the book **was published**, it has been ------- **translated** into 15 languages.

(A) accordingly 그에 따라
(B) unlimitedly 무제한으로
(C) conveniently 편리하게
(D) subsequently 뒤이어서

'무엇인가가 출판(published)된 이래로(since), 번역되어왔다(has been translated).' 그런데 어떻게 번역되어왔을까? 문장 맨 끝에 '15개의 언어로(into 15 languages)'가 힌트이다. 우선 한 종류의 언어로 출판되었을 것이고, 그 책의 인기가 좋아서 뒤이어 (subsequently) 영어, 불어, 중국어 등 다양한 언어로 출판되었을 것이라고 짐작할 수 있으므로 답은 (D) subsequently가 되겠다.

7 We **went through** the report ------- but the information we wanted wasn't given anywhere.

(A) overly 지나치게
(B) thoroughly 철저하게
(C) easily 쉽게
(D) reportedly 전하는 바에 따르면

빈칸 앞의 동사 went through는 review의 의미로 즉, '검토하다'라는 의미를 갖는다. 그렇다면 '어떻게' 검토해야 할까? 보기 중 어울리는 부사는 '철저하게, 신중하게'의 의미인 (B) thoroughly로 동사 revise (개정하다), search(수색하다), investigate(조사하다) 등과 잘 어울린다.

8 As **competitors** scrambled to keep up, JYT Inc. **moved** ------- to start production of the plastic components before other firms even had a chance to act.

(A) regularly 정기적으로
(B) softly 부드럽게
(C) quickly 빠르게
(D) tiredly 피곤하게

'경쟁업체들(competitors)이 무엇인가를 할 때, 뭔가를 시작하기(start) 위해 어떻게 움직여야(moved)' 할까? 당연히 (C) quickly(잽싸고 빠르게) 움직여야 사업에 성공할 것이다.

9 Screenwriter Edwin Burrows **is** ------- **obligated** to write a new installment in her *Dave Cross* series every twelve months.

(A) contractually 계약상
(B) descriptively 묘사적으로
(C) responsibly 책임감 있게
(D) critically 비판적으로

is obligated는 '의무화되어 있다'라는 의미이다. 어떻게 의무화되어 있어야 할까? (A) contractually obligated(계약상 의무화되어 있다)라는 표현을 한 단어처럼 외워두자.

10 Copier paper and printer cartridges **are** ------- **sorted** in the filing cabinet next to the receptionist's desk.

(A) relatively 상대적으로
(B) usually 대개
(C) slightly 약간
(D) vaguely 희미하게

빈칸 뒤의 동사 sort는 '분류하다, 정리하다'의 의미이다. 그렇다면 '어떻게' 정리되어있다고 해야 할까? 보기의 부사들을 하나씩 대입해보면 그 중 맞는 의미는 (B) usually밖에 없다. 또한 usually는 '대개 ~한다'의 의미로 '습관, 정해진 일' 등 뭔가 반복되는 일상을 나타낼 때 쓰이기 때문에 현재 시제와 어울린다. 빈칸 앞에 동사의 현재 시제 are가 답을 usually로 고르는 데 도움이 된다.

❶ 환율은 현재 그다지 유리하지 않지만 **곧** 개선될 것으로 예상된다.

❷ 일사분기 보고서에 따르면 1월의 매출이 평균보다 **약간** 좋았었다.

❸ 판매 계획은 **독단적으로** 결정되지 않았고, 그것은 판매 매니저들의 신중한 협력의 결과였다.

❹ Freeman Books는 고객이 요청 시에 내역서를 도서 주문과는 **별도로** 보내드립니다.

❺ 나는 검은 정장을 입고 우리를 파티 홀로 안내해주는 그 남자를 **희미하게** 기억한다.

❻ 그 책이 출판된 이래로, **뒤이어** 15개 언어로 번역되어왔다.

❼ 우리는 그 보고서를 **철저하게** 검토했지만 우리가 원하는 정보는 어디에도 없었다.

❽ 경쟁업체들이 뒤처지지 않으려고 서두르는 동안 JYT 사는 다른 회사들이 행동할 기회를 갖기도 전에 플라스틱 부품의 생산을 시작하기 위해서 **빨리** 움직였다.

❾ 시나리오 작가 Edwin Burrows는 Dave Cross 시리즈물의 한 편씩을 12개월마다 쓰도록 **계약상** 의무화되어 있다.

❿ 복사 용지와 프린터 카트리지는 **대개** 안내 데스크 옆에 있는 파일 캐비닛 안에 정리되어 있다.

Day 15 동사 어휘 답 찍기

3 전략 연습

243 페이지

1 The Marketing Division will ------- a consumer **survey**.

(A) detain 감금하다　　　　(B) associate 연관 짓다

(C) foretell 예지하다　　　**(D) conduct** (특정활동을) 하다

빈칸 뒤의 목적어 survey(여론 조사)와 어울리는 동사는 (D) conduct로 conduct는 a survey(여론조사) / poll(투표) / study(연구) 등의 명사와 어울려 자주 출제된다.

2 For security reasons, **only authorized** personnel are ------- to enter this room.

(A) associated 연관 짓다　　　**(B) permitted** 허락하다

(C) decided 결정하다　　　　(D) written 쓰다

'오직 승인된(only authorized) 직원들만 ~된다'라고 해석되는 문장이다. be permitted to do는 '~하는 것이 허락되다'의 의미로 문맥상 (B)가 정답이다.

3 The sales team **meeting** originally scheduled **next** Monday has been ------- **until** next Wednesday.

(A) abbreviated 축약하다　　　(B) terminated 끝내다

(C) postponed 연기하다　　　(D) met 만나다

문장의 주어인 '회의(meeting)'가 '다음(next) ~까지(until) … 되다'라는 문장이다. 보기의 동사를 하나씩 대입해보면 가장 의미에 맞는 동사는 (C) postponed이다. (B) terminated는 '끝내다'의 의미로 '언제까지(until) 끝나 왔다(has been terminated)'는 의미상 매우 어색하다.

4 The mail order form for Lion Company states that any purchase over $50 ------- **for free shipping**.

(A) supplies 공급하다　　　**(B) qualifies** 자격을 얻다

(C) arranges 주선하다　　　(D) copies 복사하다

빈칸 뒤의 전치사 for와 함께 관용적으로 쓰이는 자동사는 (B) qualifies이다. qualify for~(~에 자격이 되다)는 매우 중요한 자동사 관련 관용 표현이다.

5 The Editorial **Departement** intends to ------- significant **changes** to the magazine's format at the next **meeting**.
(A) involve 관련시키다
(B) announce 발표하다
(C) participate 참가하다
(D) agree 동의하다

'무슨 팀(team)이 중요한 변경사항(significant changes)를 회의해서 ~할 의도이다'에 어울리는 동사는 (B) announce이다. involve는 대개 수동태로 사용되어 뒤에 전치사 in, with 등과 같이 쓰이고, participate도 전치사 in과 같이, agree는 with, to, on 등의 전치사와 같이 쓰이거나 「that 주어 + 동사」의 형태가 따라오는 동사이다.

6 **The reception** will begin **at 6 o'clock** and will be ------- by a dinner in the main hall **at seven thirty**.
(A) followed 따르다
(B) advanced 앞서다
(C) delayed 미루다
(D) processed 처리되다

해석해보면 '연회(The reception)가 여섯 시에 시작될 것이고, 저녁 식사(dinner)는 7시 30분에 있게 될 것'이므로, 7시 30분에 있을 저녁 식사는 연회를 뒤따르는 행사가 된다. 따라서, 저녁 식사가 '뒤에 있다, 후속된다'의 의미가 되는 (A)가 정답이다.

7 Kevin Hamus told his supervisor about the **complaints** from international customers, and she **promised to** ------- the **matter**.
(A) look into 조사하다
(B) act out 연출하다
(C) show up 나타나다
(D) go ahead 진행되다

고객이 말한 '불만(complaints)'에 대해서 '알아보기로(look into)' 약속해야 문맥상 자연스럽다. 여기서 look into는 '조사하다'의 의미로 investigate와 유사한 의미이다.

8 Mr. Tanaka's report has ------- the managers **aware** of hiring needs for next year.
(A) brought 가져오다
(B) given 주다
(C) made ~하게 만들다
(D) become ~이 되다

문장 구조를 보고 답을 찾는 문제이다. 빈칸 뒤에 나오는 aware는 형용사로 「동사 + 목적어(the managers) + 형용사」의 형태를 만들 수 있는 동사를 골라야 한다. 답은 (C) made. 보기의 나머지 동사들은 이런 기능이 없다. 이렇게 기억하자. You make me happy.(동사 + 목적어 + 형용사)

9 Corporate policy ------- staff members **from** conduct**ing** personal business during working hours.
(A) discourages 막다, 말리다
(B) detects 탐지하다
(C) indicates 나타내다
(D) pretends ~인 체하다

답은 (A) discourages이다. 「discourage + 목적어 + from + -ing」는 '누가 ~하는 것을 못하게 하다'의 의미이다.

10 The Maintenance Department has installed a computer program that enables **employees** to ------- **their working hours** electronically.
(A) practice 연습하다
(B) attend 참석하다
(C) record 기록하다
(D) recover 회복하다

문장을 대충 해석해서 '직원들(employees)이 그들의 근무 시간(their working hours)을 ~하는 것을 가능케(enable) 했다'라고 생각해 보자. '근무 시간을 기록(record)하도록…'이라고 하는 것이 문맥상 가장 자연스럽다.

❶ 마케팅 부서는 소비자 설문 조사를 **할** 것이다.
❷ 보안상의 이유로 오직 승인된 직원들만 이 방에 들어오는 것이 **허가된다**.
❸ 원래 다음 월요일로 일정이 잡혔던 영업팀 회의는 다음 주 수요일까지 **연기되었다**.
❹ Lion 사의 우편 주문 양식에 50달러 이상의 구매는 무료 배송의 **자격이 된다**고 명시하고 있다.
❺ 편집팀은 잡지 형식의 중요한 변경사항을 다음 번 회의에서 **발표할** 계획이다.
❻ 연회는 여섯 시에 시작될 것이고 메인 홀에서 일곱 시 삼십 분에 저녁 식사가 **이어질 것이다**.
❼ Kevin Hamus는 그의 상관에게 해외 고객들로부터의 불만들을 말했고, 그녀는 그 일에 대해 **알아보기로** 약속했다.
❽ Tanaka 씨의 보고서는 매니저들이 내년에 직원 채용의 필요성을 인식하게 **해주었다**.
❾ 기업 규정은 직원들이 근무 시간에 개인 사무를 **하지 못하게 막는다**.
❿ 관리부는 직원들이 자신의 근무 시간을 컴퓨터로 **기록하는 것을** 가능케 하는 컴퓨터 프로그램을 설치했다.

Day 16 전치사 어휘 답 찍기

3 전략 연습

246 페이지

1 Please be sure to **follow up with** Ms. Wilson ----- the maintenance of the dehumidifier.

(A) across ~을 가로질러(전) (B) regarding ~에 관하여(전)
(C) since ~이후로 지금까지(전) (D) even 심지어(부)

빈칸은 완전한 문장과 명사구 사이의 자리이므로, 명사구를 목적어로 취하는 전치사자리이므로 부사 (D)는 소거. 문맥상 '제습기 관리에 관하여'라는 의미가 자연스러우므로 (B)가 정답이다.

2 Dr. Hu is a passionate physician who has **committed himself** ------ car**ing** for children in need.

(A) in ~안에(전) (B) of ~의(전)
(C) to ~으로, ~에(전) (D) that 그것(대), 접속사

commit oneself to -ing는 '~에 헌신하다, 일하다'라는 관용 표현이다.

3 Pilex Delivery announced yesterday that, ------ **commercial cargo**, it will begin shipping **residential freight**.

(A) in addition to ~외에도(전) (B) as a result of ~의 결과로(전)
(C) even though ~지만(접) (D) not only ~뿐만 아니라(부사)

이 회사는 '상업용 화물(commercial cargo)'에 추가로 가정용 화물 (residential freight)을 배송하기 시작한다'라고 해야 의미가 맞는 문장이다. 어휘를 알아야 풀 수 있는 문제이다.

4 Hotel Ontari is ------ **an hour's drive** of the Harbor City.

(A) onto ~위로(전) (B) on ~위에(전)
(C) where 어디로(부, 접) (D) within ~이내에(전)

빈칸 뒤의 명사 an hour's drive(한 시간 운전 거리) 앞에 위치할 수 있는 전치사는 (D) within으로 '한 시간 운전해서 갈 수 있는 거리 이내에~'라는 의미가 되겠다. (C) where는 관계 부사로 뒤에 「주어 + 동사」가 위치해야 한다.

5 The flight **reservations** ------- **Ms. Ramirez's trip** to Seoul have been confirmed by the airline.

(A) for ~을 위한(전) (B) about ~에 관한(전)
(C) in ~안에(전) (D) by ~에 의해(전)

'빈칸에 보기의 전치사들을 하나씩 대입해보면 앞뒤의 단어들과 의미가 맞는 것은 (A) for 밖에 없다.

6 Driving directions to our company and a map of the city are **enclosed** ------- **the letter**.

(A) along ~을 따라(전) (B) from ~로부터(전)
(C) with ~와 함께(전) (D) until ~까지(전, 접)

빈칸 앞의 동사 enclose(동봉하다)와 어울리는 전치사는 (C) with이다. enclose A with B 'A와 함께 B를 동봉하다'의 의미로 기억해두자.

7 Xing Corporation plans to hold a series of seminars to promote better **communication** ------- **its staff members**.

(A) among ~간에(전) (B) under ~밑에(전)
(C) past ~을 지나서(전) (D) behind ~뒤에(전)

'그 회사의 직원들(its staff members) 간에 (among) 의사소통(communication)~'을 어쩌고저쩌고 하는 내용의 문장이 분명하다. 당연히 직원들은 세 명 이상일 테니까 '그들 사이에, 그들 간에~'라는 의미의 전치사 (A) among이 답이다.

8 The renovation of the employee cafeteria is expected to continue ------- **the remainder of the month**.

(A) at ~에(전) **(B) for** ~동안(전)
(C) then 그러면(부) (D) what 무엇(대, 접)

빈칸 뒤의 명사 the remainder of the month(그 달 나머지)와 어울려 '그 달 나머지 기간 동안'의 의미를 만드는 전치사는 (B) for이다.

9 ------- unexpected **technical problems**, the launch for the new antivirus software will not be delayed.

(A) In spite of ~에도 불구하고(전) (B) Prior to ~전에(전)
(C) However 그러나(부) (D) Originally 원래(부)

(C) However는 관계부사로 뒤에 콤마와 함께, 「주어 + 동사」가 따라와야 하고, (D) Originally도 부사로 문장 맨 앞에 위치할 때는 뒤에 콤마가 나와야 하므로 답에서 제외시킨다. 전치사 (B) Prior to는 before와 같은 의미로 뒤에 있는 명사(problems)와 문맥상 어울리지 않는다.

10 Since his election as president, Mr. Tanner has been trying to build trade relationships with companies ------- **the region**.

(A) moreover 게다가(부) (B) up 위에(부, 전)
(C) as ~로서(전), ~때문에(접) **(D) throughout** ~전체에(전)

전치사인 (B) up과 (C) as는 전혀 의미가 맞지 않고, (A) moreover는 접속부사로서 구를 이끌 수 없다. (D) throughout은 뒤의 명사 the region(그 지역)과 어울려 '그 지역 전체에/전역에'의 의미로 자주 출제되는 전치사이다.

REVIEW TEST 3

247 페이지

Part 5

1 We need to get **an assistant** who's ------- and efficient.
(A) possible 가능한
(B) capable 능력있는
(C) mandatory 의무적인
(D) tentative 잠정적인

'비서(assistant)는 ~하고 일을 효율적으로(efficient)' 할 수 있어야겠다. 당연히 비서는 능력있는(capable) 사람이어야 채용될 것이다. (A) possible(가능한), (C) mandatory(의무적인), (D) tentative(잠정적인) 등의 형용사는 문맥에 맞지 않다.

2 Motorists **are** ------- by law **to wear** a seat belt.
(A) require
(B) requiring
(C) required
(D) requirements

be required to do는 '~하는 것이 요구되다'의 의미이다.

3 We recommend that the paint be **used** ------- **on a metallic surface** as it does not adhere well to the surface of the other materials.
(A) only 오로지
(B) doubly 이중으로
(C) nearly 거의
(D) as

'어떻게 금속 표면(on metallic surface)에 사용되어야 할까? 다른 재료(other materials)에 잘 붙지 않는다면(not adhere)…' 대충의 문맥에서 어울리는 부사는 (A) only로 '오직 금속에만 사용되어야 한다'의 의미가 맞겠다. (B) doubly(이중으로), (C) nearly(거의)는 맞지 않다.

4 ------- **employees** must have proficient computer skills and fluency in English.
(A) Intermediate 중간레벨의
(B) Prospective 유망한
(C) Obvious 분명한
(D) Previous 과거의

회사에 들어올 가망이 있는(prospective) 직원들에 관한 이야기일 것이다. (A) Intermediate(중간 레벨의), (C) Obvious(분명한), (D) Previous(과거의)는 문맥에 맞지 않다.

5 New **employees** ------ **wish** to attend the company banquet must sign up before Friday.

(A) what   (B) whom

(C) who   (D) when

빈칸 앞이 사람(employees), 빈칸 뒤가 동사(wish)라면 사람을 대신하면서 뒤따라오는 동사의 주어가 되는 관계대명사 (C) who가 정답이다.

6 For a limited time only, Solomon **Insurance offers** business in the Robson area a significant ------ on property insurance.

(A) restraints 억제   (B) delivery 배달

(C) fix 수리   **(D) discount** 할인

보험사(insurance)가 제공할(offers) 수 있는 것은 보기 중에 (D) discount(할인)밖에 없겠다. (A) restraints(억제), (B) delivery(배달), (C) fix(수리).

7 Mrs. Nuyen doesn't want to take even ------ **criticism** about her work performance.

(A) constructive 건설적인   (B) compatible 호환되는

(C) various 다양한   (D) operative 활동하는

빈칸 뒤의 명사 criticism(비판)을 수식하는 형용사 (A) constructive(건설적인)가 답이 되겠다. constructive criticism(건설적인 비판)은 한 단어처럼 쓰이는 관용 표현이다. 보기의 나머지 단어들의 의미는 다음과 같다. (B) compatible(호환되는), (C) various(다양한), (D) operative(활동하는).

8 The $100 appliance **rebate is** ------ toward the purchase of new Sedin Energy refrigerators and appliances for a limited time only.

(A) diverted 전환된   (B) submissive 순종적인

(C) purposeful 목적이 있는   **(D) applicable** 해당되는

문맥상 rebate(환급)는 다른 비싼 용품들을 살 때 '적용 가능하다', 즉 '그 금액만큼 할인해'준다는 의미가 되겠다. (A) diverted(전환된), (B) submissive(순종적인), (C) purposeful(목적이 있는), (D) applicable이 '적용가능한, 해당되는'으로 정답이 된다.

9 Commuters **are** ------ **to** use the tunnel while the bridge is under repair.

(A) encourage   **(B) encouraged**

(C) encouraging   (D) encouragement

be동사(are) 뒤에는 -ed나 -ing 동사의 형태가 쓰일 수 있다. be encouraged to do는 '~하기를 권장 받다, 격려 받다'의 의미이다.

10 The advertising manager **gave a brief** ------ about the new media campaign.

(A) presentation 발표   (B) arrangement 주선

(C) administration 행정   (D) occupation 직업

give a presentation(발표하다)이라는 표현을 알고 있다면 쉽게 답을 찾을 수 있겠다. 보기의 단어들은 (A) presentation(발표), (B) arrangement(주선), (C) administration(행정), (D) occupation(직업)의 의미이다.

11 This **discount offer** is given ------ to the subscriber of the *Biker's Weekly*.

(A) exclusively 오로지, 독립적으로   (B) accurately 정확히

(C) actively 적극적으로   (D) occasionally 가끔

'할인(discount)은 주어지는데(is given) 구독자에게(to the subscriber)만 오로지, 독점적으로 (exclusively)' 주어질 것이다. (B) accurately(정확하게), (C) actively(적극적으로), (D) occasionally(가끔).

12 The Personnel Department was asked to find ------- **ways to motivate** employee participation in the time management seminars.

(A) obtained 획득된   (B) decided 결정된

(C) effective 효과적인   (D) approximate 대략의

빈칸 뒤에 있는 '동기를 부여하는 ~한 방법(ways to motivate ~)'을 수식할 알맞은 형용사는 (C) effective(효과적인)이다. 나머지 단어들의 의미는 (A) obtained(획득된), (B) decided(결정된), (D) approximate(어림 짐작의)로 답이 될 수 없다.

13 Because this machine **works so** -------, we **are able to** accomplish **twice** as much as before.

(A) efficiently 효율적으로   (B) right 바르게

(C) unconditionally 무조건적으로   (D) extremely 매우

'기계(machine)가 일을 너무 ~해서, 두 배(twice)만큼 할 수 있다(are able to)' 대충의 문맥을 파악하여 선택지의 단어를 하나씩 대입해 보면 정답은 (A) efficiently(효율적으로)이다. (B) right(바르게), (C) unconditionally(무조건적으로), (D) extremely(매우, 극도로)는 문맥에 어울리지 않는다..

14 **The old bridge** across the Red Cedar River has begun to show signs of -------.

(A) shape 모양   (B) decrease 감소

(C) wear 마모   (D) limit 한계

'오래된 다리(The old bridge)'와 관계 있는 명사를 고르면 답은 (C) wear(마모, 낙후)이다. 나머지 단어들의 의미를 알고 있으면 쉽게 풀 수 있는 문제이다. (A) shape(모양), (B) decrease(감소), (D) limit(한계).

15 Mr. Futon will return from **England**, ------- **he received a Ph.D.** from a university.

(A) what   (B) who

(C) which   **(D) where**

빈칸 앞에 장소(England), 빈칸 뒤에 완전한 문장이 오면 빈칸에는 관계부사 (D) where가 답이다. what, who, which는 뒤에 주어나, 목적어가 없는 문장이 와야 한다.

16 In order to improve customer service, we urge you to **respond** ------- to this matter.

(A) increasingly 점점   **(B) promptly** 신속하게

(C) currently 현재   (D) easily 쉽게

빈칸 앞에 있는 동사 respond(응답하다)와 가장 잘 어울리는 부사는 (B) promptly(신속하게)이다. 나머지 보기들은, (A) increasingly(점점 더), (C) currently(현재), (D) easily(쉽게) 등의 의미이므로 빈칸에 어울리지 않는다.

17 Many **applicants** ------- **were** interviewed will meet the president tomorrow.

(A) whom   (B) what

(C) who   (D) which

빈칸 앞에 사람(applicants), 빈칸 뒤에 동사(were)가 나오면 사이에는 주격 관계대명사 (C) who가 답이다.

18 Every laboratory employee should download and print **a copy** of the safety **handbook** for quick -------.

(A) reference 참고   (B) procedure 절차

(C) subject 과목   (D) indication 표시

'···안내 책자(handbook)의 사본(a copy)을 빠른 ~을 위해서···'라는 대충의 의미로 해석이 된다. 안내 책자는 어떤 일이 있을 때마다 펼쳐 놓고 읽어 보는, 즉 참고(reference)하기 위한 책자이므로 답이 (A)가 되겠다. 보기의 다른 명사들은 (B) procedure(절차), (C) subject(과목), (D) indication(표시)의 의미로 빈칸에 어울리지 않는다.

19 While Harry is out of the office next week, he will be **checking** his e-mail ------ from home.

(A) timely (형) 제 때의

(B) exactly 정확히

(C) evenly 고르게

(D) regularly 정기적으로

보기의 부사들을 하나씩 대입해서 동사 check와 가장 잘 어울리는 부사를 찾는 문제이다. 보기들의 의미는 (A) timely(제 때의), (B) exactly(정확하게), (C) evenly(고르게, 균등하게), (D) regularly(정기적으로)이므로 답은 (D)이다. 이 때 (A) timely를 고르지 않도록 조심한다. timely는 -ly로 끝났지만 부사가 아니라 형용사이다.

20 A sports club member who wishes to cancel a membership must **give 30 days** -------.

(A) knowledge 지식

(B) notice 공지

(C) track 길, 경로

(D) catch 수확

give ~ days notice는 '며칠의 준비할 시간을 주다', 즉 '며칠 전에 통보해라'는 의미와 같은 표현이다. 나머지 보기들은 (A) knowledge(지식), (C) track(길, 경로), (D) catch(수확)의 의미를 갖는다.

★ 해석이 궁금한 사람은 참고하세요~

❶ 우리는 **능력있고** 효율적인 비서가 필요하다.

❷ 운전자들은 법에 의해 좌석 벨트를 착용하기를 요구 받는다.

❸ 다른 재료에는 표면에 잘 붙지 않기 때문에 우리는 그 페인트가 **오직** 금속 표면에만 사용되기를 추천한다.

❹ **유망한** 입사 지원자들은 반드시 능숙한 컴퓨터 기술과 영어의 유창함이 있어야 한다.

❺ 회사 만찬에 참석하기를 희망하는 **신입** 직원들은 반드시 금요일 전에 등록해야 한다.

❻ Solomon 보험사는 제한된 기간 동안에만, Robson 지역의 사업체에 건물 보험에 대한 상당한 **할인**을 제공한다.

❼ Nuyen 씨는 자기의 업무 실적에 관해서는 심지어 **건설적인** 비판이라도 받고 싶어하지 않는다.

❽ 제한된 기간 동안에만 100불 가치의 환급이 새 Sedin Energy 냉장고와 용품들에 **적용 가능하다**.

❾ 통근하는 사람들은 다리가 수리 중인 동안에는 터널을 사용하라고 권장받는다.

❿ 광고부 부장은 새 미디어 캠페인에 대한 짧은 **발표**를 했다.

⓫ 이 할인 제공은 〈Biker's Weekly〉의 구독자에게만 **독점적으로** 주어진다.

⓬ 인사과는 시간 관리 세미나에 직원 참여를 동기 부여 할 **효과적인** 방법을 찾아보라고 요구받았다.

⓭ 이 기계가 너무나 **효율적으로** 작동되기 때문에, 우리는 전보다 두 배 많은 일을 해낼 수 있다.

⓮ Red Cedar 강을 가로지르는 그 오래된 다리는 **마모**의 신호를 보이기 시작했다.

⓯ Futon 씨는 영국에서 돌아올 것인데, 그곳에서 어느 대학으로부터 박사 학위를 받았다.

⓰ 고객 서비스를 개선하기 위해서 우리는 여러분들이 이 일에 **신속하게** 응답하기를 촉구합니다.

⓱ 면접을 한 많은 지원자들은 내일 사장을 만날 것이다.

⓲ 모든 실험실 직원은 빠른 **참고**를 위해 안전 안내서 사본을 다운로드해서 인쇄해놓아야 한다.

⓳ Harry가 다음 주에 사무실에서 일하지 않는 동안, 그는 집에서 **정기적으로** 이메일을 확인하게 될 것이다.

⓴ 회원권을 취소하고 싶은 스포츠 클럽 회원은 반드시 30일 전에 **공지**해야 합니다.

PART 6

★ 답 찾기 전략! 맥락을 살펴가며 파트 6의 문제를 하나씩 풀어본다. 문장 삽입은 가급적 마지막에 풀고, 모르는 문제는 일단 넘어가고 다른 문제부터 풀고 나중에 다시 보도록 한다.

Day 17 독해로 푸는 파트 6

2 독해를 해가며 파트 6를 풀어보자!

254 페이지

Questions 131-134 refer to the following e-mail.

From: Sarah Smith <sarahpsmith@pepperproductions.com>
To: Emily Rodriguez <paularod@mailtome.com>
Date: Friday, April 5
Subject: Talk show appearance
Attachment: Guidelines

Dear Ms. Rodriguez,

We are **131)** delighted to learn that you have accepted our offer to appear on our primetime talk show, *Tucker Tonight with Frank Tucker*. Please arrange to arrive at our studios by 16:00 on Thursday, May 16. Your interview with Frank **132)** will be transmitted live on the show from 19:00 to 20:00. You will be receiving a call from the show's director, Toby Brown, in due course to discuss details of the interview. In the meantime, I'm attaching some guidelines for your reference, detailing our policies and procedures, and giving you **133)** directions to the studios. Thank you once again for your decision to take part in our show and **134)** I look forward to seeing you soon.

Yours sincerely,

Sarah Smith
Production Assistant, Pepper Productions

발신: Sarah Smith
    <sarahpsmith@pepperproductions.com>
수신: Emily Rodriguez <paularod@mailtome.com>
날짜: 4월 5일 금요일
제목: 토크쇼 출연
첨부: 가이드라인

Rodriguez 씨께,

저희 황금 시간대 토크쇼 〈Tucker Tonight with Frank Tucker〉의 출연 제안을 수락해 주셔서 **기쁩니다**. 5월 16일 목요일 오후 4시까지 저희 스튜디오에 도착해주십시오. Frank와의 인터뷰는 오후 7시부터 8시까지 생방송 쇼로 **방송될 것입니다**. 인터뷰의 세부사항을 논의하기 위해 적절한 때에 프로그램의 감독인 Toby Brown에게 전화를 받게 되실 것입니다. 그 사이에 참고하시도록 저희 방침과 절차를 상세히 설명한 가이드라인 및 스튜디오로 오시는 **길 안내**를 첨부해드립니다. 다시 한번 저희 프로그램에 참여하시기로 결정해주신 점에 감사의 말씀을 전합니다. **조만간 뵙길 기다리겠습니다**.

Sarah Smith 배상
제작 보조, Pepper Productions 사

어휘 **appearance** 출연 **attachment** (이메일의) 첨부파일 **delight** 기쁨; 기쁨을 주다 **delighted** 아주 기뻐하는 **accept** 수락하다, 받아들이다 **offer** 제안 **appear** 출연하다 **primetime** 황금 시간대 **arrange** 처리하다, 마련하다 **interview** 인터뷰 **transmit** 전송하다, 방송하다 **in due course** 적절한 때에 **in the meantime** 그 동안에 **attach** 첨부하다 **for your reference** 참고하시도록 **procedure** 절차 **instruction** 설명, 지시 **preparation** 준비 **suggestion** 제안, 제의 **directions** (pl.) 길 안내 **look forward to** ~을 기다리다 **production** 제작 **assistant** 보조, 보조원

131 문법 문제 풀이 소요시간: 약 10초
(A) delight
(B) delighted
(C) delighting
(D) delights

감정동사의 경우 주어가 사람이 때는 p.p. 분사를 사용한다. be delighted to do는 '~하게 되어 기쁘다'는 관용 표현으로 외워 두자.

132

문법 문제 풀이 소요시간: 약 10초

(A) was transmitted
(B) will have been transmitted
(C) will be transmitted
(D) be transmitting

빈칸 뒤에 목적어가 없으므로 능동태인 (D)는 소거. 이 이메일을 보내는 날짜가 4월 5일인데 토크쇼 날짜는 5월 16일이므로 당연히 미래시제를 써야 한다. (B)의 미래완료 시제는 기간의 표현과 완료되는 시점의 표현이 동시에 나와야 쓸 수 있는 시제이다. (Day 5에서 이미 배운 내용!)

133

어휘 문제 풀이 소요시간: 약 20초

(A) instructions
(B) preparations
(C) suggestions
(D) directions

빈칸에는 동사 giving의 직접 목적어로 명사가 올 자리인데, 문맥상 '스튜디오에 오는 길 안내'라는 의미가 되어야 적절하므로 빈칸에는 '길 안내'라는 의미의 명사 directions가 필요하다.

134

문장 삽입 문제 풀이 소요시간: 약 50초

(A) This is a small token of my gratitude.
(B) I look forward to seeing you soon.
(C) Please turn off your mobile phone during the movie.
(D) I would like to offer you a 20% discount.

(A) 이것은 저의 작은 감사의 표시입니다.
(B) 조만간 뵙길 기다리겠습니다.
(C) 영화 보는 동안에는 휴대폰을 꺼 주세요.
(D) 당신께 20%의 할인을 제공해 드리고 싶습니다.

빈칸에 앞선 내용이 프로그램 참여에 따른 세부사항을 전달하고 있으며, 이어서 다시 한번 프로그램에 참여하기로 결정해 준 점에 대한 감사의 인사를 전하고 있다. 그러므로 빈칸에는 조만간 뵙길 기다린다는 내용이 문맥상 가장 적절하다.

Questions 135-138 refer to the following notice.

Attention: all clients

No matter how used you are to traveling, it's always possible that **135)** you will run into problems on your trip. Therefore, we have produced the following guidelines that you may wish to keep in mind so that your trip goes smoothly. Firstly, it is **136)** crucial that you carefully check your travel documents, such as tickets and itineraries, when you receive them from us. Secondly, although you may be tempted to cut costs by going without travel insurance, this is inadvisable. Over the years, many travelers **137)** have been relieved that they took out travel insurance in cases of serious illness, loss of money, or missed flights. Finally, if during your trip you find yourself dissatisfied with any member of our staff, or of staff at your resort hotel, please make your **138)** complaint in writing to us at our head office address. We endeavor to address all issues in a timely manner.

Thank you.

World Travel Agency

모든 고객님들 주목해 주십시오.

고객님께서 아무리 여행에 익숙하시더라도, 언제나 **여행 중 문제에 부딪힐 수 있습니다.** 따라서, 고객님의 여행이 순조롭게 진행되도록 저희는 염두에 두셔야 할 다음과 같은 지침을 만들었습니다. 첫째, 비행기표나 여행 일정표 같은 여행 서류들을 저희에게서 받으시면 신중하게 확인하는 것이 **중요합니다.** 둘째, 여행자 보험에 가입하지 않음으로써 비용을 줄이고 싶을 지도 모르지만, 그건 권해드리고 싶지 않습니다. 수년간 많은 여행객들이 심각한 질병, 돈 분실, 놓친 항공편이 발생할 경우 여행자 보험에 가입해둔 것에 **안도감을 느꼈습니다.** 마지막으로, 여행 중 저희 직원 또는 리조트 호텔의 직원에게 불만족스러운 일이 생기시면 저희 본사 주소로 서면으로 **항의해** 주십시오. 저희는 모든 문제를 시기 적절하게 처리하기 위해 노력합니다.

감사합니다.

World Taylor 여행사

135

문장 삽입 문제 풀이 소요시간: 약 50초

(A) you will run into problems on your trip

(B) you will enjoy traveling to experience new cultures

(C) you will travel more and learn something new

(D) you will make some great memories with your companions

(A) 여행 중 문제에 부딪힐 수 있습니다.

(B) 새로운 문화를 경험하면서 여행을 즐길 것입니다.

(C) 당신은 더 여행을 할 것이고 새로운 것을 배우게 될 것입니다.

(D) 당신의 동반자와 아주 좋은 추억을 만들 것입니다.

빈칸에 앞서 '아무리 여행에 익숙하다고 해도'란 내용이 등장하고 있으며, 빈칸 이후에는 여행이 순조롭도록 하고자 지침을 만들었으며 여행 관련 서류는 신중하게 확인할 것을 당부하는 내용이 등장하고 있다. 그러므로 빈칸에는 여행의 순조로운 진행을 위한 지침이 필요하고 여행 관련 서류를 신중하게 확인할 것을 당부해야 할 만큼, 여행에 숙달된 상태라 해도 여행 도중 문제가 발생할 가능성은 언제나 상존한다는 내용이 제시되어야 함을 가늠할 수 있다.

136

어휘 문제 풀이 소요시간: 약 20초

(A) like

(B) crucial

(C) usual

(D) final

「It is + 형용사 + that」 구문으로 빈칸에는 형용사가 필요하다. 이 때 it은 가주어이며 진주어는 that절임을 알아 둔다. 문맥상 '비행기표나 여행 일정표 같은 여행 서류들을 저희에게서 받으시면 신중하게 확인하는 것이 중요하다.'라는 내용이 되어야 하므로 빈칸에는 '중요한'이라는 의미의 형용사가 필요하다.

137

문법 문제 풀이 소요시간: 약 10초

(A) are relieving

(B) relieve

(C) have been relieved

(D) relieved

빈칸 앞에 나오는 over the years는 '수년간'이라는 의미이므로 동사는 과거에서부터 현재까지를 나타내는 시제인 현재 완료형이 필요하다. 또한 문맥상 '여행자 보험에 가입해둔 것에 안도감을 느꼈다'라는 내용이 되어야 하므로 주어 many travelers와 동사가 수동 관계임을 알 수 있다.

138

어휘 문제 풀이 소요시간: 약 20초

(A) complaint

(B) destination

(C) proposal

(D) agenda

빈칸에는 소유격 your의 수식을 받는 명사가 올 자리인데, 문맥상 '저희 본사 주소로 서면으로 항의해달라'는 내용이 되어야 하므로 '항의, 불만'이라는 의미의 명사가 필요하다.

Questions 139-142 refer to the following letter.

Brian Moore
586 Hills Road
Gainsborough, CT 20836

Dear Mr. Moore,

Many thanks for your letter of April 10. I'm pleased to inform you that we do replace or refund any items that customers aren't entirely satisfied with within 30 days of purchase.

139) Returning items to us is very simple. You just need to go to our Web site and click on the "Returns" button on the homepage. You'll then be asked to fill in an online form, which you can then print out and send back to us **140)** together with your unwanted item in the returns packet provided. Please note that items must be returned to us in their **141)** original packaging and must be in perfect, unused condition.

142) We are very sorry that you weren't completely satisfied with your purchase. We always strive to make our customers happy, and you can be assured that we will process your refund as quickly as possible after receiving your return.

Best regards,

Rachel Campbell
HomeandBeauty.com

Brian Moore
586 Hills Road
Gainsborough, CT 20836

Moore 씨께,

4월 10일 저희에게 편지 주셔서 대단히 감사합니다. 고객님들께서 완전히 만족하지 못하신 제품은 구매 30일 이내에 교환 또는 환불해드림을 알려드리게 되어 기쁩니다.

저희에게 물품을 **반품하는** 것은 매우 간단합니다. 저희 웹사이트로 가셔서 홈페이지의 '반품' 버튼을 클릭하시면 됩니다. 그리고 나서 온라인 양식을 기입하시고 출력하셔서, 제공된 반품 케이스에 원하지 않는 물품과 **함께** 저희에게 보내주시면 됩니다. 물품은 **원래** 포장 상태로 반송되어야 하며, 완벽하고 사용되지 않은 상태여야 함에 유의해주십시오.

구매하신 물품에 완전히 만족하지 않으셨다니 대단히 죄송합니다. 저희는 고객님들을 행복하게 해드리기 위해 항상 노력하며, 반품을 수령한 뒤 가능한 한 빨리 환불을 처리해 드릴 것임을 알려드립니다.

Rachel Campbell 배상
HomeandBeauty.com

어휘 **pleased** 기쁜 **inform** 알리다 **replace** 교체하다, 바꾸다 **entirely** 완전히 **satisfied with** ~에 만족한 **purchase** 구매; 구매하다 **return** 반품, 반송; 반품하다 **fill in a form** 서식을 기입하다 **print out** 인쇄하다 **together with** ~와 함께 **rather than** ~보다는, ~ 대신에 **close to** ~에 가까운 **due to** ~로 인해 **unwanted** 불필요한, 원치 않는 **packet** 통, 갑, 꾸러미 **provide** 제공하다 **note** 유의하다, 주목하다 **original** 원래의 **packaging** 포장 **unused** 사용하지 않은 **completely** 완전히 **strive** 분투하다 **assured** 자신감 있는, 확실한 **process** 처리하다 **refund** 환불 **as quickly as possible** 가능한 한 빨리

139 **문법 문제** 풀이 소요시간: 약 10초
(A) Return
(B) Returned
(C) **Returning**
(D) Returns

문장의 동사는 is이고 빈칸부터 to us까지가 주어가 된다. 문맥상 '물품을 반납하는 것은 매우 간단하다'라는 의미이므로 빈칸에는 '반납하는 것'이라는 뜻의 동사가 명사 역할을 하며 뒤에 items를 목적어로 취할 수 있는 동명사형이 나와야 한다.

140 **어휘 문제** 풀이 소요시간: 약 20초
(A) **together with**
(B) rather than
(C) close to
(D) due to

빈칸에는 your unwanted item과 함께 쓰여 문맥상 '원하지 않는 물품과 함께 (동봉하여)'라는 의미를 완성하는 전치사 표현 이 필요하다.

141 　어휘 문제　풀이 소요시간: 약 20초

(A) colorful
(B) original
(C) excessive
(D) attractive

빈칸 뒤에서 제품을 반품할 때는 완벽하고 사용되지 않은 상태여야 한다고 언급하고 있으므로 packaging, 즉, '포장지'란 명사를 수식할 수 있는 형용사 어휘로는 제품의 원래 포장 상태란 의미를 구성할 수 있도록 '원래의, 본래의'란 뜻을 지닌 original이 적절하다.

142 　문장 삽입 문제　풀이 소요시간: 약 50초

(A) We appreciate your recent purchase of our new product.
(B) Unfortunately, sometimes unavoidable mistakes happen.
(C) We are very sorry that you weren't completely satisfied with your purchase.
(D) Please do not hesitate to share your thoughts and feedback with us at any time.

(A) 최근 저희 신제품을 구매해 주셔서 대단히 감사합니다.
(B) 안타깝지만, 가끔 피할 수 없는 실수가 발생합니다.
(C) 구매하신 물품에 완전히 만족하지 않으셨다니 대단히 죄송합니다.
(D) 주저하지 마시고 언제든지 당신의 생각과 피드백을 저희와 공유해 주세요.

빈칸에 앞선 내용은 물품은 사용되지 않은 상태로 본래의 포장을 유지하여 반송되어야하는 반품 절차를 언급하고 있고 빈칸 이후에는 반품을 수령한 뒤 가능한 한 빨리 환불 처리할 것이란 내용이 등장하고 있다. 그러므로 빈칸에는 제품 불만족으로 인한 환불에 대해 사과하는 내용이 적절하다.

Questions 143-146 refer to the following letter.

Laura Fresno
876 South Street
Harrisburg, PA

August 10

Our reference: LK0568

Dear Ms. Fresno,

143) We are sorry to learn that there was an error in your July bank statement. We have investigated this matter and found that your account was indeed charged twice for the same amount ($149.98) on July 10. We have **144)** immediately corrected this error and refunded the amount to your account. This correction is now **145)** viewable through your online banking account and will also be shown on your next printed statement.

I would like to take this opportunity to assure you that we take these matters extremely seriously and will be following up with the retailer involved to check why this problem occurred. Although this error was most likely beyond our control, we would like to **146)** apologize to you for this occurrence.

Sincerely,

Lucy Kendal
Customer Services
Jet Bank

Laura Fresno
876 South Street
Harrisburg, PA

8월 10일

자사 참조 번호: LK0568

Fresno 씨께,

고객님의 7월 입출금 내역서에 오류가 있었음을 알게 되어 유감입니다. 저희는 이 문제를 조사하였고, 정말로 고객님의 계좌에서 7월 10일 동일한 액수(149달러 98센트)가 두 번 청구되었음을 발견했습니다. 저희는 즉시 이 오류를 정정하였으며, 고객님의 계좌에 이 금액을 환불해드렸습니다. 이 정정은 지금 고객님의 온라인 뱅킹 계좌에서 보실 수 있으며, 또한 다음 번에 인쇄된 내역서에도 보일 것입니다.

이 기회를 빌어, 저희가 이러한 문제들을 매우 심각하게 생각하고 있으며 왜 이 문제가 발생했는지 확인하기 위해 관련된 소매업체를 더 알아볼 것임을 확신시켜드리고 싶습니다. 이 오류는 저희에게 불가항력적일 가능성이 매우 높았지만, 이번 일에 대해 **사과드리고** 싶습니다.

Lucy Kendal 배상
고객 서비스팀
Jet Bank

어휘 reference 참조, 번호, 조회   bank statement 입출금 내역서   investigate 조사하다   account 계좌   indeed 정말   charge 청구하다   amount 액수; 양   immediately 즉시   correct 정정하다   refund 환불하다   correction 정정, 수정   viewable 볼 수 있는   take this opportunity to 이 기회를 빌어 ~하다   assure 장담하다   extremely 극히   seriously 심각하게   follow up 더 알아보다   retailer 소매상   involved 관련된   occur 일어나다   beyond control 불가항력의   apologize 사과하다   occurrence 발생

143 문장 삽입 문제 풀이 소요시간: 약 50초

(A) The minimum opening deposit at our bank is $50.

(B) Some of our automated teller machines are temporarily out of service.

(C) You will face criminal charges of mortgage fraud with serious fines.

(D) We are sorry to learn that there was an error in your July bank statement.

(A) 저희 은행에서 최소 계좌개설 예치금은 50달러입니다.
(B) 현금 자동지급기 중 몇 개가 일시적으로 고장입니다.
(C) 당신은 대출 사기에 대해서는 심각한 벌금과 함께 형사고발을 당하게 될 것입니다.
(D) 고객님의 7월 입출금 내역서에 오류가 있었음을 알게 되어 유감입니다.

빈칸 뒤에는 은행에서 이 문제를 조사하였고, Fresno 씨의 계좌에서 7월 10일 동일한 액수(149달러 98센트)가 두 번 청구된 점을 발견했다는 내용이 제시되고 있다. 이어서 은행 측이 이 오류를 바로 정정한 후 Fresno 씨 계좌에 이 금액을 환불하는 조치를 취했음을 밝히고 있다. 따라서 빈칸에는 동일한 액수가 두 번 청구된 오류와 관련된 문제점이 언급되어야 하므로 7월 입출금 내역서에 오류가 있었음을 알게 되어 유감이라는 내용이 와야 한다.

144 어휘 문제 풀이 소요시간: 약 20초

(A) necessarily
(B) forcefully
(C) immediately
(D) substantially

빈칸에는 동사인 have corrected를 의미상 수식해주는 부사가 필요한데, 문맥상 '즉시 이 오류를 정정했다'는 내용이 되어야 적절하므로 빈칸에는 '즉시'라는 의미의 부사가 필요하다.

145 문법 문제 풀이 소요시간: 약 10초

(A) view
(B) viewable
(C) being viewed
(D) views

빈칸에는 앞에 나오는 be동사 is의 보어로 형용사가 필요하다.

146 어휘 문제 풀이 소요시간: 약 20초

(A) invite
(B) donate
(C) reward
(D) apologize

「would like to + 동사원형」 형태로 빈칸에는 동사원형이 올 자리인데, 문맥상 '이번 일에 대해 사과드리고 싶다.'라는 내용이 되어야 하므로 빈칸에는 '사과하다'라는 의미의 동사가 필요하다.

PART 7

 단일 지문

3 독해를 해가며 파트 7을 풀어보자!   266 페이지

Questions 1-3 refer to the following notice.

Why Don't You Become Our Member?

1) Did you enjoy today's visit? When you join the Butchard Public Gardens, your dues support new exhibits and educational programs for both adults and students from elementary school through high school. **1)** Basic membership benefits include unlimited free admission to the gardens, **3-D)** a 5 percent discount on all purchases in the Garden Shop, member previews of special exhibits, **3-B)** a free monthly newsletter, and **3-A)** reduced prices for our gardening and flower arranging courses. **2)** To join today, ask for an application form at the information desk, next to the gift shop.

우리 회원이 되보시는 게 어떤가요?

오늘 방문 즐거우셨나요? Butchard Public Gardens 의 회원으로 가입하시면, 여러분의 회비는 성인과 초등 학생부터 고등학생까지를 위한 새로운 전시와 교육 프 로그램을 지원하게 됩니다. **기본 회원 혜택**은 정원의 무 제한 무료 입장, **Garden Shop에서 모든 구매 5% 할 인**, 특별 전시회의 회원 시사회, **무료 월간지**, 그리고 정 원 및 꽃꽂이 수업 수강 시 할인 혜택이 있습니다. 오늘 가입하시려면 선물 가게 옆에 있는 안내 데스크에서 신 청서를 요청하세요.

> **어휘** join 가입하다   due 회비, 요금   support 지원하다   exhibit 전시회   unlimited 무제한의   preview 시사회   application form 신 청서   describe 묘사하다   merchandise 물품, 품목   privilege 특전, 특혜

1 What is the purpose of this notice?
(A) To sell tickets to educational programs
(B) To describe the public gardens
(C) To list merchandise for sale
(D) To advertise membership privileges

이 공지의 목적은?
교육 프로그램의 티켓을 팔기 위해서
공영 공원을 묘사하기 위해서
판매 품목을 열거하기 위해서
회원 특혜를 광고하기 위해서

> **해설** Basic membership benefits include...에서 회원이 되면 받는 혜택들을 알려서 회원을 모집하려는 글임을 알 수 있다. 혜택 (benefits)을 유의어인 privileges로 바꾸어 출제했다는 것도 기억하자. 답은 (D) To advertise membership privileges이다.

2 Where would this notice most likely appear?
(A) On the Butchard Public Gardens Web site
(B) In the gardening section of the newspaper
(C) In a landscaping magazine
(D) Near the exit of Butchard Public Gardens

이 공지사항은 아마도 어디에 있겠는가?
Butchard Public Gardens의 웹 사이트에
신문의 정원 가꾸기 부문에
조경 관련 잡지에
Butchard Public Gardens의 출구 근처에

> **해설** To join today, ... information desk, next to the gift shop.에서 방문자가 바로 찾아가 신청할 수 있는 장소를 알려준 것을 보면 이 공지는 공원 안에 있는 것이고, 글의 맨 처음에 Did you enjoy today's visit? 부분에서 방문을 마치고 나가는 방문객들이 잘 볼 수있는 장소에 붙여져 있을 것이라고 짐작할 수 있다. 답은 (D) Near the exit of Butchard Public Gardens이다.

3 According to the notice, what is NOT offered?
(A) Discounts on classes
(B) Free publications
(C) Free flowers
(D) Reduced store prices

공지에 따르면, 제공되지 않는 것은 무엇인가?
수업료 할인
무료 간행물
무료 꽃
상점 가격 할인

> [해설] 혜택으로 언급되지 않은 것을 찾는다.

Questions 4-6 refer to the following advertisement.

<table>
<tr>
<td>

Sally's on Madison
152 N. Madison St.
Queens Georgia
610-555-7467

We at Sally's on Madison **4)** invite you to enjoy fine dining in a truly historic setting.

We are open Tuesday through Sunday for both lunch and dinner, and we serve homemade desserts on our garden patio each evening. Originally established in 1875 as the Madison House, Sally's was renovated in 1976 to preserve its history and tradition of friendly, Southern hospitality. Today you can enjoy the formal dining room with hardwood floors, fireplaces, and antique cherry tables that preserve the beauty of the seventeenth-century inn.

We offer:
6-A) Private rooms for celebrations
6-B) Full service catering
6-C) Live entertainment from 8 P.M. to 10 P.M.
Outdoor dining area(open May through August)

We will be open for breakfast starting April 15

Bring this advertisement and receive $10.00 off dinner for two or $5.00 off lunch for two. **5)** The offer is good until April 20.

</td>
<td>

Sally's on Madison
152 N. Madison St.
Queens Georgia
610-555-7467

Sally's on Madison의 저희 직원들은 여러분을 정말 고풍스러운 분위기에서의 멋진 식사에 초대합니다.

저희는 화요일부터 일요일까지 점심과 저녁 식사를, 그리고 매일 저녁에 저희 가든 파티오에서 가정식 디저트를 제공합니다. 원래 1875년에 Madison House로 설립된 Sally's는 1976년에 보수되었고, 친절한 남부 인심의 전통과 역사를 그대로 보존하고 있습니다. 현재 17세기 호텔의 아름다운 모습을 그대로 보존한 원목 마루와 벽난로, 고풍스러운 체리목 테이블을 자랑하는 방에서 품위있는 식사를 즐기실 수 있습니다.

저희가 제공하는 것:
기념 행사를 위한 개인적인 공간
출장 요리 완비
저녁 8시부터 10시까지 라이브 공연
야외 식사 구역(5월부터 8월까지 개방)

아침 식사는 4월 15일부터 시작됩니다.

이 광고를 가져오시면 두 분 저녁 식사에 10달러의 할인을 받으시거나 두 분의 점심 식사에 5달러 할인을 해드립니다. 이 행사는 4월 20일까지 유효합니다.

</td>
</tr>
</table>

> [어휘] dining 식사 historic 역사적인, 고풍스러운 establish 설립하다 renovate 보수하다 preserve 보존하다 hospitality 환대

4 What is being advertised?
(A) A hotel
(B) A museum
(C) A restaurant
(D) A theater

무엇이 광고되고 있나?
호텔
박물관
식당
극장

> [해설] enjoy fine dining ...에서 광고되는 것이 식당이라는 것을 알 수 있다. 답은 (C) restaurant이다.

5 What's the last date the discount is available?
(A) April 20
(B) August 15
(C) May 1
(D) September 30

할인이 가능한 마지막 날짜는?
4월 20일
8월 15일
5월 1일
9월 30일

해설 The offer good until April 20.에서 good은 valid 즉, '유효한'의 의미로 해석하면 되겠다. 답은 (A) April 20이다.

6 What feature is NOT mentioned in the advertisement?
(A) Separate areas for social events
(B) Catering
(C) Live entertainment
(D) Discounts for the senior citizens

이 광고에 언급되지 않은 특징은?
친목 행사를 위한 분리된 공간
출장 요리
라이브 공연
노인들을 위한 할인

해설 We offer ...에서 언급되지 않은 것은 노인들을 위한 할인이다.

Questions 7-9 refer to the following e-mail.

Dear Mr. Tim Peppler,

Thank you for choosing the Hilltown Hotel in San Francisco. We are pleased to confirm your reservation with us.

YOUR SCHEDULE
- **7, 8)** Check-in: Thursday, June 26 • Checkout: Saturday, June 28
- Number of rooms: 1 • Number of guests: 2

YOUR ACCOMMODATION
- **8)** Room rates: Thursday: $65 Friday: $75 Total: $140
- Room Description: 2 double beds; wireless Internet available for a $40 fee

DEPOSIT AND CANCELLATION POLICY
9) A deposit in the amount of the first night's rate has been charged to your credit card. If you cancel at least three days prior to your check-in date, we will refund your full deposit. If you cancel two days before your check-in date, we will charge a cancellation fee of $35. **9)** There will be no refund of your deposit if a cancellation occurs on the day before or the day of your scheduled check-in.

Tim Peppler 씨께,

Hilltown Hotel San Francisco를 선택해주셔서 감사합니다. 귀하의 예약을 확인해드립니다.

귀하의 일정
- 체크인: 6월 26일, 목요일 • 체크 아웃: 6월 28일, 토요일
- 방 개수: 1 • 투숙객 수: 2

귀하의 숙박
- 방 요금: 목요일: $65 금요일: $75 합계: $140
- 방 설명: 더블 베드 2개; 40달러에 무선 인터넷 가능

보증금과 취소 규정
첫날 숙박 요금이 보증금으로 당신의 신용카드에 부과됩니다. 만약 적어도 체크인 날짜 3일 전에 취소하시면 보증금 전액을 환불해드립니다. 체크인 이틀 전에 취소하시면 35달러의 취소 수수료가 부과됩니다. 예약된 체크인 당일 혹은 그 전날에 취소하시면 보증금은 전혀 돌려받지 못합니다.

어휘 confirm 확인하다 reservation 예약 accommodation 숙박 deposit 보증금 cancellation 취소 at least 적어도 prior to ~전에 refund 환불하다

7 When is Mr. Peppler expected to arrive at the hotel?
(A) On June 11
(B) On June 23
(C) On June 26
(D) On June 27

Peppler 씨는 언제 호텔에 도착할 예정인가?
6월 11일
6월 23일
6월 26일
6월 27일

해설 Check-in: Thursday, June 26에서 호텔에 도착해서 체크인하는 날짜를 알 수 있다. 답은 (C) On June 26이다.

8 What is the rate of the first night?
(A) $40
(B) $65
(C) $85
(D) $160

첫날 요금은?
40달러
65달러
85달러
160달러

해설 Check-in: Thursday, June 26에서 도착하는 첫날이 목요일이고, Room rates: Thursday: $65에서 방 요금이 목요일은 65달러라는 것을 알 수 있다.

9 What will happen if Mr. Peppler cancels his reservation the day before his scheduled check-in?
(A) He will receive his full deposit back.
(B) He will be charged for one night.
(C) He will be charged for both nights.
(D) He will be charged a $35 cancellation fee.

만약 Peppler 씨가 체크인 바로 전날에 예약을 취소한다면 어떻게 되나?
보증금을 전액 돌려받는다
하루 치의 방값이 부과된다.
이틀의 방값이 부과된다.
35달러의 취소 수수료가 부과된다.

해설 A deposit in the amount of the first night's rate has been charged to your credit card.에서 첫 날 숙박 요금이 신용카드에 보증금으로 계산되고, There will be no refund of your deposit if a cancellation occurs on the day before or the day of your scheduled check-in.에서 하루 전 혹은 체크인할 날짜에 취소하면 그 보증금을 전혀 받을 수 없다고 언급하고 있다. 즉, 체크인 하루 전에 예약을 취소하면 하루 치의 요금이 그대로 지불된다. 답은 (B) He will be charged for one night.

Questions 10-12 refer to the following press release.

Press release
Owen City Public Pools to Reopen in June

May 3—The Owen City Department of Facility Services is pleased to 10) announce that two of the city's public swimming pools have been renovated and are scheduled to reopen in June.

12) The pool at Hope Center was forced to shut down last year after failing a quarterly water inspection. The pool's water filtering system has been replaced, and the pool will reopen to the public on June 15. The expansion of Stein Center's pool facilities has also been completed. The city purchased an adjacent lot in order to 11-C) build a new 25-meter outdoor pool. In addition, tiles were replaced in the indoor pool, and 11-B) a cafeteria and 11-D) fitness area were added to the center during the renovation.

The city's three other recreation centers—Fountain, Dignen, and Columbus—will undergo renovations next year.

보도 자료
Owen 시 공영 수영장이 6월 재개장

5월 3일 – Owen 시 시설과는 우리 시의 공영 수영장 두 곳이 보수 공사가 끝나서 6월에 재개장될 것임을 알려드리게 되어 기쁩니다.

Hope Center의 수영장은 작년에 분기별 수질 검사를 통과하지 못해 폐쇄되었습니다. 그곳의 여과 시스템이 교체되어서 6월 15일에 대중에게 다시 열리게 됩니다. Stein Center의 수영 시설의 확장도 완료되었습니다. 우리 시는 Stein Center 근처에 토지를 구매해서 새로운 25미터 야외 수영장을 건설했습니다. 추가로, 실내 수영장의 타일 교체 작업을 했고, 보수 공사 동안 중앙에 식당과 헬스 공간이 추가되었습니다.

우리 시의 다른 세 군데 레크리에이션 센터인 Fountain, Dignen, 그리고 Columbus도 내년에 보수 공사될 것입니다.

어휘 facility 시설　renovate 개조하다, 보수하다　shut down 폐쇄하다　water inspection 수질 검사　filtering system 여과 시스템　expansion 확장　adjacent 인접한, 가까운　lot 지역, 부지　replace 교체하다　recreation center 레크리에이션 센터　undergo 겪다, 경험하다

10 What is the main topic of the press release?
(A) The renovation of city facilities
(B) Swimming lessons
(C) Revised health regulations
(D) The construction of a hospital building

이 보도 자료의 주제는?
시립 시설의 보수 공사
수영 강습
개정된 건강 규정들
병원 건물의 건축

> 해설 ~ announce that two of the city's public swimming pools have been renovated and are scheduled to reopen에서 수영장의 보수 공사와 개장을 알리는 것이 이 보도 자료의 주 목적이라는 것을 바로 알 수 있다. 답은 (A) The renovation of city facilities 이다.

11 What is NOT new at Stein Center?
(A) The indoor pool
(B) The cafeteria
(C) The outdoor pool
(D) The fitness area

Stein Center에 관해 새로운 것이 아닌 것은?
실내 수영장
식당
야외 수영장
헬스 공간

> 해설 The expansion of Stein Center's pool facilities has also been completed.에서 Stein Center의 수영장 시설은 새로 지은 것이 아니라 확장 (expansion)했다고 언급했고, outdoor pool을 새로 지었다고 했다.

12 What was the problem at Hope Center?
(A) The roof was leaking.
(B) Water was not properly filtered.
(C) The building was too small.
(D) There were not enough visitors.

Hope Center에 무엇이 문제였나?
(A) 지붕에 누수가 있었다.
(B) 물이 제대로 걸러지지 않았다.
(C) 건물이 너무 작았다.
(D) 방문객이 충분치 않았다.

> 해설 The pool at Hope Center was forced to shut down last year after failing a quarterly water inspection.에서 수질 검사(water inspection)에 통과하지 못해서(fail) 폐쇄되었다는 것을 알 수 있다. 답은 (B) Water was not properly filtered.이다.

Questions 13-14 refer to the following text message chain.

A Richard Crane 11:02 A.M.
I have a problem, Lisa. **13)** I bought two tickets for the Royal King's Orchestra performance next Friday night, but something just came up and I can't attend this concert. It's such a shame I can't go to the concert.

Richard Crane 오전 11:02
문제가 있어요, Lisa. 다음 주 금요일 저녁에 있을 Royal King의 오케스트라 공연 표를 두 장 샀는데요, 일이 생겨서 공연에 갈 수가 없게 되었어요. 그 공연에 갈 수 없어서 너무 아쉬울 따름이에요.

B Lisa Livingstone 11:03 A.M.
That's too bad. You really would be kind of out of luck. What are you going to do with those tickets?

Lisa Livingstone 오전 11:03
안됐네요. 당신이 정말 운이 없는 것 같네요. 그 공연표들은 어떻게 하실 건가요?

A Richard Crane 11:05 A.M.
I remember you said you have a friend who will be visiting from out of town next week. **14)** Would you like the tickets and you can go together with your friend?

Richard Crane 오전 11:05
다음 주에 다른 도시에서 당신 친구가 방문한다고 말했던 것이 기억나서요. 이 표들을 가지고 친구와 함께 공연을 보러 가는 것은 어때요?

B Lisa Livingstone 11:08 A.M.
14) You're sweet, Richard! That's a nice thought, and I do love the Royal King's Orchestra. But we already have some plans for Friday night. Scott is also a huge fan of the Royal King's Orchestra.

Lisa Livingstone 오전 11:08
Richard, 당신은 참 친절해요. 좋은 생각이고, 저도 Royal King의 오케스트라를 너무 좋아하긴 하는데요. 금요일 저녁 계획은 이미 정해놓은 상태라서요. Scott도 Royal King's의 오케스트라의 엄청난 팬이에요.

Part 7

A Richard Crane 11:09 A.M.

I know. I already checked with him. He told me he's gonna bury himself under a mountain of paperwork next week. Actually, I paid for the most expensive tickets and they are even nonrefundable. It seems there's nothing I can do.

B Lisa Livingstone 11:11 A.M.

Why don't you post a notice about your tickets on the company intranet? I'm sure there must be some coworkers who want to buy them.

A Richard Crane 11:12 A.M.

That sounds like a great idea. I think I'll do it right away. As you say, someone's sure to want to snap them up.

B Lisa Livingstone 11:14 A.M.

That's what I'm saying, Richard. Go for it, man! I'll also ask some of my close colleagues if they want to go to the concert.

Richard Crane 오전 11:09

알아요. 저도 이미 그에게 확인해봤어요. 다음 주에 해야 할 서류 작업이 산더미라고 하더라고요. 사실 제일 비싼 표를 샀는데 이 표들은 환불도 안 돼서요. 내가 할 수 있는 것이 없는 것 같아요.

Lisa Livingstone 오전 11:11

회사 사내 전산망에 표에 대해 공지를 올리는 건 어때요? 분명히 그 표를 사고 싶어하는 사람들이 있을 거예요.

Richard Crane 오전 11:12

좋은 생각이네요. 지금 당장 해야겠어요. 당신이 말한 대로, 분명 이 표를 덥석 사고 싶어 하는 사람이 있을 거예요.

Lisa Livingstone 오전 11:14

제 말이 그 말이예요, Richard. 힘내서 한번 해봐요! 나도 가까운 동료들에게 그 공연에 가고 싶은 지 한 번 물어볼 게요.

[어휘] **performance** 공연 **come up** 생기다, 발생하다 **out of town** 시골에서, 도시를 떠나서 **thought** 생각 **post a notice** 게시하다, 공지를 올리다 **intranet** 내부 전산망 **coworker** 동료 **snap up** 덥석 사다, 잡아채다 **flatter** 아첨하다, 알랑거리다 **indecisive** 우유부단한

---

13 What problem does Mr. Crane have?
(A) He has to do too much paperwork.
(B) He can't afford to buy a ticket.
(C) He can't take time off from his job.
(D) He will miss a music performance.

Crane 씨의 문제점은 무엇인가?
그는 해야 할 서류작업이 너무 많다.
그는 표를 구매할 수 있는 여력이 안 된다.
그는 휴가를 낼 수가 없다.
그는 음악 공연에 참석할 수가 없다.

[해설] Crane 씨의 문제점을 묻는 문제이다. Crane 씨는 문자 메시지 초반 I bought ~ to the concert.라며 두 장의 공연 표를 구매했지만 일이 생겨서 갈 수가 없게 되었음을 밝히고 있다. 그러므로 정답은 (D) He will miss a music performance.이다.

---

14 At 11:08 A.M., what does Ms. Livingstone mean when she writes, "You're sweet, Richard"?
(A) He loves sweets.
(B) He flatters her with compliments.
(C) He's kind and cares about her.
(D) He's a little indecisive.

오전 11시 8분에 Livingstone 씨가 "Richard, 당신 참 친절해요"라고 쓴 의미는 무엇인가?
그는 단것을 좋아한다.
그는 칭찬의 말로 그녀에게 아첨한다.
그는 친절하고 그녀에게 마음을 쓴다.
그는 약간 우유부단하다.

[해설] 앞서 Richard는 개인 사정으로 인해 공연에 갈 수 없게 되자 Would you ~ your friend?라고 말하며 친구와 함께 공연을 보러 갈 것을 권고하고 있으며, 이에 Livingstone 씨가 You're sweet, Richard!라고 언급하고 있다. 따라서 Livingstone씨는 Richard의 제안에 대해 달콤하다고 표현할 만큼 친절하고 자신을 생각해주는 따뜻한 마음이 느껴진다는 의미로 You're sweet라고 대답했음을 알 수 있으므로 정답은 (C) He's kind and cares about her.이다.

Questions 15-16 refer to the following online chat discussion.

A Jennifer Longman 11:13 A.M. Emily, a city official brought the new food safety permit earlier this morning. Should I put it on the wall behind the cashier stand like before?	Jennifer Longman 오전 11:13 Emily, 오늘 아침 일찍 시 공무원이 새로운 식품 안전 허가증을 가져왔어요. 예전과 같이 계산대 뒤 벽에 붙일까요?
B Emily Carter 11:14 A.M. Nope. Have you heard the city council passed a recently revised food regulation bill two weeks ago?	Emily Carter 오전 11:14 아니요. 시의회에서 2주 전에 최근 수정된 식품 규정 법안을 통과시켰다는 걸 들어봤죠?
A Jennifer Longman 11:15 A.M. No. I haven't at all. ¹⁶⁾ Why don't you fill me in?	Jennifer Longman 오전 11:15 아니요. 못 들었어요. 제게도 좀 알려줄 수 있나요?
B Emily Carter 11:16 A.M. Sorry, Jennifer. I have no time for this. Actually, I gotta go to the airport to pick up a store manager. Michael, you can do that for me, right?	Emily Carter 오전 11:16 미안해요. Jennifer. 지금은 시간이 없어요. 사실, 매장 매니저를 데리러 공항에 가야 하거든요. Michael, 나 대신 좀 알려 줄 수 있나요?
C Michael Western 11:17 A.M. Sure. The roads are good. Just drive safe, Emily.	Michael Western 오전 11:17 물론이죠. 도로 사정은 좋아요. 운전 조심하세요, Emily.
B Emily Carter 11:17 A.M. I will. See you guys later.	Emily Carter 오전 11:17 그럴 게요. 나중에 봐요.
C Michael Western 11:18 A.M. ¹⁵⁾ Jennifer, it states that the permit must be placed within one foot of the front door for all patrons to see.	Michael Western 오전 11:18 Jennifer, 허가증을 모든 고객들이 볼 수 있도록 정문에서 한 걸음 이내에 있는 곳에 부착해야 한다고 규정하고 있어요.
A Jennifer Longman 11:19 A.M. Then, should I put it by the main entrance of the store?	Jennifer Longman 오전 11:19 그러면, 매장 정문 옆에 붙일까요?
C Michael Western 11:20 A.M. ¹⁵⁾ Most of our customers usually pass through the main entrance of the store. I think that's the spot.	Michael Western 오전 11:20 우리 고객들의 대부분이 상점의 정문을 통과하잖아요. 그 지점이 제일 좋은 위치 같네요.
A Jennifer Longman 11:21 A.M. But there are a few days left before the old one expires on Friday. I'll put it up this Friday night after we close up.	Jennifer Longman 오전 11:21 하지만 예전 허가증이 금요일에 만료되기 전까지는 몇 일이 남아 있어요. 금요일에 영업이 끝난 후에 붙여 둘게요.

어휘 **city official** 시 공무원   **food safety** 식품 안전   **permit** 허가증; ~을 허가하다   **cashier stand** 계산대   **city council** 시 의회   **recently** 최근에   **revised** 개정된   **regulation** 규정   **fill someone in ~** ~에 대해 ~에게 알려주다   **pick up** ~을 줍다; ~를 차에 태우다   **store manager** 점장   **state** ~을 명시하다   **place** ~을 두다   **within** ~이내에   **patron** 고객, 손님   **main entrance** 정문   **pass through** ~을 통과하다   **spot** 위치   **left** 남은   **expire** 만료되다   **put up** 내걸다, 세우다; 건축하다

15 What does Mr. Western ask Ms. Longman to do?
(A) Put up a sign for sale
(B) Place a package near a cashier stand
(C) Prepare some dishes for an event
(D) Post a document on a new location

Western 씨는 Longman 씨에게 무엇을 하도록 요청하는가?
판매를 알리는 표지를 부착한다.
짐을 계산대 근처에 둔다.
행사를 위한 음식을 준비한다.
서류를 새로운 곳에 부착한다.

해설 Western 씨는 오전 11시 18분에 Jennifer, it states ~ to see.라며 개정된 새로운 식품위생법에서는 식품 안전 허가증이 모든 고객들이 볼 수 있도록 정문에서 한 걸음 이내에 있는 곳에 부착하도록 규정하고 있음을 언급하고 있으며, 11시 20분에는 Most of our customers ~ the spot.이라며 정문이 허가증을 부착하기에 제일 적합한 장소라는 생각을 밝히고 있다. 따라서 정답은 (D) Post a document on a new location이다.

16 At 11:15, A.M. what does Ms. Longman mean when she writes, "Why don't you fill me in"?
(A) She wants to talk with Mr. Western over lunch.
(B) She wants to share a taxi with Ms. Carter.
(C) She wants to Ms. Carter to fill in for her tomorrow.
(D) She wants some information about the revision in a law.

오전 11시 15분에 Longman 씨가 "제게도 좀 알려줄 수 있나요?"라고 말한 의도는 무엇인가?
그녀는 Western 씨와 점심 식사를 하며 이야기를 나누고 싶어한다.
그녀는 Carter 씨와 함께 택시에 합승하길 원한다.
그녀는 Carter 씨가 내일 그녀 대신 근무해 주길 원한다.
그녀는 법 개정에 관한 정보를 원한다.

해설 오전 11시 15분에 Longman 씨가 Why don't you fill me in?이라고 말한 의도를 묻고 있다. 이에 앞서 Carter 씨는 Longman 씨에게 Have you heard ~ two weeks ago?라고 말하며 2주 전에 시 의회에서 최근에 개정된 식품 규제 법안을 통과시켰다는 소식을 들었는지 묻고 있으며, Longman 씨는 No, I haven't at all.이라며 전혀 들은 바가 없음을 밝힌 후 Why don't you fill me in?이라고 묻고 있다. 그러므로 이는 새로 개정된 식품 규제 법안에 관한 정보를 알려 달라고 요청하는 내용임을 가늠할 수 있으므로 정답은 (D) She wants some information about the revision in a law.이다.

Day 19 이중 지문

3 독해를 해가며 파트 7을 풀어보자!

276 페이지

Questions 1-5 refer to the following e-mails.

From: customerservice@rizonairways.com
To: D_singer@marvelmanufacturer.com
Subject: New flight connections from Lansbury
Date: August 14

Dear Mr. Singer,

We are pleased to inform you that Rizon Airways will soon be offering direct flights to three new destinations from your closest airport. **5]** Starting on September 4, Rizon Airways will be using the new routes, which are listed below. As a Regular Travelers Club member, you are eligible for discounts on any of these flights until October 28. When booking, please remember to include the membership number on your traveler's card. **1]** For more information regarding this offer, please visit www.rizonairways.com/regulartravelers.

Burton Falls Airport in Lansbury – Cranford Valley Airport in Wilberforce
Burton Falls Airport in Lansbury – Blackstone Airport in Riverport
4] Burton Falls Airport in Lansbury – Equiano Airport in Dumbarton

발신: customerservice@rizonairways.com
수신: D_singer@marvelmanufacturer.com
제목: Lansbury에 새로운 비행 노선 연결
날짜: 8월 14일

Mr. Singer께,
Rizon 항공은 조만간 귀하의 가장 가까운 공항에서부터 새로운 목적지 세 곳까지의 직항편을 제공할 예정임을 알려드리게 되어 기쁩니다. 9월 4일부터, Rizon 항공은 아래에 열거된 대로 새로운 노선들을 이용하게 될 것입니다. Regular Travelers 클럽 회원으로서, 귀하께서는 10월 28일 이전의 모든 비행에 대해 할인을 받으실 수 있습니다. 예약하실 때, 회원카드에 있는 귀하의 회원번호를 포함시키는 것을 잊지 말아 주세요. 할인에 관한 더 많은 정보를 얻고 싶으시다면, www. rizonairways. com/regulartravelers를 방문해 주세요.

Burton Falls 공항, Lansbury
– Cranford Valley 공항, Wilberforce
Burton Falls 공항, Lansbury
– Blackstone 공항, Riverport
Burton Falls 공항, Lansbury
– Equiano 공항, Dumbarton

Regards,

Customer Service Department
Rizon Airways

안부를 전하며,
고객 서비스 부서
Rizon 항공

From: D_singer@marvelmanufacturer.com
To: J_lyons@marvelmanufacturer.com
Subject: Upcoming visit
Date: August 18
Dear Mr. Lyons,

I am in the process of making plans to visit the Dumbarton office for the upcoming workshops. Thank you for being flexible in rescheduling these sessions to 2) suit my schedule. Before I book the flight, I need to make sure how long I will be staying in Dumbarton. 3) Will I be there for seven days, like the last time?

Also, I appreciate your offer to come pick me up at the airport again. This time, I should be able to arrive at a much more convenient time; I just discovered that 4) Rizon Airways will begin operating several new flights from Lansbury Airport, which includes a direct flight to Dumbarton. Due to the convenient timing of the workshops, 5) I am even eligible for a discount.

I look forward to meeting you.

Dave Singer

발신: D_singer@marvelmanufacturer.com
수신: J_lyons@marvelmanufacturer.com
제목: 곧 있을 방문
날짜: 8월 18일
Lyons께,

저는 곧 있을 워크숍 세션을 위하여 Dumbarton 사무실을 방문할 계획을 세우고 있는 중입니다. 제 일정에 맞도록 이 모임의 일정을 원활하게 재조정해 주셔서 감사합니다. 제가 항공편 여행 예약을 하기 전에, 제가 Dumbarton에 얼마 동안 머물 계획인지를 알아야 합니다. 지난번과 마찬가지로 7일간 머물러야 하나요?

그리고, 저를 또 한 번 공항으로 데리러 와 주시겠다는 제의에 감사 드립니다. 이번에는 저의 도착과 출발 시간이 훨씬 더 편리할 거라고 생각합니다. 저는 지금 막 Rizon 항공이 Dumbarton으로 가는 직항편을 포함하여 Lansbury공항에서 출발하는 몇 개의 새로운 노선들을 운행할 예정이라는 것을 알게 되었습니다. 워크숍의 적절한 시기 덕분에, 저는 할인도 받을 수 있게 되었습니다

만나 뵙기를 고대합니다.
Dave Singer

어휘 direct flight n. 직항편 destination n. 목적지 route n. 노선; 경로 regular member 정회원 be eligible for ~할 자격이 있다 book v. 예약하다 membership number 회원 번호 regarding prep. ~에 관하여 offer n. 할인; 제의 upcoming adj. 임박한 visit v. 방문하다 n. 방문 be in the process of ~하는 과정이다 flexible adj. 융통성 있는, 탄력적인 reschedule v. 일정을 변경하다 appreciate v. 감사하다 operate v. 작동하다, 운영하다 timing n. 시기 (선택), 타이밍

---

1 According to the first e-mail, what are Regular Travelers Club members encouraged to do on the Web site?
(A) Apply for a new membership card
(B) Check arrival times
(C) Find out about a discount
(D) Modify a reservation

첫 번째 이메일에 따르면, Regular Travelers 클럽의 회원들은 웹사이트에서 무엇을 하도록 권장되는가?
새로운 회원 카드를 신청하도록
도착 시간을 점검하도록
할인에 대해 알아보도록
예약을 변경하도록

해설 Web site를 핵심으로 잡고 지문을 읽어 내려가면 되겠다. 보통 이메일에서는 마지막 부분에 어떠한 정보를 얻기 위해서는 웹사이트를 방문하거나 전화를 달라고 하거나, 이메일을 보내라고 꼭 언급하고 끝을 맺는다. 할인에 관한 더 많은 정보를 얻고 싶으시다면, 웹사이트를 방문하라고 되어 있으므로 정답은 (C)이다. 여기서 offer라는 단어가 '할인'이라는 뜻으로 자주 출제된다는 점과 이것이 discount로 패러프레이징되었다는 것도 기억해야 한다.

2 In the second e-mail, the word "suit" in paragraph 1, line 2, is closest in meaning to
(A) flatter
(B) fit
(C) become
(D) answer

두 번째 이메일에서, 첫 번째 단락, 두 번째 줄의 단어 "suit" 와 의미상 가장 가까운 것은
아첨하다
꼭 맞다
되다
답하다

> [해설] suit는 '~에 꼭 맞다'라는 의미로 fit과 동의어로 자주 출제되는 단어이다.

3 What is indicated about Mr. Singer's previous visit with Mr. Lyons?
(A) It was rescheduled twice.
(B) It lasted a week.
(C) It was held at Mr. Singer's office.
(D) It occurred two years ago.

Mr. Singer의 Mr. Lyons와의 이전 방문에 관하여 언급된 것은?
일정이 두 차례 재조정되었다.
일주일간 지속되었다.
Mr. Singer의 사무실에서 있었다.
2년 전에 방문했다.

> [해설] 두 번째 이메일에서 지난번과 같이(like the last time) 7일 동안 있어야 되는지 묻고 있으므로 정답은 (B)이다. seven days가 a week로 패러프레이징 되었다.

4 Where will Mr. Singer most likely meet Mr. Lyons?
(A) At Burton Falls Airport
(B) At Cranford Valley Airport
(C) At Blackstone Airport
(D) At Equiano Airport

Mr. Singer는 Mr. Lyons를 어디서 만나겠는가?
Burton Falls 공항에서
Cranford Valley 공항에서
Blackstone 공항에서
Equiano 공항에서

> [해설] 두 지문을 을 모두 봐야 풀 수 있는 연계지문 문제이다. 두 번째 이메일에서 Lansbury에서 Dumbarton으로 가는 직항편이 생겼다는 말이 나와 있고, 첫 번째 이메일에서 Dumbarton라는 도시의 공항 이름이 Equiano Airport라는 것을 알 수 있다.

5 When are the training sessions scheduled to begin?
(A) Before August 18
(B) Between August 18 and September 4
(C) Between September 4 and October 28
(D) After October 28

연수회는 언제 시작될 예정인가?
8월 18일 이전에
8월 18일과 9월 4일 사이에
9월 4일과 10월 28일 사이에
10월 28일 이후에

> [해설] 마찬가지로 지문을 을 모두 봐야 풀 수 있는 연계지문 문제이다. 두 번째 이메일의 마지막 부분에서 할인을 받을 수 있다고 했고 첫 번째 이메일에서 9월 4일에 신규 노선이 취항하고 10월 28일까지 할인을 받는다고 했으므로 정답은 (C)가 된다.

3 독해를 해가며 파트 7을 풀어보자!

281 페이지

Questions 1-5 refer to the following instructions, Web site and e-mail.

How to transfer data between memory cards

5) On this page, step by step instructions will be provided on how to transfer data from one memory card to another memory card.

What you will need:
- Two **1)** compatible memory cards (must be of the same class)
- A computer that can recognize the cards (through a commercially available card reader/writer or a built-in card slot)

What to do:
- Insert the card with the data into the card slot or the card reader/writer.
- Locate the memory card on your computer device and access the card.
- Select the data and copy it to your desktop.
- Remove the memory card.
- Insert the memory card you want to transfer the data to.
- Locate the memory card on your computer device and access the card.
- Select the copied folder from your desktop and move it to the second memory card.

IMPORTANT
- Do not alter, move, or erase files in the folder.
- Do not overwrite data by recopying the folder to the original memory card.

---

http://www.ponetocards.com/contact_us
Name : Eugene Daniels
E-mail : eugene.daniels@plusemail.com
Subject: My memory card won't register.

Message (explain in detail as much as possible for an accurate answer):

2) As I wrote on the subject, my memory card won't register with my camera. I don't understand why since I followed everything on the instruction manual. I went ahead and purchased a 32GB memory card since the original memory card I have is 8GB,

---

메모리 카드 사이에서 데이터를 전송하는 방법

이 페이지에서는 단계별 설명을 통해 한 메모리 카드에서 다른 메모리 카드로 데이터를 전송하는 방법이 제공됩니다.

당신이 필요로 할 것:
- 두 개의 **호환이 가능한** 메모리 카드 (동일한 수준의 메모리 카드여야 함)
- 메모리 카드를 인식할 수 있는 컴퓨터 (상업적 이용이 가능한 카드 리더/라이터 혹은 본체 내에 설치된 카드 슬롯을 통해서)

해야 할 것:
- 데이터가 저장된 카드를 카드 슬롯 혹은 카드 리더/라이터에 삽입한다.
- 메모리 카드를 당신의 컴퓨터 장비에 장착하고 카드를 접속한다.
- 데이터를 선택하고 이를 데스크톱 컴퓨터에 복사한다.
- 메모리 카드를 제거한다.
- 데이터를 전송하고 싶은 메모리 카드를 삽입한다.
- 메모리 카드를 당신의 컴퓨터 장비에 장착하고 카드를 접속한다.
- 데스크톱 컴퓨터에 있는 복사된 폴더를 선택하고 이를 두 번째 메모리 카드로 이동한다.

중요한 점
- 폴더 내에 있는 파일들을 변경, 이동, 혹은 지우지 말 것
- 폴더를 원 메모리 카드에 재복사하면서 자료를 덮어쓰지 말 것

---

http://www.ponetocards.com/contact_us
성명: Eugene Daniels
이메일: eugene.daniels@plusmail.com
제목: 제 메모리 카드가 등록이 안 되네요.

메시지 (정확한 답변을 위해 최대한 정확하게 설명하세요):

제가 제목에서도 썼듯이, 제 메모리 카드가 제 카메라에 등록이 안 됩니다. 저는 설명서에 있는 모든 내용대로 따라서 했기 때문에 왜 그런지 이해가 안 되네요. 제가 가지고 있던 원래의 메모리 카드가 사진과 음악을 담

which is too small for all my pictures and music. The new 32GB memory card says that the model is "Poneto: Kamang memory card 32GB" and my original memory card is "Poneto: Haru memory card 8GB." I copied and pasted everything without any alteration, **2)** but my camera keeps saying that "The card is corrupt: Error 403." What should I do?

To: Eugene Daniels <eugene.daniels@plusemail.com>
From: Poneto - Support <noreply@poneto.net>
Date: June 8
Subject: Re: My memory card won't register.

****4) Please note that this is an auto-generated message from Poneto Support based on your recently submitted message. Please do not reply to this message as it will not be seen by the Poneto Support Staff. ****

Hello! Ms. Daniels,
Thank you for your recent submission to Poneto Support. We have created a case file for your report and evaluated the issue in order to provide the best response.

Unfortunately, it seems that you are using the wrong line of cards. Kamang and Haru are two different lines that support different systems. **3)** It seems like your camera only supports the Haru line. My only suggestion is that you return the Kamang memory card and buy a Haru card. If you still encounter problems, please feel free to contact us again.

Thank you.
Poneto Support Team

어휘 **step by step** 단계별 **transfer** 전송하다 **compatible** 호환이 가능한 **commercially** 상업적으로 **built-in** 내장형의 **overwrite** 덮어쓰다 **alter** 바꾸다, 변경하다 **erase** 지우다, 삭제하다 **insert** 삽입하다 **device** 장비 **remove** 제거하다, 없애다 **access** 접근하다, 접속하다; 이용하다 **transfer** 보내다, 전송하다; 환승하다 **locate** 위치시키다; 장착하다 **register** 등록하다 **detail** 세부사항 **accurate** 정확한 **paste** 붙이다, 바르다 **alteration** 변경, 수정 **corrupt** 퇴폐한, 부정한, 사악한; 훼손된, 오류의 **note that** ~임에 유의하다 **auto-generated** 자동으로 만들어진 **based on** ~에 근거를 두고, ~에 바탕을 두고 **submitted** 제출된 **reply to** ~에 대답하다, ~에 답장하다 **evaluate** 평가하다 **in order to do** ~하기 위해서 **response** 응답, 답변, 대응 **seem** ~처럼 보이다 **support** 지원하다, 성원하다, 후원하다 **encounter** 마주치다, 직면하다 **feel free to** 부담없이 ~하다

1 In the instructions, the word "compatible" in paragraph 2, line 2, is closest in meaning to
(A) competitive
(B) operative
(C) complicated
(D) agreeable

설명서에서 두 번째 단락, 두 번째 줄 compatible과 의미상 가장 유사한 단어는 무엇인가?
경쟁적인
가동하는
복잡한
합치하는

해설 해당 내용은 Two compatible memory cards, 즉 '서로 호환되는 두 개의 메모리 카드'를 뜻하며 여기서 compatible은 '호환이 되는, 양립하는'이란 의미를 지니고 있다. 그러므로 '합치하는'이란 뜻의 (D) agreeable과 의미가 가장 유사함을 알 수 있다.

2 Why did Ms. Daniels submit her message to the Web site of the Poneto?
(A) To submit reviews of the company's products
(B) To support the customers with frequently asked questions
(C) To complain about Ponento's poor customer service
(D) To ask for a solution to a product malfunction

Daniels 씨는 왜 Poneto 사의 홈페이지에 메시지를 제출했는가?
회사 제품에 대한 사용 후기를 제출하기 위해서
고객들에게 자주 묻는 질문들에 대한 답변을 제공하기 위해서
Ponento 사의 부실한 고객 서비스에 대한 불만을 제기하기 위해서
제품 오작동에 대한 해결책을 요청하기 위해서

해설 Daniels 씨는 메시지 초반 As I wrote on ~ my camera.라며 자신의 메모리 카드가 카메라에 인식이 되지 않는 문제점에 대해 언급하고 있으며, 메시지 말미에서는 but my camera ~ I do?라고 언급해서 카메라가 메모리 카드에 오류가 있으며 이는 오류 403 코드에 해당한다는 내용을 제시하는데, 자신이 어떻게 해야 할지 모르겠다고 질문하고 있다. 그러므로 이를 통해 Daniels 씨가 메시지를 제출한 이유는 제품의 오작동에 따른 해결책을 문의하고자 한다는 것을 알 수 있으므로 정답은 (D)이다.

3 What should Ms. Daniels do if she wants to use her camera with a memory card?
(A) She should follow the instructions correctly.
(B) She should use only Haru memory cards.
(C) She should receive repair services by the Poneto.
(D) She should secure enough space on her Kamang memory card.

Daniels 씨가 메모리 카드와 함께 카메라를 사용하려면 무엇을 해야 하는가?
설명서의 지침을 정확하게 따라야 한다.
오직 Haru 메모리 카드만 사용해야 한다.
Ponento 사의 수리 서비스를 받아야 한다.
그가 보유한 Kamang 메모리 카드에 충분한 공간을 확보해야 한다.

해설 Daniels 씨가 메모리 카드와 함께 카메라를 사용하기 위해 해야 할 것을 묻고 있다. 회사에서 Daniels 씨에게 보낸 이메일 후반 It seems like your ~ a Haru card.에서 Daniels 씨의 카메라는 Haru 계열의 메모리 카드만 지원하므로 기존의 Kamang 메모리 카드는 반품하고, Haru 계열의 메모리 카드를 구매할 것을 제안하고 있다. 그러므로 정답은 (B)이다.

4 What is mentioned in the e-mail?
(A) The Poneto will reimburse Ms. Daniels for the faulty camera.
(B) The Poneto Support staff cannot be reached by the e-mail.
(C) Ms. Daniels has lost all her data.
(D) Ms. Daniels' camera is an old version.

이메일에서 언급된 것은 무엇인가?
Poneto 사는 결함이 있는 카메라와 관련하여 Daniels 씨에게 보상해줄 것이다.
이메일을 통해 Poneto Support 직원에게 연락할 수 없다.
Daniels 씨는 모든 자료를 분실했다.
Daniels 씨의 카메라는 오래된 이전 제품이다.

해설 이메일에서 언급된 내용을 묻는 문제이다. 이메일 시작과 함께 등장하는 Please note ~ the Poneto Support Staff.에서 해당 이메일은 Poneto Support에서 자동으로 발송되는 메시지이며 답장을 해도 Poneto Support에서 근무하는 직원들이 읽을 수 없으니 답장을 하지 말도록 당부하고 있다. 이를 통해 Poneto Support에서 근무하는 직원들은 이메일을 통해 연락이 닿을 수 없음을 알 수 있다. 그러므로 정답은 (B)이다.

5 What is NOT true about Poneto memory cards?
(A) It is impossible to transfer data between memory cards.
(B) There are more than one line of products.
(C) They usually come in various sizes.
(D) Data can be altered by the user through a computer.

Poneto 사 메모리 카드에 관해 사실이 아닌 것은 무엇인가?
메모리 카드 사이에 데이터를 전송하는 것은 불가능하다.
한 계열 이상의 제품이 존재한다.
대개 다양한 용량의 제품들이 출시된다.
데이터는 컴퓨터를 통해 사용자가 변경할 수 있다.

해설 Poneto 사 메모리 카드에 관해 사실이 아닌 내용을 묻는 문제이다. 설명서 초반 On this page ~ another memory card.에서 분명히 두 메모리 카드 사이에 데이터를 전송하는 방법을 단계별로 익혀볼 것임을 언급하고 있으므로 메모리 카드 사이에 데이터 전송이 가능함을 알 수 있다. 그러므로 정답은 (A)이다.

Questions 1-4 refer to the following letter.

Cartix Boilers Inc.
September 16

Dear Branston Boilers customer,

We're writing to let you know that your year-long boiler maintenance plan **1)** comes to an end on September 30. **2)** You should call us to renew your plan before the end of the month.

With many winter months still ahead, protecting your boiler against breakdown is a key consideration for keeping you and your family safe and warm. Our low-cost maintenance plan means that you don't have to worry about **3)** pricy repairs should **4)** your boiler breakdown.

So, give us a call today and let us keep bringing peace of mind to your household through the long winter.

Sincerely,
Cartix Boilers Customer Service Team

Cartix Boilers 사
9월 16일

Cartix Boilers 고객님께,

고객님의 1년의 보일러 유지 보수 계획이 9월 30일자로 끝나게 되었음을 알려드리기 위해 편지 드립니다. 이달 하순 전에 계획을 갱신할 수 있도록 전화 연락을 주십시오.

겨울이 다가오고 있으니, 고장에 대비하여 보일러를 관리하는 것은 고객님과 가족분들이 안전하고 따뜻하도록 하는데 핵심적인 고려 사항입니다. 저희의 저렴한 유지보수 계획은 당신의 보일러가 고장 날 경우 비싼 수리에 대해 걱정하지 않으셔도 된다는 것을 의미합니다.

그러므로, 오늘 전화 주셔서 저희가 긴 겨울동안 고객님의 가정에 마음의 평화를 드릴 수 있게 해주세요.

Cartix Boilers
고객 서비스팀 배상

어휘 **year-long** 1년의 **boiler** 보일러 **maintenance** 유지보수 **comes to an end** 끝나다 **ahead** 앞으로 **breakdown** 고장 **key** 중요한 **low-cost** 저렴한 **pricy** 비싼 **household** 가정

---

1 (A) gets off
(B) **comes to**
(C) wakes up
(D) goes down

문맥상 '고객의 연간 보일러 유지 보수 계획이 9월 30일자로 끝난다'라는 의미로 빈칸에는 '끝나다'라는 뜻의 동사구가 필요하다. (A)는 '떠나다, 출발하다.' (C) '일어나다,' (D)는 '내려가다'라는 의미이므로 오답이다. (B)는 빈칸 뒤에 나오는 an end와 함께 come to an end는 '끝나다'라는 의미이므로 정답이다.

2 (A) You must have specialized training from some boiler experts.
(B) You need to verify your identity and protect yourself from being defrauded.
(C) You are required to purchase our new boiler as soon as possible.
(D) **You should call us to renew your plan before the end of the month.**

(A) 보일러 전문가로부터 특별 교육을 필히 받아야 합니다.
(B) 본인 인증을 하여 자기 자신을 사기로부터 보호해야 할 필요가 있습니다.
(C) 우리 회사에 의해 출시된 새로운 보일러를 최대한 빨리 구매해야 합니다.
(D) **이달 하순 전에 계획을 갱신할 수 있도록 전화 연락을 주십시오.**

빈칸 앞에는 연간 보일러 유지 보수 계획이 9월 30일자로 종료된다는 점을 알리기 위해 편지를 했다는 편지의 목적이 언급되고 있으며, 빈칸을 포함하여 훌륭한 보일러 관리 혜택을 계속 받으실 수 있도록 무엇인가를 해달라고 요청하는 내용이 제시되고 있다. 따라서 보일러 관리를 지속적으로 받으려면 9월 30일에 종료되는 보일러 유지 보수 계

sudden. I believe that the rest of the lights are getting dim as well. It's an overall mess. **17)** The museum does have a maintenance team, but unfortunately, the lead technician went on vacation and is out of reach. It'd be appreciated if your company could come take a look and fix the situation as soon as possible.

Thank you so much in advance.

17) Heather Peters, Curator
Khaldrone Museum of Natural History

깜빡거리다가 갑자기 저절로 꺼져요. 다른 조명들도 또한 조명 정도가 약화되고 있다는 생각이 들고요. 총체적인 난관이에요. **박물관에도 보수팀이 있긴 합니다만, 안타깝게도, 수석 기술자가 휴가 중이고 연락이 닿질 않아요.** 귀사에서 오셔서 한번 살펴보시고, 이 문제점을 최대한 빨리 해결해주시면 감사하겠습니다.

감사의 말씀을 먼저 드려야겠네요.

Heather Peters, 큐레이터
Khaldrone 자연사 박물관

NOTICE

공지

18), 19) It is with our deepest apologies that the exhibition: *Under the Sea* will be unavailable for a couple of days due to maintenance. There has been some trouble with the lighting, so we are currently doing our best to fix the situation. **17)** Until then, we recommend that you visit our other exhibitions, such as *History of Humanity*, *Animals of Khaldrone* or *Galactic Travel-What's out there?*.

* **19)** As a token of our sincere apologies, all tickets purchased for the *Under the Sea* exhibit during the maintenance will be refunded with a free ticket for your next visit. Please visit our information desk for a refund with your ticket. If you have bought your ticket online, please bring the ticket confirmation number to the information desk.

전시회 〈Under the Sea〉가 보수 공사로 인해 이틀간 진행되지 못한다는 점에 깊은 사과의 말씀을 드립니다. 조명에 문제가 발생하여 현재 이 상황을 해결하기 위해 최선의 노력을 다하고 있습니다. 그때까지 저희는 여러분께서 〈History of Humanity〉나 〈Animals of Khaldrone〉, 또는 〈Galactic Travel-What's out there?〉와 같은 전시회를 방문하시기를 추천해드립니다.

진심 어린 사과의 표시로, 보수 공사 기간 동안 〈Under the Sea〉 전시회의 모든 구매된 표들은 다음 방문 시에 사용하실 수 있는 무료 표와 함께 환불 처리될 것입니다. 구매하신 표에 대한 환불을 받으시려면 저희 안내처를 방문해주십시오. 만약 인터넷을 통해 표를 구매하셨다면, 표 구매번호를 안내처로 가지고 오십시오.

Part 7

어휘 **well-rounded** 폭넓은 **residential** 거주의, 주거에 알맞은 **specialize in** ~을 전문화하다/특수화하다 **custom-built** 주문 생산한, 맞춤의 **implement** 시행하다 **professionalism** 전문 직업의식, 전문성 **regardless of** ~와 무관하게, ~와 관련 없이 **estimate** 견적, 견적액; 견적을 내다 **act up** 고장이 나다, 멋대로 작동하다 **flicker** 깜박이다 **from time to time** 때때로, 종종 **all of a sudden** 갑자기 **the rest of** ~의 나머지 **dim** 어두운, 희미한, 어둡게 하다 **as well** 또한 **overall** 전체적인 **mess** 엉망진창, 엉망으로 만들다 **maintenance** 유지, 보수, 수리 **go on vacation** 휴가를 가다 **be out of reach** 연락이 닿지 않다 **take a look** 한번 살펴보다 **unavailable** 이용 불가한, 사용 불가한, 구매 불가한 **refund** 환불하다

---

16 In the advertisement, the word "comply" in paragraph 2, line 1, is closest in meaning to

(A) avert
(B) abide
(C) conceal
(D) regulate

광고의 두 번째 단락, 첫 번째 줄 comply와 의미상 가장 유사한 단어는 무엇인가?

피하다
지키다
은폐하다
규제하다

해설 해당 문장은 자신들이 제공하는 전자 서비스와 제품이 주와 지역에서 시행하고 있는 관련 필요 법규에 부합한다는 내용으로 여기서 comply는 '부합하다, 따르다, 일치하다'란 의미로 쓰이고 있다. 따라서 '지키다'란 의미의 abide란 동사의 의미가 가장 유사하다고 할 수 있으므로 정답은 (B) abide가 되겠다

17 According to the e-mail, what is Ms. Peters' problem?
(A) There is no one to fix the electrical problem.
(B) There was an incident at the *History of Humanity* exhibition.
(C) There is not enough staff to maintain the museum.
(D) There is no financial support from the government or any other fund.

이메일에 따르면, Peters 씨의 문제점은 무엇인가?
전기 문제를 수리할 수 있는 사람이 없다.
〈History of Humanity〉 전시회에서 사고가 있었다.
박물관을 유지하는 데 필요한 인력이 부족하다.
정부로부터의 지원이나 어떠한 자금 지원이 없다.

[해설] Peters 씨의 문제점에 관해 묻는 문제이다. 이메일 후반에서 박물관에도 보수팀이 있지만 안타깝게도 수석 기술자가 휴가 중이고 연락이 닿질 않는 문제가 발생했고 이로 인해 박물관의 조명 문제를 해결할 수 없는 상황임을 밝히고 있다.

18 What is suggested about the Khaldrone Museum of Natural History?
(A) It has complicated electrical wiring.
(B) It was built a long time ago.
(C) It never had maintenance issues before.
(D) It has several different exhibitions going on.

Khaldrone 자연사 박물관에 관해 암시되는 것은 무엇인가?
복잡한 배선을 지니고 있다.
오래 전에 건설되었다.
이전에 보수한 적이 없다.
여러 전시회들이 진행 중에 있다.

[해설] 이메일을 작성한 Khaldrone 자연사 박물관의 큐레이터인 Heather Peters 씨는 이메일 중반에서 현재 해양 동물을 주제로 하는 특별한 전시회를 진행하고 있으며 이전보다 조명 상태가 더 악화되었다는 문제점을 지적하고 있다. 이어서 공지문 초반에서 전시회 〈Under the Sea〉가 보수 공사로 인해 이틀 간 진행되지 못한다는 점에 깊은 사과의 말씀을 드린다는 안내가 등장하고 있다. 그러므로 이는 Khaldrone 자연사 박물관의 공지문임을 알 수 있으며 이어서 〈Under the Sea〉 대신 〈History of Humanity〉 나 〈Animals of Khaldrone〉, 또는 〈Galactic Travel-What's out there?〉와 같은 전시회를 감상해줄 것을 요청하고 있다. 따라서 Khaldrone 자연사 박물관에는 〈Under the Sea〉 외에도 다른 전시회들이 진행 중임을 가능할 수 있으므로 정답은 (D) It has several different exhibitions going on.이 되겠다.

19 Why is the museum offering free admission?
(A) To invite the visitors to come back
(B) To advertise its newest exhibition
(C) To apologize for the inconvenience
(D) To build up its progressive image

박물관에서 무료 입장을 제공하는 이유는 무엇인가?
방문객들이 다시 오도록 하기 위해서
새로운 전시회를 광고하기 위해서
불편함을 초래한 것에 대해 사과하기 위해서
박물관의 진보적인 이미지를 구축하기 위해서

[해설] 박물관에서 무료 입장을 제공하는 이유를 묻고 있다. 공지문 초반 박물관은 전시회 〈Under the Sea〉가 보수 공사로 인해 이틀간 진행되지 못한다는 점을 안내하고 있으며 공지문 말미에서는 진심 어린 사과의 표시로, 보수 공사 기간 동안 〈Under the Sea〉 전시회를 관람하기 위해 구매된 모든 표들은 다음 방문 시에 사용하실 수 있는 무료 표와 함께 환불 처리될 것임을 밝히고 있다. 따라서 박물관에서 무료 입장을 제공하는 이유는 불편함을 초래한 것에 대한 일종의 보상임을 알 수 있으므로 정답은 (C) To apologize for the inconvenience이다.

20 What is implied in the e-mail?
(A) Mr. Palmer has visited the museum before.
(B) Some awards have been given to the Electroiz Inc. in the previous years.
(C) Ms. Peters is offering the lead technician job to Mr. Palmer.
(D) The Khaldrone Museum of Natural History is located within walking distance from Electroiz Inc.

이메일에서 암시하고 있는 것은 무엇인가?
Palmer 씨는 이전에 박물관을 방문한 바 있다.
Electroiz 사는 이전에 몇 개의 상을 수상한 적이 있다.
Peters 씨는 Palmer 씨에게 수석 기술자 직에 대한 취업 제안을 하고 있다.
Khaldrone 자연사 박물관은 Electroiz 사에서 걸어서 갈 수 있는 거리 이내에 있다.

[해설] 이메일을 통해 유추할 수 있는 내용을 묻는 문제이다. 이메일 초반에서 지난 목요일에 저희 박물관 상황에 대한 무료 견적을 내기 위해 만나주신 점에 감사 드린다는 인사말을 건네고 있다. 따라서 이를 통해 Palmer 씨가 이전에 박물관에 방문한 적이 있었음을 유추할 수 있으므로 정답은 (A) Mr. Palmer has visited the museum before.이다.

1타 강사의 속성 과외!

토익 750+ 벼락치기

20일 완성
LC+RC

토익 750+ 벼락치기

토익 시험장 암기노트

PAGODA Books

목차

가산 명사 / 불가산 명사

1 가산 명사는 단수일 때 a / an을 붙이고, 복수일 때 -(e)s를 붙인다.

모든 명사는 우선적으로 가산 명사로 생각하고, 모든 단수 명사는 a /an을 붙여야 한다.

| 외워 두면 좋은 가산 명사 |

discount 할인	effort 노력	decision 결정	increase, rise 증가
request 요청	delay 지연	opening 공석	visit 방문
refund 환불	expense 비용	description 설명	fund 돈, 자금

2 불가산 명사는 a / an이나 복수형을 만들 수 없다.

| 필수 암기 불가산 명사 |

advice 조언	equipment 장비	support 지원	mail 우편물
research 연구	knowledge 지식	merchandise 상품	work 일, 작업
access 이용, 접근(권한)	information 정보	money/cash 돈/현금	research 연구
permission 허가	progress 진척	baggage 짐	productivity 생산성

3 -ing 형태의 명사

accounting	회계	writing	글자, 작문	opening	개막, 공석
spending	소비	training	훈련, 교육	shipping	선적, 배송
understanding	이해	planning	기획	funding	자금조달
marketing	마케팅	advertising	광고업	handling	처리
founding	개업	making	제조	pricing	가격책정
widening	확장	photocopying	복사	meeting	회의
parking	주차	dining	식사	cleaning	청소
catering	음식공급(업)	listing	목록	farming	농업
hearing	공청회	recycling	재활용		

003 사람 명사 / 사물 명사

1 사람 명사는 단수일 때 a / an을 붙이고, 복수일 때 -(e)s를 붙인다.

accountant	회계사	correspondent	통신원, 기자	enthusiast	애호가
analyst	분석가	delegate	대표자	facilitator	협력자
applicant	지원자	distributer	유통업자	performer	공연자
assistant	보조원	employee	직원	producer	제조업자
attendant	참석자	employer	고용주	professional	전문가
competitor	경쟁업자	entertainer	연예인	visitor	방문객
coordinator	운영자	authority	권위자	representative	대표자

2 사물 명사

accounting	회계	correspondence	서신	produce	농산물
analysis	분석	delegation	위임	product	제품
application	지원	distribution	유통	production	생산
assistance	도움	employment	고용	productivity	생산성
attendance	참석	entertainment	오락	profession	직업
authorization	승인	enthusiasm	열정	professionalism	전문성
competition	경쟁, 대회	facilitation	편리화	visit	방문
coordination	조직	performance	공연		

3 구분해야 하는 명사

┌ confidence	자신감 (+ 사람)	┌ dependability	신뢰성	┌ market	시장
└ confidentiality	기밀 (+ 사물)	└ dependence	의존	└ marketing	마케팅

┌ permission	허락, 허가 불가산	┌ reliability	신뢰성	┌ produce	농산물
└ permit	허가증 가산	└ reliance	의존	│ product	제품
				│ production	생산
				└ productivity	생산성

┌ profession	직업	┌ employee	직원
│ professionalism	전문성	│ employer	고용주
└ professionals	전문가	└ employment	고용

다른 품사처럼 보이는 명사

1 형용사처럼 보이는 명사

| -al형 명사 |

approval	승인	official	관리	proposal	제안
arrival	도착	potential	가능성	removal	제거
denial	거절	professional	전문가	withdrawal	인출
individual	개인				

| -tive형 명사 |

alternative	대안	objective	목표, 목적	representative	대표자
initiative	계획, 주도권	relative	친척	executive	임원, 경영

| 그 외 형용사처럼 생긴 명사 |

advocate	옹호자	attendant	수행원	candidate	지원자
applicant	지원자	beneficiary	수혜자	characteristic	특징, 특색

2 동사처럼 보이는 명사

charge	경비, 비용	help	도움	prospect	가능성
control	통제	increase	증가	raise	인상
decrease	감소	leave	이별, 휴가	review	검토
demand	요구	pay	지급	rise	상승
drop	감소	praise	찬양	visit	방문
experience	경험				

참고 명사처럼 보이는 동사

access	동 접근하다, 이용하다 명 접근(권한), 이용	function	동 작동하다 명 기능
address	동 연설하다 명 주소	name	동 이름을 짓다 명 이름
deposit	동 저축하다 명 보증금	position	동 위치하게 하다 명 위치, 직위
finance	동 자금을 대다 명 자금	question	동 질문하다 명 질문

005 복합명사

1 복합명사

- 관사 **명사 1**(단수형) + **명사 2**(단수형)
- ~~관사~~ **명사 1**(단수형) + **명사 2**(복수형)
- ~~관사~~ **명사 1**(단수형) + **명사 2**(불가산명사)

복합명사는 처음에 나오는 명사는 단수형을 쓴다.

admission fee	입장료	personnel director	인사부장
application form	신청서	product specifications	제품 명세서
assembly line	조립 라인	quality control	품질 관리
clearance sale	재고 정리 판매	reference number	참조 번호
confirmation number	예약 확인번호	revenue growth	수익 증대
credit record[history]	신용 기록	safety precaution	안전 예방 조치
customer satisfaction	고객 만족	salary increase	급여 인상
employment rate	고용률	security deposit	보증금
equipment malfunction	장비 오작동	security guard[staff]	경비
evaluation form	평가지, 설문지	subscription rate	구독료
expansion plan	확장 계획	subsidiary company	자회사
gift certificate	상품권	system failure	시스템 결함
identification card	신분증	tax exemption	세금 면제
information desk	안내데스크	telephone extension	구내 전화
insurance policy	보험 증권	time constraints	시간 제약
interest rate	이자율	tourist attraction	관광지
investment strategy	투자 전략	trade deficit[surplus]	무역 적자 / 흑자
job application	입사 지원	travel itinerary	여행 일정표
job description	직무 내용	utility charges	(가스, 수도, 전화,
job performance	직무 실적, 업무 능력		전기 등의) 공공요금
keynote address[speech]	기조 연설	weather forecast	일기예보
management fee	관리비	work performance	직무 수행
market share	시장 점유율	work permit	근로허가증
market trends	시장 동향	work schedule	업무 일정
pay increase[raise]	임금 인상	yellow pages	업종별 전화번호부

2 독특한 복합명사

- **첫 번째 명사가 복수형인 명사**

  benefits packages 직원 혜택   sales representatives 판매사원   sports complex 종합운동장
  customs office 세관   savings bank 저축 은행

- **첫 번째 명사가 -ing형인 명사**

  evening performance 저녁 공연 marketing firm 마케팅 대행사   shipping & handling charges 배송비
  living expenses 생활비   operating expenses 운영비   training session 훈련

006 매달 출제되는 필수 암기 명사

① access	입장, 접근(권한), 이용	
② achievement	업적, 성취, 달성	
③ addition	추가, 부가물, 덧셈, 추가인력	
④ admission	가입, 입장, 입학	
⑤ advance advancement	진전, 발전 `가산` 발전, 진보 `불가산`	
⑥ advice	조언, 충고	
⑦ analysis analyst	분석, 연구 분석가	
⑧ applicant application	지원자 지원, 적용	
⑨ appointment	약속, 임명	
⑩ approval	승인, 인정	
⑪ assistance assistant	도움, 원조 조수	
⑫ authority authorization	권한, 인가, 권위자 허가	
⑬ candidate	지원자	
⑭ ceremony	의식, 행사	
⑮ change	변화, 변경사항	
⑯ charge	요금	
⑰ commitment	약속, 전념, 헌신, 약속	
⑱ competition competitiveness competitor	경쟁, 시합 경쟁력 경쟁자	
⑲ compliance	준수	
⑳ consideration	사려, 숙고, 고려사항	
㉑ construction	건설, 공사	
㉒ consultation	협상, 상의, 회담	
㉓ contract	계약	
㉔ contribution	기부금, 기여	
㉕ cooperation	협력, 합동, 협동	

㉖ correspondence correspondent	서신, 편지 기자, 특파원	
㉗ cost	값, 비용	
㉘ decision	결정, 판단	
㉙ delay	지연, 지체, 연기	
㉚ delivery	배달	
㉛ demand	요구	
㉜ departure	출발	
㉝ developer development	개발업자 발달, 성장	
㉞ distribution distributor	분배, 분포 유통업자	
㉟ effort	수고, 노력	
㊱ emphasis	강조, 역점	
㊲ employee employment	종업원, 고용인, 직원 직장, 고용	
㊳ enthusiasm enthusiast	열광, 열정 열광적인 팬, 애호가	
㊴ environment environmentalist	환경 환경 운동가	
㊵ equipment	장비, 용품, 설비	
㊶ estimate	추정, 추산, 견적서	
㊷ evaluation	평가, 사정	
㊸ exhibit exhibition	전시품, 증거물 표명, 제출, 전시회	
㊹ expansion	확장, 팽창, 발전	
㊺ expectation	예상, 기대	
㊻ expense	돈, 비용, 지출	
㊼ experience	경험, 경력, 능력	
㊽ expertise	전문 지식	
㊾ facility	시설	
㊿ fee	요금	

51	feedback	피드백, 반응, 의견
52	growth	성장, 발전, 증가
53	increase	증가, 증진, 이익
54	information	정보, 보도, 통지
55	initiative	계획, 주도권
56	inquiry	문의, 연구
57	inspiration	영감, 영감을 주는 사람
58	instruction	설명, 지시, 명령
	instructor	강사
59	intention	계획, 의도
60	interest	관심, 흥미
61	interruption	중단, 방해
62	investment	투자, 투자액
63	invitation	초대, 초대장
64	issue	호, 주제, 문제
65	location	장소, 위치, 소재지
66	manufacturer	제조자, 생산업자
67	market	시장
	marketability	시장성
	marketing	마케팅
68	measure	조치, 방법
	measurement	측정치
69	notice	공지, 알림
70	opportunity	기회
71	option	선택, 옵션
72	participant	참가자
	participation	참가, 참여
73	payment	지불, 지불금, 지급
74	performance	공연, 연기, 실적, 성과
75	permission	허락, 허가
	permit	허가증
76	policy	정책, 방침
77	popularity	인기, 대중성, 유행

78	preference	선호, 애호
79	preparation	준비, 대비
80	presence	존재, 참석
81	presentation	제출, 제시, 수여
82	procedure	절차
83	product	생산물, 상품
	productivity	생산성
84	promotion	승진, 촉진, 홍보
85	proposal	제안, 제의, 신청
86	purchase	구입, 구매물품
87	purpose	목적, 용도, 의도
88	qualification	자격, 적성, 필요 조건
89	receipt	영수증, 수령
90	recommendation	권고, 추천, 추천장
91	refund	환불, 반환
92	removal	제거, 철폐
93	reputation	평판, 명성
94	request	요구, 요청
95	requirement	필요, 자격
96	reservation	예약, 보류, 유보
97	response	대답, 반응
98	responsibility	책임, 책무
99	selection	선발, 선정
100	service	서비스, 근무
101	suggestion	제안, 암시
102	supervision	감독, 감시, 통제
	supervisor	감독관, 관리자
103	supplies	저장품, 비품, 소모품
104	training	교육, 훈련
105	transaction	거래, 매매, 업무
106	transition	이동, 변화, 변천
107	variety	다양성, 변화, 종류

007 인칭대명사

주격, 소유격, 목적격, 소유대명사, 재귀대명사로 구성되어 있으며 문장에서 어떤 역할을 하느냐에 따라 그것에 알맞은 격을 써야 한다.

① 주어 자리에는 주격

e.g. **You** can reserve the hotel room with a personal credit card.
　　　주격

② 명사 앞에는 소유격

e.g. The employees are asked to demonstrate how they use **their** fax machine.
　　　　　　　　　　　　　　　　　　　　　　　　　　　　　　　　소유격

③ 동사 다음이나 전치사 다음에는 목적격

e.g. He misses **me** a lot.
　　　　　　목적격

He wrote a letter to **me**.
　　　　　　　　　　목적격

인칭 (수)	격	주격 ~는, ~이, ~가	소유격 ~의	목적격 ~을, ~에게	소유대명사 ~의 것	재귀대명사 ~자신
1인칭	단수	I	my	me	mine	myself
	복수	we	our	us	ours	ourselves
2인칭	단수	you	your	you	yours	yourself
	복수	you	your	you	yours	yourselves
3인칭	단수	he	his	him	his	himself
		she	her	her	hers	herself
		it	its	it	X	itself
	복수	they	their	them	theirs	themselves

008 재귀대명사와 소유대명사

1 주어와 목적어가 같을 때 목적어 자리에 재귀대명사를 고른다.

e.g. Through his excellent technical work, **Mr. Lee** has shown [~~him~~ / himself] to be a
skilled engineer.
목적어 자리에 재귀대명사: 주어 *Mr. Lee*와 같은 사람이 목적어

2 재귀대명사는 부사와 같은 자리에 강조용법으로 쓰인다.

e.g. Director Adelle Long will be interviewing the top candidates for the research
position **herself**.
부사 자리에 재귀대명사: 자신이 직접

3 재귀대명사의 관용 표현

e.g. by oneself 혼자서 (=on one's own)

4 소유대명사 = 『소유격 + 명사』

e.g. my book = mine 나의 것

명사처럼 쓰여서 주어, 목적어, 보어 자리에 올 수 있으나, 소유대명사의 본질상 소유대명사를
지칭하는 명사가 문장의 다른 부분에 있다.

e.g. I took Ms. Sanderson's book because I mistakenly thought it was **mine**.
my book

009 지시대명사와 지시형용사

1 앞에서 언급한 명사를 반복할 때는 that단수과 those복수를 쓴다.

• 앞에 언급된 명사가 단수일 때는 that

e.g. Mr. Stanton's <u>performance</u> is much better than **that** of his colleagues.

동료들의 그것 (성과)

• 앞에 언급된 명사가 복수일 때는 those

e.g. London's <u>restaurants</u> are better than **those** of New York.

뉴욕의 그것들 (식당들)

2 '~하는 사람들'이라는 의미는 those복수로 출제된다.

$$\underset{복수}{\underline{those}} + \begin{bmatrix} who \sim \\ 분사(-ing / -ed) \\ 전치사 \sim \end{bmatrix} \Rightarrow \sim 하는\ 사람들$$

e.g. The company will reward **those** <u>devoted</u> to the project.

• 단수일 때는 anyone을 쓴다.

Anyone <u>who</u> gets the first 10 points will win the race.

단수: ~하는 사람은 누구든지

3 지시형용사(this, that, these, those)는 뒤에 나오는 명사에 의해 결정된다.

e.g. **This** <u>book</u> is quite difficult to understand.

That <u>car</u> is under warranty.

These <u>products</u> were made by Sanderson Industries.

Those <u>children</u> were elementary students.

010 부정대명사

1 부분을 이야기하는 부정대명사는 단 / 복수가 중요하다.

| one
each | + of + | the / 소유격 + | 복수 명사 | + | 단수형 동사 |

| all
some
many
most
both | + of + | the / 소유격 + | 가산 복수 명사
불가산 명사 | +
+ | 복수형 동사
단수형 동사 |

2 some은 주로 긍정문에, any는 의문문이나 조건문에 쓰인다.

- some은 '몇몇의, 약간의'라는 의미의 대명사와 형용사로 주로 긍정문에 사용한다. something, someone, somebody도 마찬가지다.

- any는 '몇몇의, 조금의'라는 의미의 대명사와 형용사로 부정, 조건, 의문문에 사용한다. anything, anyone, anybody도 마찬가지다.

> 참고 권유나 요청의 의미를 나타내는 의문문일 경우에 some을 쓰고, 긍정문에서 any를 쓰는 경우도 있다.

3 one, the other, another, others, the others를 구별해야 한다.

- 막연한 하나 : one
- 또 다른 하나 : another
- 맨 마지막 하나 : the other
- 불특정 다수 : some, others, the others

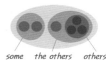

one   another   the other   some   the others   others

4 부정대명사 관용 표현

- **one another** 서로(셋 이상)   e.g. We must help **one another**.
- **each other** 서로(두 명)   e.g. They are having a discussion with **each other**.
- **one after another** 차례차례   e.g. The players come into the stadium **one after another**.
- **one by one** 하나씩   e.g. Let's try to solve the problems **one by one**.

011 형용사

1 형용사는 명사 앞에서 수식한다.

e.g. a **spacious** room
　　　형용사　　명사

명사 앞에는 형용사를 여러 번 쓸 수 있다.

e.g. an **additional administrative** position
　　관사　　형용사　　　형용사　　　명사

주로 『**관사 + 부사 + 형용사 + 명사**』 순서의 문제가 출제된다.
형용사를 수식하면 부사, 명사를 수식하면 형용사를 쓴다.

2 형용사가 명사 뒤에서 수식하는 경우가 있다.

• -thing, -body, -one 으로 끝나는 명사 뒤 ┈┈┈┈┈┈┈┈┈┈ 시험에 잘 출제되지 않는다.
　e.g. something **important**

• 「관계대명사 + be동사」가 생략된 경우
　e.g. the representatives (who are) **responsible** for the project
　　　employees (who are) **eligible** for

3 2형식 동사 다음에는 형용사를 쓴다.

• 2형식 동사(be, become, remain, seem, appear, prove) + 보어
　　　　　　　　　　　　　　　　　　　　　　　　　　　　　　형용사

　e.g. The manager seems **hesitant** to use new sales strategies.
　　　　　　　　　 2형식 동사　형용사

2형식 동사 다음에는 형용사를 우선적으로 써야 한다.
단, be와 become은 명사 보어를 쓸 수 있다. 시험에 잘 출제되지 않는다.

4 형용사는 5형식 동사에서는 목적격 보어 자리에서 목적어를 수식한다.

• 5형식 동사(keep, find, consider, make, leave, deem) + 목적어 + 목적격 보어
　　　　　　　　　　　　　　　　　　　　　　　　　　　　　　　　　　　　형용사

　e.g. Advances in the recent technologies made a lap-top computer **affordable**.

5형식 동사가 아닌 경우, 목적어 다음은 부사를 써야 한다.

012 be동사 + 형용사 + to부정사 / 전치사 that절

1. be **about** to부정사 — 막 ~하려고 하다
2. be **accustomed** to -ing — ~하는데 익숙하다
3. be **appreciative** of — ~에 감사하다
4. be **likely** to부정사 — 아마도 ~인 것 같다
5. be **available** to부정사 = be **available** for — ~할 수 있다. ~가 이용 가능하다
6. be **aware** of = be **conscious** of — ~을 알고 있다
7. be **capable** of -ing = be **able** to부정사 — ~을 할 수 있다
8. be **certain** to부정사 / that절 — ~하는 것이 확실하다. ~가 확실하다
9. be **concerned** about / over — ~에 대해 염려하다
10. be **concerned** with — ~와 관련되다
11. be **confident** in — ~을 확신하다
12. be **conscious** of — ~을 알아채다
13. be **consistent** with — ~과 일치하다
14. be **compatible** with — ~와 호환되다
15. be **comparable** to — ~와 비교할 만하다/비슷하다
16. be **dedicated / committed / devoted** to -ing — ~하는데 헌신하다
17. be **optimistic** about — ~에 낙관적이다
18. be **eager** to부정사 — ~하기를 고대하다
19. be **eligible** for / to부정사 — ~할 자격이 있다
20. it is **essential / vital / imperative** that절 — 반드시 ~해야한다
21. be **exempt** from — ~에 면제되다
22. be **known** for — ~로 알려지다
23. be **native** to — ~출신이다
24. be **reliant / dependent** on — ~에 의지하다
25. be **responsible** for — ~에 책임이 있다
26. be **subject** to — ~의 대상이다
27. be **suitable** for — ~에 적합하다
28. be **willing** to부정사 — 기꺼이 ~하다

매달 출제되는 필수 암기 형용사

①	acceptable	받아들일 만한
②	accessible	접근/이용할 수 있는
	↔ inaccessible	접근/이용할 수 없는
③	accurate	정확한
④	additional	추가적인
⑤	adequate	충분한
	↔ inadequate	충분하지 않은
⑥	advisable	바람직한
⑦	affordable	~할 여유가 있는
⑧	agreeable	동의하는, 기분 좋은
⑨	apparent	명백한, 눈에 보이는
⑩	applicable (to)	적용할 수 있는, ~에 해당되는
⑪	appropriate	적합한
⑫	attentive (to)	주의 깊은
⑬	authentic	진품의, 모사한
⑭	available	사용할 수 있는, 이용 가능한
	↔ unavailable	이용 불가능한
⑮	beneficial	이익이 되는
⑯	brief	간략한, 짧은, 잠깐의
⑰	busy	바쁜, 분주한
⑱	capable	유능한
⑲	careful	조심스러운
⑳	clear	명확한
㉑	close	가까운
㉒	comfortable	편안한
㉓	comparable (to)	비교할 만한, 비슷한
㉔	competitive	경쟁의, 경쟁력 있는
㉕	complete	완전한, 완료된
㉖	complimentary	무료의, 칭찬의
㉗	comprehensive	포괄적인
㉘	confident	자신감에 찬
㉙	confidential	기밀의, 비밀의
㉚	consecutive	연속되는
㉛	considerable	상당한
㉜	considerate	사려 깊은
㉝	convenient	편리한
㉞	cooperative	협력적인
㉟	current	지금의, 현재의
㊱	defective	결점이 있는, 하자 있는
㊲	dependable	믿을만한
	cf dependant	의존하는
㊳	different	다른
㊴	distinct	뚜렷이 다른
	cf distinctive	독특한
㊵	diverse	다양한
㊶	early	일찍
	cf earlier	더 일찍
㊷	economic	경제의
	cf economical	절약하는
㊸	effective	효과적인
㊹	efficient	효율적인
㊺	eligible (for)	~에 자격이 있는
㊻	energetic	활동적인
㊼	enthusiastic	열심인, 열정적인
㊽	equivalent	동등한, 상응하는
㊾	essential	필수적인
㊿	excellent	뛰어난
51	exceptional	우수한, 특출한
52	exempt	면제된
53	expensive	비싼
54	experienced	경험 있는
55	extensive	광대한, 대규모의
56	familiar	익숙한, 잘 아는
	↔ unfamiliar	익숙하지 않은, 잘 모르는
57	frequent	빈번한
58	full	가득한

형용사

⑤⑨ heavy	무거운		⑨④ protective	보호용의
⑥⓪ hesitant	주저하는		⑨⑤ public	공공의, 대중의
⑥① immediate	즉각적인		⑨⑥ reasonable	이치에 맞는, 합리적인
⑥② impressive	인상 깊은		⑨⑦ recent	최근의
⑥③ inaccurate	정확하지 않은		⑨⑧ relevant	관련된
⑥④ informative	유익한		⑨⑨ reliable	믿을 만한
⑥⑤ initial	초기의		⑩⓪ reliant	의지하는
⑥⑥ innovative	혁신적인		⑩① remarkable	놀라운
⑥⑦ knowledgeable	이해력이 있는, 알고 있는		⑩② representative	대표의
⑥⑧ latest	최신의		⑩③ responsible	책임이 있는
⑥⑨ lengthy	길이가 긴		⑩④ routine	일상적인
⑦⓪ local	(그) 지역의		⑩⑤ secure	안전한
⑦① managerial	경영의		⑩⑥ several	여러 개의
⑦② necessary	필요한		⑩⑦ significant	상당한, 중요한
⑦③ notable	유명한, 괄목할 만한		⑩⑧ specific	특정의, 구체적인
⑦④ numerous	수많은		⑩⑨ strategic	전략적인
⑦⑤ open	열려 있는		⑪⓪ strong	강한
⑦⑥ operational	사용 가능한, 사용 준비가 된		cf stronger	더 강한
⑦⑦ original	최초의, 원래의		⑪① substantial	상당한
⑦⑧ outstanding	탁월한		⑪② successful	성공한
⑦⑨ perishable	썩기 쉬운		⑪③ sufficient	충분한
⑧⓪ personal	개인의		⑪④ temporary	임시적인
⑧① persuasive	설득력 있는		cf tentative	잠정적인
⑧② pleasant	유쾌한		⑪⑤ total	전부의
⑧③ popular	인기있는, 일반적인		⑪⑥ unable	~할 수 없는
⑧④ possible	가능한		⑪⑦ unfavorable	좋아하지 않는, 안 좋은
⬌ impossible	불가능한		⑪⑧ unique	유일한, 독특한
⑧⑤ present	출석해 있는, 현재의		⑪⑨ upcoming	다가오는, 곧 있을
⑧⑥ preventable	막을 수 있는		⑫⓪ urgent	급한
⑧⑦ preventive	예방용의		⑫① useful	유용한
⑧⑧ previous	이전의		⑫② vacant	비어 있는
⑧⑨ primary	가장 중요한		⑫③ valid	정당한
⑨⓪ probable	있음직한		⑫④ valuable	가치가 있는
⑨① productive	생산적인		⑫⑤ various	다양한
⑨② promotional	홍보용의		⑫⑥ versatile	다재 다능한, 용도가 많은
⑨③ prompt	신속한		⑫⑦ vital	필수적인

014 부사

부사는 명사를 제외하고 모든 품사를 수식할 수 있다.

- 주어 + 부사 + 동사
  e.g. He **suddenly** changed the lane.

- be + 부사 + 형용사
  e.g. He is **very** different from his brother.

- be + 부사 + -ing
  e.g. The price of gold is **sharply** decreasing.

- be + 부사 + -ed
  e.g. The quality of the product has been **consistently** improved.

- be + -ed + 부사 (수동태 다음)
  e.g. The handouts will be distributed **shortly**.

- have + 부사 + p.p.
  e.g. The new dress code has **just** been implemented.

- 조동사 + 부사 + 동사
  e.g. I can **hardly** concentrate on the project due to the noise.

- 자동사 + 부사 + 전치사
  e.g. The duration of the project depends **mainly** on the project's participant.

- 자동사 + 부사
  e.g. The stock price fell **sharply**.

- 관사 + 부사 + 형용사 + 명사
  e.g. The president of the company has the **completely** different opinion.

- 문장 맨 앞
  e.g. **Occasionally**, I read the book.

- 문장 맨 뒤
  e.g. The company reduces the expenses **significantly**.

to부정사, 동명사, 분사, 전치사, 접속사 등도 부사가 수식한다.

015 빈도부사와 시제부사

1 빈도부사는 현재시제와 같이 쓴다.

always	항상	frequently	자주
generally	일반적으로	sometimes	가끔
usually	보통, 대개	occasionally	가끔
normally	보통	rarely	드물게
periodically	주기적으로	seldom	좀처럼 ~하지 않는
regularly	정기적으로	hardly	거의 ~하지 않는
often	자주	never	결코 ~하지 않는
ordinarily	보통		

2 현재시제와 어울리는 시제부사

now	지금	presently	현재
currently	지금, 현재	still	여전히, 아직도, 그런데도
each week	매주	each month	매달
every week	매주	every year	매년

3 과거시제와 어울리는 시제부사

ago	~전에	yesterday	어제
last + 시간	지난 ~	past + 시간	~전에
ever	~한 적이 있는	once	한 때
recently	최근에	lately	최근에
previously	전에	then	그 때에
formerly	이전에는		

4 미래시제와 어울리는 시제부사

soon	이제, 곧	shortly	이제, 곧
next + 시간	다음	future + 시간	미래
coming + 시간	다가오는	following + 시간	다음에 오는
as of + 시간	~이래로	later	나중에

5 현재완료와 어울리는 시제부사

recently	최근에	since + 과거시제	~이래로
(for / in / within / over / during) the (last / past) + 기간			지난 ~동안

016 부사의 다른 용법

1 형용사 강조부사, 비교급 강조부사

- so, very, too, quite는 원급 형용사를 강조한다.
  so good, **very** expansive, **too** short, **quite** big

- much, even, far, a lot, still은 비교급을 강조한다.
  much bigger, **even** better, **a lot** stronger, **still** more difficult

> **참고** 최상급 강조부사는 much, far, even 등이 있는데 시험에 거의 출제되지 않는다.

2 뜻을 주의해야 하는 부사

bad	형 나쁜	badly	부 심하게
close	형 가까운	closely	부 면밀히
high	형 높은	highly	부 매우
late	형 늦게	lately	부 최근에
most	형 매우, 가장, 많이	mostly	부 대체로
near	형 가까이에	nearly	부 거의
short	형 짧은	shortly	부 곧, 이내

> **참고** 형용사와 부사의 의미를 모두 다 가지는 부사
>
> | | | |
> |---|---|---|
> | daily 형 부 매일(의) | early 형 이른 부 일찍 | far 형 먼 부 멀리 |
> | weekly 형 부 매주(의) | late 형 늦은 부 늦게 | high 형 높은 부 높게 |
> | monthly 형 부 매달(의) | long 형 오랜 부 오래 | fast 형 빠른 부 빨리 |
> | yearly 형 부 매년(의) | hard 형 힘든, 단단한 부 열심히, 심하게 | |

3 시간부사

already 이미 벌써 **긍정문**　　　yet 아직 **부정문**　　　still 여전히 **긍정문** 아직도 **부정문**

「have yet to부정사」「be yet to부정사」 아직 ~하지 않았다 는 긍정문인데 yet을 사용한다.

4 부정부사

hardly, rarely, seldom, scarcely, barely 거의 ~않다 는 부정의 의미를 담고 있으므로, not과 같은 또 다른 부정어와 함께 올 수 없다. 부정부사가 문두에 오면 주어와 동사가 도치된다.

1	accordingly	그에 따라	34	effectively	효과적으로
2	accurately	정확하게	35	efficiently	효율적으로
3	actively	적극적으로	36	equally	동등하게
4	actually	사실상	37	even	~조차도, 심지어
5	adversely	반대로, 불리하게	38	even so	심지어 그럴지라도
6	afterwards	그 후에	39	ever	한 적이 있는
7	alike	마찬가지로	40	everywhere	어디든
8	almost	거의	41	exclusively	오로지, 독점적으로
9	already	벌써	42	expressly	뚜렷이, 명백하게
10	also	또한	43	extensively	광범위하게, 널리
11	alternatively	양자택일의	44	favorably	호의적으로
12	altogether	전체적으로, 통틀어	45	finally	마침내
13	always	항상	46	formally	공식적으로
14	approximately	대략	47	fortunately	운 좋게
15	attentively	주의 깊게	48	frequently	자주
16	automatically	자동적으로	49	furthermore	게다가
17	briefly	짧게, 잠깐	50	generously	관대하게
18	carefully	주의 깊게	51	gradually	점진적으로, 서서히
19	cautiously	조심스럽게	52	greatly	대단히
20	clearly	명확히	53	highly	매우
21	closely	면밀히	54	however	그러나
22	completely	완전히	55	ideally	이상적으로
23	considerably	상당히	56	immediately	즉시
24	consistently	지속적으로	57	in addition	추가적으로
25	continually	계속해서	58	increasingly	점점 더
26	conveniently	편리하게	59	individually	개별적으로
27	correctly	올바르게, 정확하게	60	inevitably	필연적으로
28	currently	현재는	61	intentionally	의도적으로
29	directly	바로, 전적으로	62	just	단지, 정확히, 막
30	dramatically	극적으로	63	kindly	친절히
31	eagerly	열심히	64	largely	대개
32	early	일찍	65	later	나중에
33	easily	쉽게	66	less	더 적게, 덜

⑥⑦	mistakenly	실수로	⑩③	safely	안전하게
⑥⑧	moderately	중간 정도로	⑩④	securely	안전하게
⑥⑨	more	더, 더욱	⑩⑤	separately	따로
⑦⓪	nearly	거의	⑩⑥	severely	심하게
⑦①	necessarily	반드시, 필연적으로	⑩⑦	sharply	급격히
⑦②	normally	일반적으로	⑩⑧	shortly	곧
⑦③	now	지금	⑩⑨	significantly	상당히
⑦④	occasionally	때때로	⑪⓪	skillfully	솜씨 있게, 능숙하게
⑦⑤	often	자주	⑪①	slightly	약간
⑦⑥	once	한 번, 한 때	⑪②	so	매우
⑦⑦	only	다만, ~만	⑪③	soon	곧
⑦⑧	ordinarily	보통	⑪④	specially	특별히
⑦⑨	otherwise	그렇지 않으면, 달리	⑪⑤	specifically	구체적으로
⑧⓪	overwhelmingly	압도적인	⑪⑥	steadily	꾸준히
⑧①	particularly	특히	⑪⑦	still	여전히, 아직도
⑧②	perfectly	완전히	⑪⑧	strategically	전략적으로
⑧③	periodically	정기적으로	⑪⑨	strictly	엄격하게
⑧④	personally	개인적으로	⑫⓪	subsequently	그 이후로
⑧⑤	previously	전에	⑫①	substantially	상당히
⑧⑥	primarily	가장 첫 째로	⑫②	successfully	성공적으로
⑧⑦	probably	아마도	⑫③	surprisingly	의외로
⑧⑧	productively	생산적으로	⑫④	temporarily	일시적으로
⑧⑨	professionally	직업적으로	⑫⑤	tentatively	잠정적으로
⑨⓪	promptly	신속히	⑫⑥	then	그리고 나서
⑨①	properly	적절히	⑫⑦	there	거기에
⑨②	quickly	빨리	⑫⑧	therefore	그러므로
⑨③	quietly	조용히	⑫⑨	thoroughly	철저히
⑨④	quite	꽤, 아주, 완전히	⑬⓪	thus	그러므로
⑨⑤	rapidly	빨리	⑬①	together	함께
⑨⑥	rarely	드물게, 거의 ~하지 않게	⑬②	unexpectedly	뜻밖에
⑨⑦	recently	최근에	⑬③	unusually	대단히, 평소와 다르게
⑨⑧	regularly	정기적으로	⑬④	usually	보통
⑨⑨	relatively	상대적으로	⑬⑤	very	매우
⑩⓪	remarkably	눈에 띄게	⑬⑥	well	잘
⑩①	respectfully	공손하게	⑬⑦	widely	널리
⑩②	routinely	일상적으로	⑬⑧	yet	아직

부사

018 접속부사

1 접속부사는 접속사가 아니라는 점에 유의한다.

e.g. Our banking clients want flexibility. **Therefore**, we provide ATMs that are available 24 hours a day.

접속부사는 주로 파트6에서 출제된다.

2 접속부사는 두 문장의 관계를 통해서 답을 정한다.

• 인과관계	therefore / thus / hence	그러므로
	as a result	그 결과
• 역접	however	그러나
	nonetheless / nevertheless	그럼에도 불구하고
	on the contrary	그와 반대로
• 부연, 첨가	also	또한
	moreover / furthermore / besides	게다가
	in addition / additionally	추가적으로
• 조건	otherwise	그렇지 않으면
	if so	만일 그렇다면
	even so	그렇다 하더라도
• 기간	meanwhile / meantime	그 동안에
	at the same time	동시에
• 유사	similarly	유사하게
	in the same way	같은 방법으로
	likewise	마찬가지로

019 전치사

1 전치사 다음에는 명사를 써야 한다.

e.g. There are some unsolved questions **in** the book.

전치사 다음에 빈칸이 있는 문제는 명사를 꾸미는 형용사가 출제되기도 한다.

e.g. in ------- books
　　　　 형용사

2 전치사 다음에는 대명사를 쓸 수 있다.

e.g. I can go **with** you.

전치사 다음에 대명사를 쓰는 문제에서 주어와 같은 대상이면 재귀대명사를 쓴다.

e.g. He wanted to analyze the project **by** himself.

3 전치사 다음에는 동명사를 쓸 수 있다.

e.g. I am interested **in** reading the book.

전치사 다음에 동명사도 가능하지만 분사도 가능하다. 전치사 다음에 빈칸이 있고 관사가
나오면 동명사를 쓰고, 전치사 다음에 관사가 있고 빈칸이 나오면 분사를 써야 한다.
(관사가 없을 시는 해석으로 동명사를 써야 할지, 분사를 써야 할지 결정한다.)

e.g. **for** answering the survey　　　**for** the revised question
　　　 동명사　 관사　 명사　　　　　　 관사　 분사　　 명사

4 전치사 다음에는 명사절을 쓸 수 있다.

e.g. The questions rise **as to** whether his comment of the failure of the project was
appropriate.　　　　　　　　　　　　　　　　　　　명사절

전치사 다음에 명사절을 쓸 때는 명사절 접속사 that과 if는 쓸 수 없다.

020 시점의 전치사 I

1 at (정확한 시간)

at 7 o'clock	7시에	**at** first	우선
at noon	12시 정각	**at** the moment	지금 이 순간
at the beginning	시작할 때	**at** the end	끝날 때
at the earliest	빨라도	**at** the latest	늦어도
at the same time	동시에	**at** the same time	동시에
at your earliest convenience	가장 편리할 때	**at** once	즉시

2 on (날짜, 요일, 특정한 날)

on May 30	5월 30일	**on** Sunday	일요일
on new year's day	설날	**on** my birthday	생일
on time	정각에	**on** duty	임무 중인
on view	전시 중인	**on** call	대기 중
on board	승차 중인		

3 in (월, 년도, 계절)

in July	7월에	**in** 2017	2017년
in summer	여름에	**in** the future	미래에
in time	시간 내에	**in** vain	헛되이

4 until ~까지 동작의 계속 / by ~까지 동작의 완료

be postponed **until** Thursday 목요일까지 연기되다 last **until** 6 P.M. 오후 6시까지 계속되다
open **until** 10 P.M. 오후 10시까지 문을 열다   **until** further notice 추후 공지가 있을 때까지
submit the report **by** the end of each month 매월 말까지 보고서를 제출하다
complete their work **by** Wednesday 수요일까지 그들의 작업을 끝내다

021 시점의 전치사 II

1 since ~이래로 는 현재완료와 같이 쓴다.

since 2010 2010년 이래로
since then 그 때부터

ever **since** ~이후로 줄곧
since -ing ~한 이후로

e.g. Sanderson **has worked** at Pagoda **since** 1999.

> **참고** since는 부사로 사용될 수도 있다.
> The original building has long **since** been built. 원래 건물은 지어진 지 오래되었다.

2 before = prior to = ahead of = in advance of ~전에

be submitted **before** the end of the month 월말 전에 제출되다
deliver a speech **prior to** tonight's benefit dinner 자선 저녁식사 전에 연설을 하다
be completed **ahead of** schedule 일정보다 앞서 완료되다
at least 24 hours **in advance of** their scheduled arrival 예정된 도착 적어도 24시간 전에

3 after = following ~후에

access the account information **after** 5:00 P.M 오후 5시 후에 계좌정보에 접속하다
following a preliminary consultation next week 다음 주 예비 상담 후에

4 from ~부터

from Monday to Friday 월요일에서 금요일까지
from ~ on ~부터 계속 쭉

as **from** (= as of) ~일자로
from the very first 맨 처음부터

5 to ~까지

from Monday **to** Friday 월요일에서 금요일까지
up **to** date 최신의

to date 지금까지
up **to** now 최신의

022 기간의 전치사

1 for + 숫자 기간 / 불특정 기간 ~동안

for a decade	10년 동안	**for** the remainder of the week	일주일의 나머지 동안
for the long time	오랫동안	**for** long	오랫동안
for the next 10 years	다음 10년 동안	**for** the last ten years	지난 10년 동안
for a while	잠시 동안		

2 during + 특정 기간 명사 ~동안

during the presentation	발표 중에	**during** peak hours	바쁜 시간 동안
during rush hour	출퇴근 시간 동안	**during** the next 10 years	다음 10년 동안

3 over ~동안에, ~걸쳐서

over the last 10 years	지난 10년 동안에	**over** the next 10 years	다음 10년 동안에
over the fall semester	가을 학기 동안에		

4 through / throughout + 특정 기간 ~동안 내내

(through / throughout) the class	수업시간 동안 내내
(through / throughout) the summer	여름 동안 내내

비교 **through** + 장소 ~을 관통하여, ~을 지나가서   **throughout** + 장소 ~곳곳에, ~도처에

5 in ~안에, ~후에

in the last 10 years	지난 10년 동안	**in** the next 2 years	다음 2년 동안
in time	시간에 맞추어	**in** a week	일주일 후

in, after, before, over는 시점과 기간에 모두 다 쓸 수 있다.

6 within ~이내에

within a week	일주일 이내에	**within** the last 2 years	지난 2년 이내에
within the next 10 years	다음 10년 이내에		

within은 범위와 장소에서는 '~이내에'라는 뜻이 있다.

023 장소의 전치사 I

1 in + 큰 공간 ~안에

in the room 방안에
in Europe 유럽에서
in writing 서면으로

in the building 건물 안에
in advance 사전에
in particular 특별히

in the world 세계의
in person 직접

2 on + 접속면 ~(위)에

on the floor 마루에
on/upon ~ing ~하자마자

on the book 책 위에
on the waiting list 대기자 명단에

on the wall 벽에

3 at + 작은 공간 ~에(서)

at the bus stop 버스 정류장에서

at the intersection 교차로에서

4 under ~아래에, ~하에, ~중인

under the bridge 다리 아래에
under 10% 10% 이하
under pressure 압박 하에

under construction 공사 중
under supervision of ~의 감독 하에
under investigation 조사 중인

5 below 아래에 beneath 바로 밑에

below the horizon 지평선 아래에
below the average 평균 이하

below the last year's rate 지난해의 비율 아래에
beneath the floor 바닥 바로 밑에

6 over ~위에, ~을 넘어

over the wall 벽을 넘어

over 10% 10퍼센트 이상

7 above ~위에

above the building 건물 위

above the last year's rate 지난해의 비율 이상

8 past ~를 지나서

past the building 건물을 지나서

past 7 o'clock 7시를 지나서

> **참고** past는 부사와 형용사로 출제된 적이 있다. e.g. walk **past** 지나가다 **past** week 지난주

024 장소의 전치사 II

1 by / next to / beside ~옆에

by the river　강 옆에
beside the car　차 옆에

next to the building　건물 옆에

> **참고** next 형 다음의 부 다음에

> besides 부 게다가 전 ~이외에도

2 in front of ~앞에 behind ~뒤에

in front of the building　건물 앞에
behind the building　　건물 뒤에

before the school　학교 앞
behind schedule　일정이 늦어지는

3 along ~를 따라서 alongside ~의 옆을 따라서 across ~를 가로 질러서, ~전체에

along the street　길 따라서
across the street　길을 가로 질러

alongside the street　길 옆을 따라서
across Europe　　　유럽 전체에

4 near / nearby ~근처 / around ~주변

stay **near**　　　근처에 머무르다
nearby store　　상점 근처에
around the store　상점 주변에

near는 부사로 자주 쓰이고, 형용사나 전치사로도 쓰인다.
nearby는 형용사로 자주 쓰이고, 부사나 전치사로도 쓰인다.
around는 부사나 전치사로 쓰인다.

5 through + 장소 ~을 관통하여 throughout + 장소 ~곳곳에, ~도처에

through the tunnel　터널을 지나서

throughout the office　오피스 곳곳에

6 between ~둘 사이에 among ~사이에(세 개 이상)

between the buildings　건물 사이
between the tree and the building　나무와 건물 사이

among the students　학생들 간에

> **참고** between A and B ◎

> among A and B ✘

30

025 기타 전치사

1 양보의 전치사

despite / in spite of ~에도 불구하고

regardless of ~에 상관없이

2 이유와 목적의 전치사

because of ~때문에	due to ~때문에	owing to ~때문에
on account of ~때문에	thanks to ~덕분에	for ~을 위하여

3 방법의 전치사

by ~함으로써	through ~를 통하여	with ~와 함께, ~로
by means of ~의 방법으로	by way of ~의 방법으로	

4 주제의 전치사

about ~에 관하여	on ~에 관하여
over ~에 관하여	concerning / regarding ~에 관하여
as to / as for ~에 관하여	pertaining to ~에 관하여
with / in regard to ~에 관하여	in reference to ~에 대하여

5 제외와 추가의 전치사

except / except for / excluding / barring / apart from ~를 제외하면

without ~없이	but for ~이 없다면	aside from ~외에도
in addition to ~외에도	including ~를 포함하여	on top of ~외에
besides ~이외에도	instead of ~대신에	plus ~외에

6 자격과 유사성의 전치사

as ~로서	such as ~와 같은
like ~와 같은	unlike ~와는 달리

7 방향의 전치사

to ~로	toward ~를 향해	into ~안으로
out of ~밖으로	beyond ~를 넘어서	against ~와 반대로

026 전치사의 관용 표현

1 분사형 전치사

concerning / regarding	~에 관하여	following	~하고 난 후에
considering	~을 고려하여	given	~라고 가정하면
excluding / barring	~를 제외하고	including	~를 포함하여

2 구 전치사

according to	~에 따라서	in honor of	~에 경의를 표하여
ahead of	~에 앞서	in keeping with	~와 어울려
as of	~부터	in light of	~을 고려하여
as to / as for	~에 관하여	in place of	~을 대신하여
at all times	항상	in preparation for	~준비하여
by means of	~의 수단으로	in respect of	~에 관하여
close to	~근처에	in response to	~에 응하여
contrary to	~와 반대로	in the event of	~의 경우에
due to	~때문에	next to	~옆에
in addition to	~외에도	on behalf of	~을 대신하여
in case of	~의 경우에	owing to	~때문에
in charge of	~을 담당하는	prior to	~전에
in compliance with	~을 준수하여	regardless of	~와 상관없이
in excess of	~을 초과하여	thanks to	~덕분에
in exchange for	~의 대신으로, ~와의 교환으로		

3 명사 + 전치사

rise / increase / hike **in**	~의 증가	change / shift **in**	~의 변화
improvement / development / advance **in**	~의 향상		
fall / decrease / decline / drop / reduction **in**	~의 감소		

alternative **to**	~에 대한 대안	attention **to**	~에 대한 관심
solution **to**	~에 대한 해결책	compliance **with**	~의 준수
access **to**	~에 대한 접근(권한)	decision **on**	~에 대한 결정
investigation **into**	~에 대한 조사	insight **into**	~에 대한 통찰
problem **with**	~에 대한 문제점	communication **with**	~와 의사소통, 연락
cause / reason **for**	~의 원인	effect / influence **on**	~에 대한 영향
respect **for**	~에 대한 존경	confidence **in**	~에 대한 자신감

027 매달 출제되는 필수 암기 전치사

① about ~에 관하여
② above ~위에, ~이상
③ according to ~에 따라
④ across ~을 가로질러서, ~전체에
⑤ after 하고 난 후에
⑥ ahead of ~보다 앞서
⑦ along with ~와 함께
⑧ alongside ~옆에
⑨ among ~사이에
⑩ as ~로서
⑪ as a result of ~의 결과로
⑫ as one of ~중 하나로서
⑬ as to ~에 관하여
⑭ aside from ~를 제외하고, ~외에도
⑮ at ~에(시간, 장소)
⑯ because of ~때문에
⑰ before ~전에
⑱ between ~사이에
⑲ beyond ~를 넘어서
⑳ by ~옆에, ~로
㉑ concerning/regarding ~에 관하여
㉒ despite ~에도 불구하고
㉓ due to ~때문에
㉔ during ~동안
㉕ depending on ~에 따라서
㉖ except (for) ~을 제외하고
㉗ following ~하고 난 후에
㉘ for ~동안, ~위하여
㉙ from ~부터
㉚ in accordance with ~와 일치하여
㉛ in addition to ~외에도
㉜ in advance of ~보다 앞서
㉝ in favor of ~에 찬성하여
㉞ in response to ~에 응하여
㉟ in spite of ~에도 불구하고
㊱ in terms of ~면에서는
㊲ in the event of ~의 경우에는
㊳ including ~를 포함하여
㊴ instead of ~대신에
㊵ into ~안으로
㊶ like ~와 같이
㊷ near ~근처의
㊸ of ~의
㊹ off ~에서 멀리[벗어나서]
㊺ on ~위에, ~에 대해
㊻ on behalf of ~을 대신하여
㊼ on top of ~에 더하여
㊽ out ~의 바깥으로
㊾ over ~위에, ~동안
㊿ owing to ~때문에
(51) past ~를 지나서
(52) prior to ~전에
(53) related to ~와 관련된
(54) regardless of ~와 상관없이
(55) since ~이래로
(56) such as ~와 같은
(57) throughout ~곳곳에, ~동안 내내
(58) to ~로
(59) toward ~향해
(60) under ~아래에
(61) unlike ~와는 달리
(62) until ~까지
(63) up ~위로
(64) up to ~까지
(65) upon ~하자마자
(66) with ~와, ~로
(67) within ~이내에, ~내에서
(68) without ~없이

028 등위접속사

1 등위접속사는 『단어 + 단어』, 『구 + 구』, 『절 + 절』을 연결한다.

| 빈출 등위접속사 |

and	그리고, 그러면	bu 그러나	yet	그러나
or	또는, 그렇지 않으면	so 그래서	B as well as A	A뿐만 아니라 B도
B rather than A	A 대신에(보다는) B			

e.g. <u>Peter</u> **and** <u>John</u> went for the conference in Geneva.
      단어   단어

We have <u>received your résumé</u>, **but** <u>regret to inform you that no positions are available</u>.
              구   구

<u>Daniel is sick today</u>, **so** <u>he will not be able to attend the training session</u>.
        절   절

→ so는 절과 절만 연결할 수 있다.

2 등위접속사는 문두에 쓰지 않는다.

e.g. **And**, I study TOEIC, I do my homework. (X)

3 상관접속사

both A **and** B	A와 B 둘 다
either A **or** B	A 또는 B 둘 중 하나
neither A **nor** B	A와 B 둘 다 ~아니다
not A **but** B (B **but not** A)	A가 아니라 B
not only A **but (also)** B	A뿐만 아니라 B도

명사절 접속사 I

1 명사절은 명사절 접속사로 시작하며, 문장에서 명사 역할을 한다.

e.g. **What** students want is just higher scores.
주어

I know **what** you did last summer.
목적어

I don't have any information about **what** he will do next.
전치사의 목적어

The reason why he was fired is **that** he made too many mistakes.
주격 보어

2 명사절은 명사절 공식을 이용해서 문제를 푼다.

| 명사절 공식 |

whether / if		
that		완전한 문장
where		S + V + O
when	+	S + be p.p. (수동태)
why		S + V (자동사)
how		
who		불완전한 문장 주어나 목적어, 전치사의 목적어 중 하나가 빠져있다.
what	+	(S) + V + (O) + 전치사 + (O)

pop quiz   I want to know **(that / what)** women want.

know라는 동사 다음에 목적어인 명사절이 와야 하고, 뒤에 목적어가 없는 불완전한 문장이므로 **what**
이 정답이다.

→ 주로 명사절 문제는 뒤에 완전한 문장이 있으면 that이나 whether가 정답이고, 뒤에 불완전한 문
장일 때는 who나 what이 정답이다. that ~라는 것 과 whether ~인지 아닌지 를 구별하는 문제나
who 누구 what 무엇 을 구별하는 문제는 해석으로 문제를 풀어야 한다.

접속사

030 명사절 접속사 II

1 의문형용사 which, whose, what이 명사절에서 사용되며, 뒤에 나오는 명사를 수식하면서 명사절을 이끈다.

e.g. Sanderson is considering **which car** he will buy.

시험에 잘 출제되지 않는다.

Whose plan is affected by the company's future expansion plan is obvious.

2 복합관계대명사(-ever)는 명사절을 이끈다.

e.g. **Whoever** finishes the project first will be awarded.

Please bring **whatever** you need.

3 명사절을 『의문사 + to부정사』로 바꿀 수 있다.

e.g. I know **what** you should do in this project.
= I know **what to do** in this project.

He explains **how** you should study TOEIC.
= He explains **how to study** TOEIC.

4 명사절 관련 표현

| 형용사 + 명사절 |

be afraid that	미안하지만 ~이다	be aware that	~을 알고 있다
be apparent that	~이 명백하다	be doubtful that	~을 의심하다
be convinced / sure that	~을 확신하다	be glad / happy that	~에서 기쁘다
be sorry that	~해서 유감이다		

| 동격의 명사절 |

the fact that	~라는 사실	the opinion that	~라는 의견
the idea that	~라는 의견	the rumor that	~라는 루머
the news that	~라는 소식	the statement that	~라는 진술

형용사절 접속사 I

형용사절 접속사는 앞의 명사(선행사)를 수식하는 형용사절을 이끄는 접속사로 관계대명사, 관계형용사, 관계부사가 있다.

1 관계대명사 주격, 목적격(who, which, that)

- 명사 + 관계대명사 + ( ) + V + O   불완전한 문장
  선행사   주격

  e.g. I know a man **who** teaches TOEIC.

- 명사 + 관계대명사 + S + V + ( )   불완전한 문장
  선행사   목적격

  e.g. I know a man **who(m)** I saw in the library.

- 명사 + 관계대명사 + S + V + O + 전치사 + ( )   불완전한 문장
  선행사   전치사의 목적격

  e.g. This is the building **which** I teach TOEIC in.

2 관계대명사 소유격(whose)

- 명사 + 관계형용사 + 명사   완전한 문장
  선행사   └ 반드시 명사여야 한다.

명사를 포함한 뒤의 문장은 완전한 문장이 온다.

e.g. I know the man **whose nationality** is Canada.

3 관계부사

- 명사 + 관계부사 + S + V + O   완전한 문장
  선행사

관계부사 다음에는 완전한 문장이 온다.
the time when, the place where, the reason why 같은 특정 상황에만 쓴다.

e.g. This is **the building where** I study TOEIC.

전치사 다음에는 관계부사를 쓸 수 없다.

e.g. This is the building **in** ~~where~~/(which) I study TOEIC.

032 형용사절 접속사 II

1 관계대명사 수 일치

주격 관계절의 동사는 선행사와 수 일치한다.

- **단수** 선행사 + **주격 관계대명사** + **단수** 동사
  who, which, that
- **복수** 선행사 + **주격 관계대명사** + **복수** 동사
  who, which, that

2 관계대명사 생략

- **「주격관계사 + be동사」 생략**

  e.g. The book **(which was)** selected for the course was quite good.

  「주격관계사 + be동사」가 생략될 경우 명사 뒤에 형용사가 바로 나올 수 있다.

  e.g. The company **(which is)** responsible for the project doesn't need lots of skills.

- **목적격 관계대명사 생략**

  e.g. This is the best course **(which)** I have ever taken.
  능동

  목적격 관계사 다음의 절에는 뒤에 목적어가 보이지 않아도 which가 동사의 목적어이므로 능동의 표현인 I have ever taken을 써야 한다.

3 「수량 표현 + of + 관계사」

- [all / some / several / most / half / few] + of + [which / whom]

  e.g. My study group has 8 members, **all of whom** are males.

  주어와 동사가 각각 두 개이므로 접속사를 써야 한다. of 다음에는 대명사를 쓸 수 없다.

  e.g. My study group has 8 members, **all of them** are males. [X]

  My study group has 8 members, **and all of them** are males. [O]

4 관계절 내에 다른 문장 삽입

- 선행사 + 주격 관계대명사 + (S + think / believe / feel / suppose 등) + 동사

  e.g. He has a dog **which I think** is very.

033 부사절 접속사 I

1 부사절 접속사의 구조

- **[부사절 접속사 + S + V + O], S + V + O.**

  부사절 접속사가 앞에서 문장을 연결을 하면, 콤마를 사용한다.

  e.g. **Although** the economy seems to be flourishing, there are many underlying problems.

- **S + V + O [부사절 접속사 S + V + O].**

  부사절 접속사가 문장 중간에서 문장을 연결할 때에는 콤마가 없다.

  e.g. The opening ceremony won't be started **when** the president arrives at the venue.

2 부사절 접속사와 명사절 접속사 구조의 차이

- 부사절   He will call me **if** he can join our club.
- 명사절   I will see **if** he can join our club.

  명사절은 주어 자리, 목적어 자리, 보어 자리, 전치사의 목적어 자리에 사용된다.

3 부사절 접속사와 형용사절 접속사 구조의 차이

- 부사절   **When** we build our cars, we carefully design every detail to facilitate comfort.
- 형용사절   Every detail of the cars (**that**) we build is carefully designed to facilitate comfort.

  형용사절은 명사 다음에 명사를 수식하는 절로 사용된다.

4 부사절 접속사와 전치사 구조의 차이

- 부사절 접속사 다음에는 완전한 문장이 나와야 한다.

  e.g. **Even though** the budget was not sufficient, the project was successfully completed.

- 전치사 다음에는 명사가 나와야 한다.

  e.g. **Despite** the budget shortage, the project was successfully completed.

034 부사절 접속사 II

1 시간의 부사절 접속사

as / when ~할 때
until ~할 때까지
before ~하기 전
since ~이래로

once / as soon as ~하자마자
after ~하고 난 후에
while ~하는 동안

since, after, before, until은 전치사도 되고, 접속사도 된다. as는 여러 의미의 부사절 접속사로 쓰이지만 전치사는 '~로써'라는 '자격'의 의미로만 쓰인다.

2 조건의 부사절 접속사

if 만약 ~라면
as long as ~하기만 한다면
in case (that) ~의 경우에는
as if / as though 마치 ~인 것처럼

unless 만약 ~이 아니라면
only if 단지 ~인 경우라면
in the event (that) ~의 경우에는
only if ~인 경우에만

시간과 조건의 부사절에서는 현재 시제가 미래 시제를 대신한다.
• **When** you **have** a lunch at this restaurant, you will receive a 10% discount.

3 원인, 결과, 목적의 부사절 접속사

because / as / since / now that ~때문에
in order that / so that ~하기 위하여
in that ~라는 점에서
so + 형용사/부사 + that 너무 ~해서 ~하다
such + 명사 + that 너무 ~해서 ~하다

4 뜻이 여러 개인 부사절 접속사

while ① ~하는 동안에 ② 반면에
since ① ~이래로 현재완료 ② ~때문에
as ① ~할 때 ② ~때문에 ③ ~듯이

since는 '~이래로'의 의미일 때는 전치사, 접속사로 둘 다 쓰이지만 '~때문에'라는 의미일 때는 접속사로만 쓰인다.

(035) 부사절 접속사 III

① 양보의 부사절 접속사

even though / even if / though / although 비록 ~일지라도
while / whereas ~인 반면에, ~지만
whether ~인지 아닌지 상관없이

② 분사형 부사절 접속사

assuming (that) ~라고 가정하면
given (that) / considering (that) ~를 고려하면, ~를 고려해 볼때
providing (that) / provided (that) ~라면

③ 복합관계사는 부사절을 이끌 수 있다.

wherever = no matter where 어디든지 상관없이
whenever = no matter when 언제든지 상관없이
whoever = no matter who 누구든지 상관없이
whatever = no matter what 무엇이든지 상관없이
e.g. **Whenever** I study Math, I have a headache.
[비교] however + 형용사 / 부사 아무리 ~하더라도

④ 뜻이 비슷한 전치사와 접속사

	접속사	전치사
시간	when, after, before, until, once, as soon as, while, since	for, during, after, before, by, until, since
조건	if, unless, in case (that), only if, in the event (that), provided (that), given (that), considering (that)	in case of, in the event of, considering, given
이유	because, since, as, now that	because of, due to, owing to, on account of
양보	although, even though, even if, though	in spite of, despite
비교	as if, as though	like

036 동사의 형태와 문장의 형식

1 동사의 형태에는 다섯 가지가 있다.

- **동사원형**

  3인칭 단수를 제외한 현재 시제 또는 조동사 다음에 사용한다.

  e.g. The employees **deliver** quality service.

- **3인칭 단수형**

  e.g. Mr. Myer **delivers** presentation at the monthly meeting.

- **과거형**

  e.g. Ms. Jones **delivered** an address at the ceremony.

- **수동형**

  「be + p.p.」 형태로 수동태로 쓰인다.

  e.g. The goods **are delivered**.

- **진행형**

  「be + ing」이며, 진행 시제가 된다.

  e.g. The shipping agent **is delivering** the package.

- **완료형**

  「have + p.p.」 형태로 완료 시제를 만든다.

  e.g. The company **has delivered** the goods.

> **주의** 문장에서 동사는 한 번만 써야 한다. 단, 접속사를 한번 쓰면 동사를 한번 더 쓸 수 있다.
> 동사 자리에 준동사를 쓰면 안 된다.

2 문장의 형식에는 다섯 가지가 있다.

1형식 S + V (+ 전치사구 또는 부사)

2형식 S + V + C
　　　　　　　　형용사

3형식 S + V + O
　　　　　　　　명사

4형식 S + V + O¹ + O²
　　　　　　　　사람　사물

5형식 S + V + O + OC
　　　　　　　　형용사, 명사, to부정사, 분사, 동사원형

42

037 1형식 동사

1 완전자동사(전치사 또는 부사와 자유롭게 연결되는 자동사)

appear	나타나다	function	작동되다
arrive	도착하다	work	일하다, 작동되다
arise	일어나다	live	살다
come	오다	speak	말하다
cry	울다	sit	앉다
continue	지속되다	stay	머무르다
decrease	하락하다	vary	다양하다
dine	식사하다	rise	상승하다
disappear	사라지다	take place	일어나다
emerge	떠오르다	run	달리다, 작동되다
exist	존재하다	listen	듣다
grow	성장하다	sleep	자다
happen	발생하다	walk	걷다
go	가다	laugh	웃다
occur	발생하다	smile	웃다
increase	증가하다		

2 자동사 / 타동사로 쓰이는 동사

agree	**자** (on / upon) 동의하다	**타** (that절) 동의하다
begin	**자** 시작되다	**타** 시작하다
benefit	**자** (from) ~의 이익을 얻다	**타** ~이 득이 되다
convene	**자** 모이다	**타** 모으다
comment	**자** (on) 언급하다	**타** (that절) ~를 언급하다
decline	**자** 하락하다	**타** 거절하다
gather	**자** 모이다	**타** 모으다
grow	**자** 성장하다, 자라다	**타** 기르다, 재배하다
lead	**자** (to) 결과를 야기하다, 초래하다	**타** 이끌다, 진행하다
meet	**자** 만나다	**타** 충족시키다
inquire	**자** (about) ~문의하다	**타** (that절) ~에 대해 문의하다
increase	**자** 증가하다	**타** 증가시키다
return	**자** (to) 돌아가다	**타** 반환하다

038 전치사와 함께 쓰는 완전자동사

1 account **for**	~을 설명하다, ~를 차지하다	**21** experiment **with**	~로 실험하다
2 agree **with / to / on / upon**	~에 동의하다 (타동사 agree 가능)	**22** graduate **from**	~을 졸업하다
3 apologize **for**	~에 대해 사과하다	**23** inquire **about**	~에 대해 문의하다
4 appeal **to**	~에 호소하다	**24** interfere **with**	~을 방해하다
5 ask **for**	~을 요청, 요구하다 (타동사 ask 가능)	**25** interfere **with**	~간섭하다
		26 listen **to**	~의 말을 듣다
6 benefit **from**	~로 부터 이익을 얻다 (타동사 benefit 가능)	**27** look **for**	~을 찾다, 구하다 = seek 타
7 collaborate **on / with**	(~대해 / ~와) 협력하다	**28** object **to**	~에 반대하다
8 communicate **with**	~와 연락하다	**29** participate **in**	~에 참가하다
9 compete **with**	~와 경쟁하다	**30** pertain **to**	~에 관련되다
10 comply **with**	~를 따르다, 준수하다	**31** proceed **with**	~을 진행시키다
11 concentrate **on**	~에 집중하다	**32** refrain **from**	~을 삼가다
12 content **with**	~에 만족하다	**33** result **from** 비교 result **in**	~로 부터 초래되다 ~를 초래하다
13 contribute **to**	~에 기여하다 (타동사 contribute 가능)	**34** return **to**	~로 돌아가다
14 content **with**	~에 만족하다	**35** react **to**	~에 반응하다
15 consist **of**	~로 구성되다	**36** respond **to**	~에 응답하다
16 cooperate **with**	~와 협력하다	**37** subscribe **to**	~을 구독하다
17 depend **on / upon**	~에 달려있다, ~에 의존하다	**38** succeed **in**	~에 성공하다
18 deal **with**	~을 다루다, 취급하다	**39** specialize **in**	~에 전문으로 하다
19 deal **in**	~을 거래하다	**40** wait **for**	~를 기다리다
20 enroll **in**	~에 등록하다	**41** work **on**	~에 대해 작업하다
		42 rely **on / upon**	~에 의존하다

039 2형식 동사

2형식 불완전 자동사는 주로 형용사를 보어로 취한다.

1 be, become은 명사와 형용사 보어를 둘 다 쓸 수 있다.

- 명사 보어는 주어와 보어가 동격의 관계일 때 쓴다.
  e.g. Peter is **a teacher**. [Peter = a teacher]

- 형용사 보어는 주어의 상태를 설명할 때 쓴다.
  e.g. Peter is **kind**.

> **주의** 토익에서는 특별한 경우가 아니면 명사 보어를 쓰지 않는다.
> 보어 자리에는 형용사가 정답!

2 2형식 동사

be	~이다	become	~이 되다	remain	~로 유지하다
appear	~처럼 보이다	seem	~처럼 보인다	stay	~인 것을 유지하다
turn out	~이 되다	prove	증명하다		

| 감각동사 |

| look | ~처럼 보인다 | sound | ~처럼 들린다 | smell | ~냄새가 난다 |
| taste | ~한 맛이 난다 | feel | ~한 느낌이 난다 | | |

동사 다음에 형용사가 나오면 2형식 동사로 생각할 수 있고, '~가 되다'라는 뜻으로 해석할 수 있다.

e.g. grow 자라다 1형식

    grow **bad** 나쁘게 되다 2형식
        형용사

    come 가다 1형식

    come **true** 사실이 되다 2형식
        형용사

3 2형식 동사 + (to be) + 형용사 / 분사

prove / remain / seem / appear / turn out + (to be) + **형용사 / 분사**

> 동사 다음에 to부정사를 쓸 수도 있다.

45

(040) 3형식 동사

토익은 거의 모든 동사를 3형식 동사라고 생각하고 문제를 푼다.

① 자동사로 착각하기 쉬운 타동사

다음의 동사는 해석상으로는 전치사가 필요할 것 같지만, 동사 다음에 무조건 명사(목적어)를 써야 한다.

access	+ 명사	~에 접근/접속하다, ~을 이용하다	**discuss**	+ 명사	~을 토론하다
attend	+ 명사	~에 참석하다	**enhance**	+ 명사	~을 향상시키다
attract	+ 명사	~을 끌다, 유치하다	**exceed**	+ 명사	~을 능가하다
adopt	+ 명사	~을 받아들이다	**join**	+ 명사	~을 가입하다, ~에 입사하다
approve	+ 명사	~을 승인하다	**mention**	+ 명사	~을 언급하다
assess	+ 명사	~을 평가하다	**process**	+ 명사	~을 처리하다

② 비슷한 뜻을 가진 1형식 동사와 3형식 동사

1형식		3형식	
respond / reply to	응답하다	answer	응답하다
appeal to	~의 관심을 끌다	attract	~의 관심을 끌다, ~을 끌다
participate in	참석하다	attend	참석하다
wait for	기다리다	await	기다리다
talk / speak about	이야기하다	discuss	논의하다
account for	설명하다	explain	설명하다
comply with	준수하다	follow / observe	준수하다
rise	상승하다	raise	~를 올리다
arrive at	도착하다	reach	도달하다
look for	구하다	seek	찾다

위의 단어로 만들어진 문제는 뒤에 명사가 나오면 3형식 동사가 정답이고,
전치사가 나오면 1형식 동사가 정답이다.

041 타동사구

1 add A to B	A를 B에 더하다
2 affix A to B	A를 B에 붙이다
3 associate A with B	B와 A가 협력하다
4 assure A of B	A에게 B에 대해 보장하다
5 attribute A to B	A가 B 때문이라고 여기다
6 attach A to B	A를 B에 첨부하다
7 blame A for B	B 때문에 A를 책망하다
8 check A for B	B를 위해 A를 점검하다
9 compare A with B	A와 B를 비교하다
10 confuse A with B	A를 B와 혼동하다
11 compensate A for B	B를 위해 A를 보상하다
12 congratulate A for B	B 때문에 A를 축하하다
13 convert A into B	A를 B로 바꾸다
14 convince A of B	A에게 B를 확신시키다
15 describe A as B	A를 B로 표현하다
16 devise A for B	B를 위해 A를 강구하다
17 discourage A from B	A가 B하지 못하게 하다
18 distinguish A from B	B로부터 A를 구별하다
19 divide A into B	A를 B로 나누다
20 exchange A for B	A를 B로 교환하다
21 expose A to B	A를 B에게 노출하다
22 familiarize oneself with A	A에 익숙해지다
23 forgive A for B	B 때문에 A를 용서하다
24 give A for B	B를 위하여 A를 주다
25 incorporate A into B	A와 B를 합치다

26 inform A of B	A에게 B를 알려 주다
27 keep records of B	B를 기록하다
28 leave A with B	A를 B와 함께 남기다
29 notify A of B	A에게 B를 알려 주다
30 pay A for B	B를 위해 A를 지불하다
31 prefer A to B	A를 B보다 좋아하다
32 present A with B	A에게 B를 주다
33 prevent A from B	A가 B하지 못하게 하다
34 prohibit A from B	A를 B로부터 금지하다
35 provide A for B	B에게 A를 제공하다
36 provide A with B	A에게 B를 제공하다
37 recognize A as B	A를 B로 분간하다
38 regard A as B	A를 B로 여기다
39 remind A of B	A에게 B를 상기시키다
40 remove A from B	B로부터 A를 제거하다
41 return A to B	A를 B에게 돌려주다
42 replace A with B	B로 A를 교체하다
43 reward A with B	B로 A에게 상주다
44 satisfy A with B	B로 A를 만족시키다
45 share A with B	B와 A를 공유하다
46 stop A from B	A가 B하지 못하게 하다
47 supplement A with B	B로 A를 보충하다
48 thank A for B	A에게 B에 대해 감사하다
49 transfer A to B	A를 B에게 전송하다, 보내다

위의 동사들은 다음에 나온 전치사만 사용하는 것이 아니라 다른 전치사도 쓸 수 있다.

042 4형식 동사

1 『S + 4형식 동사 + O¹(사람) + O²(사물)』

award + 사람 + 사물	사람에게 사물을 수여하다
bring + 사람 + 사물	사람에게 사물을 가져다주다
buy + 사람 + 사물	사람에게 사물을 사주다
give + 사람 + 사물	사람에게 사물을 주다
lend + 사람 + 사물	사람에게 사물을 빌려주다
offer + 사람 + 사물	사람에게 사물을 제공하다
owe + 사람 + 사물	사람에게 사물을 빚지다
send + 사람 + 사물	사람에게 사물을 보내다
grant + 사람 + 사물	사람에게 사물을 주다

4형식 문장은 3형식 문장으로 전환이 가능하다.

e.g. I **give** him a book. 4형식
→ I **give** a book **to** him. 3형식

2 『S + 4형식 동사 + O(사람) + that절』

assure + 사람 + that절 ~	사람에게 ~을 확신시키다
convince + 사람 + that절 ~	사람에게 ~을 확신시키다
inform + 사람 + that절 ~	사람에게 ~을 알리다
notify + 사람 + that절 ~	사람에게 ~을 알리다
remind + 사람 + that절 ~	사람에게 ~을 상기시키다
tell + 사람 + that절 ~	사람에게 ~을 말하다

위의 동사는 『사람 + that절』만 되는 것이 아니라, 『동사 + 사람 + 전치사』가 가능하다.

assure	사람	**of**
convince	사람	**of**
inform	사람	**of**
notify	사람	**of**
remind	사람	**of**
tell	사람	**about**

(043) 5형식 동사

1. 『동사 + 목적어 + 목적격 보어(형용사)』

believe	+ 목적어	+ 형용사	목적어를 ~라로 생각하다
consider	+ 목적어	+ 형용사	목적어를 ~라로 여기다
deem	+ 목적어	+ 형용사	목적어를 ~라로 여기다
find	+ 목적어	+ 형용사	목적어를 ~라로 여기다
keep	+ 목적어	+ 형용사	목적어를 계속 ~하게 하다
leave	+ 목적어	+ 형용사	목적어를 계속 ~하게 두다
make	+ 목적어	+ 형용사	목적어를 ~하게 하다
render	+ 목적어	+ 형용사	목적어를 ~하게 하다

목적격 보어로 현재분사를 쓰면 목적어와 목적격 보어가 능동 진행 관계
e.g. **keep** + 목적어 + **studying** 목적어가 공부하도록 유지하다

목적격 보어로 과거분사를 쓰면 목적어와 목적격 보어가 수동 완료 관계
e.g. **make** + 목적어 + **studied** 목적어가 연구되도록 만들었다

2. 『동사 + 목적어 + 목적격 보어(명사)』

appoint	+ 목적어	+ 명사	목적어를 명사로 **임명하다**
call	+ 목적어	+ 명사	목적어를 명사로 **부르다**
consider	+ 목적어	+ 명사	목적어를 명사로 **여기다**
elect	+ 목적어	+ 명사	목적어를 명사로 **선출하다**
make	+ 목적어	+ 명사	목적어를 명사로 **만들다**
name	+ 목적어	+ 명사	목적어를 명사로 **이름 붙이다, 지명(임명)하다**

appoint, call, consider, name은 중간에 as를 쓸 수도 있고 생략할 수도 있다.
e.g. appoint him **(as)** a director

3. 『동사 + 목적어 + 목적격 보어(to부정사)』

053 p.60

4. 『동사 + 목적어 + 목적격 보어(동사원형)』

053 p.60

044 매달 출제되는 필수 암기 동사

① accept	받다
② access	접근하다, 이용하다
③ accommodate	수용하다
④ acquire	인수하다, 얻다
⑤ address	처리하다, 다루다, 연설하다
⑥ advise	충고하다
⑦ allow	허락하다
⑧ announce	발표하다
⑨ apply	타 적용하다 자 (for) 지원하다
⑩ approve	승인하다
⑪ attend	참석하다
⑫ attract	모으다, 유치하다
⑬ authorize	인가하다
⑭ become	되다
⑮ begin	시작하다
⑯ bring	가져오다
⑰ change	바꾸다
⑱ communicate	타 알리다 자 (with) 연락하다
⑲ complete	완전하게 하다
⑳ conduct	(특정 활동을) 하다
㉑ confirm	확인하다
㉒ consider	고려하다, 간주하다
㉓ consult	조언을 청하다, 참고하다
㉔ contact	연락하다, 접촉하다
㉕ correct	고치다
㉖ delay	지연시키다
㉗ deliver	배달하다
㉘ designate	임명하다
㉙ develop	발달시키다
㉚ disappoint	실망시키다
㉛ discourage	낙담시키다, 못 하게 하다
㉜ distribute	분배하다
㉝ donate	기부하다
㉞ double	두 배로 하다
㉟ enjoy	즐기다
㊱ enroll (in)	등록하다
㊲ ensure	확실히 하다
㊳ enter	들어가다, 출품(출전)하다
㊴ exhibit	전시하다
㊵ expand	늘리다, 확장하다
㊶ expect	예상하다, 기대하다
㊷ expire	기한이 다 되다, 만료되다
㊸ express	표현하다, 나타내다
㊹ extend	연장하다
㊺ feature	~을 특징으로 하다, ~을 특별히 포함하다
㊻ find	찾다
㊼ focus (on)	집중하다
㊽ grant	주다, 수여하다
㊾ hold	가지고 있다, 개최하다
㊿ host	주최하다
(51) implement	이행하다, 실행하다
(52) include	포함하다
(53) increase	커지다, 증가하다
(54) indicate	가리키다, 나타내다, 암시하다
(55) inform	~에게 알리다
(56) inspect	점검하다
(57) install	설치하다
(58) join	참가하다, 가입하다, 입사하다
(59) lead	이끌다
(60) limit	한계를 정하다
(61) make	만들다

62	meet	만나다, 충족시키다
63	modify	수정하다
64	notify	~에게 알리다
65	obtain	얻다, 획득하다
66	offer	제안하다, 제공하다
67	operate (on)	작동하다
68	order	주문하다, 명령하다
69	oversee	감독하다
70	participate (in)	참가하다
71	place	두다
72	postpone	미루다, 연기하다
73	predict	예언하다
74	prepare	준비하다
75	present	증정하다, 발표하다
76	prevent	막다, 방해하다
77	process	처리하다
78	prohibit	금지하다
79	promote	승진하다, 홍보하다
80	provide	제공하다
81	purchase	구매하다
82	receive	받다
83	recognize	인정하다, 표창하다, 알아보다
84	recommend	추천하다

85	replace	교체하다, 바꾸다
86	report	알리다, 보고하다
87	require	요구하다
88	reserve	예약하다, 따로 두다, 보류하다
89	respond (to)	응답하다
90	restore	복구하다, 회복하다
91	restrict	제한하다
92	retain	유지하다
93	return	**타** 돌려주다 **자** (to) 돌아가다
94	review	다시 보다, 재검토하다
95	revise	개정하다, 수정하다
96	schedule	~의 일정을 잡다
97	seek	추구하다, 찾다
98	select	선택하다
99	send	보내다
100	set (up)	설치하다
101	show	보여주다
102	specialize (in)	전문화하다
103	submit	제출하다
104	support	지원하다
105	take	잡다, 붙잡다
106	teach	가르치다
107	welcome	환영하다

(045) 수 일치

❶ 단수 주어에는 단수형 동사, 복수 주어에는 복수형 동사

e.g. **This program is** very difficult to understand.

The school starts next week.

The products are available at the store.

We provide necessary information.

❷ 어려운 수 일치 문제는 중간에 수식어구가 들어간다.

e.g. **New employees** often **make** mistakes.
부사 수식어

The properties in this area **are** very expensive.
전치사구 수식어

Students who met the movie star **say** he is very tall.
관계사절 수식어

❸ 주의해야 할 수 일치

- **단수 취급**: each, every, a variety of, one of, the number of
  복수 취급: a few, all, few, numerous, a number of, both A and B, many of the, several

- **A에 동사를 맞추는 경우**
  A as well as B, A along with B, A together with B

- **B에 동사를 맞추는 경우**
  either A or B, neither A nor B, not only A but also B

- **부분이나 전체를 나타내는 표현은 of 뒤의 명사에 동사를 수 일치시킨다.**

  | some, most, all, half
the rest, plenty, a lot | + of (the) + | 복수 명사
불가산 명사 | + | 복수 동사
단수 동사 |

  > **참고** one / each of the 복수 명사 + 단수 동사

❹ 관계대명사 수 일치

- **단수 선행사** + **주격 관계대명사**(who, which, that) + **단수 동사**
- **복수 선행사** + **주격 관계대명사**(who, which, that) + **복수 동사**

046 수동태와 능동태 I

1 뒤에 명사가 보이면 능동태를 써야 한다.

- S + $\begin{bmatrix} V \\ \text{be -ing} \\ \text{have -ed} \end{bmatrix}$ + O (명사)

2 뒤에 명사가 없으면 수동태를 써야 한다.

- S + be p.p + $\begin{bmatrix} \text{to부정사} \\ \text{전치사} \\ \text{부사} \\ \text{형용사} \end{bmatrix}$

3 복잡한 동사의 능동태와 수동태 구별법

- 뒤에서 앞으로 보았을 때, -ed 앞에 be동사가 있으면 수동이다.
  e.g. It will <u>have been</u> **being written** by him. 미래 완료 진행 수동

- 뒤에서 앞으로 보았을 때, -ing 앞에 be동사, -ed 앞에 have동사가 나오면 능동이다.
  e.g. He <u>will have</u> **been writing** it.
  He <u>will</u> **have written** it.
  He <u>will</u> **be writing** it.

53

047 수동태와 능동태 II

1 4형식 동사는 두 개의 수동태를 만들 수 있다.

e.g. He gives **me a book**.   give, offer, send, bring, grant, award
간접목적어 직접목적어

• 간접목적어를 주어로 수동태를 만들 경우: S + be p.p. + N
   e.g. I **was a given** a book.

• 직접목적어를 주어로 수동태로 만들 경우: S + be p.p. + 전 + N
   e.g. A book **was given to me** by him.

2 5형식 동사도 수동태를 만들 수 있다.

• S + V + O + OC   call, elect, consider, appoint, name
            명사
   e.g. He **was elected** a mayor (by me).
                           명사

• S + V + O + OC   make, find, consider, keep, leave
            형용사
   e.g. The company **is made** profitable by the new sales strategies.
                              형용사

• S + V + O + OC   allow, ask, instruct, require, request
            to 부정사
   e.g. Motorists **are advised to drive** very carefully in a school zone.

3 수동태 다음에 특별한 전치사가 올 수 있다.

be accustomed **to**	~에 익숙해지다	be engaged **in**	~에 참여하다
be associated **with**	~에 관련되다	be interested **in**	~에 흥미를 가지다
be attached **to**	~에 첨부하다	be involved **in**	~에 포함되다
be concerned **with**	~와 관련되다	be related **to**	~에 연관되다
be covered **with**	~로 덮여있다	be satisfied **with**	~에 만족하다
be dedicated **to**	~에 헌신하다	be surprised **at**	~에 놀라다

048 시제 I

1 현재 시제를 나타내는 시제 표시어가 있을 때는 현재 시제를 써야 한다.

currently	지금	now	지금
each month	매달	presently	현재
each week	매주	still	여전히
every month	매달	today	오늘
every year	매년		

| 빈도부사 |

always	항상	periodically	주기적으로
frequently	자주	rarely	드물게
generally	일반적으로	regularly	정기적으로
normally	보통	seldom	좀처럼 ~하지 않는
occasionally	가끔	sometimes	때때로
often	자주	usually	보통
ordinarily	통상적으로		

2 과거 시제를 나타내는 시제 표시어가 있을 때는 과거 시제를 써야 한다.

ago	~전에	past + 시간	지난 ~
ever	~한 적이 있는	previously	전에
formerly	이전에는	recently	최근에 `과거` `현재완료`
last + 시간	지난 ~	then	그때에
lately	최근에	yesterday	어제
once	한 때		

3 미래 시제를 나타내는 시제 표시어가 있을 때는 미래 시제를 써야 한다.

next + 시간	다음	shortly	이제, 곧
soon	이제, 곧		

• 미래 예측 동사(anticipate, estimate, expect, predict) + that + S + will

049 시제 II

1 현재완료시제를 나타내는 시제 표시어가 있을 때는 현재완료를 써야 한다.

recently 최근에   lately 최근에

(for / in / within / over / during) the (last / past) 기간

since절에는 과거 시제, 주절은 현재 완료

2 과거완료는 과거 시제와 비슷하며 대과거의 의미를 가지고 있다.

e.g. Before he went to the restaurant, she **had left** the place.

= Before he went to the restaurant, she **left** the place.

과거 시제와 과거완료 시제는 둘 다 답이 될 수 있으므로, 둘 중 한 시제만 시험에 나온다.

• By the time + 주어 + 과거 시제, 주어 + 과거완료

3 미래완료를 나타내는 시제 표시어가 있을 때는 미래완료시제를 써야 한다.

• By the time + 주어 + 현재동사, S + will have p.p.

4 요구, 요청, 제안의 동사나 이성 판단의 형용사 다음의 that절에는 동사원형을 쓴다.

• 주어 +	advise	ask	demand	+ that + 주어 + (should) + **동사원형**
	insist	order	suggest	
	urge	recommend	request	
	require			

• It is +	advisable	desirable	essential	+ that + 주어 + (should) + **동사원형**
	imperative	important	inevitable	
	mandatory	natural	necessary	
	urgent	vital		

5 시제 표시어가 없을 때에는 의미상 시제 일치를 해야 한다.

주절 시제가 현재이면 종속절은 과거, 현재, 미래를 쓸 수 있다(주로 현재와 미래).

주절 시제가 과거이면 종속절의 시제는 과거나 과거완료를 써야 한다.

050 동사 / 준동사

1 문장에는 반드시 동사를 써야 한다.

e.g. The manufacturing capacity **will increase** after the installation of the new machine.
　　　　　　　　　　　　　 동사

문장에 접속사가 있으면, 동사를 한번 더 쓸 수 있다.

e.g. The manufacturing capacity **increased after** the new machine **was installed**.
　　　　　　　　　　　　　 동사　　접속사　　　　　　　　　　　 동사

2 준동사는 동사를 이용하여 동사가 아닌 다른 품사가 되는 것

- to부정사　　　　　　→ 명사적 용법
　　　　　　　　　　　　 형용사적 용법
　　　　　　　　　　　　 부사적 용법

- 동명사(-ing)　　　　→ 명사

- 분사(-ing, -ed)　　→ 형용사

3 동사 자리에는 준동사나 다른 품사를 쓸 수 없다.

e.g. I **will emphasize** the importance of the exercises among elementary school students.
　　 to emphasize (x)
　　 emphasizing (x)

-ed는 동사의 과거형도 되고 준동사도 되므로, 동사로 쓰였는지 준동사로 쓰였는지 잘 구분해야 한다. -ed 다음에 명사가 있으면 주로 동사이고, -ed 다음에 전치사 또는 부사가 있으면 분사로 쓰이는 경우가 많다.

051 to부정사

1 to부정사의 명사적 용법

'~하는 것'이라는 명사적 의미로 쓰이고, 문장에서 주어, 목적어, 보어 역할을 한다.

- 주어 **To do** well in the test requires lots of effort.
- 목적어 I want **to do** well in the test.
- 보어 My goal is **to do** well in the test.
- 목적격 보어 This book will help me **to do** well in the test.

2 to부정사의 형용사적 용법

to부정사가 명사를 뒤에서 수식하며 '~할 명사'가 된다.

e.g. The last thing **to do** is cleaning the table.

| to부정사를 형용사로 취하는 명사 | 뒤에서 분사가 수식할 수 없음

| ability | effort | way | right | plan |
| means | authority | opportunity | time | reason |

3 to부정사의 부사적 용법

'~하기 위해서'라는 표현으로 동사를 수식한다.

e.g. **To (= In order to) prepare** for the job interview, Peter put together his portfolio.

4 to부정사의 의미상 주어, 능동, 수동, 시제

	의미상 주어	능동태 / 수동태	완료 / 대과거
to부정사	for 목적격	능동 to study 수동 to be studied	to have studied

to부정사를 목적어로 취하는 동사

1 목적어 자리에 to부정사를 취하는 3형식 동사

afford to부정사	~을 할 수 있다	agree to부정사	~을 동의하다
ask to부정사	~을 요구하다, 문의하다	attempt to부정사	~을 시도하다
choose to부정사	~을 선택하다	decide to부정사	~을 결정하다
demand to부정사	~을 요구하다	expect to부정사	~을 예상하다
fail to부정사	~을 실패하다	hesitate to부정사	~을 주저하다
hope to부정사	~을 바라다, ~을 소망하다	like to부정사	~을 좋아하다
manage to부정사	~를 간신히 ~하다	need to부정사	~을 필요하다
offer to부정사	~을 제안하다	plan to부정사	~을 계획하다
promise to부정사	~을 약속하다	prefer to부정사	~을 선호하다
pretend to부정사	~인 척하다	propose to부정사	~을 제안하다
refuse to부정사	~을 거절하다	rush to부정사	~을 급히 하다
strive to부정사	~을 애쓰다	tend to부정사	~을 하려 하다
try to부정사	~을 하려 하다	vow to부정사	~을 맹세하다
want to부정사	~을 원하다	wish to부정사	~을 원하다

2 to부정사의 관용 표현

- in order to부정사 = so as to부정사   ~하기 위해서
- too 형용사 / 부사 to부정사   너무 ~해서 ~할 수 없다
- 형용사 / 부사 enough to부정사   ~할 정도로 충분히 ~하다
- be + 형용사 + to부정사
  - be about to부정사   막 ~하려 하다
  - be willing to부정사   기꺼이 ~하다
  - be likely to부정사   ~할 것 같다, 하기 쉽다
  - be available to부정사   ~할 수 있다
  - be eligible to부정사   ~할 자격이 있다

조동사

053 to부정사를 목적격 보어로 취하는 동사와 사역동사

1 to부정사를 목적격 보어로 취하는 5형식 동사

• S + V + O + to부정사 목적어가 ~하도록 하다

advise	O + to부정사	충고하다	allow	O + to부정사	허락하다
ask	O + to부정사	요구하다	assure	O + to부정사	보장하다
authorize	O + to부정사	승인하다	cause	O + to부정사	일으키다
choose	O + to부정사	선택하다	command	O + to부정사	명령하다
compel	O + to부정사	억지로 시키다	convince	O + to부정사	납득시키다
determine	O + to부정사	결정하다	empower	O + to부정사	권리를 위임하다
encourage	O + to부정사	장려하다	enable	O + to부정사	할 수 있게 하다
entitle	O + to부정사	권리를 주다	expect	O + to부정사	예상하다
force	O + to부정사	억지로 시키다	inform	O + to부정사	알리다
instruct	O + to부정사	지시하다	intend	O + to부정사	의도하다
invite	O + to부정사	초청하다	need	O + to부정사	필요하다
notify	O + to부정사	알리다	obligate	O + to부정사	의무를 지우다
order	O + to부정사	명령하다	permit	O + to부정사	허락하다
persuade	O + to부정사	설득하다	plan	O + to부정사	계획하다
prepare	O + to부정사	준비하다	qualify	O + to부정사	자격조건을 갖추다
recommend	O + to부정사	장려하다	remind	O + to부정사	상기시키다
require	O + to부정사	요청하다	request	O + to부정사	요구하다
schedule	O + to부정사	일정을 잡다	suppose	O + to부정사	가정하다
tell	O + to부정사	이야기하다	urge	O + to부정사	강력히 장려하다
want	O + to부정사	원하다	warn	O + to부정사	경고하다
would like	O + to부정사	하려고 하다	wish	O + to부정사	원하다

2 to부정사의 관용 표현

• **사역동사 + O + 원형부사**
• make / have / let + O + 원형부사   O 가 ~하도록 시키다
  시험에는 let이 주로 출제된다.

• **지각동사 + O + 원형부사**
  hear / see / watch / notice + O + 원형부사   O 가 ~하도록 듣다 / 보다 / 보다 / 알다

• **준사역동사 help + O + to부정사 / 원형부사**
  e.g. I **help** you **to study** the test. = I **help** you **study** the test.

054 동명사

1 동명사는 『동사 + -ing』 형태이며, '~을 ~하는 것'이라는 의미

동명사는 명사와 같이 주어, 목적어, 보어 역할을 한다.

- 주어 **Reading this book** is fun.
- 목적어 I enjoy **reading this book**.
- 보어 My hobby is **reading books**.
- 전치사의 목적어 I am interested in **reading this book**.

2 명사와 동명사의 차이점

- 명사는 목적어를 취할 수 없지만, 동명사는 목적어를 취할 수 있다.
  Thank you for **attending** the meeting. ◎
  Thank you for **attendance** the meeting. ✗

- 명사 앞에는 관사를 쓸 수 있지만, 동명사 앞에는 관사를 쓸 수 없다.
  I received (the) **letter** from David. ◎
  Thank you for the **sending** the letter. ✗

3 동명사의 의미상 주어, 능동, 수동, 시제

	의미상 주어	능동태 / 수동태	완료 / 대과거
-ing	소유격	능동 studying 수동 being studied	having studied

61

동명사를 목적어로 취하는 동사

1 동명사를 목적어로 취하는 동사

abandon -ing	~하는 것을 버리다	include -ing	~하는 것을 포함하다
admit -ing	~하는 것을 허락하다	mind -ing	~하는 것을 꺼리다
avoid -ing	~하는 것을 피하다	miss -ing	~하는 것을 놓치다
consider -ing	~하는 것을 고려하다	postpone -ing	~하는 것을 연기하다
deny -ing	~하는 것을 부인하다	recommend -ing	~하는 것을 추천하다
discontinue -ing	~하는 것을 그만두다	resist -ing	~하는 것을 저항하다
enjoy -ing	~하는 것을 즐기다	quit -ing	~하는 것을 그만두다
finish -ing	~하는 것을 마치다	stop -ing	~하는 것을 멈추다
give up -ing	~하는 것을 포기하다	suggest -ing	~하는 것을 제안하다

2 to부정사와 동명사를 모두 취하는 동사

begin to부정사 / -ing	~하는 것을 시작하다	continue to부정사 / -ing	~하는 것을 계속하다
dislike to부정사 / -ing	~하는 것을 싫어하다	hate to부정사 / -ing	~하는 것을 싫어하다
intend to부정사 / -ing	~을 하려 하다	like to부정사 / -ing	~하는 것을 좋아하다
love to부정사 / -ing	~하는 것을 좋아하다	need to부정사 / -ing	~하는 것이 필요하다
prefer to부정사 / -ing	~하는 것을 선호하다	propose to부정사 / -ing	~하는 것을 제안하다
start to부정사 / -ing	~하는 것을 시작하다		

주의 to부정사와 동명사가 뜻이 다른 경우

┌ remember to부정사 ~할 것을 기억하다
└ remember -ing ~했던 것을 기억하다

┌ try to부정사 ~하려고 애쓰다
└ try -ing ~하려고 시도하다

┌ stop to부정사 ~하기 위해 멈추다
└ stop -ing ~하는 것을 멈추다

시험에 잘 출제되지 않는다.

056 동명사의 관용 표현

1 동명사의 관용 표현

after -ing	~하고 난 후에	be opposed to -ing	~하는데 반대하다
before -ing	~하기 전에	cannot help -ing	~하지 않을 수 없다
on / upon -ing	~하자마자	contribute to -ing	~하는데 도움이 되다
by -ing	~함으로써	spend + 시간 / 돈 -ing	~하는데 허비하다
without -ing	~하는 것 없이	look forward to -ing	~을 고대하다
be committed to -ing	~하는 것에 헌신하다/전념하다	object to -ing	~하기를 반대하다
be dedicated to -ing	~하는 것에 헌신하다/전념하다	be busy -ing	~하는데 어려움을 겪다
be devoted to -ing	~하는 것에 헌신하다	have trouble -ing	~하느라 바쁘다
be accustomed to -ing	~하는데 익숙하다	be worth -ing	~할 가치가 있다
be used to -ing	~하는데 익숙하다	keep (on) -ing	계속 ~하다

2 -ing 형태의 명사

accounting	회계	writing	글자, 작문	opening	개막, 공석
spending	소비	training	훈련, 교육	shipping	선적, 배송
understanding	이해	planning	기획	funding	자금조달
marketing	마케팅	advertising	광고업	handling	처리
founding	개업	making	제조	pricing	가격책정
widening	확장	photocopying	복사	meeting	회의
parking	주차	dining	식사	cleaning	청소
catering	음식공급(업)	listing	목록	farming	농업
hearing	공청회	recycling	재활용		

 **분사**

① 분사는 『동사 + -ing』나 『동사 + -ed』형태를 취하며,
형용사 역할을 한다.

- **현재분사(~ing):** (~하는, 한) → 능동과 진행의 의미
- **과거분사(p.p.):** (~되는, 된) → 수동과 완료의 의미

② 분사의 역할

명사수식 자리	명사 앞 수식	한정사 + [-ing/-ed] + 명사
	명사 뒤 수식	명사 + [-ing + 목적어] / 명사 + [p.p. + 부사구]
주격보어 자리	주어 + 2형식 동사 + [-ing/-ed]	
	• 2형식 동사: be, become, remain, seem, appear, prove	
목적격보어 자리	주어 + 5형식 동사 + 목적어 + [-ing/-ed]	
	• 5형식 동사: make, consider, find, leave, keep	

> **참고** 분사는 준동사이므로, 문제에서 동사 자리인지 준동사 자리인지 먼저 파악한 후에 명사 앞에서 수식하는 경우나 보어 자리일 때는 형용사를 우선적으로 쓰고, 형용사가 없을 경우 분사를 쓴다.

명사 앞에서 수식하는 분사

1 수식받는 명사와 능동 관계면 -ing, 수동 관계면 -ed를 쓴다.

	타동사
현재분사(-ing)	능동
과거분사(-ed)	수동

명사 앞에서 수식하는 분사는 자동사인 경우는 거의 대부분 -ing형태의 분사만 쓴다.

2 감정유발 동사의 경우는 수식하는 명사가 사람일 경우는 -ed, 사물일 경우에는 -ing를 쓴다.

	감정유발 동사
현재분사(-ing)	사물
과거분사(-ed)	사람

| 감정유발 동사 |

amaze	놀라게 하다
amuse	즐겁게 하다
annoy	화나게 하다
astonish	놀라게 하다
bewilder	어리둥절하게 만들다
confuse	혼란스럽게 하다
delight	즐겁게 하다
depress	우울하게 하다
discourage	좌절시키다
disturb	방해하다
embarrass	당황스럽게 하다
encourage	용기를 북돋다
excite	흥분시키다

exhaust	기진맥진하게 하다
fascinate	매료시키다
frustrate	좌절시키다
impress	감동을 주다
(사물: impressive, 사람: impressed)	
interest	흥미롭게 하다
invite	초대하다
please	기쁘게 하다
promise	약속하다
satisfy	만족스럽게 하다
surprise	놀라게 하다
tire	피곤하게 하다

준동사

059 분사의 빈출 표현

1 현재분사 형태(-ing)로 주로 사용하는 분사

challenging	매력적인, 어려운	preceding	앞선
emerging	부상하는	presiding	의장의
existing	기존의	promising	유망한
growing	선장하는	remaining	남아있는
lasting	지속적인	revolving	회전하는
leading	선두적인	rewarding	보람있는
missing	없어진, 빠진	rising	증가하는
opening	처음의 **명** 개시	rotating	순환의
opposing	반대의		

2 과거분사 형태(-ed)로 주로 사용하는 분사

attached	첨부된	finished	완성된
automated	자동화된	limited	한정된
complicated	복잡한	preferred	선호하는
damaged	손상된	proposed	제안된
dedicated	헌신적인	qualified	자격 조건을 갖춘
designated	지정된	reduced	줄어든, 삭감된
detailed	상세한	reserved	예약된
enclosed	동봉된	respected	존경 받는, 유명한
experienced	경력이 많은	skilled	능숙한, 솜씨 좋은
expired	기한이 지난	written	서면의

060 명사 뒤에서 수식하는 분사

1 명사 바로 뒤에서 수식하는 분사

- **명사 + [현재분사 + 명사(목적어)]:** ~을 ~하는

  e.g. the employee studying the new system
  　　　　명사　　　-ing　　　　명사

- **명사 + [과거분사 + 부사, 전치사 (명사 아닌 것)]:** ~하게 ~되는

  e.g. the employee trained at the seminar
  　　　　명사　　　-ed　전치사

  > **예외** 특별한 관용 표현이나 자동사의 경우는 예외이다.
  > the man **called** Peter 피터라고 불리는 남자 **관용 표현**
  > the man **working** on the project **자동사**

2 be동사(2형식 동사) 다음에서 명사를 수식하는 분사

be동사 다음은 형용사 자리이며, 분사를 쓸 수 있다.

- **be -ing** 현재 진행형　　　e.g. I am **predicting** the results.
  　　　　　　　　　　　　　　　　　　현재분사

- **be -ed** 수동태　　　　　e.g. The results are **predicted** in this meeting.
  　　　　　　　　　　　　　　　　　　　　　과거분사

3 목적격 보어 자리에서 목적어를 설명해 주는 분사

목적격 보어 자리에 형용사를 쓸 수 있으며, 분사 또한 쓸 수 있다.
명사와 능동 관계면 -ing, 수동 관계면 -ed를 쓴다.

e.g. His experience made him **prepared** for the job.
　　　　　　　　　　　　목적어　　　목적격 보어

061 분사 구문

1 부사절을 부사구로 바꾼 것이 분사 구문이다.

e.g. <u>When</u> <u>I</u> <u>washed</u> the dishes, I broke a plate.
　　접속사 주어 동사

　= **(When) Washing** <u>the dishes</u>, I broke a plate.
　　　분사 구문 (접속사 + -ing/-ed)

2 분사 구문의 형태

- 분사 구문, S + V + O
  Walking <u>home</u>, I found a new building.

- S + V + O, 분사 구문
  The class will start at 7, **finishing** <u>at 10</u>.

3 분사 구문 풀이법

뒤에 명사(목적어)가 있으면 **-ing**
뒤에 명사(목적어)가 없으면 **-ed**

e.g. Mr. Kim kept his son near, **thinking** <u>that he might miss him</u>.
　　　　　　　　　　　　　　　　　　　명사절

　Born <u>in America</u>, he can speak English fluently.
　　　　전치사구

> **예외** 자동사는 -ing를 쓴다.
> e.g. When **moving** in the apartment, you should notify the manager about the moving.

062 가정법

1 가정법 과거완료 과거 사실 반대

『If + 주어 + had p.p., 주어 + [would / could / might / should] + have p.p.』
e.g. If I **had studied** the test earlier, I **would have passed** the test.

2 가정법 과거 현재 사실 반대

『If + S + 과거동사, S + [would / could / might / should] + 동사원형』
e.g. If she **had** money, she **would give** it to you.
가정법에서는 be동사의 과거형을 인칭에 관계없이 were로 쓴다.

3 가정법 미래 공손한 표현, 일어나지 않았으면 하는 가정

『If + S + should + 동사원형, S + [will / can / may / shall] + 동사원형』
『If + S + should + 동사원형, 명령문』
e.g. If you **should get** a flat tire, **fix** it using this tool.

4 혼합 가정법

『If + S + had p.p., S + [would / could / might / should] + 동사원형』
e.g. If I **had not bought** the car, I **might buy** a new laptop.

5 가정법 도치

 064 p.71

063 비교

1 원급 비교

- **as 형용사 / 부사의 원급 as**   ~만큼 ~한 / ~하게
- **as + 원급(many, much) + 명사 + as**   ~만큼 ~한 명사

| 원급을 이용한 구문 |

- **as + 원급 + as possible**

  e.g. as soon as possible 가능한 한 빨리

- **배수 + as + 원급 + as**

  e.g. twice as much as 두 배의

- **원급 강조 부사:** so, very, too, quite

2 비교급

- **비교급 + than**   ~보다 더 ~한/~하게

  e.g. The city hall is **bigger than** the stadium.

- **비교급 강조부사:** much, even, far, still, a lot

3 최상급

- **최상급 + of / in**   ~중에서 가장 ~한

- **the 최상급 of the**
             in the
             that

  e.g. He is the best teacher of all the participating teachers.
  e.g. He is the best teacher in Pagoda Academy.
  e.g. He is the best teacher that Pagoda Academy ever had.

- **the + 서수 + 최상급 명사**   ~몇 번째로 가장 ~한

  e.g. the second best record 두 번째로 좋은 기록

- **the 최상급 possible 명사**   가능한 한 가장 ~한

  e.g. the best possible solution 가능한 한 최고의 해결책

064 도치와 병치

1 도치 구문은 주어와 동사의 순서를 바꾸는 것이다.

- **부정부사가 문두에 있으면 도치**: never, neither, hardly, seldom, rarely, little

  e.g. **Never** <u>had I seen</u> such a good movie.

- **Only가 문두에 있으면 도치**

  e.g. **Only** recently <u>did the students studied</u> the new history course.

- **가정법 도치** (If를 생략하고, 주어와 동사를 도치한다.)

  과거완료   **If + S + had p.p.**, S + would + have p.p.
  → **Had + S + p.p.**, S + would + have p.p.

  과거   **If + S + 과거 동사**, 주어 + would + 동사원형
  → **과거 동사 + S**, S + would + 동사원형

  미래   **If + S + should + 동사원형**, S + will + 동사원형 / 명령문
  → **Should + S + 동사원형**, S + will + 동사원형

- **보어 도치**(보어를 강조할 때, 보어를 문두에 쓰고 도치한다.)

  e.g. **Enclosed** is the résumé for the executive director position.

2 병치 구문은 같은 품사 또는 같은 구조끼리 연결된다.

- **병치 구문은 같은 품사끼리 연결되어야 한다.**

  e.g. His **speed** and **power** made him a great hockey player.
  명사 + 명사

  Students should **study** and **read** the textbook.
  동사 + 동사

- **병치 구문은 같은 구조끼리 연결되어야 한다.**

  부정사구는 부정사구끼리, 전치사구는 전치사구끼리, 명사절은 명사절끼리 나열되어야 한다.

  e.g. **Filling out the application** and **making portfolio at the same time** will be very challenging.

  > **주의** to부정사구 병치 구문에서 두 번째 나온 to는 생략할 수 있다.
  >
  > e.g. I need **to fix the car** and **(to) drive it to Tim**.

065 특수구문

1 가주어, 진주어 구문

- **It is 형용사 to부정사**
  e.g. **It** is important **to study** the test in advance.
       가주어   진주어

- **It is 형용사 that절**
  e.g. **It** is essential **that you should take the prerequisite course in advance**.
       가주어   진주어

2 There is 구문

There is 구문에서 문장의 주어는 be동사 다음에 쓴다.

e.g. For the further funding, you have to show that <u>there is</u> **an urgent need** for your project and proposal.

3 명령문

명령문은 주어 없이 동사원형으로 시작한다.

e.g. Please **follow** the speed limit at the school zone.

066 생략 I

1 명사절 접속사 that 생략

동사의 목적어로 명사절을 사용할 때 접속사 that은 생략할 수 있다.

announce	발표하다	recommend	추천하다
believe	믿다	release	공개하다, 발표하다
discover	발견하다	show	보여주다
hope	희망하다	suggest	제안하다
indicate	가리키다	think	생각하다
know	알다		

e.g. A recent report **indicated** (that) students found our new product appealing.

I don't **think** (that) there is a coconut tree in the town.

2 부사절 접속사 다음의 『주어 + 동사』 생략

『부사절 접속사 + (주어 + be동사) + 분사 / 형용사』

e.g. I was wearing a hat **while** (I was) working in the garden.

Expenses will be reimbursed upon request **if** (they are) accompanied by the appropriate form.

Although (she was) very tired, she could not sleep.

067 생략 II

1 『주격 관계대명사 + be동사』 생략

e.g. Of all the candidates **(who were)** interviewed, he is the best qualified.

Hotel receptionists recommend us to go to the restaurant **(which is)** serving the fresh salad.

2 목적격 관계대명사 생략

e.g. The car **(which)** she bought recently was very expensive.

> **주의** 주격 관계대명사는 생략이 불가능하다.
> e.g. This is the teacher **who** teaches English at Pagoda.
>   생략 불가(주격 관계대명사)
>   This is the teacher **who** I met at Pagoda.
>   생략 가능(목적격 관계대명사)

3 관계대명사의 선행사 생략

관계대명사의 선행사가 생략되면 선행사(명사)를 꾸며주던 형용사절은 명사절이 된다.

e.g. I don't know **the man** who brings a sandwich.
          수식 ↖   형용사절

= I don't know who brings a sandwich.
      명사절 (know의 목적어)

4 관계부사(where, when, why) 생략

e.g. I can't tell the time **(when)** the game will start.

I can't tell the place **(where)** the game will start.

 **삽입**

1 관계사절 내의 삽입

관계사절에 또 다른 문장을 삽입할 수 있다.

선행사 + [주격 관계대명사 + **S** + **believe, think, feel, hope, suppose 등** + 동사]
<small>삽입</small>

e.g. He has a son [who **I think** is handsome].

The new cars are made of a new plastic fiber [which **we believe** is durable].

> **참고** 의문사절에서의 삽입: 삽입된 구문을 삭제하고 문제를 푼다.
> When **(do you think)** they will finish the work?

2 관용어구의 삽입

문장 중간에 부가 설명을 하는 관용어구를 삽입할 수 있다.

- **for any reason**   어떤 이유이든지
- **if ever**   만약 ~한다 해도
- **you know**   당신도 알듯이
- **분사구문**

- **if any**   만약 있다 할지라도
- **as it is**   사실은
- **S, 동격표현, V**

e.g. If **for any reason** you are not satisfied with the product, please return it to us at any time.

There will be few, **if any**, visitors using this service.

We rarely, **if ever**, had agreement over how to teach students.

The mechanic said the cost would be $200, but, **as it is**, the final bill was twice of that amount.

The supervisor, **Mr. Lopez**, will retire soon.

069 고난도 어휘 I

1 명사

1	accordance	일치	17	entirety	전체, 전부
2	accumulation	축적	18	excursion	소풍, 여행
3	acquaintance	아는 사람, 지인	19	expenditure	지출
4	adaptability	적응, 순응	20	extract	추출물, 요약본
5	adaptation	각색, 번안물	21	flair	능력, 재능, 스타일
6	affiliation	제휴, 가맹	22	inception	시초, 개시
7	appraisal	평가, 감정	23	inhabitant	거주자
8	array	배열	24	justification	정당화
9	biographies	일대기	25	lapse	실수
10	commendation	추천	26	obligation	의무
11	compliance	준수, 순응	27	oversight	부주의
12	configuration	배열, 배치	28	patronage	단골
13	contingency	만일의 사태	29	rationale	논리적 근거
14	coordination	조직화, 합동	30	speculation	생각, 추리
15	disruption	중단, 혼란	31	tenure	재임 기간
16	eloquence	웅변, 달변			

2 형용사

1	adequate	충분한, 알맞은	13	noteworthy	눈에 띄는
2	ample	충분한	14	perishable	썩기 쉬운
3	bountiful	풍성한	15	provisional	잠정적인
4	collaborative	협력적인	16	redeemable	보상이 가능한
5	commemorative	기념의	17	rigorous	힘든, 혹독한
6	diagnostic	진단상의	18	sole	유일한
7	eager	갈망하는	19	solitary	혼자의
8	exemplary	모범적인	20	sophisticated	세련된
9	idle	게으른, 가동되지 않는	21	strenuous	힘든
10	indicative	표시의, 암시의	22	unanimous	만장일치의
11	invaluable	소중한	23	versatile	다재다능한, 만능의
12	maneuverable	조종할 수 있는			

070 고난도 어휘 II

1 동사

1. accompany — 같이 하다, 동행하다
2. allocate — 배분하다
3. assemble — 조립하다, 모이다
4. assess — 평가하다
5. attain — 얻다
6. attribute A to B — A를 B 때문이라고 생각하다
7. await — 기다리다
8. commence — 시작하다
9. conceive — 계획을 생각하다
10. defer — 연기하다
11. deliberate — 신중히 고려하다
12. disregard — 무시하다
13. endorse — 지지하다
14. immerse — 담그다
15. mandate — 권한을 주다
16. outfit — 갖추어 주다
17. profile — 개략적인 인물평을 쓰다
18. reinforce — 보강하다
19. revert — 원래대로 돌리다, 되돌아가다
20. solidify — 확고히 하다
21. startle — 깜짝 놀라게 하다
22. strive — 애쓰다, 분투하다
23. unveil — 발표하다, 벗기다, 공개하다
24. waive — 포기하다, 보류하다

2 부사

1. adversely — 나쁘게, 불리하게
2. alike — 똑같이
3. anonymously — 익명의
4. apart — 따로따로
5. apparently — 듣자하니, 보자하니
6. astonishingly — 놀랍게도
7. attentively — 주의 깊게
8. charitably — 자비롭게
9. collaboratively — 협력적으로
10. conscientiously — 양심적으로
11. consequently — 따라서
12. convincingly — 설득력 있게
13. customarily — 관례적으로
14. decidedly — 명확하게
15. eloquently — 유창하게
16. elsewhere — 다른 곳에서
17. explicitly — 명시적으로
18. inadvertently — 부주의하게
19. inevitably — 필연적으로
20. knowingly — 고의로
21. marginally — 미미하게
22. meticulously — 꼼꼼하게
23. noticeably — 두드러지게
24. persistently — 지속적으로
25. provisionally — 잠정적으로
26. punctually — 정각에, 시간을 엄수하여
27. reportedly — 소문에 의하면
28. respectfully — 공손하게
29. solely — 오로지, 혼자서
30. sparingly — 절약하여, 아껴서
31. subsequently — 그 후에
32. substantially — 상당히, 대체로
33. swiftly — 재빨리
34. then — 그때에
35. thereby — 그 때문에
36. thus — 그러므로

MEMO

MEMO

MEMO